GERMANIA SACRA

NEUE FOLGE 43

DIE BISTÜMER DER KIRCHENPROVINZ TRIER

DAS ERZBISTUM TRIER

10

GERMANIA SACRA

HISTORISCH-STATISTISCHE BESCHREIBUNG DER KIRCHE DES ALTEN REICHES

HERAUSGEGEBEN VOM
MAX-PLANCK-INSTITUT FÜR GESCHICHTE
REDAKTION
NATHALIE KRUPPA

NEUE FOLGE 43

DIE BISTÜMER DER KIRCHENPROVINZ TRIER

DAS ERZBISTUM TRIER

10

DAS ST. MARIEN-STIFT IN (TRIER-)PFALZEL

2005

WALTER DE GRUYTER · BERLIN · NEW YORK

DAS ERZBISTUM TRIER

10

DAS ST. MARIEN-STIFT IN (TRIER-)PFALZEL

IM AUFTRAGE
DES MAX-PLANCK-INSTITUTS FÜR GESCHICHTE
BEARBEITET VON

FRANZ-JOSEF HEYEN

2005

WALTER DE GRUYTER · BERLIN · NEW YORK

∞ Gedruckt auf säurefreiem Papier, das die
US-ANSI-Norm über Haltbarkeit erfüllt

ISBN 3-11-018419-2

Bibliografische Information Der Deutschen Bibliothek

Die Deutsche Bibliothek verzeichnet diese Publikation in der
Deutschen Nationalbibliografie; detaillierte bibliografische
Daten sind im Internet unter http://dnb.dbb.de abrufbar

ISSN 0435 5857

© Copyright 2005 by Walter de Gruyter GmbH & Co. KG, D-10785 Berlin.
Dieses Werk einschließlich aller seiner Teile ist urheberrechtlich geschützt. Jede Verwertung
außerhalb der engen Grenzen des Urheberrechtsgesetzes ist ohne Zustimmung des Verlages
unzulässig und strafbar. Das gilt insbesondere für Vervielfältigungen, Übersetzungen, Mikroverfilmungen und die Einspeicherung und Verarbeitung in elektronischen Systemen.
Printed in Germany
Satz: Dörlemann Satz, Lemförde
Druck und buchbinderische Verarbeitung:
Druckhaus „Thomas Müntzer" GmbH, Bad Langensalza

VORWORT

Mit der Geschichte des St. Marien-Stiftes in Trier-Pfalzel kann nun nach St. Paulin (1972) und St. Simeon (2002) auch das dritte der trierischen Stifte in die Bände der Germania Sacra eingereiht werden. Ihnen ist gemeinsam eine zwar unterschiedliche, aber dennoch konkrete und bis in die Gegenwart auch im wörtlichen Sinne „greifbare" Einbindung in die römische Epoche Triers.

In St. Paulin ist es der Holzsarg mit den Gebeinen des Bischofs Paulinus, des in der Verbannung 358 gestorbenen, aber „heimgeholten" Zeugen des christlichen Trier im athanasianisch-arianischen Konflikt. Die nach der Säkularisierung des Stiftes 1802 als Pfarrkirche erhalten gebliebene spätbarocke Stiftskirche erzählt in ihrem großen Deckengemälde die im 11. Jahrhundert formulierte Legende von dem Martyrium der Thebäer, des Trierer Stadtrates und hunderter Gläubiger Triers auf Befehl des Präfekten Rictiovarus um 290; für den Kundigen steht die Kirche mit dem Sarg des Paulinus im Terrain des nördlichen römischen Gräberfeldes.

Für das Grab des Einsiedlers Simeon und für das bei diesem im 11. Jahrhundert gegründete Kanonikerstift wurde in dem damals noch weitgehend erhaltenen nördlichen Stadttor Triers aus dem späten 2. Jahrhundert, der Porta Nigra, eine Doppelkirche errichtet. Nach der Säkularisation 1802 wurde diese Kirche wieder „entkernt", also auf den römischen Kern zurückgeführt. Die mittelalterliche stiftische Epoche ist Besuchern kaum noch zu vermitteln. Nur die erhaltene romanische Apsis aus der Mitte des 12. Jahrhunderts und das in seiner architektonischen Bedeutung wieder erkannte Stiftsgebäude sind Relikte dieser rund 800 Jahre; vielleicht gelingt es, die im römischen Mauerwerk erhaltene spätbarocke Innengestaltung der Kirchenräume wieder zu reaktivieren.

St. Marien in Pfalzel wirkt neben St. Paulin und St. Simeon gewiß klein und unscheinbar. Für viele Besucher ist die alte Stiftskirche wohl nur ein in den Erweiterungsbau einbezogenes Relikt, wobei die Architektur der 60er Jahre inzwischen auch nur noch bedingt zu überzeugen vermag. Im Unterschied zu St. Simeon, wo der Besucher des römischen Stadttores von der Kirche kaum noch eine Vorstellung hat, verdecken Architektur und Gestaltung der Kirche in Pfalzel den römischen Kern dieses Baues, der immerhin in dem bis 12 Meter Höhe original erhaltenen Mauerwerk ein Teil jenes im 4. Jahrhundert erbauten Palatiolums ist, das dem Ort bis heute den Namen gibt. Die Einrichtung eines Frauenkonvents im frühen 8. Jahrhundert durch Adela sicherte durch Nutzung den Erhalt dieses römischen Erbes (so wie ähnlich das Stift St. Simeon die Porta Nigra). Als sich rund 300 Jahre später die Klosterfrauen Reformforderungen Erzbischof Poppos widersetzten, wurden sie von diesem vertrieben, doch erzwang die Gegenpartei – wenn wir es hier richtig interpretiert haben – von Poppo die Einrichtung eines Kanonikerstiftes und sicherte damit den Fortbestand der Stiftung Adelas im römischen Palatiolum über weitere 800 Jahre. Mit der Säkularisierung 1802 wurde das Gebäude versteigert, aber nicht abgerissen, sondern als Lagerraum und Schuppen mißbraucht, aber eben doch genutzt und damit erhalten.

Es sind noch nicht 2000 Jahre Geschichte, über die diese drei Stifte in ihren Gebäuden, ihren Menschen, ihrer verfaßten Ordnung, in ihren Handlungen und in ihrem Versagen berichten, aber doch je nach Ansatz 18 Jahrhunderte. Es ist ein Teil der Geschichte Triers kontinuierlich seit der Römerzeit, einer Geschichte, die im Heute lebt.

Es mag pathetisch sein, solchen Gedanken nachzugehen. Jedenfalls scheint sie mir imponierend, diese Geschichte der drei Trierer Stifte. Mich hat sie über fünf Jahrzehnte mit unterschiedlicher Intensität (und auch Ablenkung und Behinderung) beschäftigt, begleitet. Ich danke – wie schon vor zwei Jahren im Band St. Simeon – denen, die mir diese „Beschäftigung" (die keine „Arbeit" war) ermöglicht haben, namentlich Hermann Heimpel, und allen, die mich begleitet und manchmal mich auch ertragen haben. Das gilt natürlich auch für diesen dritten Band, für den ich „Ruheständler" bei den Mitarbeitern namentlich im Landeshauptarchiv Koblenz sowie im Stadtarchiv und im Bistumsarchiv in Trier, aber auch wieder in Rom und Mainz und bei meinem alten Freund Heinz Cüppers in Pfalzel, oft und viel Verständnis und Hilfe gefunden habe, und ebenso den Betreuern im Max-Planck-Institut für Geschichte in Göttingen, namentlich Frau Nathalie Kruppa, Frau Annelies Aurich im Verlag de Gruyter und den Bearbeitern in der Druckerei, nicht zuletzt aber Pfarrer Hans Jonas Weber in Pfalzel, der bei Fragen, Wünschen und Anregungen zu Geschichte, Gegenwart und auch Zukunft „unseres" St. Marien-Stiftes immer engagiert beteiligt war.

Koblenz, zur Jahreswende 2004/2005   Franz-Josef Heyen

INHALTSVERZEICHNIS

Vorwort	V
Abkürzungen und Siglen	XIII

1. Quellen, Literatur und Denkmäler
   - § 1. Quellen
     1. Ungedruckte Quellen ... 1
     2. Gedruckte Quellen ... 2
   - § 2. Literatur und Nachschlagewerke ... 6
   - § 3. Denkmäler
     - A. Bauten einschließlich der Innenausstattung
       1. Der Stiftsbering ... 13
       2. Die Stiftskirche als Bauwerk ... 16
       3. Ausstattungsstücke der Kirche ... 28
          - a. Altäre, Bilder, Skulpturen ... 29
          - b. Gräber, Epitaphe
            - A. Aus der Zeit des Frauenkonventes ... 37
            - B. Aus der Zeit des Kanonikerstiftes ... 44
       4. Nebengebäude
          - a. Kreuzgang mit St. Peter-Kapelle ... 52
          - b. Stifts-Pfarrkirche St. Nikolaus ... 56
          - c. Friedhöfe ... 63
       5. Wohn- und Wirtschaftsgebäude ... 63
          - a. Kurien ... 64
          - b. Häuser der Vikarien ... 68
          - c. Amtsgebäude ... 69
          - d. Arbeits- und Gemeinschaftsräume ... 70
          - e. Wirtschaftsgebäude ... 72
       6. Gebäude in Pfalzel außerhalb des Stiftes
          - a. Burg und Residenz der Erzbischöfe von Trier ... 73
          - b. Befestigungsanlagen ... 80
          - c. Pfarrkirche St. Martin ... 81
     - B. Kirchenschatz, liturgische Handschriften und Bücher ... 88

2. Archiv und Bibliothek
　§ 4.　Archiv 94
　§ 5.　Bibliothek 98

3. Historische Übersicht
　§ 6.　Name, Lage, Patrozinien 101
　§ 7.　Vorgeschichte und Gründung des Stiftes
　　　　A. Römisches Palatiolum 102
　　　　B. Das Frauenkloster der Adela 103
　　　　C. Die Aufhebung des Frauenklosters und die Einrichtung
　　　　　　eines Männerstiftes durch Erzbischof Poppo von Trier . . 105
　§ 8.　Geschichte des Stiftes von der Einrichtung bis zur
　　　　Aufhebung
　　　　A. Einsetzung einer Klerikergemeinschaft 111
　　　　B. Das Stift von der Mitte des 11. bis zum 15. Jahrhundert . . 114
　　　　C. Die Reformen des 15. Jahrhunderts 120
　　　　D. Vom Beginn des 16. bis zum Ende des 18. Jahrhunderts . 133
　§ 9.　Die Aufhebung des Stiftes 137

4. Verfassung und Verwaltung
　§ 10.　Die Statuten 140
　§ 11.　Das Kapitel
　　　　A. Die Mitgliedschaft im Kapitel
　　　　　　1. Erwerb und Verlust der Mitgliedschaft
　　　　　　　　a. Voraussetzungen für die Aufnahme 142
　　　　　　　　b. Möglichkeiten der Aufnahme.
　　　　　　　　　　Ergänzung des Kapitels 143
　　　　　　　　c. Die Aufnahme als solche 146
　　　　　　　　d. Wartezeiten. Karenz- und Expektanzjahre 146
　　　　　　　　e. Verlust der Mitgliedschaft 148
　　　　　　2. Pflichten und Aufgaben der Mitglieder des Kapitels
　　　　　　　　a. Die Residenzpflicht 148
　　　　　　　　b. Verpflichtung zur Teilnahme an Gottesdiensten
　　　　　　　　　　Präsenz 149
　　　　　　　　c. Beichtverpflichtung 149
　　　　　　　　d. Kleidung 150
　　　　　　3. Rechte, Besitz, Einkünfte
　　　　　　　　a. Die Pfründen (praebendae) 150
　　　　　　　　b. Die Allode 150
　　　　　　　　c. Kurien 150
　　　　　　　　d. Kellerei-Einnahmen 151

	e. Residenz- und Präsenzgelder, Propinationes	151
	f. Das Gandenjahr	151
	g. Testierfreiheit	152
	h. Grabrecht	152
B.	Zusammenkünfte des Kapitels. Kapitelssitzungen	152
C.	Die zahlenmäßige Stärke des Kapitels	153

§ 12. Dignitäten und Ämter auf Lebzeit 154
    1. Der Propst 156
    2. Der Dekan 159
    3. Der Scholaster 160
    4. Der Kustos/Thesaurar 164
    5. Der Kantor 166
§ 13. Kanoniker in besonderer Rechtsstellung
    1. Der Kaplan des Erzbischofs 167
    2. Die Universitätspfründe 167
    3. Studierende 168
§ 14. Die Ämter (offitia minores)
    1. Der Kellner 168
    2. Der Fabrikmeister (magister fabricae) 170
    3. Der Präsenzmeister (respector chori) 170
    4. Kapitelssekretär 170
    5. Bruderschaftsmeister (magister fraternitatis) 170
§ 15. Vikarien und Altarpfründen 171
§ 16. Hospital 178
§ 17. Die familia des Stiftes. Stiftsbedienstete, Personal, Schule
    1. Dienstleute („Ministeriale", feudales, Ämterlehen) 178
    2. Stiftspersonal 179
    3. Schule, Schulmeister 179
§ 18. Äußere Bindungen und Beziehungen
    1. Verhältnis zum Papst 181
    2. Verhältnis zu den deutschen Königen 182
    3. Verhältnis zum Erzbischof und Kurfürsten von Trier 182
    4. Verhältnis zur Gemeinde Pfalzel 183
§ 19. Siegel 184

5. Religiöses und geistiges Leben 189
§ 20. Adela als Heilige 190
    Exkurs: Irmina – Adela – Klothilde. Die „Drei Frauen auf dem
    Esel" 194
§ 21. Reliquien 198
§ 22. Bruderschaften (Liebfrauen-Bruderschaft) 202

§ 23. Tod, Begräbnis, Anniversarien, Memorien 202
    1. Maßnahmen nach dem Tod 203
    2. Zum Begräbnis und zum Zeremoniell 204
    3. Zur Ordnung für den Chordienst 205
    4. Das Memorienverzeichnis von 1553/1566 206
§ 24. Chor- und Gottesdienst, Kalender
    1. Disciplina ecclesiae Palatiolensis 210
    2. Nachrichten über besondere oder ergänzende
       Bestimmungen und Stiftungen 212
    3. Festkalender des Stiftes Pfalzel 214
    4. Prozessionen, Umgänge, Stationen 219
       Proprium de Tempore (Ordnung des Festkreises) 220
       Proprium Sanctorum 230
       Gottesdienste aus besonderen Anlässen 233
§ 25. Ablässe 234

6. Der Besitz
§ 26. Übersicht
    1. Historisch-chronologische Übersicht 237
    2. Einkommen-Übersichten 238
    3. Besitzstruktur an Kirchenrechten und Zehnten 241
    4. Zur Einziehung der Abgaben und Erträge 244
§ 27. Gliederung der Besitzungen, Rechte und Einkünfte in
    Einzeltitel. Vermögens- und Finanzverwaltung
    A. Sondervermögen (in §§ 12 und 15) 245
    B. Pfründen und Präsenzen
       1. Die Einzelpfründe (praebenda) 245
       2. Das Kapitelsgut. Die Kellerei 246
       3. Kurien und Allode 248
       4. Residenzgelder 252
       5. Präsenzgelder 253
       6. Umtrunk (propinatio) 255
    C. Die Fabrik 255
    D. Bruderschaften 256
§ 28. Liste der Herrschafts-, Gerichts- und Grundrechte,
    des Grundbesitzes, an Zinsen, Renten etc. 256
§ 29. Liste der inkorporierten Kirchen und der Zehntrechte 272

7. Personallisten 292
§ 30. Pröpste 296
§ 31. Dekane 307

§ 32. Scholaster	325
§ 33. Kustoden	340
§ 34. Kantoren	347
§ 35. Kanoniker (Kapitelsliste)	353
§ 36. Vikare und Altaristen	398

Index der Personen- und Ortsnamen 411
Nachweis der Abbildungen 437
Karten im Anhang

ABKÜRZUNGEN UND SIGLEN

Neben den in Handbüchern und Nachschlagewerken allgemein üblichen Abkürzungen wurde für Siglen und für Zitate von Titeln mit mehreren Worten das System der Blockkürzungen (in Anlehnung an die 10. Auflage des Dahlmann-Waitz; immer ohne Punkt am Ende; im übrigen in der Regel Kontraktion ohne Punkt, Suspension mit Punkt) verwandt. Diese Siglen sind auch mit vollen Titeln in den §§ 1 und 2 nachgewiesen. Im übrigen sind zu nennen:

A	Archiv (in Blockkürzungen, z.B. BistA)
Abb.	Abbildung
Abschn.	Abschnitt (als Untergliederung der Paragraphen)
Abt.	Abteilung (in Archiven und Bibliotheken)
ADB	Allgemeine Deutsche Biographie
Alb.	Albus (Münze)
BeschrVerzStadtBi	Beschreibendes Verzeichnis s. Keuffer in § 2
Best.	Bestand (in Archiven)
Bi	Bibliothek (in Blockkürzungen, z.B. StadtBi)
BistA	Bistumsarchiv
Bl., Bll.	Blatt, Blätter
fl.	florenus, Gulden (Münze)
Gde	Gemeinde
GS	Germania Sacra s. § 2
Hs.	Handschrift
Imp.	imperialis, Reichstaler (Münze)
Index	erweiterter Nachtrag zum Memorienverzeichnis. Vgl. § 23
K	Landeshauptarchiv Koblenz (früher Staatsarchiv)
Kdm.	Kunstdenkmäler s. § 2
Kulturdenkm.	Kulturdenkmäler s. § 2
Kopiar BistA	vgl. § 4 Abschn. 3
Kopiar PfarrA	vgl. § 4 Abschn. 3
Kopiar StadtBi	vgl. § 4 Abschn. 3
KP	Kapitelsprotokoll (mit Datum und/oder Seitenangabe) s. § 4
Krs	Kreis (als Verwaltungseinheit)
LA	Landesarchiv
Lb.	libra, Pfund (Münze)

Memorienverzeichnis	s. § 23
Mg.	Morgen (Landmaß)
Mischbd StadtBi	vgl. § 4 Abschn. 3
Mk	Mark (Währung)
Ml.	Malter (Getreidemaß)
MrhR	Mittelrheinische Regesten s. § 1 Abschn. 2
MrhUB	Mittelrheinisches Urkundenbuch s. § 1 Abschn. 2
Ms.	Manuskript
NF	Neue Folge
Nr.	Nummer
Perg.	Pergament
Pfd	Pfund (Gewicht und Währung)
Pfg	Pfennig (Währung)
PV	Pfründenverzeichnis s. Abschn. 7, Vorbemerkung
RepGerm	Repertorium Germanicum s. § 1 Abschn. 2
RM	Residenzmeldungen s. Abschn. 7, Vorbemerkung
Rt.	Reichstaler (Währung)
Rv.	Rückvermerk (auf Urkunden)
SiedlPfarrorg.	Siedlung und Pfarrorganisation s. Pauly in § 2
Sol.	Solidus (Währung)
StadtA	Stadtarchiv
StadtBi	Stadtbibliothek

1. QUELLEN, LITERATUR UND DENKMÄLER

§ 1. Quellen

1. Ungedruckte Quellen in Archiven und Bibliotheken
(nach Aufbewahrungsorten in alphabetischer Folge)

Koblenz. Landeshauptarchiv (früher Staatsarchiv). Zitiert: K.
 Neben dem Archiv des Stiftes Pfalzel (Best. 157; vgl. § 4) wurden auch andere Bestände durchgesehen. Nachweise aus diesen Beständen sind mit Best. und Nr. zitiert. Zur Verifizierung der Provenienzen vgl.: Der Bestände des Landeshauptarchivs Koblenz. Gesamtverzeichnis (VeröffLandesarchVerwRheinland-Pfalz 81) 1999.

Koblenz. Stadtarchiv. Zitiert: StadtA Koblenz.

Köln. Historisches Archiv der Stadt. Zitiert: HistA Köln.

Kühne, Ulrich s. Schmitz-Kallenberg/Kühne bei Rom, Vatikanisches Archiv.

Pfalzel s. Trier-Pfalzel.

Rom. Collegium Germanicum-Hungaricum.
 Nomina alumnorum collegii. Die Namen der Trierer Alumnen/Studenten des Kollegs wurden 1980 im Auftrag von Ferdinand Pauly durch Georg Rheinbay verkartet und für die Trierer Zentralkartei der Germania Sacra zur Verfügung gestellt. Zitiert: Protokoll Germanicum.

Rom. Vatikanisches Archiv.
 Ludwig Schmitz-Kallenberg hat 1892/93 Exzerpte über Personalnachweise in verschiedenen Libri Resignationum, Exspectantium et Quittantiarum angefertigt, die Ulrich Kühne ca 1937/38 für die Germania Sacra verkartet hat. Sie sind in die Personalnachweise eingearbeitet. Zitiert: Schmitz-Kallenberg/Kühne, Lib… Im übrigen wurden aus dem Vatikanischen Archiv nur die gedruckten Nachweise bei Sauerland und im Repertorium Germanicum (vgl. hier Abschn. 2) benutzt.

Schmitz-Kallenberg/Kühne s. Rom, Vatikanisches Archiv.

Trier. Bistumsarchiv. Zitiert: BistA Trier.
 Zu einem Kopiar aus dem Archiv des Stiftes Pfalzel vgl. hier §4. – Ein für die Personalien von Trierer Klerikern allgemein wichtiger Bestand sind die seit 1673 erhaltenen Weiheprotokolle (Priesterweihen, heute Abt. 41, früher 45), die anhand älterer Zettel- und Buchregister erfaßt wurden. Nachweise sind zitiert mit BistA Trier, Weiheprotokolle. – Zu nennen ist hier auch das Manuskript von Franz Tobias Müller (1793–1827 Pfarrer von Longuich), Die Schicksale der Gotteshäuser in und nahe bei Trier seithero der feindlichen Ankunft der Franzosen im Jahre 1794, 558 Seiten, um 1808/09 (Abt. 95 Nr. 342); Pfalzel S. 450–472: Sechstes Kapitel. Vom Stift und Pfarrkirche zu Pfalzel. Die Veröffentlichung dieses Manuskriptes durch Johann Christian Lager, Die Kirchen und klösterlichen Genossenschaften Triers

(vgl. § 2) ist stark gekürzt. Deshalb wurde nur das Manuskript benutzt. – Im übrigen vgl.: Die Bestände des Bistumsarchivs Trier. Eine Kurzübersicht. Bearbeitet von Stefan Nikolay und Thomas J. Schmitt (VeröffBistATrier 34) 1999.

Trier. Stadtarchiv und Stadtbibliothek. Zitiert: StadtA bzw. StadtBi Trier.
Zu den Urkunden und Handschriften des Stiftes Pfalzel vgl. neben Einzelnachweisen die Beschreibungen in den §§ 4, 5 und 24. – Vgl. auch Beschreibendes Verzeichnis der Handschriften der Stadtbibliothek zu Trier Heft 8, Verzeichnis der Handschriften des historischen Archivs von Max Keuffer und Gottfried Kentenich. 1914, sowie vereinzelt auch andere Hefte/Bände. Zitiert: BeschrVerzStadtBi.

Trier-Pfalzel. Pfarrarchiv. Vgl. § 4.

Wien, Haus-, Hof- und Staatsarchiv. Zitiert: HHStA Wien.
Akten und Register der Primariae Preces. Die Trierer Bestände sind verkartet nachgewiesen in der Trierer Zentralkartei der Germania Sacra und danach zitiert.

In den Personallisten sind unveröffentlichte Nekrologe und Memorienbücher meist nur als solche und mit dem Namen der Institution, in der sie geführt wurden, d.h. ohne heutige archivische Signaturen genannt. Das gilt namentlich für das Memorienverzeichnis des Liebfrauenstiftes in Trier (K Best. 206 Nr. 102) und des Stiftes St. Simeon in Trier (vgl. GS NF 41). Vgl. dazu die Übersicht bei Heyen, GS NF 6, St. Paulin S. 2f.

2. Gedruckte Quellen

Albert Johann Friedrich s. RepGerm

Bardelle Thomas s. RepGerm

Beyer Heinrich, Eltester Leopold, Goerz Adam, Urkundenbuch zur Geschichte der jetzt die preussischen Regierungsbezirke Coblenz und Trier bildenden mittelrheinischen Territorien. 1–3. 1860–1874. Zitiert: MrhUB

Blattau Joannes Jacobus, Statuta synodalia, ordinationes et mandata archidioecesis Trevirensis. 1–8. 1844–1849. Zitiert: Blattau, Statuta

Böhmer-Ficker, Regesta Imperii. Zitiert nach Bearbeiter und Bandnr. mit RegImp

Borchardt Karl s. RepGerm

Brommer Peter, Die Ämter Kurtriers. Grundherrschaft, Gerichtsbarkeit, Steuerwesen und Einwohner. Edition des sogenannten Feuerbuchs von 1563 (QAbhMittelrheinKG 106) 2003. Zitiert: Brommer, Feuerstätten

Brosius Dieter s. RepGerm

Brüdermann Stefan s. RepGerm

Chmel Joseph, Regesta chronologica-diplomatica Ruperti regis Romanorum. 1834. Zitiert: Chmel, RegRup

Deeters Walter s. RepGerm

Demandt Karl E., Regesten der Grafen von Katzenelnbogen 1060–1486. 1–4 (VeröffHistKommNassau 11) 1953–1957. Zitiert: Demandt, RegKatz

Diener Hermann s. RepGerm

2. Gedruckte Quellen

Ehrentraut Hartmut, Bleierne Inschriftentafeln aus mittelrheinischen Gräbern in den Rheinlanden (BonnJbb 152. 1952 S. 190–225).
Eltester Leopold s. Beyer.
Estgen Aloyse s. Wampach Bd 11.
Ewald Wilhelm, Rheinische Siegel. 1–5. 1906–1942. Bd 4. Siegel der Stifte, Klöster und geistlichen Dignitäre. Textband bearbeitet und erweitert von Edith Meyer-Wurmbach (PublGesRheinGKde 27) 1972.
Fink Karl s. RepGerm
Friedlaender Ernst und Malagola Karl, Acta nationis Germanicae universitatis Bononiensis. 1887. Zitiert; Friedländer, Bologna
Fuchs Rüdiger s. Inschriften
FWG (Inventar FWG) s. Zimmer Theresia
Gesta Trevirorum. Von den Anfängen bis 1132. Hrsg. v. Georg Waitz. MGH SS 8. 1848 S. 111–200. – Bis 1300. MGH SS 24 S. 368–488. – Vom Anfang bis 1794. Hrsg. v. Joannes Hugo Wyttenbach und Michael Franciscus Josephus Müller. 1–3. 1836–1839. – zitiert: GestTrev. – Übersetzung: Die Taten der Trierer. Von den Anfängen bis 1711. Hrsg. v. Emil Zenz. 1–8. 1958–1965.
Göller Emil s. RepGerm
Goerz Adam, Mittelrheinische Regesten oder chronologische Zusammenstellung des Quellen-Materials für die Geschichte der Territorien der beiden Regierungsbezirke Coblenz und Trier in kurzen Auszügen. 1–4. 1876–1887. Zitiert: MrhR
–, Regesten der Erzbischöfe zu Trier von Hetti bis Johann II. 814–1503. 1861. Zitiert: Goerz, RegEb
–, s. Beyer
Gross Lothar, Die Reichsregisterbücher Kaiser Karls V. 1930.
Groten Manfred s. Keussen
Gruber Otto, Wappen des mittelrheinisch-mosselländischen Adels. LandeskundlVjBll [Trier] 1962–1965 in Fortsetzung; 1967 als Einlage S. 1–165; Nachtrag und Register der Familiennamen, bearb. von Theresia Zimmer, hrsg. v. d. AG für LandesG Trier o.J. S. 1–54.
Heyen Franz-Josef s. Zimmer Theresia
Hofkalender. Des Hohen Erzstiftes und Kurfürstenthums Trier Hof-, Staats- und Stands-Kalender 1760–1794. Zitiert: Hofkalender mit Jahrgang
Höing Hubert s. RepGerm
Hontheim Nikolaus von s. § 2
Huiskes Manfred s. Keussen
Inschriften, Die, der Stadt Trier, gesammelt und bearbeitet von Rüdiger Fuchs. Die Deutschen Inschriften XX, Mainzer Reihe XX. AkadWissLitMainz. – Der Abschnitt über die Epitaphe in § 3 wurde Ende 2003 von Herrn Fuchs mit dessen Manuskript abgestimmt. Ich danke Herrn Fuchs für diese Kooperation.
InventarFWGTrier s. Zimmer Theresia
Keil Leonhard, Akten und Urkunden zur Geschichte der Trierer Universität. 1. Das Promotionsbuch der Artistenfakultät (1473–1603) (TrierArch, ErgH 16) 1917. – 2. Die Promotionslisten der Artistenfakultät 1604–1794 nebst einem Anhang: Verzeichnis der an der juristischen Fakultät von 1739 bis 1794 immatrikulierten Studenten und einiger an derselben Fakultät wirkenden Professoren. 1926. Zitiert: Promotionsbuch bzw. Promotionslisten.

Keussen Hermann, Die Matrikel der Universität Köln (PublGesRheinGK 8) 1. 1389–1475. 1892; 2. erw. Aufl. 1928. – 2. 1476–1559. 1919. – 3. Nachträge und Index zu 1 und 2. 1931. – 4. 1559–1675, bearb. von Ulrich Nyassi und Mechthild Wilkes. 1981. – 5. 1675–1797, bearb. wie 4. 1981. – 6 und 7, Register zu 4 und 5, bearb. von Manfred Groten und Manfred Huiskes. 1981.

Knichel Martina s. Schmidt Aloys

Kraus Franz Xaver, Die christlichen Inschriften der Rheinlande. Von der Mitte des achten bis zur Mitte des dreizehnten Jahrhunderts. 1. Die altchristlichen Inschriften. 1890. 2. Die christlichen Inschriften. 1894.

Kühne Ulrich s. RepGerm

Leerhoff Heiko s. RepGerm

Meuthen Erich, Obödienz- und Absolutionslisten aus dem Trierer Bistumsstreit (1430–35) (QForschItalArchBibl 40. 1960 S. 43–64). Zitiert: Meuthen, Obödienzlisten

–, Schisma s. in § 2.

MGH = Monumenta Germaniae historica. Zitiert mit den allgemein üblichen Abkürzungen.

Mötsch Johannes, Die Balduineen. Aufbau, Entstehung und Inhalt der Urkundensammlung des Erzbischofs Balduin von Trier (VeröffLandesarchivVerwRheinland-Pfalz 33) 1980.

–, Regesten (der Urkunden im) des Archivs der Herrschaft Winneburg-Beilstein im Gesamtarchiv der Fürsten von Metternich im Staatlichen Zentralarchiv zu Prag 1. 1989, 2. 2001 (VeröffLandesarchivVerwRheinland-Pfalz 53 und 90). Zitiert: Mötsch, RegMetternich

–, s. Renger

MrhR = Mittelrheinische Regesten s. Goerz

MrhUB = Mittelrheinisches Urkundenbuch s. Beyer

Müller Franciscus Josephus s. Gesta Trevirorum

Nyassi Ulrich s. Keussen

Pauly Michel s. Wampach Bd 11

Pitz Ernst s. RepGerm

QuellenKastor s. Schmidt Aloys

RegEbKöln = Die Regesten der Erzbischöfe von Köln im Mittelalter. 1–12. 1901–2001 (PublGesRheinGK 21). Zitiert: RegEbKöln (ohne Name der Bearbeiter)

RegEbTrier s. Goerz

RegImp = Regesta Imperii.

Reimann Michael s. RepGerm

Renger Christian und Mötsch Johannes, Inventar des herzoglich arenbergischen Archivs in Edingen/Enghien (Belgien), Teil 2. Die Urkunden der deutschen Besitzungen bis 1600. Bearb. von Christian Renger, zum Druck gebracht von Johannes Mötsch (VeröffLandesarchivVerwRheinland-Pfalz 75) 1997.

RepGerm = Repertorium Germanicum: Verzeichnis der in den päpstlichen Registern und Kameralakten vorkommenden Personen, Kirchen und Orten des Deutschen Reiches, seiner Diözesen und Territorien vom Beginn des Schismas bis zur Reformation. Hrsg. vom Deutschen Historischen Institut in Rom. – Die zeitliche Gliederung entspricht den Pontifikaten: 1. 1378–1394. 1916. Bearb. von Emil Göller. –

2. 1378–1415. 1933, 1961. Bearb. von Gerd Tellenbach. – 3. 1409–1414. 1935. Bearb. von Ulrich Kühne. – 4. 1417–1431. 1941, 1958, 1979. Bearb. von Karl August Fink, Personenregister von Sabine Weiss. – 5. 1431–1447. 2004. Bearb. von Hermann Diener, Brigide Schwarz und Christoph Schöner. – 6. 1447–1455. 1985, 1989. Bearb. von Johann Friedrich Albert und Walter Deeters, Indices von Michael Reimann. – 7. 1455–1458. 1989. Bearb. von Ernst Pitz. – 8. 1458–1464. 1993. Bearb. von Dieter Brosius, Ulrich Scheschkewitz und Karl Borchardt. – 9. 1464–1471. 2000. Bearb. von Hubert Höing, Heiko Leerhoff und Michael Reimann. – 10. 1471–1484. Bearb. von Stefan Brüdermann und Thomas Bardelle. Die Bearbeiter haben Nachweise für Pfalzel bis zum Bearbeitungsstand November 2003 zur Verfügung gestellt, ihnen sei dafür herzlich gedankt. – Zitiert ist RepGerm mit Band, ohne die Namen der Bearbeiter.

Säkularisation und Mediatisierung in den vier rheinischen Departements 1803–1813. Edition des Datenmaterials. Hrsg. von Wolfgang Schieder. 5 Teile in 7 Bänden. 1991 (ForschDtSozG 5). Zitiert: Schieder, Säkularisation

Santifaller Leo, Die Preces primariae Maximilians I. Auf Grund der Maximilianischen Registerbücher des Wiener Haus-, Hof- und Staatsarchivs. Festschrift 200 Jahre HHStA Wien 1 (MittÖsterrStaatsarch Ergbd 2) Wien 1949 S. 578–661 – Zitiert: Santifaller, Preces

Sauerland Heinrich Volbert, Urkunden und Regesten zur Geschichte der Rheinlande aus dem vatikanischen Archiv 1–7 (PublGesRheinGK 23) 1902–1913. Zitiert: Sauerland, VatReg

Scheschkewitz Ulrich s. RepGerm

Schieder Wolfgang s. Säkularisation

Schmidt Aloys, Quellen zur Geschichte des St. Kastorstiftes in Koblenz. Urkunden und Regesten (857–1500). 2 Bde 1954/55, 1974 (PublGesRheinGK 53). Zitiert: Schmidt, QKastor

–, Quellen zur Wirtschafts- und Sozialgeschichte des Stiftes St. Kastor in Koblenz. 2 Bde 1975, 1978 (VeröffLandesarchivVerwRheinland-Pfalz 23 und 24). Zitiert: Schmidt, QWirtschaft

– und Knichel Martina, Das Memorienbuch von St. Kastor in Koblenz. Edition und Erläuterung (QAbhMittelrheinKG 94) 2000. Zitiert: Schmidt-Knichel, Memorienbuch

Schöner Christoph s. RepGerm

Schroeder Jean s. Wampach Bd 11

Schwarz Brigide s. RepGerm

Struck Wolf Heino, Quellen zur Geschichte der Klöster und Stifte im Gebiet der mittleren Lahn bis zum Ausgang des Mittelalters (VeröffHistKommNassau 12). – 1. 1956. Das Georgenstift, die Klöster, das Hospital und die Kapellen in Limburg an der Lahn. Regesten 910–1500. – 2. 1959. Die Kollegiatstifte Dietkirchen, Diez, Gemünden, Idstein und Weilburg. Regesten vor 841–1500. – 3. 1961. Die Klöster Bärbach, Beselich, Dirstein und Gandenthal, das Johanniterhaus Eschenau und die Klause Fachingen. Regesten vor 1153–1634. – 4. 1962. Das Johanniterhaus Pfannstiel und die Klöster Seligenstatt und Walsdorf. Regesten 1156–1634. – Zitiert: Struck, Lahn

–, Das Cistercienserkloster Marienstatt im Mittelalter. Urkundenregesten, Güterverzeichnisse und Nekrolog (VeröffHistKommNassau 18) 1965. Zitiert: Struck, Marienstatt

Tellenbach Gerd s. RepGerm

Urkundenbuch zur Geschichte der jetzt die Preussischen Regierungsbezirke Coblenz und Trier bildenden mittelrheinischen Territorien. Bearb. v. Heinrich Beyer und (ab Bd 2) Leopold Eltester und Adam Goerz. 3 Bde 1860, 1865, 1874. Zitiert: MrhUB (ohne die Namen der Autoren).

VatReg s. Sauerland

Waitz Georg s. Gesta Trevirorum
Wampach Camillus, Urkunden- und Quellenbuch zur Geschichte der altluxemburgischen Territorien bis zur burgundischen Zeit. Bde 1–10. Luxemburg 1935–1955. – Bd 11: Die Urkunden Graf Johanns des Blinden (1310–1346), Teil 1: Die Urkunden aus Luxemburger Archivbeständen. Hrsg. von Aloyse Estgen, Michel Pauly, Jean Schroeder (Publication du CLUDEM 11) Luxemburg 1997.
Weiss Sabine s. RepGerm
Wilkes Mechthild s. Keussen
Wyttenbach Johann Hugo s. Gesta Trevirorum

Zenz Emil s. Gesta Trevirorum (Taten)
Zimmer Theresia und Heyen Franz-Josef, Inventar des Archivs des Friedrich Wilhelm-Gymnasiums (zu Trier), mit großen Teilen der Archive der Klöster St. Barbara und Wüstenbrühl, des Kollegs und Novitiats der Jesuiten, der Universität, des Seminars St. Lambert, der Studienstiftungen und der Übergangseinrichtungen. 400 Jahre Friedrich Wilhelm-Gymnasium Trier. Festschrift 1961 S. 131–311. Zitiert: InventarFWGTrier. – Das Archiv befindet sich jetzt im Landeshauptarchiv Koblenz.
–, Dominikanerinnenkloster St. Katharina in Trier. Urkunden und Akten (PublGesRheinGK 70) 1995.
– s. Gruber

§ 2. Literatur und Nachschlagewerke

Nachgewiesen sind hier nur die mehrfach und abgekürzt zitierten Werke. Zu speziellen Fragen ist die Literatur bei diesen Kapiteln zusammengefaßt aufgelistet.

Anton Hans Hubert s. 2000 Jahre Trier.
–, s. Geschichte Bistum Trier (Hrsg.).
–, Geschichte des Bistums Trier im frühen Mittelalter: Vom ausgehenden 5. Jahrhundert bis zur ersten Hälfte des 10. Jahrhunderts (480/500–930) (Geschichte Bistum Trier 1. 2003 S. 117–194).
Apsner Burkhard, Hoch- und spätkarolingische Zeit (9. und frühes 10. Jahrhundert) (Geschichte Bistum Trier 1. 2003 S. 255–282).

Bauer Thomas, Von der (spät)merowingischen zur hochkarolingischen Zeit (613 – ausgehendes 8. Jahrhundert) (Geschichte Bistum Trier 1. 2003 S. 221–254).
–, Die Verehrung heiliger Trierer Bischöfe aus Spätantike und Frühmittelalter (Anfänge – ca. 930) (Geschichte Bistum Trier 1. 2003 S. 341–404).

Becker Adolf s. Keuffer.
Becker Petrus (OSB), Die Benediktinerabtei St. Eucharius-St. Matthias vor Trier (GS NF 34) 1996.
Brauksiepe Bernd – Neugebauer Anton, Klosterlandschaft Eifel. Historische Klöster und Stifte zwischen Aachen und Bonn, Koblenz und Trier (Große Kunstführer 191) 1994.
Browerus Christophorus et Masenius Jacobus, Antiquitatum et annalium Trevirensium libri 25. 2 Bde Leodii 1670.
–, Metropolis ecclesiae Trevericae, hrsg. von Christian von Stramberg. 2 Bde 1855, 1856. Zitiert: Brower-Masen, Metropolis, ed. Stramberg.
Burgard Friedhelm, Familia Archiepiscopi. Studien zu den geistlichen Funktionsträgern Erzbischof Balduins von Luxemburg (1307–1354) (TrierHistForsch 19) 1991.
–, Amtsorganisationen in Kurtrier unter Erzbischof Balduin von Trier (Festschrift Heyen 2003) S. 279–407.
Coens Mauritius, Catalogus codicum hagiographicorum latinorum bibliothecae civitatis Treverensis (AnnalBollandiana 52. 1934 S. 157–185 und Nachtrag 60. 1942 S. 213–215).
Cüppers Heinz, Palatiolum, Kloster und Bischofsburg. Festschrift 1962 S. 11–32.
–, Vom römischen Palast zur Pfarrkirche (NTrierJb 1964 S. 9–19).
–, Palatiolum – Pfalzel. Frühchristliche Zeugnisse im Einzugsbereich von Rhein und Mosel. 1965 S. 152–162.
–, Pfalzel. Römischer Palast, Kloster und Stift, Burg und Stadt. Pfalzel. Geschichte und Gegenwart. 1989 S. 13–107. Zitiert: Pfalzel 1989.
–, Trier-Pfalzel. Palatiolum. Die Römer in Rheinland-Pfalz. hrsg. von Heinz Cüppers. 1990 S. 649–665.

Diederich Anton, Das Stift St. Florin in Koblenz (VeröffMPIG 16 = StudGermaniaSacra 6) 1967.
Dohna Sophie-Mathilde Gräfin zu, Die ständischen Verhältnisse am Domkapitel von Trier vom 16. bis zum 18. Jahrhundert (SchrrReiheTrierLandesGVolkskde 6) 1960.
Düwell Kurt s. 2000 Jahre Trier.

Effmann Wilhelm, Heiligkreuz und Pfalzel. Beiträge zur Baugeschichte Triers. Index Lectionum … der Universität Freiburg/Schweiz für die Jahre 1890/91, Pfalzel S. 30–154.
Ehrentraud, Inschriftentafeln s. § 1 Abschn. 2.
Eifler, Ein E. für Rheinland-Pfalz. Festschrift für Franz-Josef Heyen, hrsg. von Johannes Mötsch (QAbhMittelrheinKG 105. 2003). Einige Beiträge hier unter Autorennamen.
Eismann Adam, Umschreibung der Diözese Trier und ihrer Pfarreien 1802–1821 (VeröffDiözesanATrier = VeröffBistATrier 2) 1941.
Ewig Eugen, Trier im Merowingerreich. 1954. Auch TrierZs 21. 1952 S. 1–365.

Fabricius Wilhelm, Erläuterungen zum geschichtlichen Atlas der Rheinprovinz (PublGesRheinGK 12). Zitiert: Fabricius, Erl. – 2. Die Karte von 1789. Einteilung und Entwicklung der Territorien von 1600 bis 1794. 1898. – 5. Die beiden Karten der kirchlichen Organisation, 1450 und 1610. 1. Die Kölner Kirchenprovinz. 1909. – 2. Die Trierer und Mainzer Kirchenprovinz. Register. 1913.
Festschrift zur Einweihung der Liebfrauen-Stifts-Kirche in Pfalzel. o. J. (1962).
– Heyen s. Eifler, Ein.

Gatz Erwin, Die Bischöfe des Heiligen Römischen Reiches 1448–1648. 1996, 1648–1803. 1990. Die Bischöfe der deutschsprachigen Länder 1785/1803–1945. 1983.

Gauthier Nancy, L'évangélisation des pays de la Moselle. La province Romaine de Première Belgique entre antiqité et moyen-âge (IIIe – VIIIe siècle). Paris 1980.

Germania Benedictina 9. Rheinland-Pfalz und Saarland. 1999 s. Heyen, Pfalzel

Germania Judaica 1. 1963, 2. 1968, 3/1. 1987, 3/2. 1995.

Germania Sacra. Historisch-statistische Beschreibung der Kirche des Alten Reiches. Neue Folge. Hrsg. vom Max Planck-Institut für Geschichte. Zitiert: GS NF. – Die einzelnen Bände sind mit vollen Titeln zitiert bei den Namen der Bearbeiter. Vgl. Becker (Petrus), Heyen, Pauly, Resmini, Struck.

Geschichte des Bistums Trier, hrsg. v. Martin Persch und Bernhard Schneider. Bd 1: Im Umbruch der Kulturen. Spätantike und Frühmittelalter, hrsg. v. Heinz Heinen, Hans Hubert Anton und Winfrid Weber (VeröffBistATrier 38) 2003.

Gierlich Ernst, Die Grabstätten der rheinischen Bischöfe vor 1200 (QAbhMittelrheinKG 65) 1990.

Goldmann Bernd, St. Kastor in Koblenz. Untersuchungen zur Verfassungs- und Sozialgeschichte eines mittelalterlichen Stiftes (QAbhMittelrheinKG 93) 1999.

GS s. Germania Sacra

Handbuch des Bistums Trier. Bearb. vom Bistumsarchiv. Historische Einleitung von Alois Thomas. 20. Aufl. 1952.

Hansen Johann Anton Joseph, Verzeichnis der Rectoren an der ehem. Universität zu Trier von ihrem Entstehen an im Jahr 1472 bis zum Jahr 1700 (Treviris oder Trierisches Archiv 1. 1840 S. 84–97). Zitiert: Treviris 1

Haverkamp Alfred, „Zweyungen, Zwist und Missehel" zwischen Erzbischof und Stadtgemeinde in Trier im Jahre 1377 (KurtrierJb 21. 1981 S. 22–54).

–, Tenxwind von Andernach und Hildegard von Bingen. Zwei „Weltanschauungen" in der Mitte des 12. Jahrhunderts (Institutionen, Kultur und Gesellschaft im Mittelalter. Festschrift für Josef Fleckenstein. 1984 S. 515–548).

–, s. 2000 Jahre Trier.

Heikkilä Tuomas, Vita s. Symeonis Treverensis. Ein hochmittelalterlicher Heiligenkult im Kontext. Annales Academiae Scientiarum Fennicae (Suomalaisen Tiedeakatemian Toimituksia) (Reihe Humaniora 326) Helsinki 2002.

Heinen Heinz s. 2000 Jahre Trier.

–, s. Geschichte Bistum Trier (Hrsg.).

Heinz Andreas, Die gedruckten liturgischen Bücher der Trierischen Kirche (VeröffBistATrier 32) 1997.

–, Das gottesdienstliche Leben der Trierer Kirche in der Spätantike und in merowingischer Zeit (Geschichte Bistum Trier 1. 2003 S. 285–322).

–, Gottesdienst im Zeichen der römischen Liturgie (Geschichte Bistum Trier 1. 2003 S. 323–339).

Hexenprozesse, Trierer. Quellen und Darstellungen. Hrsg. von Gunther Franz und Franz Irsigler. 1–4. 1995–1998. – 4: Methoden und Konzepte der historischen Hexenforschung; darin s. Kettel.

Heyen Franz-Josef, Untersuchungen zur Geschichte des Benediktinerinnenklosters Pfalzel bei Trier (ca 700–1016) (VeröffMPIG 15 = StudGermaniaSacra 5) 1966.

–, Die kaiserlichen Ersten Bitten für Stifte des Erzbistums Trier von Ferdinand I. bis Franz II. (1531–1792) (Festschrift Alois Thomas 1967 S. 175–188).

—, Ein Verzeichnis der durchschnittlichen Jahreseinkünfte der Stifte und Klöster des Ober- und Niederstifts Trier für die Jahre 1590 bis 1599 (KurtrierJb 8.1968 S. 141–152).

—, Das Stift St. Paulin vor Trier (GS NF 6) 1972.

—, Pfalzel (Trier-Pfalzel) (Die Männer- und Frauenklöster der Benediktiner in Rheinland-Pfalz und Saarland, bearb. v. Friedhelm Jürgensmeier. Germania Benedictina IX. 1999 S. 589–597).

—, Das Stift St. Simeon in Trier (GS NF 41) 2002.

Hoffmann Joachim, Zur Stiftsklausur von St. Simeon in Trier (NTrierJb 41. 2001 S. 75–91).

Holbach Rudolf, Stiftsgeistlichkeit im Spannungsfeld von Kirche und Welt. Studien zur Geschichte des Trierer Domkapitels und Domklerus im Spätmittelalter. In 2 Teilen (TrierHistForsch 2) 1982.

Hontheim Nikolaus von, Historia Trevirensis diplomatica et pragmatica. 3 Bde Augsburg, Würzburg 1750.

—, Prodromus historiae Trevirensis … exhibens origines Trevericas … 2 Bde Augsburg 1757.

Hüllen F., Die erste tridentinische Visitation im Erzstift Trier 1569 (TrierArch 9. 1906 S. 35–86).

Irsigler Franz s. 2000 Jahre Trier.

Kdm. = Kunstdenkmäler der Rheinprovinz. Ohne Zusatz hier s. Wackenroder, Landkreis Trier, hier Pfalzel. Die übrigen mit Angabe des Kreises (Krs) und des Erscheinungsjahres.

Kentenich Gottfried, Geschichte der Stadt Trier. 1915.

—, s. Keuffer.

Kerber Dieter, Die Itinerare der Trierer Erzbischöfe. Ansätze zur Residenzbildung (RheinVjBll 56. 1992 S. 112–147), darin 13 Karten für die Erzbischöfe Johann I. bis Jakob von Sierck, 1189–1456.

—, Herrschaftsmittelpunkte im Erzstift Trier. Hof und Residenz im späten Mittelalter (Residenzforschungen 4) 1995.

Kettel Adolf, Kleriker im Hexenprozeß (Trierer Hexenprozesse 4. 1998 S. 169–191).

Keuffer Max, Beschreibendes Verzeichnis der Handschriften der Stadtbibliothek zu Trier 1–10. 1888–1931. Bd 7. 1911 bearb. von Adolf Becker, Bde 6, 8–10. 1910, 1914–1931 bearb. von Gottfried Kentenich. – Bd 8: Handschriften des historischen Archivs. Zitiert: Keuffer (-Becker bzw. -Kentenich), BeschrVerzStadtBiTrier.

Keune Johann Baptist, Pfalzel (Pfalzel an der Mosel. Geschichte und Führer 1929, hrsg. v. Heinrich Mendgen) S. 6–32.

Kisky Wilhelm, Die Domkapitel der geistlichen Kurfürsten in ihrer persönlichen Zusammensetzung im 14. und 15. Jahrhundert (QStudVerfGDtReich 1,3) 1906.

Klein Peter K. (Hrsg.), Der mittelalterliche Kreuzgang. Architektur, Funktion und Programm. 2004.

Knichel Martina, Die Gedächtnisgemeinschaft St. Kastor zu Koblenz (Festschrift Heyen 2003 2 S. 979–995).

—, Das Memorienbuch von St. Florin in Koblenz (QAbhMrhKG 110) 2004.

Kubach Hans Erich und Verbeek Albert, Romanische Baukunst an Rhein und Maas. Katalog der vorromanischen und romanischen Denkmäler. 4 Bde 1976, 1989.

Kulturdenkm. = Kulturdenkmäler in Rheinland-Pfalz (innerhalb der Denkmaltopographie Bundesrepublik Deutschland). Zitiert nach Kreisen.

Kunstdenkmäler = Die Kunstdenkmäler der Rheinprovinz bzw. von Rheinland-Pfalz. Zitiert Kdm. nach Kreisen bzw. Städten. Hier: ohne Kreisangabe = Landkreis Trier. Vgl. Wackenroder.

Kurzeja Adalbert, Der älteste Liber Ordinarius der Trierer Domkirche (Brit. Mus., Harley 2958. Anf. 14. Jh.) 1966.

Kutzbach Friedrich, Untersuchungen und Ausgrabungen an der Stiftskirche zu Pfalzel (TrierZs 4. 1929 S. 1–8 [Vorbericht]).

–, Das ältere Hochschloß in Pfalzel bei Trier (Germania 19. 1935, Heft 1 S. 40–53 mit Abb.-Einlage).

Ladner, Einige noch nicht edierte Inschriften aus Pfalzel (MittGebietKirchlArchäologieGDiözTrier 2. 1860 S. 117).

Lager Johannes Christian, Die Kirchen und klösterlichen Genossenschaften Triers vor der Säkularisation. Nach den Aufzeichnungen von Franz Tobias Müller und anderen Quellen. o. J. (ca 1920). Vgl. bei Müller in § 1 unter BistA Trier.

Lamprecht Karl, Deutsches Wirtschaftsleben im Mittelalter. Untersuchungen über die Entwicklung der materiellen Kultur des platten Landes auf Grund der Quellen zunächst des Mosellandes. 3 Bde 1885/86.

Liehs Anton Josef Ignatz, Leben und Thaten der Heiligen, deren Andenken besonders im Bisthum Trier gefeiert wird. 1837, hier nach 2. Aufl. 1861.

Loenartz-Corsten Margret, Erzbischof Johann I. von Trier (1189–1212) (ZsGSaargegend 13. 1963 S. 127–200).

Lorenzi Philippe, Beiträge zur Geschichte sämtlicher Pfarreien der Diöcese Trier. 2 Bde 1887.

Marx Jakob d. Ä., Geschichte des Erzstifts Trier ... von den ältesten Zeiten bis zum Jahre 1816. 3 Bde in 5 Teilen. 1858–1864.

Marx Jakob d. J., Geschichte der Pfarreien der Diözese Trier. 1–9 1923–1970. Mitarbeiter bzw. Bearbeiter Bd 2: Nikolaus Thielen, Heinrich Volk, Matthias Schuler; Bd 3: Peter Oster; Bde 4–7, 9: Peter Schug; Bd 8,1: Franz Rupp.

–, Die Entwicklung des Pfarrsystems im Bistum Trier (TrierArch 24/25. 1910 S. 1–158).

Matheus Michael, Trier am Ende des Mittelalters. Studien zur Sozial-, Wirtschafts- und Verfassungsgeschichte der Stadt Trier vom 14. bis 16. Jahrhundert (TrierHistForsch 5) 1984.

Matrikel der Universitäten s. § 1 Abschn. 2.

Mendgen Heinrich, Pfalzel an der Mosel. Geschichte und Führer. 1929. Vgl. Keune.

Meuthen Erich, Das Trierer Schisma von 1430 auf dem Basler Konzil. Zur Lebensgeschichte des Nikolaus von Kues. 1964.

–, Obödienzlisten s. § 1 Abschn. 2.

Michel Fritz, Zur Geschichte der geistlichen Gerichtsbarkeit und Verwaltung der Trierer Erzbischöfe im Mittelalter (VeröffBistATrier 3). 1953.

Miesges Peter, Der Trierer Festkalender (TrierArch Ergh 15) 1915.

Militzer Klaus, Kölner Geistliche im Mittelalter. Bd 1: Männer (MittStadtAKöln 91) 2003.

Miller Ignaz, Jakob von Sierck, 1398/99–1456 (QAbhMittelrheinKG 45) 1983.

Molitor Hansgeorg, Kirchliche Reformversuche der Kurfürsten und Erzbischöfe von Trier im Zeitalter der Gegenreformation (VeröffInstEuropGMainz 43) 1967.

Müller Franz Tobias s. § 1 Abschn 1 bei BistA Trier.

– Michael, Säkularisation und Grundbesitz. Zur Sozialgeschichte des Saar-Mosel-Raumes 1794–1813 (ForschDeutscheSozG 3) 1980.

Nagel Kurt, Zur Baugeschichte der Stiftskirche Pfalzel (TrierZsGKunst 9. 1934 S. 88–99).
Neu Heinrich s. Wackenroder.
Oster Peter s. Marx d. J., Pfarreien.
Pauly Ferdinand, Siedlung und Pfarrorganisation im alten Erzbistum Trier. 1–10. 1957–1976. Bd 1: RheinArch 49; Bde 2–9: VeröffBistATrier 6, 8, 10, 15, 16, 19, 21, 23; Bd 10: VeröffLandesarchivVerwRheinland-Pfalz 25/VeröffBistATrier 25. Zitiert: SiedlPfarrorg mit folgenden Bandnummern: 1. Landkapitel Kaimt-Zell. 1957. – 2. Landkapitel Piesport, Boppard und Ochtendung. 1961. – 3. Landkapitel Kyllburg-Bitburg. 1963. – 4. Landkapitel Wadrill. 1965. – 5. Landkapitel Merzig. 1967. – 6. Landkapitel Perl und die rechts der Mosel gelegenen Pfarreien des Landkapitels Remich. Burdekanat Trier. 1968. – 7. Landkapitel Engers und das Klein-Archidiakonat Montabaur. 1970. – 8. Landkapitel Mersch. 1970. – 9. Landkapitel Remich und Luxemburg. 1972. – 10. Zusammenfassung und Ergebnisse. 1976.
–, Die Stifte St. Severus in Boppard, St. Goar in St. Goar, Liebfrauen in Oberwesel, St. Martin in Oberwesel (GS NF 14) 1980.
–, Das Stift St. Kastor in Karden an der Mosel (GS NF 19) 1986.
Persch Martin s. Geschichte Bistum Trier (Hrsg.).
Petzold Michael, Das Pontifikat Erzbischof Boemunds II. von Trier (1354–1362). Studie zur Rechts-, Territorial- und Verwaltungsgeschichte (EuropHochschulschrr Reihe 3 Bd 806) 1999.
Pfalzel. Geschichte und Gegenwart. Hrsg. Arbeitsgemeinschaft Pfalzeler Chronik. 1989. 535 Seiten. Beiträge zur Geschichte des Stiftes insbesondere von Heinz Cüppers und Thomas van Zanten. Zitiert: Pfalzel 1989.
Pfeiffer Friedrich, Die frühere fränkische Zeit (Ende 5. Jahrhundert – Anfang 7. Jahrhundert) (Geschichte Bistum Trier 1. 2003 S. 195–219).
Polfer Michel, Spätantike und frühmittelalterliche Kirchenbauten der Kirchenprovinz Trier – eine Bestandsaufnahme aus archäologischer Sicht (Cludem 16. 2000 S. 37–92).
Resmini Bertram, Die Benediktinerabtei Laach (GS NF 31). 1993.
Richter Paul, Die kurtrierische Kanzlei im späten Mittelalter (MittPreußArchVerw 17) 1911.
Rupp Franz s. Marx d. J., Pfarreien.
Schaefer Franz, Lothar Friedrich von Nalbach. Sein Wirken für den Kurstaat Trier als Weihbischof 1691–1748. Phil. Diss. Köln 1936.
Scheckmann Joannes, Epitome alias Medulla gestorum Trevirorum, nuper per venerabilem … Joannem Enen … teutonico sermone edita, iam pridem extemporaliter in latinum versa fratre Joanne Scheckmann traductore tribus libellis perfacta. Metz 1517.
Schmidt Hans-Joachim, Die Trierer Erzbischöfe und die Reform von Kloster und Stift im 15. Jahrhundert (Reformbemühungen und Observanzbestrebungen im spätmittelalterlichen Ordenswesen, hrsg. v. Kaspar Elm. BerlinHistStud 14 = Ordensstudien 6. 1989 S. 469–501).
Schmitt Philipp, Die Stiftskirche zu Pfalzel in ihrer ursprünglichen Form (MittKirchlArchäologie 1. 1856 S. 73–77).
Schneider Bernhard s. Geschichte Bistum Trier (Hrsg.).

Schorn Carl, Eiflia Sacra oder Geschichte der Klöster und geistlichen Stiftungen der Eifel. 2 Bde 1888, 1889.
Schug Peter s. Marx d. J., Pfarreien.
Schuhn Werner, Adula und das Benediktinerinnenkloster in Pfalzel (Fortsetzungen in der Ehrang-Pfalzeler bzw. Ehranger Heimat 22. 1969 bis 24. 1971).
–, Zum Schicksal der Pfalzeler Stiftskirche seit 1794 (Ehranger Heimat 6. 1969 S. 33–41).
Schuler Matthias s. Marx d. J., Pfarreien.
Schulz Knut, Ministerialität und Bürgertum in Trier (RheinArch 66) 1968.
Seibrich Wolfgang, Die Weihbichöfe des Bistums Trier (VeröffBistATrier 31) 1998.
Steinhausen Josef, Palatiolum und Venantius Fortunatus (Aus Mittelalter und Neuzeit. Festschrift Gerhard Kallen. 1957 S. 303–315).
Struck Wolf-Heino, Das Stift St. Lubentius in Dietkirchen (GS NF 22) 1986.
–, Die Stifte St. Severus in Gemünden, St. Maria in Diez mit ihren Vorläufern St. Petrus in Kettenbach, St. Adelphus in Salz (GS NF 25) 1988.
–, Die Stifte St. Walpurgis in Weilburg und St. Martin in Idstein (GS NF 27) 1990.
–, Lahn s. § 1 Abschn. 2

Thausing Moritz, Die Votivkirche in Wien. Denkschrift des Baucomites, veröffentlicht zur Feier der Einweihung am 24. April 1879. Wien 1879.
Theisen Karl Heinrich, Untersuchungen und Materialien zur Geschichte, Organisation und Verwaltung des Liebfrauenstiftes und der Pfarrei Prüm 1016–1802. 2002.
Thielen Nikolaus s. Marx d. J., Pfarreien.
Thomas Alois, Der Weltklerus der Diözese Trier seit 1800. 1941.
–, Die Verwaltung des linksrheinischen Bistums Trier von der Zeit der französischen Besetzung 1794 bis zur Einführung des Bischofs Charles Mannay 1802 (KurtrierJb 21. 1981 S. 210–223).
–, Geschichte und Kunst des Stiftes Pfalzel im Mittelalter (Festschrift 1962 S. 33–38).
–, s. Handbuch.
Treviris 1 s. Hansen J. A. J.

Verbeek Albert s. Kubach.

Wackenroder Ernst und Neu Heinrich, Die Kunstdenkmäler des Landkreises Trier. Die Kunstdenkmäler der Rheinprovinz 15,2. 1936. Mit Bezug auf den Teil Pfalzel (S. 274–317) zitiert: Kdm.
Wampach Camillus, Irmina von Ören und ihre Familie (TrierZsGKunst 3. 1928 S. 144–154).
Weber Winfried, Archäologische Zeugnisse aus der Spätantike und dem frühen Mittelalter zur Geschichte der Kirche im Bistum Trier (3.–10. Jahrhundert n. Chr.) (Geschichte Bistum Trier 1. 2003 S. 405–541).
–, s. Geschichte Bistum Trier (Hrsg.).
Weltklerus s. Thomas Alois.
Wengler Konrad, Von Nonnenkloster, Marienstift und Stiftskirche zu Pfalzel. Kurzer Rückblick auf das adelige Frauenkloster, das Marienstift und die uralte Stiftskirche in Pfalzel anläßlich der Wiedererwerbung dieses Gotteshauses durch die Pfarrgemeinde, der 900. Jahrfeier des Marienstiftes und der Wiederkehr des 400. Gründungsjahres der Nikolauskapelle. 1927.

Werner Matthias, Adelsfamilien im Umkreis der frühen Karolinger. Die Verwandtschaft Irminas von Oeren und Adelas von Pfalzel. Personengeschichtliche Untersuchungen zur frühmittelalterlichen Führungsschicht im Maas-Mosel-Gebiet (Vorträge und Forschungen, Sonderbd 28) 1982.
Würdtwein Stephan Alexander, Subsidia diplomatica ad selecta juris ecclesiastici Germaniae ... Heidelberg 1773.
Zanten Thomas van s. Pfalzel 1989
Zenz Emil, Die Trierer Universität 1473–1798 (Trierer geistesgeschichtliche Studien 1) 1949.
–, Die Taten der Trierer s. § 1 Abschn. 2, Gesta Treverorum.
2000 (Zweitausend) Jahre Trier. Hrsg. von der Universität Trier. 1. 1985. Trier und das Trevererland in römischer Zeit. Von Heinz Heinen. – 2. 1996. Trier im Mittelalter. Hrsg. von Hans Hubert Anton und Alfred Haverkamp. – 3. 1988. Trier in der Neuzeit. Hrsg. von Kurt Düwell und Franz Irsigler.

§ 3. Denkmäler

A. Bauten einschließlich der Innenausstattung

1. Der Stiftsbering

Die Siedlung Pfalzel liegt ca 4,5 km nordöstlich von Trier auf der linken Seite der in diesem Bereich zwischen Pallien und Ruwer in west-östlicher Richtung fließenden Mosel (Abb. 1). Siedlungskern ist ein um 360 erbauter „Landsitz", ein Palatiolum (Abb. 4), das namengebend für die Siedlung wurde. Die Gebäude dieser repräsentativen römischen Anlage blieben in der Übergangszeit von der römischen zur fränkischen Herrschaft unzerstört und wurden weiter genutzt. Um 700 erwarb Adela (vgl. § 20) die Gebäude mitsamt einem Teil der hier eingerichteten Grundherrschaft von ihrem Schwager Pippin II. und gründete ein Frauenkloster, dem sie selbst als Äbtissin vorstand. Westlich dieser Klosteranlage im Palatiolum entstand eine Dorfsiedlung mit einer St. Martin-(Pfarr-)Kirche. Das Frauenkloster wurde um 1016 von Erzbischof Poppo von Trier aufgehoben bzw. 1028/29 in ein Kanonikerstift umgewandelt, das die relativ große Anlage aber nur im östlichen Teil selbst nutzte. Im zunehmend verfallenden westlichen Teil richteten die Trierer Erzbischöfe spätestens seit dem 12. Jahrhundert eine Nebenresidenz zu Trier ein, die sie im 15. Jahrhundert zu einer befestigten („Burg"-)Anlage ausbauten. Mit der kurtrierischen Ämterverfassung wurde Pfalzel Sitz des ausgedehnten Amtes Pfalzel.

Die Siedlung Pfalzel bestand somit schließlich aus drei von einander abgegrenzten und weitgehend selbständigen (jedoch nicht etwa „autonomen") Siedlungsteilen (Abb. 2),

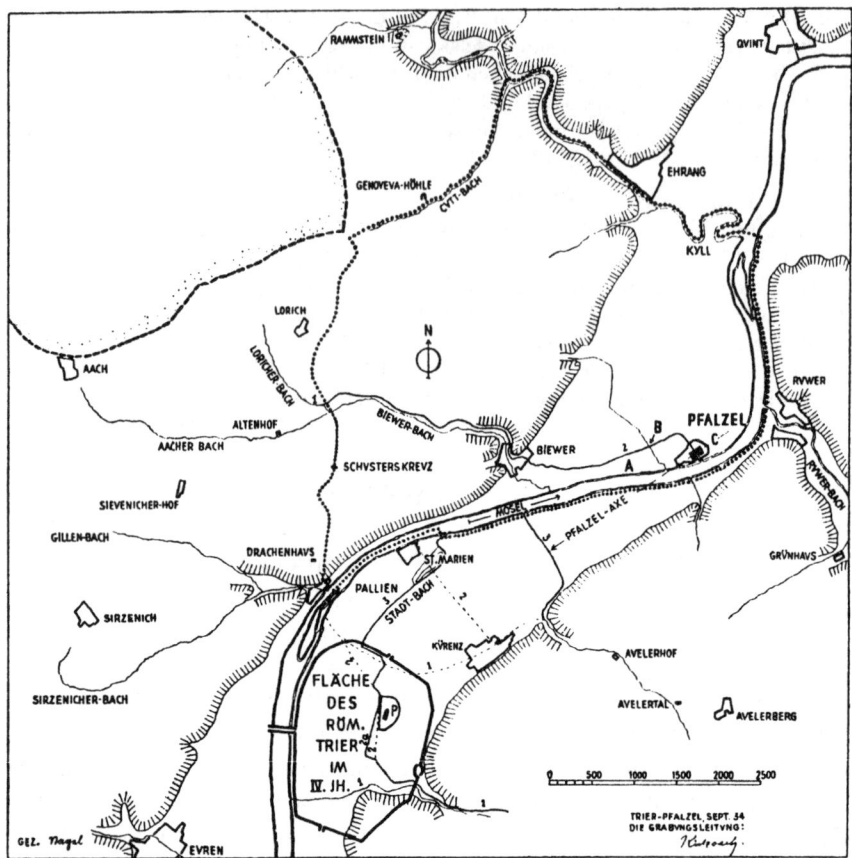

Abb. 1. Die topographische Lage von Pfalzel zum Areal des römischen Trier mit den Kernbereichen der älteren Siedlungen des Umlandes. – Aus Kutzbach, Hochschloß (1934) S. 47.

– nämlich dem Mittelteil des Kurfürst-Erzbischofs von Trier mit Residenz/Burg und mehreren Gebäuden des kurtrierischen Amtes Pfalzel (Amtshaus, Gerichtshaus, Münze, Zehntscheune etc.),

– sodann nach Westen dem ummauerte Dorf/Städtchen Pfalzel mit der (im 18. Jahrhundert an anderer Stelle neu erbauten) Pfarrkirche St. Martin und einer stattlichen Bauern-, Handwerker- und Kaufmanns-Siedlung,

– und schließlich nach Osten dem zwar in die kurfürstliche Bastionsanlage einbezogenen, aber selbständigen Bering des St. Marien-Siftes (Abb. 3) mit fortbestehender Nutzung des Ostflügels des römischen Palatiolum überwiegend als – in allen Jahrhunderten weiter- und umgestalteten – Kirche (Abb. 5), mit im 15. Jahrhundert nach Osten neu erbautem Kreuzgang sowie

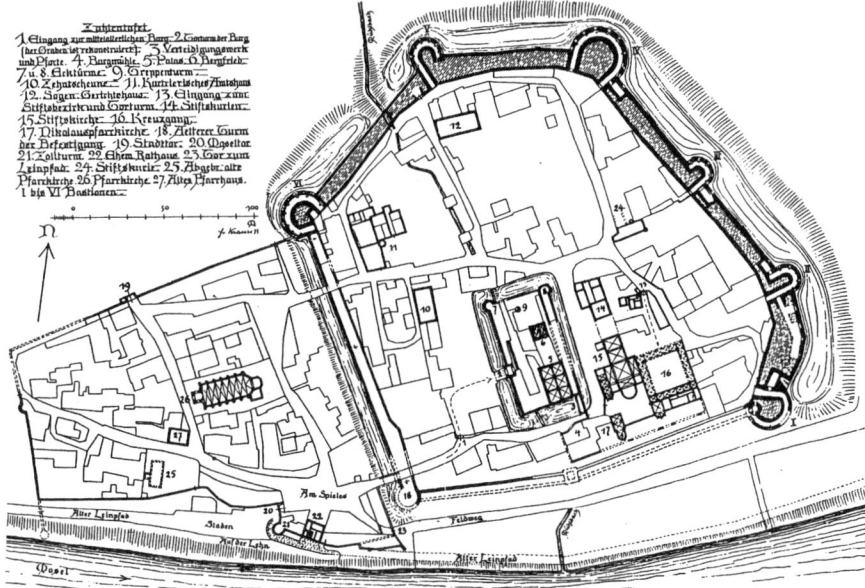

Abb. 2. Gesamtplan der Siedlung Pfalzel, Ende 18. Jahrhundert. Nach Westen die Bürgersiedlung mit Pfarrkirche St. Martin Nr. 25 erste Stelle, Nr. 26 Neubau 18. Jh.). Nach Osten der kurfürstliche Bering mit der Ummauerung („Bastion") und der Burg (Nr. 1–9, der Graben um die Burg ist im Umfang nicht gesichert) sowie das Stift mit Stiftskirche (Nr. 15), neuem Kreuzgang und St. Peter-Kapelle (Nr. 16), St. Nikolaus-Pfarrkirche (Nr. 17) und nicht streng umgrenztem Stiftsbering. – Plan nach Krause 1935 in Pfalzel 1989 S. 275.

mit Kurien, Verwaltungs- und Wirtschaftsgebäuden und mit der am Moselufer gelegenen Pfarrkirche St. Nikolaus für eine aus der Grundherrschaft erwachsene, sich über Orte zu beiden Moselseiten erstreckende Pfarrei.

Dieser Stiftsbering hatte wahrscheinlich keine feste Begrenzung gegenüber dem erzbischöflichen Bering; jedenfalls sind Stiftskurien auch in einiger Entfernung bezeugt. Einen eigenen stiftischen Immunitätsbezirk im Rechtssinne hat es wahrscheinlich – unbeschadet der Asylfunktion der Kirchen und Kapellen sowie der Kreuzgänge – nicht gegeben. Dabei ist auch die unmittelbare Nachbarschaft des kurtrierischen Amtsberings zu beachten.

Der kurfürstliche und der stiftische Bering wurden in der ersten Hälfte des 16. Jahrhunderts mit einer gemeinsamen Befestigungsanlage umschlossen (vgl. unten Abschn. A 6b). Auch das spricht – neben rein militärischen und finanziellen Gesichtspunkten der Umwehrung eines geschlossenen Verteidigungsberings – dafür, daß im Mittelalter zwischen beiden Bereichen kaum Begrenzungen bestanden. Auch daran kann man sehen, daß das Stift eine unmittelbare erzbischöfliche Institution war, und daß beide, erzbischöflicher Bering und stiftischer Bering, sich aus einer gemeinsamen „Wurzel", dem römischen Palatiolum und dem in diesem Gebäude von Adela gegründeten und eingerichteten Nonnenkloster, erst schrittweise getrennt entwickelten.

2. Die Stiftskirche als Bauwerk

Die Baugeschichte der Kirche muß in die historische Entwicklung der sie nutzenden Institutionen eingebunden bleiben. Unter dieser Prämisse sollen hier – in z.T. engeren zeitlichen Ansätzen – die aufgrund der älteren Untersuchungen von Wilhelm Effmann (1890), Friedrich Kutzbach (1929, 1935) und Kurt Nagel (1934), im Zusammenhang mit dem Erweiterungsbau 1961/62 von Heinz Cüppers (1962 und mehrfach danach) sowie im Gesamt der romanischen Baukunst des Raumes von Hans Erich Kubach und Albert Verbeek (1976) eingehend beschriebenen Baumaßnahmen aufgelistet werden. Für die Beschreibung und architekturgeschichtliche Zuordnung sei auf Cüppers und Kubach-Verbeek verwiesen.

1. Für das Frauenkloster wurde um 710 im Erdgeschoß der östlichen Ecke des Quadrums – vom wahrscheinlich in der Mitte des südwestlichen Flügels gelegenen Haupteingang aus gesehen in der rechten hinteren Ecke – unter Einbeziehung (wie z.T. schon in römischer Zeit) der anschließenden vier kleineren Räume ein kreuzförmiger Zentralraum geschaffen. Ob alle Kreuzarme gleiche Länge hatten („griechisches Kreuz") ist strittig, scheint mir aber wahrscheinlich. Dieser Raum ist wegen der Lage des römischen Quadrums nicht exakt geostet, sondern nach Südosten orientiert. Die über diesem Raum befindlichen Stockwerke blieben stehen und waren (noch) nicht zu dem darunter liegenden Kirchenraum geöffnet.

2. Im 10. Jahrhundert – also noch in der Zeit des Frauenklosters – werden in die Fluchten der Außenwände eingebundene kleinere Anbauten zu beiden Seiten des Chorarmes angefügt, die als Nebenkapellen interpretiert werden. Sie hatten Tonnengewölbe und waren wohl auch niedriger.

3. Zur gleichen Zeit soll die Vierung durch die Entfernung der Zwischendecke in das Obergeschoß erhöht worden sein. Das gilt nicht für die Obergeschoß-Räume der Querarme, die aber durch rechteckige Bogenöffnungen mit eingestellten Säulen zum Vierungsraum und zum Chor-Raum hin als Einsicht- (und damit Teilnahme-) Zone geöffnet waren.

4. Ebenfalls noch im 10. Jahrhundert soll der nordwestliche Kreuzarm um eine Raumeinheit erweitert worden sein, der Kirchenraum damit also den Grundriß eines lateinischen Kreuzes erhalten haben.

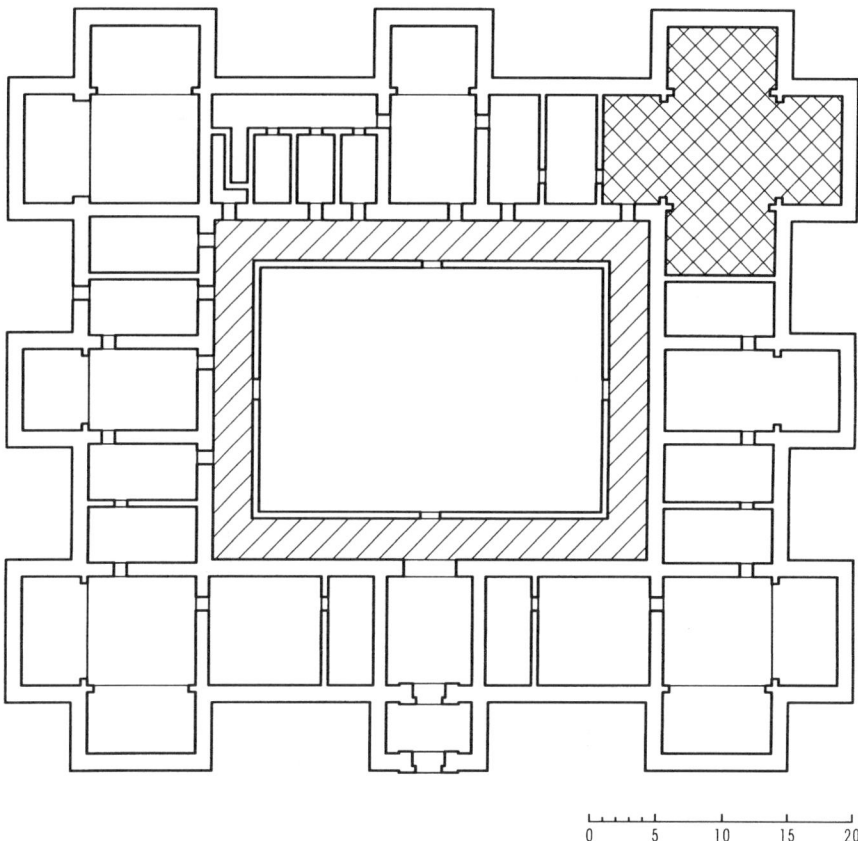

Abb. 3. Römisches Palatiolum mit Kennzeichnung der durch das Frauenkloster und das Kanonikerstift als liturgische Räume genutzten Teile. – Umzeichnung des Standard-Grundrisses durch Architekt Hans-Joachim Becker, Koblenz.

5. Das erweitere „Langhaus" wurde ebenfalls durch Entfernung der Zwischendecke in das Obergeschoß erhöht. Diese Maßnahme wird in das 11. Jahrhundert datiert, freilich ohne die tiefgreifenden und Baumaßnahmen gewiß ausschließenden Änderungen von Kloster zu Stift in der 1. Hälfte des 11. Jahrhunderts zu beachten. Wir möchten sie daher eher in einem Zusammenhang mit den zu 3 und 4 genannten Maßnahmen – der Erweiterung des Langhauses und der Erhöhung der Querarme – sehen und deshalb noch der Zeit des Frauenklosters (d.h. bis 1017) zuordnen. Für das Kanonikerstift war eine „Öffnung" des Schiffes nicht erforderlich. – Anderseits soll nicht unbeachtet bleiben, daß die Weihe des Hochaltares mit dem Zweitpatrozinium des Trierer Bischofs Agritius nicht nur in das Ende des 10. Jahrhunderts, sondern auch Erzbichof Poppo und damit der Stiftszeit zugeschrieben werden kann (vgl. § 6).

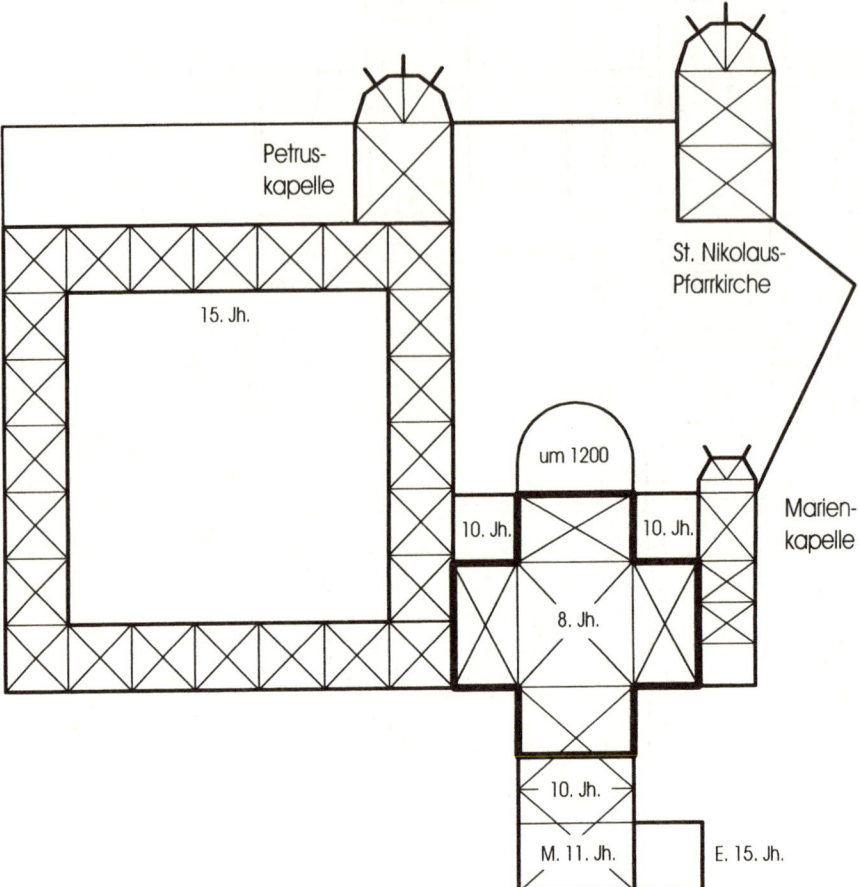

Abb. 4. Die Bauphasen der St. Marien-Stiftskirche. – Architekt Hans-Joachim Becker, Koblenz.

6. In den Auseinandersetzungen zwischen Erzbischof Albero und Graf Heinrich von Namur hat dieser nach 1146 die Stiftskirche angezündet, um damit die „Ausweich-Residenz" des Erzbischofs zu treffen (vgl. § 8), doch waren zur Behebung des damit entstandenen Schadens keine tiefgreifenden baulichen Veränderungen erforderlich.

7. Der südöstliche (Ost-)Kreuzarm, der gewiß als der Altarraum anzusprechen ist, hatte wie alle Arme einen geraden Abschluß. Dieser wurde abgebrochen und durch eine mit vorgelegten Säulen gegliederte Apsis mit fünf Fenstern ersetzt. In diesem damit geschaffenen erweiterten Chorraum hat man gewiß auch die entsprechende Innenausstattung mit Altar und Chorgestühl für die Kanoniker und wahrscheinlich auch Chorschranken zum Schiff hin

eingerichtet. – Mit dieser Umgestaltung des Chorraumes war die Translation des Adela-Sarkophags an die Außenwand der (linken) Evangelienseite verbunden, die urkundlich für 1207 bezeugt ist (vgl. hier Abschn. 3b). Damit ist auch die Datierung des Baues der Apsis „um 1200" gesichert (so u. a. Cüppers). Kubach-Verbeek möchten die gewiß tiefgreifende Umgestaltung des Chorraumes „gleichzeitig" mit der Erhöhung des Langhauses „im 11. Jahrhundert" datieren (S. 931 f.), wobei vermutlich eine zuvor namentlich von Kutzbach und Nagel angenommene Initiative Erzbischof Poppos mit dessen Einsetzung von Kanonikern in das Kloster der Adela – und von da eine Assoziation zum Bau der großen Westapsis des Trierer Domes durch eben diesen Erzbischof Poppo – maßgebend war. Vgl. dazu auch oben bei 5.

Daß es sich um Baumaßnahmen des Kanonikerstiftes handelt, ist auch unter den – von Architektur-Historikern meist vernachlässigten – liturgischen Gesichtspunkten naheliegend, weil die Kanoniker als Kleriker um den Altar zusammen kamen. Wenn aber Kubach-Verbeek beschreiben: „Der chorus wurde in die Vierung vorgezogen und wie üblich von den Querarmen durch gemauerte Schranken getrennt, vor denen das Chorgestühl zu denken ist. Schiff und Chor der Kirche waren jetzt im Grundriß und Raumvolumen fast gleich, die Vierung war entwertet, die Querarme zu niedrigen Nebenkapellen geworden" (S. 932), so ist diese Interpretation für eine immer recht kleine Gemeinschaft der Kanoniker dieses Stiftes wohl doch überzeichnet. Man wird somit den Anbau der Apsis nicht als notwendige Baumaßnahme der Umwandlung in ein Kanonikerstift sehen dürfen. Auch im nahen, ebenfalls von Erzbischof Poppo eingerichteten Stift St. Simeon in Trier hatte bis zum Anbau einer Apsis um 1150, also rund 50 Jahre nach Pfalzel, auch der Chor der Stiftskirche einen geraden Chorabschluß. Es ist aber durchaus in Betracht zu ziehen, daß dann neben zeitgeschichtlichen architektonischen Gesichtspunkten auch liturgische Entwicklungen für diese erste und recht bedeutende bauliche Veränderung der Stifts-Epoche maßgebend waren.

Die Gestaltung dieses mit einer Apsis neu geformten Chorraumes ist wohl nicht mehr zu klären. Wenn die Zeichnung von Franz Tobias Müller über die Situation um 1800 auch nur annähernd richtig ist (vgl. die Abbildung S. 33), lag er höher als das Niveau des Fußbodens im Mittelschiff und war nur über mehrere Stufen zugänglich. Das legt die Annahme nahe, daß das Bodenniveau des Chorraumes mit diesen Baumaßnahmen des 13. Jahrhunderts angehoben und – bis ins 18. Jahrhundert – durch Chorschranken zu den Armen des Querhauses der Vierung und durch einen wie auch immer gestalteten Lettner zum Langhaus hin (wie ihn auch die Kdm. S. 297 annehmen) abgeschlossen war.

8. In der Urkunde Erzbischof Theoderichs von 1223 über die Einführung eines zweiten Karenzjahres lautet die Begründung: *cum ecclesia b(eate) Marie in*

Palatiolo ruinam in edificiis et defectum intollerabilem pateretur in ornamentis nec haberet (habeat) sublevantem. Deshalb bestimme er, daß ein zweites Karenzjahr (bzw. dessen Einkünfte) *ad ecclesie cedat reparationem, ut saltem ruinis aliquando restitutus, emendatiora tandem habeantur ecclesie ornamenta* (Nachweise vgl. in § 10; letztlich war es die verbesserte Grundausstattung der Einkünfte der Fabrik: vgl. § 27 Abschn. C). Man wird diese Beschreibung der Bausubstanz der Stiftskirche (und ihrer Ausstattung) gewiß im Zusammenhang mit dem bedeutenden Anbau der Apsis und dem damit verbundenen Ausbau des gesamten Chorraumes zu sehen haben. Der verbliebene Teil der Kirche mit den „Hochräumen" von Vierung und Schiff mag tatsächlich „ruinös", jedenfalls nicht mehr angemessen oder gar zeitgemäß gewirkt haben, wenn die Schilderung – als Begründung der für die Mitglieder des Kapitels gewiß sehr schwerwiegenden Einführung eines zweiten Karenzjahres (vgl. dazu § 11 Abschn. A 1d) – auch (leicht) übertrieben sein mag. So erhielten denn „nach 1223" (so Kubach-Verbeek S. 932) Vierung, Chor und Schiff ein Kreuzgewölbe wohl nicht nur oder primär als Sanierung, sondern eher als Modernisierung.

9. Das 15. Jahrhundert ist geprägt von der – im Zusammenhang mit der Erweiterung und dem Ausbau der erzbischöflichen Residenz im Westteil des alten römischen Palatiolum (vgl. hier Abschn. A 6a) zu sehenden – Auflassung des alten Kreuzganges im Innenhof des römischen Quadrums (vgl. hier Abschn. 4a) bzw. der Neuanlage des neuen Kreuzgangs, doch ergaben sich für die hier in Rede stehende Stiftskirche als solche daraus keine wesentlichen baulichen Veränderungen. Ein Durchgang vom östlichen Querhaus zu dem neuen Kreuzgang ist das jedenfalls nicht. Anderseits waren für die liturgischen Prozessions- und Statio-Wege aus dem Chor der Kirche in diesen neuen Kreuzgang doch gewiß kleinere Umstellungen im „Mobiliar" der Kirche notwendig, über die aber Einzelheiten nicht bekannt sind. Dies gilt auch für neue Gewohnheiten der Wegführung.

10. Dennoch waren im 15. Jahrhundert an den übrigen Gebäuden Sanierungsmaßnahmen und wohl auch Veränderungen zur Anpassung an Entwicklungen der Architektur notwendig geworden. Das gilt sicher auch für die St. Marien-Kirche als solche. Ein Ablaßprivileg Papst Pius II. von 1461 nennt jedenfalls als „Verwendungszweck" der mit der Gewinnung des Ablasses verbundenen Spenden Reparaturen des wegen seines Alters reparaturbedürftigen Kirchengebäudes und auch hier wieder Erneuerungen von Kelchen, Büchern, Paramenten und Ornaten (K Best. 157 Nr. 97; vgl. § 28).

11. Für eine – gewiß im zeitgenössischen gotischen Stil erfolgte – Neugestaltung eines Fensters im linken Teil des Chores gab der 1474 gestorbene Kanoniker zu St. Simeon Heinrich von Luxemburg/von Rommersheim testamentarisch mit der Stiftung einer Memorie 29 fl. *in subsidium fenestrae novae in sinistra parte chori constructae* (Memorienverzeichnis Bl. 64v; vgl. § 35). Sehr

Abb. 5a–d. Nutzung und Verfall der Stiftskirche nach der Säkularisation. – Fotos von Dr. med. Fritz Michel, Koblenz, um 1930. Nachlaß in LHA Koblenz Best. 710.
5a. Blick auf das Langhaus mit Eingangsportal.

wahrscheinlich hängt diese Veränderung mit dem Bau des neuen Kreuzgangs zusammen, der gewiß schon in dieser Zeit begonnen war. Ob es sich dabei um das große gotische Maßwerkfenster handelt, das 1961 in den Nordgiebel der Kirche versetzt wurde (Cüppers 1989 S. 34), mag dahingestellt sein.

12. Der Wegfall des alten Kreuzgangs war gewiß auch der Grund für den Anbau einer kleinen Vorhalle (Portikus; auch als „Windfang" bezeichnet) vor dem Eingang zur Kirche an der Südseite des hinteren Teiles des Langhauses (in Kdm. S. 295 als spätgotisch datiert; um 1700 erhielt sie ein barockes Portal, mit dem Erweiterungsbau 1962 wurde sie abgebrochen).

13. Um 1500 wurde auf das Gewölbe des östlichen Querhauses ein (Glocken-)Turm aufgesetzt.

5b. Stiftskirche, Blick in Vierung und Chor.

5c. Stiftskirche, Blick aus dem Chor in das Schiff.

14. Ob bei dem Überfall des Markgrafen Albrecht Alkibiades von Brandenburg-Kulmbach 1552 (vgl. § 8) die Stiftskirche in Mitleidenschaft gezogen wurde, ist nicht bekannt. Bei der Einäscherung Pfalzels 1689 wurden die Dächer der Kirche und der St. Peters-Kapelle, des Kreuzgangs und des Portikus zerstört. Zu deren Erneuerung wurden 1695 und 1699 Teile der Scholasterie einbehalten (K Best. 157 Nr. 307; vgl. § 12). 1782/83 wurde der Chor neu gestaltet. Das Ziel war offensichtlich, ihn als solchen zu verkürzen und zum Langhaus hin zu öffnen; vom liturgischen Verständnis des späten 18. Jahrhunderts war dies gewollt. Deshalb wurden das *porthal* (mit einem Lettner?; die *porta chori* wird auch 1755 genannt: vgl. § 23) entfernt (bzw. an den Kircheneingang „an der Straße" versetzt) und die beiden Nebenaltäre um vier Fuß in den Chor hinein gesetzt und so ein „geschweifter Eingang in den Chor" gebildet (KP zum 30. September 1782 S. 246). Für den nun kleiner gewordenen Chorraum wurde ein neues Chorgestühl angefertigt (s. dazu weiter unten).

5d. Stiftskirche, Blick in die Marien-Kapelle.

Auch die Fenster im Chor und im Langhaus wurden in der Barockzeit vergrößert, mit dem Umbau 1962 aber wieder auf ihre romanischen Maße zurückgeführt (Cüppers 1989 S. 34).

15. Mit der Aufhebung des Stiftes 1802 verlor die Stiftskirche ihre Funktion. Bei der Neuordnung der Pfarrorganisation konnte ein Erhalt dieser Kirche (wie z.B. in Trier mit manchen Stifts- und Klosterkirchen, die nun Pfarrkirchen wurden) nicht erreicht werden, weil die St. Martin-Pfarrkirche der Siedlung Pfalzel erst 1772/75 neu erbaut worden war und somit als Neubau galt und auch von der Lage eine Übertragung von deren bestehenden alten Pfarr-Rechten auf die St. Marien-Kirche des Stiftes nicht in Betracht gezogen wurde. Das Alter und der architekturgeschichtliche Rang der St. Marien-Kirche waren damals auch offensichtlich nicht bekannt. In einem 1856 veröffentlichten Beitrag über „Die Stiftskirche zu Pfalzel in ihrer ursprünglichen Form"

schreibt der auch als Historiker ausgewiesene Pfarrer von St. Paulin/Trier Philipp Schmitt: „Die Pfalzeler Stiftskirche steht noch wohl erhalten, auch an ihr wie am Dom zu Trier hat jedes Zeitalter gebaut". Der Putz sei z. T. abgebrochen und deshalb sei nun das höhere Alter – auch der römischen Zeit und der Tätigkeit Erzbischof Poppos – erkennbar (MittKirchlArchäologie 1. 1856 S. 73–77; zum Verfasser vgl. 2 S. 117).

16. Die St. Marien-Stiftskirche wurde 1802 ausgeräumt, wenige vasa sacra, liturgisches Gerät, auch Mobiliar wurden in die St. Martin-Pfarrkirche gebracht, am 8. August 1802 auch die Gebeine der (hl.) Adela. Der größere Teil der Einrichtungsgegenstände, darunter sehr wahrscheinlich auch alle Altäre bzw. deren Altarbilder (Retable etc.) und z. B. auch die Glocken, wurden versteigert. In die Wände eingemauerte Epitaphe hat man aber belassen. Schließlich wurde das Kirchengebäude (leer oder noch mitsamt der Einrichtung?) versteigert. Die Versteigerungsprotokolle geben an, daß die Stiftskirche zu Pfalzel, ein Haus mit Keller, Ställe, Schuppen, Kreuzgang und Archiv (?) am 7. September 1803 an den Anwalt (avoué) Damian Cardon aus Trier für 3650 fr. (Schätzpreis 2000 fr.) versteigert worden seien (Schieder, Säkularisation 3 S. 24 Nr. 5815). Die weitere Besitzfolge ist hier nicht untersucht. Eigentümer seit 1826 war die Familie v. Nell, die das Kirchengebäude als Lagerraum verwandte. Erst zu Beginn des 20. Jahrhunderts gab es Bestrebungen, dem Gebäude wieder seine Funktion als Kirchenraum (zurück) zu geben. In den 20er Jahren wurde ein Verein zur Wiederherstellung der Kirche gegründet und 1927 wird die Kirche für 24 000 Goldmark von der Familie v. Nell (Arthur v. Nell verzichtete auf seinen Anteil von 12 000 Mk.) für die Pfarrgemeinde erworben. Es folgen zunächst Grabungen von Friedrich Kutzbach und Kurt Nagel.

17. Am 24. Dezember 1944 werden bei einem schweren Bomberangriff auf Pfalzel das südliche Querhaus und Teile der Vierung sowie die Marienkapelle schwer getroffen. Mit den in den 50er Jahren aufkommenden Bemühungen um einen Wiederaufbau bzw. eine Sanierung sowie schließlich auch einer Nutzung als (aktiven) Kirchenraum kommt es dann zu ersten Überlegungen einer Erweiterung des relativ schmalen Gebäudes (hier wird Theodor Konrad Kempf als Initiator genannt), die bald auch Vorstellungen moderner liturgischer Gestaltung aufgreifen. Erste Planungen sind seit 1957 bezeugt, mit Baurat H. O. Vogel wird ein kompetenter Architekt gewonnen. Am 30. September 1962 ist die Weihe der wiederhergestellten und erheblich erweiterten St. Marien-Kirche, nun als zentrale Pfarrkirche Pfalzels. In der alten Pfarrkirche St. Martin wird ein Pfarrheim eingerichtet, das nach 1802 dorthin gerettete Inventar der Stiftskirche kommt – mitsamt dem Inventar der St. Martin-Kirche und anderer, nach 1802 dorthin gegebener Objekte (vgl. Abschn. 6c) – in die St. Marien-Pfarrkirche. – Vgl. Werner Schuhn, Zum Schicksal der Pfalzeler Stiftskirche seit 1794 (Ehranger Heimat 6. 1969 S. 33–41) und Pfalzel 1989.

18. Der Erweiterungsbau 1960/62 (Konsekration durch Bischof Matthias Wehr am 30. September 1962) mit verschiedenen tiefen Eingriffen in die auch nach den profanen Nutzungen des 19. und 20. Jahrhunderts und den Kriegszerstörungen weitgehend erhaltene römisch-romanische Bausubstanz ist hier im Detail nicht zu beschreiben; bei einzelnen Bauteilen und den Angaben zur Aufstellung von Epitaphen und Mobiliar ist darauf hingewiesen. „Hierbei (bei der Anlage des Erweiterungsbaues) gab es … Änderungen am Bestand, die … als willkürliche Eingriffe bedauerlich erscheinen, wenn auch das Ergebnis im ganzen eindrucksvoll ist" (Kubach-Verbeek, 1976 S. 933). Inzwischen wird die Gestaltung des Erweiterungsteiles und die Einbeziehung des Altbaues wohl doch distanziert-kritischer gesehen.

Zur Inneneinrichtung vgl. Abschn. 3. Vgl. auch die Angaben zu den Kreuzgängen (Abschn. 4a) und zur St. Nikolaus-Kirche (Abschn. 4b).

Sakristei/Schatzkammer – St. Marien-Kapelle

Der an den rechten (südwestlichen) Querarm der Vierung unmittelbar anschließende Raum des römischen Palatiolums ist – vermutlich schon mit der Einrichtung der Kirche des Frauenklosters im 8. Jahrhundert – als Nebenraum der Kirche genutzt worden, war aber durch die beibehaltene (römische) Mauer von dieser getrennt und nur durch eine Türe zugänglich bzw. mit der Kirche verbunden. Die Raumeinheit hatte zwei Stockwerke, die beibehalten wurden.

Die Nutzung der beiden Räume ist (schriftlich) nicht überliefert. In der Literatur gilt der untere Raum als Sakristei. Das Obergeschoß soll der meist bei Klöstern und Stiften als „Schatzkammer" bezeichnete Raum zur Aufbewahrung von vasa sacra, liturgischen Handschriften und Büchern sowie von Gewändern, die nicht im täglichen Gottesdienst benutzt wurden (diese waren in der Sakristei), gewesen sein, in dem sich dann auch die Archivtruhe(n) befand(en). Dieser obere Raum sei durch eine kleine Tür über eine Holztreppe, die sich „in einfacher Weise an ein Podest" anlehnte, noch bis Ausgang des 17. Jahrhunderts zugänglich gewesen (Kdm. S. 292).

Der untere Raum – die Sakristei – hatte ursprünglich eine flache Decke und wurde im 13. Jahrhundert (nach Cüppers 1989 S. 93 „wahrscheinlich nach dem Brand von 1146") „zweijochig rippenlos kreuzgewölbt mit rundem, im Scheitel überhöhtem Gurtbogen auf Profilkonsolen" (so Kdm. S. 292, offenbar nach dem Befund von 1936; dieser Gebäudeteil wurde bei der Erweiterung 1962 völlig entfernt, vgl. nachstehend).

Wohl im Zusammenhang mit den Baumaßnahmen unter Erzbischof Johann II. wurde der untere (Sakristei-)Raum nach Südwest um den bis dahin offenen (?) Raum zwischen der rechten Chorkapelle und der offenbar noch er-

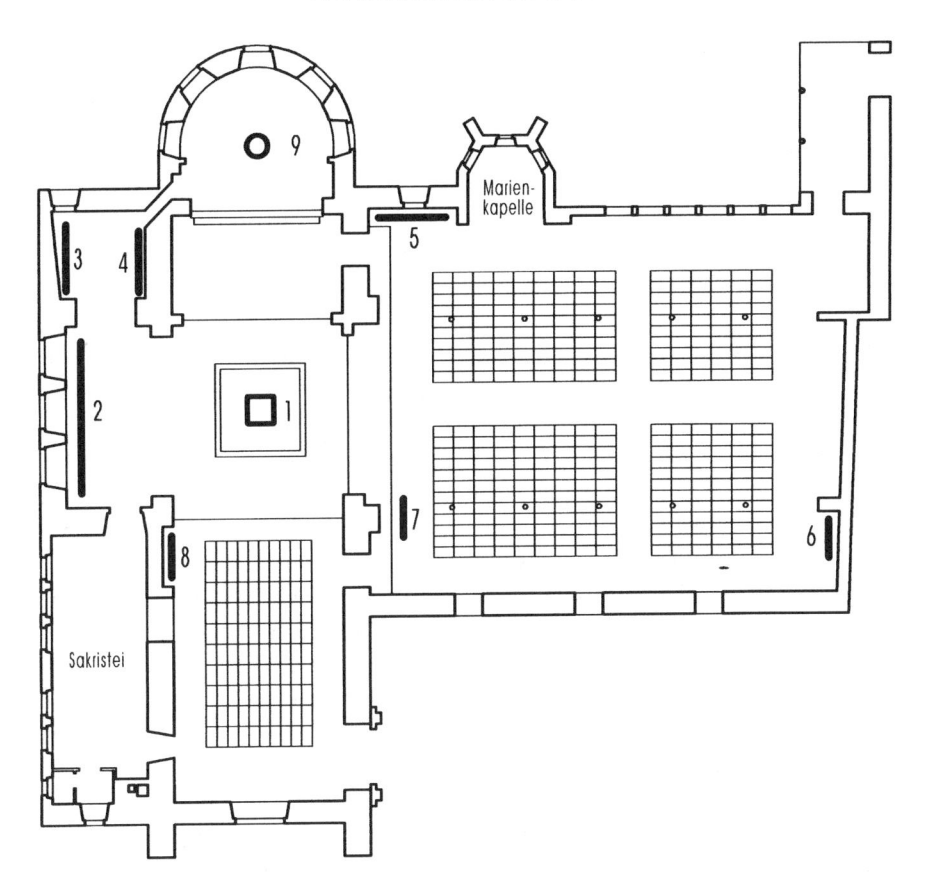

Abb. 6. Erweiterungsbau der ehemaligen Stiftskirche 1962, mit Standort-Kennzeichnung von Teilen des Inventars von 2004. Architekt Baurat H. O. Vogel, Trier. – Festschrift zur Einweihung ... 1962 S. 56. Inventar-Einzeichnungen durch Architekt Hans-Joachim Becker, Koblenz.

1. Große Reliquien-Kammer unter der Mensa des Altares.
2. Teile des alten Chorgestühls.
3. Altarbild/Epitaph des Johann Duyngin.
4. Altarbild/Epitaph des Peter Homphäus.
5. Epitaph des Pankratius Sauerzapf.
6. Nicht identifizierte Schrifttafel.
7. Figurengruppe Anna Selbdritt.
8. Reliquienkasten (eingemauert).
9. Taufbecken.

haltenen Wand des vorspringenden römischen Risalits erweitert und mit einer Chorapsis geschlossen (erhalten ist nach der Erweiterung von 1962 nur diese kleine Apsis). In dem so neu geschaffenen Raum mit der vormaligen Sakristei als zweijochiges Schiff, einem fast quadratischen Vor-Chor und der Apsis wurde eine St. Marien-Kapelle eingerichtet. Nach Ausweis eines (erhaltenen) Schriftbandes in der Apsis wurde sie 1468 fertiggestellt; der Schlußstein des Vorjoches zeigt das Wappen des Erzbischofs Johanns II. von Baden (architektur-stilistische Beschreibung in Kdm. S. 293). Die alte Türe von der Sakristei zum Querhaus der Kirche wurde vermauert. Die Kapelle erhielt eine neue Türe am Ende der rechten (südlichen) Wand des Schiffes und war damit ein von außen zugänglicher, völlig „selbständiger" Baukörper neben der Kirche, wenn auch in Mitnutzung von Teilen des Mauerwerks der Kirche.

Diese „Isolierung" der St. Marien-Kapelle mag erklären, daß sie in der Beschreibung der St. Marien-Stiftskirche und der St. Nikolaus-Stiftspfarrkirche zum Jahre 1802 von Franz Tobis Müller überhaupt nicht genannt wird: sie war kein Teil der Stiftskirche. Die Aussage Kdm. S. 292, die Kapelle habe „immer als südliche Nebenkapelle zur Kirche" gehört, ist falsch. Bei der Angabe von Wengler S. 58, in dieser Kapelle habe der St. Katharinen-Altar gestanden, ist diese St. Marien-Kapelle mit dem rechten Seitenchor der Kirche in der Zeichnung Müllers verwechselt. Die Kapelle wurde nach 1802 als Schmiede genutzt, beim Bomberangriff an Weihnachten 1944 beschädigt und mit der Errichtung des Erweiterungsbaues 1962 abgerissen; erhalten blieb lediglich die Apsis als Wandnische im neuen Schiff der Kirche.

Über die kultische Nutzung der Kapelle ist nichts bekannt. Eine Vikarie oder Altaristenstelle hat offenbar nicht bestanden. Vielleicht ist dieser – wenn man von der Einbeziehung des Sakristei-Teiles absieht – sehr kleine Kapellenraum von Erzbischof Johann II. als Ausgleich (Ersatz) für einen im Zusammenhang mit der Auflassung des alten Kreuzganges zwischen Stiftskirche und Burg notwendigen Abriß einer ähnlich kleinen Kapelle, wie sie in Kreuzgängen üblich waren, errichtet worden. Über zwei ältere Vikarien mit Altären *in ambitu* (St. Peter und St. Johannn Baptist) vgl. § 15.

Lit.: Kdm. S. 292f. mit Abb.; Keune S. 14; Wengler S. 58; Festschrift Einweihung Abb. S. 45 und 49 (Kriegszerstörung); Cüppers 1989 S. 92f.

3. Ausstattungsstücke der Kirche

1461 verleiht Papst Pius II. einen Ablaß für Spenden zugunsten des wegen Alters reparaturbedürftigen Kirchengebäudes und zur Erneuerung von Kelchen, Büchern, Paramenten und Ornamenten (K Best. 157 Nr. 97; vgl. § 25). Über die Ausstattung der Stiftskirche zur Zeit der Aufhebung des Stiftes gibt

Franz Tobias Müller (Schicksale, Manuskript BistA Trier Abt. 95 Nr. 342 S. 460–462) umfangreiche, wenn wohl auch nicht ganz vollständige Angaben. Eingefügt ist dort „zur beßeren Einsicht ... eine leichte Grund-Zeichnung" (S. 461), die hier (S. 33) abgebildet ist. Genannt werden:

a. Altäre, Bilder, Skulpturen

Hochaltar

F. T. Müller gibt an, der Hochaltar habe ein Bild der Himmelfahrt Mariä gezeigt. Bei der Zerstörung des Altares habe man in diesem eine Konsekrationsurkunde des Weihbischofs Johannes de Monte vom 2. Juni 1430 gefunden[1].

Der Text dieser Konsekrationsurkunde ist bei Müller wie folgt überliefert (Schicksale S. 462; in der Transskription haben wir die Großschreibungen Müllers beibehalten, auch wenn sie vermutlich nur zum Teil der Vorlage entsprechen):

Bei der Zerstörung des Hochaltars fande man darinn auf einem Stücklein Pergament mit einem grünn wachsernen Siegel darauf diese Einweihungs Schrift:

Nos frater Johannes permissione Divina Episcopus Azotensis per dioecesin (sic) Trevirensem in Pontificalibus generalis Vicarius & Sacrosanctae Theologiae Professor consecravimus Altare istud in honorem beatae Mariae Virginis & Sancti Agritii Episcopi secunda die mensis Junii sub Anno Domini M°CCCC°XXX° in cujus rei Testimonium Sigillum nostrum duximus imprimendum.

Diese Angaben Müllers beziehen sich auf zwei unterschiedliche Objekte, nämlich auf den Altartisch als solchen, die *mensa*, in der oder unter dessen (steinerner) Tischplatte sich in einer kleinen Nische Reliquien und das Pergamentstück mit der Beurkundung der Weihe des Altares durch den Weihbischof fand. Hinter bzw. auf diesem Altartisch stand als „Rückwand" (*retabulum*/Retabel) das genannte „Bild" der Himmelfahrt Marias.

Über (vergebliche) Bemühungen, mit diesem sehr konkreten Nachweis über die Altarweihe von 1430 zu Ehren Marias (und des hl. Agritius) und eines „Bildes" der Himmelfahrt Marias um 1800/1802 einen Schnitzaltar der Zeit um 1500 mit Darstellungen der Passion Christi, der sich heute in Wien befindet, als diesen Hochaltar der Pfalzeler St. Marien-Stiftskirche zu identifizieren, vgl. hier Abschn. 4b.

---

[1] Zu Weihbischof Johannes von Berg, 1418–1442/43, vgl. W. SEIBRICH, Weihbischöfe S. 37–41 mit weiteren Konsekrationshinweisen. Der hier überlieferte Nachweis einer Weihehandlung 1430 kann gewiß trotz der Ausführungen SEIBRICHS S. 40f. eingefügt werden.

Der Hochaltar erhielt mit Bulle Papst Benedikts XIV. vom 26. Januar 1746 die Privilegierung, daß die an diesem Altar am Fest Allerheiligen und während dessen Oktav sowie an allen Samstagen gefeierten Seelenmessen mit der Befreiung (der in der Intention benannten Seele) aus dem Fegfeuer verbunden seien. Es gebe im Stift keinen anderen privilegierten Altar (K Best. 157 Nr. 179).

Seitenaltäre

Franz Tobias Müller beschreibt vier zum Ende des Stiftes vorhandene Seitenaltäre nach den auf diesen vorhandenen „Bildern" und bezeichnet ihren Standort auf dem beigegebenen Grundriß (S. 33). Weitere Angaben zu den Altären sind in § 15 nachgewiesen.

St. Marien-Altar, in der linken Chorkapelle.

„Ein sonstiges Muttergottes Bild" (Müller S. 460). Sehr wahrscheinlich ist dies der Altar der bis zum Ende des Stiftes bestehenden Vikarien St. Margaretha-St. Johann Evangelist, dem seit 1595 auch die Vikarie am Altar St. Johann Baptist und hl. Kreuz uniert war (s. unten bei diesen Altären). Es könnte sein, daß F. T. Müller in seiner Reinschrift eine Notiz falsch abgeschrieben hat (Maria statt Margaretha).

St. Katharinen-Altar, in der rechten Chorkapelle.

Das Alter des Altares ist nicht bekannt. 1595 wurde der Vikarie dieses Altares der Altar St. Martin uniert. Vgl. § 15.

Dreifaltigkeits-Altar, links vor der Treppe zum Chor.

1422 wird der Altar urkundlich erwähnt. 1595 wird der Vikarie dieses Altares (wahrscheinlich) die des St. Peter-Altares uniert. Vgl. § 15.

St. Martin-Altar, rechts vor der Treppe zum Chor.

1363 ist der Altar urkundlich genannt. Die Vikarie dieses Altares wurde 1595 der Vikarie des St. Katharinen-Altares uniert. Vgl. § 15. Der Altar als solcher blieb offenbar bestehen, was wohl in seinem Standort begründet ist.

Urkundlich bezeugte Altäre bzw. Vikarien, die bei F. T. Müller nicht genannt sind.

Davon standen zwei Altäre im Kreuzgang (St. Peter und St. Johann Baptist/hl. Kreuz), hatten also ohnehin keinen Standort in der Kirche selbst. Der St. Johann Evangelist-/St. Margarethen-Altar ist sehr wahrscheinlich identisch mit dem bei F. T. Müller genannten St. Marien-(Seiten-)Altar. Somit entspricht die Beschreibung des Zustandes zu Ende des 18. Jahrhunderts bei Müller auch den älteren Gegebenheiten in der Stiftskirche.

St. Peter-Altar (Patronatsfest St. Peter ad vincula sowie St. Cosmas und Damian), im Kreuzgang (*in ambitu*).

Nicht bei Müller. Über die bereits 1333 genannte St. Peter-Kapelle und Belege zu dem St. Peter-Altar *in ambitu* von 1462 und 1487 vgl. § 15 und § 3

Abschn. A 4a: St. Peter-Kapelle im neuen Kreuzgang. Der Altar wurde 1595 der Vikarie des Dreifaltigkeits-Altares uniert.

St. Johann Evangelist- und St. Margaretha-Altar, vielleicht in der linken Chorkapelle (vgl. oben bei St. Marien-Altar).

Der Altar ist bei Müller nicht genannt. 1422 ist er urkundlich bezeugt. 1595 wurde der Vikarie dieses Altares der Altar St. Johann Baptist (und hl. Kreuz) uniert. Vgl. § 15.

St. Johann Baptist- und hl. Kreuz-Altar, im Kreuzgang (*in ambitu*).
Nicht bei Müller. Der Altar ist 1327 bezeugt. 1595 wird er der Vikarie des St. Margaretha-Altares uniert. Vgl. § 15.

Ausstattungsstücke

Als weitere Ausstattungsstücke der St. Marien-Stiftskirche nennt F. T. Müller nur noch

– die Grabstelle Adelas an der linken Seite des Chores (vgl. Abschn. 3b)
– das Chorgestühl (s. nachstehend)
– die Orgelempore (s. nachstehend)
– den Grabstein Sauerzapf (vgl. Abschn. 3b)
– das an der Außenwand der Kirche im Kreuzgang befindliche Epitaph der Äbtissin Ruothild (vgl. Abschn. 3b).

Wenn diese Beschreibung auch nur leidlich vollständig ist – und es besteht kein Grund, daran zu zweifeln –, dann ist festzuhalten, daß diese Stiftskirche am Ende des 18. Jahrhunderts vergleichsweise sehr schmucklos war. Über eine Gestaltung im barocken oder Rokoko-Stil, wie er im Trierer Raum mit herausragenden Beispielen – man denke z.B. an die Trierer Stifskirchen St. Paulin und St. Simeon oder an Springiersbach – vertreten war, ist für Pfalzel – mit Ausnahme der Entfernung des Lettners und kleinerer Maßnahmen – nichts bekannt. Auch das ist letztlich darin begründet, daß die das Stift einbeziehende Residenzfunktion Pfalzels seit dem 17. Jahrhundert aufgegeben war. Und so erhielt in der zweiten Hälfte des 18. Jahrhunderts in Pfalzel statt dessen die St. Martin-Pfarrkirche einen Neubau.

Hinsichtlich der Ausstattung der St. Marien-Stiftskirche muß auch beachtet werden, daß es neben der Stiftskirche innerhalb des Stiftsberinges weitere Kirchen bzw. Kapellen mit z.T. wertvoller, meist dem 16. Jahrhundert zuzuweisender Ausstattung gegeben hat. Das ist insbesondere bei der Zuordnung tatsächlich oder vermeintlich erhaltener Ausstattungsstücke im weiteren Sinne (einschließlich der vasa sacra) und namentlich solcher aus der St. Martin-Kirche 1962 nach St. Marien gebrachter Objekte zu berücksichtigen. Konkret bezeugt ist lediglich von den Gebeinen Adelas, daß sie am 8. August 1802 in die St. Martin-Pfarrkirche gebracht wurden. Das gilt aber gewiß auch für Teile des Chorgestühls (s. unten). Bei anderen Objekten

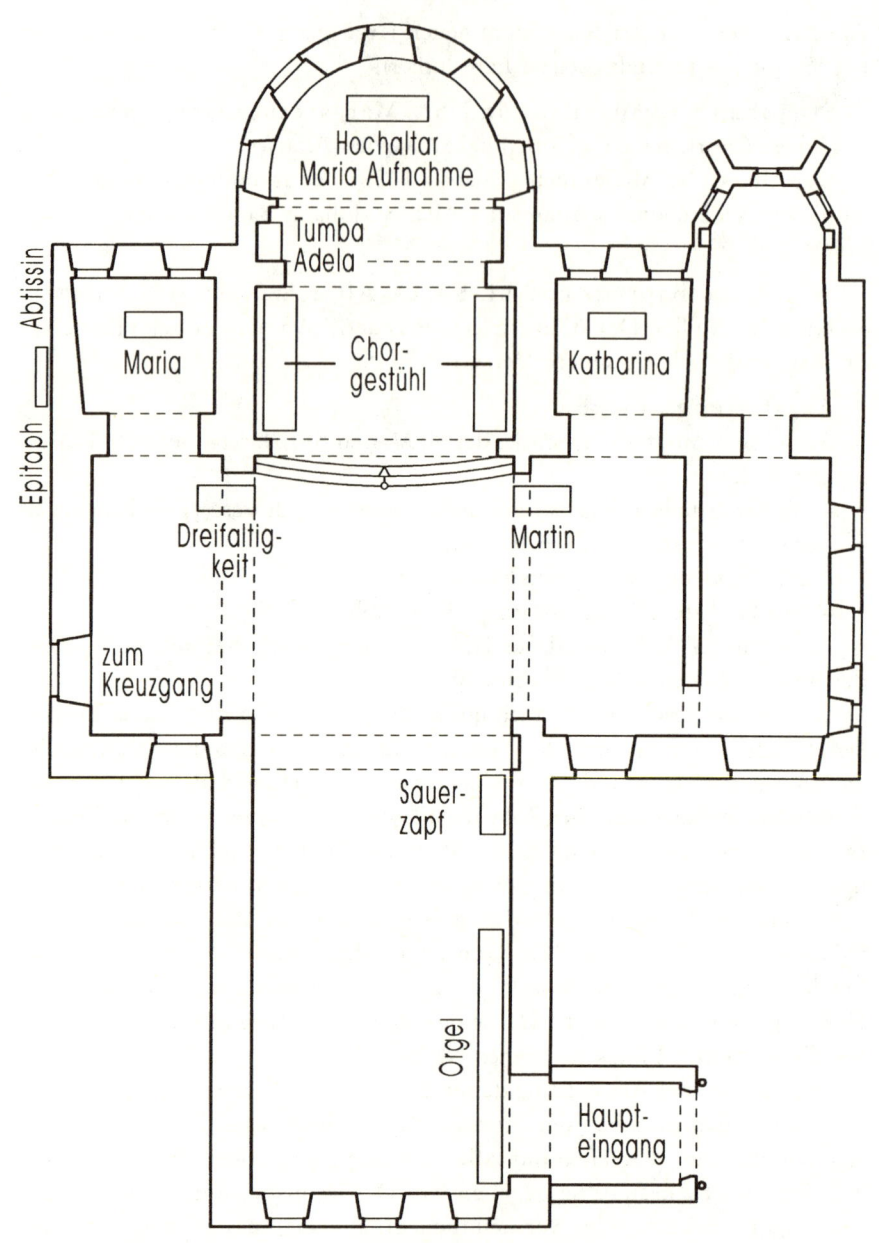

Abb. 6. Erweiterungsbau der ehemaligen Stiftskirche 1962, mit Standort-Kennzeichnung von Teilen des Inventars von 2004. Architekt Baurat H. O. Vogel, Trier. – Festschrift 1962 S. 56. Inventar-Einzeichnungen durch Hans-Joachim Becker, Koblenz.

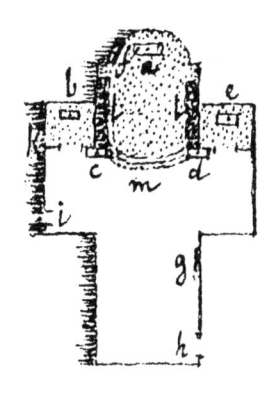

Abb. 7. Grundriß der St. Marien-Stiftskirche mit Angaben über den Standort der Altäre 1802. – Architekt Hans-Joachim Becker, Koblenz, aufgrund der abgebildeten Zeichnung und der Beschreibung von Franz Tobias Müller, Schicksale der Gotteshäuser, BistA Trier Abt. 95 Nr. 342 S. 461.
Umschrift der Beschreibung Müllers:
a. Der Hochaltar mit dem Bilde Mariä Himmelfahrt.
b. Der andere Mutter-Gottes-Altar in einer Capelle.
c. Heilig Dreifaltigkeit-Altar.
d. Sankt Martinus Altar.
e. St. Catharina Altar in einer Capelle.
f. Begräbniß-Ort der frommen Adhela.
g. Epitaphium des trierischen Hauptmanns.
k. Haupteingang von der Gaße.
i. Kleiner Eingang aus dem ehemaligen Damen Creutzgang.
k. Ort wo auswendig ein Epitaphium einer Abtißinn.
l. Chorstühle der Stifts-Herrn.
m. Steinerne Treppe für in den Chor zu treten.

ist keineswegs gesichert, daß sie sich früher in St. Marien befunden haben. Es scheint vielmehr, daß von dort nur Weniges nach St. Martin kam und somit das Inventar von St. Marien offensichtlich bald nach der Schließung des Stiftes öffentlich versteigert wurde. Man muß also an anderen Stellen nach Ausstattungsstücken aus der St. Marien-Stiftskirche, die seit 1802 von wem auch immer ersteigert wurden, recherchieren (vgl. zu dieser Frage Heyen, GS NF 41 St. Simeon/Trier S. 152f.). Umgekehrt scheint es, daß die Ausstattungsstücke der Stifts-Pfarrkirche St. Nikolaus bei deren Aufhebung als Pfarrkirche nicht versteigert wurden, sondern nach St. Martin kamen; das wäre auch juristisch schlüssig. Vgl. dazu die Ausführungen bei St. Nikolaus.

Als Inventar der Stiftskirche sind zu nennen:

Chorgestühl

Das „achtsitzige Chorgestühl vom 18. Jahrhundert aus der Stiftskirche" ist im Inventar der St. Martin-Pfarrkirche von 1936 (Kdm. S. 277f.) genannt, sei aber „auseinandergenommen". Die Beschreibung lautet: „Die Bänke mit geschuppten Pilastern und Lorbeerstabrahmungen, ähnlich das Gestühl, teils kantig gehalten, teils in Kurven geführt. Die Frontlinien der Wangen in lebhafter eigenartiger Unterbrechung. Auf der Orgelempore ist die Wandtäfelung verwendet. Zugehörig sind zwei Betpulte". Die erhaltenen Teile sind 1962 wieder zusamengefügt und im linken Querarm der vormaligen Vierung der Stiftskirche aufgestellt (Cüppers 1989 S. 86: „schön gemaserte Holzpanelen in Birnbaumfurnir"). Das ist nicht der alte Platz des Chorgestühls, aber doch in dessen Nähe. Bei diesem Chorgestühl handelt es sich um das wegen der Verkleinerung und Öffnung des Chores (vgl. oben Abschn. A 2 zu Punkt 14) notwendig gewordene neue, von dem Trierer Schreinermeister Heckeler 1782/83 *in antiquo modo* angefertigte neue Chorgestühl; das alte wurde im September 1783 versteigert (KP S. 239, 250, 265–68).

Epitaphe (weitere Nachweise in Abschn. A 3b):
— der Äbtissin Ruothild, zuletzt an der Außenwand des linken Seitenchores, heute im Rheinischen Landesmuseum Trier.
— des Scholasters Johann Duyngin, heute in der linken Chorkapelle. Vgl. auch nachstehend bei Triptychon Kreuzigung Christi.
— des Pankratius Sauerzapf, ursprünglich an der rechten Seitenwand des Langhauses, jetzt im Erweiterungsbau an der Kopfwand der abgebrochenen rechten Chorkapelle.
— des Dekans Peter Homphäus, in der linken Chorkapelle.
— eines (noch) nicht erschlossenen Textes, ursprünglich an der linken Wand des Langhauses, jetzt an der Rückwand des Erweiterungsbaues.

Triptychon: Kreuzigung Christi, in den Seitenflügeln Darstellungen der Bischöfe St. Martin (links) und St. Eligius (rechts).

Altarretabel, vor dem Umbau von 1962 in der rechten Chorkapelle (so Kdm. S. 295; in der Beschreibung von F. T. Müller befand sich hier 1802 der St. Katharina-Altar; vgl. oben bei Altäre), heute in der linken Chorkapelle. „Eigentum des Rheinischen Landesmuseums zu Trier" (so Kdm., 1936, S. 295). Hochrelief im Renaissancestil, grauer Sandstein, 160 × 110 cm. Ein bekrönender Halbkreis-Aufbau fehlt. Auf der rückwärtigen Wand Reste einer barocken Kurvenmalerei. In vier, in den Pilastern der Bildgliederung mittig aufgelegten Rundscheiben die Wappen der Vorfahren des Stifters Johann Duyngin (s. unten Epitaphe Teil B).

Eine gewiß einmal vorhandene Inschrift fehlt. Mit den Wappen kann das Retabel dem nach 1557 gestorbenen, zuletzt als Scholaster von Pfalzel bezeugten Johann Duyngin als Stifter zugewiesen werden. Es ist nicht sicher, daß die Bezeichnng als Altaraufsatz (Retabel) richtig ist; jedenfalls stand in der rechten Chorkapelle, dem ursprünglichen Platz dieses Triptychons, nach der Beschreibung von F. T. Müller 1802 der St. Katharina-Altar. Es ist deshalb wohl eher in dem Triptychon der obere Teil des Epitaphs des Johann Duyngin zu sehen, dessen Inschrift verloren ist. – Vgl. § 32. Abb. und Beschreibung Kdm. S. 295f; Cüppers 1989 S. 81. Vgl. hier S. 44–46 mit Abb. 8.

Sitzende männliche Figur, jetzt Landesmuseum Trier.
Holzskulptur, um 1300. Beschreibung Cüppers 1989 S. 85, Abb. S. 82, ohne Angaben über eine Zuweisung zur Stiftskirche (die Bezeichnung als „Segnender Gottvater" ist ebenfalls ohne Erklärung).

Orgel
„Ober dem Haupteingange – zu unterst rechter Hand in der Seiten-Mauer – gienge in die Quer ein Oberbau, der eine Orgel hatte" (F. T. Müller S. 460). Die Rückwand des Langhauses hatte große Fenster. Vielleicht hat man deshalb die Orgel auf einer Empore an der rechten Seitenwand aufgebaut. Im Testament des Dekans Anton Reuß von 1735 (vgl. § 31) ist bestimmt, daß die Orgel, die dieser erbauen ließ, jährlich zweimal gestimmt werden und nach drei Jahren ein Register zugekauft werden solle. Für den Ludimagister wurden jährlich 20 Rt. gestiftet.

Uhr
Auf dem (Glocken-)Turm über dem östlichen Querhaus befand sich – seit wann, ist nicht bekannt – auf der südlichen (!) Außenseite eine (Turm-)Uhr, aber anscheinend auch an der Innenseite (zur Vierung hin) eine (Innen-)Uhr. Jedenfalls glaubt Cüppers (Pfalzel 1989 S. 87) im erhaltenen Mauerwerk – der Turm als solcher wurde im 19. Jahrhundert abgerissen – ein „Uhrkämmerchen" erkennen zu können.

Glocken

Die Kirche hatte zuletzt fünf Glocken. Die größte sei bei der Versteigerung 1803 nach Losheim gekommen, „wo bei einem jüngeren Brande alles Geläut verschmolzen ware" (zu den Glocken in Losheim/Saar vgl. HEYEN GS NF 41, St. Simeon/Trier S. 133), die anderen nach Saarbrücken (F. T. Müller S. 461).

Eine 1660 von Rochus Cronart in Lüttich gegossene Marien-Glocke befindet sich jetzt in Krettnach (Stadtteil von Konz südl. von Trier). Sie sei 1805 in Merzig gekauft worden (Kdm. Trier-Land S. 80; CÜPPERS 1989 S. 87; ob sie über Saarbrücken oder unmittelbar von Pfalzel aus nach Merzig gekommen ist, wurde nicht untersucht). Die Inschrift lautet (nach Kdm.):

ANNO 1660 ME FIERI FECIT DECANUS ET CAPITULUM IN PALATIOLO PER ME ROCHUM CRONART LEODIENSEM. SANCTA MARIA ORA PRO NOBIS

Ausstattungsstücke,

die sich heute in der St. Marien-Kirche (z. T. in der Sakristei) befinden, die aber nicht Bestandteil der Stiftskirche waren.

Vortragekreuz

Vergoldete Kupferschmelzplatte mit Bemalung in Emaille, Limoger Arbeit, Anfang 13. Jahrhundert, Höhe 56 cm.

Das Kreuz stammt aus der Abtei St. Maximin, befand sich nach der Säkularisation in der St. Martin-Kirche zu Pfalzel und kam von dort 1962 in die St. Marien-Kirche (vgl. Abschn. 6c). Beschreibung und Abb. Kdm. S. 279, 281, und mit weiterer Literatur van Zanten in Pfalzel 1989 S. 155–163.

Ciborium (Speisekelch)

Silber vergoldet, mit Deckel 35 cm, ohne Deckel 23 cm hoch, Durchmesser Fuß 15,3 cm, in der Schale 11 cm, 1570.

Stiftung des Scholasters von Pfalzel (1565–1574; vgl. § 32) und Pfarres von St. Martin Johann Römer von Sierck an diese Kirche. Der Kelch blieb dort erhalten (fehlt aber Kdm., genannt Keune, Pfalzel S. 21) und kam 1962 in die St. Marien-Kirche. Dort jetzt in der Sakristei. Inschrift:

JOANNES ROMER A SIRCK SCHOLASTICVS ET PASTOR IN PALSZ ME FIERI FECIT ANNO 70

Zwei Leuchterengel

Holz, 58 cm hoch, 16. Jahrhundert. Sie standen 1936 auf dem Hochaltar der St. Martin-Kirche und gehören wohl auch dorthin, jedenfalls sind sie nicht dem Inventar der Stiftskirche zuzurechnen. Heute in der Sakristei der St. Marien-Kirche. Beschreibung und Abb. Kdm S. 274 (mit Flügeln), Cüppers 1989 S. 86 und Abb S. 162 (ohne Flügel).

Josef
Holzfigur 18. Jahrhundert. Ursprünglich Hauptfigur auf dem rechten Seitenaltar der St. Martin-Pfarrkirche (vgl. hier Abschn. 6c). 1962 von dort im neuen Teil der St. Marien-Kirche rechts vor der Vierung aufgestellt.

Petrus, Andreas und Eligius
Holzfiguren, 18. Jahrhundert. Sie wurden 1962 aus der St. Martin-Kirche in die St. Marien-Kirche gebracht und befinden sich jetzt dort an der Ostwand des alten Querhauses (Petrus und Andreas) bzw. an der Westwand des alten Langhauses (Eligius). Sie gehören nicht zum Inventar der Stiftskirche. Vgl. Kdm. S. 280, Cüppers 1989 S. 92.

Maria
Holzfigur, 18. Jahrhundert. An der linken Wand des Langhauses. Sie stammt ebenfalls aus der St. Martin-Kirche (Pfalzel 1989 S. 126 f.).

Beichtstühle
Die beiden Beichtstühle, 18. Jahrhundert, jetzt in der St. Marien-Kirche, stammen aus der Pfarrkirche St. Martin und kamen 1962 nach St. Marien. Beschreibung und Abb. Kdm. S. 276, 278, Cüppers 1989 S. 86.

Taufstein
Der Taufstein im vormaligen Chor der Stiftskirche ist mit der Wiederherstellung dieser Kirche 1962 von Willy Hahn/Trier angefertigt worden (Cüppers 1989 S. 92).

b. Gräber, Epitaphe

A. Aus der Zeit des Frauenkonventes

Adela. Gründerin und erste Äbtissin von Pfalzel, gest. um 735
    Zur Verehrung vgl. § 20.
    Adela wurde wahrscheinlich in der Klosterkirche begraben und vermutlich später (um die Jahrtausendwende?) in einen frei stehenden Sarkophag (Hochgrab), vielleicht ein römischer Sarkophag in Zweitverwendung, vor (oder hinter) dem (Hoch-)Altar in der Vierung der Klosterkirche übertragen. Eine Veränderung mit dem Übergang der Kirche an das Kanonikerstift ist nicht anzunehmen. Nach dem Anbau einer Apsis an den bis dahin waagerecht abschließenden und nun neu geschaffenen Chorraum wurde der Sarkophag im Jahre 1207 an die Evangelienseite dieses neuen Chores verlegt (Translationsinschrift nachstehend), und zwar so, daß der Sarkophag an der Evangelienseite *partim in, partim extra murum* stand (so im Protokoll von 1802, s. u.), was nur besagen kann, daß er auf Bodenebene stand und z. T. in die Mauer, z. T. aber auch

vor der Mauer eingefügt war. Das ist nicht ungewöhnlich für ein Hochgrab. Mit der Aufhebung des Stiftes wurden dann 1802 dieser Sarg geöffnet und die noch vorhandenen Gebeine in die Pfarrkirche St. Martin gebracht. Auf Veranlassung von F. X. Kraus wurde der „Kasten" mit den Reliquien am 8. April 1868 in Gegenwart des Pfarrers Matthias Josef Finck, des Professors Dr. Aus'm Werth und des Gymnasialprofessors Dr. Conrads geöffnet. Man fand das Protokoll von 1802 (unten c), eine Abschrift des „Testamentes" der Adela, nicht aber die Bleitafel von 1207 (unten b). Diese kam Ende 1868 hinter dem Altar zum Vorschein. Es fand sich (auch hinter dem Altar?) weiter eine Platte aus Kalkstein (unten a). 1962 wurden die Reliquien wieder in die (erweiterte) vormalige Stiftskirche zurückgebracht. Das Haupt Adelas und das 18 cm lange Schienbeinfragment befinden sich heute in einem Reliquienbehälter im Hochaltar der Kirche (s. unten d).

Dokumente:

a) Grabplatte aus weißem Kalkstein.

Bruchstück 58 × 38 cm. „In der Mitte eingraviert ein gleichschenkliges, an den Ecken stark ausladendes Kreuz" (Kraus). In den Kreuzwinkeln die Buchstaben D   S   A (vierter Winkel nicht überliefert), unter dem Kreuz S AD .. Vielleicht zu lesen:

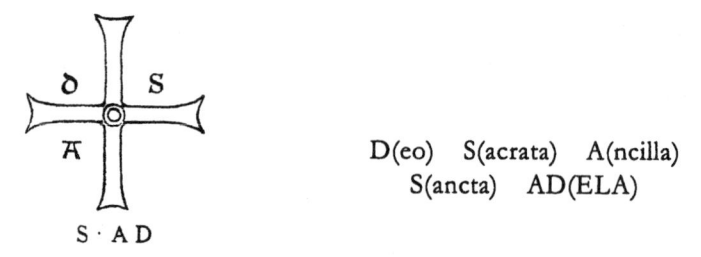

D(eo)   S(acrata)   A(ncilla)
S(ancta)   AD(ELA)

F. X. Kraus, Christlichen Inschriften 2 S. 202 Nr. 425 mit Abb., hält die Platte für den „eigentlichen Grabstein Adela's", namentlich wegen der zitierten Gestaltung des Kreuzes, „wie es in der merowingischen Periode häufig anftritt". Nancy Gauthier, L'évangelisation S. 335, hält dies für ausgeschlossen, „car ce motif n'a rien de commun avec le style des épitaphes ou des symboles funéraires du VIIIe siècle". Wenn die Buchstaben „S AD .." richtig mit S(ancta) AD(ela) zu lesen seien, handele es sich wohl um die Beschriftung nach einer Verlegung (transfert) der Reliquien. Dem ist wohl zuzustimmen. Zu denken wäre an eine Erhebung der – erst jetzt als die Reliquien einer Heiligen verstandenen – Gebeine Adelas um die Jahrtausendwende im Zusammenhang mit der „historischen Reflexion", wie sie der Libellus de rebus Trevirensibus überliefert (vgl. § 20) und deren Sepultur in einem Hochgrab vermutlich vor dem Altar des Hochchores. Dieses mußte dann 1207 mit dem Bau der Ostapsis von diesem Platz auf die Seite gerückt werden. Mit dieser „Verschiebung" des Sarkophages an die Evangelienseite wurde die Marmorplatte dann wohl in den Sarg gelegt und kam 1802 nach St. Martin. Franz Xaver Kraus hat sie dort noch gesehen. Ihr Verbleib ist nicht bekannt. Statt der Auflösung D(eo) S(acrata) A(ncilla) wird auch D(eo) S(acrata) A(bbatissa) vorgeschlagen, was nur für die jüngere Datierung in Betracht käme.

b) Grabinschrift Anfang 11. Jahrhundert?

Im „Mischband" des Stiftes aus dem 16. Jahrhundert (vgl. § 4; StadtBi Trier Hs. 1678/343 Bl. 166r/v) ist zum Testament Adelas nach der Überschrift *Fundatio ecclesie beate Mariae Pallatioli per s(anctam) Adelam* der nachstehende Text überliefert, der zumindest im ersten Teil gewiß der Text einer Grabinschrift ist. Er könnte in der Kontroverse um die Aufhebung des Frauenklosters durch Erzbischof Poppo entstanden sein, jedenfalls vor der Einrichtung des Kanonikerstiftes, die nicht genannt wird. Wahrscheinlich ist er mit der Translation von 1207 (s. unten) an die Chorwand der Evangelienseite übertragen und von dort für den hier zitierten Eintrag in den Pfalzeler Mischband abgeschrieben worden. Mit der Ausräumung der Stiftskirche 1802 wurde er beseitigt (Liehs, Leben und Thaten 1861 S. 307: seit 1802 nicht mehr vorhanden).

Hic requiescit beatissima virgo Adela filia
quondam illustrissimi principis Dagoberti regis
Francorum, fundatrix huius monasterii, que postquam
presens monasterium Palatiolense construxerat, illud
quoque prediis et ornamentis ecclesiasticis copiose
ditaverat, consilio et petitione totius quam ibi adornaverat
congregationis ipsum monasterium et quicquid ad illud
pertinere videbatur per testamenti paginam ecclesiae
Treviren(se) sanctoque Petro tradit, quod videlicet
testamentum subscribere non piguit.

Dieses Grab soll nach Brower (Metropolis 2 Kap. 16; Liehs, Leben und Thaten) sieben Fuß lang und drei Fuß hoch gewesen sein.

Wampach, UrkQLuxemburg 1 Nr. 19 S. 20 Anm. 12 aus dem zitierten Mischbd.

c) Translationsnotiz von 1207.

Halbrundes Bleiband, 33 cm lang, 3 cm breit. Schrift in zwei Zeilen; vermutlich nannte eine dritte Zeile die Namen der bei der Translation anwesenden Zeugen. – 1802 in einem Kasten, der die Reliquien enthielt, 1868 hinter dem Altar gefunden (so Kraus und Ehrentraut [s. unten]. Jetzt im Pfarrhaus.

ANNO D(omi)NI(c)E I(n)CARNACIO(n)IS M°CC° SEPTIMO TRA(n)SLA/TA FVIT ADALA A VIRIS HONESTIS ET RELIGIOSIS

F. X. Kraus, Inschriften 2 S. 202 Nr. 425, Abb. Tafel 28 Nr. 3.: Abb. auch Festschrift 1962 S. 31. Hartmut Ehrentraut, Bleierne Inschriftentafeln aus mittelalterlichen Gräbern in den Rheinlanden (BonnJbb 152. 1952 S. 190–225, S. 209 Nr. 37 und Tafel 43 Abb. 1). Cüppers 1989 S. 84 f. mit Abb.

d) Protokoll der Translation nach St. Martin am 9. August 1802.

Pfarrarchiv Nr. 20 S. 236f. Über diesen Bericht gibt es in der Literatur verschiedene Versionen und Auszüge (u. a. Kraus, Inschriften 2 Nr. 425; Wengler, Pfalzel S. 6). Nachstehend der volle Text des Protokolls.

1802 den 9ten August, da das hiesige stift durch die französche regierung supprimiret wurde, wurden die gebein der seeligen Adala als stifterin des stifts aus der stifts kirchen in die hiesige pfarrkirchen übertragen und auf den hohen altar unter dem fuß des h(eiligen) Martins bild auf den tabernakul hingestelt in einem besonderen kasten, worin nebst denen gebeinen auch nach folgende schrift beygelegt worden.

Ad perpetuam rei memoriam.

Ossa quae cernis lector, ossa sunt divae Adalae, regis quondam Francorum Dagoberti filia, abbatissa virginei chori quondam in Palatiolo, cujus est fundatrix erat. Chorus hic post suppressionem earum ab anno 1027 per Poponem archiepiscopum Trevirensem in chorum sive collegium canonicorum transmutatus fuit. Hujus Adalae ossa reperta sunt ad latus evangelii ecclesiae collegiatae beatae Mariae virginis hic Palatioli, excerpta vero e sarcophago partim in, partim extra murum posito in cistella putrida, vinculis ferreis artificialiter fabricatis munita, et sera cupria obserata, quorum reliquiae cum clavi, testamento et inscriptione in plumbo reperta, hic adiacent. Adstantibus do(min)is de Keisersfeld decano, Schilli scholastico, Kirn cantore, Schimper thesaurario, de Hahn canonico, Hofman canonico aliisque pluribus incolis de Palatiolo.

Dum haec ecclesia collegiata cum suo capitulo in vim ordinationis Gallicae supprimebatur anno Domini 1802 die 9na mensis Augusti, postquam capitulum hoc canonicorum per annos circiter 800 florebat [Ergänzung am Fuß der Seite: *dictum autem decretum de die 9na Augusti ad executionem prius veniebat 1803 die 26ta Julii*], *dicta nunc ossa huc ad ecclesiam parochialem s(anc)ti Martini episcopi secunda vice translata sunt per me infra scriptum Joannem Balthasarem Kirn Trevirum hujatis ecclesiae parochialis hoc tempore parochum et quondam ecclesiae collegiatae Palatiolensis canonicum cantorem anno et die quo supra, regnante republica Gallica in profanis, ecclesiasticis vero reve(ren)diss(i)mo vicariatu Trevirensi archiepiscopi Clementis Wenceslai resignantis vices agente, novo episcopo Carolo Mannay per consules Gallicos quidem nominato necdum vero installato.* [Folgt Unterschrift Kirn.]

Danach folgt eine Abschrift des Testamentes der Adela (S. 237–239) nach einer von dem apl. Notar Nikolaus Henroth nach einer *antiquissima scriptura lectionarii, quod asservatur in choro Palatiolensis* am 25. Februar 1695 angefertigten Abschrift sowie eine Abschrift der oben unter c) zitierten Translationsnotiz von 1207, die ebenfalls im Sarg gefunden worden sei (S. 239). – Ebenfalls von Johann Balthasar Kirn geschrieben, aber vielleicht etwas später, schließt sich an (S. 239, unten):

Nachricht von dem reliquien kasten.

Der reliquien kasten war immer im hiesigen stift auf bewahrt. Nach der suppression 1802 den 9 August kame also dieser kasten in die pfarr kirchen und wurde 1803 den

12 Maji eröfnet und darein gefunden einige gebein mit siegel und aufschrift versehne reliquiae s(anc)torum martirum Trevirensium ex sacello s(anc)ti Mauritii [beim Stift St. Paulin vor Trier; vgl. Heyen, GS 6, St. Paulin S. 234]; *einige davon waren aber ohne schrift und siegel. Der kasten wurde also mit klaß zur seiten gemacht, damit man selbe sehen konnte und ehrbahr verziert umd die darein befundene reliquien wieder darein gethan und noch mit anderen vermehret.*

e) Kraus berichtet dann von einer durch ihn vorgenommenen Öffnung des Sarges bzw. „Kastens" im Jahre 1868, über die Reliquien Adelas selbst ist dabei aber konkret nichts gesagt. Danach fehlen Nachrichten bis zu der Aussage im Kalendarium OSB 3 von 1937, „erst der jetzige Pfarrherr" habe „unter dem Hochaltar, wohin sie versteckt worden waren, das Haupt und andere Gebeine ... entdeckt". Sehr wahrscheinlich ist damit Pfarrer Jakob Kiefer (in Pfalzel 1936–1950) gemeint, der auch die nachstehend unter f) beschriebene Untersuchung vornehmen ließ. Dem muß die spätere Notiz in der Bibliotheca Sanctorum (Rom 1961) Sp. 238 „e le ossa della santa, nascoste sotte lo stesso altara, si scoprinono nel 1933" nicht entgegen stehen.

f) 1942 befanden sich die Reliquien Adelas in dem 1932 gegründeten Kloster St. Adula der (Steyler) Schwestern vom hl. Geist in Pfalzel (vgl. § 20). Sie wurden am 19. Mai 1942 untersucht und fotografiert. Pfarrer Jakob Kiefer berichtet, daß er die Reliquien, die sich in einem Holzreliquiar befanden, durch einen Timotheus Stumpfl habe untersuchen lassen. Neben dem fast ganz erhaltenen Haupt sei ein 18 cm langes Schienbeinfragment vorhanden gewesen; diese Teile habe man als Reliquien der hl. Adela angesprochen. Drei weitere, ebenfalls in diesem Behälter vorgefundene Gebeine habe man ausgesondert, da sie offensichtlich nicht zu den beiden genannten Stücken gehörten. Was man mit diesen drei Stücken, bei denen es sich wohl um die Reliquien der zu 1803 genannten Trierer Märtyrer handelt, gemacht hat, ist nicht überliefert.

Mit Urkunde vom 8. November 1942 bestätigt der Trierer Bischof Franz Rudolf Bornewasser, daß er die Reliquien von Haupt und Schienbein der hl. Adela, die im Kloster der Schwestern vom hl. Geist in Pfalzel aufbewahrt würden, geprüft und in einen mit gläsernen Fenstern und einem Kupferdach versehenen Holzschrein in Basilikaform gelegt und mit seinem Siegel geschützt habe (vgl. Schuhn, Pfalzel Kap. 8 S. 300 mit Anm. 3; die beiden Schriftstücke und die Fotos befanden sich danach im Pfarrarchiv in Pfalzel).

g) Reliqienschrein im Hochaltar der heutigen Kirche.

In ihm befinden sich das Haupt und das Schienbein Adelas, das Haupt des Trierer Bischof Maximin und 1984 erworbene Reliquien des hl. Gregor von Utrecht/von Pfalzel (vgl. § 21 Abschn. d).

Bei dem 1962 konsekrierten (Hoch-)Altar der erweiterten St. Marien-Kirche sind zu unterscheiden die Reliquien der Zelebrations-Mensa, nämlich solche des Trierer Bischofs Paulinus, der Ungezählten Trierer Märtyrer und des Papstes Pius X. (1903–1914; Kanonisation 1954), sowie die in dem Reliquienschrein an der Westseite des Altares hinter einem Gitter aufbewahrten, oben genannten Reliquien von Adela, Maximin und Gregor.

Warentrud, Äbtissin, gest. um 850

Schwester des Trierer Erzbischofs Hetti (814–847). Zur Biographie vgl. Heyen, Benediktinerinnenkloster S. 15 f.

Der Grabstein ist verloren. Wengler (Pfalzel, 1927, S. 7) berichtet, er sei „im vorigen Jahrhundert im Besitz der Erben des Geh. Reg. Rats Cardon in Trier gewesen" (zu Cardon vgl. S. 25). Nach Brower wurde er aus den Ruinen des von Adela gegründeten Klosters *in peristylo* des Kanonikerstiftes ausgegraben, *literis in marmore elegantibus at prope vestigiis in gredientium obtritis*. Genannt auch von Cüppers 1989 S. 85: sei verschollen.

> Hic Warentrudis nimium veneranda quiescit
> Abbatissa, animam sed paradisus habet;
> Hetti pontificis fuerat soror, amita magni
> Tietgaudi domini magnificique patris,
> Cuius germanus vir clarus in omnibus extat
> Nomine Grimaldus ore et honore potens
> Quique iubent titulum scribi pro munere amici
> Illius ut nomen tempora multa habeant.

Überliefert in Libellus de rebus Trevirensibus, MGH SS 14 S. 105. Brower-Masen, Antiquitatum libri 25, 1 S. 404 (hier die beiden letzten Zeilen, die im Libellus fehlen). F. T. Müller, Schicksale S. 469 nach Brower („Dieser Stein ist nun nicht mehr anwesend"). Kraus, Inschriften 2 S. 202 Nr. 427. Wengler, Pfalzel S. 7.

Hulindis, Nonne, Schwester Hettis und Warentruds, gest. vor 847
Grabschrift:

> Hulindem retinet pulchram locus iste sepultam
> Hetti germana presulis eximii

Überlieferung wie bei Warentrud. Kraus, Inschriften 2 S. 202 Nr. 426. Wengler, Pfalzel S. 7.

Ruothild, Äbtissin, gest. nach 988

Zur Biographie und Interpretation der Inschrift vgl. Heyen, Benediktinerinnenkloster S. 18–20. Heute Landesmuseum Trier.

Marmorplatte 70 × 146 cm; in drei Teile zerbrochen, aber weitgehend erhalten. F. T. Müller (Schicksale S. 461 und 470; vgl. die Abb. des Grundrisses) gibt an, er sei „wiewohl in zween Trümmern" in der Außenwand des linken

Nebenchores innerhalb des Kreuzganges eingefügt. Man habe den Stein 1479 „in der Erde entdecket, jedoch wiederum untergescharret", bis er bei dem Begräbnis des 1772 gestorbenen Dekans Udalrich Milz „nochmal zum Vorschein kam. Es ist kein Marmor, doch aber ein harter, gelblicht- und etwas durchlöcherter Stein, darinn folgende Schrift, der Härte ungeachtet, sehr sauber eingegraben ist" (folgt die Inschrift). Danach auch die Lageangaben (ohne die Nachweise zu 1479 und 1772) bei Wengler, Pfalzel S. 8, und Kdm. S. 298 mit Abb. S. 299. Franz Xaver Kraus gibt an, sie sei „früher in eine Wand des Kreuzgangs im ehemaligen Stiftsdecanate zu Pfalzel eingemauert" gewesen, „wo sie der Herausgeber [= Kraus] dem Untergange entzog, um sie dem Prov.- [heutigen Rheinischen Landes-] Museum in Trier zum Geschenk zu machen. Zu Browers Zeiten scheint das Epitaph ‚rursum iam terra celatum' gewesen zu sein" (S. 203). Cüppers nimmt an, daß die Inschrift „ursprünglich wohl in der Stiftskirche über dem Grab eingelassen war" (Pfalzel 1989 S. 85). Die Grabstelle des Dekans Milz (s. oben) ist nicht bekannt; es ist aber nicht eben wahrscheinlich, daß sie sich in der Stiftskirche befand. Mit dem Hinweis auf 1479 ist eher an eine Stelle im alten Kreuzgang zu denken. Die Grabplatte Ruothilds dürfte jedenfalls 1772 an der von F. T. Müller beschriebenen Stelle angebracht worden sein. – Wengler (Pfalzel, 1927, S. 8) sagt, „als Ersatz [für die „Schenkung" an das Landesmuseum] ist ein Steinabguß im Hofe der Pfalzeler ‚Klosterschenke' in die ehemalige Rückwand des abgebrochenen seitlichen Flügels des Kreuzganges eingelassen". Dieser Abguß ist heute (2003) nicht mehr vorhanden.

SPONSA REDE(m)PTORIS IACET HIC TVMVLATA RVOTHILDIS
SVRSVM GLORIFICA TRIPVDIANS ANIMA
DVM VIGVIT MVNDO, NITVIT CASTISSIMA VIRGO
ABBATISSA CHORI CANDIDA VIRGINEI
MANSIT SVB SACRO SPECIOSA CAN(on)ICA VELO
SED TAMEN IN VITA VERA FVIT MONACHA
IPSA KALENDIS SEPTENIS DEFVNCTA DECEMBRIS
AD SPONSVM REDIIT QVEM PIE PROMERVIT

Libellus de rebus Trevirensibus und Kraus, Inschriften 2 Nr. 228 wie bei Warentrud. Wengler, Pfalzel S. 8. Abb. Kdm. Trier-Land S. 299. Cüppers, Pfalzel 1989 S. 85 und Abb. S. 86.

B. Aus der Zeit des Kanonikerstiftes

Johann von Lutzerath. Dekan, gest. 1527

Epitaph in der St. Nikolaus-Kirche. Verbleib unbekannt. Cüppers, Pfalzel 1989 S. 104: „war erhalten" (= jetzt nicht mehr). Schmid-Stolpe (vgl. unten bei Nikolaus Landt) S. 643: nicht erhalten. In Kdm. keine Beschreibung, keine Abb.

Repausat hic venerabilis dominus Joannes a Lutzerad decanus Palatioli, qui sacellum hoc funditus exstruxit binaque in ea per hebdomada dem sacra instituit celebrari. Cui Deus requiem dignetur aeternam.

Metropolis 1 S. 219. Wengler, Pfalzel S. 58. Cüppers, Pfalzel 1989 S. 104: Lesung *per hebdomada dem* (= wöchentlich zwei Messen), statt *hebdomadem* wie in Metropolis. Es ist richtig, daß Johann von Lutzerath zwei Wochenmessen in St. Nikolaus stiftete (vgl. § 31).

Johann von Sierck. Dekan, gest. 1547

Epitaph in der St. Peter-Kapelle an der Rückwand nach Osten. Roter Sandstein, 140 × 74 cm., beschädigt.

In einem qualitätvollen Pilaster-Rahmen im oberen Drittel eine perspektivisch gestaltete Darstellung des auf einem Sarkophag stehenden auferstandenen Christus, links der hl. Johannes der Täufer und der kniende Stifter mit Wappen (sechszackiger Stern mit den Buchstaben J S). Im unteren Drittel eine Schrifttafel mit der Inschrift.

HONORABILI VIRO D(omino) JOANNI SIRCK DECA
NO HVIVS ECCLESIAE, QUI FIDE ET INTEGRITA
TE SPECTATVS TRIBVS ARCHIEPISCOPIS
TREVERENSIB(us) IN ADMINISTRANDO, QUAE
STURAE OFFICIO MAGNO VSVI FVIT, HAERE
DES SVPERSTITES PIA GRATAQUE MEMORIA PO
SUERE, VIXIT ANNIS CIRCITER LXXX OBIIT PRI
DIE JOANNIS BAPT(istae) ANNO D(omi)N(i) MDXLVII

Unten Engel mit Schriftband: Anno 1549 = Jahr der Errichtung.

Metropolis 1 S. 218. Keune, Pfalzel S. 17. Wengler, Pfalzel S. 59.
Abb. Kdm. Trier-Land S. 302. Beschreibung Cüppers, Pfalzel 1989 S. 95, Abb. S. 97.

Johann Duyngin. Scholaster, gest. 1557

Dreiteiliger oberer Teil des Epitaphs oder eines Altarretabels, jetzt an der Ostwand des östlichen Nebenchores der Stiftskirche. Grauer Sandstein, 160 × 110 cm, beschädigt, ein bekrönender Halbkreisaufbau fehlt.

In einer das ganze Werk umfassenden, jedoch nur in Überresten erhaltenen barocken Kurvenmalerei in rechteckigem Mittelteil eine Pilasterarchitektur

Abb. 8. Altar-Aufsatz (Epitaph) des Scholasters Johann Duyngin, gest. 1557. Tafel von 1545. Vier Wappen der Familie. Kreuzigung, Bischöfe Martin und Eligius. – Heute im linken Nebenchor an der äußeren Wand. – Foto: Bernhard Matthias Lutz.

mit Hochrelief einer vielfigurigen Kreuzigungsszene. In den Seitenflügeln Darstellungen der Bischöfe Martin und Eligius, links am äußeren Rand eine kleine Tafel mit der Jahreszahl 1545. Auf den Pilastermitten Rundscheiben mit vier Wappen (Ahnenwappen des Stifters; vgl. nachstehend). Keine Beschriftung (Zuweisung wegen der Wappen). Abb. und Beschreibung Kdm. Trier-Land S. 295f; Beschreibung Cüppers, Pfalzel 1989 S. 81.

Die vier Wappen sind identisch mit den Wappen in den vier Ecken der großen Tischplatte des Johann Duyngin, die sich jetzt im Landesmuseum Trier befindet (vgl. § 32). Sie zeigen analog zur Tischplatte an den Seiten des Mittelfeldes (heraldisch) rechts das Wappen (des Vaters Hermann) Duyngin (in Silber ein schwarzer fünfzackiger Stern; die Tingierung ist hier wie in den anderen Wappen erloschen; als Helmzier ein Hirschrumpf) und links ein Wappen (der Mutter Christine) Gutmann (ein Schrägrechtsbalken, belegt mit drei Rosen, als Helmzier ein offener Flug). An den Außenseiten ist das (heraldisch) rechte Wappen zerstört (Milz sagt 1914, es sei vor zehn Jahren noch erhalten gewesen, inzwischen aber „abgebröckelt"); analog zur Tischplatte müßte es ein Wappen aus der väterlichen Linie gewesen sein (nach Milz S. 158 f. eine Windmühle?; als Helmzier ein aus dem Helm wachsender Arm, der in der Hand einen Windmühlflügel hält = Wappen der Trierer Schöffenfamilie von Schönenberg?). Das Wappen an der linken Außenseite des Epitaphs zeigt analog zum Wappen der Tischplatte unten rechts einen geteilten Schild, unten leer, oben eine halbbrüstige Figur, als Helmzier eine wachsende Hand (der Träger ist von Milz nicht identifiziert; er müßte die mütterliche Linie vertreten). – Lit. wie in § 32, namentlich Milz und Zander.

Da die Hauptwappen die des Ehepaares Hermann Duyngin und Christine Gutmann sind, kann es sich, wenn überhaupt, nur um ein Epitaph eines Kindes dieser Eheleute handeln und somit des Pfalzeler Kanonikers Johann Duyngin; und nicht, wie A.-M. Zander vermutet, um das des Hermann, auch wenn es durchaus möglich ist, daß Hermann in seinen letzten Lebensjahren bei seinem Sohn in Pfalzel war, und mit der Wahl des hl. Eligius, des Patrons der Goldschmiede, eine enge Beziehung zum Goldschmied, dem Beruf des Hermann, dokumentiert ist. Wahrscheinlich ist deshalb auch eher an die Stiftung eines Altares mit einer Memoria-Inschrift an die Familie Duyngin zu denken, als an das Epitaph einer einzigen Person.

Nikolaus Landt von Zell. Dekan, gest. 1566. Vgl. § 31

Epitaph früher in der St. Nikolaus-Kirche. Seit 1907 Rheinisches Landesmuseum Trier, Inv. Nr. 07.730. Gelb-grüner Sandstein (aus der Umgebung von Aach), 171 × 88 cm.

Wolfgang Schmid und Christine Stolpe, Das Grabmal des Nikolaus Lant aus Zell (+ 1566) aus der Stiftskirche in Pfalzel (Das Wichtigste ist der Mensch. Fs für Klaus Gerteis [TrierHistForsch 41. 2000] S. 630–652 mit fünf Abb.; Kdm. Trier-Land S. 299 f.).

Ausführliche Beschreibung bei Schmid-Stolpe S. 632–636, 644. Zwei Hauptzonen: oben fast lebensgroße Halbfigur des Verstorbenen „mit portraithaftem, sehr feinem Kopf" (Kdm.) in priesterlicher Gewandung (Kasel) mit Kelch in der linken Hand. Die „durchaus selbständige ausgezeichnete Leistung" (Hertha Kahle. 1939, zitiert nach Schmid-Stolpe) ist nicht von Hans Ruprecht Hoffmann (so auch Balke; vgl. bei Wehr), sondern dem etwas älteren, gleichfalls markanten Trierer Bildhauer dieser Jahrzehnte „HBvT" (Hans Bildhauer von Trier, 1556–1579; Bildhauer ist „Familienname") zuzuschreiben.

In der Rundung oben ein Wappenschild mit den Buchstaben NLZ.
Im unteren Drittel Inschriften-Tafel.

Vier Inschriften:

a) Auf dem Steg, der die beiden Zonen des Epitaphs trennt:

OMNIA MORS STERNIT QVOD NATVM EST INTERIT VNA
FINE CARET VIRTVS ET BENEFACTA MANENT

(Alles streckt der Tod nieder. Was geboren ist, geht in einem zugrunde. Die Tugend hat kein Ende und die Wohltaten dauern fort.)

b) Oberhalb der großen Inschrift der unteren Zone mit der Darstellung eines Skeletts als Personifikation des Todes ein Schriftband:

CAECA SV(M) O(MN)IA DEMETO

(Blind mähe ich alles nieder)

c) In der großen Inschrift der unteren Zone zunächst die traditionelle Epitaph-Inschrift in einem Dreizeiler:

EPITAPHIVM VENERAB(ILIS) ATQ(VE) DEVOTI D(OMI)NI NICOLAI LANT A CELLIS / DECANI AC CANONICI COLLEGIATE ECCL(ES)IE PALACIOLENS(IS) / (QVI) O(B)IIT A(NN)O D(OMI)NI 1566
1. FEBRVA(RII) VIXIT VERO AN(N)IS 88

d) Darunter Distichon:

HOC CLAVSVM TVMVLO NICOLAI CELLIS HABETVR
   CORPVS ET AETHEREA SPIRITVS ARCE SEDET
(CER)NIS VT EFFOETVM CORPVS SVA FATA DEDERE
   EXTINXIT LEPIDVM LONGA SENECTA VIRVM
(N)ON HVIVS VITAM FOEDABAT SPVRCA LIBIDO
   FATALES ICTVS NOXIA PESTIS HABET
VIVIDA IN EXIGVO FERVEBAT CORPORE VIRTVS
   QVAE VITAE CVRSV CLARVIT VSQVE SVAE
PRINCIPIBVS MVLTIS SECRETA NEGOTIA PRVDENS
   TRACTAVIT LONGO TEMPORE LVSTRA DECEM

Transkriptionen nach Rüdiger Fuchs in Schmid-Stolpe, Grabmal S. 635. Nur Teile, auch abweichend, bei Brower, Metropolis 1 S. 219. Wengler, Pfalzel S. 58. Abb. und Beschreibung Cüppers, Pfalzel 1989 S. 102–104.

Pankratius Sauerzapf. Kurtrierischer Hauptmann, gest. 1568

Zur Person vgl. J. B. Keune, Pankratius Saurzapff von Sulzbach, begraben in der Stiftskirche zu Pfalzel (1568) (TrierZs 5. 1930 S. 11–21). Der Beitrag stellt die Überlieferung zum sogenannten „Bohnenkrieg" zwischen dem Erzbischof von Trier und der Stadt Trier zusammen, in dessen Verlauf Sauerzapf durch Kugeln aus Hakenbüchsen (s. u.) getötet wurde. Sauerzapf stammt aus Sulzbach in der Oberpfalz.

Grabmal, jetzt im Erweiterungsbau an der Nordwand des (abgebrochenen) westlichen Nebenchores. Zur Lage vor dem Umbau der 60er Jahre gibt Keune (Sauerzapff S. 18) an: „Im Langhaus der ehemaligen Stiftskirche zu Pfalzel ist in der Innenwand, rechts vom Eingang, noch vorhanden, wenn auch verstümmelt, der Grabstein ..." Ähnlich auch F. T. Müller, Schicksale S. 461 mit Abschrift der Inschrift, und Kdm. S. 296 f. Es ist anzunehmen, daß dies auch der ursprüngliche Platz ist. Grauer Sandstein, 104 × 285 cm (zuzüglicher eines jetzt verlorenen, halbkreisförmigen Aufbaues; s. u.).

Hochrelief des lebensgroßen Mannes in voller Rüstung. Beschreibung mit Abb. bei Keune und in Kdm. Trier-Land S. 296 f. Hinsichtlich des Bildhauers wird eine Zuweisung an Hans Ruprecht Hoffmann wohl nicht mehr vertreten, wozu die Begründung von Franz Balke (s. unten bei Wehr), der beim Tod Sauerzapfs 1568 noch junge Hoffmann habe viel lebendiger gearbeitet (Balke S. 83; die Arbeit sei dürftig, eine Zuweisung an Hoffmann nicht genügend begründet) überzeugt. Eine Zuweisung an Hans Bildhauer von Trier (so Kdm.; vgl. zu diesem oben bei Nikolaus Landt) ist eher anzunehmen.

Inschrift auf dem Architrav des Aufbaues („Über der Bildnische ist in die Kehlleiste ein einzeiliger, durch ein in der Mitte vorspringendes Zierstück in zwei Hälften zerlegter lateinischer Spruch eingeschrieben": Keune S. 18):

MORS EST HVI(US) VITAE OMNIVM + QVE HVMANORV(M)
OPERVM FINIS

Grabschrift auf dem unteren Viertel des Grabmals:

AN(NO) 1568 DE(N) 24. JVLII IST DER EDELL VND
ERNVEST PANGRATZ SAVRZAPFF VO(N) SVLTZBACH
KVN(IGLICHER) MAY(ESTET) IN FRANCKREICH BESTELTER
VND

DISER ZEIT CHVRFVRSTLICHER TRIERISCHER
HAVPTMAN VBER EIN FENDLIN TEVTSCHER
LANDSKNECHT VOR DER STAT TRIER DVRCH
DIE FIENDT MIT 3 HACKEN KVGELN BES
CHEDIGET VND ALSBALDT VFF DER WAL
STAT IN GOTT VERSCHIDE(N) DER IME VND
ALLE(N) CRISTGLAVBIGE(N) SELE(N) GNEDIG SEI(N) WOLLE

Keune, Sauerzapff S. 18. Keune, Pfalzel S. 12. Wengler, Pfalzel S. 55. Kdm. S. 296 mit Abb. S. 297. Heinz H. Grundhöfer in Ehranger Heimat 6. 1969/72 S. 149–152 referiert lediglich Keune. Cüppers 1989 S. 81 Beschreibung, S. 82 Abb.

Philipp Wehr. Kustos, gest. 1575

Epitaph in der St. Peter-Kapelle an der Rückwand nach Westen. Grauer Sandstein, 86 × 115 cm, stark beschädigt.

Darstellung einer „heiligen Tischgesellschaft" (so die vorsichtige Formulierung von Balke) mit einem perspektivisch in den Raum komponierten großen Tisch mit sieben Personen, vorne eine kniende Frauengestalt, die Christus die Füße trocknet, links kniend der Verstorbene, dessen Memorie die Tafel gewidmet ist. Es ist somit keine Darstellung des (letzten) Abendmahls (so Kdm. S. 302). Balke sieht vielmehr darin eine Kombination des Gastmahls im Hause Simons in Bethanien (Matth. 26, 6–13; Mk. 14, 3–9) bzw. des Pharisäers (Luk. 7, 36–50) bzw. bei Lazarus und Martha (Joh. 12, 1–8).

Balke zählt das Epitaph Philipp Wehrs zu den selbständigen Werken des Hans Ruprecht Hoffmann, das dann in den Anfangsjahren seiner großen Trierer Arbeiten (1570/72 Domkanzel) entstanden wäre. Der durch den Verbleib in der rund einhundert Jahre als Schuppen genutzten Peters-Kapelle entstandene schlechte Erhaltungszustand und wohl auch die nach wie vor völlig deplazierte Belassung in der Klosterschenke sind gewiß der Hauptgrund dafür, daß der künstlerische Wert dieses Epitaphs nicht erkannt und dessen Erhalt gesichert sind.

Am Fuß Inschrift (der Name ist bisher stets WEYR gelesen; es handelt sich aber ohne Zweifel um eine Ligatur HR und entspricht damit den übrigen Zeugnissen für den Namen des Kanonikers):

AD HONOREM DEI OMNIPOTENTIS, S(an)CTI PETRI
(et in memoriam) DOMINI PHILIPPI WEHR TREVE(rensis)
  CANONICI
ET CUST (odis) (testamenti) EXECUTORES POSUERE
ANNO DOMINI 1576 (hic monumentum)

Nicht in Metropolis 1. Keune, Pfalzel S. 17. Wengler, Pfalzel S. 60. Cüppers, Pfalzel 1989 S. 96, Abb. S. 99. Franz Balke, Über die Werke des kurtrierischen Bildhauers Hans Ruprecht Hoffmann. Phil. Diss. Bonn 1914 [Trierer Jahresberichte 7/8. 1914/15, als Buch 1916] hierzu S. 35 f.

Peter Homphäus. Dekan, gest. 1595/99 (vgl. § 31)

Epitaph an der Westwand des linken Nebenchores der Stiftskirche, nach Kdm. (1936) S. 297 an der Stirnwand, wo nach F. T. Müller ein St. Marien-Altar gestanden habe. Sandstein, 129 × 150 cm.

Im unteren Teil eine von Rollwerk begleitete, als Sockel gedachte Inschrifttafel, an deren unteren Rand ein Wappenschild, in dem Kdm. S. 297 die „verschlungenen" Anfangsbuchstaben P H (= Peter Homphäus) erkennen wollen; ob es sich tatsächlich um ein P handelt, scheint fraglich. Im unteren Teil dieser Ligatur, eingebunden in die Schäfte von „H" und „P" ein großes X und in diesem oben ein sechszackiger Stern. Ob es sich um das Familienwappen der Homphäi handelt, konnte nicht ermittelt werden. Die in Kdm. vermerkte, am Rand „nachgezogenen Signatur" ist gewiß, wie weitere Ritzungen, später entstanden, jedenfalls nicht als Autoren-Monogramm zu werten (s. dazu unten).

Im oberen Hauptteil Hochrelief der Auferstehung Christi. Auf den Pilastern Profilköpfe von Christus und Maria. Das Epitaph wird von F. Balke (vgl. bei Wehr) als Werkstattarbeit von Hans Ruprecht Hoffmann bezeichnet und als solche schlecht (kümmerlich, lahm, ausdruckslos, schematisch) beurteilt (S. 65 f.); Kdm. S. 297 ähnlich („schwache Kopie" nach der Domkanzel). Cüppers, Pfalzel 1989 S. 81 ebenfalls „Werkstattarbeit".

Das in der Inschrift genannte Datum 16. Januar 1600 (1601, wenn es sich noch um Trierer Stil handelt) muß das der Aufstellung des Gedenksteins sein, weil der Nachfolger schon 1599 zuverlässig bezeugt ist, es sei denn, Peter Homphäus hätte auf das Amt verzichtet und noch einige Jahre danach gelebt (vgl. § 31).

Nur bei Brower, Metropolis 1 S. 218 die Angabe:

Talem nobis sepulchri in supino lapide primariae aedis inscriptionem reliquit

Heute verloren: Hontheim, Hist. Trev. 2 S. 553b (Balke hat mit Bezug auf Hontheim „Palatinensis"; dort steht aber Palatiolensis)

Hoc saxum positum est Petri Homphaei decani Palatiolensis cineribus, quod cupit esse inviolabile, donec ad vocem filii Dei resurgat. Anno salutis MDC XVI Jan(uarii).

Inschrift der Schrifttafel in Hexametern:

CLAVDITVR HOC SAXO SVBLAT(us) MORTE DECAN(us)
ANNOS TRIGINTA HO(m)PHEVS BIS RECTOR IN VRBE
MAGNIFIC(us) TREVERI INFIR(m)OQ(ue) IN CORPORE FORTIS
ANTEA CVM PATRIAE COCH(m)IAE TRIA LVSTRA DEDISSET
PASTOR PAVPERIB(us) MORIENS BIS MILLE RELIQVIT
SAT MEMOR ESSE DEO QVODCVNQ(ue) DEI TRIBVENDVM
EIVS DIC LECTOR MANES IN PACE QVIESCANT

darunter:
CHRONOGRAPHICON
SEXTAM CVM DENA NOCTEM VOLVEBAT JANVS
ANNI SECVLARIS DVM MEA VITA CADIT

Hontheim, Hist. Trev. 2 S. 553b. Brower, Metropolis 1 S. 218; Balke S. 65. Keune, Pfalzel S. 12. Wengler, Pfalzel S. 55. Cüppers, Pfalzel 1989 S. 83 Abb.
Im Haupttext transskribiert Hontheim in Zeile 4 COCHI(m)AE, was durchaus möglich ist. Balke ließt in Zeile 3 INFIRMO CORPORE FORTIS und in Zeile 5 PAUBERIBUS, was in beiden Fällen nicht zutrifft.

NN

Epitaph (Schrifttafel) mit nicht erschlossenem Text, jetzt an der Rückwand (nach Norden) des Erweiterungsbaues. Nach Kdm. Trier-Land (1936) S. 296 damals an der linken Wand des Langschiffes, was wohl auch der ursprüngliche Platz ist. Grauer Sandstein, 100 × 180 cm.

Die Schrift ist eingefügt in einen von Arkanthus und Bandwerk begleiteten Eierstabrahmen. Im oberen Teil ein Wappenschild, darin ein Rost. Genannt Keune, Pfalzel S. 12 ohne Text. Abb. Cüppers, Pfalzel 1989 S. 82 (ohne Text).

Anton Reuß. Dekan, gest. 1737 (vgl. § 31)

In seinem Testament hatte er nachstehende Inschrift auf seinem Grab vor dem Marien-Altar gewünscht (vgl. § 31). Sie ist wohl verloren.

Hic jacet rev(erendissimus) dominus Antonius Reuß,
olim decanus dignissimus, jam autem hic sepultus,
orate omnes pro eo. Obiit …

Ersatz-Epitaph

für Inschriften in der St. Peter-Kapelle, die bei deren Renovierung 1742/45 vorgefunden wurden, aber wohl so beschädigt waren, daß sie nicht erhalten werden konnten. Vielleicht handelte es sich um (abgetretene) Bodenplatten. Ihre Texte wurden auf dieser Tafel zusammengestellt.

Die Tafel befindet sich jetzt mit Unterkante Bodenhöhe am hinteren Ende der Westwand der Kapelle; durch Höherlegung des Fußbodens mit Steinplatten sind inzwischen die unteren acht Zeilen verdeckt (!). Der ursprüngliche Platz ist nicht bekannt. Gelber Sandstein, 167 × 76 cm. Zu den genannten Personen vgl. die Nachweise in den Personallisten.

Sedente Benedicto XIIII papa
et regnantibus Carolo VII
Bavariensi Cesare, Francisco
Georgio electore Trevirensi
hoc sacellum in honorem sancti
Petri apostoli erectum, sed peni
tus desertum, renovatum est et
sequentes inseriptiones
repertae in hunc lapidem
redactae sunt.
Anno D(omi)ni MDLXXIIII die XIIII jun(ii) obiit
honorabilis Joannes Romanus Sirck
canonic(us) et scholasticus huj(us) sanctae coll
egiatae eccl(es)iae cujus a(n)i(m)a pace fruatur aeterna

amen. Anno 1612 den 30. augusti ist
gotsehliglich und christlich entschlaffe
n di edelle und ehrentugentreiche fra
we Elisabeth Falkin von Nussaw (Urssaw) got ge
nade der sehlen amen. Anno 1627 den 26.
julii ist in got christlich entschlaf
fen des ehrsamen Petren Wolters
burgers zu Coblentz nachgelassene
wittib Anna Trarbachin der seelen Got
gnate amen. A(nn)o 1632 den 6. No(v)embris
ist in got entschlaffen der ehrengeac
ht Merchor Hensel meier und zolsch
reiber zu Pfaltzel dessen seel got
A(nn)o 1636 den 18. Julii ist in got entschla
ffen des ehrnves(t)n Roberti Zandt
churf(urstlichen) kelners in Coblentz nachgelassene
wittib die ehrnreiche frawe ... Wanglerin
der selen got gnade. Anno 1636 den
31. December ist in got entschlaffen des
ehrenvesten Lot
harii Lettich churf(urstlichen) kelnr
in Sant Wendel nachgelasene witib
die tugentsame Catharina Schlabatzin
dero sellen got gnade. Anno 1635
die 4. julii obiit venerabilis d(omi)n(u)s Nikolaus
Letich collegiatae ecclesiae b(eatae) Mariae virginis
Palatioli canonicus et cantor cujus nima
aeterna beatitudine gaudeat amen.

Ladner, MittKirchlArchäologie 2 S. 119f. Keune, Pfaltzel S. 18. Wengler, Pfaltzel S. 60 (nach Ladner).

4. Nebengebäude

a. Kreuzgang mit St. Peter-Kapelle

Der „alte" Kreuzgang.
Der Innenhof des römischen Palatiolum war an allen vier Seiten umgeben von einem überdachten Umgang (Peristyl, Ambitus). Er bestand auch zur Zeit des Frauenklosters und wurde nun gewiß zu dem im 7./8. Jahrhundert aufkommenden liturgischen Umgang als Prozessionsweg mit einem Kreuz an der

Spitze (Kreuzgang) benutzt[1]). Mit dem Übergang an das Kanonikerstift hat sich daran nichts geändert; es ist eher anzunehmen, daß mit der Zunahme liturgischer Prozessionswege und deren Ausgestaltung mit Statio-Gebeten dieser Umgang an Bedeutung gewann.

Nach dem Übergang eines Flügels des antiken Quadrums in eine (zunächst noch vorübergehende) Nutzung als Wohnplatz und Verwaltungssitz durch die Erzbischöfe muß diese Verwendung des Umganges durch das Kanonikerstift als liturgischer Prozessionsweg nicht sofort bzw. automatisch beendet worden sein. Hier wird erst der weitere Ausbau des erzbischöflichen Palatiolum-Flügels zur „Residenz-Burg" (vgl. Abschn. 6) zur Unterbrechung und schließlich zum Abbruch der westlichen Teile des antiken Umgangs geführt haben. Ob das Stift nun in dem ihm verbliebenen Teil des früheren Innenhofes einen wie auch immer gestalteten „Ersatz-Flügel" errichtet hat, ist nicht bekannt. Diese Frage scheint ohnehin von Bauforschung und Archäologie bisher nie gestellt worden zu sein, weil man offensichtlich diese Funktion des (antiken) Umganges um den Innenhof des römischen Quadrums als liturgischen Prozessionsweg nicht gesehen hat.

Der „neue" Kreuzgang.

Mit dem umfassenden Ausbau des Residenz- und Burgberings und insbesondere der Anlage des rundum geführten Burggrabens, wie wir sie in der Zeit Erzbischof Johanns II. von Baden (1456–1503) annehmen möchten (vgl. Abschn. 6), mußten aber offensichtlich auch die bisher noch möglichen „Überbrückungen" des Kreuzganges aufgegeben werden. Als Ausgleich und Entschädigung wurde deshalb ein neuer Kreuzgang erbaut, und zwar an der gegenseitigen östlichen Seite der Stiftskirche. Damit entsprach er der üblichen – und von der liturgischen Nutzung für Prozessions- und Stations-Wege vom Chor der Kirche aus auch notwendigen – Lage in unmittelbarer Nähe zur Kirche; in Pfalzel war dies zudem der einzig freie Platz in diesem Raum.

Von diesem neuen Kreuzgang sind nur der südliche, moselseitige Flügel und die diesem angegliederte St. Peter-Kapelle erhalten. Es handelt sich um ein repräsentatives, gewiß nicht billiges Bauwerk, das offensichtlich von den Erzbischöfen finanziert wurde. Die Fertigstellung erfolgte unter Erzbischof Richard von Greiffenklau (1511–1531), dessen Wappen in zwei Schlußsteinen erhalten ist. Dieser neue Kreuzgang war mit der Kirche durch eine (heute und wohl schon im 19. Jahrhundert vermauerte) Türe im östlichen Querhaus zugänglich. Baubeschreibung: Kdm. S. 299–303; Cüppers 1989 S. 95 f.

---

[1]) Die Überlegungen von Joachim HOFFMANN, Zur Stiftsklausur von St. Simeon in Trier (NTrierJb 41. 2001 S. 75–91), der S. 84–86 auch den Umgang des römischen Palatiolums von Pfalzel einbezieht, berücksichtigen die primäre liturgische Funktion der Kreuzgänge nicht.

Die Existenz eines „alten Kreuzganges ... vor der Kirche" war 1549 noch bekannt, geriet dann aber offensichtlich bald in Vergessenheit. Ältere Nachweise sind nicht bekannt, was gewiß darin seinen Grund hat, daß man bei Aussagen über „den Kreuzgang" selbstverständlich wußte, wo dieser lag, sodaß Ortsangaben oder -beschreibungen überflüssig waren. Der Nachweis von 1549 ist in einem Weistum dieses Jahres enthalten. In diesem ist nämlich als Versammlungsort *unser lieben frauen gerichts der stiftskirchen zu Pfalzel* in Bann und Bezirk Kasel-Eitelsbach-Pfalzel (vgl. § 28) *under der leuben oder whie manß sunst nennet im alten kreutzganck vur der kirchen zu Pfaltzel* angegeben (K Best. 157 Nr. 144, Abschrift Nr. 351; vgl. Heyen, Benediktinerinnen S. 31). Der damit indirekt angesprochene „neue Kreuzgang" kann nur der oben genannte, unter Erzbischof Richard um 1520/30 fertiggestellte, noch in einem Flügel erhaltene vierseitige Umgang südöstlich der Stiftskirche sein. Dieser „neue Kreuzgang" kann nämlich nicht etwa an der Stelle des „alten Kreuzgang", sozusagen als Neubau, errichtet worden sein, weil der Platz des „alten Kreuzgangs" wenige Jahrzehnte später noch zumindest als Lokatur bestand, zumal im Weistum von 1549 ausdrücklich gesagt ist, daß er „vor der Kirche" lag. Der Platz des „neuen Kreuzganges" ist nämlich – jedenfalls unter dem Gesichtspunkt des Eingangs – „hinter" oder zumindest „seitlich" der Kirche.

Eine Aussage über dessen Einbindung in liturgische Umgänge an diesem neuen Platz kann freilich nur die letztlich liturgiegeschichtliche Frage stellen, ob und inwieweit Kreuzgänge, Prozessionen und Stationen in dieser Zeit noch in Übung waren. Zu beachten ist schließlich auch, daß der alte Gerichtsplatz „unter der Laube im Kreuzgang" keineswegs in den neuen Kreuzgang verlegt wurde, d. h. auch: nicht an den Kreuzgang als solchen gebunden war, sondern am alten Platz „unter der Laube" blieb[1]). An der Westecke des Kreuzgangs wurde gleichzeitig die St. Peter-Kapelle erbaut (vgl. dazu unten).

Auch der Kreuzgang soll bei dem Großbrand von 1689 beschädigt und zu Anfang des 18. Jahrhunderts wieder aufgebaut worden sein. Wahrscheinlich sind in diesem Zusammenhang (und nicht schon mit dem Bau des Kreuzganges im frühen 16. Jahrhundert) auf der Moselseite des Südflügels und im Anschluß an die St. Peter-Kapelle ein breit angelegtes, zweistöckiges Wohnhaus errichtet, das als Obergeschoß über den Kreuzgangflügel erweitert und dann Wohnhaus, Kreuzgang mit Obergeschoß-Wohnhaus und St. Peter-Kapelle (diese aber ohne den Chorraum) mit einem breiten Mansardendach überdeckt worden. Dieses Wohnhaus mitsamt Kreuzgang im Erdgeschoß und überhöhter Kapellenraum bilden somit eine repräsentative Einheit der Barockzeit

---

[1]) Zur Frage der Nutzung von Kreuzgängen als Gerichtsstätte vgl. die Beobachtungen von Stephan ALBRECHT, Der Kreuzgang als Gerichtsstätte (P. K. KLEIN, Der mittelalterliche Kreuzgang. 2004 S. 27–29).

(und nur als Teil dieses Bauensembles blieb dieser Flügel des Kreuzgangs erhalten). Letzter Bewohner dieser Kurie war Dekan Johann Matthias von Kaysersfeld (vgl. § 31, es ist nicht ermittelt, ob das Gebäude dem Dekan sozusagen als „Amtskurie" vorbehalten war). Sie wurde am 12. Januar 1804 an Josef Hayn aus Trier für 2100 fr. verkauft und bestand (in der Beschreibung des Versteigerungs-Protokolls) aus Haus, Hof, Scheune, Stall, Schuppen, Treibhaus, Bering, Garten und St. Peter-Kapelle; hervorgehoben sind ein großer Raum hinter dem Kreuzgang und der Überbau des Kreuzgangs (Schieder, Säkularisation Nr. 5828; K Best. 276 Nr. 2374). Seit 1928 ist das Gebäude mitsamt Kapelle Hotel und Restaurant „Klosterschenke".

Christus am Kreuz, jetzt in der St. Nikolaus-Kirche, früher im Kreuzgang?

Sandstein, 16. Jahrhundert, 310 cm hoch, auf Quadersockel. Schwebende Engel fangen das Blut der Wundmale auf. – Das Kreuz habe im Kreuzgang des Stiftes gestanden, sei „im Jahre 1794" zerstört und zu Anfang des 19. Jahrhunderts „wieder zusammengesetzt ..., mit Ölfarben gestrichen" und als Friedhofskreuz auf dem Friedhof der Pfarrkirche St. Martin aufgestellt worden (so Kdm. S. 282). Von dort kam es 1962 in die St. Nikolaus-Kirche (s. dort).

St. Peter-Kapelle

Wohl gleichzeitig mit dem Kreuzgang, jedenfalls im Verbund mit diesem wurde die St. Peter-Kapelle erbaut. Eine dem hl. Petrus geweihte Kapelle ist – neben einer St. Nikolaus-Kapelle und der St. Michael-Kapelle in der Burg – in einem Ablaßbrief von 1333 als Statio-Ort genannt (vgl. § 25). Wahrscheinlich ist trotz einer Nachweis-Lücke von 130 Jahren mit dieser Kapelle von 1333 ein Altar St. Peter *in ambitu* identisch, der zum Jahre 1462 und nochmal 1487 mit einer Altaristen-Stelle bezeugt ist (vgl. die Nachweise in § 15). Dabei handelt es sich dann aber sehr wahrscheinlich noch um den „alten" Kreuzgang. Im Zusammenhang mit dem Verzicht auf diesen Umgang des römischen Palatiolum und dem Bau des „neuen" Kreuzgangs wird dann diese noch erhaltene Kapelle errichtet worden sein, aber als selbständiges und vielleicht auch anders finanziertes Gebäude neben dem neuen Kreuzgang. Stilistische (und damit wohl auch zeitliche) Unterschiede in der Architektur von Kapelle und Kreuzgang wären bei einer genaueren Ermittlung der Baufolgen in dieser Zeit des späten 15. und frühen 16. Jahrhunderts zu berücksichtigen.

Die Kapelle ist trotz oder wegen der Nutzung als Teil der Klosterschenke relativ gut erhalten, die in den Wänden noch vorhandenen Epitaphe (vgl. unten) sind jedoch in ihrer Substanz gefährdet. Das quadratische Schiff hat ein Kreuzgewölbe, der Chor hat vier zweigeteilte Fenster. Beschreibung Kdm. S. 301 f. – Bei der Einäscherung Pfalzels 1689 wurde das Dach der Kapelle zerstört. Auch zu dessen Erneuerung sollten die 1695 und 1699 z.T. eingezogenen Scholasterie-Gefälle verwendet werden (K Best. 157 Nr. 307; vgl. § 12). Die nachstehend genannte „Ersatztafel" sagt, daß 1742/45 die damals gänzlich verödete Kapelle (*penitus desertum*) erneuert worden sei.

In der Kapelle befinden sich noch zwei Epitaphe, und zwar des Dekans Johann von Sierck (gest. 1547) und des Kustos Philipp Wehr (gest. 1575) mit wertvollen Reliefs sowie eine „Ersatztafel" mit den Nachweisen von sieben weiteren Epitaphen, die zur Zeit der Renovierung der Kapelle 1742/45 so beschädigt gewesen seien, daß sie nicht weiter aufgestellt werden konnten; es handelt sich um einen Scholaster und einen Kantor des Stiftes sowie fünf Laien, darunter vier Frauen, davon drei Mütter von Stiftsangehörigen (alle gestorben zwischen 1612 und 1636). Beschreibung in Abschn. 3b.

Über eine seit 1487 bezeugte und mit der Reform von 1559 aufgehobene Vikarie am St. Peter-Altar vgl. § 15.

b. Stifts-Pfarrkirche St. Nikolaus

Die Pfarrkirche der Familia des Stiftes und der Bewohner der Grundherrschaft Pfalzel-Eitelsbach stand außerhalb des Quadrums des römischen Palatiolum in der Nähe des Moselufers, war also auch leicht vom gegenüber liegenden Moselufer (für die Filiale Eitelsbach) zugänglich. Zur Pfarrei vgl. § 29.

Die Kirche ist als Kapelle – neben der St. Peter-Kapelle und der St. Michael-Kapelle in der Burg – im Ablaßprivileg von 1333 als Statio-Ort genannt (vgl. § 25). Ein Neubau wurde von Dekan Johann von Lutzerath (1483–1527) errichtet, und zwar in der Achse der St. Marien-Kapelle und in Höhe der in der selben Zeit und mit dem neuen Kreuzgang (vollendet unter Erzbischof Richard von Greiffenklau, 1511–1531; vgl. dazu Abschn. 4a) erbauten St. Peter-Kapelle. Damit war ein weitgehend abgeschlossener Raum vor der Apsis der Stiftskirche gebildet, der als Pfarr-Friedhof diente. Es ist nicht sicher, daß dies der ursprüngliche Platz der Stifts-Pfarrkirche ist. Denkbar ist auch eine Verlegung mit dem Bau des neuen Kreuzgangs im angrenzenden moselabwärts gelegenen Bering; die ältere Pfarrkirche könnte dann in diesem Gelände gestanden haben, was freilich ohne umfassende archäologische Untersuchungen und Nachweise nur Vermutung sein kann. Dedikationstag ist der 6. Dezember (Tag des hl. Nikolaus); vgl. § 24 Abschn. 4.

Der (Neu-)Bau vom Anfang des 16. Jahrhunderts ist erhalten. Er besteht aus dem Schiff (kein Seitenschiff) in zwei Achsen, die ursprünglichen Kreuzgewölbe sind ausgebrochen, und einem abgesetzten, dreiseitig geschlossenen Chor. Zu dieser Kirche berichtet Franz Tobias Müller (Manuskript S. 465): *Zu Pfalzel siehet man noch unfern der Stiftskirche auch eine andere, ziemlich alte Pfarrkirche*

Abb. 9. Anna-Selbdritt aus der St. Nikolaus-Kirche. Um 1500. – Heute im Erweiterungsbau der St. Marien-Kirche links vor der Vierung. – Nach Foto Thörnig, Trier, in Festschrift 1962 S. 35.

unter dem Titel des h(eiligen) Bischofs Nikolaus. Dieselbe besaß nur weniges Licht und hat, obschon sie gar klein, doch drei Altäre gehabt: nemlich den des h(eiligen) Nikolaus, zu deßen Evangeliums-Seite einen h(eilig) Creutz-Altar, zu der Epistel-Seite einen St. Annen-Altar.

Die Kirche wurde am 7. September 1803 für den vergleichsweise geringen Preis von 900 fr. (Schätzpreis 400 fr.) an den Kanzlisten (greffier) am Friedensgericht zu Saarburg Karl Franz Hermes versteigert. Der Besitz ist als kleine Kirche – jedoch *ne sont pas compris dans cette vente les deux petites cloches, l'autel et les bancs qui se trouvent dans l'église* – mit Bering und einem Kirchhof beschrieben (Schieder, Säkularisation 3 S. 74 Nr. 5814). Sie diente lange Zeit als Schuppen, zuletzt im Eigentum der Kirchengemeinde. 1962 wurde sie saniert und als Kriegergedächtnis-Kapelle eingerichtet. Das alte Friedhofskreuz erhielt hier seinen Platz (eine Kopie steht vor der Kirche). Vgl. Cüppers 1989 S. 102, 104; zur Vorgeschichte der Kirche vgl. Kdm. S. 299; zum Friedhofskreuz vgl. Abschn. 4a.

Hinsichtlich der früheren Ausstattung nennt die oben zitierte, bisher in der Literatur nicht beachtete Beschreibung von F. T. Müller neben dem Hochaltar zwei Seitenaltäre, nämlich einen hl. Kreuz-Altar und einen St. Annen-Altar. Indirekt sagt Müller auch, daß diese Ausstattung in den Raum der kleinen Kirche nicht so ganz paßte („*obschon klein ... doch drei Altäre*"). Damit sind jedoch wesentliche Kriterien für eine Identifizierung dieser Ausstattung gegeben, worauf hier etwas ausführlicher einzugehen ist.

Von dem 1527 gestorbenen und in der von ihm neu errichteten St. Nikolaus-Kirche begrabenen Dekan Johann von Lutzerath ist überliefert, daß er in dieser Kirche zwei Wochenmessen stiftete, und zwar dienstags zu Ehren der hl. Anna und freitags in Erinnerung an die *passio domini* (vgl. § 31 bei Johann von Lutzerath). Schon am 7. März 1521 hatte Dekan Johann für 7 fl. einen Obstgarten in Pfalzel gekauft, den der Besitzer des Altares in der St. Nikolaus-Kapelle, genannt *des lyden gotts und sand Annen*, haben solle (Kopiar BistA S. 184).

Daraus ergibt sich wohl schlüssig, daß Dekan Johann von Lutzerath nicht nur die Kirche neu erbaut, sondern auch zu deren Ausstattung die beiden Seitenaltäre gestiftet hat. Von diesen ist die Skulptur des St. Annen-Altares erhalten. Jedenfalls dürfte die um 1500 entstandene Figurengruppe der St. Anna Selbdritt (75 cm breit, 98 cm hoch; vgl. Kdm. S. 277–280), die heute an der linken Stirnseite des Erweiterungsbaues der ehemaligen Stiftskirche ihren Platz hat, mit dem Altaraufsatz des rechten Seitenaltares der ehemaligen St. Nikolaus-Kirche identisch sein. Diese Figurengruppe befand sich im 19./20. Jahrhundert in der St. Martin-Pfarrkirche und wurde von dort 1962 in die wiederhergestellte St. Marien-(Stifts-)Kirche gebracht. Sehr wahrscheinlich wurde sie mit der Aufhebung der Pfarr-Rechte der St. Nikolaus-Kirche bzw. der Zuweisung der links der Mosel gelegenen Teile der alten St. Nikolaus-Pfarrei an die St. Martin-Pfarrei im Zuge der Neu-Umschreibung der Pfarreien im März 1803 (vgl. dazu § 9) nach St. Martin übertragen.

Mit diesem Zeugnis einer „Übertragung" von Teilen des Inventars der St. Nikolaus-Kirche können aber auch einige offene Fragen um den „aus Pfalzel" stammenden, heute in Wien befindlichen Antwerpener Passionsaltar beantwortet werden. Es handelt sich um ein dreiteiliges Altarretabel aus Holz, in der heutigen Zusammensetzung in den Maßen Höhe 350 cm, Breite 290 cm, Tiefe 58,3 cm, wobei die beiden Seitenteile eine Breite von je 108 cm, das Mittelteil von 74 cm messen. Der mittlere Teil zeigt unten die Kreuzigung (Kreuz-Annagelung) Christi und darüber Christus am Kreuz zwischen den beiden Schächern. Von den beiden im künstlerischen Duktus und in der Größe gleichen Seitenteilen zeigt der (vom Betrachter aus gesehene) linke Teil den auf dem Weg nach Golgotha das Kreuz tragenden Christus (Kreuzweg), und der rechte Teil im oberen Feld die Kreuzabnahme Christi und im Vordergrund unten die Beweinung des im Schoß der Mutter Maria liegenden toten Christus (eine sehr detaillierte Beschreibung in Dommuseum S. 308–310; es handelt

A 4b. Stifts-Pfarrkirche St. Nikolaus 59

Abb. 10. Passionsaltar aus der St. Nikolaus-Kirche. Um 1460. Heute in der Votivkirche in Wien. – Foto: Erzbischöfl. Dom- und Diözesanmuseum Wien.

sich um das in dieser Zeit übliche Programm dieser Altäre). Hervorzuheben ist, daß im Vordergrund der beiden Seitenteile einige vollplastische Figuren in die Komposition eingefügt sind: links Veronika mit dem Schweißtuch, rechts Josef von Arimathea, Nikodemus und Maria Salome (diese Figuren waren 1956 gestohlen, aber zurückgewonnen worden, wurden jedoch – außer Nikodemus – 1970 erneut entwendet).

Bei diesem Altarbild handelt es sich nicht um einen Schreinaltar im üblichen Sinne, sondern um ein dreiteiliges Altarretabel, d. h. ohne einklappbare Flügelbilder. Ungewöhnlich ist das (im Vergleich zu den Seitenteilen von einer anderen Hand gefertigte) schmale Mittelteil, woraus vorab zu schließen ist, daß das Altarretabel – aus welchem Grund auch immer – aus verschiedenen Kompositionen zusammengesetzt wurde.

Der Altar ist durch das Antwerpener Gildezeichen (eine Hand) auf allen drei Teilen sowie durch das Brüsseler Gildezeichen (ein Hammer) auf der Rückseite des Mittelteiles „signiert". Er wird „um 1460" datiert (so Dommuseum S. 322, also nach der umfassenden Restaurierung). – Auf dem linken Hosenbein des rechten Soldaten bei der Kreuztragung (des linken Retabel-Teiles) sind die Buchstaben „J L" eingeschnitten (Abb. bei Zykan S. 144 Nr. 176; dessen Lesung „A L" – so auch Dommuseum S. 317 – ist zumindest nicht zwingend). Sie können als die Anfangsbuchstaben des Namens des Auftraggebers bzw. Stifters gelten, nämlich Johann (von) Lutzerath.

Der Altar befindet sich heute (mit verschiedenen Veränderungen des 19. Jahrhunderts) in der Votivkirche von Wien. Er wurde 1858 durch Kaiser Franz Josef von dem Wiener Bildhauer Hans Gasser (1817–1868) erworben, 1878 auf Bitten des Wiener Erzbischofs Kardinal Joseph Ottmar von Rauscher (1797–1875) der Votivkirche in Wien geschenkt und dort in einer Seitennische des Langhauses auf der Epistelseite aufgestellt. Wenn es auch im Vortrag zum Ankauf 1858 vor Kaiser Franz Josef heißt, „in diesem Altarwerke (habe) sich die Kunst des Mittelalters ein großes und schönes Denkmal gesetzt" (HHStA Wien, Oberkämmereramt Serie B, Kä 488, Akten 1858, Rubrik 65/2 Bl. 231), so wurde seine künstlerische Qualität erst mit einer umfassenden Restaurierung 1965/66 erkannt, bei der die „originale Polychromierung von hoher Qualität, wie sie nur selten erhalten ist" (Zykan S. 130) von Übermalungen und „Ausbesserungen" des 19. Jahrhunderts wieder freigelegt werden konnte. 1986 kam der Altar „aus konservatorischen Überlegungen und aus Sicherheitsgründen" als Depositum in das Dom- und Diözesan-Museum in Wien (Dommuseum S. 304), ist seit 2003 aber wieder in der Votivkirche.

In den Unterlagen über der Erwerb des Altares durch Kaiser Franz Josef heißt es auch, daß er „aus der Kirche in Pfalzel bei Trier" stamme (HHStA Wien wie oben). Das ist in der Literatur unbekümmert als „Stiftskirche" oder „Liebfrauenstift" Pfalzel präzisiert und der Altar zum Hochaltar erklärt worden, auch wenn damit gewagte Interpretationen erforderlich waren, um in einem Kreuzigungsaltar den Hochaltar einer Marienkirche zu sehen. Die oben zitierten Nachweise für einen Passionsaltar in der St. Nikolaus-Kirche und die Stiftungen des Johann von Lutzerath hat man nicht gekannt oder/und nicht beachtet. Das ist hier nicht zu erörtern.

Die verschlungenen Wege dieses Altares von Pfalzel über Frankfurt und München nach Wien, in die Joseph Görres eingebunden war, sind nicht mehr Teil der Geschichte des St. Marien-Stiftes in Pfalzel und deshalb in einem separaten Beitrag dargestellt. Für die Geschichte des Stiftes ist hier zu notieren, daß
— Dekan Johann von Lutzerath um 1520 für die von ihm neu errichtete St. Nikolaus-Kirche, die als Bild des Hauptaltares eine St. Nikolaus-Statue hat, zwei Nebenaltäre erwarb, nämlich zur Evangelienseite einen Passions-Altar und zur Epistelseite einen St. Annen-Altar. Der St. Annen-Altar hat als Altarbild die erhaltene Skulptur der St. Anna Selbdritt.
— Als Passions-Altar aber lag eine Arbeit aus einer der damals hoch in Mode stehenden Antwerpener Werkstätten nahe. Der in mancher Hinsicht ähnliche Hochaltar der benachbarten Wallfahrtskirche in Eberhardsklausen, den der aus Brabant stammende Prior Johann von Eindhoven um 1480 angeschafft hatte (vgl. Kdm. Krs Wittlich S. 875), mag da eine Anregung und vielleicht auch die Vermittlung gegeben haben. Aber ein solcher Altar war selbst als dreiteilige Predella (ohne Seitenflügel und Aufbau) für die kleine St. Nikolaus-Kirche einfach zu groß. Wahrscheinlich hat man deshalb ein schmaleres Mittelteil (aus einer Brüsseler Werkstatt, in Antwerpen integriert; daher die beiden Gildezeichen auf dem Mittelteil?) beschafft und womöglich die beiden – in sich auch heute noch als selbständige Stücke gefaßten – Seitenteile etwas anders (z.B. schräg) und damit (Seiten-)Raum sparender aufgestellt. – Sicher scheint jedoch, daß die drei Teile des heute Wiener Passions-Altares die um 1520 von Johann von Lutzerath als Retabel für den linken Seitenaltar der St. Nikolaus-Kirche in Pfalzel erworbenen Stücke sind und dort bis 1803 gestanden haben.
— Nach der Besetzung durch französische Truppen 1794 wurde auf Antrag des Pfarrverwalters und Vikars Willwersch 1797 durch die französische Departementalverwaltung die Verlegung des Kultes der Pfarrei St. Nikolaus aus der St. Nikolaus-Kirche in die St. Marien-Stiftskirche gestattet (vgl. dazu § 9). Wenn die Begründung auch heißt, die St. Nikolaus-Kirche sei zu klein, so ist wohl doch anzunehmen, daß damit auch die Absicht verbunden war, der St. Marien-Kirche den Rechtsstatus einer Pfarrkirche zu geben, auch wenn die dann 1802 sehr wichtige Qualifikation als Pfarrkirche für den Erhalt der Kirchengebäude damals zumindest so konkret noch nicht erkennbar war. Jedenfalls muß eine „Auslagerung" von Teilen des Inventars der St. Nikolaus-Pfarrkirche in die St. Marien-Stiftskirche in Betracht gezogen werden, wobei an erster Stelle natürlich an den Hochaltar (St. Nikolaus) und die beiden Seiten-

altäre – den Passionsaltar und den St. Anna-Altar – zu denken wäre. Möglich ist natürlich auch, daß die Altäre zunächst in der St. Nikolaus-Kirche blieben.

– Als sich dann 1802 abzeichnete, daß mit der Neu-Umschreibung der Pfarreien der Diözese Trier die St. Nikolaus-Pfarrei Pfalzel nicht etwa, wie man vielleicht gehofft hatte, in die St. Marien-(Stifts)Kirche übertragen, sondern aufgelöst und deren bisheriges Gebiet den Pfarreien Ruwer und Pfalzel-St. Martin zugewiesen werden würden, hat man sich in Pfalzel – wie auch in anderen Pfarreien und anscheinend auch mit Zustimmung der staatlich-französischen Verwaltung – bemüht, Teile des Inventars der Kirche vor einer Versteigerung der künftigen (Gesamt-)Pfarrkirche zu übereignen. So wie aus der St. Marien-Stiftskirche einzelne Teile (z.B. das Chorgestühl) nach St. Martin gebracht wurden, so brachte man auch Objekte aus St. Nikolaus, nämlich die Figuren der Anna Selbdritt und den Passions-Altar, nach St. Martin. – Es kann natürlich auch sein, daß diese Objekte 1803/04 von der Kirchengemeinde oder einzelnen Personen für die St. Martin-Kirche ersteigert wurden; Unterlagen darüber gibt es nicht. Entscheidend ist letztlich, daß die Altarbilder beider Seitenaltäre nach St. Martin kamen.

– In St. Martin aber hatte man für diese „Zugänge" nicht genügend Platz, vielleicht auch nicht das notwendige Interesse. Dem Zeitgeschmack entsprach der Antwerpener Passions-Altar gewiß nicht. Auch von anderen Objekten ist bezeugt, daß man sich schwer tat, ihnen einen angemessenen Platz zu geben. Dieser Prozeß der Weiterverwendung des Inventars aufgehobener Kirchen ist ohnehin erst in wenigen Einzelfällen untersucht. Jedenfalls ist die Annahme nicht abwegig, daß man mit der Konsolidierung auch der kirchlichen Verhältnisse nach 1820 den – vermutlich nicht als solchen aufgestellten, sondern lediglich abgestellten – Passions-Altar aus St. Nikolaus an einen (Kunst-)Interessenten verkauft hat.

Über den Verbleib des St. Nikolaus–Altares konnte nichts ermittelt werden. Über früher in der St. Nikolaus-Kirche vorhandene Epitaphe vgl. hier Abschn. 3b bei Johann von Lutzerath (nicht erhalten) und Nikolaus Landt von Zell (jetzt im Landesmuseum Trier).

Lit.: Moritz Thausing, Die Votivkirche in Wien. Denkschrift des Baucomités, veröffentlicht zur Feier der Einweihung am 24. April 1879. Wien 1879. Zum Passionsaltar S. 48. – Josef Zykan, Der Antwerpener Altar in der Wiener Votivkirche und seine Restaurierng [durch Giovanna Zehetmaier] (Österreichische Zeitschrift für Kunst und Denkmalpflege 20. 1966 S. 129–146; mit zahlreichen Abbildungen). – NN, Antwerpener Passionsaltar, um 1460. [Katalog] Dom- und Diözesanmuseum Wien. [nach 1986]. Unter „Neueste Erwerbungen" S. 304–322 und Abb. Nr. 388–410. Zitiert: Dommuseum. – Wengler, Pfalzel S. 56f. – Kdm. S. 298 (ohne direkte Aussage, daß der Altar aus Pfalzel stamme). – Cüppers 1989 S. 88–92 mit mehreren Abbildungen. – Frau Eva-Katharin Ledel danke ich sehr herzlich für ihre wertvollen Recherchen in Wien und die Vermittlung der Wiener Unterlagen.

c. Friedhöfe

Kanoniker (und Vikare) des Stiftes wurden in der Stiftskirche (im späten 18. Jahrhundert *ante portam chori*; vgl. § 23) oder im Kreuzgang (einschließlich deren Kapellen) begraben. Einen wie auch immer begrenzten Begräbnisplatz (Friedhof) hat es nicht gegeben. Auch Nicht-Stiftsangehörige, wenn auch wohl eingeschränkt auf Angehörige (namentlich Eltern) der Kanoniker oder namhafte Förderer des Stiftes, konnten im Kreuzgang und in Kapellen (bezeugt für die St. Peter-Kapelle) beerdigt werden (so 1437 eine Bürgerfamilie aus Pfalzel: K Best. 157 Nr. 88; vgl. auch Nachweise bei Epitaphen in Abschn. 3b). Über die Bestattung des Stiftspersonals (*familia*) ist nichts bekannt. Vermutlich wurde dieses in der Funktion der St. Nikolaus-Kirche als Stifts-Pfarrkirche auf dem St. Nikolaus-Friedhof begraben.

Für die Angehörigen der Pfarrei St. Nikolaus, die auch die Gebiete der stiftischen Grundherrschaft auf dem jenseitigen Flußufer (namentlich Eitelsbach; vgl. § 29) umfaßte, gab es einen Friedhof bei der (oder um die) St. Nikolaus-Pfarrkirche am Moselufer, d.h. südlich vor dem Stiftstrakt im Südflügel des römischen Palatiolum (bzw. vor der später hier erbauten St. Marien-Kapelle) und der Stiftskirche, also außerhalb des engeren Stiftsberings (vgl. hier Abschn. 4b). Auf (oder neben) diesem Friedhof bei St. Nikolaus gab es ein Beinhaus (*ossatorium*), das im Prozessionale mehrfach, insbesondere an Allerseelen, genannt ist (vgl. § 24 Abschn. 4).

5. Wohn- und Wirtschaftsgebäude

Über die zum Stift und insbesondere zum engeren Stiftsbering gehörenden Gebäude können nur Hinweise aus stiftischen Quellen mitgeteilt werden. Eine umfassende topographische Darstellung muß der lokalen Forschung überlassen bleiben. – In der bisherigen ortsgeschichtlichen Literatur werden meist die für ihre (Veröffentlichungs-)Zeit aktuellen Straßennamen und Hausnummern angegeben. Da diese aber mehrfach wechselten, werden Identifizierungen erschwert; bei den nachstehenden Angaben sind deshalb gelegentlich mehrere Straßen- und Haus-Angaben unvermeidbar. Zu beachten ist auch, daß die frühere Straßenführung entlang der Stiftskirche bzw. zwischen Kirche und Burg durch den Erweiterungsbau der Kirche 1962 entscheidend verändert wurde (vgl. die Lagepläne).

a. Kurien

Das Stift besaß mehrere Wohnhäuser mit einem Hof und Hofgebäuden, meist auch einem Haus-Garten. Diese wurden auf Lebzeit bzw. auf die Dauer des Besitzes eines Kanonikates an (residierende) Kanoniker „verkauft"; die Inhaber waren für den Unterhalt verantwortlich. Diese Häuser sind meist als Kurien bezeichnet. Die Zahl der Kurien entspricht nicht der Zahl der Kanonikerpfründen, was aber offensichtlich nicht zu („Unterkunfts"-)Problemen führte, weil wohl nie alle Kanonikate mit auch residierenden Kanonikern besetzt waren; es mag auch sein, daß (vorübergehend) in einer Kurie zwei Kanoniker wohnten (wie es z.B. im Stift St. Simeon in Trier ausdrücklich vorgesehen war). Unabhängig von diesem Hausbesitz hatte jede Kanonikerpfründe ein zur Ausstattung gehörendes, außerhalb des engeren Stiftsbezirks gelegenes „Allod" (vgl. dazu § 27 Abschn. B 3a). Die nachstehenden Angaben beziehen sich auf die Kurien als Gebäude.

Eine Auflistung von 1595 (vgl. dazu § 27 Abschn. B 3a) nennt folgende Kurien:

Name:	Richtpreis
Zum Windelstein	100 fl.
Bei der Scholasterie	100 Rt.
e regione scholae contigua templo	100 Rt.
Am Kreuzgang	150 Rt.
Ad turrim	100 fl.
Ad aulam	100 fl.
Neben der Mühle des Erzbischofs	100 fl.

Angaben zu einzelnen Kurien

– *Vynkenhaus*

1341 tauscht Erzbischof Balduin mit dem Stift Pfalzel das ihm gehörende *Vynkenhaus* in Pfalzel gegen eine Kurie des Stiftes (K Best. 157 Nr. 44; Goerz, RegEb S. 83).

– Kurie Windelstein

Im Memorienverzeichnis des Stiftes ist zum ersten Werktag nach St. Katharina der (sonst nicht nachweisbare, damit aber dem 15. Jahrhundert zuweisbare) Kanoniker Senandus von Hochstetten mit einer Rente aus der Kurie Windelsheim eingetragen (vgl. § 35). Diese Kurie wurde 1579 von dem Kanoniker Michael Heymann (1572–1592, seit 1587 Scholaster; vgl. § 32) für 171 Taler erworben, was offenbar als (unberechtigte und für die Preisgestaltung gewiß schädliche) Überbietung gewertet worden war, weshalb 1595 die vorstehend genannten Höchstpreise für alle Kurien festgesetzt worden waren (vgl. § 27 Abschn. B 3a).

– Kurie neben der Mühle (des Erzbischofs) gegenüber der Burg

Der Kanoniker (seit 1471) und Dekan (seit 1477) des Stifts Johann Leymbach, bezeugt bis 1481/82, gestorben vor 1488 (vgl. § 31), hatte ein Haus mit Hofstatt gegenüber der Burg, neben der Mühle neu errichtet, offenbar auf einem Grundstück, das zum erzbischöflichen Burgbering gehörte. Jedenfalls erklärt Erzbischof Richard von Greiffenklau 1521, daß er auf diesen Gebäudekomplex – wohl als Erbpacht (was nicht ausdrücklich gesagt ist) – einen Anspruch von (jährlich) 50 fl. habe. Der Erzbischof verzichtet nun zugunsten des Dekans Nikolaus Landt auf dessen Lebzeit und nach dessen Tod zugunsten des Stiftes auf diesen Anspruch. Platz und Haus sollen von allen Lasten, Diensten, Frohnden etc. frei sein wie andere Kanonikerhäuser. Mit den Erben Leymbachs solle sich das Stift (wegen deren Ansprüche an der Liegenschaft) einigen (Kopiar BistA S. 150, Kopiar StadtA Bl. 30v-31r). Der Text lautet: Das Objekt, auf dem Johann Leymbach *eyn nuwen buwe gesetzt* und von dem der Erzbischof einen Zinsanspruch hatte, war der Platz *uff dem alten gehuyse und hoyffreyden zu Paltzel gegen unser burg neben der moelen*. Mit dem Verzicht des Erzbischofs gehören Platz und Bau abgabenfrei dem Stift wie andere *canonich huysern*. Am Rand des von Nikolaus Landt selbst angelegten Kopiars (BistA Trier Abt. 65 Nr. 80) ist notiert: *concessio seu donatio perpetua fundi domus mee prope molendinum*. Platz und Haus lägen in der Pfarrei St. Nikolaus zwischen der Mauer des Friedhofs von St. Nikolaus und der Mauer der Mühle sowie dem öffentlichen Weg (*via publica*) und der Mauer bzw. der Befestigung (*murus sive menia/moenia*) *de Palatio* zur Mosel hin mit einer Fläche von sechs Fuß.

Die Kurie ist in der Auflistung von 1595 genannt. Sehr wahrscheinlich handelt es sich um die Kurie Stiftsstr. 9, neben der Stifts- und Burgmühle (so Cüppers 1989 S. 38), in der sich auf dem Kaminputz die Inschrift befindet:

Anno 1723 22 Aprilis R(everendissimus) D(ominus) Christopherus Meyer Remigiensis, ca(nonicus) Palatiolensis, celerarius ibidem, me aedificavit, aderat MMM

Dazu paßt die Aussage im Testament des Christoph Meyer (Kanoniker seit 1717, 1730–1734 Kantor) von 1734, er habe eine Kurie neu aufgebaut (K Best. 157 Nr. 313; vgl. § 34).

– Kurie im (alten?) Kreuzgang

Der Kanoniker Theoderich Vasator bewohnte im 15. Jahrhundert ein Haus in ambitu (vgl. § 35). Es handelt sich dabei wohl eher um den alten Kreuzgang, da der neue Kreuzgang erst zu Beginn des 16. Jahrhunderts soweit fertig war, daß er auch Wohngebäude enthalten konnte. Bei einer Wohnung im alten

Kreuzgang müßte es sich dann um einen Gebäudekomplex des römischen Palatiolum handeln.

– Kurie am Kreuzgang (Hotel und Restaurant „Klosterschenke")

Im Zusammenhang mit dem Wiederaufbau des Kreuzgangs zu Anfang des 18. Jahrhunderts wurde an dem (noch erhaltenen) Südflügel zur Mosel hin ein großes, zweistöckiges Wohnhaus errichtet, das zuletzt von Dekan Johann Matthias von Kaysersfeld (vgl. § 31) bewohnt wurde und im Versteigerungsprotokoll von 1804 mit Haus (französische Hausnr. 68; s. unten), Hof, Scheune, Stall, Schuppen, Treibhaus, Bering und Garten sowie der angrenzenden bzw. einbezogenen St. Peters-Kapelle beschrieben ist. Ein großer Raum hinter dem überbauten Kreuzgang wird hervorgehoben (Schieder, Säkularisation Nr. 5828; vgl. § 3 Abschn. A 4a). Es ist nicht anzunehmen, daß dieses Gebäude als „Dekanei" anzusprechen ist, wenn es zur Endzeit des Stiftes auch die repräsentative Wohnung des Dekans war (vgl. dazu unten Abschn. c). Der Gebäudekomplex ist als Hotel und Restaurant „Klosterschenke" erhalten.

– Kurie bei der Scholasterie

In der oben mitgeteilten Liste der Taxwerte der Kurien von 1595 ist eine Kurie „Bei der Scholasterie" genannt. Das zeigt, daß die Scholasterie ein eigenes Gebäude war (vgl. dazu unten Abschn. d), neben dem eine Kurie bestand, die offenbar nicht mit dem Amt des Scholasters (als Amts- oder Dienstwohnung) verbunden war.

– Kurie *e regione scholae contigua templo*
= Kirchplatz 3/Stiftsstr. 3 (Kdm. S. 304; Cüppers 1989 S. 38)?

Die Kurie ist in der Liste von 1595 mit dieser Beschreibung genannt. Sehr wahrscheinlich handelt es sich dabei um das in der Flucht des Langhauses der Kirche – nach einem dazwischen liegenden, ausgebrochenen Teil – erhaltene und noch weitgehend aus römischer Substanz des Palatiolum bestehende Gebäude.

Keune (Pfalzel 1929 S. 22) gibt an, an einer Kurie „neben der Stiftskirche", dessen Bewohner bzw. Eigentümer damals eine Familie Hill war, befinde sich als Chronogramm zu 1763 die Inschrift:

MILtz hIC DeCanVs posVIt

Johann Udalrich Miltz war 1755–1772 Dekan (vgl. § 31). Die Inschrift bezog sich wohl auf ein Objekt – vielleicht eine Statue –, das Dekan Miltz an diesem, von ihm bewohnten Haus hatte anbringen lassen. Der Verbleib der Inschrift (und des vermuteten Objektes, das wohl schon 1929 verschwunden war) sind nicht bekannt.

– Kurie Zum Turm (*Ad turrim*)

Die Kurie ist in der Auflistung von 1595 genannt. 1608 kauft der Kanoniker Peter Tandler für 100 fl. *domum ad turrim* (PV zu Pfründe 5; über Peter Tandel/Tandler 1608-ca 1650 vgl. § 35). Vielleicht ist dies das erhaltene Gebäude (Klosterstr. 6/8), das in der neueren Literatur als „Wohn- und Wehrturm" bezeichnet wird (vgl. hier Abschn. e).

– Kurie neben dem Haus der Vikarie Lanser, Klosterstr.

Vgl. unten Abschn. b.

– Haus „am Wall"

Der Kanoniker Johann Michael Schimper (Kanoniker seit 1779, zuletzt Kustos; vgl. § 33) hatte 1791 auf eigene Kosten „am Wall" in Pfalzel ein Haus errichtet, dessen Nutzung ihm nach der Aufhebung des Stiftes auf Lebzeit belassen und das deshalb erst 1820 vom Fiskus verkauft wurde. Da die älteren Kurien 1802/04 versteigert wurden (vgl. weiter unten), galt dieses Haus somit nicht als Kurie im (aktuellen) Eigentum des Stiftes, sondern als (Privat-)Besitz des Erbauers, wenn auch mit der Einschränkung auf dessen Lebzeit. Ohne den Einschnitt der Aufhebung des Stiftes wäre das Haus somit nach Schimpers Tod – als Kurie – an das Stift gefallen.

Auflistung der 1803 ff. versteigerten Kanonikerhäuser

Bei der Versteigerung des Stiftsbesitzes 1803 ff. (hier referiert nach der Edition Schieder, Säkularisation) werden auch die Häuser des Stiftes verkauft. Sie waren meist noch von Kanonikern bewohnt. Nur der Scholaster Karl Kaspar Schilli und der Vikar Josef Dau erwarben ein bzw. ihr bisheriges Haus. Die übrigen Häuser gingen an andere Käufer und es ist anzunehmen, daß zumindest in einigen Fällen die Kanoniker als Mieter weiter in ihnen wohnten. Bemerkenswert ist, daß die Häuser durchweg einen deutlich höheren Preis als den angesetzen Schätzpreis erzielten. Im Versteigerungsprotokoll (jedenfalls in der gedruckten Fassung, die Originale wurden nicht eingesehen) sind die Häuser nur kursorisch beschrieben mit Haus, Hof, Bering/Garten, Stall/Scheune/Schuppen. Diese mehr oder weniger gleichbleibenden Angaben sind in die nachstehende Liste nicht aufgenommen. Verkauft wurden elf Häuser. In den Inventarisierungen 1798/99 werden 12 Häuser angegeben. Das 12. Haus ist dasjenige, das der Pfarrer der zunächst fortbestehenden Pfarrei St. Nikolaus bewohnte und das deshalb nicht verkauft wurde (vgl. dazu unten in Abschn. b bei Vikarie Lanser). Es ist bisher leider nicht gelungen, die in der französischen Zeit zugeteilten Hausnummern mit den Parzellennummern des Katasters zu identifizieren, sodaß eine gesicherte Zuweisung zu späteren und modernen Straßen und Häusern vorerst nicht möglich ist.

Haus-Nr.	Bewohner/Pächter Kanoniker	andere	Schätz- Preis in Francs	Kauf-	Inventar Nr.
62		Opri	250	1025	5820
64	Linz		400	1600	5819
65		Treibel	300	1150	5821
			250 +50	295 +55	5830/31
66		Hermann	900	1025	5825
67[1])		Hermann	(2000)	(3650)	5815
68 + Kapelle	Kaysersfeld		1200	2100	5828
72	Dau, Vikar		325	605	5827 Käufer Dau
76	Schilli		1200	4600	5816
77[1])		Hermann	(2000)	(3650)	5815
79	Hoffmann		400	2000	5818
	Pfeiffer		400	850	5829
80	Hahn		400	900	5817 Käufer Schilli
?	?	?	500	2150	5823
?		Lichter, Vikar	480	1225	5866

b. Häuser der Vikarien

Über die Häuser der Vikarien ist nur wenig bekannt. Bei den Versteigerungen 1803/04 werden genannt (zu den Vikaren vgl. § 36):

— Haus mit Hof, Stall, Bering und Garten des ehemaligen Vikars Heinrich Josef Dau, 1778–1802 Inhaber der Vikarie Lanser. Es handelt sich um Haus 72 der französischen Numerierung (Schieder, Säkularisation Nr. 5827). – Zu diesem Haus der Vikarie Lanser, Klosterstr. 15, ist folgendes bekannt:

Der Pfalzeler Kanoniker Johann Michael Lanser (Kanoniker 1715–1733; vgl. § 35) stiftete in seinem Testament von 1733 eine Vikarie im Stift Pfalzel. Nach Lansers Tod (wohl noch 1733) zogen sich die Verhandlungen um die Einrichtung und Dotierung der Vikarie hin. Der erste Vikar wurde 1746 ernannt (vgl. § 15). – Ein Haus für den Vikar ist schon in einer älteren Verfügung der Mutter des Johann Michael Lanser genannt und man darf annehmen, daß dieses auch Objekt der genannten Dotationsverhandlungen war und somit erst nach Lansers Tod errichtet wurde. Dieses Haus steht neben einem zweiten Haus und ist mit diesem verbunden, getrennt durch zwei unmittelbar nebeneinander liegende Türen. In einem Bogen über beiden Eingängen befindet sich folgende Inschrift:

JOANNES MICHAEL LANSER CANONICUS DE NOVO EREXIT & FUNDAVIT AERE SUO VICARIAM (1741)

---

[1]) Zusammen als ein Los: Stiftskirche, kleines Haus 77 und Haus 67 mit Kreuzgang; vermutlich nicht mehr erhaltene Teile des Kreuzganges.

Die in jüngerer Zeit „renovierte" Inschrift hat statt DE NOVO EREXIT : DENOV XII. Der oben angegebene Text ist bei Keune, Pfalzel 1929 S. 21 überliefert, freilich mit der Angabe, das Datum sei nicht lesbar. In Kdm. 1936 heißt es S. 304, daß die „Inschrift durch Übermalung unleserlich" sei; dabei wird eine Datierung „nach dem Chronogramm" auf das Jahr 1718 genannt, was aber auf das nachstehend genannte zweite Haus zu beziehen ist. Vgl. auch Cüppers 1989 S. 38. – Das Haus der Vikarie Lanser galt 1803/04 als Pfarrhaus der zunächst fortbestehenden Pfarrei St. Nikolaus und wurde deshalb nicht versteigert (vgl. § 26 Abschn. 2c).

Auf das nebenstehende zweite Haus bezieht sich wahrscheinlich ein anscheinend nicht erhaltener, undatierter Vertrag (Mischbd StadtBi Bl. 61v-62r; Wengler, Pfalzel S. 49f.: „etwa um 1725"), in dem sich Michael Lanser verpflichtet, auf eigene Kosten ein dem Stift gehörendes, jetzt aber verfallenes Haus neu zu erstellen. Das Stift räumt ihm und seinen beiden Eltern (vgl. § 35) auf Lebzeit freies Wohnrecht in diesem „Haus Oberdorffer" ein, das nach einem (nicht mitgeteilten) Chronogramm 1718 erbaut worden sei.

– Haus mit Hof, Scheune, Stall, Bering und Garten des ehemaligen Vikars Johann Peter Willwersch, 1786–1799 Vikar des St. Katharinen-Altares. Das Haus bewohnte 1804 ein Herrmann als Pächter. Käufer war der Trierer Kaufmann Josef Willwersch, vermutlich ein Verwandter des (1799 verstorbenen) Vikars. In der französischen Nummerierung ist es das Haus 66 (Schieder, Säkularisation Nr. 5825). Willwersch hatte dieses Haus 1776/77 erbaut (K Best. 276 Nr. 2595).

– Haus (mit Küche und acht Zimmern oder Cabinetten, Keller und Speicher) mit Hof, Stall, Schuppen und Garten des ehemaligen Vikars Johann Theodor Lichter, 1785–1802 Vikar des St. Margarethen-Altares. Das Haus wurde erst 1807 zu dem ansehnlichen Preis von 1225 Francs verkauft (Schieder, Säkularisation Nr. 5866). Theodor Lichter hatte das Haus 1785/86 aus eigenen Mitteln erbaut (K Best. 276 Nr. 2595).

– Der Vikar Christoph Reichert hatte aus eigenen Mitteln ein Haus erbaut, auf das dessen Schwester Barbara Blang/Leblanc 1810 Ansprüche erhob (K Bst. 276 Nr. 2595).

c. Amtsgebäude

Über Amtsgebäude („Dienstwohnungen") – für die Inhaber von Dignitäten und Ämtern – ist nichts bekannt. Sie sind auch bei Stiften selten, wahrscheinlich weil dann mit dieser „Beförderung" ein Umzug aus einer bewohnten Kurie verbunden gewesen wäre und Amtsräume ohnehin nicht erforderlich waren (zum Scholaster und Kustos s. unten). Nur für den Propst gab es in Stiften –

wenn sie überhaupt residierten – das Amtsgebäude der Propstei; dabei bleibt zu beachten, daß diese Dignität schon sehr früh und meist nicht aus dem Kapitel besetzt, sondern als Pfründe Nichtkanonikern verliehen wurde. In Pfalzel wurde die Propstei 1391/95 aufgehoben (vgl. §§ 12 und 30). Ein Propsteigebäude ist nicht bekannt.

Bei der geräumigen Wohnung (Kurie) des letzten Dekans von Käysersfeld am und über dem moselseitigen Flügel des Kreuzganges, der er selbst erbaut hatte (vgl. vorstehend Abschn. a bei Kurien), mag freilich im Selbstverständnis des Ancien Régime die Vorstellung einer repräsentativen „Dekanei" bestanden haben.

d. Arbeits- und Gemeinschaftsräume

Seit der Einrichtung des Kanonikerstiftes hat es offenbar nie eine *vita communis* gegeben und folglich auch keine dieser dienenden Gemeinschaftsräume, namentlich eines Dormitoriums und eines Refektoriums. Jedenfalls ist dazu weder schriftlich noch an Gebäudefragmenten etwas überliefert. Dennoch ist anzunehmen, daß die das kurz zuvor aufgelassene Frauenkloster übernehmenden Stiftsherren auch dessen Wohn- und Gemeinschaftsräume nutzten. Das mögen separate Zellen, eher auch gemeinsame Schlafräume gewesen sein, wie sie im 11. und 12. Jahrhundert üblich und selbstverständlich waren. Das dürfte ebenso für Küche und Mahlzeiten gegolten haben. Den „privaten" (Einzel-)Haushalt mit separatem Wohnhaus (Kurie) und eigenem Hauspersonal gab es erst später (vgl. vorstehend Abschn. a und § 11 Abschn. A 3). Für ihre besonderen Aufgabe hatten nur der Kustos und der Scholaster separate Arbeitsräume.

Der Arbeitsraum des Kustos war die Sakristei, in der die für den Gottesdienst im weiteren Sinne erforderlichen Dinge (vasa sacra, Gewänder, liturgische Bücher, Bedarf der Beleuchtung etc.) aufbewahrt und bereitgestellt wurden. Die Sakristei war wie üblich auch in Pfalzel unmittelbar neben dem Gotteshaus und auch von diesem aus zugänglich (vgl. § 3 Abschn. A 2). Wegen der z. T. sehr wertvollen Gegenstände wurde die Sakristei auch als Schatzkammer bezeichnet. Meist befand sich – jedenfalls in der Frühzeit – hier auch das Archiv, dessen ja nicht sehr zahlreiche (Pergament-) Urkunden in einer Archivtruhe Platz hatten; erst mit der Zunahme der Schriftlichkeit (Rechnungsführung, Protokolle etc.) entstand größerer Raumbedarf, doch scheint man im Stift Pfalzel mit den Möglichkeiten der Sakristei zurecht gekommen zu sein.

Die Scholasterie. – Der Scholaster dagegen benötigte für seine Aufgabe des „Schulmeisters" – nämlich der Ausbildung und Betreuung der im Chor- und Gottesdienst eingesetzten Knaben und mancher offensichtlich selbst im kleinen Stift Pfalzel in diese *schola* einbezogenen Kinder des Umfeldes – eigene Räume, nämlich eine „Schule" (vgl. dazu für die spätere Zeit § 17 Abschn. 3). Sie ist in Pfalzel als Scholasterie bezeichnet. Man darf sich unter dieser Schule gewiß nicht nur ein „Klassenzimmer" mit Schulbänken, einem Pult und einer Tafel vorstellen. Zumindest bei den „Chorknaben" und „Scholaren" (oder wie auch immer sie benannt sind) ist zumindest im Mittelalter anzunehmen, daß sie auf Zeit auch im Stift lebten, hier wohnten (und schliefen) und beköstigt wurden. Seit die Kanoniker (und auch die Vikare) ihre eigenen Häuser mit eigenem Haushalt hatten, war dazu ein eigenes Gebäude erforderlich. Über diese Scholasterie des Stiftes Pfalzel konnte folgendes ermittelt werden; eine genauere Untersuchung wäre nützlich:

Von Erzbischof Jakob von Sierck ist berichtet, daß er von November 1455 bis zu seinem Tod am 28. Mai 1456 in der *scholasteria* in Pfalzel, wo sein Sekretär Siegfried von Dreckenach damals Scholaster war (1459–1492 Dekan; vgl. § 31), als (unheilbar) Kranker lebte und dort starb (vgl. dazu § 8). Offensichtlich handelt es sich um ein separates Gebäude; jedenfalls dürfte die Nachricht nicht so zu verstehen sein, daß der Erzbischof im (Wohn-)Haus des Siegfried von Dreckenach lebte.

Haus Stiftsstr. 1 = Klosterplatz 1 („Haus Holstein")

Das Haus wurde nach Zerstörungen durch Feinde – worunter wahrscheinlich die Brandschatzung durch Truppen des Markgrafen Albrecht Alkibiades von Brandenburg-Kulmbach Ende September 1552 (vgl. § 8) zu verstehen ist – im Jahre 1561 durch den Scholaster Johann Römer wieder aufgebaut. Eine am Haus noch erhaltene Inschrift lautet:

Principe de Petra Treviros moderante refecta est
    Haec domus hostili diruta fraude prius
Impensas formamque dedit cui gratia verum
    Nomen et agnomen martia Roma dedit Anno 1561

Lesung nach Wengler, Pfalzel S. 45 und Keune, Pfalzel S. 20f., der den 2. Teil so übersetzt: „Kosten/Geld und Bauplan gab, dem die Gnade [der Taufe] den wahren Namen [Johannes] und den Zunamen [Römer] die kriegerische Roma gegeben hat".

Über der Kellertüre des Hauses stehen übereinander zwei Inschriften:

Reservata iuvant. Joannes Romer a Sirck, scholasticus.
Moderata durant. Carolus Casparus de Nalbach, scholasticus.

Keune, Pfalzel S. 21 mit Übersetzung „Erspartes macht Freunde ... Besonnenes dauert" (es mag auch heißen: Erhaltenes ... Mäßigung). – Johann Römer war 1561/65–1574, Karl Kaspar von Nalbach 1730–1756 Scholaster (vgl. § 32; Wengler, Pfalzel S. 45, meint, es handele sich um den Dekan Johann von Sierck (1527–1547): „er nannte sich auch Johann der Römer". Offenbar kannte Wengler die Texte über der Kellertreppe nicht).

Im ersten Obergeschoß des Hauses sind noch Reste von Wandmalereien, im westlichen Teil ist eine kleine Hauskapelle erhalten (Cüppers 1989 S. 38; vgl. auch Kdm. S. 304).

Wenn der Nachweis an der Treppe von zwei Scholastern aus dem 16. und aus dem 18. Jahrhundert als „Bauherren" an diesem Gebäude auch nicht als schlüssiger Beweis gelten kann, so bleibt doch die Möglichkeit, daß es sich um die Scholasterie handelt. Die Hauskapelle wäre dann auch eher verständlich (als in einer normalen Kurie).

Haus Stiftsstr. 12, jetzt Gasthaus „Zum Rebstock".

„Die Front und ein vorgelegter Flügel mit Mansarddächern; der ältere Teil weist mit seinem Brunnenrest auf eine ältere Hofanlage. Auf der Hofecke ein kleiner Rundturm für Holztreppe, die Mauer etwa 45 cm dick, mit achtseitige Schieferhaube" (Kdm. S. 304).

Haus Klosterstr. 3, „z. T. auch Scholasterie", got. Treppenturm, Hofraum mit Brunnen (Cüppers 1989 S. 38f.).

Über Besitzungen der Scholasterie vgl. § 28 zu Kevenich.

e. Wirtschaftsgebäude

In der Literatur (Kdm. S. 303f. mit Grundriß und gezeichneter Ansicht; Cüppers 1989 S. 96–98) wird ein „Wirtschaftshof" östlich von den Stiftsgebäuden im nordwestlichen Teil des römischen Palatiolums und nördlich vom (neuen) Kreuzgang, heute Klosterstr. 6 und 8, beschrieben mit einem Torhaus und einem „Wohn- und Wehrturm", dessen Bauzeit in das Ende des 15. Jahrhunderts, also in die Zeit der Erbauung des neuen Kreuzgangs, datiert wird (Kdm. S. 303). Natürlich brauchte das Stift Lagerräume, namentlich für Naturallieferungen aus seinen Grund- und Kirchenbesitzungen (Zinsen und Zehnte), insbesondere also Wein (dazu sind Kellerräume erforderlich) und Getreide. Diese wurden dann an die Kanoniker und Vikare verteilt oder auf dem Markt verkauft. Zuständig war dafür der Kellner. Eine Eigenwirtschaft des Stiftes hat es aber nicht gegeben. Die Allode (vgl. § 27 Abschn. B 3b) wurden von den Kanonikern selbst bewirtschaftet oder verpachtet; ähnlich wird es sich mit Ländereien der Vikarien verhalten haben. Die in der jüngeren Literatur verwandte Bezeichnung als „Wirtschaftshof" muß deshalb hinterfragt sein. Ob es sich um die 1595 genannte Kurie *Ad turrim* handelt (vgl. oben Abschn. a)?

Eine Mühle des Stiftes und des Erzbischofs befand sich an einem – nach Cüppers sehr alten, vielleicht noch römischen – künstlich geschaffenen Mühlenbach im Bereich der Burg. Vielleicht diente er auch als Sanitär-(Abfluß-)

Anlage (wie in St. Simeon/Trier und könnte dann wie dort unter Erzbischof Poppo angelegt worden sein). Die Mühle soll noch in der Zeit des 2. Weltkrieges betrieben worden sein. Nach dem Krieg wurde sie abgebrochen, der Bach zugeschüttet (gute Beschreibung Cüppers 1989 S. 98–102).

6. Gebäude in Pfalzel außerhalb des Stiftes

a. Burg und Residenz der Erzbischöfe von Trier

Das für die Entwicklung des Stiftes Pfalzel und dessen Einordnung in die Verwaltungsstruktur (wenn man das etwas modernistisch so bezeichnen darf) des Erzstiftes wichtigste Ereignis ist die, wenn auch nur vorübergehende Einrichtung einer „Nebenresidenz" durch Erzbischof Albero von Montreuil (1131–1152) im römischen Palatiolum unmittelbar neben der Stiftskirche in Pfalzel.

Quellen und Lit.: Gesta Alberonis von Balderich, Teil der Gesta Trevirorum (MGH SS 8 S. 243–260). – Hatto Kallfelz, Gesta Alberonis archiepiscopi auctore Balderico (mit Übersetzung) (Rudolf Buchner [Hrsg.], Lebensbeschreibungen einiger Bischöfe des 10.–12. Jahrhunderts [Frhr. v. Stein-Gedächtnisausgabe 22. 1973 S. 545–617]). – Knut Schulz, Ministerialität und Bürgertum in Trier (RheinArch 60. 1968, namentlich S. 29–32). – Ders., „Denn sie lieben die Feinde so sehr ..." Kommunale Aufstände und Entstehung europäischen Bürgertums im Hochmittelalter. 1992. – Marianne Pundt, Erzbischof und Stadtgemeinde ... 1122–1307 (2000 Jahre Trier 2. 1996 S. 239–293, hierzu S. 239.253). – Ingrid Bodsch, Burg und Herrschaft. Zur Territorial- und Burgenpolitik des Erzbischöfe von Trier im Hochmittelalter (VeröffLandeskdlAGRegBezKoblenz 13. 1989, namentlich S. 62f. und 68f.). – Kerber, Herrschaftsmittelpunkte S. 132–149.

Anlaß für den Verzicht Alberos, in Trier zu residieren, war die ungewöhnlich starke Position des Trierer Ministerialen Ludwig von der Brücke (*de Ponte*), der als „Burggraf" (*burggravius id est praefectus urbis*) bei den Trierer Ministerialen und Bürgern unter dem schwachen Erzbischof Meginher (1127–1129) und einer anschließenden zweijährigen Vakanz (1129–1131) eine praktisch uneingeschränkte Herrschaft in Stadt und Bistum ausüben konnte, die der „geistlichen Gewalt" eben nur die *spiritualia* einräumte. Die von Ludwig als Reaktion auf die Wahl Alberos zum Erzbischof initiierte – und als Akt der Erstarkung der städtischen und ministerialen Gewalten zu wenig beachtete – *coniuratio* (Schwurvereinigung) war auch nach der Anerkennung der Wahl Alberos durch Papst und Kaiser stark genug, um in einem mit der Akzeptanz Alberos als Erzbischof vereinbarten Kompromiß den Verbleib Ludwigs in Ämtern und Funktionen mitsamt Sitz im erzbischöflichen Palast in Trier durchzusetzen.

Albero vermied es nun aber – wie seine beiden Vorgänger – von seinem Burggrafen und Kämmerer nach dessen Gutdünken und Wohlwollen leben zu müssen und errichtete eine Neben- oder Gegen-Residenz im nahen Pfalzel. *Eapropter Palaciolum, Julii Cesaris castrum, iuxta civitatem situm, eo tempore situ et vestustate dirutum et inhabitabile, multis sumptibus restruxit* (MGH SS 8 S. 251; Bodsch S. 62f.). Er befahl, die ihm zustehenden Lieferungen dorthin zu bringen und sagte ironisch: „Jetzt mag Ludwig seinen Palast haben". So beschreibt es Balderich, der Biograph Erzbischof Alberos. Nach drei Jahren, 1135, mußte Ludwig von der Brücke seinen Widerstand aufgeben. Er sei barfüßig und in wollenen Kleidern nach Pfalzel gekommen, habe sich dem Erzbischof zu Füßen geworfen und um Gnade gefleht. Zutreffend ist an dieser Schilderung Balderichs, daß es Erzbischof Albero gelungen war, seinen Gegner zu isolieren und ihm die wirtschaftliche Basis seiner Position zu entziehen. Anderseits bleibt aber auch festzuhalten, daß Ludwig offensichtlich eine starke Stellung behaupten konnte und 1140 (nach dem Tod des Trierer Obervogtes Pfalzgraf Wilhelm) sogar als *praefectus urbis et advocatus ecclesie* bezeichnet wurde (MrhUB 1 Nr. 508 S. 564). Ludwig starb aber noch im gleichen Jahr oder wenig später.

Die von Erzbischof Albero wieder aufgebaute „Burg" in Pfalzel ist nach dem Ausgleich mit Ludwig von der Brücke und der Rückkehr Alberos 1135 nach Trier nicht aufgegeben worden, sondern hat in einer nicht konkret bestimmbaren Funktion als befestigter Platz weiter bestanden. Es ist aber gewiß eine Überzeichnung, das von Erzbischof Albero „mit hohen Kosten ausgebaute Pfalzel" als „Trutzburg und Regierungssitz" und damit als Beispiel einer „Trutz- und Kampfresidenz" zu bezeichnen (so Ludwig Petry, Residenztypen im Moselland [Festgabe für Wolfgang Jungandreas zum 70. Geburtstag. SchrrReiheTrierLGVolkskunde 13. 1964 S. 70–77, hier S. 72]).

In den wenig später ausbrechenden Auseinandersetzungen Alberos mit dem Grafen Heinrich von Namur – letztlich in dessen Funktion als Vogt der Abtei St. Maximin vor Trier, was hier nicht zu erörtern ist – ist zum Jahre 1142 berichtet, daß Graf Heinrich gegen Pfalzel zog und dort die Stiftskirche anzündete, weil er hoffte, damit auch die Befestigung des Erzbischofs niederzubrennen. Hintergrund dieser Attacke war, daß Erzbischof Albero die Burg des Grafen Heinrich Roulemont/Rudolfsstadt (in der Nähe von Trier oder im Luxemburgischen?) belagerte und Graf Heinrich ihn durch diesen Überfall auf Pfalzel nötigen wollte, diese Belagerung abzubrechen. Das gelang auch, doch kam es nicht zu einem Kampf in oder bei Pfalzel, weil Graf Heinrich nach Wittlich auswich (MGH SS 8 S. 253; Bodsch S. 68f.). Das ist hier nicht weiter zu erörtern. Notiert sei hier lediglich noch, daß die Chronik Balderichs von der Kirche der hl. Martha schreibt, die Graf Heinrich in Pfalzel angezündet habe. Es kann sich dabei aber nur um die Marien-Kirche des Stifts handeln, die im (römischen) Gebäudeverband mit der „Burg" des Erzbischofs stand. Die

Absicht des Grafen Heinrich, mit einem Brand der Kirche auch das Gebäude des Erzbischofs anzuzünden, zeigt aber, daß zu dieser Zeit noch eine unmittelbare Verbindung zwischen dem erzbischöflichen und dem stiftischen Gebäudeteil bestand und somit die in der Forschung schon für Albero angenommene Befestigung („Burg"), gar mit einem Wassergraben, gewiß wesentlich jünger ist (vgl. weiter unten bei Erzbischof Johann II. von Baden).

Die weitere Geschichte dieser „Nutzung" des westlichen Gebäudeteiles des römischen Palatiolum durch die Erzbischöfe von Trier ist hier nicht im Detail darzustellen. Sie wäre einzubinden in die Frage nach Residenz und Nebenresidenzen der Erzbischöfe, für die bisher nur zeitlich begrenzte Untersuchungen vorliegen und mit einer vermeintlichen Verlagerung der Residenz von Trier (mit Zwischenstationen in Pfalzel und Wittlich[1])) nach Ehrenbreitstein (– Koblenz) akzentuiert sind. Inwieweit dabei der Vergleich mit den Entwicklungen in Köln (nach Bonn) und Mainz (nach Aschaffenburg) mitbestimmend ist, mag dahingestellt sein. Zu wenig beachtet wird jedenfalls einerseits der Unterschied zwischen einer ständigen bzw. überwiegenden persönlichen Residenz des Erzbischofs mit dessen Gefolge und „Hof" und dem ständigen Sitz der erzbischöflichen Zentralverwaltung und anderseits die nie ernsthaft in Frage gestellte Funktion Triers als Sitz der geistlichen Verwaltung (mitsamt der geistlichen Gerichtsbarkeit im Offizialat), namentlich wegen der weit nach Westen reichenden, überwiegend im luxemburgischen (und später burgundischen bzw. habsburgischen) Herrschaftsbereich liegenden Teile der Erzdiözese, der sogenannten *terra gallica*. Es ist schon signifikant, daß der vorletzte Trierer Erzbischof Johann Philipp von Walderdorff (1756–1768) den großen barocken Südflügel des Residenz-Schlosses in Trier erbaute, und erst sein Nachfolger Clemens Wenzeslaus von Sachsen (1768–1794) das klassizistische Schloß in Koblenz.

Bei Pfalzel ist, abgesehen von der wachsenden Bedeutung des Ortes als Sitz eines kurtrierischen Amtes, zu betonen, daß das alte römische und in den 30er Jahren des 12. Jahrhunderts von Erzbischof Albero restaurierte Gebäude weniger als Burg im Sinne einer befestigten Anlage anzusprechen ist, sondern als Wohnplatz, wenn auch die Bezeichnung als (Neben-)Residenz für die meisten, wenn auch schon mal längeren Aufenthalte von Erzbischöfen zu hoch gegriffen sein mag. Es ist aber schon zu beachten, daß die Gesta Trevirorum von Erzbischof Arnold von Isenburg (1242–1259) berichten, er habe den Palast in Trier vor allem im Inneren des Gebäudes ausgebessert und „sein Haus zu Pfalzel durch schöne und lobenswerte Arbeit erneuert" (MGH SS 24

---

[1]) In Wittlich erbaut Erzbischof Otto von Ziegenhain (1418–1430) um 1402/24 das Schloß Ottenstein; ein Neubau wird 1762 errichtet.

S. 410; Zenz, Taten 3 S. 64; Bodsch S. 137 sieht darin eine „Sicherungsmaßnahme gegen luxemburgische Ansprüche und Übergriffe" ohne zu beachten, daß der Autor sehr wohl zwischen Burgen und Befestigungen sowie anderen Gebäuden unterscheidet). Auch von Erzbischof Heinrich von Vinstingen (1260–1280) heißt es, er habe die „Pfalzen" (im Unterschied zu Burgen) in Trier, Pfalzel, Grimburg, Welschbillig und Neuerburg „sehr kostspielig durch große Bauten" erneuert (MGH SS 24 S. 455; Zenz, Taten 3 S. 81; Bodsch S. 173 unterscheidet hier zwischen Burgen und den „Residenzen" zu Trier und Pfalzel).

Man wird somit gut daran tun, weniger von der „Burg" in Pfalzel zu sprechen, als von einer mit sehr unterschiedlicher Intensität von den Erzbischöfen für Aufenthalte genutzten und daher offenbar für den Erzbischof mitsamt Gefolge und dem ihn begleitenden Personal hinreichend geräumigen und angemessen ausgestatteten Wohnanlage. Hier geben mit zunehmender Verschriftlichung (und besser erhaltener Überlieferung) die Ausstellungsorte der Urkunden gute Hinweise, aber man wird auch diese nicht überschätzen dürfen. Die detaillierten Untersuchungen von Dieter Kerber zu Itinerar und Residenz der Erzbischöfe von Trier zeigen dies deutlich, geben aber dennoch eine ausreichende und wohl auch zutreffende Grundlage für die nachstehenden Angaben (Kerber, Herrschaftsmittelpunkte, insbesondere S. 139–142, und Die Itinerare, namentlich mit den Karten S. 135–147; für die spätere Zeit auch Goerz, RegEb).

Für Erzbischof Boemund I. von Warsberg (1289–1299) nennen diese Aufstellungen keinen Aufenthalt in Pfalzel, wobei freilich zu beachten ist, daß in den Urkunden mit der Datierung die Ausstellungsorte nur sehr selten angegeben sind. Von Dieter von Nassau (1300–1307) sind dagegen mehrere Datierungen aus Pfalzel aus den Jahren 1300, 1302 und 1306 überliefert, was eindeutig zeigt, daß dieser wenig aktive und den Selbständigkeitsbestrebungen des Adels und der Städte nicht gewachsene Erzbischof sich mehrfach in Pfalzel aufgehalten hat und man hier schon von einer gelegentlichen „Ausweich"-Residenz (gegenüber der Stadt Trier) wird sprechen können.

Bei Balduin von Luxemburg (1307–1354) ist das deutlich anders. 1318–1322 urkundet er mehrfach in Pfalzel, später aber nicht mehr. Er ist nun vielmehr meist in Trier nachweisbar (Kerber hat für Pfalzel 11, für Trier 331 Nachweise). Bemerkenswert ist, daß Balduin bereits 1315 mit der Inkorporation des Seelsorgeanteils (der *cura*) an den Einkünften der Pfarrei Bischofsdhron in die Präsenz des Stiftes Pfalzel (vgl. § 29) dort auch sein Anniversar stiftete. Man wird dabei auch zu beachten haben, daß Pfalzel unter Erzbischof Balduin noch kein Amt war (vgl. Burgard, Amtsorganisation S. 295 Anm. 57; vgl. auch Wolf-Rüdiger Berns, Burgenpolitik und Herrschaft des Erzbischofs Balduin von Trier [VortrForsch, Sonderbd 27. 1980]). – Boemund II. von

Saarbrücken (1354–1362; gestorben 1367 auf der Saarburg, begraben im Dom zu Trier), von dem Michael Petzold ein Itinerar erstellt hat (Boemund S. 154–223), ist meist in Trier und nur im März und im November 1356 sowie im März 1357 in Pfalzel nachweisbar.

Von den beiden Falkensteiner Erzbischöfen Kuno (1362–1388) und Werner (1388–1418) ist eine Verlagerung ihrer Aufenthaltsorte an den Rhein nach Ehrenbreitstein und vor allem bei Werner nach Stolzenfels unübersehbar. Bei Kuno ist auffallend, daß er, wenn er sich im engeren Trierer Raum aufhält, in Pfalzel urkundet und sich dort offensichtlich auch über mehrere Tage und Wochen aufgehalten hat, wenn auch die Aussage, Erzbischof Kuno habe Pfalzel „als seinen dann wichtigsten Residenzort im Trierer Oberstift vor den Toren der Kathedralstadt ausbauen" lassen (Haverkamp, Zweyungen S. 52), nur im aktuellen, unmittelbaren Zusammenhang mit den Auseinandersetzungen zwischen Erzbischof und der Stadt Trier des Jahres 1377 gesehen und nicht etwa als längerfristiges Programm verstanden werden darf. Insofern ist auch die Feststellung Kerbers, unter den beiden Falkensteiner Erzbischöfen habe Pfalzel „sogar Trier bei weitem als bevorzugter Aufenthaltsort" überflügelt (Mittelpunkte S. 139; in den Itinerarkarten S. 144 f. zu Kuno sind zu Pfalzel 118, zu Trier unter 10 und zu Ehrenbreitstein 202 Belege notiert) als rein statistische Aussage zu relativieren. Erzbischof Werner ist dann allerdings, jedenfalls nach 1400, fast ausschließlich am Rhein nachweisbar. Beide starben auf der rheinaufwärts gelegenen Burg Wellmich und wurden in der St. Kastor-Kirche in Koblenz begraben. Die Hinwendung zum Rhein ist hier somit deutlich zu erkennen.

Dies gilt letztlich auch für den wieder reisefreudigeren Otto von Ziegenhain (1418–1430), der ebenfalls Pfalzel bevorzugt zu haben scheint, wenn er sich im Trierer Raum aufhielt (wenn auch die Itinerarkarte Kerbers S. 146 für Pfalzel nur 26 zu 37 Belegen für Trier ausweist). Otto starb in Koblenz, wurde aber im Dom zu Trier begraben. Im Trierer Schisma ist der Bischof von Speyer Raban von Helmstätt (1430–1439) ohnehin seltener im Erzbistum Trier, in Pfalzel nur einmal 1437 nachweisbar. Der im Unterschied zu Raban einheimische Ulrich von Manderscheid (1430–1436), dem die Stadt Trier nicht zugänglich war, urkundet mehrfach in Pfalzel, wenn auch die Formulierung, Ulrich sei Anfang 1433 „ins Kriegslager nach Pfalzel" gegangen (Meuthen, Schisma S, 146 f., übernommen von Kerber, Mittelpunkte S. 140), einzuschränken ist. Sehr bemerkenswert ist es, daß in Rabans Verhandlungen mit der Stadt Trier um seine Anerkennung im Forderungskatalog der Stadt u. a. eine Verpfändung des *slossz Paltzell* und des Trierer Palastes für 12000 Gulden genannt ist (Matheus, Trier am Ende des Mittelalters S. 114 Anm. 148). Es geht der Stadt hier eindeutig nicht etwa um einen befestigten Platz, sondern um den Residenzort. In einem zweiten Katalog ist diese Forderung nicht mehr enthalten. Die Intention der Stadt, die hinführt zu dem jahrzehntelangen, erst 1580 zugunsten des Erzbischofs entschiedenen Prozeß um die Reichsunmittelbarkeit der Stadt Trier ist hier deutlich erkennbar.

Ob in diesem ambivalenten Verhältnis zu einem wachsenden Selbstbewußtsein der Stadt Trier die wesentlich häufigeren und längeren Aufenthalte des ebenfalls aus dem Westen stammenden und hier ohnehin vermehrt nachweisbaren Jakob von Sierck (1439–1456) in Pfalzel begründet sind, mag dahingestellt sein (die Itinerarkarte Kerbers S. 147 nennt für Trier 29, für Pfalzel 160, für Koblenz 105 und für Ehrenbreitstein 150 Nachweise; dazu zeigt die Auflistung der Itinerar-Nachweise bei Miller, Jakob von Sierck S. 288–308, sehr anschaulich, daß sich Jakob mehrfach über einen längeren Zeitraum in Pfalzel aufhielt, von dort für einen oder mehrere Tage nach Trier reiste und wieder nach Pfalzel zurückkehrte). Pfalzel kann nun eher schon als Nebenresidenz bezeichnet werden. Jedenfalls wird man der Formulierung Kerbers (Mittelpunkte S. 140) zustimmen können, daß „in der Mitte des 15. Jahrhunderts ... sich die aus langfristigen Tendenzen resultierende Entwicklung stabilisiert (hatte), daß die Trierer Erzbischöfe, durch ihre Schwierigkeiten mit der Stadt Trier bedingt, zunehmend Pfalzel als stadtnahen Aufenthaltsort bevorzugten. Trier behielt in vollem Umfang seine Bedeutung als Bischofsstadt und damit zumindest ideeller Mittelpunkt des Erzbistums". Für eine gewisse Affinität Erzbischof Jakobs zu Pfalzel spricht wohl auch, daß er nach einem Schlaganfall im November 1455 schwer behindert nach Pfalzel gebracht wurde, hier auch seine letztwilligen Bestimmungen verfügte und schießlich am 28. Mai 1456 verstarb (vgl. ausführlich § 8). Er wurde in der Liebfrauenkirche in Trier begraben (Miller, Jakob von Sierck S. 254–257). Die schon bei den vorangegangenen Erzbischöfen genannten Sterbe- und Begräbnis-Orte zeigen freilich zur Genüge, daß man die Monate des Siechtums Jakobs von Sierck in Pfalzel auch nicht überbewerten sollte.

Die beiden aus dem Hause der Markgrafen von Baden (die über die Sponheimer Erbschaft an Rhein und Mosel begütert waren) stammenden Erzbischöfe Johann II. (1456–1503; gestorben in Ehrenbreitstein, begraben im Dom zu Trier) und Jakob II. (1503–1511; gestorben in Köln, begraben in St. Florin/Koblenz) verlagerten ihre Interessen wieder eindeutig an den Rhein nach Ehrenbreitstein und Koblenz. Von Johann läßt sich aber sagen, daß er bei Aufenthalten im Trierer Raum längere Zeit in Pfalzel nachweisbar ist. Johann ist es auch, der sich intensiv dem Stift zuwendet und dies enger und unmittelbar an den Erzbischof binden will, indem er versucht, das Besetzungsrecht für alle Kanonikate an sich zu ziehen (vgl. § 8). Auch der Neubau der St. Martin-Pfarrkirche der städtischen Siedlung Pfalzel 1498 ist in diesem Kontext zu nennen. Die Residenzfunktion Pfalzels – neben und trotz Ehrenbreitstein – wird darin deutlich.

Aber auch die andere Funktion Pfalzels als befestigter oder doch wenigstens besser geschützter Wohnplatz der Erzbischöfe wird in dieser Zeit erkennbar. Dabei ist zu beachten, daß um die Jahrhundertwende allenthalben technisch veränderte („modernisierte") und gesellschaftpolitisch motivierte militärische Auseinandersetzungen ausbrechen, die diesen angepaßte Abwehr- bzw. Verteidigungs-Maßnahmen erforderlich machten. In diesem allgemeinen Zusammenhang – und gewiß nicht nur in den meist vordergründig genannten Bemühungen der Stadt Trier um größere Selbständigkeit gegenüber den Erzbischöfen – ist zu sehen, daß in Pfalzel der bis dahin letztlich ungeschützte Wohnkomplex der Erzbischöfe im Westflügel des römischen Palatiolum nun zu einer „Residenzburg" mit einem hohen Bergfried, aber ebenso mit „Repräsentationsräumen" und einem großen Saal ausgebaut (vgl. die Angaben bei Kerber, Mittelpunkte S. 141 f.) und durch einen (Wasser-)Graben zusätzlich gesichert wurde. Wir möchten jedenfalls den unter Erzbischof Johann von Baden begonnenen Bau eines Kreuzganges östlich der Stiftskirche in diesem Zusammenhang betrachten. Dieser, noch in einem Flügel erhaltene spätmittelalterliche Kreuzgang wird nämlich im 16. Jahrhundert zur Unterscheidung von einem „alten Kreuzgang" als der „neue Kreuzgang" bezeichnet, und dieser „alte Kreuzgang" kann nur der vermutlich schon im 13. Jahrhundert mit der Nutzung des Westflügels der römischen Anlage als Residenz der Erzbischöfe zurückgebaute Umgang des Innenhofes des römischen Quadrums gewesen sein (vgl. § 3 Abschn. A 4a). Dieser „neue Kreuzgang" wurde unter Erzbischof Richard von Greiffenklau (1511–1531; gestorben in Wittlich, begraben im Dom zu Trier) fertiggestellt.

Der Zug des Franz von Sickingen gegen Trier 1522 fällt in diese Zeit, hat Pfalzel aber anscheinend nicht getroffen. Die veränderte „wehrtechnische" Situation mag aber der Anlaß gewesen sein, den gesamten erzbischöflichen und stiftischen – nicht aber den der Bürger-Siedlung umfassenden – Bering mit schweren Mauern und sechs Bastionen in einem unregelmäßiges Sechseck als große moderne Festung auszubauen[1]).

Die in großen Teilen heute noch erhaltene Festung wurde unter Erzbischof Johann von Metzenhausen (1531–1540) errichtet (Kdm. S. 308–313), hat aber nicht verhindern können, daß der so ummauerte Bering wie auch die Wohnsiedlung beim Zug des Markgrafen Albrecht Alkibiades von Brandenburg 1552 in Brand gesteckt wurde.

Die „Residenzfunktion" Pfalzels hatte in dieser Zeit freilich praktisch schon ihr Ende gefunden, unabhängig davon, daß erst 1580 die schon genann-

---

[1]) Ob freilich in Pfalzel die Ideen verwirklicht wurden, die Albrecht Dürer in seiner Befestigungslehre von 1527 aufgrund seiner Kenntnisse von italienischen Befestigungen des 15. Jahrhunderts entwickelt hatte, mag dahingestellt sein (vgl. Kdm. S. 309).

ten Bemühungen der Stadt Trier um Reichsunmittelbarkeit endgültg scheiterten. Pfalzel blieb ein bedeutender Amtssitz des Erzbistums, aber es ist auch signifikant, daß nach einer Einäscherung der Burg-Siedlung durch die Franzosen 1673/74 die Befestigung als solche nicht wieder aufgebaut wurde. Das 18. Jahrhundert hat in Pfalzel weder in Gebäuden des Stiftes, noch der erzbischöflichen Verwaltung Spuren hinterlassen.

Kapelle St. Michael in der Burg

Im Ablaßbrief von 1333 (vgl. § 25) ist neben den Kapellen St. Peter und St. Nikolaus auch die des Erzengels Michael in der Burg genannt. Cüppers nimmt an, daß sie in einem der oberen Stockwerke der Toranlage eingerichtet war (1989 S. 104). Das mag schon im 13. Jahrhundert geschehen sein (aber wohl kaum bereits in den wenigen Jahren des Aufenthaltes Erzbischof Alberos in Pfalzel 1131/35; so Wengler S. 61). Über die Verpflichtung der Vikare und Altaristen des Stiftes, hier tägliche eine hl. Messe zu zelebrieren, und damit verbundene Kontroversen vgl. § 29 unter Pfalzel.

b. Befestigungsanlagen

Die mittelalterliche Siedlung Pfalzel war wohl ummauert, wenn dazu auch konkrete Nachweise fehlen. Für den Bereich der Burg bzw. der Residenz ist dies nicht anzunehmen. Auch das Stift hatte keine wie auch immer geartete Begrenzung nach Westen gegenüber der kurfürstlichen Burg, wohl aber vermutlich nach Osten, etwa in der Fluchtlinie des im 15. Jahrhundert erbauten neuen Kreuzgangs.

Erzbischof Johann III. von Metzenhausen (1531–1540) ließ dann eine der neuen Waffentechnik angepaßte „moderne" Befestigung mit Wall bzw. schweren Mauern und Graben sowie sechs wuchtigen Bastionen zur Landseite hin (nach Norden und Osten) sowie einfacheren Mauern (ohne Wall) zur Wohnsiedlung hin (nach Westen) und auf der Flußseite (nach Süden) errichten. Diese 1539 fertiggestellte „Festungsanlage" umfaßte den kurfürstlichen Bering mit Burg/Residenz und Siedlungsraum des kurtrierischen Amtssitzes und den wesentlich kleineren Bering des Stiftes im Südosten. Im Anschluß an den Bau dieser Festungsanlage erhielt auch die Wohnsiedlung von Dorf bzw. Stadt Pfalzel eine stärkere, aber der „Festung" nicht vergleichbare Ummauerung (ausführliche Beschreibung in Kdm. S. 309–314).

Der militärische Wert dieser – mit den mächtigen Bastionen noch heute imponierenden – Befestigungsanlage darf aber auch nicht überschätzt werden. Schon 1552 sollen Truppen des Markgrafen Albrecht Alkibiades von Brandenburg-Kulmbach Pfalzel – und dabei auch stiftische Gebäude, also innerhalb der „Festung" – gebrandschatzt haben (vgl. als Beispiel Abschn. A 5d: Scholasterie). Auch im Zuge der Eroberungs- und „Reunions"-Kriege Ludwigs XIV. von Frankreich sollen in Pfalzel bei den „Entfestigungsmaßnahmen" Triers durch General Vignory im Dezember 1673 die Mauern (wohl nur der Siedlung) eingerissen und auch bei der Strategie der „verbrannten Erde" soll Pfalzel im September 1689 „niedergebrannt" worden sein. Nach diesen Zerstörungen – und wegen ihrer – seien Burg bzw. Residenz in Pfalzel nicht wieder aufgebaut, jedenfalls nicht mehr als Residenz genutzt worden. Man wird das Ausmaß dieser Zerstörungen wohl doch – wie bei vielen zeitgenössischen Berichten über ähnliche Ereignisse – relativieren müssen und zu beachten haben, daß ein Feuerschaden an Steinbauten meist schon bald behoben werden konnte (und kann). Die Vernachlässigung der „Residenz" hat gewiß allgemeinere Gründe (vgl. § 8) und wenn man die Festungsanlagen im 18. Jahrhundert nicht weiter unterhalten hätte, wären sie in ihrem heutigen Umfang gewiß nicht mehr vorhanden.

c. Pfarrkirche St. Martin

Zu Umfang und Rechten der Pfarrei St. Martin vgl. § 29. Wegen der zeitweise engen personellen Verflechtung mit dem Stift und dem Verbleib mancher Objekte aus der St. Marien-Stiftskirche 1802–1962 in dieser Kirche, aber ebenso wegen der Aufstellung bzw. Aufbewahrung zahlreicher Objekte aus St. Martin, die vorher nicht in der St. Marien-Stiftskirche waren, in der St. Marien-Kirche nach deren Um- und Erweiterungsbau und der Aufgabe der St. Martin-Kirche als Pfarrkirche nach 1962 sind nachstehend die wichtigeren Daten zu dieser St. Martin-Kirche genannt.

Eine erste dem hl. Martin geweihte Kirche, deren Gründung wegen dieses Patroziniums Ferdinand Pauly noch in das 6., gewiß aber in das 7. Jahrhundert datiert (SiedlPfarrorg 6 S. 287 f.), stand im Zentrum der Siedlung Pfalzel am Moselufer. Die genaue Lage, die Größe und der Grundriß dieser Kirche sind nicht bekannt. Ein 1498 von Erzbischof Johann II. von Baden erstellter Neubau hatte in der Darstellung von Franz Hogenberg (Ende 16. Jahrhundert) anscheinend ein der Mosel (nach Süden) zugewandtes rechteckiges Schiff (war also nicht geostet) mit einem Turm an der Westseite. Das ist im Vergleich zu den anderen aus der Zeit Erzbischof Johanns erhaltenen Gebäuden recht ungewöhnlich und könnte in einer weitgehenden Beibehaltung des Altbaus begründet sein (hier könnten Grabungen wohl bessere Aufschlüsse geben). Diese Kirche ist 1759 als klein, unansehnlich und baufällig, 1771 als teilweise eingestürzt bezeichnet worden. Bereits 1747 soll der Trierer Hofbaumeister Johann Seiz Pläne für einen Neubau erstellt haben, aber erst 1773/78 erfolgte dieser nach Plänen von Le Blanc, nun aber an anderer Stelle weiter nach Nordost im Zentrum der Siedlung. Dieser deutlich größere, einschiffige, geostete Bau mit einem mittelschiffigen Westturm ist (mit zeitüblichen Baumaßnahmen) erhalten (zur Weihe des Hochaltars 1779 vgl. S. 200) und wurde nach 1962 wegen der Übertragung der Pfarrkirchen-Funktion auf die neu gestaltete und erweiterte St. Marien-Kirche als Pfarrheim mit verschiedenen Arbeits- und Versammlungsräumen (unter einer Zwischendecke) um- bzw. ausgebaut. Lediglich der Chorraum mit dem Hochaltar und den beiden Seitenaltären sowie der Kommunionbank blieb erhalten und wird auch für Gottesdienste kleiner Gruppen genutzt. Alles übrige Inventar kam in die St. Marien-Kirche, in deren Sakristei oder in das Pfarrhaus; manches wurde auch verkauft. Beschreibung Kdm. S. 275–277; Pfalzel 1989 S. 119–132, dort S. 121 eine Abbildung des Chorraumes von 1949 mit dem barocken Hochaltar.

Beim Inventar des 19. und 20. Jahrhunderts dieser St. Martin-Kirche (namentlich in der Beschreibung und den Abbildungen Kdm. S. 277–282) sind zu unterscheiden:

a) Altbestand (vor 1802) der St. Martin-Kirche und Neuerwerbungen im Laufe des 19. und 20. Jahrhunderts.

b) 1802/03 aus der aufgehobenen und versteigerten St. Marien-Stiftskirche und vermutlich auch aus der vormaligen Stifts-Pfarrkirche St. Nikolaus hierher gebrachte Reliquien, Darstellungen und Gebrauchsgegenstände.

c) Reliquien und vasa sacra aus den Kirchen St. Maximin und St. Martin vor. bzw. in Trier, die nach 1802 hierher kamen (s. unten).

Die Objekte wurden 1962 aus St. Martin in die neu gestaltete St. Marien-Kirche gebracht. Soweit es sich um Stücke handelt, die (nach b) vor 1802 in der St. Marien-Stiftskirche oder in der St. Nikolaus-Stiftspfarrkirche waren, sind sie in Abschn. A 3 nachgewiesen. Zu den Stücken nach a) und c) folgen hier einige Angaben:

a) Altbestand der St. Martin-Kirche und deren Neuerwerbungen im 19. und 20. Jahrhundert. Diese sind hier lediglich mit dem Nachweis, ob sie 1962 in die St. Marien-Kirche verbracht und dort aufgestellt wurden, aufgelistet. – Altäre: Hochaltar. Breiter Tabernakelbau, darüber große Holzfigur des hl. Martin, rechts und links je ein Engel. Dieser einheitliche, nicht sehr hohe Altar wurde im 19. Jahrhundert leider in einen vermutlich aus einer anderen Kirche erworbenen hohen „Umbau" eingefügt. – Seitenaltäre: links mit Figur der Himmelskönigin, begleitet von Bischof Martin mit einem Modell der St. Martin-Kirche (mit dem charakteristischen zentralen Turm vor der Westfassade) und dem hl. Antonius von Padua. Die St. Martin-Figur ist nicht die ursprüngliche Figur an diesem Platz; die Kdm. nennen eine St. Maximin-Statue, die an anderen Stelle nicht ermittelt werden konnte. – Der rechte Seiten-

altar hatte ursprünglich als Hauptfigur die des hl. Josef, die sich heute in der St. Marien-Kirche befindet; Seitenfiguren sind die der hll. Christophorus und Franziskus. Bestand von 1936 in Kdm. S. 277, keine Abb.
– Kanzel. Holz, Ende 18. Jahrhundert. Kdm. S. 277. Diese Kanzel befindet sich heute in der Kirche St. Johann in Konz-Karthaus.
– Kommunionbank. Kdm. S. 277. Vorhanden.
– Zwei Beichtstühle. 18. Jahrhundert. Kdm. S. 278, Abb. S. 276. Jetzt in der St. Marien-Kirche. Cüppers 1989 S. 86.
– Figuren-Gruppe Anna Selbdritt. Holz, um 1500. Kdm. S. 278, Abb. S. 277. Stammt wahrscheinlich aus der St. Nikolaus-Stiftspfarrkirche. Jetzt in der St. Marien-Kirche (vgl. dort und bei St. Nikolaus).
– Sieben Heiligenfiguren: Petrus, Andreas, Hubertus, Eligius, Nikolaus, Sebastian, Schutzengel mit Kind. Holz, 18. Jahrhundert. Kdm. S. 280, keine Abb. Davon Petrus, Andreas und Eligius jetzt in der St. Marien-Kirche; Petrus und Andreas an der linken Wand der früheren Vierung, Eligius an der rechten Wand des alten Langhauses. Die Figur des Sebastian ist heute in der St. Nikolaus-(Gedächtnis-)Kapelle.
– Zwei Leuchterengel. Holz, 16. Jahrhundert. Jetzt in der Sakristei der St. Marien-Kirche (vgl. dort mit Beschreibung). Ihr früherer Standort in der St. Martin-Kirche ist nicht bekannt.
– Turmmonstranz. Kupfervergoldet, Anfang 15. Jahrhundert, 65 cm hoch. Kdm. S. 280, Abb. S. 278. Jetzt im Pfarrhaus.
– Strahlenmonstranz. Silbervergoldet, 1. Hälfte 18. Jahrhundert, 60 cm hoch. Kdm. S. 280, Abb. S. 278. Jetzt im Pfarrhaus.
– Kelch. Silbervergoldet, 1721, 21 cm hoch. Auf dem Fuß bürgerliches Wappen. Kdm. S. 280. Jetzt im Pfarrhaus.
– Kelch. Kupfervergoldet, 18. Jahrhundert, 26 cm hoch. Kdm. S. 280. Jetzt im Pfarrhaus.
– Kelch. Silbervergoldet, 1570 von Johann Römer von Sierck für die Pfarrkirche St. Martin gestiftet. Jetzt in der St. Marien-Kirche (s. dort).

b) Aus der St. Marien-Stiftskirche und der St. Nikolaus-Stiftspfarrkirche wurden 1802/03 folgende Objekte in die St. Martin-Kirche gebracht und kamen 1962 wieder in die St. Marien-Kirche (Nachweise s. dort):
– Adela-Reliquien. Am 9. August 1802 wurden sie nach St. Martin gebracht.
– Chorgestühl.
– Figurengruppe Anna Selbdritt (s. oben bei a).

c) Objekte aus den Abteien St. Maximin und St. Martin vor bzw. in Trier. Franz Tobias Müller berichtet (Schicksale, hier zitiert nach dem Manuskript, nicht nach der „redigierten Fassung" von Johann Christian Lager)

S. 463 f. zur St. Martin-Kirche in Pfalzel, daß sich in dieser *dermalen mehrere gar schätzenswürdige Heiligthümer* befinden, die 1794, *als in den Kirchen zu Trier großes Verderben geschahe*, durch den – *hierinn ruhmvoll* – Eifer des Trierer Bürgers Karl Kaspar Kirn, Gastwirt „Zum Goldenen Brunnen" in der Dietrichstraße und Bruder des letzten Kantors des Stiftes Pfalzel (1788–1802) und Pfarrers von St. Martin Johann Balthasar Kirn, aus den Abteien St. Maximin und St. Martin *gerettet* und nach Karl Kaspars Tod von dessen Witwe ihrem Schwager bzw. der Pfarrkirche St. Martin übergeben wurden (vgl. auch van Zanten in Pfalzel 1989 S. 155–163). F. T. Müller nennt dann

– *das immer zu St. Maximin gewesene h(eilige) Abendmals Meßer Christi,*
– *das Haupt der h(eiligen) Jungfrau und Martyrinn Agnes; in rothen Attlas, biß nur auf eine Oefnung in der Größe eines Sechsbätzners, eingehüllet und mit Gold, vielen Rubinen und feinen Perlen im Werthe von drei hundert Gulden gezieret,*

sodann sind eben also sauber eingefaßet allhier
– *das Haupt der h(eiligen) Martyrinn und Jungfrau Apollonia,*
– *und [das Haupt] des h(eiligen) trierischen Erzbischofs Maximinus,*
– *wie auch dieses sein hölzerner Stab, ungefehr wie Nußholz, doch fremder Art. Weil derselbige schon in die Hände der Soldaten gerathen ware, hatten sie ihm seinen Knopf und silberne Verzierungen an der Seiten hinab, die man nach des Heiligen Todt zur Verehrung angeheftet, losgerißen.*

– *Ferner sind noch anwesend*
– *Gebeine von den h(eiligen) Gesellinnen der h(eiligen) Jungf(rau) und Märt(yrinn) Ursula,*
– *von einem der unschuldigen Kinder,*
– *vom h(eiligen) Bischofe Honoratus*
– *und andere, insbesonder auch mehrere Häupter und Reliquien der h(eiligen) Trierischen Martyrer, alles mit einander in saubere Glaskistchern mit vielem Fleiße eingefaßet.*
– Der genannte Bürger Kirn habe auch den in St. Maximin *gegenwärtigen, wenn ich mich noch recht erinnere an drei Elen langen und ungefehr anderhalb Ele breiten, weißen Schleyer der heiligen Mutter Gottes erbeutet.* Diesen habe er aber nach Aussage seines (1816 verstorbenen) Pfalzeler Bruders *an einen Pastorn in Lothringen ... vergeben ... ohne daß man den Ort erfuhr. Andere glaubten, dieß h(eilige) Kleinod seye noch in den Händen der mit Kirn in betref der Frommigkeit denkenden in Trier. Wo in dieser Zeit sehr viele leider – und wiederum leider! – die linke Seite genohmen; so wollten diese von der mittel Straße, von der Bahne der Tugend, zu viel rechts gehen. Wodurch sie im Guten sehr unbescheiden und ausschweifend geworden, welches denn auch zu seiner Zeit zu größten Fehlern und offenbaren Lastern ziehet.*

Über diese aus St. Maximin stammenden Reliquien berichtet mit deutlich anderen Akzenten und zu mehreren Objekten auch konkreter, z. T. auch mit abweichenden Angaben der Bruder des Karl Kaspar Kirn, der Pfarrer von St. Martin Johann Balthasar Kirn, im Kopiar der Pfarrei St. Martin (Pfarrarchiv

Nr. 20 S. 240–245). Diese Aufzeichnungen sollen, auch zur Charakterisierung der Situation von 1794/1803 hier in geraffter Form und in den wichtigeren Passagen im Originaltext nachstehend notiert sein.

Als die Franzosen am 10. August 1794 die Stadt Trier eingenommen und die Benediktiner von St. Maximin ihr Kloster verlassen hatten und über den Rhein geflohen waren, *wagte sich Carl Caspar Kirn, bruder des jetzigen pfarrers Kirn zu Pfalzel und brunnenmeister und gastwihrt von Trier mit lebens gefahr nach St. Maximin und rettete die daselbst von denen mönchen hinterlassene reliquien auß denen händen deren soldaten, theils mit guten worten, theils aber auch mit verwendung eines stücks gelds und zwahr*

— das Haupt des Bischofs St. Maximin,
— ein Stück vom Haupt der hl. Jungfrau und Märtyrerin Apollonia,
— ein Teil des Hauptes der hl. Jungfrau und Märtyrerin Agnes,
— das Messer des Herrn,
— den Kamm der Mutter des Herrn, *der aber von ihm anderwerts abgegeben worden.*

Eben so name er viele h(eilige) gebein zu St. Martin in der abteylichen kirchen, brachte selbe in sein hauß und hielte selbe in einem besonderen zimmer bey sich in grosen ehren.

Bei der Rückkehr der Herren wurde Brunnenmeister Kirn *zu mehrmalen von den besagten abteylichen herrn und prelaten sehnligst gebethen um diese schätz,* doch wollte Kirn diese nur zurückgeben, wenn das (jeweilige) Kloster wieder hergestellt wäre. Da aber die Herstellung der Klöster nicht erfolgte, blieben *diese h(eiligen) schäz bey ihm gut aufbewahret. Ich sage gutt aufbewahret, denn er war, wie dazumal in der ganzen stad bekanet war, der erste jener, welche die andacht ubertrieben haben und nach der französchen neuen einrichtung sich nicht anschicken wolte.*

Als Brunnenmeister Kirn am 18. Februar 1803 starb, übergab dessen Ehefrau dem „Unterschriebenen" (d.h. dem Pfarrer und Bruder des Brunnenmeisters Johann Balthasar Kirn) die Reliquien, jedoch unter der Bedingung, *daß sie wegen dem vorgelegten geld allzeit anspruch darauf habe und selbe bey wiederherstellung des klosters St. Maximin dahin zurück gegeben werden sollen.*

Ob nun gleichwohl bey selben keine fernere autentic befindlich ist, so verdienen doch selbe den selbigen glauben und verehrung, welchen selbe auch zu Maximin hatten, weilen selbe daher genommen, gutt aufbewahrt worden und von denen abteylichen noch lebenden herrn selbst in ihrer gehabten fassung als diese anerkannt wurden.

Pastor Kirn erbat und erhielt nämlich von Mitgliedern der Abteien St. Maximin und St. Martin am 3. bzw. 10. Juni [1803] schriftliche Bestätigungen über die Authentizität der Reliquien *und dardurch die erlaubniß, selbe zur öffentlichen verehrung auszustellen,* wie er sie dann auch vom Bischof erhielt. In Abschrift folgen dann diese Bestätigungen:

Die genannten Professen der Abtei St. Martin bestätigen *reliquias sanctorum sequentes Treviris in aedibus d(omini) Caroli Caspari Kirn ante ingressum Gallorum in hanc urbem repositas et usque ibidem asservatas pertinuisse ad ecclesiam nostram in eaque a tempore immemoriali palam expositas fuisse, videlicet*

– *1mo sex receptacula seu thecas vitreas capitibus et costis de s(anc)tis martiribus Trevirensibus repletas,*

– *2do tabulas duas in quarum medio duo capita super pulvinaria posita sunt, retroque ossa s(anctorum) ma(rtirum) Trevirensium aliorumque multorum sanctorum serico inclusa conspiciuntur,*

– *3tio receptacula duo serico rubro argento intexta in modum pyramidis elevata in quibus duae thecae cum reliquiis s(anctorum) asservantur,*

– *4to septem ligneas capsulas vitro clausas, caeteroquin satis eleganter ornatas cum variis s(anc)torum reliquiis serico inclusas.*

Beurkundet im Hause des verstorbenen Kirn am 3. Juni 1803 bzw. 14. Prairial Jahr XI, unterzeichnet von Anton Hasbron, einst Prior, Maurus Leibfried, einst Kustos, Martin Cleber. – Erlaubnis zur öffentlichen Darstellung und Verehrung (*veneratio*) ex mandato Garnier, am 25. Juni 1803 bzw. 6. Messidor Jahr 11.

Die genannten ehemaligen Professen der Abtei St. Maximin bestätigen, daß nachstehende Reliquien vor dem Einmarsch der Gallier (*Gallorum*) in die Stadt Trier in der Abtei St. Maximin waren und dort *tempore immemoriali palam expositas fuisse* und nun in der Pfarrkirche St. Martin in Pfalzel sind:

– 1. das Haupt des hl. Bischofs Maximin *serico albi coloris cum auro mixto intextum ex cujus oculis radiantes lapides eminent,*

– 2. Reliquien der hl. Jungfrau und Märtyrerin Apollonia *in forma capitis serico villoso rubro cinctas margaritis et carbunculis ornatas,*

– 3. Reliquien der hl. Jungfrau und Märtyrerin Agnes wie bei 2,

– 4. das Abendmahlsmesser *dupplici ligamine cinctum, uno argenteo in qua haec scripta leguntur* (*cultellus Domini Jesu, quo usus fuit in caena*), *altero argenteo deaurato cum manubrio flavo.*

Beurkundet am 10. Juni 1803 in Pfalzel von Constantin Schmid, Prior, Agritius Kenner, einst Professe und Subthesaurar, Spinola Leibfried. – Erlaubnis zur Ausstellung und Verehrung vom 25. Juni 1803/6. Messidor Jahr 11. Ex mandato Garnier.

Dazu gebe es in einem Kopiar im Archiv von St. Maximin eine Urkunde vom 31. Mai (Vigil von St. Simeon) 1425, in der u. a. beschrieben sei:

Archa argentea in qua continetur sacramentum, item crux argentea contexta lapidibus pretiosis in qua continetur cultellus Domini nostri Jesu Christi, item, item etc., item una cista cum capite s(anc)ti Maximini.

Von einem *artis peritus* wurde der Wert geschätzt:

– *lapidum ex oculis et capite s(anc)ti Maximini radiantium aestimatus est ad 84 fl.,*

– *valor margaritarum capiti s(anc)tae Apolloniae in sertarum* auf 300 fl.,

– ebenso bei Agnes auf 300 fl.

Vermerk von Johann Balthasar Kirn auf Seite 245:
Reliquiae ex ossibis s(anc)ti Martini simili modo ex abbatia s(anc)ti Martini cum aliis reliquiis huc tranlatae sunt.

Soweit die Aufzeichnungen des Pfarrers von St. Martin Johann Balthasar Kirn im Kopiar der Pfarrei.

Von diesen Reliquien der Abtei St. Maximin in der Auflistung von F. T. Müller sind in den Medulla gestorum Treverensium des Johannes Enen von 1514 zu St. Maximin genannt (in der Reihenfolge bei Enen; nicht nach Pfalzel gekommene Stücke sind hier natürlich nicht aufgelistet):

– viele Leiber der Märtyrer der Thebaischen Legion,
– das Abendmahlsmesser: *das messer ... daz er gebraucht hat am abend essen, da mit geschnitten und tzerteilt daz osterlamph*
– *der Schleier Marias: unser lieben frawen haupt tuech oder schleyer, den sie uff het, do sy der engel gegrüsset, sprechende: Gegrusset bistu vol gnaden,*
– das Haupt von St. Maximin,
– zwei Stäbe von St. Martin und St. Maximin, die diese gebrauchten, *alls sye yre bitfart nach Rome sament zu sant Petter und Paulus gethon haben,*
– ein großes Stück vom Haupt der hl. Agnes,
– ein großes Stück vom Haupt der hl. Apollonia.

Nicht ermittelt wurden bei Enen die Reliquien von Ursula, dem Unschuldigen Kind und von Bischof Honorius. Anderseits ist aber der in der von J. B. Kirn überlieferten Bestätigung der Maximiner Mönche aufgeführte Kamm Marias bei Enen genannt: *ein kam der mutter gottes, da mit sye yrenn lieben soen Jesus und jr mit gestrelt hat; von yrem gebenediten hare.* – Im Inventar der Kunstdenkmäler (1936) ist an Reliquien nur das Abendmahlsmesser (mit Abb. Kdm. S. 280) genannt. Vgl. dazu § 21. – In der Liste der Reliquien der Abtei St. Martin bei Enen sind *vil gebeins vonn den Trierischen untzelig marteleren* nur pauschal genannt.

Zu den aus St. Maximin stammenden und an die Pfarrkirche St. Martin gekommenen Kultgegenständen gehört auch das – bei F. T. Müller und Kirn nicht genannte, vermutlich weil es keine Reliquie ist – Vortragekreuz, eine Arbeit vom Anfang des 13. Jahrhunderts aus Limoges, das 1962 in die St. Marien-Kirche kam (vgl. dort).

Zu diesen aus St. Maximin stammenden Stücken muß auch eine „Schiefertafel mit Inschrift von 1514 über die Öffnung des Sarges des Agritius, rechts neben dem des Maximin, in St. Maximin" gehören, von der Ladner, Einige Inschriften S. 117f., berichtet, er habe sie „im Holzwerk der Rückseite des Hochaltars" in der Pfarrkirche St. Martin in Pfalzel gefunden. Über den Verbleib der Tafel konnte nichts ermittelt werden.

B. Kirchenschatz, liturgische Handschriften und Bücher

Es ist davon auszugehen, daß mit der Aufhebung des Stiftes und den anschließenden Versteigerungen der Gebäude und dem in diesen befindlichen Mobiliar (einschließlich der Gemälde und Skulpturen) auch alle liturgischen Geräte (vasa sacra: Kelche, Monstranzen etc.) und Gefäße (z.B. Weihrauchfässer, Wasser- und Wein-Becher, Lavabo-Utensilien), Reliquiare, Meßgewänder (Ornate in weiterem Sinne einschließlich der Altartücher) und bei liturgischen Handlungen verwandte Handschriften und Bücher veräußert wurden. Nur wenige Stücke kamen in die St. Martin-Pfarrkirche (vgl. Abschn. A 6c). Über den Verbleib ist (bisher) nichts bekannt. Es ist aber davon auszugehen, daß hier wie in anderen Stiften und Klöstern einzelne Stücke von Kanonikern „privatisiert" wurden und von diesen (bzw. nach deren Tod) in den Besitz weiter bestehender oder neu errichteter Kirchen oder auch in öffentliche Sammlungen (Museen und Bibliotheken) kamen (vgl. dazu unten zum Processionale). Dabei ist auch zu berücksichtigen, daß sich an den öffentlichen Versteigerungen der Jahre 1802/03 auch kirchliche Einrichtungen (Pfarreien etc.) aus den alt-französischen Departements, die nach dem Konkordat von 1801 wieder eingerichtet worden waren, in den sogenannten rheinischen Departements beteiligten (Beispiele in Heyen, GS NF 41 St. Simeon/Trier S. 100). Hier wären detaillierte Recherchen erforderlich. Protokolle über die Versteigerungen dieses kirchlichen Inventars sind nicht überliefert. Es ist freilich auch bekannt, daß viele der kirchlich-liturgischen Geräte aus Edelmetall wegen ihres Metallwertes eingeschmolzen wurden und z.B. Handschriften und Bücher als Verpackungsmaterial dienten. Aber selbst aus der Zeit vor der endgültigen Aufhebung und Versteigerung ist zum März 1799 bezeugt, daß das Stift Pfalzel zur Bezahlung der Kontributionen Ackerland und Silber verkauft habe (K Best. 276 Nr. 2559).

Bei dieser ungünstigen Quellenlage für das Stift Pfalzel haben wir hier darauf verzichtet, die in den Germania Sacra-Bänden übliche Unterscheidung von Abschn. B: Kirchenschatz und Abschn. C: Liturgische Handschriften und Bücher beizubehalten und müssen uns darauf beschränken, nachstehend zwei Inventare aus der Endzeit des Stiftes zu veröffentlichen.

B. Kirchenschatz, liturgische Handschriften und Bücher

Inventar der Immobilien

Ein Inventar vom 25. Juli 1800, aufgestellt von Jean Schimper, chanoine, trésorier de l'eglise de Nôtre Dame à Pfalzel ist überliefert in K Best. 276 Nr. 2479 Bl. 39; vgl. dazu § 9, Aufhebung des Stiftes.

Etat de tous les meubles de l'eglise collegial de Nôtre Dame à Pfalzel

	valeur en Livres
un ciboire	*45*
un ciboire d'argent	*195*
5 calices dito	*460*
2 livres pour dire la Messe, orné d'argent	*32*
un livre d'Evangile, orné d'argent	*26*
un vase de st. l'hulie en argent	*13*
une image d'un S(aint), orné en argent	*10*
des ornements de la st. Vierge	*20*
17 chapes d'eglise, orné en or et argent	*1950*
2 dito pour les enfens du choer	*20*
50 vêtements sacerdotals, orné en or et argent	*3900*
24 vêtements pour le diacre et subdiacre en or et argent	*1300*
2 voiles orné d'or et argent	*33*
29 l'aubes de prêtres	*600*
des vêtements du linge de differante facon	*510*
differents ouvrages de cuivre	*419*
differents ouvrages en etain avec l'orgues	*1010*
5 cloches	*4500*
differents ouvrages de fer	*100*
differents ouvrages de bois	*2050*
Somme total	*17193*

Verzeichnis vom 6. August 1802 (25. Thermidor X).

Diese Stücke sind von dem *patentsirten* Goldschmied Jakob Orth aus Trier geschätzt worden. Er gibt den Gesamtwert mit 547 Francs an; für seine Schätz-Arbeit berechnet er 34 Francs. Der Schätzwert ist nachstehend aufgerundet in Francs wiedergegeben. – Anscheinend sind diese Stücke damals beschlagnahmt worden.

	Wert in Francs
1 silber vergoldeter Kelch mit Patene (*patent*)	93
desgl.	123
desgl.	106
desgl.	67
1 kupfer vergoldetes Ziborium mit einem silbernen Becher	9
1 kupfer vergoldete Monstranz mit Silber (*ostensoire, garni d'argent*)	78
1 silber vergoldete Krone (*couronne*) mit unwerten Steinen	16
desgl.	20
1 Meßbuch mit 2 silbernen Gramben	36
Plus le ciboire du couvent d'Helenenberg	

Liturgische Handschriften und Bücher

Von liturgischen Büchern konnten bisher lediglich ermittelt werden:

Breviarium Treverense

StadtBi Trier Hs. 387/1151 4°; vgl. Keuffer, BeschrVerz 4 Nr. 387 S. 25 f.; Miesges, Festkalender passim; Coens, Catalogus S. 165; Kurzeja, Liber Ordinarius als Grundlage; Th. Bauer, Verehrung Trierer Bischöfe passim. Der Band kam (gemäß Eintrag zu Beginn) *ex dono d(omini) Hermes* 1824 in die öffentliche (heute Stadt-)Bibliothek Trier. Die kalligraphische Ausführung und die Initialen werden gerühmt. – Zur Provenienz konnte ermittelt werden:

Die Handschrift ist 1445 von dem Pfalzeler Dekan Tilman Gottschalk (vgl. § 31) geschrieben worden. Dieser hat Bl. 185r am Schluß des allgemeinen Teils bzw. vor dem Kalendar-Teil (ab Bl. 186 beginnend mit Andreas) notiert: *Anno 1445 Hunc librum manu propria scripsi ego Tilmannus Gotschalk de Geismaria dictus Seneffs, decanus et canonicus ...* (es folgen Widmung an Jesus, Maria und Alle Heiligen sowie ein Gebet). – Auf (dem mit der Textfolge des Breviars zunächst leeren verso-) Bl. 185v folgt dann in gleicher Schrift und gleichem Satzspiegel der Handschrift, also auch von Tilmann Gottschalk, eine Passage aus der Vita Dagoberti mit der Angabe, dieser habe drei Töchter Regentrud, Irmina und Adela gehabt, von denen Adela Pfalzel von Pippin erworben habe, von Bischof Modoald als Nonne geweiht worden sei und ein Kloster gegründet habe, dem sie bis zu ihrem Tod vorgestanden und es dem Erzbischof von Trier übereignet habe. Am Rand (*in margine*) sei das Testament dieser Adela abgeschrieben. Dieses Testament ist in deutlich kleinerer Schrift, aber ohne Zweifel auch von Tilmann, am (durchgehend breiten) Rand der selben Seite geschrieben.

Am Anfang des Bandes steht Bll. 1 ff. in einer jüngeren, eher dem 16., wenn nicht dem 18. Jahrhundert zuzuschreibenden Schrift die Vita s. Aldegundis nach Hucbald (vgl. dazu weiter unten).

Am Ende der Handschrift steht Bl. 312v folgender Eintrag:

Notandum quod quondam honorabilis dominus Johannes Theoderici, custos et canonicus ecclesie sancti Florini Confl(uentie), legavit et dedit ecclesie beate Marie virginis in Paltz presentem librum, volentem ut cathenetur ad chorum pro communi usu personarum eiusdem ecclesie, vigintique florenos Renanos ad comparandum redditus unius floreni Renensis singulis annis monetae communis pecuniae in anniversario suo inter personas prefate ecclesie vigiliis, missis animarum et commendationis interessentes distribuendo pro saluti anime sue, ac etiam pro memoria animae quondam honorabilis domini Thilmannum de Geysmariam dum vixit decanus ibidem in Paltz.

Dieser Johann Theoderici/Diederich/Dietrich, der wahrscheinlich aus Pfalzel stammt (er hat gelegentlich den Beinamen „von Pfalzel"), ist seit 1438 als summus vicarius und seit 1445 als Kanoniker in Pfalzel bezeugt (vgl. § 35), aber seit 1454/56 u.a. als Kanoniker und Kustos von St. Florin und Kanoniker von St. Kastor in Koblenz tätig. Vermutlich hat er das von Tilmann Gottschalk geschriebene Breviarium von diesem erhalten bzw. erworben und mit nach Koblenz genommen. Um 1470, nach dem Tod des Johann Theoderici 1469, müßte diese Handschrift dann (wieder) nach Pfalzel gekommen und dort im Chor der Stiftskirche bereitgestellt worden sein. Ob oder wie lange sie in Pfalzel blieb, ist nicht bekannt. Ein jüngerer Besitzvermerk des Stiftes ist nicht erkennbar. Die Eintragung der Vita s. Aldegundis könnte aber ein Hinweis darauf sein, daß das Buch in die 1473 dem Stift Pfalzel inkorporierte (vgl. § 29) Pfarrkirche zu Alf bzw. deren Filialkirche zu St. Aldegund gekommen ist, doch kann das nicht mehr als eine Vermutung sein. Der Nachweis, daß der Bücher- und Kunstsammler Johann Peter Job Hermes auch diese Handschrift 1824 der Stadtbibliothek Trier geschenkt hat, gibt keinen Hinweis, wo dieser sie erworben hat bzw. wo sie sich vor den Säkularisierungsmaßnahmen befunden hat. Sie ist jedenfalls eines der ganz wenigen Bücher, das mit Sicherheit zeitweise im Stift Pfalzel war.

Der Band enthält Bl. 3–6 das Kalendar, Bl. 7–34 die Psalter, Bl. 34–36 das Offitium Defunctorum, Bl. 38–189 das Proprium de Tempore, Bl. 190–331 das Proprium Sanctorum mit dem Commune Sanctorum Bl. 331–341. Für die Liturgiegeschichte ist zu notieren, daß zum Fronleichnamsfest (ab Bl.143) mit der Erklärung des Konzils von Basel zur Eucharistie vom 25. Juli 1433 auch in vollem Text die grundlegende Bulle Papst Urbans IV. von 1264 (Transitus de mundo) und die Erklärung Papst Eugens IV. vom 25. Juni 1433 zitiert werden, womit eine ungewöhnliche „Aktualität" dieses persönlichen Handbuches des Dekans Tilmann Gottschalk erkennbar wird. Dies gilt ähnlich auch für die – im Anschluß an diesen Fronleichnam-Einschub folgenden – Angaben über die in Pfalzel übliche Marienmesse an allen Samstagen.

Missale Trevirense (15. Jahrhundert)

StadtBi Trier Hs. 358/1147 4°; vgl. Keuffer, BeschrVerz 4 Nr. 358 S. 5 f.; Miesges, Festkalender S. 16 und im Kalendar durchgehend ausgewertet.

Am Schluß ist angegeben, daß *Petrus de Zeben, cantor et canonicus zu Pfalzel presentem librum missarum* in seinem Testament *pro remedio et salute anime sue* der Marien-Kirche in Pfalzel übertragen habe: *cuius anima requiescat in pace*. Im Kalendar ist Bl. 5v sein Todestag zum 12. Oktober mit der Jahresangabe 1449 eingetragen. Weitere Angaben zu Peter von Zewen vgl. § 34. Später gehörte die Handschrift zur Bibliothek der Jesuiten in Trier (Nolden, Signaturenkonkordanz und Provenienzverzeichnis StadtBi Trier S. 45).

Das Missale ist in der ersten Hälfte des 15. Jahrhunderts entstanden. Im Kalendar (Bl. 1–6) sind die Wahl Erzbischof Ottos von Ziegenhain am 13. Oktober 1418 und dessen Todestag am 13. Januar 1430 eingetragen. – Inhalt: Bl. 1–6 Kalendar, Bl. 7 *Exorcismus salis in die Dominica*; Bl. 8–126 Missae de Tempore, Bl. 128–289 Proprium Sanctorum, Bl. 290–298 Gradualia. – Die Einträge ihrer Namen durch *Matthias Schunck Arctopolitanus* (?), *ludimagister Palatioli* und *Gerardus Weis, Trevir* auf Bl. 128r (16. Jahrhundert) veranlaßten eine dritte Hand zu der Bemerkung *Stultorum manibus liber depingitur omnis*.

Missale Trevirense (von 1608)

Vgl. Heinz, Liturgische Bücher Nr. 6 S. 89–94.

Pfarrarchiv Pfalzel. Beschädigt, Teile verloren. Besitzvermerk: *me possidet Cornelius Mais, canonicus Palatiolensis* (als Kanoniker bezeugt 1764–1773; vgl. § 35). 1760 gehörte das Buch der St. Antonius-Bruderschaft in St. Martin, von der Cornelius Mais es wohl erworben hat. Vermutlich kam es nach dessen Tod 1776 wieder nach St. Martin. Es kann also nur sehr eingeschränkt als Buch des St. Marien-Stiftes bezeichnet werden.

Lektionar

Pfarrarchiv Pfalzel. Handschriftlich, 18. Jahrhundert, stark beschädigt. Das Lectionar stammt nicht mit Sicherheit aus dem Stift Pfalzel, weil zur Oktav von Epiphanie die Kirchweih notiert ist (vgl. dazu § 24 Abschn. 4). Die Handschrift gehört insoweit zu den nachstehend genannten beiden Processionale.

Processionale

ecclesie collegiatae Palatiolensis iuxta ritum sacrae archidioecesis ecclesie Trevirensis emendatum et scriptum anno bissextili 1708. Scriptorem libri lector mi chare requiris Legia me genuit, Nicolaus nuncupor Henrot.

Auf Schluß-Titel: *Nikolaus Henrot Leodius, canonicus et scholasticus Palatiolensis 1708.*

Beschreibung des Processionale in § 24.

StadtBi Trier Hs 1677/1746.

BeschrVerzStadtBi 8 S. 166: Zur Bibliothek 1830 aus dem Nachlaß der Erben des Canonicus Schwarz. Johann Peter Schwarz, geb. 3. August 1757 in Koblenz, 1782–1802 Kanoniker in Karden (Pauly, GS NF 19, Stift Karden S. 466f.), 1786 Prof. für Mathematik an der Univ. Trier und Pfarrer von St. Laurentius/Trier (= Universitätspfründe), 1804 an der Ecole de droit in Koblenz, 1819–1820 Prof. für Kirchenrecht und Kirchengeschichte in Bonn, 26. Juli 1824 Domkapitular in Trier, gest. 9. Oktober 1830. Wie er an die Pfalzeler Handschrift kam, ist nicht bekannt; vielleicht auf dem Antiquitätenmarkt. – Zu Nikolaus Henrot vgl. § 32 (1703–1730 Scholaster).

Processionale

.. (wie vor) .. *emendatum et scriptum anno ... 1763 ... Joannes Lauter Adamus.*
StadtBi Trier Hs 2282/2224. BeschrVerzStadtBi 8 S. 287f.
Beschreibung in § 24. – Zu Johann Adam Lauter, zuletzt Kantor, vgl. § 34.

2. ARCHIV UND BIBLIOTHEK

§ 4. Das Archiv

1. Geschichte des Archivs

Zur Geschichte des Archivs des Stiftes Pfalzel ist kaum etwas bekannt. Die weiter unten näher beschriebenen Kopiare lassen eine intensivere Beschäftigung mit älteren urkundlichen Zeugnissen in der ersten Hälfte und um die Mitte des 16. Jahrhunderts erkennen, die aber offensichtlich in erster Linie der Wahrung wirtschaftlicher Interessen galt. Eine Ordnung des Archivs scheint dabei nicht vorgenommen worden zu sein; jedenfalls lässt die Anlage der Kopiare kein Ordnungsschema erkennen. Ein Vergleich zwischen dieser Kopiarüberlieferung des 16. Jahrhunderts und der erhaltenen Originalüberlieferung zeigt aber, dass das Archiv des Stiftes bei der Einäscherung Pfalzels durch Markgraf Albrecht Alkibiades von Brandenburg-Kulmbach 1552 nicht zerstört worden ist, da der wichtigere Teil der vor diesem Jahr aufgezeichneten Stücke noch im Original erhalten ist und fast ausschließlich reine Wirtschaftsurkunden (Pacht- und Rentbriefe etc.) fehlen, die wohl kassiert worden sind, nachdem das in ihnen beurkundete Rechtsgeschäft keine Gültigkeit mehr besaß (Ablösung der Rente etc.).

Die auch in der Pfalzeler Ausfertigung des erzbischöflichen Musterstatuts von 1595 (vgl. § 10) enthaltenen Bestimmungen über den Registrator und das Archiv sind in Pfalzel nicht ausgeführt worden; jedenfalls ist keine Nachricht darüber bekannt. Aus einer Bemerkung von 1737 (K Best. 1 C Nr. 19037) ist ersichtlich, daß damals der Kustos den Schlüssel zum Archiv besaß; es befand sich also wohl in der „Schatzkammer" bzw. in der Sakristei (vgl. § 3 Abschn. A 2).

Bei der Aufhebung des Stiftes 1802 wurde das Archiv beschlagnahmt und gelangte über das Departemental- bzw. Regierungs-Archiv in Trier in das Staatsarchiv, das heutige Landeshauptarchiv in Koblenz.

Einige (kostbare bzw. kostbar scheinende) Stücke wurden bei dieser Zusammenführung der Departementalarchive von Trier (Saar-Departement) und Koblenz (Departement Rhein-Mosel) in Trier belassen und kamen in die Stadtbibliothek bzw. das Stadtarchiv. Es scheint, daß Einzelstücke auch unmittelbar als „persönliche Erwerbungen" der Stadtbibliothek überlassen wurden (vgl. z. B. das Processionale in § 3 Abschn. B).

Teile des Akten- und Amtsbucharchivs (bzw. der Registratur des Stiftes) sind offensichtlich 1802 der Pfarrei St. Martin in Pfalzel übergeben worden, wobei der Gesichtspunkt maßgebend gewesen sein mag, daß die Pfarrei Rechtsnachfolger von Stiftungen des Kanonikerstiftes war. Vielleicht ist hier auch ein „Umweg" über die zunächst fortbestehende Stifts-Pfarrei St. Nikolaus einzuschieben bis der Pfalzeler Teil dieser Pfarrei der Pfarrei St. Martin zugewiesen wurde (vgl. § 29).

Das Bistumsarchiv in Trier ist vermutlich über einen Kleriker in den Besitz eines Kopiars des Stiftes Pfalzel gekommen. Mit den amtlichen Verfügungen über das Stiftsarchiv nach der Aufhebung des Stiftes 1802 hat dessen Erwerb jedenfalls nichts zu tun.

2. Die noch vorhandenen Bestände

Sie befinden sich heute in Koblenz, Pfalzel und Trier.

Koblenz, Landeshauptarchiv (LHA, Abkürzung hier K) Best. 157
Rund 150 Urkunden von 989, 1212–1761, Schwerpunkt im 14./15. Jahrhundert.
80 Akten und Amtsbücher, darunter nur wenige Sachakten zu Kapitel und Vikaren, ferner Rechnungen 1580/81, 1677/78, 1689/90 sowie zehn Jahrgänge aus den Jahren 1700/01–1795/96, sowie 50 Sachakten über Besitz in den einzelnen Ortschaften.

Pfalzel, Pfarrarchiv
Bestandteile des Kanonikerstiftes:
Kopiar. Vgl. Beschreibung unten, Stück c.
Kapitelsprotokoll 1760–1788. Nach einem Beschluß vom 15. Juni 1760 werden sie von da an in deutscher Sprache geführt.
Rechnungen 1736/37, 1755/56, 1763/64–1786/87 mit Lücken (insgesamt 15 Jahrgänge, 1786/87 doppelt).
Verzeichnis der Güter der Vikarie St. Margaretha 1792 (Auszug aus Landmaß).

Pfarrei-Archiv:
Hingewiesen sei auf den bis ins 16. Jahrhundert zurückreichenden Bestand des Archivs der Pfarrei St. Martin, u.a. ein 1645 angelegtes und bis 1821 fortgeschriebenes *Registrum parrochialis ecclesie s. Martini in Palatiolo* (Pfarrarchiv Nr. 20), eine Art Kopiar und Protokollbuch, überwiegend mit Schuldverschreibungen bei entliehenen Geldern, meist an Bewohner von Pfalzel, und Anniversarien-Stiftungen, sowie vereinzelte Rechnungen seit 1582.

Trier, Stadtarchiv und Stadtbibliothek (StadtA, StadtBi)
Bestandteile des vormaligen Stiftsarchivs:

Einige Urkunden.
Kopiar Hs. 1676/345. Vgl. Beschreibung unten Stück b.
Mischbd Hs. 1678/343. Vgl. Beschreibung unten Stück d.
Eidbuch Hs. 1680/341. Mit den Eiden des Dekans, der Kanoniker und der Vikare sowie den zugehörenden Schrift-Texten. Auf Bl. 7 Protokollierung von Eiden und Zahlungen der Statutengelder im Jahre 1471. – Pergamentheft, wohl um 1470 angelegt. Über ein in der Intention vergleichbares „Eid- und Namenbuch" des Stiftes St. Simeon in Trier, das vielleicht die Anregung war für die Anlage dieses Pfalzeler Heftes vgl. Heyen, GS NF 41, St. Simeon S. 225–230. Keuffer-Kentenich, BeschrVerzStadtBiTrier 8 S. 167.

Trier, Bistumsarchiv (BistA)
Bestandteile des ehemaligen Stiftsarchivs:
Kopiar Abt. 65 Nr. 80. Vgl. Beschreibung unten, Stück a. Die Nrr. 81–87 sind Einzelstücke zur Geschichte des Stiftes Pfalzel, z. T. aus erzbischöflicher Überlieferung.

3. Die Kopiare

Die drei erhaltenen Kopiare und der „Mischband" sind in dieser Veröffentlichung mit einer Sigle zitiert. Sie seien deshalb hier ausführlicher beschrieben.

a = Kopiar BistA

Kopiar des Nikolaus Lant von Zell, Kanoniker des Stiftes Pfalzel, Dekan 1547–1566 (vgl. § 31).
BistA Trier Abt. 65 Nr. 80. Alte Zählung 2 + 115 Blatt, von denen 91–104 fehlen. Pergamentumschlag. Originaltitel: *Littere obligationum, concordie, contractus diversaque negociarum ecclesie Palaciolensis. Per me Nicolaum Lant de Cellis, canonicus ibidem, registrata anno Domini 1523.*
Eingetragen sind rund 140 Urkunden, von denen die Hälfte im Original noch erhalten ist; bei den verlorenen Stücken handelt es sich überwiegend um Rent- und Pachtbriefe. Der Band wurde seit 1524 laufend durch Neueintragungen ergänzt (eine Direktschrift vom 1. Juni 1524 auf S. 130 f. moderner Zählung) und war bis 1563 in Benutzung (S. 207 der Eintrag einer Urkunde vom 18. Januar dieses Jahres). Daß es sich nicht um ein Kopiar im strengen Sinne, sondern um eine zur leichteren Kontrolle der Wirtschaftsführung angelegte Sammlung von Urkunden handelt, zeigt insbesondere die Tatsache, daß in zunehmendem Maße nur der materielle Inhalt der Urkunden (Aussteller, Geschäftsobjekt, Pfandgutbeschreibung, Datum) unter Wegfall aller formalen Bestandteile aufgezeichnet wurde. Vereinzelt sind auch Ausgänge abgeschrieben (Briefprotokoll, so S. 189–191 von 1532). Eine systematische

Gliederung ist nicht zu erkennen, wenn auch manchmal verschiedene Urkunden über einen Ort hintereinander verzeichnet sind. – Für die Archivgeschichte ist von Bedeutung, daß hier die Urkunden der dem Stift inkorporierten Klause in Cochem (vgl. §§ 8 und 29) eingetragen sind.

b = Kopiar StadtBi

Stadtbibliothek Trier Hs. 1676/345. Vgl. Keuffer-Kentenich, BeschrVerz 8 S. 165.

79 Blatt Papier. Geschrieben Ende des 16./Anfang des 17. Jahrhunderts. Es handelt sich um eine Abschrift aus den unter a und c genannten Kopiaren. Einzelangaben bei Keuffer-Kentenich.

c = Kopiar PfarrA

Pfarrarchiv Pfalzel Nr. 1.

89 Blatt Papier, am Rand z. T. stark beschädigt. Die Titelseite trägt den Vermerk: *Christopherus Gretzer me habet 1560*, womit jedoch nicht gesagt ist, dass der Pfalzeler Kanoniker Christoph Gretzer/Gritzer (Kantor 1557–1575, Kustos 1576–1578; vgl. § 33) das Buch auch anlegte; er wird vielmehr dieses Kopiar ebenso wie das unter d beschriebene Mischbuch von einem Vorgänger erhalten haben. Die älteren Einträge stammen jedenfalls noch aus der 1. Hälfte des 16. Jahrhunderts, wenn auch der Band zu größeren Teilen in den Jahren 1560/70 von Gritzer geschrieben wurde.

Eine bei der Anlage vorgesehene Gliederung ist nicht beibehalten, sodaß die Urkunden wahllos aufeinander folgen. Inhaltlich handelt es sich fast ausschließlich um Urkunden, die auch in den Kopiaren zu a, b und d überliefert und z. T. noch im Original erhalten sind. Wichtigstes Stück ist ein Memorienverzeichnis von 1444/1553 (Bl. 60–67), das aus anderen Quellen nicht bekannt ist (vgl. § 23). Für die ausserstiftische Geschichte ist eine Aufzeichnung über Glasbereitung von 1565 (Bl. 36–41; veröffentlicht in St. Lucas, Allgemeine Glaserzeitung 1963 S. 197–200) hervorzuheben.

d = Mischbd StadtBi

Stadtbibliothek Trier Hs. 1678/343. Auch als Salbuch bezeichnet (s. unten). Keuffer-Kentenich, BeschrVerz 8 S. 166. Lamprecht, Wirtschaftsleben 2 S. 699.

10 und 279 Blatt Papier, Holzdeckel mit braunem Lederüberzug.

Eigentumsvermerk Bl 2: *Ex donatione heredum quondam domini Joannis Vellii habet Christopherus Gritzerus Confluentinus, canonicus et cantor Palatiolensis, hunc librum ab anno Domini 1567, 12. Decembris.* Danach gehörte das Buch ursprünglich dem Pfalzeler Kanoniker Johann (von) Fell (1558–1567; vgl. § 35). Die Mehrzahl der Einträge stammt aber von Christoph Gritzer (zu diesem vgl. vorstehend bei c; seine Hand ist nachgewiesen für die Abschrift des Pfründenverzeichnisses Bl. 10 ff.).

Das Buch war ursprünglich – wohl von Johann Fell – angelegt worden, um darin in ABC-Folge Zitate, Verse, Schrift- und Väter-Auszüge zu verschiedenen Materien zu sammeln. Es war daher nach den Buchstaben des Alphabets unterteilt, bei denen aber erst wenige Notizen eingetragen sind. Als Beispiele: S. 75 unter E über elemosina; S. 79 unter M über *matrimonium*, S. 80 unter I *sacerdos visitans infirmum*.

Die überwiegend noch leeren Seiten wurden dann – meist von Gritzer – zu Einträgen sehr verschiedener Art benutzt. Zu unterscheiden von dieser älteren alphabetischen Stichwort-Sammlung ist ein wohl von Gritzer angelegter Index zum Memorien- und Fest-Kalender, der nur die Buchstaben A bis E nennt und hier mit „Index" zitiert ist (vgl. dazu die Angaben zum Memorienverzeichnis in § 23).

Die Bezeichnung des Bandes als „ungeordnetes Salbuch" (Lamprecht a.a.O.; danach auch Keuffer-Kentenich) ist irreführend, da es sich keineswegs um ein Amtsbuch aus dem Bereich der Wirtschaftsführung, sondern um ein solches der innerstiftischen Verwaltung handelt, das zunächst privat angelegt worden sein mag, dann aber an das Kapitel überging und dort bis zur Aufhebung des Stiftes 1802 in Gebrauch blieb und fortlaufend ergänzt wurde.

Kernstück in dieser Hinsicht sind die Niederschriften über die wichtigste Handlung der Generalkapitel, nämlich die Meldungen zur Residenz (vgl. Vorbemerkung zu Kapitel 7, Personallisten), sodaß der Band für diese Teile eher den Protokollen zuzurechnen ist.

4. Hinweis

Bestandteil des Stiftsarchivs waren auch die Urkunden der dem Stift 1463 inkorporierten Klause zu Cochem (vgl. §§ 8 und 29), die jetzt im LHA Koblenz als Bestand 121 gesondert aufgestellt sind. Sie sind auch in dem oben unter 3a beschriebenen Kopiar überliefert.

§ 5. Bibliothek

Eine Bibliothek mit wissenschaftlichen – theologischen, juristischen, literarischen – oder erbaulichen Schriften hat das Stift nicht besessen; jedenfalls ist darüber nichts bekannt. Das schließt natürlich nicht aus, daß die Kanoniker privat (in ihren Kurien) Bücher besaßen, über die sie frei verfügen konnten.

Über Handschriften und Bücher des Stiftes für den liturgisch-kultischen Gebrauch vgl. § 3 Abschn. B.

§ 5. Bibliothek

Hildegard-Handschrift angeblich aus Pfalzel

In der Literatur zu den erhaltenen Schriften Hildegards von Bingen wird der in der Handschrift der Staatsbibliothek Berlin/Preußischer Kulturbesitz Ms. lat. quart. 674 überlieferte Besitzvermerk des 14. Jahrhunderts auf Blatt 1 recto

(Lib. monasterij) Sce Me de Palatol[is]

auf das St. Marienstift in Pfalzel bezogen.

Aufgrund dieser Identifizierung des „monasterium sancte Marie de Palatolis" mit dem Kollegiatstift Pfalzel wird dann der Brief eines

H. sancte Marie inutiliter dictus abbas

an Hildegard von 1173 ebenfalls – wenn auch mit Fragezeichen – auf Pfalzel bezogen (L. van Acker, Hildegardis Bingensis Epistolarium, Pars secunda. Turnholt 1993, Brief 182 S. 411 f.; Walburga Storch, Hildegard von Bingen. Im Feuer der Taube. Die Briefe. 1997. Brief 182 S. 343 f.).

Daß der „Vorsteher" der unter dem Patronat Marias stehenden Kommunität in Pfalzel den Titel eines Abtes – dazu auch noch mit einer Devotionsformel – geführt haben sollte, ist absurd. Der Vorsteher des St. Marien-Stiftes in Pfalzel des 12. Jahrhunderts war der Propst (prepositus). Welche St. Marien-Abtei für den *abbas H* als Briefschreiber in Betracht kommt, ist hier nicht zu erörtern.

Das gilt ähnlich für den Besitzvermerk in der genannten Berliner Handschrift. Die Titulatur des Stiftes Pfalzel lautet im 13./14. Jahrhundert *ecclesia Beate Marie Virginis Palatiolensis* oder ähnlich, jedenfalls gewiß nicht *monasterium* und ebenso gewiß nicht *Palatolis*, schon allein weil in Pfalzel über alle Jahrhunderte hin bewußt war, daß es sich um einen kleinen Palast, ein *palatiolum* handelte. Besitzvermerke nennen den korrekten („amtlichen") Namen, keine wie auch immer zu interpretierende „Umformulierung". Die Berliner Handschrift kann somit nicht dem Kollegiatstift Pfalzel zugewiesen werden.

Deshalb ist die Besitzgeschichte dieser Handschrift, die sich im späten 17. Jahrhundert im Jesuitenkolleg Agen an der Garonne befand (*Collegij Aginen[sis] Societ[atis] Jesu catalogo inscript[us]*) und auf Umwegen 1912 an die Königliche Bibliothek in Berlin kam, hier nicht zu erörtern. Für Hinweise und Überprüfungen der Handschrift danke ich den Herren Michael Embach/Trier und Kurt Heydeck/Berlin.

Handschrift De laudibus beatae Mariae

De laudibus beatae Mariae libri XII des Richardus de Laurentio.

Hs. 15. Jahrh.; StadtBi Trier Hs. 734/285 4°; vgl. Keuffer-Kentenich, BeschrVerzStadtBiTrier 6 Nr. 734 S. 68.

Eigentumsvermerk auf Vorsatzblatt: *Istum librum [dona]verunt executores ultime voluntatis quondam mag(istri Joannis) de Amelburg sacre theologie bacc(alaureus) forma(tus) [ad fraterni]tatem ecclesie beate Marie v(irginis) i(n) Pallac(iolo) ob remedium [salutis anime] ipsius Anno 1466.*

Spätestens im 18. Jahrhundert war die Handschrift im Besitz der Karmeliter in Trier und kam von diesen 1802 in die Öffentliche (heutige Städtische) Bibliothek. Wie lange sie in Pfalzel war, ist nicht geklärt.

Johann Amelburg war Domvikar in Trier und soll 1465 gestorben sein (als verstorben 1466 und 1469 bezeugt: K Best. 1 D Nr. 4304). Zwei weitere erhaltene Handschriften aus seinem Besitz kamen an das Stift St. Simeon (über Johann Leyendecker; StadtBi Trier Hs. 1038/1283 und 1906/1445; vgl. Heyen, GS NF 41, St. Simeon S. 244), eine weitere an das Kloster (Eberhards-)Klausen (StadtBi Trier Hs. 1240/64).

3. HISTORISCHE ÜBERSICHT

§ 6. Name, Lage, Patrozinien

Die Bezeichnung des Stiftes ist durchgehend St. Marien-Stift in Pfalzel, *ecclesia beatae/sanctae Mariae Palatiolensis/in Palatiolo*, 1052 heißt es *congregatio sancte Dei genitrici Marie* (MrhUB 1 Nr. 338 S. 393). Die Stiftsmitglieder werden zunächst als *fratres* (1071: MrhUB 1 Nachtrag Nr. 4 S. 719), im 13. Jahrhundert sowohl als *fratres* wie als *canonici* (beide Bezeichnungen in der selben Urkunde 1212 und 1217: MrhUB 2 Nr. 283 S. 318 und 3 Nr. 72 S. 73), danach stets als *canonici* bezeichnet, ihre Körperschaft heißt 1212 *collegium* (wie vor), später regelmäßig *capitulum*.

Der Ort Pfalzel liegt auf der linken Moselseite in Luftlinie 4,5 km, über die Mosel etwa 6 km flußabwärts vom Zentrum bzw. vom Moselhafen der auf der rechten Moselseite gelegenen Stadt Trier entfernt und ist seit 1969/70 Stadtteil von Trier. Die römische Palastanlage bzw. das spätere Frauenkloster und das Stift liegen unmittelbar am Ufer der Mosel, die an dieser Stelle fast von West nach Ost fließt, was besagt, daß die Siedlung in einer Südlage (Sonnenlage) angelegt wurde. Die sich offensichtlich von der Palast-/Stifts-/Residenz-Anlage aus entwickelnde Wohnsiedlung Pfalzel liegt westlich vom Palastbering. Vgl. dazu auch die Angaben in § 7, Abschn. A.

Patrozinium des Stiftes und der Stiftskirche ist Maria. Das Fest Mariä Aufnahme/Himmelfahrt/*assumptio* am 15. August ist (nach Weihnachten, Ostern und Pfingsten) eines der vier Hauptfeste des Stiftes (vgl. § 24). Als Zweitpatrozinium wird im Ablaßbrief von 1289 (StadtA Trier Urk. K 8; vgl. § 25) Agritius genannt. Auch die (Neu-)Weihe des Hochaltars am 2. Juni 1430 ist *in honorem B(eatae) M(ariae) V(irginis) et sancti Agritii episcopi* beurkundet (vgl. § 3 Abschn. A 3a).

Das Fest des zum Jahre 314 zuverlässig bezeugten dritten (oder vierten) – nach späterer, aber wohl zutreffender Tradition in der Abtei St. Maximin begrabenen – Trierer Bischofs Agritius am 13. Januar ist auch der Dedikationstag der Stiftskirche. Im 18. Jahrhundert (und wohl auch schon früher) war im Stift Pfalzel diese Identität von Dedikationstag der Kirche (bzw. des Hochaltars) und Gedenktag des Zweitpatrons offensichtlich nicht mehr bekannt. Im Processionale des Stiftes von 1708 (vgl. § 24 Abschn. 4) ist nämlich als Dedikationstag der 1. Sonntag nach der Oktav von Epiphanie mit der Vorbemerkung angegeben, bis zum Jahre 1706 einschließlich sei es die Oktav von Epiphanie selbst gewesen. Diese Oktav von Epiphanie (6. Januar) aber ist der

13. Januar, im Trierischen also der Gedenktag des (heiligen) Bischofs Agritius.

Da auch von anderen Altarweihen bekannt ist – in Pfalzel gilt es für die Pfarrkirche St. Nikolaus; für Altäre im Stift St. Simeon/Trier vgl. Heyen, GS NF 41, St. Simeon z. B. S. 94 und 108 –, daß der Festtag des (Zweit-) Patroziniums identisch ist mit dem Weihetag (wobei es natürlich auch umgekehrt gilt, daß als Weihetag der Gedenktag des bestimmten Heiligen gewählt bzw. bestimmt worden war), so kann dies durchaus die Erklärung für die Wahl des Agritius-Patroziniums sein (Weihetag = Tag des Gedenktages des Zweitpatrons bzw. umgekehrt). Dieser Brauch ist aber insbesondere von Erzbischof Poppo (1016–1047) bekannt, sodaß diese Kombination ein Hinweis darauf sein könnte, daß Erzbischof Poppo nach der Einrichtung des Kanonikerstiftes eine (offensichtlich notwendige) Neuweihe des Hoch-Altares der Kirche des vormaligen Frauenklosters und jetzigen Klerikerstiftes vorgenommen hat.

Die Propagierung der Agritius-Verehrung noch im ausgehenden 10. Jahrhundert und namentlich unter Erzbischof Egbert (977–993)[1] zeigt, daß die Agritius-Wahl durchaus auch schon vor Poppo verständlich wäre. Die Wahl des Bischofs Agritius als Zweitpatron für Pfalzel ist jedenfalls auch ein Indiz dafür, im Patrozinium die unmittelbare Zugehörigkeit von Kloster oder Stift zum Bischof zu kennzeichnen.

Über erst mit der Aufhebung der Abtei St. Maximin 1794/1802 nach Pfalzel (Pfarrkirche St. Martin, jetzt in der Marienkirche) gekommene Agritius-Reliquien vgl. § 21.

§ 7. Vorgeschichte des Gebäudes und Gründung des Stiftes

A. Römisches Palatiolum

Auf einer hochwasserfreien Fläche unmittelbar am Moselufer am Rande einer weiten, von den hier in die Mosel einmündenden Flüssen Kyll (aus der Eifel) und Ruwer (vom Hunsrück) bestimmten Siedlungskammer mit den (heutigen) Wohnplätzen Ehrang, Quint und Schweich links der Mosel sowie Ruwer und Kenn rechts der Mosel und mit Sichtverbindung zu dem etwa 5 km entfernten Trier wurde um 360 ein nicht sehr großer, aber repräsentativ gestalteter und ausgestatteter, aber auch zur Verteidigung vor feindlichem Angriff

---

[1] Vgl. dazu vorerst Thomas BAUER, Die Verehrung heiliger Trierer Bischöfe aus Spätantike und Frühmittelalter. Anfänge bis ca 930 (Martin PERSCH und Bernhard SCHNEIDER [Hrsg.], Geschichte des Bistums Trier 1. 2003 [VeröffBistA Trier 38] S. 341–404, zu Agritius S. 360 f.).

qualifizierter kleiner Palast – ein *palatiolum* – erbaut, eine Bezeichnung, die im heutigen Namen Pfalzel fortlebt.

Es handelt sich um ein symmetrisch angelegtes rechtseckiges Quadrum von rund 65 × 45 m Außenwand mit auf jeder der vier Seiten vorgelagerten drei rechtseckigen Vorsprüngen (Risalite) von 5 × 10 (bzw. den mittleren 9) m Grundfläche. Der Gebäudekomplex umschließt einen Innenraum von rund 33 × 25 m Grundfläche mit einem etwa 3 m tiefen, überdachten Umgang, sodaß eine Hofffläche von rund 26 × 18 m verbleibt. Das Gebäude hat drei unterschiedlich hohe Stockwerke, wobei die vier Eckräume mitsamt ihren Risaliten über Erd- und 1. Obergeschoß ragen. Das Gebäude wurde gut ein Jahrzehnt nach seiner Erbauung um 370 im Inneren, aber nicht wesentlich in der Bausubstanz, neu gestaltet. Vorgelagert war diesem Palast nach Westen ein wahrscheinlich von Soldaten und zu Wirtschafts- und Transportzwecken genutzter Gebäudekomplex, von dem weniger erhalten und bekannt ist.

Bei der Eroberung der Lande durch die Franken bzw. dem Abzug der Römer bis 460/470, vielleicht schon im Zusammenhang mit der Verlegung des kaiserlichen Hofes und der Präfektur von Trier um 400, wurde die Anlage aufgegeben, aber nicht, jedenfalls nicht wesentlich zerstört. Von Venantius Fortunatus wird sie um 588 in ruinösem Zustand als *prisca senatus* beschrieben. Wenn man dies (mit Cüppers, Römer in Rheinland-Pfalz S. 649) als „alter Adelssitz" übersetzt, wird man für diese Zeit des späten 6. Jahrhunderts – aber vielleicht auch schon bei dem meist angenommenen Übergang vom (ohnehin nicht nachgewiesenen) römischen Fiscalbesitz in fränkisches Königsgut – die Eigentumsrechte offener sehen und auch den fränkischen Adel in die Überlegungen einbeziehen müssen. Man wird dann auch nicht nur an das (oder die) Gebäude zu denken haben, sondern ebenso an eine von diesem aus geleitete Grundherrschaft und Nutzung des Umlandes. Jedenfalls erwirbt Adela von den Pippiniden um 700 nicht nur das Gebäude, sondern auch eine großräumige Grundherrschaft Pfalzel.

B. Das Frauenkloster der Adela

Adela, Tochter des fränkischen Seneschalls Hugobert und der Irmina (zur Genealogie vgl. § 20), erwarb von ihrem Schwager Pippin dem Mittleren, dem Gemahl ihrer Schwester Plektrud, die Grundherrschaft (*villa*) Pfalzel und gründete in dem vormals römischen Gebäude-Areal ein Frauenkloster, in das sie selbst eintrat, ihm als Äbtissin vorstand, dort starb und begraben wurde. Die Mutter Irmina hatte zuvor ein Kloster in den römischen Speicheranlagen am Moselufer zu Trier (*ad horrea* = Ören; später St. Irminen) gegründet; es war gewiß Vorbild für Adela.

Das Kloster Adelas hat den gesamten römischen Komplex des „Palastes" (vermutlich ohne die damals wohl schon verfallenen bzw. als Steinbruch dienenden, westlich gelegenen Kasernen- und Wirtschafts-Gebäude) genutzt und soweit erforderlich wieder hergerichtet. In dem ebenerdig zweigeschossigen Raum der südwestlichen Ecke des Quadrums wurde eine kreuzförmig-vierschenklige Kirche eingerichtet, der Umgang des Innenhofes konnte in der Liturgie auch als Ambitus (sofern es den „Kreuzgang" als liturgischen Prozessionsweg damals schon gab) genutzt werden, die übrigen Teile der vier Gebäude-Flügel dienten als Konvents- und Wirtschaftsräume. Einzelheiten sind dazu nicht bekannt, aber unschwer vorstellbar. Wenn für das frühe 11. Jahrhundert überliefert ist (s. u.), daß dem Kloster 60 „Präbenden" entzogen werden konnten, wird man daraus – und aus der stattlichen, weitgestreuten materiellen Ausstattung – entnehmen dürfen, daß zu diesem Kloster auch schon im 8. Jahrhundert mit Nonnen, betreuendem Klerus und Personal (im weiteren Sinne; einschließlich der Wirtschaftsführung) gewiß deutlich mehr als einhundert Menschen gehörten. Die Erzählung über den Besuch des Bonifatius 721 in Pfalzel und dessen Gespräch mit Gregor, dem späteren Abt von St. Martin und Administrator des Bistums Utrecht, läßt darauf schließen, daß damals schon eine Schule vorhanden und hier in verhältnismäßig kurzer Zeit bereits ein – wenn vielleicht auch kleineres – Zentrum religiösen und geistig-kulturellen Lebens entstanden war.

Die gut 300 Jahre der Geschichte dieses Frauenklosters in Pfalzel sind hier nicht darzustellen (vgl. Heyen, Benediktinerinnenkloster und die in § 20 genannte Literatur). Über die Verfassung und das innere Leben ist kaum etwas bekannt. Die Besitzgeschichte zeigt eine kontinuierliche, gesunde Entwicklung. Inwieweit namentlich die Reformbemühungen zu Beginn des 9. Jahrhunders in Pfalzel aufgegriffen oder abgelehnt wurden, ist nicht bekannt. Von den im benachbarten Trier z. T. verheerenden Feuerschäden, Verwüstungen und Plünderungen im Normannen-Überfall des Jahrs 882 scheint Pfalzel verschont worden zu sein.

Erst rund 100 Jahre später, gegen Ende des 10. Jahrhunderts, erlag das Frauenkloster der Adela wahrscheinlich einer inneren Krise, die von außen, durch den Erzbischof von Trier, aufgegriffen wurde und zur Vertreibung der Nonnen und zur Einrichtung eines Kanonikerstiftes führte. Als unmittelbare Vorgeschichte und Voraussetzung für die Gründung des Kanonikerstiftes Pfalzel ist darauf hier näher einzugehen.

C. Die Aufhebung des Frauenklosters und die Einrichtung eines Männerstiftes durch Erzbischof Poppo von Trier

Über die Aufhebung des Klosters Pfalzel gibt es in der Trierer Überlieferung der Gesta Trevirorum zwei Fassungen.

In der Rezension A der Gesta heißt es lapidar zu Erzbischof Poppo, dieser habe öfter in der Aussendung und Ausrüstung von Bewaffneten gehandelt und „gar manches hat er St. Paulin weggenommen. Auch verteilte er 60 Präbenden der Nonnen von Pfalzel an bewaffnete Leute zur Nutznießung" (MGH SS 8 S. 172). Diese Aussage steht in unmittelbarem Zusammenhang mit den Auseinandersetzungen zwischen Erzbischof Poppo und dessen Gegenbewerber um den Bischofsstuhl, dem Propst des Stiftes St. Paulin vor Trier Adalbero von Luxemburg. Ob Erzbischof Poppo nach dem Besitz des Pfalzeler Klosters griff, weil dieser Frauenkonvent in einer wie auch immer gearteten Beziehung oder gar Abhängigkeit zum Stift St. Paulin oder zu Propst Adalbero stand, oder weil ein Zugriff auf dieses Kloster für Poppo lediglich leichter durchsetzbar schien, bleibt eine offene Frage. Daß mit der Wegnahme von 60 Präbenden nicht nur eine nachhaltige Schädigung der wirtschaftlichen Situation des Klosters, sondern ein schwerer Eingriff in die Möglichkeiten der materiellen Ausstattung der Kloster-Insassen, also vornehmlich der Nonnen, verbunden war, ist nicht ausdrücklich gesagt, versteht sich aber von selbst. Man wird dabei unter Präbende die zu dieser Zeit übliche Zusammenstellung von Liegenschaften und Nutzungsrechten für den jeweiligen Präbenden-Inhaber zu verstehen haben, wobei zu beachten bleibt, daß diese in ihrem Ertrag nicht völlig gleich waren, sondern durchaus Unterschiede bestanden. Die Präbenden-Inhaber erhielten zudem weitere Einkünfte, etwa als Präsenzgelder für die Teilnahme an Anniversarien, hatten aber auch, was immer zu berücksichtigen bleibt, einerseits für die sachgerechte und oft auch recht aufwendige Verwaltung und Bewirtschaftung ihrer z.T. weit entlegenen Präbenden-Güter zu sorgen, anderseits aber auch privaten Besitz und private Einkünfte unterschiedlicher Größe. Aus diesem Nachweis der Aufteilung der Einkünfte des Nonnenklosters in Präbenden wird man freilich auch zu folgern haben, daß diese Kommunität jedenfalls hinsichtlich der Einkünfte und damit auch des (persönlichen) Besitzes eher stiftischen als coenobitischen Gewohnheiten näher stand, auch wenn der monastische Charakter bzw. die Bewahrung monastischer Traditionen betont wurde. Diese Präbenden waren als „Besoldung" auch für „bewaffnete Leute" durchaus sehr geeignet; man sollte aber – und zumal im vorliegende Fall – dabei nicht vorschnell an (Ritter-)Lehen und gar deren Erblichkeit denken. Es wird sich ebenso gut oder gar eher um auf Zeit angeworbene („geheuerte") Söldner (wenn dieser Terminus für diese Zeit auch falsch ist) oder „Hilfstruppen" handeln. Wichtig dürfte jedenfalls für die weitere Entwicklung in Pfalzel sein, daß diese „60 Präbenden" von Erzbischof Poppo nicht veräußert oder auf Dauer, sondern befristet an „Waffenträger" ausgegeben wurden und somit nach Ablauf dieser Fristen wieder weitestgehend zur Verfügung standen.

In den sogenannten Additamenta, den (wenig jüngeren) Rezensionen B und C der Gesta Trevirorum wird die Sache mit Pfalzel anders berichtet: Auslösendes Ereignis ist nun ein Liebeszauber, den eine der Pfalzeler Nonnen mit einem von Erzbischof Poppo in Auftrag gegebenen (liturgischen) Schuh (oder Stiefel) verbunden hatte und der beim Erzbischof und (bei einer Prüfung) auch bei anderen Klerikern und Laien sexuelle Begierde weckte. Das veranlaßte den Erzbischof, von den Nonnen zu Pfalzel nicht nur zu verlangen, die schuldige Nonne, die den Zauber ausgeübt hatte, aus dem Konvent auszuschließen und zu vertreiben, sondern auch eine Reform des ganzen Konventes derart zu verlangen, daß sie ihren bisher weißen Habit durch einen schwarzen zu ersetzen und eine strengere Lebensweise (*conversatio*) anzunehmen hätten. Der Ausschluß der „Zauberin" erfolgte, den Verzicht auf ihren weißen bzw. die Annahme eines schwarzen Habits und die Änderung der *conversatio* aber lehnten die übrigen Mitglieder des Konventes ab. Erzbischof Poppo ordnete an, daß sie dann das Kloster in Pfalzel zu verlassen hätten. Ein Teil der Nonnen ging in das Kloster zu Ören in Trier, andere in andere Orte ihres *habitus*. Das Kloster Pfalzel war verwaist.

Die von Erzbischof Poppo verlangte Annahme des schwarzen *habitus* und der Änderung der *conversatio* entspricht Forderungen von Anhängern und Anhängerinnen strengerer Lebensführung, die es zu allen Zeiten gegeben hat und die man nicht unbedingt den „Reformern" oder gar bestimmten Reformbewegungen zuzählen sollte. Die Regula Benedicti läßt bekanntlich Art und Farbe der Kleidung ausdrücklich offen (Kap. 55) und für die Mitte des 12. Jahrhunderts – anderthalb Jahrhunderte nach der Auseinandersetzung in Pfalzel – sei an die Kontroverse zwischen Hildegard von Bingen und Tenxwind von Andernach wegen der leuchtend weißen, seidenen Gewänder der Nonnen auf dem Disibodenberg erinnert (vgl. mit Nachweisen Alfred Haverkamp in Festschrift Fleckenstein 1984 S. 515–548). Im konkreten Fall der Schließung des Klosters Pfalzel bzw. der Vertreibung der Nonnen durch Erzbischof Poppo mag deshalb auch schon im Verständnis des Autors der Gesta Trevirorum diese Reform-Argumentation – zumal im Zusammenhang mit dem Liebeszauber – eher als vorgeschobene Begründung gegolten haben.

Die Aufhebung des Nonnen-Klosters in Pfalzel ist schließlich die Voraussetzung für die schon in der ersten Fassung der Gesta berichtete Verwendung von 60 Präbenden als „Besoldung" von Kriegern in der Auseinandersetzung zwischen Poppo und dessen Rivalen Adalbero. Hier einen Zusammenhang zwischen Reform und Einsatz für eine strengere Lebensführung einerseits und Gewinnung militärischer Ressourcen anderseits zu sehen, war auch den Zeitgenossen naheliegend. Es ist zwar auch im Additamentum der Gesta nicht ausdrücklich gesagt, daß es Einsprüche gegen Poppos Vorgehen gab; es heißt lediglich, Erzbischof Poppo habe das Unrecht (*iniuria*) erkannt und nach einer Buß-Leistung (*penitentia*) gesucht. Papst Johannes – an den Poppo sich offensichtlich gewandt hatte, sei es als Bekenner/„Beichtender", sei es als um Rat hinsichtlich der Buße Bittender – habe ein Urteil der *comprovinciales* (d. h. wohl der Suffraganbischöfe) angeordnet. Diese hätten als Buße eine Pilgerfahrt nach Jerusalem verfügt.

Eine unmittelbar in diesen Auseinandersetzungen um die Aufhebung des Frauenklosters Pfalzel mit der Vertreibung der Klosterfrauen und der Nutzung der Besitzungen des Klosters zu „profanen" Zwecken durch Erzbichof Poppo entstandene „Kampfschrift" ist der Libellus de rebus Trevirensibus mitsamt dem mit dieser Schrift überlieferten „Testament" der Adela[1]). Die Schrift ist hier nicht im Detail erneut zu analysieren. Für die anstehende Frage jedenfalls mag die Feststellung genügen, daß der (unbekannte) Autor aufgrund (wie man ihm bestätigen muß) sorgfältiger Recherchen die ihm erreichbaren bzw. wichtig erscheinenden Daten zur Geschichte dieses Frauenklosters zusammengestellt und damit dessen Gründung durch ein Mitglied der damaligen Königsfamilie sowie die Leitung durch angesehene Frauen wie auch die Förderung durch Trierer Erzbischöfe in der rund 300jährigen Geschichte dargestellt hat. Das „Testament" Adelas schließlich bot eine prägnante Information über die reiche Grundausstattung mit differenzierten Angaben über einzelne Güter und Rechte. Die in der aktuellen Auseinandersetzung um die Aufhebung des Klosters wichtigste Aussage ist aber die Verfügung Adelas am Schluß ihres „Testamentes", mit der sie – mit Rat des Konventes – das Kloster mitsamt dessen Zubehör unter der Leitung (*regimen*) des Trierer Bischofs dem heiligen Petrus sowie der Verteidigung und dem Schutz (*defensio et mundiburgium*) des Trierer Domstiftes (*ecclesia publica Treverica*) und des Bischofs unterstellte. Diese Übereignung ihrer Stiftung an die (Ober-) Leitung und unter den Schutz des Bischofs von Trier gilt nicht zuletzt wegen ihrer sprachlichen Formulierungen und Begriffe als Bestandteil des dem Autor des Libellus offenbar noch vorliegenden Originals der Verfügung Adelas, wenn auch hier wie an anderen Stellen des Libellus als „Interpretation" verstandene Hinzufügungen unverkennbar sind. Der Text in der überlieferten Fassung lautet: *Ideo placuit nobis cum consilio supradictae congregationis, ut ipsum monasterium et quicquid ad ipsum*

---

[1]) MGH SS 14 S. 98–106. Testament Adelas: WAMPACH, UrkQLuxemburg 1 Nr. 19 S. 18–26. Vgl. HEYEN, Benediktinerinnenkloster S. 61–73. WERNER, Adelsfamilien S. 178–192, ist hier nur in Bezug auf die Aufhebung von Pfalzel zu sehen. Vgl. allgemein die Lit. zu § 20.

monasterium pertinere videtur sit sub regimine pontificum ecclesiae Trevericae catholicae sancti Petri subditum omni tempore et sit sub defensione et mundiburgio prefate ecclesiae publicae Trevericae et pontificum ipsius ecclesiae.

In der konkreten Situation des Eingriffs Erzbischof Poppos in die Substanz der Gründung Adelas war offenbar nicht die Unterstellung des Frauenklosters unter die Leitung und die Schutzgewalt des Erzbischofs strittig. Zu betonen – und insoweit wahrscheinlich durch den Autor des Libellus zu „erläutern" – war aber die für alle Zeiten geltende, also unbefristete Schutzfunktion des Bischofs und nicht minder deren Unterstellung unter den hl. Petrus, personifiziert im Domkapitel. Ein solches Beziehungsgeflecht ist für das 8. Jahrhundert gewiß ungewöhnlich, kann aber für den Kontext der Auseinandersetzungen zu Beginn des 11. Jahrhunderts sehr wohl ein Hinweis darauf sein, daß auch im Domkapitel das Vorgehen Erzbischof Poppos nicht (von allen) gebilligt wurde. Damit wird auch verständlich, daß dem Autor des Libellus bei seinen Recherchen – neben allgemein bekannten Schriften – nicht nur die Überlieferungen der Klöster und Stifte in Pfalzel, Ören und St. Paulin zugänglich waren, sondern auch die des Domstiftes. Die „Einsicht" Erzbischof Poppos, mit der Vertreibung der Nonnen aus Pfalzel und der Nutzung von deren Besitzungen für andere Zwecke nicht nur seine Kompetenz überschritten, sondern Unrecht (*iniuria*) getan zu haben, ist somit offensichtlich von einer breite(re)n Schicht im Trierer Umfeld erzwungen worden.

Das vom Papst eingeforderte Urteil der *comprovinciales* über das Verhalten bzw. Vergehen Erzbischof Poppos mit der Auferlegung einer diesem angemessenen Buße ist in diesem Kontext einer wohl doch verbreiteteren „öffentlichen" Meinung zu sehen. Erzbischof Poppo hat die ihm aufgetragene Buß-Fahrt nach Jerusalem ausgeführt. Einer seiner Begleiter war der aus Kleinasien stammende Simeon, der sich zu dieser Zeit auf einer Reise im Auftrag seines Klosters auf dem Sinai in Trier bei Abt Eberwin von St. Martin aufhielt und der mit Poppo auch wieder nach Trier zurückkehrte. Er zog sich bald danach in eine ihm von Poppo eingerichtete Zelle im Ostturm der Porta Nigra als Einsiedler zurück und starb dort im Jahre 1035. Bald danach erreichte Erzbischof Poppo seine Aufnahme in den (römischen) Kanon der Heiligen und gründete zur Betreuung der Pilger am Grab Simeons und als Zentrum der im Dienst des Erzbischofs stehenden Kleriker ein Kanonikerstift in und westlich der Porta Nigra (vgl. Heyen, GS NF 41, St. Simeon). Man wird dieses Umfeld im Zusammenhang mit der weiteren Handlungsweise Poppos in Pfalzel mitberücksichtigen müssen.

Erzbischof Poppo hatte die ihm aufgetragene Buße ausgeübt. Von der Verpflichtung zu einer Wiedergutmachung des am Nonnen-Kloster begangenen Unrechts wird im Bericht des Additamentums zur Gesta Trevirorum konkret nicht gesprochen. Es heißt aber unmittelbar nach den Angaben über die Buß-

C. Die Aufhebung des Frauenklosters und die Einrichtung eines Männerstiftes 109

Fahrt nach Jerusalem: *Unde rediens, in loco supradicto (scl. Palatiolo) ad laudes Dei celebrandas clericos religiosos mancipavit.* Diese gewiß sehr knappe Formulierung sagt präzise, worum es ging bzw. worin die *iniuriae* Erzbischof Poppos, für die es Wiedergutmachung zu leisten galt, bestanden: die *laudes Dei.* Zur Abstellung und auch zur Bestrafung von Mißständen in einem Kloster war der Erzbischof nicht nur berechtigt – so mag die Argumentation gelautet haben –, sondern verpflichtet. Das galt auch für die Durchsetzung von ihm notwendig erscheinenden Reformen bzw. Änderungen von Gewohnheiten. Die Vertreibung der Nonnen, die weder *habitus* noch *conversatio* zu ändern sich bereit fanden, war also berechtigt, jedenfalls nicht Gegenstand der wieder gut zu machenden *iniuria* des Erzbischofs. Erst das mit einer bemerkenswert hohen Buße belegte Vergehen des Erzbischofs war vielmehr das mit dem Fortgang der Nonnen herbeigeführte Ende des „Lobes Gottes" in Gebet und Gottesdienst, aber gewiß auch in einem Gott geweihten Leben.

Das konnten und haben Erzbischof Poppo und dessen Berater dahingehend interpretiert, daß es nicht notwendig sei, in Pfalzel wieder Frauen (nach welchen Regeln oder Gewohnheiten auch immer) einzusetzen. Es konnten auch Männer sein. Aber es sollte wohl doch eine wie auch immer strukturierte Kommunität von Klerikern sein: *clerici religiosi.* Konkret handelte es sich wohl um ein „Kanoniker-Stift", auch wenn über die ersten Jahrzehnte dieses Stiftes und seine Verfassung nichts überliefert ist.

Der Vorwurf, der Erzbischof Poppo von wem auch immer gemacht worden war, und was Poppo auch als Unrecht anerkannte und bereute, und wofür er Buße tat und Wiedergutmachung leistete, war somit nicht die Vertreibung der Nonnen, sondern die Einziehung der Besitzungen des Klosters und deren Verwendung zu „militärischen" oder, allgemein gesprochen, „weltlichen" Zwecken. Notwendig als Wiedergutmachung war somit die Erstattung bzw. Wieder-Bereitstellung der materiellen Ausstattung der *clerici religiosi*, die mit den *laudibus Dei* beauftragt wurden. Das betraf an erster Stelle die Kloster-Gebäude, aber ebenso die übrigen Besitzungen des Nonnen-Klosters, wenn dabei wohl auch einzuräumen war und eingeräumt wurde, daß für die inzwischen – in welcher Rechtsform auch immer – „veräußerten" bzw. nicht mehr verfügbaren Güter Ersatzleistungen oder zeitlich aufgeschobene Wiederbeschaffung und Erstattung möglich waren.

Hinsichtlich der zeitlichen Eingrenzung dieser Vorgänge ergeben sich aus den wenigen Angaben der Gesta Trevirorum einschließlich deren Additamenta folgende Daten:

– Poppo von Babenberg war seit Januar 1016 Erzbischof von Trier und konnte sich zügig gegenüber seinem Gegenkandidaten Adalbero von Luxemburg durchsetzen. Zur Finanzierung dieses auch militärischen Kampfes gegen Adalbero zog Poppo die 60 Präbenden der Nonnen von Pfalzel heran. Die

Auseinandersetzung war bis April 1017 beendet. Es ist deshalb anzunehmen, daß die Frauen aus Pfalzel um die Mitte des Jahres 1016 vertrieben und ihre Besitzungen von Erzbischof Poppo eingezogen wurden.

– Die Entscheidung, eine Buße für die *iniuria* Erzbischof Poppos gegenüber dem Kloster Pfalzel solle von dessen *comprovinciales* bestimmt werden, traf Papst Johannes. Es kann sich nur um Johannes XIX. handeln, der seit April/Mai 1024 Papst war und am 6. November 1032 starb. Es ist nicht anzunehmen, daß das päpstliche Schreiben vor der Jahreswende 1024/25 in Trier vorlag. Für den Spruch der *comprovinciales* und der Vorbereitung der Buß-Fahrt nach Jerusalem wird man das Jahr 1025 anzusetzen haben. Denkbar ist aber auch (und wird auch in der Literatur so vertreten), daß Erzbischof Poppo erst bei seinem Aufenthalt in Rom bei der Krönung Konrads II. Ende Mai/Anfang April 1027 (MrhR 1 S. 351 Nr. 1237 f.; auf der Rückreise im Mai 1027 in Verona, im September in Worms, ebenda Nr. 1239 f.) den Papst um Vergebung und Buße bat. Die Entscheidung der *comprovinciales* müßte dann sehr bald erfolgt sein. Die Einsicht, mit der Aufhebung und Schließung des Frauenklosters in Pfalzel ein Unrecht begangen zu haben, wäre Erzbischof Poppo dann freilich deutlich später gekommen.

– Der Reisebegleiter Erzbischof Poppos, Simeon, ist nicht vor Ende 1027 in Trier (vgl. Heyen, GS NF 41, St. Simeon S. 471–483). Die Jerusalem-Reise kann somit nicht vor 1028 begonnen worden sein.

– Es ist durchaus denkbar – wenn ein Teil des Weges mit Schiff z.B. über das Adriatische Meer (von Venedig aus) oder das Mittelmeer zurückgelegt wurde –, daß die Pilgergruppe innerhalb eines Jahres zurück war. Das wäre auch sinnvoll, weil der Erzbischof kaum länger als ein Jahr von Trier abwesend sein konnte.

– Simeon soll an einem 30. November (Tag des hl. Andreas) als Einsiedler in seiner Zelle in der Porta Nigra (liturgisch) begraben worden sein. Er habe sieben Jahre in der Zelle gelebt und sei dort am 1. Juni 1035 gestorben. Wenn man die sieben Einsiedlerjahre nicht als vollständige, sondern angefangene Jahre zählt, hat Simeon am 30. November 1028 seine Einsiedlerzeit begonnen. Das wäre dann alsbald nach der Rückkehr aus Jerusalem. Für die Pilger- und Buß-Fahrt Erzbischof Poppos bleibt dann das Jahr 1028[1]).

– Die Errichtung einer Kommunität der *clerici religiosi* als Wiedergutmachung der Vertreibung der Nonnen und des damit verursachten Abbruches der *laudes Dei* in Pfalzel durch Erzbischof Poppo erfolgte alsbald nach der

---

[1]) Zu Simeon vgl. jetzt Tuomas Heikkila, der aber die im Libellus und in den Additamenta der Gesta unverkennbare Opposition gegen Erzbischof Poppo nicht sieht und deshalb als „wahrscheinlichen Grund" für die Jerusalemreise Poppos „reine Frömmigkeit" nennt (S. 129).

Rückkehr von der Buß-Fahrt nach Jerusalem. Sie ist somit Ende 1028/Anfang 1029 zu datieren, also gut 12 Jahre nach der Aufhebung des Frauen-Konventes.

Man wird aus dieser vergleichsweise langen Zeitspanne auch folgern müssen, daß Erzbischof Poppo nur zögernd *iniuria* in der Vertreibung der Frauen und in der Heranziehung ihrer Besitzungen für Angelegenheiten des Bistums auch in „weltlichen" Fragen zu erkennen und einzugestehen vermochte. Sehr wahrscheinlich gab es nicht wenige und gewiß einflußreiche Kräfte – etwa aus dem Umfeld der vertriebenen Frauen, von denen einige in das angesehene Kloster St. Irminen/Ören in Trier gegangen waren, oder aus der Anhängerschaft Adalberos von Luxemburg, der immerhin über seine Schwester Kunigunde ein Schwager Kaiser Heinrichs II. war, und damit alter Gegnerschaft Poppos, oder auch aus innerkirchlichen Kreisen, die die Reform-Anordnungen Poppos ablehnten – die eine Revision der Maßnahmen von 1016 verlangten und letztlich auch, wenn auch in einem Kompromiß, durchsetzten. Die Buß-Fahrt eines Erzbischofs ist schon eine bemerkenswerte Sache und gewiß nicht nur Ergebnis einer reuigen Gesinnung.

§ 8. Geschichte des Stiftes von der Einrichtung bis zur Aufhebung

A. Einsetzung einer Klerikergemeinschaft

Die offensichtlich erst unter Druck und mehr als ein Jahrzehnt nach der Vertreibung der 300 Jahre zuvor von Adela gegründeten weiblichen Kommunität erfolgte Übereignung (*mancipatio*) der noch verfügbaren Gebäude und Besitzungen des Klosters an *clerici religiosi* durch Erzbischof Poppo ist in der stiftischen Tradition nicht etwa als (Neu-)Gründung Poppos verstanden worden, sondern als Fortführung der nur kurze Zeit unterbrochenen, wenn auch hinsichtlich der Geschlechts-Zugehörigkeit geänderten Stiftung Adelas. Erzbischof Poppo ist im Pfalzeler Memorienverzeichnis nicht genannt. Dennoch scheint es, daß Erzbischof Poppo mit der Restitution der Besitzungen und der Einsetzung der Klerikergemeinschaft auch die liturgische Umgestaltung des Chorraumes der Kirche vornehmen ließ und die damit notwendig gewordene Neu-Weihe des Hochaltares vorgenommen hat (vgl. dazu § 3 Abschn. A 2 und § 6).

Die erste erhaltene urkundliche Nennung des Kanonikerstiftes stammt aus dem Jahre 1052: In der Urkunde über die Prekarie Erzbischof Eberhards (1047–1066) mit Graf Walram von Arlon und dessen Gemahlin Adelheid mit umfangreichen Besitzungen Walrams und Adelheids im Raum der vorderen

Eifel und der unteren Mosel einerseits und mit den in deren und ihrer beider Söhne Nutzung gegebenen Gütern des Erzstiftes um Trier anderseits heißt es ausdrücklich zu dem in die Prekarie gegebenen Trierer Besitz in Pfalzel *excepta congregatione s(ancte) Dei genitrici Marie in eadem villa servienti omnibusque ad eandem congregationem iure pertinentibus* (MrhUB 1 Nr. 338 S. 393; MrhR 1 S. 384 Nr. 1350). Das ist nicht nur ein Nachweis dafür, daß die *congregatio* hier faktisch und mit wirtschaftlicher Nutzung einer materiellen Ausstattung bestand, sondern indirekt auch, daß diese kirchliche Institution bzw. deren Besitzungen der (letztlich freien) Verfügung des Erzbischofs unterlagen. In verschiedenen anderen Orten sind nämlich auch Besitzungen und Rechte des Domstiftes und des Trierer Stiftes St. Simeon als Anteil des Erzbischofs in die Prekarie eingegeben, die nach Ablauf des „Lebzeit-Vertrages", d.h. nach dem Tod von Walram und Adelheid und deren Söhnen, mitsamt einem Teil der mit dieser Prekarie für das Erzstift gewonnenen Güter restituiert worden sind (vgl. Heyen, GS NF 41, St. Simeon S. 673 zu Igel und S. 684 zu Lehmen). Die Nutzung der Güter des Pfalzeler Stiftes in Pfalzel sollte also ausdrücklich ausgeschlossen werden, d.h. der Prekarie-Vertrag betraf nur Rechte und Besitzungen in Pfalzel, die unmittelbar in der Verfügung des Erzbischofs standen.

Zur Geschichte des St. Marien-Stiftes in Pfalzel ist in diesem Prekarie-Vertrag von 1052 konkret nichts gesagt. Jedenfalls dürfte die Ausgrenzung der Besitzungen des Stiftes nicht der Anlaß gewesen sein, Erzbischof Eberhard in das Memorienverzeichnis aufzunehmen, wie es geschehen ist. Diesem Eintrag ist vielmehr zu entnehmen, daß Eberhard als besonderer Förderer der jungen Niederlassung der Kanoniker galt, wie das im übrigen auch für diesen umittelbaren Nachfolger Erzbischof Poppos gegenüber anderen Klöstern und z.B. den beiden Trierer Stiften St. Paulin und St. Simeon gilt. Offensichtlich war Eberhard bemüht, Kontroversen und Übergriffe aus der Zeit seines Vorgängers Poppo zu bereinigen und auszugleichen, so wie sein Nachfolger Erzbischof Udo (1066–1078) bei der Rückgabe von Gütern in Enkirch, die das Stift anscheinend durch Ungeschicklichkeit (*minus diligenter*) an einen Ripo verloren hatte (vgl. § 28), 1071 sagt, daß er sich (nachdrücklich) der Sicherung der Rechte und Besitzungen seiner Kirchen annehme (MrhUB 1 Nachtrag Nr. 4 S. 719).

Dennoch muß die Frage offen bleiben, ob bei der Wiedereinrichtung einer Kommunität in Pfalzel durch Erzbischof Poppo alle Rechte und Güter des aufgelösten Frauenklosters den neu eingesetzten Kanonikern übergeben wurden bzw. was durch Erzbischof Poppo in der Zwischenzeit an Laien ausgegeben war und ihm deshalb nicht mehr verfügbar war, oder ob der Erzbischof sogar verfügbare Rechte und Besitzungen zurückbehalten hat. In Betracht zu ziehen ist dabei natürlich auch, daß Erzbischof Poppo oder/und seine Nachfolger als Ersatz für nicht übergebene Rechte und Güter andere aus dem Besitz des Erzstiftes oder auch neu erworbenen Güter dem Stift übergeben haben. Die Quellenlage läßt dazu sowohl für die Besitzgeschichte des Frauenklosters wie auch des Kanonikerstiftes keine exakten Angaben zu, sodaß es bei gelegentlichen Vermutungen bleiben muß.

Von besonderem Interesse sind diese Fragen hinsichtlich der Kloster- und Stiftsgebäude im engeren Sinne in Pfalzel selbst. An der Siedlung Pfalzel mit einer vergleichsweise weiträumigen Gemarkung hatte das Stift später einen Anteil von einem Fünftel. Die übrigen vier Fünftel gehörten (mit geringeren, wohl vom angrenzenden Biewer ausgehenden Anrechten der Abtei St. Marien ad martyres vor Trier) einschließlich der Pfarrei St. Martin dem Erzbischof von Trier. Sehr wahrscheinlich ist dies auch der Besitzanteil, den Adela um 700 für ihr Kloster erworben hatte, wobei zu beachten bleibt, daß zu diesem einen Fünftel in dem links der Mosel gelegenen Pfalzel die weiträumige Grundherrschaft Eitelsbach-Mertesdorf-Kasel auf dem jenseitigen rechten Moselufer entlang der Ruwer gehörte (vgl. § 28).

Der ganze, im frühen 8. Jahrhundert offensichtlich weitgehend erhaltene Gebäudekomplex des römischen *palatiolum* (vgl. § 3 Abschn. A 2) war Teil und Kern des „Adela-Fünftels". In ihm konnten ohne größere Umbauten die Räume für die Klosterfrauen und deren Personal, eine Kirche, der liturgische Umgang (Kreuzgang) sowie die für die Wirtschaftsführung benötigten Gebäude und Anlagen eingerichtet werden. Es ist anzunehmen, daß dieser ganze Gebäudekomplex in dem Zustand, wie ihn die Klosterfrauen verlassen mußten, den neu eingesetzten Kanonikern übergeben wurde. Augenfällig ist das für die mit Sicherheit weiter genutzte (und im Kern als solche noch bestehende) Kirche. Für die Verwendung eines Teiles der Palastanlage durch den Erzbischof oder durch dessen damit belehnte Laien ist nichts bekannt.

Problematischer ist die Frage nach der Nutzung dieser relativ großen quadratischen, dreistöckigen Anlage durch die Kanoniker. Erzbischof Poppo soll den Klosterfrauen 60 Präbenden entzogen und anderen gegeben haben. Das muß nicht besagen, daß es zu Beginn des 11. Jahrhunderts mehr als 60 Nonnen/Klosterfrauen in Pfalzel gab. Man wird aber schon einen zahlenmäßig großen Konvent anzunehmen haben, wenn auch die Raum- und Lebensverhältnisse damals gewiß andere waren als in nachfolgenden Jahrhunderten. Die Kommunität der um 1030 eingesetzten Kanoniker war aber offensichtlich deutlich kleiner. Konkrete Zahlen sind erst aus sehr viel späterer Zeit bekannt und haben 12 Kanoniker und 6 Vikare nie überschritten. Auch die Lebensweise der über Privatbesitz verfügenden Kanoniker war jedenfalls in späterer Zeit anders. Es ist daher durchaus möglich, daß sie nicht den ganzen Gebäudekomplex des römischen Palatiolum bzw. des Frauenklosters nutzten, sondern sich auf einen kleineren Teilbereich beschränkten, und zwar sehr wahrscheinlich auf den an die Kirche angrenzenden Flügel.

B. Das Stift von der Mitte des 11. bis zum 15. Jahrhundert

Diese mehr allgemeinen und gewiß auch nur als Vermutungen zu bezeichnenden Überlegungen sind notwendige Voraussetzungen für das Verständnis der rund einhundert Jahre später einsetzenden Entwicklung in diesem Kloster- und Stiftsbering. Um 1131/32 nämlich läßt Erzbischof Albero (1131–1152) in seinen Auseinandersetzungen mit seinem Trierer „Burggrafen" Ludwig von der Brücke das *palatiolum* im Weichbild Triers *eo tempore situ et vetustate dirutum et inhabitabilem* mit hohen Kosten wieder aufbauen, verlegt dorthin seine Residenz und bestimmt den Platz auch als Zielort der Lieferungen und Leistungen an ihn. Nach drei Jahren, 1135, ist Ludwig auf diese Weise materiell und auch im Führungsanspruch „ausgehungert" und muß kapitulieren. Erzbischof Albero zieht zurück nach Trier (Einzelheiten in § 3, Abschn. A 6a).

Bei diesem wieder aufgebauten und von Erzbischof Albero in Nutzung genommenen *palatiolum* ist ohne Zweifel der römische Palast – bzw. ein Teil davon (s. unten) – gemeint, den Adela erworben und in dem sie das Frauenkloster eingerichtet hatte, das dann rund einhundert Jahre zuvor von Erzbischof Poppo durch ein Kanonikerstift ersetzt worden war. Ein Jahrzehnt nach Alberos Rückkehr nach Trier, 1146, läßt Graf Heinrich von Namur in einer Auseinandersetzung mit dem Erzbischof die Kirche des Kanonikerstiftes anzünden, weil er hoffte, daß das Feuer auf die (benachbarte) Anlage des Erzbischofs übergreifen und diese zerstören könnte. Das gelang zwar nicht, zeigt aber, daß der Erzbischof seine „Ausweich-Residenz" weiter in Besitz und Nutzung hatte und daß diese so unmittelbar an die Gebäude des Stiftes angrenzte, daß ein Feuer von der Kirche auf diese übergreifen konnte.

Es ist in der Forschung auch nie in Zweifel gezogen worden, daß es sich bei diesem 1132/35 von Erzbischof Albero wieder aufgebauten, als Residenz genutzten und auch später weiter verwendeten Gebäude um den westlichen Trakt des römischen Quadrums mit kleinen Teilen der anschließenden nördlichen und südlichen Gebäudeflügel handelte, die dann als „Burg" ausgebaut wurden. Die entscheidende, aber ungeklärte und wohl auch nie klärbare Frage ist, wie Erzbischof Albero in den Besitz dieses rund die Hälfte des römischen Palatiolums umfassenden Gebäudeteiles gekommen ist.

Heinz Cüppers geht davon aus, daß Erzbischof Poppo bei seiner „Wiedergutmachung" und Einrichtung des Kleriker-Stiftes diesem nur eine Hälfte der Palast- bzw. Kloster-Anlage mit der Kirche überließ und die andere Hälfte behielt. Er nimmt nämlich an, „daß auch Erzbischof Poppo wenigstens die Erhaltung des Baubestandes des ihm zugefallenen Teiles der antiken Palastanlage veranlaßt hat und vor allem Mauerabbruch und Nutzung als Steinbruch zu verhindern wußte" (Pfalzel 1989 S. 40). Das mag hinsichtlich der Erhaltungsmaßnahmen richtig beobachtet sein, setzt aber mit dem „zugefallenen

Teil" eine Teilung voraus, von der in den überlieferten schriftlichen Nachrichten keine Rede ist und die mit der berichteten Sühne und Wiedergutmachung auch schwerlich in Einklang zu bringen ist, zumal dann, wenn dieses „Teil" von Poppo (und dessen unmittelbaren Nachfolgern) nicht einmal genutzt wurde.

Man sollte daher – wie es bisher in den übrigen Darstellungen auch unausgesprochen geschieht – davon ausgehen, daß Erzbischof Poppo um 1028/30 die ganze Anlage den Kanonikern restituierte. Daß Erzbischof Albero sich ein Jahrhundert später in dem westlichen Trakt des Quadrums eine Ausweich-Residenz einrichtete und diesen Flügel auch nach seiner Rückkehr nach Trier weiter nutzte, steht dem nicht entgegen. Zum einen dürfte sich nämlich schon in den ersten Jahrzehnten des Stiftes gezeigt haben, daß die offensichtlich deutlich kleinere Zahl der Kanoniker – wie sie in Stiften wohl immer deutlich kleiner ist als in monastischen Kommunitäten und auch bei diesen im 11./12. Jahrhundert in Anpassung an veränderte Lebensweisen abnahm – den weiträumigen Gebäudekomplex von mehr als 3000 qm Raumfläche in drei Stockwerken gar nicht nutzen konnte, auch wenn man Wohnungen für das Personal und Wirtschaftsräume einschließt. Es ist daher eher anzunehmen und macht eine Erklärung für einen von Erzbischof Poppo zurückbehaltenen Anteil entbehrlich, daß der westliche Flügel des Quadrums praktisch ungenutzt war und deshalb von Erzbischof Albero als Ausweich-Residenz ohne Beeinträchtigung des Stiftes restauriert und in Anspruch genommen werden konnte. Daraus ist freilich keineswgs der Übergang in eine Dauernutzung dieses Gebäudeteiles durch die Erzbischöfe von Trier zu folgern. Hier wird man vielmehr einen wie auch immer formal vollzogenen Rechtsakt einer Übereignung annehmen müssen. Konkrete Nachrichten dazu gibt es nicht.

Seit dem späten 12. und im 13. Jahrhundert sind aber Baumaßnahmen und verschiedene Förderungen durch die Erzbischöfe bekannt, die eine Aktivierung des Stiftes erkennen lassen. Zu nennen sind der Anbau der Chorapsis und die damit verbundene Neugestaltung des Chorraumes vor 1207 (vgl. § 3 Abschn. A 2, Punkt 6) sowie die wohl unmittelbar anschließende Einwölbung der Vierung und des Schiffes (ebenda Punkt 7). 1212 überträgt Erzbischof J o h a n n I. (1189–1212) mit Zustimmung des Propstes von Pfalzel und des zuständigen Archidiakons die *cura pastoralis* der Pfarrei Ittel dem Kapitel des Stiftes, das einen Vikar einzusetzen und aus Teilen des ihm nun zufallenden Zehnten zu besolden hat (vgl. § 29). 1217 überträgt Erzbischof T h e o d e r i c h (1212–1242), verbunden mit der Stiftung seines Anniversars, dem Stift die Pfarrei Cochem, die einem der Kanoniker des Stiftes übertragen werden solle; in der weiteren Entwicklung bedeutete das praktisch die vollständige finanzielle Ausstattung eines Kanonikates, also eine sehr bedeutende Förderung des Stiftes (vgl. § 29). Der gleiche Theoderich, der 1217 vom Stift sagt, daß es ihm *speciali tanquam ad nostram pertinens cameram familiaritate est dilecta* (K Best. 157 Nr. 5; MrhUB 3 S. 73 Nr. 72), schlichtet 1219 einen Streit zwischen dem Propst und dem Kapitel und regelt in zwei Urkunden von 1223 und 1229 die Zuweisung eines zweiten Karenzjahres an die Kirchenfabrik (vgl. § 11 Abschn. A 1d), was durchaus als finanzielle Unterstützung notwendiger oder wünschenswerter Baumaßnahmen interpretiert werden kann (vgl. § 3, Abschn. A 2).

Die Hinwendung der Trierer Erzbischöfe an das Stift erhält daraufhin einen korrespondierenden Akzent in den Berichten der Gesta Trevirorum, Erzbischof Arnold von Isenburg (1242–1259) habe neben dem erzbischöflichen Palast in Trier sein Haus in Pfalzel durch schöne und lobenswerte Arbeiten erneuert (vgl. § 3 Abschn. A 6a) und auch dessen Nachfolger Erzbischof Heinrich von Vinstingen (1260–1286) habe neben anderen auch die erzbischöfliche Pfalz in Pfalzel kostspielig durch Bauten erneuert (vgl. § 3 Abschn. A 6a). Wenn es dabei von Erzbischof Heinrich auch heißt, er habe die Welt- und Ordensgeistlichen verachtet und verhöhnt (Zenz, Taten S. 82), ist man davor bewahrt, die Maßnahmen dieser vier aufeinander folgenden Erzbischöfe einseitig als Maßnahmen zur Förderung des Stiftes Pfalzel zu interpretieren. Vielmehr wird hier die Wechselbeziehung zwischen der durch Erzbischof Albero um die Mitte des 12. Jahrhunderts eingeleiteten Nutzung eines – vom Stift nicht genutzten – Teiles des römischen Palatiolum bzw. des Frauenklosters als Neben-Residenz einerseits und einer „Aktivierung" der Funktionalität des Stiftes in personeller und verfassungsmäßiger Hinsicht, wie in der Modernisierung der baulichen Substanz anderseits deutlich. So wie man die „Residenzfunktion" Pfalzels jedenfalls in dieser Zeit des 13. Jahrhunderts nicht wird überbewerten dürfen, so wenig wird man auch ein Aufblühen des nach wie vor kleinen Stiftes nicht als bischöfliches „Haus-Stift" einstufen können; aber daß die, wenn auch nur gelegentliche unmittelbare Nachbarschaft des Erzbischofs dem Stift nützlich war, läßt sich wohl kaum anzweifeln.

Damit ist wohl auch indirekt eine mögliche Antwort auf die oben gestellte Frage nach einer Entschädigung des Stiftes für die Inanspruchnahme der Hälfte der vormaligen Klostergebäude durch die Erzbischöfe gegeben. So unbestritten ja ein Verfügungsrecht des Bischofs über ein bischöfliches Stift oder Kloster auch sein mag, so eindeutig zeigt doch auch die „Wiedergutmachung" seines Zugriffs auf den Besitz des Frauenklosters durch Erzbischof Poppo, daß der Bischof letztlich an die Erhaltung des Stiftungszweckes gebunden blieb. Das gilt gewiß auch für das 13. Jahrhundert, sodaß das augenfällig gute Verhältnis der Erzbischöfe zum Stift und die rege Bautätigkeit des Stiftes und des Erzbischofs seit der Wende des 12. zum 13. Jahrhundert eine Einigung über die Nutzung des einen Flügels des Klosterquadrums durch die Erzbischöfe und deren Verwaltung voraussetzen.

Die Nachweise über die Bautätigkeiten der Erzbischöfe Arnold und Heinrich zeigen zudem, daß man hier primär von einer Nutzung als Wohn- und Verwaltungsgebäude auszugehen hat und nicht von einer „Burg", wie es durchgehend in der Literatur der Fall ist. Natürlich ist auch eine „Residenz" ein „sicherer Ort", aber man wird den militärisch-strategischen Aspekt doch deutlich zurückzustellen haben.

Zu den Erzbischöfen Boemund I. von Warsberg (nach zwiespältiger Wahl 1286 Neuwahlen und päpstliche Entscheidung erst 1289, gestorben 1299) und Dieter von Nassau (1300–1307) sind konkrete Beziehungen zum Stift nicht überliefert. Ein Aufenthalt Boemunds ist jedenfalls durch eine Beurkundung nicht überliefert, was aber nicht ausschließt, daß er eine Verpachtung des größeren Besitzes Ehlenz durch seine Besiegelung bekräftigt (vgl. § 28). Propst Nikolaus (von Hunolstein) wird 1299 als *consanguineus* des Erzbischofs bezeichnet und von diesem für die Pfarrei Bernkastel präsentiert (vgl. § 30), woraus man jedenfalls entnehmen kann, daß die Verhältnisse des Stiftes Erzbischof Boemund mehr oder weniger vertraut waren. Worin die zweimal zu 1288 und 1290 bezeugten Beauftragungen von Mitgliedern des Stiftes mit der Untersuchung von Rechtsfragen der Abteien St. Maximin/Trier und Himmerod durch Papst Nikolaus IV. (vgl. zu Kantor Ludwig in § 34) begründet sind, konnte nicht geklärt werden. – Von Erzbischof Dieter sind Beurkundungen aus Pfalzel überliefert, womit erwiesen ist, daß er sich dort – mitsamt Teilen seiner Verwaltung – aufgehalten hat. Zum Stift sind Beziehungen aber nicht bezeugt, wiewohl gerade dieser Erzbischof das junge Stift Kyllburg mehrfach gefördert hat (vgl. dazu Goerz, RegEb).

Von Erzbischof Balduin von Luxemburg (1307–1354) kann man für den Beginn seiner langen Regierungszeit wohl engere Beziehungen zum Stift Pfalzel vermuten, hat er doch schon 1315 nicht nur die materielle Ausstattung des Kapitels durch die Inkorporation der *cura* der großen Pfarrei Bischofsdhron wesentlich gefördert, sondern mit dieser Stiftung auch sein eigenes Anniversar im Stift eingerichtet (vgl. § 29). Für die Jahre 1318–1322 sind auch mehrfach Aufenthalte in der „Residenz" Pfalzel überliefert, doch wird man diese im Vergleich zu den zahlreichen Nachweisen für Trier nicht überbewerten dürfen (vgl. § 3 Abschn. A 6).

Dies gilt gewiß auch für die personellen Verbindungen Erzbischof Balduins zu verschiedenen Mitgliedern des Stiftes Pfalzel, wie sie als „erzbischöfliche Funktionsträger bzw. Angehörige der erzbischöflichen Familie" in der Prosopographie Burgards (Familia archiepiscopi S. 383–481) zusammengestellt sind. Zu nennen ist hier an erster Stelle Johann Theoderici von Roermont, 1338–1364 Propst von Pfalzel und lange Zeit Offizial in Trier (vgl. § 30), den Burgard (S. 21; vgl. auch S. 450f.) als „einen der wichtigsten akademisch gebildeten Vertrauten Balduins" bezeichnet. Auch Heinrich Kempe gehört zu diesem engeren Personalstab Balduins, Propst von Pfalzel wurde er aber erst als Nachfolger des Johann Theoderici zehn Jahre nach Balduins Tod (1365/66–1370; vgl. § 30; Burgard S. 420f.). Profilierter in Balduins „weltlicher" Verwaltung war wohl Peter von Pfalzel, der in Pfalzel 1314–1318 als Scholaster nachweisbar ist und dessen Zuname vielleicht auf diese Dignität zurückgeht; 1319–1331 war er Dekan von St. Simeon in Trier, 1331–1332 Propst von St. Paulin vor Trier (vgl. § 32; Burgard S. 463–466). Ähnliches, auch hinsichtlich des Zunamens, mag für den Mag. Johann Isenbardi von Pfalzel gelten, der schon 1342 im engeren Kreis Balduins, als Scholaster von Pfalzel aber erst 1354–1361/63 nachweisbar ist, aber immerhin Zeuge der Wahl Erzbischof Boemunds II. war (vgl. § 32; Burgard S. 23–25). Von den Kanonikern des Stiftes Pfalzel sind noch der Mag., Lic. iur. utr. und juristischer Vertreter bzw. Beauftragter Erzbischof Balduins und König Johanns von Böhmen, Nikolaus von Mensdorf/von Luxemburg, zu nennen, der neben bedeutenderen Pfründen auch 1330–1360/66 ein Kanonikat in Pfalzel besaß (vgl. § 35; Burgard S. 25–33), und Thomas von St. Johann/von der Roderhosen, ebenfalls Jurist Balduins und nach diesem Erzbischof Boemunds II., 1353 als Kanoniker in Pfalzel nachweisbar (vgl. § 35; Burgard S. 19–23). Für alle diese gilt gewiß, daß sie ihre Pfründen in Pfalzel als Amtsausstattung bzw. als Salär erhielten und nicht etwa umgekehrt wegen besonderer Leistungen oder Qualifikation am Stift Pfalzel in die engere erzbischöfliche Verwaltung avancierten. Es ist eher anzunehmen, daß sie von ihren Verpflichtungen im Stift weitestgehend entbunden waren.

Für Balduins Nachfolger Erzbischof Boemund II. von Saarbrücken (1354–1362) ist – jedenfalls bei dem im Stift Pfalzel bepfründeten Personal des engeren Mitarbeiterkreises – eine deutliche Kontinuität festzustellen, worauf schon zu den bei Erzbischof Balduin genannten Personen hinzuweisen war. Eine engere Beziehung Boemunds II. zum Stift als solchem ist auch hier nicht erkennbar.

Das ist bei Erzbischof Kuno II. von Falkenstein (1362–1388) anders. Die Verleihung der Propstei von Pfalzel an die Neffen von Kunos engerem Vertrauten Herbard von Hechtsheim, nämlich Jakob (1373–1374) und Johann (1374–1391) von Hechtsheim, und die dubiosen Vorgänge um die Inkorporation der Propstei in das Kapitel 1379/1391 lassen freilich wohl eher eine Beeinflussung durch die von Hechtsheim und weniger eigene Initiativen des Erzbischofs zur Verbesserung der Verhältnisse im Stift Pfalzel vermuten (vgl. §§ 12 und 30). Dennoch ist eines der Grundprobleme des Stiftes in dieser Zeit tatsächlich der Rückgang der laufenden Einkünfte letztlich darin begründet, daß das Stift den Übergang von der Natural- zur Geldwirtschaft verpaßt hatte. Insofern mag die in der Inkorporationsurkunde der Propstei vom 2. September 1379 anschaulich geschilderte unzureichende materielle Ausstattung der Kanoniker zwar (leicht) übertrieben wirken, dürfte aber doch die Situation zutreffend charakterisieren: *Et ex hoc plerique ex eis (sc. canonicis) eandem ecclesiam deserentes locibus patrimoniorum inherent, alii principum et magnatum curias insequuntur, ceteri vero suis manibus operantur, sicque aut aliter coguntur necessarium inquirere sibi victum* (K Best. 157 Nr. 55; vgl. § 12). Es ist deshalb bei der Übertragung der Einkünfte des Propstes an das Kapitel 1379 auch ausdrücklich verfügt, daß diese nur für die *residentes* verwendet werden dürfen. Genau dies ist aber auch das Anliegen der Aufhebung der klassischen Einzelpfründen in der tiefgreifenden Reform von 1386, die ebenfalls die Verbesserung der Residenz und der Präsenz durch eine Bindung der Einkünfte nur an diejenigen Stiftsmitglieder, die diesen Verpflichtungen nachkamen, zum Ziel hatte (vgl. § 10). Berücksichtigt man ferner, daß Erzbischof Kuno vergleichsweise häufig in Pfalzel urkundete (vgl. Goerz, RegEb) und sich offensichtlich über Tage und Wochen hier aufgehalten hat, dann wird man annehmen dürfen, daß dieser Erzbischof die Präsenz-Verhältnisse im Stift Pfalzel aus eigener Anschauung kannte und seine Präbenden-Reform von 1386 als eine persönliche Initiative verstanden werden darf. Darin müßte man dann auch ein Zeugnis dafür sehen können, daß dieser Erzbischof bei seinen Aufenthalten im erzbischöflichen Wohntrakt (Burg/Residenz) in Pfalzel an Gottesdiensten in dem unmittelbar angrenzenden Stift teilgenommen hat. Aus den häufigeren Aufenthalten Kunos von Falkenstein in Pfalzel (und Koblenz) aber zu vermuten, er habe vielleicht in Pfalzel (oder Koblenz) die Werkstatt seiner bedeutenden Handschriften-Produktion eingerichtet, ist wohl doch zu hoch gegriffen (vgl. Christine Beier, Buchmalerei für Metz und Trier im 14. Jahrhundert. Langwaden 2003). Angemerkt sei schließlich, daß die sehr einschneidende Statuten-Reform von 1386 gegen Ende der Regierungszeit Erzbischof Kunos (und mit dessen Überlegungen, die Nachfolge seinem Neffen Werner zu vermitteln) erfolgte, wenn sie auch durch die wenige Tage zuvor erlassenen Reformbestimmungen für das St. Kastor-Stift in Karden, die auf den Bericht über eine Visitation durch erzbischöfliche Kommissare zurückgingen (vgl. Pauly, GS Karden S. 70), unmittelbar angeregt worden sein mögen.

Diese für Erzbischof Kuno II. von Falkenstein erkennbaren Beziehungen zum Marienstift in Pfalzel fanden aber keine Kontinuität bei dessen Nachfolgern. Erzbischof Werner von Falkenstein (1388–1418) hat sich ohnehin überwiegend am Rhein (Ehrenbreitstein, Stolzenfels) aufgehalten. – Erzbischof Otto von Ziegenhain (1418–1430), der intensiv um Reformen des Domstiftes und der Benediktiner-Abteien bemüht war,[1] soll – nach einer

---

[1] Vgl. Petrus BECKER, Dokumente zur Klosterreform des Trierer Erzbischofs Otto von Ziegenhain (Revue Bénédictine 84. 1974 S. 126–166) mit zwei Anträgen von 1419, sechs bzw. zwanzig reservierte Pfründen am Dom und an den Stiften seiner Diözese vergeben zu dürfen. Ferner Hans-Joachim SCHMIDT, Reform im 15. Jahrhundert.

120　§ 8. Geschichte des Stiftes von der Einrichtung bis zur Aufhebung

Aussage Erzbischof Johanns II. von 1461 (vgl. weiter unten) – die Residenzpflicht von Scholaster, Kustos und Kantor verfügt haben, doch ist nicht sicher, ob es sich dabei um eine spezielle Anordnung für das Stift Pfalzel oder eine allgemein gedachte Verfügung handelt. Für das Stift St. Florin in Koblenz ist der am 29. November 1427 von Erzbischof Otto verfügte Eid des Dekans überliefert, in dem sich dieser zur *residentia continua et personalis* verpflichtet (vgl. Diederich, St. Florin/Koblenz S. 93), im Stift Pfalzel sind diese Bemühungen um eine bessere Residenz namentlich der Inhaber von Dignitäten und Ämtern aber erst – offensichtlich in enger Kooperation zwischen dem Erzbischof und dem Kapitel – für die Jahre 1459/61 bezeugt (vgl. weiter unten).

Auch von den Erzbischöfen Raban von Helmstätt (1430–1439) bzw. dessen Gegenkandidat Ulrich von Manderscheid (1430–1436) sind keine unmittelbaren Beziehungen zum Stift überliefert, obwohl sie im „Residenzort" Pfalzel durchaus häufiger nachweisbar sind (vgl. § 3 Abschn. A 6a).

C. Die Reformen des 15. Jahrhunderts

Auch bei Erzbischof Jakob von Sierck (1439–1456) kann man aus dessen häufigen und auch langfristigeren Aufenthalten in Pfalzel als Residenz- und Verwaltungsplatz nicht zwingend auf engere Beziehungen zum Marienstift schließen. Zu kirchlichen Hochfesten jedenfalls fuhr (oder ritt) der Erzbischof zu seiner nahegelegenen Bischofsstadt Trier (vgl. dazu auch § 3 Abschn. A 6a). Das ist umso erstaunlicher, weil Erzbischof Jakob 1443 in St. Simeon/Trier eine tiefgreifende Reform vorgenommen hatte und 1452/54 auch in den Stiften des Niederstiftes Reformen durchsetzen wollte (vgl. dazu Heyen, GS NF 41, St. Simeon § 10 und § 18 Abschn. 6). Darauf ist hier aber nicht einzugehen.[1]

---

[1]) Zu den Angaben von Hans-Joachim Schmidt, Reform im 15. Jahrhundert S. 492, sei nur notiert, daß Papst Nikolaus V. mit Urkunde vom 15. Mai 1450 dem Erzbischof die Verleihung der Propsteien von St. Paulin/Trier, St. Florin/Koblenz, Münstermaifeld und Limburg überläßt (K Best. 1 A Nr. 7716), und daß Erzbischof Jakob am 15. Januar 1452 Dekan und Kapitel des Stiftes St. Martin in Oberwesel mitteilt, Papst Nikolaus habe ihm mit Privileg vom 13. April 1451 (das Datum der Urkunde *1454, Id. Maii, pontif. anno 4* ist in der Urkunde offenbar falsch zitiert) erlaubt, 50 geeignete Personen nach seiner Wahl auf 50 kirchliche Benefizien der Diözese Trier, unabhängig von bestehenden Patronats- und Präsentationsrechten, vorzuschlagen (K Best. 154 Nr. 30). Daß diese „Vollmachten auch zur Weiterführung der von ihm (d.h. Erzbischof Jakob) schon zuvor in Angriff genommenen Neuordnung im Stiftsklerus" dienten, kann man auch anders interpretieren. Die bei Schmidt angegebene Zahl von 500 Kanonikaten ist gewiß ein Druckfehler.

C. Die Reformen des 15. Jahrhunderts

Anderseits zeigt aber das Testament des Jakob von Sierck vom 30. Januar 1456 (K Best. 1 A Nr. 7899, Entwurf (?) Best. 1 D Nr. 1171; vgl. auch Miller, Jakob von Sierck S. 255) recht anschaulich ein sehr persönliches Verhältnis Jakobs zum Stift Pfalzel. Um dies zu verdeutlichen ist es freilich notwendig, den Aufbau dieses in Pfalzel wenige Monate vor dem Tod erstellten Testaments wenigstens kurz zu skizzieren, abgesehen davon, daß es nicht nur viel über die Mentalität dieses Erzbischofs aussagt, sondern auch deutlich macht, wie schwierig es noch in dieser Zeit des endenden Mittelalters ist, über Itinerar- und Datierungsnotizen hinaus einen Einblick in individuell-persönliche Lebens- und Denkvorstellungen zu gewinnen. Neben sehr umfangreichen und detaillierten Verfügungen zu Nachlaß- und Erbschaftsreglungen im Umfeld der Familie, betrifft nämlich ein großer Teil der Bestimmungen des Testamentes sogenannte „fromme" Stiftungen, namentlich Anniversarien und Memorien. An erster Stelle werden genannt die Grabstätten der Vorfahren (u. a. Kloster Marienfloß und die Kartause Rettel) sowie Kirchen, zu denen Jakob unmittelbar zu seinen Lebzeiten bzw. nach seinem Tod in Beziehung stand (Trierer Dom, Kapelle in der Burg Meinsberg, wo er die Bischofsweihe empfing, Liebfrauen in Trier, wo sein Leib, und die Abtei Mettlach, wo die Eingeweide begraben werden sollten; in Mettlach war auch der Vater begraben). Als nächstes folgt dann aber eine Stiftung von 10 fl. jährlich zu Ostern an Dekan und Kapitel des Liebfrauenstiftes in Pfalzel mit der Auflage, jährlich an allen Fronfasten (d.h. jeweils mittwochs bis samstags nach Invocavit, Pfingsten, Kreuzerhöhung und Lucia) sein Anniversar (*jahrgezeit*) mit Vigil, Seelenmesse (*missa animarum*) und Kerzen zu feiern. Erst danach folgen eine größere Verfügung für den Dom zu Metz, wo sein Herz begraben werden soll, und die übliche allgemeine Reihe mit Stiftungen in Klöstern und Stiften, die hier nach Orden gegliedert ist (erst die Benediktiner in Prüm, St. Maximin, St. Matthias, St. Marien ad martyres, Laach; dann die Zisterzienser in Himmerod, die Augustiner in Springiersbach, die Kartausen in Trier und Koblenz etc.; die Liste ist auch eine Aussage über die „Bewertung" der Kommunitäten durch den Erzbischof). Diese Positionierung des Stiftes Pfalzel zeigt, daß dieses für Erzbischof Jakob von Sierck offensichtlich der zentrale Ort der Fürbitten für seine Seele war, der Ort, von dem er bei der Niederschrift seines Testamentes wohl wußte, daß er dort auch sterben werde.

Über diese letzten Monate Jakobs von Sierck in Pfalzel berichtet die Gesta Trevirorum (hier zitiert nach der Fassung von Wyttenbach Bd 2 S. 327 f., etwas anders die Fassung in der Übersetzung von Zenz, Taten 6 S. 32): *Infirmitas ejus incoepit in mense Novembri et duravit usque ad mensam Maji quasi ad finem. Licet medio tempore multoties dicebatur mortuus Confluentiae et alibi in partibus circa Rhenum, quia infirmabatur in Palatiolo, in scholastria ibidem, quam pro tunc habuit et adhuc dominus Syfridus Dreckenach, secretarius ipsius domini Jacobi archiepiscopi. Et infirmitas ejus fuit incurabilis ex nutu divino, quia pessime rexit populum suum et avaritia excaecavit cor suum. Et obiit sine intellectu et ratione 20. die mensis Maii* (als Todstag ist eher der auch genannte 28. Mai anzunehmen; vgl. Miller, Jakob von Sierck S. 256 Anm. 15).

Dennoch wird man – ähnlich wie bei Erzbischof Balduin – mit der Vermutung und gar Bewertung des „Einflusses" der im Stift Pfalzel bepfründeten Kanoniker aus dem engeren personellen Umfeld des Erzbischofs (zu diesem vgl. Miller, Jakob von Sierck S. 258–277) zugunsten dieses Stiftes zurückhaltend sein. Zu nennen ist da der gewiß einflußreiche Kämmerer und Geheimsekretär Siegfried von Dreckenach, der ihm die Scholasterie als Krankenlager überlassen hat (s. oben) und den – wie ebenso seinen Kanzler Johann Jux – in seinem Amt beizubehalten Erzbischof Jakob im Testament seinem Nachfolger empfiehlt, *dan wir sie beyde von kyndes uff ertzogen* (K Best. 1 A Nr. 7899). Siegfried von Dreckenanch ist zwar vor 1453 als Kanoniker und Scholaster von Pfalzel nachweisbar, war aber erst 1459–1472, also nach Erzbischof Jakobs Tod, dort auch Dekan. Er ist somit eher dem Umfeld Erzbischof Johanns II. (seit 1456) zuzuordnen, wenn auch durchaus als „Tradition" Erzbischof Jakobs. Inwieweit der Pfalzeler Dekan Gutmann von Kirn mit dem im Umfeld Erzbischof Jakobs mehrfach bezeugten Gutmann von Sobernheim identisch ist, bedürfte noch detaillierter Untersuchung (vgl. § 31 zu beiden genannten Dekanen). Von Pfalzeler Kanonikern sind Johann von Winningen, Johann Theoderici und Nikolaus von Merl zu nennen (Nachweise in § 35), wobei hier noch eher anzunehmen ist, daß es sich um reine Besoldungspfründen handelt.

Doch bei aller Zurückhaltung bei der Bewertung dieser personellen Beziehungen läßt das Testament Erzbischof Jakobs von Sierck – auch wenn es erst in den letzten Monaten Jakobs entstanden ist – die Frage offen, ob die tiefgreifenden und umfangreichen, namentlich die baulichen Neugestaltungen im Marienstift Pfalzel in der Zeit Erzbischof Johanns II. (s. nachstehend) nicht schon von Jakob von Sierck begonnen wurden.

Erzbischof Johann II. von Baden (1456–1503) setzt dann – neben der Stärkung der Residenzfunktion Pfalzels – in der Einbeziehung des Marienstiftes deutlich andere Akzente. Wahrscheinlich ist diese Hinwendung Johanns II. zu dem bis in diese Zeit noch aus dem Palatiolum-Komplex mit den Residenzgebäuden des Erzbischofs eng verzahnten Stift erst durch das Projekt bzw. die Notwendigkeit eines Ausbaues des Residenzbereiches entstanden (vgl. § 3 Abschn. A 6). Das bis dahin offensichtlich noch flexible Neben- und Miteinander in den beiden (Nord- und Süd-) Flügeln des römischen Quadrums und den dazwischen liegenden Gebäuderesten bedurfte nun einer deutlichen Trennung und damit gewiß auch konkreter Verhandlungen über (finanzielle) Entschädigungen. Das ist an dieser Stelle nicht im Detail zu schildern. Neben Um- und Erweiterungsbauten an der Stiftskirche (Marienkapelle 1468) ist insbesondere die Anlage eines neuen Kreuzganges an der Südseite zu nennen. Die Inkorporation der Einnahmen und Rechte der St. Martins-Klause zu Cochem in das Stift Pfalzel durch Erzbischof Johann 1463 mag da noch als finanzieller Beitrag zu den genannten Baumaßnahmen und als Entschädigung gelten. Auch die Inkorporation der Pfarrkirche zu Alf mitsamt deren Filialen in die *mensa* des Pfalzeler Kapitels 1473 (vgl. § 29) ist noch ähnlichen Inkorporationen zur Aufbesserung der Einkünfte von Stiften und Klöstern vergleichbar.

Sehr viel bedeutender sind aber Erzbischof Johanns Bemühungen und auch konkrete Eingriffe zu strukturellen Reformen des Kanonikerstiftes. Sie vermitteln in ihren sehr unterschiedlichen Ansätzen, Erfolgen und Mißerfolgen auch weit über die Geschichte des kleinen Stiftes Pfalzel hinaus einen Einblick, was im Trierischen in der 2. Hälfte des 15. Jahrhunderts angestrebt wurde und möglich war. Das „Beispiel Pfalzel", das hier etwas ausführlicher dargestellt sein soll, kann insoweit auch ein Beitrag zur Biographie dieses Erzbischofs sein.

Schon seit 1459 gehen offensichtlich vom Stift selbst und vom Erzbischof Bemühungen zu Reformen aus, die vornehmlich einer Verbesserung der Residenz dienen sollen. So ist zum 2. Juni 1459 eine Supplik des Kapitels an die römische Kurie bezeugt, in der ausgeführt ist, daß es im Stift 13 Pfründen gebe, von denen zwei den Ämtern des Dekans und des Scholasters inkorporiert seien, was praktisch bedeute, daß (nur) elf Kanonikate vorhanden seien, von denen aber (derzeit) nur sechs mit kontinuierlicher Residenz besetzt seien. Das Stift beantragt deshalb, eine Pfründe zugunsten von vier *choralibus seculari clericis* aufheben (*supprimere*) zu dürfen (RepGerm 8 Nr. 4708). Die Idee, den Chordienst – also nicht nur den Gottesdienst im engeren Sinne, sondern auch die Stundengebete/-gesänge – durch Sänger (mit niederen Weihen) besser zu gestalten, ist gewiß auch im allgemeinen Kontext liturgischer Gestaltung und Reformen im 15. Jahrhundert bemerkenswert. Sie scheint aber in Rom (wenigstens zunächst) keine positive Resonanz gefunden zu haben. Jedenfalls ist von den vier *choralibus* in Pfalzel nichts bekannt. 1480 aber wurde dieser Reformgedanke im Statut Erzbischof Johanns wieder aufgegriffen (s. weiter unten).

Ein anderer Ansatz zu einer Verbesserung des Chordienstes bestand darin, die – bisher letztlich jedem freigestellte und deshalb zusätzlich honorierte – Residenz dadurch zu erreichen, daß es zumindest den Inhabern von Ämtern nicht mehr freigestellt blieb, vor Ort zu residieren (und am Chor- und Gottesdienst teilzunehmen), sondern ihnen dies verpflichtend mit dem Amt aufgetragen wurde. Das Problem bestand offensichtlich – nicht etwa nur in Pfalzel, sondern ganz allgemein – darin, daß gerade die besser bzw. zusätzlich dotierten Ämter vielfach, nicht zuletzt auch von den Päpsten, als reine Versorgungs-Pfründen für Kleriker in anderen Funktionen vergeben und so häufig mit anderen Pfründen kumuliert wurden.

§ 8. Geschichte des Stiftes von der Einrichtung bis zur Aufhebung

In diesem Kontext ist eine Supplik Erzbischof Johanns an den Papst vor dem 7. August 1461 zu sehen, in der dieser um eine Verfügung (*ordinatio*) gebeten hatte, daß die Stiftskapitel seiner Diözese Trier (also alle Stifte: *capitula collegiales ecclesiae Treverensis diocesis*) zum einen ihre Dekane (immer) selbst wählen dürfen, auch wenn es sich um die ersten Dignitäten (*dignitates principales*) handelt, und daß diese Wahlen (hinsichtlich der *idoneitas* der Kandidaten) vom Erzbischof bestätigt werden müssen, sowie zum anderen, daß die Dekane zur persönlichen Residenz verpflichtet seien. Diesem Antrag auf Wahl und Residenz der Dekane wurde in der Bulle Papst Pius II. vom 7. August 1461 aber nur mit der Einschränkung entsprochen, daß erste Dignitäten durch den päpstlichen Stuhl übertragen würden[1].

Diesen letztlich negativ eingeschränkten Bescheid hat Erzbischof Johann in einer am 25. August 1461 an der Kurie vorgetragenen Supplik im konkreten Bezug auf das Stift Pfalzel dahingehend aufgegriffen, daß er nun um eine Bestätigung des Statuts des Stiftes (*ecclesiae Beatae Mariae castri Palaciolensis*!) bat, daß dort kein Dekan angenommen werden könne, wenn er nicht Kanoniker des Stiftes sei und dort residiere, so wie es schon von Erzbischof Otto für Scholaster, Kustos und Kantor bestimmt worden sei (RepGerm 8 Nr. 3747 S. 536). Papst Pius II. beauftragte daraufhin den Dompropst von Trier, diese Statuten des Marienstiftes kraft apostolischer Autorität zu bestätigen und keinesfalls zuzulassen, daß die genannten (vier) Ämter als besondere Reservate oder Exspektanzen ergriffen würden (StadtA Trier Urk. Q 17). Eine zeitnahe Vollzugsurkunde des Dompropstes ist nicht überliefert, aber wahrscheinlich wird man dessen Statutenbestätigung vom 11. Juli 1463 (s. unten) so zu verstehen haben.

Zum selben 25. August 1461 sind dann mehrere Suppliken des Stiftes Pfalzel bzw. des Erzbischofs Johann zugunsten dieses Stiftes im römischen Register (RepGerm 8 Nr. 4708) protokolliert, nämlich

---

[1]) Im päpstlichen Suppliken-Register ist zur Eingabe des Erzbischofs als Verfügung notiert: *fiat provisio, quod principales dignitates per sedem apostolicam conferentur, alias nullius sit momenti electoris* (RepGerm 8 Nr. 3747 S. 535 f.). In der Ausfertigng der päpstlichen Bulle (K Best. 1 A Nr. 8428; BLATTAU, Statuta 2 Nr. 2 S. 14 f.) heißt das: *Si vero decanatus vel aliae dignitates ... principales fuerint, de eisdem personis pro tempore factae electionis per sedem duntaxat apostolicam confirmentur, et alias de illis factae electiones, provisiones et ordinationes nullius existant roboris vel momenti*. Hinsichtlich der persönlichen Residenzpflicht regelt die päpstliche Verfügung auch die Einschränkung eventuell notwendiger Ausnahmen und enthält Strafbestimmungen bei Nichtbeachtung. – Dieses (wiewohl eingeschränkte) *privilegium super electione decanorum et eorundem personalis residentia* ist sogar in der Gesta Treverorum genannt (in der Edition WYTTENBACH 2 S. 342 f. Fußnote mit dem zutreffenden und gewiß kritischen Hinweis, in der Edition der Gesta bei HONTHEIM [Prodromus Hist. Trev. 2 S. 854] fehle das *personalis*).

— um Bestätigung des Kapitelsbeschlusses, die Ämter der Dekanei und der Scholasterie einerseits sowie die der Kustodie und der Kantorei anderseits miteinander zu vereinen (*unionem*). Zum 23. September 1461 ist zwar eine *obligatio* des Johann Krydwis (s. unten) *super annata integra* wegen dieser (?) Fusion notiert (RepGerm 8 Nr. 5615), sie ist aber gewiß nicht vollzogen worden. Die vier Ämter sind bis zur Aufhebung des Stiftes als getrennte Aufgaben nachgewiesen (vgl. §§ 31–34).

— um Anordung, daß alle *vicarii* und *perpetui beneficiati, altaristae nuncupati* zur ständigen und persönlichen Residenz (*residentia continua et personalis*) verpflichtet seien. Dies wurde von Papst Pius II. mit Bulle des Datums der Protokoll-Notiz (25. August 1461) so angeordnet. Wer dem nicht nachkomme, verliere die Pfründe (K Best. 157 Nr. 96). Unter dem selben Datum ist eine Fakultas für Johann Krydwis notiert, allen Vikaren und Benefiziaten, die keine Residenz halten, ihre Pfründen zu entziehen (*privare*) und diese anderen Personen zu übergeben (RepGerm 8 Nr. 5615); eine Einschränkung auf Pfalzel ist nicht notiert, so daß anzunehmen ist, daß es sich um eine allgemeine und damit wesentlich weitergehende Vollmacht handelt.

— um ein Ablaßprivileg für einen Sieben-Jahres-Ablaß. Diesen Ablaß erteilt Papst Pius II. zugunsten von Spenden zur Reparatur der Kirche und zur Erneuerung von Kirchen-Utensilien (K Best. 157 Nr. 97; vgl. § 25).

Das Ergebnis dieser Reformbemühungen der Jahre 1459/61, bei denen es letztlich bei allen angestrebten Maßnahmen um eine Verbesserung der Teilnahme am Chor- und Gottesdienst ging, war bescheiden. Zu den wirklich einschneidenden Eingriffen – Verzicht auf eine Kanonikats-Pfründe zugunsten des Einsatzes von Chorknaben, Fusion von Ämtern, Einschränkung päpstlicher Reservate – war eine entsprechende Verfügung der Kurie nicht erreicht worden.

Diese Verhandlungen um den 25. August 1461 an der Kurie führte der oben genannte Johann Kreidweiß (*Crytwis* und ähnlich) aus Eßlingen, Konstanzer Kleriker, Dr. iur. utr., 1458 als *orator* des Erzbischofs von Trier *ad sedem apostolicam destinatus* bezeichnet (RepGerm 8 Nr. 2678), 1468–1474 kurtrierischer Kanzler (vgl. Paul Richter, Die kurtrierische Kanzlei im späten Mittelalter [MittPreußArchivverwaltung 17] 1911 S. 34). Direkte Beziehungen zum Stift Pfalzel (z.B. eine Pfründe) hatte er anscheinend nicht. Vgl. auch Diederich, St. Florin/Koblenz S. 259 f. und mit vielen Nachweisen RepGerm 8 Nrr. 1019, 1174, 2678, 4107 sowie 9 Nr. 2868.

Erzbischof Johann II. und das offensichtlich reformbereite Stiftskapitel haben nun versucht, über eine Verbesserung der Einkünfte des Stiftes – nicht durch Einsparungen bei den vorhandenen Pfründen, sondern durch die Bereitstellung des Ertrags zusätzlicher Güter – die Teilnahme am Gottesdienst und dessen Gestaltung zu verbessern. Jedenfalls wird man in diesem Zusammenhang die Inkorporation der Klause zu Cochem durch Erzbischof Johann mit Urkunde vom 20. April 1463 zu sehen haben, unbeschadet dessen, daß diese Transaktion formal erst mit dem Tod der letzten Klausnerin 1470 rechtswirksam wurde (K Best. 157 Nr. 99 und StadtA Trier Urk. H 5). Die mit dieser Inkorporation verbundenen Auflagen zeigen deutlich, daß Erzbischof Johann vor allem eine Verbesserung und wohl auch Weiterentwicklung des Kultes anstrebte. Er bestimmte nämlich hinsichtlich der Verwendung der Einkünfte aus den Gütern der Klause, daß jährlich

– 4 fl. (als Präsenzgeld von je 2 fl. für Kanoniker, Vikare und Altaristen) für zwei Memorien – und zwar als Messe *de Spiritu Sancto* oder *Beatae Mariae Virginis prout ipsis placuit* – bzw. nach seinem Tod für zwei *missae pro defunctis*, jeweils mit Vigil, für alle Erzbischöfe,

– 4 fl. zur Verteilung an den vier Hauptfesten Weihnachten, Ostern, Pfingsten und Mariae Himmelfahrt – mit Prim, Vesper, Matutin und Hochamt – an die Anwesenden (*praesentes*) und

– 3 fl. für eine Psalmenlesung vor dem Grab Christi (*ante sepulchrum Domini*) von Karfreitag nach Mittag bis Mitternacht vor Ostern zu verwenden seien.

– Außerdem solle der Kustos 2 fl. für die Lichter am Hochaltar (*pro subsidio luminarium summi altaris*) an den genannten Tagen und

– der Pastor zu Cochem 2 fl. für die Betreuung der Bruderschaft in Cochem (*pro conservatione fraternitatis*) und für eine Memorie an allen Quatembern für die Stifter etc., der Klause Cochem erhalten.

– Erst die dann noch verbleibenden Einnahmen seien im Kapitel zu verteilen.

Merkwürdig-interessant ist dazu eine – in der Forschung unbeachtet gebliebene und offensichtlich auch nicht „realisierte" – Urkunde des Stiftes Pfalzel vom darauf folgenden Tag, dem 21. April 1463 (K Best. 1 A Nr. 8438). Mit ihr bekunden Dekan und Kapitel des Stiftes, *daß sie umb sunderlicher gunst, furdernisse und gnaden willen, so* Erzbischof Johann *uns und unser kyrchen getain hait*, diesem als erbliche, ewige *gifft* das *dorffe zu Huntzenraet in dem ampte zu Grymburg* mit *kyrchsatze und zehenden … mit luten, gulten, renthen, zinsen, rechten, vadien, herschafft, herlicheit, gerychte, wasser, weidt … husen, hoiffsteden … und allem zugehorung* übereignet haben. Die Urkunde ist mit dem Siegel des Stiftes besiegelt. Sie ist im Archiv des Erzbischofs von Trier überliefert und trägt den Rückvermerk: *Capitulum Palaciolen(sem) donat villam Huntzerait* dem Erzbischof und der Trierer Kirche. Es handelt sich ohne Zweifel um ein Original. *Huntzenraet* ist Hinzert im vorderen Hundsrück südlich von Trier.

Diese schon als solche gewiß ungewöhnliche „Schenkung" (eine *gifft*) – das kleine, auch in dieser Zeit unbestritten erzbischöfliche Stift schenkt seinem Herrn eine kleine, aber alle weltlichen und kirchlichen Rechte umfassende Herrschaft – ist offensichtlich nicht vollzogen oder doch schon wenig später

C. Die Reformen des 15. Jahrhunderts

wieder rückgängig gemacht worden. Hinzert blieb bis zur Aufhebung des Stiftes eine uneingeschränkte Grundherrschaft einschließlich Vogtei und Kirchenherrschaft des Stiftes Pfalzel, über die der Erzbischof von Trier lediglich als Hochgerichtsherr anerkannt war, und zwar unbeschadet gelegentlich beanspruchter „landesherrlicher" Rechte und konkreter Differenzen mit der Verwaltung des kurtrierischen Amtes Grimburg (vgl. dazu §§ 28 und 29). Vielleicht ist aber in solchen Auseinandersetzungen mit dem Amt Grimburg primär und vordergründig der Grund für diesen Verzicht des Stiftes Pfalzel auf seine Herrschaft Hinzert zu sehen, hatten doch noch am 31. Januar des selben Jahres 1463 auf Antrag des Stiftes der Meier und die zwei Schöffen des Gerichts zu Hinzert die Erklärung abgegeben, daß Dekan und Kapitel des Stifts Pfalzel der alleinige Grundherr, Vogt und Lehnsherr seien und „Gericht und Herrlichkeit" uneingeschränkt besäßen. Der Erzbischof von Trier habe (lediglich) das Hochgericht. Von den damals vorhandenen elf Hofstätten erhalte das Stift Zins und Besthaupt (K Best. 157 Nr. 101; vgl. § 28). Zu beachten ist, daß das Kirchenpatronat in dieser Erklärung von Meier und Schöffen des Gerichts (als kirchliches Recht natürlich) nicht genannt, aber in der Schenkung des Stiftes eingeschlossen ist. Aber auch wegen dieser Pfarrei hatte das Stift schließlich 1492 erhebliche Auseinandersetzungen mit der Gemeinde (vgl. § 29 zu Hinzert).

Dennoch ist der zeitliche Zusammenfall der Inkorporation der Klause von Cochem in das Stift Pfalzel durch den Erzbischof am 20. April 1463 mit der – wenn dann auch nicht vollzogenen – Schenkung der Herrschaft Hinzert an den Erzbischof bzw. das Erzstift durch das Stift am 21. April 1463 zumindest beachtlich. Die beiden Urkunden haben offensichtlich keine gemeinsame Redaktion: die Inkorporationsurkunde des Erzbischofs ist in lateinischer, die Schenkungsurkunde des Stiftes in deutscher Sprache, beide Stücke sind unstreitig von verschiedenen Schreibern geschrieben. Der Rückvermerk der Schenkungsurkunde des Stiftes zeigt, daß diese im Besitz (und dann im Archiv) der erzbischöflichen Verwaltung war. Dennoch ist diese Schenkung nicht angenommen, nicht vollzogen worden. Ein Weistum des Gerichts Hinzert vom 24. Mai 1570 hat hinsichtlich der Rechte des Stiftes weitgehend die gleichen Aussagen wie die beiden Urkunden von 1463 (wenn auch die Zahl der Hofstätten nun von elf auf sechs geschrumpft ist; dieses Weistum hat auch einen protokollierten Grenzbegang; K Best. 157 Nr. 148; vgl. zu Hinzert ferner die §§ 28 und 29).

Vielleicht kann man die „Schenkung" von Hinzert so erklären, daß sie in den Verhandlungen um die – für das Stift Pfalzel gewiß lukrative und im Vergleich zum Verwaltungsaufwand für die entlegene Herrschaft Hinzert auch günstigere – Inkorporation der Klause Cochem als „Tausch-Angebot" des Stiftes zur Debatte stand und die Schenkungsurkunde „vorsorglich" ausgestellt worden war. Die umfangreichen Auflagen über die Verwendung der Einkünfte aus den Besitzungen der Klause Cochem mögen dann zu neuen Gesprächen über die Wertigkeit beider Objekte und schließlich zu einem Verzicht des Erzbischofs auf eine „Gegenleistung" geführt haben. Mehr als eine Vermutung, ein Erklärungsversuch, kann das aber nicht sein.

Die Datenfolge der nachfolgend genannten Maßnahme legt die Vermutung nahe, daß zwischen den Reglungen Ende August 1461 und den Entscheidungen von April 1463 vielleicht auch weitergehende Verhandlungen stattfanden, über deren Zielvorstellungen aber nichts bekannt ist. Bemerkenswert ist jedenfalls, daß der dem Trierer Dompropst mit Urkunde vom 25. August 1461 von Papst Pius II. erteilte Auftrag, die Residenzbestimmungen des Stiftes Pfalzel hinsichtlich der Ämter des Dekans, Scholasters, Kustos und Kantors zu prüfen und zu bestätigen, erst mit einer Urkunde vom 11. Juli 1463, in der auf die in vollem Umfange zitierte päpstliche Bulle ausdrücklich Bezug genommen ist, ausgeführt ist (K Best. 157 Nr. 302; Blattau, Statuta 2 S. 22 ff.; Wengler, Pfalzel S. 27–34). Dompropst Philipp von Sierck (1442–1492) beschränkt sich in dieser umfangreichen Urkunde aber nicht auf das Thema der Residenz, sondern nennt auch die Statuten des Stiftes zu mehreren anderen Fragen innerstiftischer Ordnung, insbesondere zu Nominations- und Präsentationsfragen der Mitglieder des Kapitels (Turnus nominandi, Kurien-Vergabe, Besetzung von Pfarreien und Vikarien etc.). Formal ist es die Bestätigung bestehender (älterer) Satzungen, der aber offensichtlich Recherchen, Gespräche und Vereinbarungen vorausgegangen sind. Diese Statuten sind hier nicht im Detail zu referieren; sie sind in den §§ 10–15 an den entsprechenden Stellen genannt. Notiert sei, daß Dompropst Philipp von Sierck ein Bruder des in Pfalzel gestorbenen Erzbischofs Jakob von Sierck (1433–1450) ist (vgl. Holbein, Stiftsgeistlichkeit 2 S. 591 f.).

Daß es Erzbischof Johann II. mit diesen Maßnahmen gewiß um mehr ging, als um eine Reform des Stiftes Pfalzel als geistliche Kommunität und eine Sanierung von dessen wirtschaftlicher Basis, zeigen die nachstehend zu schildernden Vereinbarungen und Verfügungen der Jahre 1471 und 1477, mit denen das Stift der erzbischöflichen Residenz Pfalzel weitgehend integriert werden sollte. Auch wenn dieses Ziel scheiterte und 1501 offiziell aufgegeben wurde, so muß dieser Versuch als einer der bedeutenderen Akzente in der Geschichte des Stiftes hier doch ausführlicher dargestellt werden.

Der zum 26. Mai 1472 überlieferte Antrag des Erzbischofs an den Papst, ihm die Vollmacht zu verleihen, die Einkünfte nicht residierender Kanoniker des Stiftes Pfalzel einziehen (*subtrahere*) und an die residierenden Kanoniker verteilen zu dürfen, weil der Gottesdienst wegen dieser Nichtresidenz vermindert werde (RepGerm 10, Manuskript), ist dabei gewiß lediglich als eine den großen Reformansatz begleitende, nahfristige Maßnahme zu verstehen.

Mit Urkunde vom 2. November 1471 verfügte Erzbischof Johann II. die Inkorporation der Pfarrkirchen von Bernkastel und Noviand in das Stift Pfalzel, für die das Stift sozusagen im Gegenzug dem Erzbischof das Nominationsrecht an allen Kanonikaten und Präbenden des Stiftes übertragen, d.h. auf das Kooptationsrecht des Kapitels verzichtet hatte (Einzelheiten in § 29 bei Noviand). Mit Urkunde vom 7. Dezember 1471 erklärte der Erzbischof, daß diese Übergabe der Nominationsrechte hinfällig sei, falls der Papst der Inkorporation der Pfarrkirchen nicht zustimme, woraus man vielleicht schließen kann, daß doch Zweifel an der Durchführbarkeit (und Rechtmäßigkeit?) dieses Tausches bestanden. Am 14. März 1472 beauftragte Papst Sixtus IV. den Dekan von St. Florin/Koblenz (Ludwig Sauerborn), die Angelegenheit zu untersuchen und bei positivem Ergebnis die Inkorporationen zu vollziehen. Über den Bericht des Dekans und offensichtlich weitere Verhandlungen wäre noch zu recherchieren, wobei es wahrscheinlich auch (oder nur?) um das Besetzungsrecht des Papstes an den in ungeraden Monaten frei werdenden Pfründen des Stiftes ging.

Mit Bulle vom 21. Januar 1477[1]) – also nach rund dreieinhalb Jahren – verleiht Papst Sixtus IV. Erzbischof Johann von Trier (von dem hervorgehoben wird .. *quod Romanorum imperii elector existit*) und dessen Nachfolgern das Recht, alle Kanonikate und Pfründen im Stift Pfalzel (sowie einen Altar in der Burg zu Limburg und zwei Altäre in der Burg Ehrenbreitstein), die in den (ungeraden, sogenannten päpstlichen) Monaten Januar, März, Mai, Juli, September und November frei werden, zu besetzen, auch wenn sie einer speziellen oder generellen Disposition reserviert sind, und auch wenn sie der päpstlichen Verfügung wegen der Personen, die sie erlangen, oder aus anderen Gründen vorbehalten sind oder wenn sonstige besondere Verfügungen des Papstes oder von dessen Legaten oder wenn Unionen, Annexionen und Inkorporationen vorliegen. Als Begründung dieser außergewöhnlichen Privilegierung ist ausgeführt, daß die Vorgänger Erzbischof Johanns zehn Kanonikate und Pfründen im Stift (*ecclesia collegiata*) Pfalzel und die drei Altäre in den genannten Burgen (*castra*) gestiftet haben, daß die Erzbischöfe oft in der Burg (*castrum*) Pfalzel residieren und daß aus diesen Burgen, die zum erzbischöflichen Tafelgut (*ad mensam archiepiscopalem*) gehören, die Trierer Kirche und das Trierer Land (*patria*) verteidigt und vor Angriffen der Nachbarn geschützt werden. Erzbischof Johann befürchte für sich und seine Nachfolger Schäden und Ärgernisse, wenn diese Kanonikate und Altäre (frei) übertragen werden, weil andere

---

[1]) Die Datierung lautet *Rome ... 1476, 12 Kal. Februarii, pontificatus nostri anno sexto.* Das Pontifikatsjahr (Papst Sixtus wurde im August 1471 gewählt und gekrönt) zeigt eindeutig, daß der Florentiner Stil (Jahresbeginn 25. März) angewandt wurde. Struck ist entsprechend zu korrigieren.

Fürsten, die wegen der Nachbarschaft nach Besitz der Trierer Kirche streben, diese begehren: ... *defenduntur et ab incursibus vicinorum proteguntur. Dubitat prefatus Johannes archiepiscopus, quod si canonicatus et prebenda ac altaria predicta conferantur, propter vicinitatem aliorum principum ad dominia ipsius ecclesie Treveren(sis) aspirantur, eidem Johanni et successoribus suis archiepiscopis Trev(erensibus) pro tempore existentibus gravia damna et scandala possent provenire* (K Best. 1 A Nr. 8580; Regest bei Struck, Lahn 1 Nr. 1173 S. 523). Nach diesem Verzicht auf das päpstliche Verleihungsrecht an den Pfalzeler Kanonikaten vollzog dann mit Urkunde vom 10. Dezember 1477 der Dekan von St. Florin (aufgrund seiner päpstlichen Bevollmächtigung von 1472) die Inkorporation der beiden Pfarreien Bernkastel und Noviand. Damit war auch der Verzicht des Stiftes Pfalzel auf seine Nominations- bzw. Kooptationsrechte zugunsten des Erzbischofs rechtswirksam.

Hinsichtlich der Pfarrei Bernkastel gab es aber Probleme. In zwei Urkunden vom 28. und 29. August 1501 – also rund 25 Jahre nach der Inkorporation – verzichten einerseits Dekan und Kapitel des Stiftes Pfalzel zugunsten des Erzbischofs auf ihre Rechte an der Pfarrei Bernkastel und anderseits der Erzbischof auf das ihm übertragene Nominationsrecht an den Kanonikaten; in der Urkunde des Erzbischof ist dazu ausdrücklich gesagt, daß diesem das Nominationsrecht in den päpstlichen Monaten (weiterhin) vorbehalten bleibe. Als Begründung für diese Nichtigkeitserklärung der gegenseitigen Vereinbarungen ist angegeben, daß hinsichtlich Bernkastel *nullus est effectum sortita neque ut facile sortiatur speratur* (K Best. 157 Nr. 127 und 128; Pfalzel konnte die Pfarrei Noviand behalten; vgl. § 29).

Die Gründe für diese Behinderung hinsichtlich der Pfarrei Bernkastel konnten bisher nicht ermittelt werden (Pauly, SiedlPfarrorg 2 S. 74 meint, Pfalzel haben „wegen der Seelsorgeverpflichtungen" verzichtet, was aber wohl reine Vermutung ist; Fabricius, Erl. 5,2 S. 48 f. hat keinen Kommentar). Sie sind in dem hier zu erörternden Zusammenhang auch ohne Belang, geht es doch in einer Geschichte des Stiftes Pfalzel zumindest primär um den Versuch Erzbischof Johanns II., ein uneingeschränktes Verfügungsrecht über alle Kanonikate des Stiftes zu erhalten. Hinter diesem Konzept des Erzbischofs stand offensichtlich die Vorstellung – wie sie wohl auch in Rom vorgetragen und dort akzeptiert worden war –, das Stift (vergleichbar den Burgkapellen) als „Haus-Stift" der erzbischöflichen Residenz zu integrieren. Das muß nicht besagen, daß damit an ein der Residenz Pfalzel integriertes Priesterkollegium von zehn dort auch regelmäßig anwesenden Kanonikern gedacht war, wenn auch die Vorstellung einer solchen, einem umfassenden täglichen Chor- und Gottesdienst zugeordneten Kommunität als Ziel einer grundlegenden religiösen Reformmaßnahme in der Wende vom 15. zum 16. Jahrhundert nicht abwegig scheinen mag. Die Einbindung des Stiftes als „Hauskapelle" der Residenz-Burg war gewiß das ausschlaggebende Motiv dieser von Erzbischof Johann angestrebten Maßnahme. 1527 bezeichnet sich das Stift selbst in einer Adresse an den Erzbischof als *ecclesia collegialis que speciale quadam nomenclatura paterniatatis vestre sacellum solita est appellari* (K Best. 1 C Nr. 23 S. 1117; die Auflösung des stark gekürzten *paternitatis* ist unsicher). Hinsichtlich der Zahl der Kanonikate wird man aber an das 1473 mit der Pfarrkirche Alf bereits umgesetzte Verfahren gedacht haben, wo die Pfarrei der *mensa* des Kapitels inkorporiert und mit einem Kanoniker des Stiftes (*de gremio* des Kapitels) besetzt wurde (vgl. § 29). Ähnlich war bereits 1217 die Pfarrei Cochem mit einem Kanonikat des Stiftes verbunden worden (vgl. § 29). Vielleicht war auch bei der Inkorporation der Pfarrei Bernkastel an eines der Kanonikate gedacht (und vielleicht ist an bestehenden Rechten anderer an dieser Pfarrei dieses Projekt dann gescheitert).

In der Geschichte des Stiftes setzt dieser ganze Komplex einer stärkeren Einbindung der Kanonikate einerseits in Aufgaben der Pfarrseelsorge und anderseits an die unter Erzbischof Johann II. umfassend ausgebaute Residenz markante Akzente. Das Stift, das bis dahin in einem eher undefinierten Nebeneinander und zeitweise auch Miteinander neben der „Burg" des Erzbischofs bestanden und dessen „Einnistung" und Ausdehnung im ursprünglich ganz dem Kloster und danach dem Stift zur Verfügung stehenden römischen Palatiolum hatte hinnehme müssen, sollte nun als dessen *sacellum* der erzbischöflichen Residenz integriert werden. In einer Rangordnung vergleichbarer kirchlicher Institute mag das sogar als „Höherstufung" verstanden worden sein. Zur vollen Ausführung kam dieses Konzept freilich nicht, aber das lag vor allem daran, daß die herausgehobene Residenzfunktion Pfalzels schon bald wieder abklang und Pfalzel letztlich (nur) ein, wenn auch bedeutender, erzbischöflicher Amtsort war. Anderseits blieb aber – namentlich in der bis heute im Kern erhaltenen Siedlungsstruktur Pfalzels – diese im 15./16. Jahrhundert geschaffene Einheit von Residenz, Amt und Stift bis zum Ende des Stiftes (und des Erzbistums) erhalten, umschlossen von der auch die Bürger-Siedlung ausgrenzenden Festungsmauer.

Offensichtlich zeichnete sich aber bereits 1479/80 ab, daß dieses umfassende Projekt Erzbischof Johanns II., das Stift Pfalzel als „Hausstift" zu integrieren, sich nicht, jedenfalls nicht sofort, verwirklichen ließ. Er erließ daher am 12. Mai 1480 – durch die *visitatores et commissarios* Abt Anton von St. Marien ad martyres in Trier, Abt Konrad (von Metzenhausen) von Springiersbach und Dr. decr. Heinrich Irlen/Irlich – ein Statut, das als Ergänzung und Präzisierung des Statuts von 1463 verstanden werden kann. Da es bisher nicht veröffentlicht ist, wird hier eine kurze Übersicht des Inhaltes angegeben; Einzelheiten vgl. in Kapitel 4 (Verfassung) zu den entsprechenden Bestimmungen.

– Die Residenzpflicht aller (*praelati, canonici, vicarii et altaristae*) – vorbehaltlich der *capellani archiepiscopi* – wird eingeschärft. Wer innerhalb von drei Monaten seine Residenz nicht antritt, soll seine Pfründe im Tausch einem anderen geben, der residieren kann und will; andernfalls geht die Pfründe verloren.

– Die *disciplina chori* wird eingeschärft.

– Wer durch den Papst, einen päpstlichen Legaten oder den Ordinarius eine Pfründe (Kanonikat, Vikarie, Altaristenstelle) erhält und innerhalb eines halben Jahres nicht in der Lage ist, den Gottesdienst *in cantando, psallendo, legendo et celebrando* zu versehen oder nicht *idoneus* ist, erhält weitere sechs Monate Zeit, diesen Verpflichtungen nachzukommen. Ist er auch dann noch säumig, verliert er seine Pfründe. Die Einkünfte der letzten sechs Monate fallen dann an die Fabrik.

– Das Hochamt soll täglich gesungen (nicht gelesen) werden. Kanoniker, die beim Hochmamt fehlen, müssen ein Pfund Wachs Strafe an die Liebfrauen-Bruderschaft zahlen, Vikare ein halbes Pfund; wer innerhalb von zehn Tagen nicht zahlt, muß doppelt zahlen.

– Präsenzgelder werden täglich nach der Messe gezahlt; bei Kleingeldmangel auch monatlich.

– Die Anfangs- und Endzeiten der Horen werden genau bestimmt. – Gesänge (psalmodieren) sollen langsam und unverkürzt gesungen werden.

– Wer ein Amt (*offitum*) erhält, sich aber als ungeeignet erweist, soll es binnen sechs Monaten wieder abgeben. Tut er das nicht, kann das Kapitel es nach zwei Monaten erzwingen.

– Das Kapitel erhält ab sofort vier junge *chorales*, die beim Chordienst (zu allen kanonischen Stunden) und der Messe assistieren. Das Kapitel stellt Kost und Kleidung. Die Aufsicht hat der *rector scholarum*.

– Wer eine *persona diffamata aut suspecta* länger als acht Tage in seinem Haus hat oder anderswo bezahlt, hat sie innerhalb von zehn Tagen zu entfernen. Bei Nichtbefolgung werden die Einkünfte entzogen und sofort an die Kanoniker verteilt.

– Kellner, Fabrik- und Präsenzmeister haben zwischen Vitus und Modestus (15. Juni) und Assumptio Mariae (15. August) Rechnung zu legen. Das Kapitel prüft diese innerhalb eines Monats.

– Die Gebäude und Besitzungen sollen jährlich von einem oder zwei Beauftragten überprüft und gegebenenfalls repariert werden.

– Das Martyrologium soll täglich gelesen werden,

– Alte Statuten und Verfügungen (*ordinationes*) bleiben bestehen und sollen jährlich verlesen werden.

– Der erzbischöfliche Kapellan ist von allen Bestimmungen dispensiert.

Dieses Statut ist bemüht, durch Strafbestimmungen Mißstände zu beseitigen, enthält aber – mit Ausnahme der schon 1459 vom Stift in Rom beantragten Einrichtung der Chorknaben – keine grundlegenden Veränderungen. Es zeigt aber, wo konkret im Alltag stiftischen Lebens die „Probleme" lagen. Der von Erzbischof Johann 1471/77 angestrebten weitergehenden Integration des Stiftes in seine Residenz Pfalzel hätten diese Verfügungen gewiß entsprochen; es mag aber sein und ist wohl eher wahrscheinlich, daß schon zu diesem Zeitpunkt abzusehen war, daß die weiter gesteckten Ziele nicht verwirklicht werden konnten.

D. Vom Beginn des 16. bis zum Ende des 18. Jahrhunderts

Die lange Regierungszeit Erzbischof Johanns II. von Baden 1456–1503 ist in der Geschichte des Marienstiftes in Pfalzel eine gewiß ungewöhnliche Epoche, auch im Vergleich zu anderen Stiften des Erzbistums. Prägend waren die Residenzfunktion Pfalzels und die unmittelbare Nachbarschaft des Kanonikerstiftes zu dieser Residenz. Das Stift hatte damit eine spezifische, nur ihm zugeordnete Funktion erhalten. Mit dem Wegfall dieser besonderen Aufgabe mußte das Stift zwangsläufig wieder in den Status einer kleinen Klerikergemeinschaft zurückfallen. Insoweit kann gerade dieses Beispiel Pfalzels verdeutlichen, wie wichtig die spezifische Aufgabe eines Kanonikerstiftes – im Unterschied zu monastischen Kommunitäten – für dessen Selbst- und Fremddarstellung war. Das Marienstift Pfalzel hatte es bei seiner Einrichtung im 11. Jahrhundert (und auch in den nachfolgenden Jahrhunderten) versäumt, diese (nur) ihm eigene, besondere Aufgabe zu definieren und zu verwirklichen. Dies gilt ebenso für die Zeit nach der „Residenz-Epoche" in der zweiten Hälfte des 15. Jahrhunderts.

Der Nachfolger Erzbischof Johanns II., dessen Großneffe Jakob II. von Baden (Koadjutor seit 1500, Erzbischof 1503–1511), hat die Zuwendung Johanns zu Pfalzel als Residenz und damit auch zum Stift offensichtlich nicht übernommen.

Auch über engere Beziehungen des Erzbischofs Richard von Greiffenklau (1511–1531) – dessen Person und Amtszeit in der allgemeinen Geschichte mit der ersten Ausstellung der Reliquie der Tunica Christi im Dom zu Trier bei einem Besuch Kaiser Maximilians und auf dessen Wunsch 1512, mit den Gesprächen und Aussagen Martin Luthers auf dem Reichstag von Worms von 1521 sowie mit dem Zug Franz von Sickingens gegen Trier und dessen Belagerung auf der Ebernburg 1523 verbunden ist – zum Stift Pfalzel ist konkret wenig bekannt. Der noch in den Endjahren des 15. Jahrhunderts begonnene Bau des neuen Kreuzgangs wurde in Richards Amtsjahren und mit dessen Förderung vollendet; jedenfalls zeigen Schlußsteine in dem noch erhaltenen Seitenflügel das Wappen des Erzbischofs (vgl. § 3 Abschn. A 4a). Immerhin hat das Stift selbst aber am 26. Mai 1523 den beachtlichen Betrag von 450 fl. mit Zustimmung des Erzbischofs und auch, wie betont wird, für die Bedürfnisse des Erzbischofs und der Diözese (*totusque diocesis necessitates*) beim Stift St. Paulin in Trier geliehen, formal als Verkauf einer Rente von jährlich 18 Goldfl., belastet auf den Einkünften des Kapitels aus dessen Hof in Wehlen (Kopiar StadtBi Bl. 33v-34r). Das Gewicht dieser Transaktion kommt deutlich darin zum Ausdruck, daß die Urkunde „nach sorgfältiger Überprüfung und Erörterung" *et matura et sana deliberatione habita* von den namentlich genannten Dekan, Scholaster, Kustos und sechs Kanonikern des Stiftes Pfalzel ausgestellt ist. Mit Urkunde vom 12. April 1535 verkauft das Stift Pfalzel dann seine Insel Hahnenwerth (vgl. § 28) für den nämlichen Betrag von 450 fl. an Erzbischof Richards Nachfolger, Erzbischof Johann von Metzenhausen, um damit, wie ausdrücklich gesagt wird, seinen Hof Wehlen von der Belastung gegenüber dem Stift St. Paulin wieder freizustellen (K Best. 1 A Nr. 3036; Kopiar StadtBi Bl. 22v-23r).

Es scheint aber, daß Richard von Greiffenklau auch persönlich dem Stifts-Kapitel von Pfalzel verbunden war, wobei namentlich an die beiden Dekane Johann (von) Sierck (1527–1547 Dekan) und Nikolaus Landt von Zell (Dekan 1547–1566; Beziehung zu Erzbischof Richard schon für 1521 bezeugt; vgl. § 31) zu denken wäre. Jedenfalls muß die doch ungewöhnliche *statio* mit der Leiche des Erzbischofs auf deren Weg von Wittlich nach Trier einen wie auch immer gearteten konkreten Grund gehabt haben.

Die Gesta Trevirorum berichten darüber, daß Richard von Greiffenklau nach längerer Krankheit am 13. März 1531 in der Burg zu Wittlich gestorben, der Tod aber erst am 15. März bekannt gemacht worden sei. Die Leiche sei zur Vesperzeit des 16. in die Pfarrkirche von Wittlich gebracht worden; dort habe man die Totenvigil und am folgenden Tag das Totenamt gefeiert. Danach sei die Leiche in einem Wagen – begleitet von der Ritterschaft, den Räten und dem Hof des Erzbischofs – nach Pfalzel gebracht worden, wo sie von den Kanonikern und Vikaren des Marien-Stiftes in einer Prozession empfangen und bei Lichterschein und Glockenklang in die Kirche gebracht worden sei, wo man die Vigil und den David-Psalter vor dem Leichnam gebetet habe. Am nächsten Tag habe der Dekan um vier Uhr morgens das Totenamt und die Fürbitten gesungen. Danach sei der Leichnam zur Mosel gebracht und mit dem Schiff nach Trier überführt und im Dom bestattet worden. Das ebenfalls eingehend beschriebene Zeremoniell in Trier ist hier nicht von Interesse (vgl. Gesta Trevirorum ed. Wyttenbach 2 S. 375f.; Übersetzung Zenz, Taten der Trierer 6 S. 55). Natürlich kann man argumentieren, daß der Weg von Wittlich eben so weit war und man deshalb in Pfalzel habe übernachten müssen. Aber die würdige Gestaltung zeigt wohl doch eine engere Beziehung der Angehörigen des Stiftes zu diesem Erzbischof.

Erzbischof Johann III. von Metzenhausen (1531–1540) ließ die „Festung" Pfalzel, in die das Kanonikerstift mitsamt dessen Stiftsbering (aber nicht auch die Bürgersiedlung) eingeschlossen war, errichten (vgl. § 3 Abschn. A 6b). Man wird die Schutzwirkung dieser mit ihren mächtigen Bastionen noch heute imposanten Anlage, aber ebensowenig die in der Literatur daneben gerne herausgestellten Zerstörungen des 16. und 17. Jahrhunderts nicht überschätzen dürfen:
– Im Zusammenhang mit dem Zug des Markgrafen Albrecht Alkibiades von Brandenburg-Kulmbach (hier als Söldner des Königs von Frankreich) nach Westen und dessen Besetzung der Stadt Trier Ende August 1552 hatten Mitte September kurtrierisch(-kaiserliche) Truppen eine Besatzung des Markgrafen aus Pfalzel vertrieben. Das führte zu einem Gegenangriff markgräflicher Streitkräfte, die Pfalzel zurück eroberten und nun Burg und Siedlung „niederbrannten". Schon am 27. September verließen dann die Truppen des Alkibiades Trier und damit auch Pfalzel (vgl. die Schilderung bei Kentenich, Stadt Trier S. 357–360). Wie schwer die in Pfalzel angerichteten Schäden tatsächlich waren, ist nicht bekannt.
– Das gilt ebenso für die von dem französischen General Vignory im Dezember 1673 – im Zuge der „Entfestigung" auch des Umfeldes der Stadt Trier – angeordnete Niederreißung der Mauern (nur der Bürgersiedlung?) Pfalzels und die bei dem Feldzug Ludwigs XIV. praktizierte Strategie der „verbrannten Erde" auch in Pfalzel im September 1689 (vgl. § 3 Abschn. A 6b), bei der allerdings Kirche und Kapellen so stark beschädigt wurden, daß der Gottesdienst nicht gehalten werden konnte (K Best. 157 Nr. 304) und offensichtlich auch verschiedene Gebäude schwer beschädigt oder gar zerstört wurden (vgl. bei den Baumaßnahmen zu Beginn des 18. Jahrhunderts in § 3, die vermutich auf diese Zerstörungen von 1689 zurückzuführen sind). Schon 1684 war man zum Generalkapitel des Stiftes am 15. Juni wegen der Gefahren durch die französischen Truppen nur formal zusammen getreten und hatte sofort die Auflösung beschlossen (Mischbd StadtBi Bl. 72).

Die Erzbischöfe sollen die Schäden durch den Brand von 1689 nicht beseitigt, jedenfalls die Funktion Pfalzels als einer Nebenresidenz völlig aufgegeben haben. Zum Stift wurden damit die engeren Kontakte seit dem Beginn des 16. Jahrhunderts zunehmend schwächer. Die Pfründen der Kanoniker und insbesonders Dignität und Amt des Dekans wurden zunächst noch als Personalstellen erzbischöflicher Funktionsträger genutzt. Dabei bleibt bemerkenswert, daß diese im 16. Jahrhundert noch offensichtlich so sehr dem Stift verbunden und wohl auch integriert blieben, daß namentlich die Mehrzahl der Dekane ihr Grab im Stift wählte (vgl. die Epitaphe in § 3 Abschn. A 3b und die Nachweise in § 31). Aber schon im 17. Jahrhundert sind nur noch eine kleine Zahl der Kanoniker des Stifts in der erzbischöflichen Verwaltung eingesetzt.

Das kann und soll natürlich auch positiv gesehen werden, waren doch nun Residenz und Präsenz der Kanoniker und Vikare sehr wahrscheinlich deutlich besser als in vorangegangenen Jahrhunderten und damit natürlich auch der Chor- und Gottesdienst. Doch so interessant es auch wäre, etwas über die „katholische Barockisierung" der Liturgie oder die Beteiligung an der auch in Trier – man denke an den Kreis um Hontheim und Neller – durchaus relevanten Resonanz auf Anstöße (innerkirchlicher) „Aufklärung" zu erfahren, bleibt nur die Feststellung, daß Nachweise dazu nicht überliefert sind.

Hinweise auf Reform-, oder man sollte vielleicht korrekter sagen: Verwaltungsrichtlinien der Erzbischöfe, namentlich auf das in der Literatur deutlich überbewertete (Muster-)Statut von 1595 (vgl. § 10), führen nicht weiter. Vereinzelte Baumaßnahmen sind aus dem 18. Jahrhundert überliefert (vgl. § 3), aber auch hier ist das, was nach den Versteigerungen 1802/04 und der nachfolgenden profanen Nutzung der Gebäude bis weit in das 20. Jahrhundert noch erhalten oder auch nur als Information überliefert ist, so gering, daß es nicht möglich ist, eine detailliertere Situationsschilderung auch nur zum späten 18. Jahrhundert zu geben.

Vermutlich war auch das Marien-Stift Pfalzel eine der kleineren kirchlichen Institutionen, die in herkömmlichen, in tradierten Gewohnheiten, Riten und Gebräuchen den ihnen anvertrauten und aufgegebenen Gottesdienst ausübten und dabei durchaus Neuerungen (des Zeitgeschmacks, der Mode) – z. B. in Lied und Musik (Orgel), in Kleidung und Ornat, in Werken bildender Kunst bei Altarbildern oder Skulpturen, nach finanzieller Möglichkeit auch in der Architektur – offen waren. Von Aufklärung und von Revolution in Paris hatte man erfahren. Als die Soldaten dieser Revolution (aber erst nach der Guillotinierung des Robespierre) einmarschierten, floh man zwar, kehrte aber bald schon zurück, weil man annahm, es sei nur – wie schon so oft in den zurückliegenden Zeiten – eine vorübergehende Besetzung. So war es ja zunächst auch. Und als dann – nach der allerseits (völkerrechtlich) anerkannten Annektion der linksrheinischen Lande und der Sanktionierung der Beschlagnahmung des Kircheneigentums (mit Ausnahme der Güter der neuen Bistümer und der Pfarreien) und der Aufhebung der Klöster und Stifte durch ein päpstliches Konkordat – 1802 die Aufhebung der Kommunität und des Stiftes (aber mit Pension auf Lebzeit für die zur Zeit der Liquidierung im Stift Anwesenden) erfolgte, war man gewiß betroffen, wohl auch hilflos, aber nach immerhin gut acht Jahren Besatzung nicht überrascht.

Die ins 16. Jahrhundert zurückreichende Haus-Historiographie hat die Geschichte von Kloster und Stift schließlich so zusammengefaßt (Mischbd StadtBi Bl. 87r/v mit dem Nachtrag zu 1803): Im Jahre 665 wurde das Gebäude von Adela erbaut (*constructum*), Bischof Modoald hat Adela zur *monialem virginem sacravit* und sie den Nonnen als *magistra* vorgesetzt. Dieses Kloster hatte Bestand bis zum Jahre 1022, also 357 Jahre. 1032 setzte Erzbischof Poppo *canonicos seculares* ein. Diese blieben bis zum 26. Juli 1803 *in qua die suppressi sunt a regimine gallico.*

§ 9. Die Aufhebung des Stiftes

Datenspiegel zum allgemeinen historischen Ablauf 1789–1803 im Trierer Raum vgl. Heyen, GS NF 41, St. Simeon S. 289–295.

Der Ort Pfalzel wurde am 10. August 1794 von französischen Truppen besetzt. Die Mehrzahl der Kanoniker und Vikare des Stiftes war kurz vorher geflohen oder floh wenig später, wahrscheinlich in Orte im nahen Rechtsrheinischen, wenn dazu auch keine Angaben bekannt sind und das Stift dort – im Unterschied zu manchen Stiften und Klöstern Triers – keine eigenen Güter besaß, auf die man sich hätte zurückziehen können. Schon 1795 waren die meisten nach Pfalzel zurückgekehrt, gewiß in der Annahme, daß ein wie auch immer modifizierter Fortbestand auch kirchlicher Einrichtungen erwartet werden könne. Die Eroberung der linksrheinischen Lande wurde zunächst auch von den französischen Truppen nicht als bleibende Okkupation, sondern als Besetzung verstanden, der durchaus – zumindest als Möglichkeit – eine Räumung und der Fortbestand des bisherigen Standes folgen konnte.

Anderseits muß man freilich auch sehen, daß man doch auch in Pfalzel mit Veränderungen rechnete und womöglich auch daran interessiert sein konnte. Jedenfalls bat der Vikar des Stiftes Johann Peter Willwersch in seiner Eigenschaft als *curé* (was wohl nicht als Pfarrer im Rechtssinne zu übersetzen wäre, sondern eher als „Pfarrverwalter") am 27. März 1797 (7. Germinal Jahr VI) die Departementalverwaltung, den Kult der Pfarrei St. Nikolaus in die Stiftskirche zu verlegen, weil die St. Nikolaus-Kapelle zu klein (*trop petit*) sei. Schon am 1. April (12. Germinal) verfügte die Departementalverwaltung die Zusammenlegung der beiden Kultstätten als solche, bestimmte aber, daß die jeweils benötigten Zeiten (Stunden) einvernehmlich von Pfarrer und Stiftskapitel festzusetzen seien (*distincte determinées à l'amiable*; K Best. 276 Nr. 458). Ob die Übertragung des Kultes (also namentlich des Gottesdienstes) von St. Nikolaus in die Stiftskirche und damit letztendlich die Aufhebung der Rechtsstellung einer Pfarrkirche für die St. Nikolaus-Kapelle tatsächlich vollzogen wurde, ließ sich nicht feststellen. wäre aber für die weitere Entwicklung ein entscheidender Schritt gewesen (vgl. § 3 Abschn. A 4b).

Nach Protokollen vom 24. Juni 1797 sowie vom 7. Mai und 10. August 1798 (K Best. 276 Nr. 2479) waren die nachstehend genannten Kanoniker und

Vikare wieder in Pfalzel; die protokollierten Daten der Rückkehr (mit Genehmigung der französischen Verwaltungen) sind in Klammern beigefügt:

Kaysersfeld, Dekan (13. Oktober 1795)
Schilli, Scholaster
Hahn, Kanoniker (4. Oktober 1796)
Kirn, Kantor (auch *secrétaire*) (21. November 1795)
Schimper, Kustos (*trésorier*) (23. Mai 1795). Am 10. April 1798 ist er nicht anwesend.
Pfeiffer, Kanoniker (12. Juni 1795). Er starb am 22. März 1802.
Hoffmann, Kellner (*receveur*)
Weber, Kanoniker (2. November 1795)
Linz, Extrakapitular, seit 24. Juni 1797 Kapitularkanoniker
Dau, Vikar
Lichter, Vikar
Kirn, Vikar (bis 1795; wurde Pfarrer), Vertreter Flesch
Willwersch, Vikar. Er starb vor dem 1. März 1799.

Zum nicht anwesenden, aber pensionsberechtigten Kanoniker Settegast vgl. die Angaben in § 35.

In den Antworten vom 25. Juli 1800 (13. Messidor IX) auf einen Fragebogen wird (offensichtlich in Anpassung an die französische Rechtslage hinsichtlich der Seelsorger-Kosten) angegeben (K Best. 276 Nr. 2479 Bl. 34f.):

— Die Stiftskirche ist zugleich die „Hauptpfarrkirche" der Pfarrei St. Nikolaus und der Dekan ist der *pastor primarius* der Pfarrei St. Nikolaus. Für die spätere Entscheidung über den Erhalt der Pfarrkirche blieb dies freilich ohne Bedeutung (vgl. § 3 Abschn. A 5, Versteigerung der Stiftsgebäude einschließlich der Kirche).

— Das Stift zählt zehn Kapitularkanonikate; real sei derzeit einer *canonicus exspectans* (vgl. § 35 bei Linz). Von diesen Kanonikern sei keiner *secularisirt* (die Frage hieß, wieviele seit der Revolution *secularisirte* Kanoniker es gebe, die auf einen Teil der Einkünfte Anspruch erhöben).

— Es gebe vier Vikare. Von diesen ist einer *vicarius curatus* der Pfarrei St. Nikolaus und einer wird als *chorisocius* vom Scholaster aus Zehnten bezahlt. Real seien drei Vikare und ein *chorisocius* vorhanden. Von den Vikaren sei einer weder anwesend (*residens*), noch tue er Dienst. Einer sei gestorben, die Republik erhalte dessen Revenuen (vgl. § 36, Willwersch). Keiner sei *secularisirt*.

— Das Stift hat 12 Häuser. Ferner gehören zum Stift die Kirche, ein Küster- und Schulhaus, eine Kapitelsstube und die St. Nikolaus-Kapelle.

In die Eigentumsverhältnisse des Stiftes wurde von der, wie gesagt, zunächst noch als Besatzung betrachteten französischen Militär- und Zivilverwaltung nicht eingegriffen, jedoch wurden im April 1795 die Zehnten aufgehoben. Das Stift Pfalzel, dessen Einkünfte zu einem großen Teil Zehnt-Abgaben sind, war davon besonders betroffen. Große Belastungen sind auch Kontributionen der Besatzung, die auch im Stift Pfalzel nur mit der Aufnahme von Krediten aufgebracht werden konnten und damit zu einer zunehmenden Verschuldung führten. Übersichten über die Einkünfte 1800–1802 sind in § 26 gegeben.

Mit der Abtretung der linksrheinischen Lande an Frankreich (Friede von Lunéville 9. Februar 1801) wurden auch die französischen Gesetze auf die vier rheinischen Departements übertragen. Mit Gesetz vom 2. Juni 1802 (Publikation am 2. Juli, im Saar-Departement am 16. Juli) wurden die geistlichen Institute aufgehoben und deren Güter als Nationaleigentum beschlagnahmt. Die Aufhebung des Stiftes Pfalzel erfolgte am 20. Juli 1802.

Die Versteigerung der Stiftsgüter war zunächst auch in Pfalzel zurückgestellt, weil die im Konkordat vom 8. April 1802 (Publikation in den Rheinischen Departements im Mai) vereinbarte Wiedereinrichtung bzw. Neuorganisation der Diözesen (in Übereinstimmung mit den Grenzen der staatlichen Departements) und der Pfarreien und deren Ausstattung mit Gebäuden und Gütern abgewartet werden mußte. Aber bereits am 26. Juli 1802 (7. Thermidor XI) war durch einen Regierungsbeschluß bestimmt worden, daß die bestehen bleibenden Pfarreien die Fabrikrenten aufgehobener Pfarreien, deren Gebiet ihnen zugewiesen wurde, erhalten sollten. Der Pfarrer von Pfalzel-St. Martin erbat deshalb eine Anweisung, die Fabrikunterlagen der aufgehobenen Stifts-Pfarrei (St. Nikolaus) und des Stiftes (Kirche St. Marien) ihm zu übergeben (Best. 276 Nr. 465). Die erste offizielle Pfarrumschreibung für das neue Bistum Trier (für das Saar-Departement) datiert vom 10. März 1803 (vgl. allgemein Marx, Entwicklung des Pfarrsystems, und Eismann, Umschreibung; zu Pfalzel S. 46). Darin gibt es für Pfalzel nur die (Sukkursal-)Pfarrei St. Martin. Die frühere Pfarrei St. Nikolaus (als Pfarrkirche des Stiftspersonals und der Pfarrei der Grundherrschaft des Stiftes mit Eitelsbach und Teilen von Biewer, die nun zu den Pfarreien Ruwer bzw. Pfalzel-St. Martin gehören) ist aufgehoben. Pfarrkirche bleibt die St. Martin-Kirche, d.h. die bisherige Pfarrkirche St. Nikolaus hat keine Verwendung mehr. Auch eine Weiterverwendung der Stiftskirche als Pfarrkirche durch Übertragung der Pfarr-Rechte von St. Martin auf diese St. Marien-Kirche, wie es z.B. in Trier zum Erhalt der gotischen Liebfrauenkirche und der barocken St. Paulinus-Kirche durch Übertragung der Pfarr-Rechte von St. Gervasius und St. Walburgis auf diese Kirchen geschah, war in Pfalzel offensichtlich nicht in Betracht gezogen worden. Sowohl die St. Marien-Stiftskirche wie auch die St. Nikolaus-Pfarrkirche wurden bei den ersten Versteigerungen vom 7. September 1803 veräußert.

Die Stiftangehörigen erhielten Renten (Einzelheiten in den Personallisten §§ 31–36). Über die Versteigerungen der Kirchen vgl. im Detail § 3 Abschn. A2/16 (Stiftskirche) und /4b (St. Nikolaus), der Kurien § 3 Abschn. A5, der Allode § 27.

4. VERFASSUNG UND VERWALTUNG

§ 10. Die Statuten

Auch im Stift Pfalzel sind Statuten keine alle Lebensbereiche der Gemeinschaft bestimmende Verfassung, keine „Regel" im Sinne monastischer Kommunitäten oder „regulierter" Kanoniker-Gemeinschaften (vgl. dazu allgemein Heyen, GS NF 41, St. Simeon/Trier S. 302–304). Sie bestimmen und ändern vielmehr Einzelfragen und setzen eine letztlich stets den Zeitumständen anpaßbare, flexible Grundordnung als bekannt voraus. In Zweifelsfragen berief man sich in Pfalzel auf die Gewohnheiten des benachbarten Stiftes St. Paulin vor Trier, das man deshalb auch als „Oberhof" bezeichnete und als solchen in Zweifels- oder Streitfragen anrief. So heißt es 1583 zu St. Paulin: *dahin wir in dubias, so vorfallen, zu jeder zeit uns als in unseren uberhoff referiren und irer declaration uns gemeß halten* (Kopiar StadtBi Bl. 39). Man wird diese Aussage freilich nicht zu eng verstehen dürfen, denn zumindest im 18. Jahrhundert berief man sich in Pfalzel ebenso auf Gewohnheiten des Stiftes St. Simeon in Trier (so z.B. am 9. Juli 1779 in KP). Daß Statuten nicht als rechtsverbindliche Bestimmungen galten, illustriert eine Bemerkung im Kapitelsprotokoll des Stiftes Pfalzel vom 20. Juni 1783, als man darüber stritt, ob der Kellner gewählt oder ob dieses Amt turnusmäßig vergeben würde, so: *dergleichen sachen auch mehr in statutis befindlig seyn, welche doch nicht mehr in übung seyn.*

Als Statuten oder statutenähnliche Bestimmungen des Stiftes Pfalzel – auf detailliertere Beschreibung und Auswertung ist jeweils verwiesen – sind zu nennen:

– 1223/1229 Einführung des 2. Karenzjahres zugunsten der Fabrik. Abschrift 18. Jahrh. K Best. 157 Nr. 301 Stück 2 und 3; MrhUB 3 Nr. 216 S. 180, Nr. 377 S. 302; MrhR 2 S. 441 Nr. 1628, S. 509f. Nr. 1914. Vgl. § 11 Abschn. A 1d.

– 1386 September 20. Abschaffung der Einzelpfründen (*praebendae*). StadtA Trier Urk. H 12; gleichzeitige Abschrift in K Best. 1 C Nr. 5 Stück 579; Goerz, RegEb S. 119 (mit falschem Datum 11. September). Vgl. § 27 Abschn. B 1 und 2.

– 1391/1379 Aufhebung der Propstei und Inkorporation deren Einkünfte in das Kapitelsgut. Einzelnachweise in § 12 Abschn. 1.

– 1463 Juli 11/1461 Einschärfung und statutenmäßige Festsetzung der Residenzpflicht von Dekan, Scholaster, Kantor und Kustos. K Best. 157

§ 10. Die Statuten

Nr. 302; notarielle Kopie von 1730 StadtBi Trier Hs. 1679/342. Blattau, Statuta 2 S. 22–27; Übersetzung Wengler, Pfalzel S. 27–34. Vgl. § 12.

— 1471/1501 Projekt einer Übertragung des Kooptationsrechtes des Kapitels bei Vakanzen in geraden Monaten auf den Erzbischof. Einzelnachweise in § 8 Abschn. C und § 29 bei Noviand.

— 1480 Mai 12 Ergänzung der Regelungen von 1463. Kopiar StadtBi Bl. 5–7, Kopiar PfarrA Bl. 5–8. Goerz, RegEb S. 250; nicht bei Blattau, Statuta. Vgl. § 8 Abschn. C.

— 1595 Allgemeine Statuten, im Auftrag Erzbischof Johanns VII. erlassen von Weihbischof Peter Binsfeld mit Urkunde vom 16. September 1595. K Best. 1 C Nr. 43 S. 917–930; BistA Trier Abt. 65 Nr 82 (Ausfertigung?); Kopiar StadtBi Bl. 47–50; Blattau, Statuta 2 S. 410–414; Übersetzung Wengler, Pfalzel S. 34–39. Es handelt sich um die „Musterstatuten" der erzbischöflichen Verwaltung, wie sie für alle trierischen Stifte gelten sollte. Sie ist nicht konkret oder speziell für das Stift Pfalzel erarbeitet worden. Nur eine vergleichende Untersuchung aller Stifte kann die Umsetzung dieser Musterordnung in den einzelnen Stiften ermitteln. Vgl. vorerst Heyen, GS NF 41, St. Simeon/Trier S. 319–322. – Lediglich die Bestimmungen über die Zusammenlegung schwach dotierter Vikarien am Schluß der Statuten nimmt auf die besonderen Verhältnisse in Pfalzel Bezug, wobei aber auch hier zu berücksichtigen bleibt, daß auch diese Zusammenlegungen zum generellen Reformprogramm gehören und in anderen Statuten ebenso berücksichtigt sind. Vgl. zu den Vikarien § 15.

— (1597) Die bei Wengler, Pfalzel S. 39 genannten Statuten vom 2. Dezember 1597 betreffen nicht Pfalzel, sondern das Stift Kyllburg. Sie waren irrtümlich im Findbuch zum Archiv des Stiftes Pfalzel im LHA Koblenz (Best. 157) aufgeführt; Wengler hat diese falsche Angabe wohl ohne Überprüfung abgeschrieben.

— 1623 Die Statuten vom 13. Juli 1623 gehen auf eine Visitation des Weihbischofs Georg Helfenstein und des Rektors der Jesuiten in Trier, Peter Metternich, zurück und wurden von Erzbischof Lothar erlassen (K Best. 157 Nr. 164 und 302). Sie stellen eine Mischung von frommen Ermahnungen und konkreten Anweisungen dar und sind Zeugnis der allgemeinen nachkonziliaren Reformbemühungen.

— Visitationen, die letztlich der Umsetzung dieser Reformbemühungen galten, sind bekannt vom 20. März 1657 (durch den Domdekan Hugo Friedrich von Eltz und den Dekan von St. Simeon und Trierer Offizial Johann Holler; gleichzeitig wurden die Stifte St. Simeon und St. Paulin visitiert; erwähnt Mischbd StadtBi Bl. 50) und 1701 (BistA Trier Ms. 269).

— 1701 Eine von Weihbischof Johann Peter Verhorst im Auftrage des Erzbischofs Johann Hugo von Orsbeck vorgenommene *visitatio et reformatio* von 1701 ist nur in Abschrift überliefert (BistA Trier Abt. 95 in Nr. 269); ob diese vollständig ist, muß offen bleiben. Grundtenor ist die Orientierung an Ordnungen und Gebräuchen der anderen Stifte der Erzdiözese. Beigefügt sind verschiedene Angaben zur Verfassung des Stiftes, die vielleicht Vorlage bei der Visitation waren. Einzelheiten sind in den nachstehenden Paragraphen genannt.

§ 11. Das Kapitel

Für die Gliederung dieses Kapitels ist die des Stiftes St. Simeon in Trier (GS NF 41) übernommen. Auch für allgemeine Ausführungen und Hinweise sei auf diesen Band verwiesen.

A. Die Mitgliedschaft im Kapitel

1. Erwerb und Verlust der Mitgliedschaft

a. Voraussetzungen für die Aufnahme

Eheliche und ehrliche Geburt von väterlicher und mütterlicher Seite in vier Graden wird im 18. Jahrhundert verlangt und auch 1774 gegen eine Anordnung des Erzbischofs, die „Observanz" der Prüfung dieser Voraussetzungen einzustellen (K Best. 1 C Nr. 19036 und KP; der Anlaß ist eine bekannte, in kurtrierischen Diensten stehende Beamtenfamilie; vgl. § 34 bei Coenen und bei Kirn), mit dem Hinweis auf eine solche Bestimmung aller (kurtrierischen) Stifte mit Erfolg verteidigt. Frühere, vermutlich weniger weit zurückreichende Regelungen sind nicht bekannt.

Ständische Voraussetzungen sind nirgends erwähnt. In der Neuzeit ist das Kapitel überwiegend bürgerlich. Auch Söhne bäuerlicher Abstammung fanden Aufnahme. Adlige (Ministerialenadel) sind ebenfalls in allen Jahrhunderten nachweisbar, ohne daß ihnen ersichtliche Vorrechte eingeräumt wurden, wenn man auch eine gewisse „Prädestination" dieser Adligen – wie auch der Angehörigen trierischer Beamtenfamilien – für verschiedene Ämter vermuten kann.

Über den Nachweis katholischer Taufe ist nichts bekannt, man kann aber voraussetzen, daß in nachreformatorischer Zeit eine *professio fidei* verlangt oder vorausgesetzt wurde, zumal Geburtszeugnisse in dieser Zeit ja in der Regel Taufzeugnisse sind.

Als untere Grenze des Aufnahmealters nennen die (generellen) Statuten von 1595 unter ausdrücklicher Bezugnahme auf die Bestimmungen des Konzils von Trient das 14. Lebensjahr. Es ist keine Nachricht bekannt, aus der man schließen könnte, daß diese Frage in Pfalzel von aktueller Bedeutung gewesen wäre.

Über körperliche und geistige Voraussetzungen sind konkrete Angaben nicht bekannt. Mangelnde Befähigung zur Teilnahme am Chorgesang wird aber auch hier gelegentlich beklagt (vgl. § 32). Die Statuten von 1480 bestimmen, daß derjenige, der durch den Papst, einen päpstlichen Legaten oder den *ordinarius loci* (also den Erzbischof) eine Pfründe erhalte, innerhalb eines halben Jahres in der Lage sein müsse, den Gottesdienst *in cantando, psallendo, legend et celebrando* zu versehen. Falls er dies in der angegebenen Zeit nicht erreiche, solle man ihm nochmals sechs Monate Zeit geben. Könne er auch dann die Anforderungen nicht erfüllen, so verliere er die Pfründe und die Einkünfte der letzten sechs Monate, die an die Fabrik fallen sollen. 1772 wird generell bei der Bewerbung um ein Kanonikat eine *proba cantus* verlangt (KP).

Hinsichtlich des Weihegrades war in Pfalzel für die Aufnahme wohl nur die Tonsur, d.h. die Zugehörigkeit zum Klerikerstand, verlangt. Konkrete Hinweise sind nicht bekannt. Die Priesterweihe war in Pfalzel auch nicht Voraussetzung für die Annahme als Kapitularkanoniker, mußte aber in einer bestimmten Zeit empfangen werden. Man darf als Normalfall annehmen, daß dies – zumindest in der Neuzeit – auch geschah. Für die Annahme eines Offitiums war es anscheinend vorgeschrieben (vgl. § 35 bei Adrian Loyaris). Eine Zulassung zu den Weihen war für Kanoniker, Vikare und Altaristen bei den Niederen Weihen nicht erforderlich, für das Subdiakonat erteilte sie der Scholaster, für das Diakonat der Dekan, für das Presbyterat Dekan und Kapitel (so Statuten von 1463 und als Beispiel ein Licentiatorium für Johann Homphäus in Kopiar StadtA Bl.9; vgl. § 35).

b. Möglichkeiten der Aufnahme. Ergänzung des Kapitels

Die Aufnahme in das Kapitel war in Pfalzel wie in anderen Stiften möglich durch Nomination eines Kapitularkanonikers (Kooptation), durch Kollation oder Provision des Papstes, des Erzbischofs von Trier und (als Erste Bitte) des Kaisers sowie durch Tausch oder mit Verzicht eines Kanonikers.

Das Kapitel hatte ein Recht zur Nomination in geraden Monaten (Februar, April etc.), das im Turnus nominandi ausgeübt wurde. Dieser Turnus wurde jeweils nach der Senioritätsfolge des *ingressum in capitulum*, und zwar nur der bei der Aufstellung des Turnus aktuell residierenden Kanoniker, aufgestellt (so u.a. Statut von 1463). Er war eine geschlossene Liste, wurde also nicht fortgeschrieben oder (bei Todesfällen) ergänzt; erst wenn er abgeschlossen (durchlaufen) war, wurde ein neuer Turnus erstellt. War bei einer Vakanz in einem geraden Monat an Stelle der Turnus-Nomination eine *preces* (s. dazu weiter unten) zu berücksichtigen, so wurde der Turnusberechtigte nicht übersprungen, sondern die Benennungsreihenfolge wurde verschoben (Statut von 1463).

Bemerkenswert ist eine Notiz im Testament des Dekans Anton Reuß von 1735/37. Reuß schreibt darin, daß er dem Sohn seines Stiefbruders Heinrich Reuß, nämlich Gerhard Reuß, ein Kanonikat gratis conferiert habe, *da doch von ein oder anderen pro gratificatione ein merkliches hätte haben können* (K Best. 157 Nr. 186/187). Das zeigt, daß das Nominationsrecht nicht nur regelrechte Familienpfründen, wie man sie in jedem Stift über Generationen hin feststellen kann, zur Folge hatte, sondern offensichtlich auch materiell von Bedeutung war. Dies als Simonie zu bezeichnen, sei dahingestellt.

Bei einer Vakanz in den ungeraden Monaten wurde – seit dem Hohen Mittelalter – das Besetzungsrecht an frei werdenden Kanonikaten vom Papst durch Kollation oder Provision in Anspruch genommen (daher Vakanz im „päpstlichen" Monat), ebenso bei Tod des Kanonikats-Inhabers an bzw. im Weichbild der Kurie. Das ist als allgemeines Kirchenrecht hier nicht zu erörtern.

Mit diesem päpstlichen Anspruch wäre – bei weiterer Anerkennung der Kooptation in geraden Monaten – ein Besetzungsrecht des Erzbischofs als *ordinarius loci* ausgeschlossen gewesen. In der Praxis kam der Kompromiß zustande, daß der Papst auf sein Kollationsrecht zugunsten des Erzbischofs z.B. bei einem Amtswechsel, auf Zeit oder auch für eine Amtsperiode verzichtete bzw. es dem Erzbischof übertrug. Für die Kanonikate des Stiftes Pfalzel erhielten der Trierer Erzbischof Johann II. von Baden und dessen Nachfolger 1477 das gewiß ungewöhnliche päpstliche Privileg, mit dem ihnen alle der päpstlichen Besetzung reservierten Kanonikate im Stift Pfalzel sowie an einem Altar in der Burg Limburg und an zwei Altären in Ehrenbreitstein übertragen wurden (mit Nachweisen ausführlich dargestellt in § 8). Diese Delegierung des päpstlichen Besetzungsrechtes hat offensichtlich bis zum Ende des Stiftes bestanden. Die Erzbischöfe berufen sich zwar später meist in der für Privilegierungen üblichen Terminologie auf ein *indultum apostolicum* (vgl. Beispiele in § 35), doch sind anderseits päpstliche Verleihungen – abgesehen davon, daß sie in der Neuzeit ohnehin oft übertragen wurden – nicht mehr bekannt. Als Begründung für den päpstlichen Verzicht von 1477 wird nicht nur bei den beiden Burgen, sondern auch bei Pfalzel die „militärische" Funktion gegenüber feindlich gesonnenen Nachbarn genannt, sondern auch darauf hingewiesen, daß die Erzbischöfe von Trier die zehn Kanonikate des Stiftes gestiftet hätten. Das würde gewiß auch für andere Kollegiatstifte gegolten haben – genannt sei nur das benachbarte, kaum ältere Stift St. Simeon in Trier –, sodaß dies nur ein vorgeschobenes Argument gewesen sein kann. Eher war da wohl die Burg- und Residenz-Funktion Pfalzels das Motiv und damit ein Vergleich zu Residenz-Stiften weltlicher und auch geistlicher Herrschaften.

Das zeigt auch der schon wenige Jahre zuvor (oder gleichzeitig?) von Erzbischof Johann II. unternomme Versuch, das Besetzungsrecht an den in geraden Monaten vakant werdenden Kanonikaten zu erwerben. 1471 nämlich vereinbarten Erzbischof und Stiftskapitel, daß der Erzbischof dem Stift die beiden zu den erzbischöflichen Gütern gehörenden Pfarreien Bernkastel und Noviand inkorporieren und im Gegenzug das Stift dem Erzbischof das Nominationsrecht an allen dem Kapitel zustehenden Kanonikaten übertragen werde. Die Einzelheiten des Verfahrens sind hier nicht darzustellen (vgl. § 8 und § 29 bei Noviand). Die Inkorporation von Bernkastel kam (aus noch nicht geklärten Gründen) nicht zustande, sodaß der Erzbischof, wie das auch 1471 für den Fall der Nichterfüllung ausdrücklich vereinbart war, 1501 auf seinen Anspruch auf die Nominationen verzichtete, dem Stift aber die schon inkorporierte Pfarrei Noviand beließ.

Neben diesen nach einer Vakanz durch Todesfall in geraden und ungeraden Monaten sowie bei Tod an der päpstlichen Kurie unterschiedenen Nominations- bzw. Besetzungsrechten gab es noch in Pfalzel wie an den anderen Stiften das (Nominations-)Recht der Ersten Bitten (*preces primariae*) beim Amts- bzw. Regierungsantritt eines Erzbischofs und seit dem Späten Mittelalter ebenso des Königs bzw. Kaisers. Besonderheiten sind dazu für Pfalzel nicht bekannt. Die Könige haben im 17./18. Jahrhundert gelegentlich auf ihr Nominationsrecht der Ersten Bitte zugunsten ihrer Kurfürsten (und damit auch des Erzbischofs von Trier) verzichtet oder sich von diesen Kandidaten benennen lassen.

Mit der Unterscheidung zwischen einer Vakanz in geradem und ungeradem Monat konnte man theoretisch von einer gleichmäßigen Aufteilung zwischen dem Stiftskapitel und „anderen" ausgehen. Mit den Ersten Bitten (und deren Delegierung) und Todesfällen in „ungünstigen" Monaten konnte es aber natürlich auch zu Beschränkungen des Besetzungsrechtes des Kapitels kommen. Als z.B. ca 1607 der Erzbischof zum vierten Mal hintereinander ein frei gewordenes Kanonikat besetzte, protestierte das Kapitel, anscheinend mit dem Ziel einer Beschränkung unstreitig bischöflicher Rechte. Das Ergebnis des noch 1611 anhängigen Prozesses ist nicht bekannt (vgl. § 35, Adam Mürtzer), doch wird man davon auszugehen haben, daß der Einspruch des Kapitels ohne Erfolg blieb. Es hätte ja auch ebenso gut vorkommen können, daß der Erzbischof bei vier aufeinander folgenden Todesfällen in geraden Monaten nicht zum Zuge gekommen wäre.

Eine Umgehung der Nominationsrechte ist der immer wieder praktizierte – und manchmal auch vom Kapitel begrüßte – Tausch eines Kanonikates gegen eine andere Pfründe oder auch der Verzicht zugunsten eines anderen. Auch das war allgemein üblich. Wenn das Kapitel seine Einwilligung versagte, blieb meist der Weg über die päpstliche Kurie, indem der Pfründeninhaber zugunsten des Papstes verzichtete und für die erbetene Wiederbesetzung einen Kandidaten vorschlug (auch dazu Beispiele in § 35).

c. Die Aufnahme als solche

Die Aufnahme in das Kapitel erfolgte durch Präsentation (durch einen Kanoniker im *Turnus nominandi* oder durch Kollation bzw. Preces) im Kapitel. Nach Ablauf der drei Karenzjahre (s. nachstehend) wurde der *canonicus extracapitularis* ins Kapitel aufgenommen und erhielt *stallum in choro et votum in capitulo*. In den Vollgenuß der Pfründe gelangte er – nach der Statutenänderung von 1387 – jedoch nur dann, wenn er auch der Residenzpflicht genügte.

Bei der Aufnahme war mit einem Eid die Wahrung und Verteidigung der Rechte, Freiheiten und Besitzungen des Stiftes sowie die Beachtung der Statuten zu geloben. Einzelheiten sind für Pfalzel nicht überliefert.

Beim Eintritt in das Kapitel waren als „Aufnahmegebühr" die sogenannten Statutengelder in Höhe von 29 fl. zu zahlen (z.B. bezeugt 1471: StadtBi Trier Hs 1680/341; für spätere Zeit Nachweise in den Rechnungen). Sie wurden z.T. an die Kanoniker verteilt, z.T. an die Fabrik gegeben (vgl. Mischbd StadtBi Bl. 72).

d. Wartezeiten. Karenz- und Exspektanzjahre

Zwischen der formalen Aufnahme in das Kapitel und der vollberechtigten Mitgliedschaft bestanden Wartejahre in unterschiedlicher Anzahl. Die Kanoniker in Wartejahren erhielten nur einen geringen Anteil an den Einkünften ihres Kanonikates (Einzelheiten sind für Pfalzel nicht ermittelt) und hatten kein Stimmrecht im Kapitel. Sie waren deshalb auch oft nicht im Stift anwesend; es bestand keine Residenzpflicht. Sie wurden meist als Extra-Kapitulare bezeichnet. Der vollberechtigte Kanoniker als Mitglied des Kapitels hieß deshalb Kapitularkanoniker.

Karenzjahre. Nach dem Tod eines Kapitularkanonikers wurde über dessen Nachfolge alsbald durch Nomination, Kollation oder Provision entschieden. Der vom Kapitel angenommene Kandidat wurde aber damit nicht auch sofort als vollberechtigtes Mitglied in das Kapitel aufgenommen, sondern hatte die sogenannten Karenzjahre (Warte- oder Sperrjahre) abzuwarten. In dieser Zeit war er Extra-Kapitularkanoniker. Für die Verwendung der generellen (Grund-)Einkünfte einer Kanonikerpfründe – natürlich nicht auch die Präsenzgelder – dieser Karenzjahre galten unterschiedliche Bestimmungen:

– Die Einkünfte des ersten Karenzjahres erhielten die Erben des Verstorbenen. Sie werden meist als Einkünfte des Gnadenjahres bezeichnet und waren im Trierischen allgemein üblich (vgl. hier Abschn. A 3f).

– Ein zweites Karenzjahr wurde für das Stift Pfalzel 1223 von Erzbischof Theoderich mit Rat (*consilium*) *prelatorum Trevirensium* (worunter wohl die Führungskräfte des Trierer Domkapitels und der trierischen Stifte zu verstehen sind) und auf Bitten (*ad petitionem*) des Pfalzeler Kapitels eingeführt mit der Bestimmung, die Einkünfte für die dringend notwendigen Reparaturen der Kirche und zur Anschaffung von Kirchengewändern (*ornamenta*) zu verwenden. Diese Urkunde wurde vom Erzbischof, vom Domkapitel und vom Kapitel des Stiftes Pfalzel besiegelt, was die ihr beigemessene Bedeutung unterstreicht (nur in Abschrift des 18. Jahrhunderts überliefert: K Best. 157 Nr. 301 Stück 2; MrhUB 3 Nr. 216 S. 180, MrhR 2 S. 441 Nr. 1628). Diese Verfügung wurde 1229 in einer Urkunde, die den Text von 1223 wörtlich wiederholt, dahingehend ergänzt bzw. präzisiert, daß dann, wenn ein Kanoniker (*frater*) freiwillig auf seine Pfründe verzichtet und in ein anderes Stift oder eine andere Gemeinschaft (*aliam ecclesiam vel religionem*) eintritt, die Einkünfte seiner Pfründe von zwei Jahren für die Gebäude und Kirchengewänder des Stiftes zu verwenden seien (Abschrift wie vor Stück 3; MrhUB 3 Nr. 377 S. 302, MrhR 2 S. 509f. Nr. 1914). Konkret heißt das, daß bei einem Verzicht die Einkünfte des dann ja nicht – wie bei einem Todesfall – anfallenden Gnadenjahres ebenfalls für die Kirche zu verwenden seien. – Dieses zweite Karenzjahr wurde nicht etwa nach Abschluß der „Sofortmaßnahmen" für Bau und Gewänder wieder rückgängig gemacht, sondern bis zum Ende des Stiftes beibehalten. Die Einkünfte fielen an die (wohl formal erst später eingerichtete) Fabrik.

– Ein drittes Karenzjahr ist später als feste (und normale) Ordnung überliefert. Wann es eingeführt wurde, konnte nicht festgestellt werden. Die Einkünfte fielen ebenfalls an die Fabrik.

An dieser Reglung hat sich bis zur Aufhebung des Stiftes nichts geändert. So ist z. B. in einem Gutachten von 1698 ausdrücklich bezeugt, daß die Karenzjahre auch bei Resignation zugunsten eines anderen einträten (K Best. 157 Nr. 304).

Diese Karenzjahre konnten, wenn Kanonikate kurz hintereinander neu zu besetzen waren, zu einer erheblichen Minderung des ohnehin schon kleinen Kapitels führen. So ist z. B. zum Jahre 1731 bezeugt, daß das Kapitel sechs Kapitularkanoniker und vier Extrakapitulare (also in Karenzjahren befindliche Kanoniker) zählte. Von den Kapitularkanonikern aber waren der Dekan meist krank, der Kanoniker Lanser ebenfalls krank und zudem meist in Trier, der Kanoniker Hofmann als Kellner vielfach abwesend und der Kanoniker Puriselli als Pagen-Hofmeister meist am kurfürstlichen Hof. Es blieben also noch die Kapitularkanoniker Ebentheuer und Meyer. Die vier Extrakapitulare baten daher den Erzbischof um „außerplanmäßige" Zulassung zur Besserung des Gottesdienstes. Diese wurde auch am 11. Juli 1731 für die drei Kanoniker Lauter, Nalbach und Masius, die bereits *presbyteri* waren, genehmigt, allerdings mit der Auflage, einmal 20 Imp. an die Fabrik zu zahlen (K Best. 1 C Nr. 19037). 1772 wurde dem Extrakapitular Johann Philipp von Hahn das dritte Karenzjahr erlassen, jedoch ohne Teilnahme an den Einnahmen aus dem sogen. Corpus und ohne *votum in capitulo* (KP; vgl. § 35).

e. Verlust der Mitgliedschaft

Die Mitgliedschaft im Kapitel erlosch durch Tod, Verzicht oder Tausch. Besondere Beispiele sind aus Pfalzel nicht bekannt (vgl. die Personallisten).

2. Pflichten und Aufgaben der Mitglieder des Kapitels

a. Die Residenzpflicht

Die Einhaltung der Residenz wird in allen Statuten eingeschärft. Sie war offensichtlich eines der wichtigsten Anliegen eines angemessenen Chor- und Gottesdienstes.

Im Generalkapitel vom 16. Juli 1438 wurde der Beschluß gefaßt, daß sich künftig jeder Kanoniker und Vikar persönlich beim Generalkapitel zur Residenz vorzustellen (zu präsentieren) habe und von da an auch das ganze Jahr über bleiben müsse mit Ausnahme von einem Monat, den jeder für sich frei habe. Weitere Befreiungen könnten nur Dekan und Kapitel genehmigen (Kopiar StadtBi Bl. 4). Der Beschluß richtet sich wohl vor allem gegen den Brauch, sich durch andere – z. B. durch einen Vikar, aber auch durch einen Mit-Kanoniker – bei der Vorstellung im Generalkapitel vertreten zu lassen, damit dann zur Residenz angenommen zu sein und folglich nur die unmittelbaren Präsenzgelder und nicht auch die Residenzgelder zu verlieren.

Die Statuten von 1463 lassen die Residenz erst mit der ersten Vesper der Vigil von Johann Baptist (23. Juni) beginnen, verlangen aber auch die persönliche Präsentation zur Residenz am Tag des Generalkapitels (15. Juni). Die Statuten von 1480 bestimmen, daß derjenige, der innerhalb von drei Monaten seine Residenz nicht antrete, sie im Tausch einem anderen geben solle, andernfalls er die Pfründe verliere (es ist nicht klar, ob damit eine generelle Vertretung erlaubt wird, oder ob der Tausch einen Pfründenverzicht beinhalten soll).

Wer seiner Residenzpflicht nicht nachkam, behielt von seiner Pfründe lediglich die sogenannten Allodien, nicht aber die Einkünfte der *fructus grossi* (s. unten).

Der Erzbischöfliche Kaplan (vgl. § 13) war von der Residenz befreit und galt hinsichtlich der Einkünftebeteiligung als residierend (Statut von 1463 und 1480).

b. Verpflichtung zur Teilnahme an Gottesdiensten. Präsenz

Mit der Residenz, der kontinuierlichen persönlichen Anwesenheit vor Ort, ist keineswegs auch die Teilnahme (Anwesenheit, Präsenz) an den verschiedenen täglichen Chor- und Gottesdiensten gesichert. Dies gilt wahrscheinlich weniger für den täglichen gemeinsamen Gottesdienst (Messe, „Hochamt") des Kapitels, als für die Teilnahme am Chorgebet, namentlich zur frühen Zeit (Matutin). Insbesondere bei kleinen Stiften wie Pfalzel waren diese gemeinsamen Gebete und (Psalmen-)Gesänge bei zu geringer Teilnahme oft peinlich bis ärgerlich. Man hat daher zu allen Zeiten und in allen Stiften versucht, durch die Zusicherung von Anwesenheits-Zahlungen (= Präsenzgelder) als Entgelt (Honorierung) für die Teilnahme zu werben. Zu unterscheiden sind Präsenzgelder für die Teilnahme am allgemeinen Chor- und Gottesdienst des Stiftes und die in sehr unterschiedlicher Höhe gestifteten Geld- und Sachleistungen an die Teilnehmer von Anniversarien und Memorien (vgl. nachstehend Abschn. 3 sowie § 27 Abschn. B 5a und b). – Der Dekan hatte auch im Stift Pfalzel ein Aufsichts- und Korrektionsrecht über die Teilnahme als solche und das korrekte Verhalten. Einzelheiten sind nicht bekannt (vgl. § 12).

c. Beichtverpflichtung

Über die sittliche Lebensführung der Stiftsmitglieder sind nur die allgemein üblichen Ermahnungen in den Statuten angeführt. An Hochfesten sollten alle vom Dekan zur Beichte ermahnt werden. Im Verdachtsfalle war der Dekan berechtigt, die Vorlage eines Beichtzeugnisses zu verlangen (wenn eine Sünde offenbar ist, wie es in den Statuten von 1623 heißt). An Ostern war die Beichte dem Dekan oder dessen Bevollmächtigtem abzulegen (Statut von 1595). Im Testament des Dekans Anton Reuß von 1735 (vgl. § 31) ist bestimmt, daß der Ordensgeistliche, der Beichtvater der Kanoniker ist und bisher alle 14 Tage (zum Beichthören) kam, künftig jeden Samstag kommen und an Maria Himmelfahrt (15. August) die Predigt halten solle. Bisher erhielt er vom jeweiligen Dekan jährlich 12 Rt.; mit den neuen Aufgaben solle er zusätzlich 8 Rt. aus der (von Dekan Reuß dotierten) Fabrik erhalten. Diese Beichte bei einem Ordensgeistlichen (wohl aus einem Trierer Kloster) ist offenbar eine ältere Reglung.

d. Kleidung.

Über die Kleidung war nichts spezielles zu ermitteln. Die Statuten von 1595 geben nur allgemeine Anweisungen.

3. Rechte, Besitz, Einkünfte

Vgl. dazu allgemein die Angaben und Hinweise zu den einzelnen Vermögensmassen in § 27.

a. Die Pfründe (*praebenda*)

Der Besitz des Stiftes war bis 1386 in Einzelpfründen aufgeteilt, deren Verwaltung und Nutzung der Erträge jeweils einem Kapitularkanoniker für die Zeit seiner Zugehörigkeit zum Stift übertragen wurde. Mit der Reform von 1386 wurde dieses System abgeschafft. Der Besitz der Pfründen wurde in der *mensa capituli/im corpus grossum* zusammengefaßt und vom Kellner verwaltet. Die Erträge wurden zu gleichen Teilen an die (residierenden) Kapitularkanoniker verteilt. Vgl. nachstehend zu d.

b. Die Allode

Wahrscheinlich noch als Relikt der Einzelpfründe erhielt jeder Kapitularkanoniker neben der Kurie (Punkt c) ein sogenanntes Allod, das aus Ackerland mit Kern in Pfalzel bestand und meist in Eigenwirtschaft (Gärten, Obstwiesen, Weinberge, Kastanien) betrieben wurde. Diese Allode bestanden bis 1802. Vgl. die Einzelnachweise in § 27 Abschn. B 3b.

c. Kurien

Die Kanoniker und Vikare führten einen eigenen Haushalt. Eine auch nur beschränkte *vita communis* ist für Pfalzel nicht bezeugt, doch ist hierbei besonders zu betonen, daß aus der Frühzeit des Stiftes keine Urkunden oder chronikalischen Nachrichten erhalten sind. Nachweise zu den Gebäuden als solchen vgl. § 3 Abschn. A 5.

Spezielle Klagen über die den Haushalt der Kanoniker und Vikare versorgenden (weiblichen) Personen sind nicht bekannt. Die Statuten von 1480 bestimmen, daß derjenige, der eine *persona diffamata aut suspecta* über acht Tage in seinem Haus habe oder anderswo bezahle, aufgefordert werden solle, diese innerhalb von zehn Tagen zu entfernen. Im Weigerungsfalle sollten ihm die Einkünfte entzogen und diese sofort (!) unter die Kanoniker verteilt werden. Da diese Statuten von 1480 im allgemeinen auf Pfalzeler Verhältnisse zugeschnitten sind, kann hier ein aktueller oder kurz zurückliegender Anlaß vorliegen. Für den Konkubinarierabschnitt der (generellen) Statuten von 1595 ist dies nicht anzunehmen. Die Entfernung schlechter Bediensteter verlangen auch die Statuten von 1623.

d. Kellerei-Einnahmen

Nach der Zusammenlegung der Einzelpfründen 1386 (vgl. oben zu a) erhielten die Kapitularkanoniker den größeren Teil ihrer Bezüge (sozusagen das „Grundgehalt") aus den Einnahmen der Kellerei. Vgl. in § 27 zu Kapitelsgut.

e. Residenz- und Präsenzgelder, *Propinationes*

Zur Stärkung der Anwesenheit der Kanoniker am Ort Pfalzel (= Residenz) gab es – verwaltet mit der Kellerei – Zulagen für residierende (bzw. Abzüge für nichtresidierende) Kanoniker. Ähnlich gab es zur Sicherung einer angemessenen Zahl von Teilnehmern – und zwar von Kanonikern wie von Vikaren und Altaristen – an den verschiedenen kanonischen Zeiten des Gottes- und Chordienstes Präsenzgelder, zu unterscheiden zwischen solchen für die Teilnahme am allgemeinen Gottesdienst und solchen für die Teilnahme an speziell gestifteten Anniversarien und Memorien; letztere waren sehr unterschiedlich dotiert. Zu diesen – in der Frühzeit meist in Naturalien ausgegebenen – Sonderleistungen kann man auch die Umtrunke (*propinationes*) an Festtagen zählen. Vgl. § 27.

f. Das Gnadenjahr

Die Einkünfte des ersten Jahres nach dem Tod eines Kapitularkanonikers erhielten dessen Erben, meist zur Begleichung von Schulden, Verpflichtungen und Stiftungen sowie zur Ausrichtung der Beerdigung und der Einrichtung eines Anniversars. Dieses sogenannte Gnadenjahr (*annus gratiae*) ist zumindest im Trierischen allgemein üblich. In Pfalzel ist es 1223 erstmals urkundlich, und zwar als bestehendes Recht genannt (vgl. bei Karenzjahre).

g. Testierfreiheit

Zum testamentarischen Verfügungsrecht der Kanoniker (und Vikare) über ihr eingebrachtes und ererbtes Eigentum sowie (anerkannt seit 1398) über den Zuerwerb aus ihren Pfründen vgl. die Angaben bei Heyen, GS NF 6, St. Paulin S. 166–168 mit Nachweisen und GS NF 41, St. Simeon S. 350 f. Besonderheiten für Pfalzel sind nicht bekannt.

h. Grabrecht

Bestimmungen sind für Pfalzel nicht bekannt. Es scheint nicht, daß es Sonderrechte (bestimmte Plätze) z. B. für Dignitäre gabe. Auch Laien wurden in den für Stiftsmitglieder üblichen Stellen (z. B. in der St. Peter-Kapelle) begraben. Vgl. auch § 3 Abschn. A 4c (Friedhöfe).

B. Zusammenkünfte des Kapitels. Kapitelssitzungen

Zu unterscheiden sind (meist das jährlich einmal stattfindende) Generalkapitel sowie einberufene und regelmäßige (wöchentliche) Kapitelssitzungen.

Das Generalkapitel fand in Pfalzel an Vitus und Modestus (15. Juni) statt, doch konnte es anscheinend auch verlegt werden (z. B. fand ein Generalkapitel am 3. Januar 1430 statt: K Best. 157 Nr. 75). Einfache Sitzungen des Kapitels wurden zunächst von Fall zu Fall einberufen. Die Statuten von 1623 ordneten an, sie regelmäßig nach der Matutin zu halten. Die (allgemeinen) Musterstatuten von 1595 sahen vor, schwerwiegende Angelegenheiten bereits am Vortag bekanntzugeben und vorzuberaten (*intimare*).

Auf dem Generalkapitel wurde jährlich behandelt (so in den wenigen erhaltenen, späten Kapitelsprotokollen und in der Anlage zur Reformverfügung von 1701):

– Verlesung der Statuten (und der Visitatio Erzbischof Lothars von 1623),
– wer residieren wolle (Präsentation zur Residenz),
– Wahl des *respector chori* (Wiederwahl ist möglich. Auch Vikare sind wählbar),
– Wahl des Kellners (Wiederwahl ist möglich. Vikare sind nicht wählbar und haben kein Wahlrecht),
– Wahl des Stiftssekretärs (meist für mehrere Jahre).

Über die Protokolle der Kapitelssitzungen vgl. § 4.

Das wöchentliche Kapitel fand freitags statt.

Bei Stimmengleichheit in Abstimmungen gab die des Dekans den Ausschlag (der Dekan hatte die *decisio*).

C. Die zahlenmäßige Stärke des Kapitels

Genau nachprüfbare Angaben über die Stärke des Kapitels sind erst nach 1500 mit der Aufzeichnung der Residenzmeldungen möglich, doch besteht kein Anlaß, für die frühere Zeit wesentlich andere Zahlen anzunehmen. Danach zählte das Kapitel 13 Pfründen mit zehn Kanonikaten. Der Dekan und der Scholaster hatten zusätzlich zu ihrer Kanonikatspfründe je eine Amtspfründe, aus der sie aber bestimmte Aufgaben und Leistungen bestreiten mußten. Die 13. Pfründe ist die sogenannte Priester-Pfründe (*prebenda presbiterorum*), deren Einkünfte an alle Priester des Stifts, also nicht nur an Kanoniker, verteilt wurden (s. unten). Neben Dekan und Scholaster gab es in Pfalzel noch die *offitia maiores* des Kustos und des Kantors, die aber nicht mit zusätzlichen Einkünften verbunden waren, wohl aber für ihre Aufgaben Sondermittel hatten.

Mit der Inkorporation der Pfarrei Cochem 1217 in das Stift wurde das Amt des Pfarrers (mitsamt der *dos* und der Kompetenz) mit einem Kanonikat des Stiftes verbunden, dessen Inhaber zur Residenz in Cochem verpflichtet war und (in mehreren Etappen) seine Rechte als Kanoniker weitgehend verlor (Einzelheiten in § 29 zu Cochem). In Pfalzel gab es damit praktisch spätestens seit der Neuregelung von 1598 ein Kanonikat weniger. Eine ähnliche Neuregelung wurde 1473 für die Pfarrei Alf angestrebt, doch hat sich dies anscheinend nicht durchsetzen lassen (vgl. § 29 zu Alf).

Das vollzählige Kapitel bestand somit aus Dekan, Scholaster, Kustos, Kantor und sechs Kanonikern. Bei den Kanonikern sind zu unterscheiden die Kapitularkanoniker und die Extra-Kapitularkanoniker (*canonici extracapitulares* oder *non capitulares*), die drei Vakanzjahre zu warten hatten (vgl. hier Abschn. A 1d). Die absolute Zahl der Extrakapitulare schwankt zwischen 1500 und 1802 zwischen null und fünf; der Mittelwert liegt bei zwei bis drei.

Nicht erkennbar aus diesen sich aus der Verfassung ergebenden Angaben ist die Zahl der tatsächlich in Pfalzel anwesenden Kanoniker, weil hier wie auch in anderen Stiften immer über mangelnde Einhaltung der Residenz geklagt wird. Für die Zeit vor 1500 werden z.B. in einer Urkunde von 1271 (K Best. 157 Nr. 14; MrhR 3 S. 585 Nr. 2570) Dekan, Kantor, Scholaster und zwei Kanoniker genannt, oder 1420 (K Best. 157 Nr. 73) der Dekan und sechs Kanoniker. Da in beiden Fällen die Urkunden nicht etwa beim Generalkapitel ausgestellt wurden, darf man annehmen, daß dies die Zahlen der tatsächich Anwesenden (vielleicht auch der Residierenden) waren. An der Wahl eines neuen Dekans 1566 nahmen Kustos, Scholaster, Kantor und fünf Kanoniker teil; gewählt wurde Peter Homphäus, der nicht zu diesen Wählern zählte (K Best. 1 C Nr. 34 S. 204).

Aus den Residenzmeldungen ist zeitweise auch ersichtlich, wie stark der Besuch des Generalkapitels war, doch lassen sich daraus kaum sichere Schlüsse auf die Residenzeinhaltung ziehen.

§ 12. Dignitäten und Ämter auf Lebzeit

Auch in Pfalzel wurde – zumindest seit dem späteren Mittelalter – zwischen den Dignitäten des Propstes und des Dekans einerseits und den ebenfalls auf Lebzeit (bzw. der Mitgliedschaft im Kapitel) verliehenen *offitia maiores* des Scholasters, Kustos/Thesaurars und Kantors anderseits unterschieden. Als Beauftragte bzw. Gehilfen oder Mitarbeiter der Inhaber dieser Ämter sind Schulmeister, Küster und Organist zu nennen.

Zu den *offitia minores* zählen Kellner, Präsenzmeister (*respector chori*), Fabrikmeister, Bruderschaftsmeister, Kapitelssekretär, Bote, Hospitalsmeister, Glöckner. In kleineren Stiften wie Pfalzel sind diese Verwaltungs- und Hilfsdienste aber nur z. T. eingerichtet bzw. in ihren Aufgaben und Funktionen gebündelt. Zur leichteren Vergleichbarkeit mit anderen Stiften der Erzdiözese Trier sind hier in gemeinsamen Kapiteln (§§) behandelt

– in § 12 die Dignitäten und *offitia maiores*,
– in § 14 die übrigen Ämter und Dienste.

Das Verleihungsrecht an den hier behandelten Dignitäten und Ämtern auf Lebzeit durch Nomination hatte für die Propstei wohl stets der Erzbischof, für die vier übrigen Ämter wurde es vom Kapitel beansprucht. Auch hier galt nach den Statuten von 1463 das Nominationsrecht der Kapitularkanoniker im *Turnus nominandi*. Da es sich bei einer Vakanz dieser Ämter letztlich um zwei Pfründen handelte, nämlich die eines Kanonikates und die eines Amtes, wurde bestimmt, daß entweder (a) der Erstberechtigte im Turnus sich selbst oder einen anderen für das Offitium und der Nächstfolgende im Turnus dann den Nachfolger im Kanonikat benennen könne, oder umgekehrt (b) der Erstberechtigte für das Kanonikat und dann der Nächstfolgende für das Amt sich selbst oder einen anderen nominieren könne. Außerdem wird auch noch (c) der Fall berücksichtigt, daß das Amt *propter exilitatem fructuum* nicht vergeben werde; in diesem Falle steht das Nominationsrecht des Amtes dem Kapitel als solchem zu (Vergebung also durch Wahl bzw. Abstimmung), während das Kanonikat vom Erstberechtigten im Turnus zu vergeben ist. Trotz der für diese innerstiftische Verfassungsfrage nur dürftigen Überlieferung lassen sich für alle drei Fälle Beispiele anführen, die die Geltung dieser Bestimmungen bis zur Aufhebung des Stiftes beweisen. Eine Selbstnominierung ist z. B. 1575 für das Amt des Kustos bezeugt (vgl. in § 33 Christoph Gritzer), eine Nomination im Turnus 1574 für das Amt des Scholasters (vgl. § 32 Peter Lesch). Der Normalfall scheint aber doch die Wahl durch das Kapitel gewesen zu sein.

Anderseits konnte das Nominationsrecht des Kapitels – ob im Turnus oder durch das Kapitel – bei diesen Offitia nicht immer gegenüber dem Erzbischof und insbesondere gegenüber dem Papst durchgesetzt werden (vgl. dazu auch

§ 11 Abschn. A 1b). Die Problematik einer Besetzung von außen bestand weniger in der Minderung einer „Selbstbestimmung" des Kapitels (ähnlich der Kooptation bei den Kanonikaten; vgl. § 11), als vielmehr in der Nutzung dieser Pfründen für Außenstehende, die vielfach gar nicht oder nur selten in Pfalzel anwesend waren und deshalb ihren Amtsverpflichtungen nicht nachkamen. Diesem allgemein bei Ämter-Kumulationen bestehenden Problem suchte man in Pfalzel dadurch entgegen zu wirken, daß man zunächst für Scholaster, Kustos und Kantor und seit 1463 auch für den Dekan die Residenzpflicht in den Statuten festschrieb (vgl. § 10). Konkreter Anlaß für diese „Schutzmaßnahme" des Stiftes vor einer Besetzung dieser Ämter durch Ortsfremde waren offensichtlich weniger Befürchtungen und Erfahrungen durch Besetzungen des Erzbischofs von Trier, sondern solche durch die päpstliche Kurie aufgrund einer Vakanz in päpstlichem Monat oder durch Tod an der Kurie, bei denen nicht nur hinsichtlich der Kanonikerpfründen, sondern auch hinsichtlich der Dignitäten und Ämter ein Besetzungsrecht beansprucht und ausgeübt wurde. Beim Stift Pfalzel war das für Bewerber bzw. Interessenten insofern von Interesse, als hier – im Unterschied zu anderen Stiften – Dekanat und Scholasterie neben dem Kanonikat mit einer zusätzlichen vollen Kanonikerpfründe ausgestattet waren. Erste Bitten des Kaisers und des Erzbischofs sind in diesen Kompetenzstreit nie einbezogen worden; sie bezogen sich stets nur auf (einfache) Kanonikate.

Mit der allgemeinen Zurücknahme der kurialen Besetzungsansprüche bzw. deren Delegierung an die Bischöfe (in Pfalzel generell 1477; vgl. § 8 und § 11 Abschn. A 1b) war das Problem entschärft. In Pfalzel lag in der Neuzeit das Besetzungsrecht bei allen vier Positionen beim Kapitel, für das Dekanat hatte der Erzbischof ein Bestätigungsrecht. Dennoch kam es auch in der Neuzeit immer wieder zu Auseinandersetzungen nach außen wie nach innen, wozu nachstehend in den Abschnitten 3 (Scholaster) und 5 (Kantor) konkrete Beispiele geschildert sind. Sie zeigen – das Material ist zu lückenhaft, um den Nominationsmodus bei jeder Vakanz festzustellen –, daß ein freies Wahlrecht des Kapitels für die Offitia des Scholasters, Kantors und Kustos letztendlich nicht bestand, dem Kapitel vielmehr nur bei Vakanz in *mense ordinario* die Besetzung gemäß den Statuten von 1463 möglich war und auch dieses Recht noch durch einen Offitien-Tausch umgangen werden konnte. Vielleicht ist unter diesen Voraussetzungen ein innerstiftischer Vertrag von 1592, in dem sich der Dekan, der Kustos, der Kantor und der Kanoniker Nikolaus Aldenborn verpflichten, dem Kapitel *turno capitulari* Kandidaten für die Ämter des Scholasters, Kustos und Kantors vorzuschlagen, als Versuch anzusehen, diese heikle Angelegenheit sorgfältiger vorzubereiten (StadtA Trier Urk. H 4). Ein Erfolg war diesem Versuch nicht beschieden.

§ 12. Dignitäten und Ämter auf Lebzeit

1. Der Propst

An der Spitze des Stiftes stand ursprünglich auch in Pfalzel der Propst (*prepositus*). Er ist urkundlich erstmals für 1068 bezeugt (vgl. § 30). Die Personallisten zeigen jedoch, daß die Propstei Pfalzel praktisch als Neben- oder Zusatzpfründe für die dem Domkapitel Trier oder/und anderen größeren Stiften angehörenden Inhabern anzusprechen ist, wenn daraus freilich – zumindest noch für das 12. Jahrhundert – nicht geschlossen werden kann, daß sie sich nicht auch aktiv um Belange des Stiftes eingesetzt hätten. Man wird aber davon ausgehen können, daß sie vom Erzbischof nominiert wurden, auch wenn Erzbischof Kuno in der noch zu nennenden Urkunde von 1379 mit der Feststellung, er habe die *confirmatio electionis*, die *investitura* und die *installatio* der Pröpste, ausdrücklich eine Wahl des Propstes (durch das Kapitel) nennt.

Die Formulierung der Urkunde Erzbischof Udos von 1071 *rogantu Regenheri prepositi ceterorumque fratrum* (MrhUB 1 Nachtrag Nr. 4 S. 719; Kopiar StadtBi Bl. 16, Kopiar PfarrA Bl. 79r; vgl. § 28 bei Enkirch) wird man dahin zu interpretieren haben, daß zu diesem Zeitpunkt eine Trennung von Propstei- und Kapitelsgut noch nicht stattgefunden hat. Mit der Übertragung von Rechten und Einkünften der Pfarrei Ittel durch den Propst an das Kapitel im Jahre 1212 (vgl. § 29 bei Ittel) ist aber die Aussonderung eines Propstei-Vermögens, wie sie in anderen Stiften im Laufe des 12. Jahrhunderts vollzogen wurde, auch für das Stift Pfalzel erwiesen.

Das zeigt auch ein Streit zwischen Propst und Kapitel, den Erzbischof Theoderich 1219 schlichtet: Die Kanoniker hatten dem Erzbischof vorgetragen, daß einer ihrer Pröpste (ob es sich um Propst Johann handelt, der als Archidiakon von Karden 1217 der Inkorporation von Cochem zugestimmt hatte?) sie in ihren Zinsen und Rechten in den Ortschaften schädige, in denen ihm ausschließlich die Vogtei zustehe (*Noscant ... canonicos Palatiolenses singulos ... saepius nos impulsasse, aliqui prepositus eorum ipsis gravis et iniuriosus esset apponendo manus violentas ad censos et iuras fratrum in quibus villis, ubi sola advocatia perpetuo dignoscitur attinare*). Der Erzbischof entschied nach vorheriger Prüfung, daß zur *prebenda fratrum* alle Wiesen und Einkünfte (*prata et redditus*) von Hinzert (*Hundtzradt*), ein Festum (= ¼ Mark) aus dem kleinen Zehnten in Cochem, *census tertium capitum de melioribus ad fabricam* und alle Rechte in Britten dem Stift (*ecclesie*) gehörten und der Propst keinerlei Rechte in St. Aldegund, Alf und Spey habe. In Hinzert und Britten solle er nichts als die Vogtei beanspruchen (Kopiar StadtBi Bl. 17r und PfarrA Bl. 80; Kurzregest Goerz, RegEb S. 338; danach auch MrhR 2 S. 388 Nr. 1418; fehlt MrhUB). Immerhin hat der Propst in dieser Urkunde – die außerdem zeigt, daß die weitere Ausbildung der innerstiftischen Verfassung mit der Herausstellung des Dekans noch nicht begonnen war (der Erzbischof spricht bezeichnenderweise nicht vom Kapitel, son-

1. Der Propst

dern von *singulis cananonicis* und den *praebendae fratrum*) – noch eine beachtliche und als Vogt über die grundherrschaftliche Vermögensgruppen des Kapitels einflußreiche Stellung. Die Scheidung Propst – Kapitel ist aber klar vollzogen.

In stiftischen Angelegenheiten kommt der Propst daher kaum noch vor, aber es gibt immerhin für das ganze 13. Jahrhundert noch Beispiele gemeinsamer Beurkundungen. So urkunden 1254 Propst, Dekan und Kapitel (Kopiar BistA S. 151; vgl. § 29 zu *Niderhuysen*) und auch 1271 urkunden Propst und Kapitel gemeinsam in einer stiftischen Angelegenheit (K Best. 157 Nr. 15; MrhR 3 S. 599 Nr. 2634), wenn dies hier auch ein Sonderfall sein mag, weil der Vertragspartner einer Anniversarienstiftung, verbunden mit einem Gütertausch, der Dekan des Stiftes selbst ist. Aber auch für 1272 ist noch eine Verpachtungsurkunde mit der Titulatur *prepositus ... totumque capitulum fratrum canonicorum* überliefert (K Best. 157 Nr. 16; MrhR 3 S. 615f. Nr. 2709).

Die Propstei wurde 1379/1395 in mehreren Schritten dem Kapitel inkorporiert und damit praktisch aufgehoben. Anlaß war formal der aus verschiedenen Gründen verursachte Rückgang der Einkünfte des Kapitels und eine darauf zurückgeführte verminderte Residenz der Kanoniker. Konkreter Anlaß mag aber auch gewesen sein, daß für Propst Johann von Hechtsheim wie schon für dessen Vorgänger Jakob von Hechtsheim die Propstei Pfalzel lediglich eine (nicht sehr erträgreiche) Pfründe war und beide vermutlich nie in Pfalzel residiert haben (vgl. zu den personellen Voraussetzungen für die Verleihung die Angaben in § 30). Mit Urkunde vom 2. September 1379 inkorporierte Erzbischof Kuno von Falkenstein auf Bitten von Propst, Dekan und Kapitel dem Stift aus den Einkünften der Propstei 1.) $^2/_3$ Zehnt in Cochem (das bisher dem Dekan daraus zustehende ein Karat Wein erhielt dieser weiter), 2.) drei Karat Wein aus Condt von den dortigen *feodales et vasalli*, deren Rechte unverändert blieben, und 3.) die bisherigen Einkünfte und Rechte des Propstes in Britten und Hinzert. Die Zuweisung erfolgte mit der Auflage, diese Einkünfte nur an Residierende, und zwar Dekan, Kanoniker und Vikare, nach der Ordnung der *distributio cottidiana* (mit den Dispensgründen Krankheit und Abwesenheit im Auftrag des Kapitels) zu verteilen. Als Legitimation des Erzbischofs wird gesagt, daß diesem die *confirmatio electionis, investitura et installatio* zustehe, auch wenn damit ein Verfügungsrecht über Besitz und Einkünfte schwerlich verbunden war (K Best. 157 Nr. 55). Wahrscheinlich kommt in dieser Begründung aber auch eine Ungewißheit, wenn nicht ein Zweifel an der Zulässigkeit dieses Verwaltungsaktes des Erzbischofs zum Ausdruck. Die Dignität des Propstes als solche und gewiß auch damit verbundene Rechte hat Johann von Hechtsheim nämlich beibehalten und es läßt sich auch nicht nachweisen, daß die Überweisung der 1379 genannten Einkünfte an das Kapitel tatsächlch erfolgt ist.

Erst 12 Jahre später, am 5./8. Juni 1391, nämlich kommt es nach neuen Verhandlungen zwischen Propst Johann und dem Kapitel zur Bereitschaft Johanns, die Propstei dem Kapitel zu überlassen und einer Inkorporation unter der Bedingung zuzustimmen, daß ihm auf Lebzeit jährlich 100 fl. in seinem Wohnhaus in Mainz ausbezahlt werden und nach seinem Tod sein Anniversar mit einer Memorie für seinen Onkel Herbord und seine Verwandten im Stift Pfalzel gefeiert werde. Johann verpflichtet sich, diese Vereinbarung der römischen Kurie mitzuteilen (*producere;* K Best. 157 Nr. 60). Offensichtlich war aber auch damit die Rechtslage einer Inkorporation der Propstei in das Kapitel bzw. deren Aufhebung noch nicht unbestritten geklärt. Jedenfalls erbitten Dekan und Kapitel von Pfalzel im Juni 1395 in Rom eine Bestätigung der Inkorporation durch Erzbischof Kuno von 1379, wobei die dabei aufgelisteten Einkünfte aus Cochem, Condt, Britten und Hinzert genannt werden (RepGerm 2 Sp. 957 zum 2. Juni). Mit Bulle vom 4. Juni 1395 bestätigt Papst Bonifaz IX. dann diese Inkorporation, indem er die Urkunde Erzbischof Kunos von 1379 (nicht die Vereinbarung von 1391!) transsumiert, was zumindest formal doch recht ungewöhnlich ist (StadtA Trier Urk. V 5). Dennoch gab es offensichtlich auch weiter Zweifel, die vermutlich in der jedenfalls möglichen Einschränkung der „Inkorporation" von 1379 auf die genannten Einkünfte begründet waren. In der Liste der Pröpste von Pfalzel bei Brower jedenfalls ist zu 1399 – also noch zu Lebzeiten Johanns von Hechtsheim – ein Propst Nikolaus von Monatabaur genannt (vgl. § 30). 1422 erbitten Dekan und Kapitel erneut eine Inkorporation der Propstei in Rom (RepGerm 4 Sp. 3078 zum 5. August; ob eine Urkunde ausgestellt wurde, ist nicht ersichtlich) und 1424 läßt der Dekan die Inkorporationsbulle von 1395 transsumieren (K Best. 157 Nr. 56; 6. Januar). Bis zu diesem Zeitpunkt muß es somit noch Ansprüche auf die Propstei – von wem und mit welcher Begründung auch immer – gegeben haben. Erst danach ist von dieser Dignität nicht mehr die Rede. – Die Anniversarienverpflichtung für die von Hechtsheim hat das Stift im übrigen nicht lange, wenn überhaupt, wahrgenommen; im Memorienverzeichnis von 1444/1553 ist Johann von Hechtsheim jedenfalls nicht genannt.

Rechte und Einkünfte des Propstes.

Zu den Aufgaben (und damit auch zu den Rechten) des Propstes gehörte die Wahrnehmung von Herrschaftsrechten des Stiftes, namentlich der Ausübung der Patronate über Pfarreien des Stiftes und der Vogtei in einigen Ortschaften, womit aber wohl die Grundgerichtsbarkeit gemeint ist. Ob er mit der Vogtei einen Laien als Lehnsträger beauftragte, ist nicht bekannt, aber bei einem Grundgericht (mit Schöffen) auch nicht erforderlich. Mit den Patronatsrechten waren einträgliche Einnahmen aus Zehntanteilen verbunden.

An Rechten und Einkünften des Propstes – die man im Vergleich zu den großen Stiften wohl nur eingeschränkt als „Propsteigut" wird bezeichnen können – sind somit zu nennen:

– die Vogtei- (und wohl auch Grundgerichts-) Rechte mit deren Einnahmen in Britten und Hinzert sowie ein Weinzins in Condt sowie
– die Patronate mit Zehntanteilen an den Pfarreien Ittel (bis 1212, dann dem Kapitel überlassen) und Cochem (seit 1217).
– Über eine dem Propst reservierte Kurie („Propstei") ist nichts bekannt. Es ist nicht anzunehmen, daß einer der Pröpste ständig in Pfalzel residiert hat; dafür war Trier zu nahe.

2. Der Dekan

Der Dekan von Pfalzel ist urkundlich erstmals zum Jahre 1251 bezeugt (vgl. § 31). Sachlich ist das ohne Bedeutung, weil die Existenz dieses Amtes auch ohnehin anzunehmen ist und bei der kümmerlichen Überlieferung zur Geschichte des Stiftes für das Mittelalter Ersterwähnungen stets nur relative Bedeutung haben können. Wichtig ist jedoch, daß das Amt des Dekans erst seit der Mitte des 13. Jahrhunderts in den, wenn auch wenigen, Urkunden bezeugt ist und anderseits eine Vorrangstellung des Dekans als Vertreter des Kapitels (gegenüber dem Propst) in der Urkunde von 1219 (vgl. oben Abschn. 1: Propst) noch nicht erkennbar ist. Die Abschichtung der Propstei vom Kapitel und daraus folgend die Hervorhebung der Dignität des Dekans bzw. die Bildung der Dekanei erfolgte somit im 2. Viertel des 13. Jahrhunderts, wenn auch aus der bei der Propstei (Abschn. 1) genannten Titulatur von 1272 hervorgeht, daß in dieser Zeit wieder der Propst eindeutig dem Kapitel vorsteht.

Der Dekan wurde vom Kapitel gewählt und vom Erzbischof von Trier bestätigt. Der ältere Wahlmodus war der durch (drei) Skrutatoren (die Einzelheiten bestimmt eine Notiz von ca 1546 im Kopiar PfarrA Bl. 68r; als Beispiel von 1566 vgl. § 31 bei Peter Homphäus). Eine Wahl durch Compromissarius (hier der Domdekan von Metternich) ist nur für 1639 bezeugt (K Best. 157 Nr. 306). – Wahlberechtigt waren alle Kapitularkanoniker; *non residentes* konnten ihre Stimme schriftlich abgeben oder bevollmächtigte Vertreter benennen. – Wählbar waren seit Erzbischof Otto von Ziegenhain (1418–1430) nur *canonici capitulares et residentes* (so bestätigt durch Papst Pius II. am 25. August 1461 bzw. verankert in den Statuten von 1463). Eine Vertretung war gemäß den Statuten von 1463 nicht statthaft (*residentia continua personalis*). Da aber gerade diese Verpflichtung des Dekans auf die persönliche Residenz der Anlaß zur Statutenänderung bzw. -neufestsetzung von 1463 war, muß man annehmen, daß dies vorher nicht üblich war. Wie es später tatsächlich mit der Ausübung dieser Pflicht bestellt war, läßt sich nicht feststellen. Bei Dekan Peter Homphäus (1566–1600) aber z. B. wird man wegen verschiedener anderer Ämter, die er innehatte, annehmen müssen, daß er öfter von Pfalzel abwesend war.

Die Statuten von 1463 sagen über die Aufgaben des Dekans lediglich, daß er die Lasten (*onera*) wie bisher zu tragen habe. Praktisch bedeutet das, daß er generell für die ordnungsgemäße Verwaltung des Stiftes als Ganzes zu sorgen hatte. Dazu gehörte auch, daß der Dekan als Pfarrer der Stiftspfarrkirche St. Nikolaus einen Vikar zu besolden hatte (vgl. § 29; 1802 mit 50 fl. veranschlagt: K Best. 276 Nr. 2681).

Die Rechte des Dekans sind ebenfalls weder in den Statuten von 1463 noch in anderen Quellen näher beschrieben. Lediglich die Poenalgewalt wird 1463 – und zwar einschränkend – genannt: Danach ist der Dekan nur dann berechtigt, Stiftsmitglieder (Kanoniker, Vikare und Altaristen) zurechtzuweisen oder zu bestrafen (*corrigere aut punire*), wenn das Vergehen vorher im Kapitel besprochen wurde, und dann nur nach Maß und Art, wie es im Kapitel festgesetzt wurde. Nur Vergehen gegen die Chordisziplin darf der Dekan wie in anderen Stiften üblich selbständig bestrafen. Zur Beichtverpflichtung an Ostern vgl. § 11 Abschn. A 2b. Selbst in den Reformverfügungen nach der Visitation von 1701 (vgl. § 10) sind die Befugnisse und Verpflichtungen der Dekane – *qui sunt ecclesiae capita* – vergleichsweise wenig konkret bestimmt. Sie haben namentlich den Gottes- und Chordienst zu beaufsichtigen und auf gute Ordnung – ohne reden, lachen und umherlaufen – zu achten. Hinsichtlich der eigenen Teilnahmeverpflichtung heißt es, diese habe der der anderen Stifte zu entsprechen. Als Ganzes muß man die Stellung des Dekans von Pfalzel gegenüber seinem Kapitel als relativ schwach bezeichnen.

Von den Benefitien stand dem Dekan – neben der genannten Pfarrkirche St. Nikolaus – die Kollation der Vikarie St. Margaretha und des Altares St. Peter in *ambitu* (vgl. § 15) sowie die der Pfarrei Noviand zu.

Die Amtsausstattung des Dekans bestand in der zusätzlich zu seiner Kanonikerpfründe ihm vorbehaltenen gleichgroßen Dekanspfründe; er bezog also den doppelten Teil eines Kanonikers. Das galt auch für seinen Anteil an der *distributio cottidiana* und der *praesentia communis*, nicht aber an der Presbyterpfründe (vgl. § 11 Abschn. C). Aus Condt erhielt er ein Karat Wein (vgl. § 29).

3. Der Scholaster

Im Unterschied zur relativ schwach profilierten Stellung des Dekans hatte die des Scholasters in Pfalzel im Vergleich zu anderen Stiften offensichtlich ein größeres Ansehen, jedenfalls fand sie breiteres Interesse. Das hatte seinen Grund aber gewiß insbesondere darin, daß dieses Amt im Stift Pfalzel wie das des Dekans zusätzlich mit einer vollen Pfründe ausgestattet war, sodaß dessen Inhaber ebenfalls als Kapitularkanoniker und Scholaster zwei Pfründen besaß.

3. Der Scholaster

Urkundlich bezeugt ist das Amt des Scholasters erstmals 1258 (vgl. § 32), doch bestand es gewiß schon früher, wahrscheinlich seit Beginn des Stiftes. Der Scholaster war wie Kustos und Kantor zur persönlichen Residenz verpflichtet und mußte Kapitularkanoniker sein.

Die Aufgaben des Scholasters sind im einzelnen nicht beschrieben. Man wird aber auch hier die noch heute doppelte Bedeutung von „Schola" als Schule im Sinne von Ausbildung und als (Knaben-)Chor bei der liturgischen Gestaltung des Gottesdienstes zu berücksichtigen haben, wobei auch mehr an Aufgaben eines „Zeremoniars" bis hin zur Vorbereitung des täglichen Gottesdienstes zu denken ist. In Pfalzel hatte der Scholaster dafür in der Endzeit des Stiftes einen Gehilfen, der als Sakristan, also als Verwalter und Betreuer der Sakristei, bezeichnet und vom Scholaster mit immerhin 80 fl. jährlich besoldet wurde (für 1802: K Best. 276 Nr. 2681). In den Reformverfügungen nach der Visitation von 1701 (vgl. § 10) ist eingehend bestimmt, auf was der Scholaster bei der Einstellung des *ludimagister* (Organist/Sakristan) und des *ludimoderator/rector scholae* zu achten habe (vgl. § 17 Abschn. 2 und 3), wobei ausdrücklich gesagt ist, daß das Kapitel befugt ist, bei Nichtbeachtung nach einer vergeblichen Ermahnung gegebenenfalls einen neuen Scholaster zu wählen. – Zur Schule für die Kinder der Siedlung vgl. § 17.

Die Problematik um die Besetzung namentlich der Scholasteriepfründe ist in der Vorbemerkung dieses Paragraphen schon dargelegt. Das Stiftskapitel beanspruchte für sich die freie Wahl in allen Vakanzen und hatte als Voraussetzung den Status eines Kapitularkanonikers (d. h. nach Ablauf der Karenzjahre) und ständige Residenz bestimmt. Dem entgegen stand der Anspruch der päpstlichen Kurie – bzw. bei deren Verzicht zugunsten des Erzbischofs der Anspruch des Erzbischofs – auf Besetzung aller in ungeraden (päpstlichen) Monaten und bei Tod an der Kurie frei werdenden Pfründen. Das war unbestritten bei den einfachen Kanonikaten, kontrovers aber bei den Ämtern, bei denen das Kapitel ein uneingeschränktes Wahlrecht bei jeder Vakanz beanspruchte. Praktische Auswirkungen dieser Differenzen zeigen nachstehende Beispiele.

Urkundlich greifbar wird ein solcher Fall erst 1583. Der Erzbischof von Trier hatte für die *in mense apostolico* frei gewordene Scholasterstelle den Adrian Loyaris präsentiert. Dagegen protestierte das Stift in einem Schreiben vom 8. Juli 1583 heftig (Kopiar StadtBi Bl. 39). Es wird darin zunächst die Person des Präsentierten abgelehnt, weil er sich beim letzten Generalkapitel nicht zur Residenz gemeldet habe, weil er kein Zeugnis über die Subdiakonats- und Diakonatsweihe vorgelegt habe und weil er zum Scholaster überhaupt ungeeignet (*idoneus*) sei. Grundsätzlich wird zur Sache selbst ausgeführt, daß gemäß den Statuten (von 1463) und der Bulle Papst Pius II. (von 1461) der Scholaster *canonicus capitularis et residens* sein müsse, und daß die Disposition der *offitia* des

Scholasters, des Kustos und des Kantors in allen Monaten dem Kapitel zustehe. Man sah sehr wohl in Pfalzel, daß letzteres Recht nicht in den eigenen Statuten verankert war, weshalb man sich hierfür darauf berief, daß dies so im Stift St. Paulin rechtens sei, dieses Stift aber für Pfalzel als Oberhof gelte. Schließlich wird stiftischerseits noch angeführt, daß eine Kumulierung ohnehin unstatthaft sei; vermutlich ist das ein Hinweis darauf, daß Loyaris in Pfalzel bereits entgegen den Gewohnheiten des Stiftes zwei Kanonikatspfründen erhalten hatte (vgl. § 35). Die Gegenargumente der erzbischöflichen Verwaltung sind nicht bekannt. Es ist aber sicher, daß Loyaris bis 1586/87 die Scholasterie innehatte (vgl. §§ 32 und 35), das Stift also seinen Anspruch auf uneingeschränkte Disposition dieses Offitiums nicht hatte durchsetzen können.

Zwanzig Jahre später lag bereits wieder ein ähnlicher, vielleicht noch krasserer Fall vor. Nach dem Tod des Scholasters Nikolaus Gelen verlieh Erzbischof Lothar Kanonikat und Amt an den (aus Trier stammenden) kurfürstlichen Agenten zu Rom Dr. iur. Johann Borgius. Das Kapitel erhob Einspruch, weil Borgius nicht in Pfalzel residieren könne und weil das freie Wahlrecht des Kapitels beeinträchtigt werde. Auch hier sind die Verhandlungen im einzelnen nicht bekannt. Wir wissen lediglich, daß Erzbischof Lothar am 5. Mai 1604 einen Revers ausstellte, in dem er versicherte, das Recht des Kapitels auf freie Wahl von Dekan, Scholaster, Kustos und Kantor solle durch diese Ernennung nicht beeinträchtigt werden (K Best. 157 Nr. 302 Stück 4). Offensichtlich sind hier die Residenzbestimmungen von 1461/63 und die statutenmäßig nicht zu entscheidende Frage der freien Wahl miteinander vermischt worden, doch hatte das Stift durch die formelle Anerkennung des freien Wahlrechtes einen Erfolg errungen. Man scheint zwar noch 1607 in Pfalzel Widerstand gegen die Annahme von Borgius geleistet zu haben, hat aber dann wohl doch nachgegeben. Johann Borgius starb 1612 in Rom als Kanoniker und Scholaster von Pfalzel (vgl. § 32).

Damit aber wurde schon wenige Jahre später die Frage erneut akut, weil Johann Borgius in Rom gestorben war. Das Besetzungsrecht der durch diesen Tod an der Kurie freien Pfründe stand zweifelsohne dem Papst zu. Galt dies aber auch für das Amt des Scholasters? In Rom wurde diese Frage natürlich bejaht. Papst Paul II. verlieh in zwei verschiedenen Urkunden vom 25. Oktober 1612 Kanonikat und Scholasterie an den Alumnen des Germanikums Balthasar Wilhelm von Boningen (K Best. 157 Nr. 162 für die Scholasterie; beide Urkunden und die Bitte um Einweisung durch Balthasars Bruder Jakob Wilhelm, Kanoniker zu St. Martin/Lüttich, vom 12. Dezember 1612 in Kopiar StadtBi Bl. 53r-57v). Das Kapitel zu Pfalzel nahm die Nomination für das Kanonikat vorbehaltlos an, lehnte sie aber für die Scholasterie ab (Kopiar a.a.O.). Als Begründung für diese Ablehnung wird nun aber nicht (wie noch 1604) das freie Wahlrecht des Kapitels genannt, sondern die Bestimmung, daß die Scholasterie nur einem *canonicus capitularis* verliehen werden könne und Balthasar dazu erst die dreijährige Exspektanz absolvieren müsse. Diese Argumentation des Stiftes war juristisch sicherlich zutreffend; die Forderung der persönlichen Residenz hat man aber eigenartigerweise nicht angeschnitten. – Der Gang der Verhandlungen ist auch hier nicht bekannt. Im Pfründenverzeichnis (vgl. Vorbemerkung zu Kapitel 7) ist zur Scholasteriepfründe als Nachfolger des Johann Borgius mit der Jahresangabe 1613 Balthasar Wilhelm von Boningen eingetragen, dazu aber der Zusatz gemacht: Paul Wolter. *Hic per ammodiationem a S.N.D. (?) aliquandiu habuit scholasteriam, dans singulis annis 50 Coronatos praefato domino Balthasaro Guiliermi, tandem 1628 certa pecunia redemit*. Wahrscheinlich ist dies so zu verstehen, daß Boningen formell als Scholaster aufgenommen wurde, Ausübung und Einkünfte des Amtes aber dem – vom Kapitel gewählten? – Paul Wolter gegen Zahlung einer jährlichen Abfindung überließ. Zu Paul Wolter, der seit 1617 als Scholaster bezeugt ist, vgl. § 32. Balthasar Wilhelm von Boningen hat nach Ausweis des Pfründenverzeichnisses (ohne Jahresangabe) zugunsten seines Bruders Matthias Wilhelm von Boningen auf das Kanonikat (nicht die Scholasterie) verzichtet. Dieser schied 1628 aus dem Kapitel aus; ob durch Tod oder Tausch ist nicht bekannt. Ihm folgte im Kanonikat Claudius Latour (vgl. § 35). Scholaster war bis 1640 Paul Wolter. Da die beiden Jahreszahlen über die Bereinigung der Scholasteriefrage und das Ausscheiden des Matthias Wilhelm von Boningen übereinstimmen, ist anzunehmen, daß 1628 ein grundsätzliches Übereinkommen zwischen dem Stift Pfalzel und den von Boningen dahingehend erzielt wurde, daß Balthasar Wilhelm auf alle Forderungen an das Kapitel verzichtete. Wieviel das Stift oder der Scholaster Wolter dafür zahlten, ist nicht bekannt. Die Rechtsfrage, wie die Besetzung eines Offitiums zu handhaben sei, wenn das Nominationsrecht an der frei gewordenen Stelle dem Papst oder dem Erzbischof zustünde, war weiterhin ungeklärt.

Zur Amtsausstattung des Scholasters gehörte wie oben gesagt eine volle Kanonikatspfründe. Praktisch war dies eine selbständige Vermögensmasse, ähnlich z.B. der Fabrik. Sie wurde auch aus Privatvermögen der Scholaster, aus Stiftungen oder aus Überschüssen vermehrt. So hat z.B. 1369 der Scholaster Baldewin einen Weinberg für die Scholasterie gekauft (K Best. 157 Nr. 51), oder 1685 verpachten Dekan und Kapitel Weinberge der Scholasterie, deren Pacht direkt an den Scholaster abzuführen ist (K Best. 157 Nr. 157). Als Benefitium standen dem Scholaster die Kollationen der Vikarien der hl. Dreifaltigkeit und der hl. Katharina und des Altares St. Johann Baptist zu (vgl. § 15). Ähnlich wie bei Organist/Sakristan und Lehrer (s. oben) ist nach den Verfügungen von 1701 (vgl. § 10) das Kapitel berechtigt, gegen die Kollation eines nicht qualifizierten Vikars Einspruch zu erheben und wenn nötig einen anderen zu wählen.

Schon im späten 17. und verstärkt im 18. Jahrhundert hat man sich dann aber im Stift bemüht, die vergleichsweise großzügige Amtsausstattung der

Scholasterie zu kürzen und für andere Maßnahmen des Stiftes, insbesondere bei der Reparatur von Bauschäden, zu verwenden. So hatten schon 1695 und 1699 die wählbaren Kanoniker vor der Wahl eine Wahlkapitulation unterzeichnet, in der sich der Erwählte verpflichtete, bis zum Wiederaufbau der verschiedenen Bauschäden auf die Mehrzahl seiner Scholasterie-Einkünfte zu verzichten. – Nach dem Tod des Scholasters Nalbach 1756 ging das Kapitel noch einen Schritt weiter und erbat vom Kurfürsten zur Tilgung der Fabrikschulden die Inkorporation der Hälfte der auf jährlich 260 Rt. geschätzten Einkünfte der Scholasterie auf zehn Jahre. Der Kurfürst hielt eine fünfjährige Karenz für besser, doch erbot sich der dann gewählte Heinrich Ludwig Ebentheuer, bar 1000 Rt. an die Fabrik zu zahlen, das Gehalt des Schulmeisters in Höhe von 45 Rt. und die Kosten für die Reparatur der Schule in Höhe von 75 Rt. zu übernehmen, wenn ihm die Einkünfte sofort zugestanden würden. Das Kapitel war mit dieser Lösung einverstanden. – Nach dem Tod Ebentheuers wurden dann dem Kapitel nochmal vier Karenzjahre der Scholasterie zugunsten der Fabrik zugestanden (K Best. 157 Nr. 307). 1779 ordnete dann der Erzbischof am 12. Februar an, wegen einer Neuwahl vorerst nichts zu unternehmen, gestattete aber am 24. März die Wahl. Das Stift erbat daraufhin die Einnahmen der Scholasterie von vier (Karenz-)Jahren, was auch am 14. Mai genehmigt wurde. Mit dieser Einschränkung wurde dann am 31. Mai 1779 der am Offizialat in Koblenz tätige und in Pfalzel von der Residenz befreite Johann Josef Hurth gewählt, der aber bereits vor Ablauf der Karenzjahre am 25. Juli 1782 starb (vgl. § 32).

4. Der Kustos/Thesaurar

Die Bezeichnungen Kustos und Thesaurar sind nebeneinander bezeugt; auch zeitlich besteht kein Unterschied: 1295 und meist in der Neuzeit wird *custos* verwandt, aber z.B. 1306, 1651, 1730 auch *thesaurar*. Urkundlich ist ein Kustos zuerst 1295 genannt (vgl. § 33). Das Amt ist aber zweifelsohne älter.

Die Aufgaben des Kustos bestanden zum einen darin, den Kirchenschatz und besonders die Kirchengeräte aufzubewahren, zum anderen die für den Gottesdienst benötigten Kerzen zu stellen sowie gemäß den Reformverfügungen von 1701 (vgl. § 10) auch – selbst oder durch den Subkustos – für die Gottesdienste die Ornate bereit zu legen, sie wieder zurück zu räumen und bei Bedarf reinigen zu lassen. Wohl in dieser Funktion wird er hier als *qui et ceremonarius est* bezeichnet. Insofern hat der Kustos in Pfalzel Lasten, die in anderen Stiften vielfach aus dem Fabrikvermögen bestritten wurden. Das erklärt auch die verhältnismäßig reiche Amtsausstattung in Pfalzel (s. unten).

Die Kerzenverpflichtungen werden in einer Aufzeichnung des 16. Jahrhunderts (Kopiar StadtBi Bl. 14; Kopiar PfarrA Bl. 77) wie folgt angegeben:

– während des ganzen Jahres Kerzen für die Meßfeiern am Hochaltar und an den übrigen Altären, während des Winters auch für die ministrierenden Knaben;

– an Lichtmeß jedem Kanoniker eine Kerze von 1 Pfd, jedem Vikar von $^1\!/_2$ Pfd, jedem Altaristen von $^1\!/_4$ Pfd und den Lehnleuten (*feudalibus*) von $^1\!/_4$ Pfd.

Diese „Kerzenverpflichtungen" des 16. Jahrhunderts entsprechen weitgehend den Bestimmungen in den Verfügungen nach der Visitation von 1701 (vgl. § 10). Zu der Ausstattung der Altäre während des Jahres heißt es recht unbestimmt *iuxta observantiam et sui muneris*. An Lichtmeß erhalten jetzt – mit der Einschränkung auf die im Chor Anwesenden – $^1\!/_4$ Pfd der *ludimagister*, der *subcustos*, der *villicus* zu Eitelsbach und die *feudales* sowie die Chorknaben (*choralibus*) eine Kerze. Zusätzlich sind genannt zur Osterkerze eine oder zwei Kerzen auf den Kerzenständer sowie im Winter Kerzen am Pult (*pulpitum*) und den Chorknaben in der Matutin.

1802 heißt es, er habe für Wein, Wachs, Wäsche und die Kordel für die Glocke aufzukommen (K Best. 276 Nr. 2681).

Als Amtsausstattung besaß der Kustos die Kirche zu Nonnweiler (vgl. § 29), deren Kollation ihm allein zustand (Statut von 1463). Für die Beleuchtungslasten erhielt er zusätzlich an eingesetzten (gestifteten) Festen den doppelten Anteil aus der Präsenz.

Die Rechte an der Kirche zu Nonnweiler gaben gelegentlich Anlaß zu Auseinandersetzungen im Kapitel wegen der Übertragung der Baulasten, wenn die Inhaber wechselten. So war 1772 bis 1782 Karl Kaspar Schilli d. J. Kustos und hatte einen Neubau zu bestreiten. Er wollte dazu seinen Amtsvorgänger, den nachmaligen Dekan, heranziehen. Die Frage war noch unentschieden, als Schilli 1782 sein Amt niederlegen wollte, um das des Scholasters zu erhalten. Man einigte sich daher vor der Scholasterwahl dahin, daß der Dekan 400 Rt. aus eigenen Mitteln zahle sollte, Schilli aber von den Kosten des Neubaus $^3\!/_4$ und der künftige Kustos $^1\!/_4$ (so in KP zum 16. August 1782). Bei der Wahl am 13. Dezember wurde dann aber vereinbart, daß der Dekan $^3\!/_8$, Schilli $^3\!/_8$ und der neue Kustos $^2\!/_8$ zu zahlen hätten. Am 16. August 1782 war außerdem beschlossen worden, daß der Kustos künftig jährlich 15 Rt. an die Fabrik zahlen solle; die so zusammenkommenden Gelder seien dann zweckgebunden für Reparaturen über 25 Rt. und Neubauten an der Kirche zu Nonnweiler.

Bei der Wahl vom 15. Mai 1772 wurden als Pflichten des Kustos angegeben, für Kerzen, Glockenseil, Wein (dafür erhält er zwei Ohm Wein aus Eitelsbach) und die Wäsche zu sorgen.

Im 18. Jahrhundert wird der Kustos – zur Unterscheidung vom Küster – auch als Oberkustos bezeichnet (z.B. 1794: K Best. 1 C Nr. 19038).

5. Der Kantor

Obwohl ein Kantor urkundlich erst zum Jahre 1271 bezeugt ist (vgl. § 34), ist auch für dieses Amt anzunehmen, daß es seit Beginn des Stiftes bestand.

Die Aufgabe des Kantors, den Chorgesang zu leiten, ergibt sich schon aus dem Namen. Da aber auch in Pfalzel das Amt auf Lebzeit vergeben wurde, sind auch hier die üblichen Klagen über das Nichtvermögen älter gewordener Kantoren überliefert (vgl. § 34). In den Reformbestimmungen nach der Visitation von 1701 (vgl. § 10) wird ausdrücklich betont, daß er die Rubriken des Breviers und des Offitiums beachten müsse und darauf zu achten habe, daß keine *confusiones* bei den Gebeten entstünden und bei den Versikeln der Psalmen-Lesungen in den Kanonischen Stunden angemessene Pausen (*pausa decens*) eingehalten würden. Ob es sich da um eine *admonitio* aus gegebenem Anlaß oder um ein allgemeines Anliegen des Visitators handelt, mag dahingestellt sein.

Über eine Amtsausstattung des Kantors sind Einzelheiten nicht überliefert.

Auch die Besetzung des Amtes des Kantors war strittig, wobei es sich bei dem nachstehend geschilderten Fall um eine andere Form der Umgehung bzw. der Ausschaltung des vom Kapitel beanspruchten Rechtes, die Ämter des Dekans, Scholsters, Kustos und Kantors immer frei zu vergeben, handelt (vgl. zur Problematik die Vorbemerkung zu diesem Paragraphen und andere Beispiele in Abschn. 3, Scholaster), die 1651 mit Erfolg und diesmal durch ein Mitglied des Kapitels selbst praktiziert wurde. Kantor war (seit wann und wie ernannt, ist nicht bekannt; vgl. § 34) Stephan Blondel, der um 1651/52 in den Dienst des Domdekans von Köln, Franz von Lothringen, trat und – offensichtlich um eine Residenzbefreiung für sein Kanonikat zu erlangen – vom Erzbischof von Trier als Kaplan angenommen wurde. Hinsichtlich seiner Rechtsstellung als *canonicus capitularis residens* konnte das Kapitel somit nichts einwenden. Es hat aber anscheinend verlangt, daß Blondel sein Amt als Kantor niederlege. Blondel tat dies auch, aber nicht durch Resignation zugunsten des Kapitels, sondern zugunsten des Anton Kasel. Diesen „Tausch" lehnte das Kapitel am 8. August 1651 ab, weil er gegen das Recht des Kapitels verstoße, und wählte am 12. August den Kanoniker Franz Theoderich von Villesuryon zum Kantor. Wie wenig sicher das Kapitel jedoch seiner Sache war, geht daraus hervor, daß es Villesuryon auftrug, nichts ohne Zustimmung des Kapitels zu unternehmen, falls es wegen dieser Besetzung zu einem Prozeß komme. Offenbar fürchtete man weitere Unkosten. Blondel und Kasel hatten nämlich inzwischen die römische Kurie eingeschaltet: Blondel hatte dort in die Hände des Papstes zugunsten des Anton Kasel verzichtet. Und als Papst Innozenz X. mit Bulle vom 18. August 1651 die durch die Resignation des Stephan Blondel vakante Kantorie dem Anton Kasel verlieh (K Best. 157

Nr. 163), gab das Kapitel nach. Villesuryon trat zurück und das Kapitel wählte Kasel zum Kantor (Mischbd StadtBi S. 3). Das Recht des Kapitels auf freie Verfügung über die *offitia* war damit formell gewahrt, in Wirklichkeit aber war bewiesen, daß es auf dem Umweg über eine Resignation zugunsten des Papstes leicht umgangen werden konnte.

§ 13. Kanoniker mit besonderer Rechtsstellung

1. Der Kaplan des Erzbischofs

Der Erzbischof von Trier war als *ordinarius loci* berechtigt, einen Kanoniker zu seinem *capellanus* zu ernennen. Dieser war für die Dauer dieser jederzeit widerrufbaren Ernennung von der Residenz befreit (Statuten von 1463 und 1480). In der Regel handelt es sich hierbei um Personen, die in der erzbischöflich-kurfürstlichen Verwaltung beschäftigt waren, doch kam es auch vor, daß der Erzbischof einen in Diensten anderer stehenden Kanoniker auf diese Weise von der Residenz freistellte (vgl. Stephan Blondel, 1652, in § 34). Im 17. Jahrhundert erhält der erzbischöfliche Kaplan an Stelle der Natural- und Getreideanteile seiner Pfründe vom Kapitel ein jährliches Fixum (1653/54 jährlich 30 Imp.; vgl. bei Blondel).

2. Die Universitätspfründe

Allgemein vgl. Heyen, GS NF 41, St. Simeon S. 368. Zur Ablösung der Pfründen durch jährliche Zahlungen 1655 vgl. Diederich, St. Florin/Koblenz S. 213 f.

Zu den 1474 zur Dotation der neu gegründeten Universität Trier bestimmten geistlichen Pfründen gehörte auch ein Kanonikat des Stiftes Pfalzel. Es scheint aber, daß Pfalzel wie andere die Bereitstellung bzw. Beanspruchung einer Pfründe verhindern konnte. Vielleicht ist der von der Universität und dem Lic. theol. Johann Gurschke 1478 an der Kurie geführte Prozeß gegen Franz Colbehum wegen eines Kanonikates im Stift Pfalzel (vgl. § 35) in diesem Zusammenhang zu sehen. Dabei mag mitgesprochen haben, daß Pfalzel bei aller Nähe zu Trier – neben den fünf anderen Stiften mit solchen Universitätspfründen, nämlich St. Simeon/Trier, St. Florin/Koblenz, St. Kastor/Koblenz, Münstermaifeld und Dietkirchen – doch nur ein kleines Stift mit nur wenigen und keineswegs hochdotierten Pfründen war.

Erst mit der durch Erzbischof Karl Kaspar 1655 verfügten Verpflichtung der Stifte zu einem festen Betrag von 60 Rt. anstelle der Bereitstellung eines Kanonikates, wurde anscheinend auch Pfalzel herangezogen. Dazu ist überliefert, daß der Kanoniker Franz Theoderich von Villesuryon 1677 gegen die Zahlung einer Pension von 60 Rt. durch die Universität auf seine Pfründe in Pfalzel verzichten wollte (vgl. § 34). Die Universität verlangte vom Stift *ad minus* diese 60 Rt. jährlich, was dem Stift aber zu hoch schien. Als die Universität nun vorschlug, zur Festsetzung eines jährlichen Fixums den Durchschnitt des Ertrags einiger Jahre einer Kanonikerpfründe zu berechnen, hatte das Stift dagegen Bedenken, weil ein guter Herbst bevorstehe und damit die Einnahmen überhöht würden. Das Ergebnis der dem Erzbischof vorgetragenen Verhandlungen ist nicht bekannt (K Best. 1 C Nr. 19037). – Dieser Weg einer Mitfinanzierung der Universität durch geistliche Pfründen wurde schließlich 1722 dadurch aufgegeben, daß die Landstände eine pauschale Zahlung von 1200 Rt. übernahmen.

3. Studierende

Über die Ausbildung der Kanoniker wird in den Statuten und auch in den Einzelquellen nichts gesagt. Die Grundausbildung für die Teilnahme am Chor- und Gottesdienst war Sache des Scholasters, was indirekt daraus hervorgeht, daß dieser für die Zulassung zur Subdiakonatsweihe ein Zeugnis auszustellen hatte. Von der Freistellung Studierender von der Residenzpflicht, wie sie für andere Stifte überliefert ist, ist in Pfalzel nichts bekannt, was aber nur besagen kann, daß ein solches Recht offenbar nicht in Anspruch genommen wurde.

§ 14. Die Ämter (*offitia minores*)

Zu der – zumindest im Trierischen im allgemeinen Sprachgebrauch üblichen – Unterscheidung zwischen den Dignitäten (Propst und Dekan) und den auf Lebzeit übertragenen *offitia maiores* (Scholaster, Kustos, Kantor) einerseits und den *offitia minores* vgl. § 12.

1. Der Kellner

Nach der Abschaffung der Einzelpfründe 1386 oblag die Verwaltung der Besitzungen und Einkünfte des Stiftes dem Kellner, der in der Neuzeit in Pfalzel nicht nur die Kapitelsgüter im engeren Sinne (die Kellereigüter der anderen Stifte) zu verwalten hatte, sondern auch die übrigen Sondervermögen (Fabrik, Präsenz etc.; vgl. weiter unten). Das ist sicherlich darin begründet, daß diese Sondervermögen in Pfalzel sehr gering waren.

1. Der Kellner

Das Amt des Kellners wurde, wenigstens in den urkundlich besser bezeugten Jahrhunderten, theoretisch jedes Jahr neu vergeben. In der Mitte des 16. Jahrhunderts wurde es anscheinend in einer Art Turnus abwechselnd ausgeübt, doch war es statthaft, einen Ersatzmann zu stellen (vgl. Kopiar StadtBi Bl. 75). Daraus erklärt sich, daß auch in dieser Zeit die Kellerei über mehrere Jahre hin von einer Person verwaltet wurde (Beispiele in den Kapitelslisten). Von dieser turnusmäßigen Beauftragung mit dem Amt des Kellers war auch der von der Residenz befreite erzbischöfliche Kaplan nicht befreit, wie aus einem Schreiben des Kapitels vom 16. Juni 1552 an der Erzbischof ersichtlich ist, in dem das Kapitel den Erzbischof bittet, den derzeitigen Kaplan und als solchen von der Residenz befreiten Kanoniker Johann Römer zu veranlassen, wenigstens die Zehnten zu verpachten, weil er in diesem Jahr an der Reihe sei, das Kellneramt zu versehen (Kopiar StadtBi Bl. 75, Kopiar PfarrA Bl. 69; vgl. § 32). Dieser Modus zeigt wohl auch, daß dieses Amt nicht eben begehrt war. Es ist aber auch sicher, daß ein jährlicher Wechsel einer geordneten und kontinuierlichen Wirtschaftsführung abträglich war. Aus diesem Grund kam man dann wieder – wann läßt sich nicht genau sagen – von diesem System ab und wählte den Kellner jährlich neu beim Generalkapitel am 15. Juni. Damit war es auch möglich, die Wahl abzulehnen (so bezeugt 1684, Mischbd StadtBi Bl. 72). Eine Wiederwahl war unbeschränkt möglich, was praktisch bedeutete, daß dieses Amt nun auch wieder zu einer Art Lebensstellung ausgebaut werden konnte und wurde; so berichtet z. B. 1794 der Kanoniker Schimper, daß er 12 Jahre hintereinander Kellner gewesen sei (K Best. 1 C Nr. 19038).

Die Aufgabe des Kellners bestand vornehmlich darin, die Zehnten des Stiftes zu erheben bzw. zu verpachten und die Pachtsummen einzuziehen bzw. die Erträge einzusammeln und im Herbst eine ebenfalls mit dem Einsammeln der verschiedenen Erträge verbundene Fahrt nach Cochem durchzuführen (vgl. Kopiar StadtBi Bl. 18). Über die Verwendung der Einkünfte und die Verteilung der Überschüsse an die Berechtigten hatte er jährlich Rechnung zu legen.

Als Entgelt erhielt der Kellner ein Fixum.

Der Kellner versah seit 1438 auch das Amt des Fabrikmeisters, seit 1655 auch das des Bruderschaftsmeisters der Liebfrauen-Bruderschaft. 1450 wurde bei einem Rentenkauf in St. Aldegund bestimmt, daß diese an den Präsenzmeister, den Kellner oder einen anderen Beauftragten zu liefern sei (K Best. 157 Nr. 79), woraus die wenig scharfe Trennung und gegenseitige Aushilfe erkennbar sind. Ähnlich empfehlen auch die (generellen) Statuten von 1595, die Ämter des Kellners, des Almosenmeisters und des Fabrikmeisters von einer Person versehen zu lassen. Sie hielten es in diesem Falle aber für besser, die prinzipiell einjährige Amtszeit dann auf fünf bis sechs Jahre auszudehnen. Auch diese Bestimmung zeigt, daß diese Statuten die Pfalzeler Verhältnisse keineswegs konkret berührten. Die Rechnungen des Kellners aus dem 18. Jahrhundert (K Best. 157) zeigen, daß dieser die Güter, Einkünfte und Verpflichtungen der Kellerei, der Fabrik, der Präsenz, der Wochenmessen und der Anniversarien verwaltete, aber immerhin getrennt abrechnete.

2. Der Fabrikmeister (*magister fabricae*)

Das Amt des Fabrikmeisters, dem die Verwaltung des Fabrikvermögens oblag, wurde durch Beschluß des Generalkapitels vom 16. Juli 1438 mit dem des Kellners vereinigt (Kopiar StadtA Bl. 4).

3. Präsenzmeister (*respector chori*)

Ein *respector chori*, dessen Aufgabe es war, die Präsenzliste über den Chordienst zu führen, war in jedem Stift notwendig. Die Musterstatuten von 1595 ordnen zwar an, das Amt dort, wo es nicht vorhanden sei, einzuführen, doch ist nicht anzunehmen, daß es irgendwo fehlte. Man müßte sich schon vorstellen, daß die Kanoniker und Vikare ihre Präsenz selbst in ein bereitliegendes Buch (oder eine Tafel) eintrügen. – Das Amt wurde jährlich neu im Generalkapitel durch Wahl vergeben, in Pfalzel oft an einen Vikar.

4. Kapitelssekretär

Zeitweise hatte der Scholaster die Aufgabe, Beschlüsse des Kapitels zu protokollieren und wohl auch deren Beachtung einzuschärfen. Ob sich daraus die Funktion eines Kapitelssekretärs entwickelte, war nicht zu klären. Die Protokolle der Generalkapitel 1677–1686 zeigen, daß dieses Amt nun jährlich neu besetzt wurde. Der Sekretär ist Kanoniker (1677 Maaß, 1678/81 Brixius, 1682/86 Kasel, 1717 Eringer) und kann mehrfach neu gewählt werden.

Vermutlich sind auch die Aufgaben des Archivars diesem Amt zuzuordnen, wenn sie nicht – wie nachweislich ursprünglich – vom Kustos wahrgenommen wurden.

5. Bruderschaftsmeister (*magister fraternitatis*)

Ein Bruderschaftsmeister der Liebfrauen-Bruderschaft ist zum Jahre 1526 bezeugt (Christian Nolden; K Best. 157 Nr. 302 Stück 2). 1655 wird das Amt durch einen Beschluß des Generalkapitels dem des Kellners inkorporiert (Mischbd StadtBi).

§ 15. Vikarien und Altarpfründen

Die Statuten von 1463 nennen mit der Festsetzung der Kollationsrechte drei Vikarien und drei Altaristen-Stellen. Ebenso führt ein in der 2. Hälfte des 16. Jahrhunderts aufgestelltes *Inventarium seu registrum de dotationibus, oneribus, redditibus et servitiis in ecclesia BMV Palatiolensis* (Kopiar StadtBi Bl. 15r-16v), das lediglich ein Verzeichnis über die Vikarien und Altäre darstellt, diese sechs Pfründen auf. Dieses Verzeichnis und eine Aufzeichnung über die Allodien der Vikarien und Altäre von 1588 (in einer Abschrift von 1734 in K Best. 157 Nr. 308) dienten wahrscheinlich als Unterlage für die in den Statuten von 1595 angeordnete Unierung der drei Altäre mit den drei Vikarien, die damit begründet wurde, daß die Einkünfte aller Stellen so gering seien, daß eine Residenz der Inhaber nicht zu erreichen sei. Verzeichnis und Unierung sind mit ähnlichen Maßnahmen in anderen Stiften vergleichbar. Die Allode der Vikarien und Altäre sind im Verzeichnis aller Allode von 1550/67 (vgl. § 27 Abschn. B 3) genannt; sie waren größer als die der Kanonikate, vermutlich durch Zuwachs bei Stiftungen.

Im übrigen sind nur wenige Nachrichten über die Vikarien und Altäre erhalten. Das Pfründenverzeichnis nennt nur die Inhaber der Vikarien. Bei den Altären waren nur die Inhaber der Altäre St. Peter und St. Johann Baptist vorgesehen, aber nach der Inkorporation natürlich nicht mehr angegeben. Der St. Martin-Altar ist hier bereits, vor der offiziellen Unierung von 1595, stillschweigend übergangen worden. Auch 1551 wird nur von fünf Benefitien gesprochen (Kopiar StadtBi Bl. 38r). Dies zeigt einerseits, wie eine Vikarie „in Vergessenheit" geraten konnte, anderseits aber auch, daß der Quellenwert des eingangs genannten Verzeichnisses nicht zu hoch ist. – In der Neuzeit wurde eine Vikarie 1733/46 neu eingerichtet (s. unten Vikarie Lanser).

Über das Alter der Altäre und Vikarien läßt sich nichts sagen, da Gründungs- bzw. Stiftungsurkunden fehlen. Das erste Zeugnis für einen Vikar ist aus dem Jahre 1271 (K Best. 157 Nr. 14; MrhR 3 S. 585 Nr. 2570).

Die wöchentlichen Gottesdienst-Verpflichtungen der Vikare und Altaristen waren im 16. Jahrhundert aufeinander abgestimmt. Danach waren diese Wochenmessen (vgl. auch bei den Altären):

- montags   am St. Martin-Altar
- dienstags   am St. Katharinen-Altar
- mittwochs   am St. Peter-Altar
- donnerstags   am Dreifaltigkeits-Altar
- freitags   nicht bezeugt, dafür aber doppelt:
- samstags   am St. Johann Baptist-Altar und
                           am St. Johann Evangelist-Altar

Ähnlich war für die Fastenzeit eine tägliche Messe an den Wochentagen aufgeteilt, und zwar:

- von Aschermittwoch bis Invocavit der Dreifaltigkeits-Altar
- von Invocavit bis Reminiscere der St. Johann Evangelist-Altar
- von Reminiscere bis Oculi der St. Johann Baptist-Altar
- von Oculi bis Letare der St. Katharinen-Altar
- von Letare bis Judica der St. Martin-Altar
- von Judica bis Palmarum der St. Peter-Altar

Es ist anzunehmen, daß diese Verpflichtungen nach der Union 1595 weiterbestanden. Über die Wochentagsmessen in der St. Nikolaus-Pfarrkirche vgl. § 24.

Die Vikarien und Altäre im einzelnen

Sofern nicht anders angegeben, sind die Angaben den Statuten von 1463 und 1595, dem genannten Verzeichnis von 1588 und dem vom Ende des 16. Jahrhunderts entnommen. Zur Lage der Altäre vgl. die Angaben in § 3 Abschn. A 3a. Bei den Personallisten ist zu beachten, daß von einigen Vikaren bzw. Altaristen nicht bekannt ist, welchem Altar sie zugeordnet waren; sie sind in § 36 chronologisch eingefügt.

1. Vikarie des Dreifaltigkeits-Altares (Trinitatis)

Lage: am Chor auf der Evangelienseite (links vor den Chorschranken).

Urkundlich zuerst 1422 genannt (K Best. 157 Nr. 64), wahrscheinlich aber älter. – Kollation: Scholaster. – Besitz: Haus, Garten, Weinberge, Ackerland in Pfalzel, Ackerland in Eitelsbach. Renovation der Äcker von 1694 in K Best. 157 Nr. 308.

Pflichten: eine hl. Messe jeden Donnerstag, in der Fastenzeit von Aschermittwoch bis zum Ende der Woche ein Totenamt, eine hl. Messe am Dreifaltigkeits-Sonntag; an Fronleichnam muß der Vikar früh am Morgen die Hostie konsekrieren. In den Statuten von 1623 erhält der Vikar die Auflage, eine hl. Messe am Donnerstag (wohl die oben genannte) als Laien-Werktags-Messe zu feiern (vgl. § 24). 1756 erhöhte der Scholaster Nalbach die Einkünfte der Vikarie um 100 Rt. mit der Verpflichtung zur Feier einer hl. Messe an den Quatembern, an Mariä Aufnahme, am Schutzengelfest, am Tag nach Weihnachten, am Fest des hl. Karl Borromäus, am Tag nach Dreikönige, am Namen-Jesu-Fest und am Fest des hl. Agritius; außerdem solle er an beliebigen Tagen sechs Totenmessen lesen (K Best. 157 Nr. 315).

Wenn auch nicht ausdrücklich gesagt, so ist doch aus der Gesamtverteilung zu entnehmen, daß der Vikarie 1595 die Verpflichtungen und Einkünfte des Altares St. Peter übertragen wurden.

Vikare (Belege in § 36):

1460	Walter
1460	Johann Matthias von Bacharach
–1467	Johann Sachinna alias Peitz
–1468	Johann Balistarii
	kuriale Bewerber:
1467–	Arnold von Gillenfeld
1467/68	Valerius Bolle
1467–	Johann Knouff
1468	Friedrich Conradi
1470–	Arnold Sitken
1564–1574	Nikolaus Bitburg
1571–1574	Matthias Bitburg
1575–1576	Johann Ehrang
1576–1579	Johann Leonardi
1580–1593	Johann Vianden
1593–1600	Johann Remigius
1600–1636	Johann Kell
1637–1659	Peter Schenk
1659–1666	Johann Theoderich Staadt
–1676	Johann Groß (?)
1675–1686	Martin Kettenhofen
1686–1691	Nikolaus Erasmi
1691–1720/30	Anton Sagittarius
1733–1738/39	Johann Michael Wagner
1760–1768	Johann Hammes
1769–1783	Johann Otto
1783–1794/1802	Johann Jakob Kirn
	i. V. Anton Flesch

2. Altarist des Altares St. Johann Baptist und Heilig Kreuz

Lage: im Kreuzgang (*in ambitu*; Kopiar StadtBi Bl. 24r).

Urkundlich 1327 erwähnt (Schenkung einer Rente durch den Dekan von St. Simeon Peter von Pfalzel: K Best. 215 Nr. 212). Nur in dieser Urkunde ist das hl. Kreuz-Patrozinium genannt. – Kollation: Scholaster (auch urkundlich 1530 genannt: K Best. 157 Nr. 132). – Besitz: Kleines Haus sowie Garten und Ackerland in Pfalzel, Weinberg und Ackerland in Eitelsbach, die Hälfte einer Mühle in Olewig (auch urkundlich 1530 bezeugt: K Best. 157 Nr. 132), ein Obstgarten gegenüber der Brücke in Trier am Echternacher Weg, Ackerland auf der anderen Seite der Mosel (von Pfalzel). Urkundlich 1397 außerdem ein Zins in Mertesdorf genannt (K Best. 186 Nr. 222), Kauf eines Hauses in Pfalzel 1488 (K Best. 157 Nr. 116).

Pflichten: eine hl. Messe jeden Samstag und in der Fastenzeit in der Woche von Reminiscere bis Oculi täglich eine Totenmesse. Gemäß der Stiftung sollte der Altarist täglich zelebrieren.

1595 wurde der Altar der Vikarie St. Margaretha uniert.

Altaristen (Belege in § 36):

1430	Johann Bonensteel alias Kysgen
1471–1505	Simon von Ehrang
1521–1532	Christian Nolden
1532–1546	Johann Lamberti
1546–1549	Johann Römer
1549	Martin von Kenn
1556–1558	Johann Kenn
1567	Stephan Saarburg
1569–1576	Quirin Cochem
1583–1593	Johann Remigii

3. Vikarie des Altares St. Johann Evangelist und St. Margaretha

Lage: vermutlich in der linken Chorkapelle.

Urkundlich zuerst 1422 erwähnt (K Best. 157 Nr. 64), wahrscheinlich aber älter. Das Verzeichnis bemerkt, die Dotations- und Fundationsurkunde sei unbekannt „obschon Christoph Gretzer wußte, daß der Scholaster Johann Römer (gest. 14. Juni 1574) sie habe". – Kollation: Dekan. – Besitz: Haus mit Garten und Acker in Pfalzel, Weinberg in Eitelsbach. In den Statuten von 1595 heißt es, das Haus der Vikarie sei so vernachlässigt, daß es mehr einem Speicher als einem Wohnhaus gleiche. Die Vikarie erhielt daher das Haus des St. Johann Baptist-Altares. 1724/29 verkauft der Vikar zur Reparatur des Hauses einen Acker (K Best. 157 Nr. 308).

Pflichten: eine hl. Messe jeden Samstag, in der Fastenzeit zwischen den Sonntagen Invocavit und Reminiscere täglich ein Totenamt; bei den Exequien eines Kanonikers zwei Vigilien für zwei Personen und Teilnahme am Begräbnis. In den Statuten von 1623 wird bestimmt, daß der Vikar an allen Montagen die Laien-Werktags-Messe lesen solle (vgl. § 24).

Der Vikarie wurde 1595 der Altar St. Johann Baptist uniert.

Vikare (Belege in § 36):

1392	Heinrich von Besselich
1471	Nikolaus Utgin von Cochem
1527	Johann Weiler/Forsweiler
1546–1549	Johann Römer
1549	Martin von Kenn
1564–1574	Laurentius Fell

1570–1575	Nikolaus Ehrang
1574–1598	Bernhard Pfalzel
1598–1623	Johann Habscheid
1623–1624	Anton Leler
1624–1626	Nikolaus Bredimus
1626	Bartholomäus Thomae
1628/30	Johann Kenn
1630–1636	Johann Irsch
1636–1655	Wilhelm Dhron
1655–1657	Johann Gerhard Weiß
1657–1658	Matthias Zerf
1658–1677	Johann Karl Rodener
1677–1687/88	Johann Gobel
1688–1710	Johann Haubs
1710–1760	Johann Waldbillig
1760–1785	Peter Christian Eberhard
1786–1791/1802	Johann Theodor Lichter

4. Vikarie des Altares St. Katharina

Lage: in der rechten Chorkapelle.

Stiftung nicht bekannt; die Vikarie ist vor den allgemeinen Verzeichnissen nicht erwähnt. – Kollation: Scholaster. – Besitz: Haus und Garten, Ackerland und Wiesen in Pfalzel, Weinberg in Kövenich (wüst bei Pfalzel). Kastanienwald (*nemus castanearum*) (bei Pfalzel). In den Statuten von 1595 heißt es, die Vikarie habe kein Haus.

Pflichten: eine hl. Messe jeden Dienstag und in der Fastenzeit in der Woche von Oculi bis Letare täglich ein Totenamt. In den Statuten von 1623 wird bestimmt, daß der Vikar stets mittwochs die Laien-Werktags-Messe lesen solle (vgl. § 24).

1595 wurde der Vikarie der Altar St. Martin uniert.

Vikare (Belege in § 36):

1392	Tilmann von Euskirchen
–1474	Jakob Kolini/Rolini
1474/75	Stephan Watrim/Watrini
15. Jh.	Johann Philippi von Münstermaifeld
–1552	Matthias Kenn
1552–	Matthias Sierck
1567–1577	Johann Sierck
1577–	Johann Pfalzel
1583–1593	Leonard Leonardi
1600–1630	Johann Remigius – Johann Mey?
1630–1639	Nikolaus Waldrach
1645	Walter Lang
1651–(1675)	Theoderich Trierweiler

1675–1713 Johann Jodok Sagittarius
1713–1771 Johann Nikolaus Beaupain
1771–1786 Christoph Reichert
1786–1789 Johann Jakob Wolf
1789–1799 Johann Peter Willwersch

Altar hl. Kreuz s. (2) St. Johann Baptist

5. Vikarie Lanser

Der Pfalzeler Kanoniker Johann Michael Lanser stiftete in seinem Testament vom 7. Juli 1733 (K Best. 157 Nr. 309; vgl. § 35) eine Vikarie im Stift. Der Vikar wurde zum Chordienst und zur Zelebration wie die übrigen Vikare und zur Feier von wöchentlich zwei hl. Messen – am Samstag zu Ehren der Gottesmutter und am Mittwoch zu Ehren des hl. Johann Nepomuk – verpflichtet. Eine Bindung der Zelebrationsverpflichtungen an einen Altar ist nicht genannt. Das Nominationsrecht wurde dem Kapitel übertragen, jedoch mit der Einschränkung, daß als erster Vikar der „treue Diener" des Stifters, Johann Wolfgang Weyer, anzunehmen und in der Folge den Verwandten der Familie Lansers ein Vorrecht einzuräumen sei. In ähnlicher Weise hatte bereits die Mutter Johann Michael Lansers, Maria Elisabeth geb. Janson, die Einrichtung eine Vikarie nach ihrem und ihres Sohnes Tod verfügt (Abschrift ohne Datum in K Best. 157 Nr. 312); hier war außer den genannten beiden hl. Messen noch eine dritte am Dienstag – zu Ehren des hl. Antonius – vorgesehen und über die Residenz gesagt, daß der Vikar nur im Oktober und innerhalb des Jahres weitere 14 Tage abwesend sein dürfe, wobei die Zelebrationsverpflichtungen nachzuholen seien.

Hinsichtlich der Dotation hatte der Stifter lediglich bestimmt, der als notwendig festzustellende Betrag solle seinem Erbgut entnommen werden, während noch die Mutter ein Haus in Pfalzel, ein Gut in Piesport und als Einkaufgeld in die Präsenz des Stiftes 3000 Rt. festgesetzt hatte. Verständlicherweise kam es dann nach dem Tod Lansers 1733 zu langwierigen Auseinandersetzungen zwischen den Erben und dem Stift Pfalzel, in die auch der Kurfürst eingeschaltet wurde (die Einzelheiten in K Best. 157 Nr. 312). Die schließlich dem Stift ausbezahlte bzw. in Obligationen übergebene Summe betrug 4700 Rt.; das Stift hatte 5000 Rt. verlangt, die Erben 4500 Rt. angeboten. Der Erzbischof verlieh dem jeweiligen Vikar das *ius civium* in Pfalzel, wie es die Kanoniker und Vikare auch besaßen, und verlieh am 28. Februar 1746 als erstem dem *presbyter Trevirensis* Johann Wolfgang Weyer die Vikarie.

Über eine Inschrift an einem Haus, das Lanser als Wohnung des Vikars hatte renovieren lassen, vgl. § 3 Abschn. 5. – Über die Präbenda Lanseriana im Stift St. Paulin vgl. Heyen, GS NF 6, St. Paulin S. 231–233.

Vikare (Belege in § 36):

1746–1778   Johann Wolfgang Weyer
1778–1802   Heinrich Josef Dau

Altar St. Margaretha s. (3) St. Johann Evangelist

6. Altarist des Altares St. Martin episcopus

Lage: rechts vor der Treppe zum Chor.

Der Altar wird urkundlich 1363 beim Kauf einer Ölrente erwähnt, die wahrscheinlich der verstorbene Scholaster Johann gestiftet hatte (K Best. 157 Nr. 85). – Kollation: Dekan und Kapitel gemeinsam. – Besitz: Haus mit Garten und sieben Joch Ackerland in Pfalzel, Weinberg in Kasel.

Pflichten: eine hl. Messe jeden Montag, die 2. hl. Messe an Weihnachten, in der Fastenzeit in der Woche von Letare bis Judica ein Totenamt.

Der Altar wurde 1595 der Vikarie St. Katharina uniert.

Altaristen (Belege in § 36):

1433	Heinrich von Eversbach
1545–	Heinrich Falkenberg
–1547	Philipp Textor

7. Altarist des Altares St. Peter

Lage: im Kreuzgang (*in ambitu*).

Urkundlich 1487 bezeugt (K Best. 157 Nr. 86). – Kollation: Dekan. – Besitz: Haus in der Immunität, Acker in Pfalzel, Weinberg in Eitelsbach.

Pflichten: eine hl. Messe mittwochs und an den Patronatsfesten St. Peter ad vincula sowie Cosmas und Damian, in der Fastenzeit in der Woche von Judica bis Palmarum täglich ein Totenamt. Gemäß der Stiftung sollten zwei Kapläne an diesem Altar täglich zelebrieren, doch sei dies nicht der Fall (so im gen. Verzeichnis).

Der Altar wurde 1595 der Vikare der Dreifaltigkeit uniert.

Altaristen (Belege in § 36):

–1459	Alexander Mundenheim
1459–	Nikolaus Sack
–1467	Johann Fruchel
1467–	Friedrich Knaff

Zu Zelebrationsverpflichtungen der Vikare und Altaristen in der Burgkapelle St. Michael bzw. in der Pfarrkirche St. Martin vgl. § 29 unter Pfalzel-St. Michael.

§ 16. Hospital

Ein Hospital des Stiftes Pfalzel ist nicht bekannt, was natürlich nicht ausschließt, daß (Pilger-)Reisende, Arme und Bettler (vom Kellner?) aufgenommen und betreut wurden. Zu klären wäre, ob es in der Siedlung Pfalzel ein Hospital oder Armenhaus gab.

§ 17. Die familia des Stiftes. Stiftsbedienstete, Personal, Schule

Über die *familia* des Stifts im weiteren Sinne ist sehr wenig bekannt. Es können hier nur einige Erwähnungen notiert sein.

1. Dienstleute („Ministeriale", *feudales*, Ämterlehen)

Die Einrichtung der „Lehnsleute" (vgl. allgemein Heyen, GS NF 41, St. Simeon S. 430–438 mit weiteren Hin- und Nachweisen) ist in sehr rudimentärer Form auch in Pfalzel aus dem 16. Jahrhundert bezeugt (Mischbd StadtBi Bl. 24; Kopiar StadtBi Bl. 14). Danach gab es damals 12 sogenannte *feuda*, deren Inhaber verpflichtet waren

— beim Tod jedes Kanonikers die Totenwache zu halten und ihn *de mane* zu beerdigen. Sie erhielten bei jeder Beerdigung vom Kustos sechs Sester Wein und zwei Sester Getreide für Brot,

— an Maria Lichtmeß hatte jeder dem Kustos zehn Denare zu zahlen, erhielt aber gleichzeitig eine Kerze.

Von den 12 *feuda* besaßen
— die drei Vikare bzw. Altaristen der Altäre Dreifaltigkeit, St. Johann Baptist und St. Martin je eines,
— der Vikar des Altares St. Katharina zwei,
— die Kartause drei,
— ein ungenannter Laie (in Pfalzel) eines,
— zwei nicht genannte Laien von der anderen Seite der Mosel zwei;
— der Inhaber des 12. Lehens ist nicht angegeben.

Es handelt sich hierbei ohne Zweifel um ein Relikt einer älteren, umfassenderen Reglung, namentlich für die Assistenz bei repräsentativen liturgischen Handlungen. Dabei ist die Ausübung durch Vikare und Altaristen als eine Ersatzlösung für die ursprüngliche Wahrnehmung dieser Aufgaben durch Laien aus dem Gebiet der alten Grundherrschaft Pfalzel-Eitelsbach zu verstehen.

Das gilt ebenso für die Einbindung der Kartäuser (aus Trier), die mit Sicherheit hier in Verpflichtungen des ihnen bei der Gründung durch Erzbischof Balduin übertragenen Hofes in Eitelsbach eingetreten waren. – Die Einbindung dieser Lehnleute ist noch in der Trauer- und Begräbnis-Ordnung des Stiftes von 1774 (KP; vgl. § 21) bezeugt.

2. Stiftspersonal

Küster. Ein *custer* Jakob Pfalzel, der nicht etwa mit dem Kustos/Thesaurar identisch ist (vgl. § 33), ist 1632 als Zeuge genannt (K Best. 157 Nr. 155). Vielleicht ist er identisch mit dem *subcustos* Jakob Meckel, der 1676 beim Kapitel 40 Rt. leiht (Mischbd StadtBi Bl. 43r). Er hatte gewiß die üblichen Arbeiten eines Kirchen-Küsters zu verrichten.

Glöckner. Ein *campanator, clericus Moguntinensis*, Jakob von Siegen ist 1424 als Zeuge genannt (K Best. 157 Nr. 56).

Organist. Der *ludimagister* erhält 1735 in den Bestimmungen des Dekans Anton Reuß über die Orgel eine (zusätzliche) Bezahlung von 20. Rt. (vgl. § 31 und § 3 Abschn. A 3a). Zum *ludimagister* Matthias Schunck vgl. § 3 Abschn. B, Missale.

Chorknaben/Ministranten, Meßdiener. Vgl dazu nachstehend bei Schule.

Kirchendiener. Die Aufgaben der im kurtrierischen Hofkalender 1761–1768 notierten „Kirchendiener" Jakob Horst, Johann Michael Imhon und Joseph Mechtel konnten nicht bestimmt werden.

3. Schule, Schulmeister

Das Thema Schule als Stätte der Unterrichtung und des Lernens bedürfte einer breiteren Untersuchung. Zum Gebäude und zum Mittelalter vgl. § 3 Abschn. 5d. Für das späte 18. Jahrhundert (1763 ff.) sind Auseinandersetzungen zwischen dem Stift bzw. dem Scholaster des Stiftes einerseits und dem Pfarrer der Pfarrkirche St. Martin der Siedlung Pfalzel (Johann Balthasar Kirn; er hatte seit 1773 auch ein Kanonikat im Stift und wurde 1788 Kantor; vgl. § 34) überliefert. Daraus ergibt sich, daß zumindest in der 2. Hälfte des 18. Jahrhunderts neben der Schule des Stiftes auch eine Schule der Zivil- und Pfarrgemeinde St. Martin bestand[1]). Es heißt aber schon in den Reform-

---

[1]) Die Darstellung von Josef BECKER, Die Geschichte der Schule (Pfalzel 1989 S. 199–218), behandelt überwiegend die Entwicklung im 19. Jahrhundert, hat aber auch wertvolle Nachweise über das Verhältnis dieser Schule zum Stift.

bestimmungen nach der Visitation von 1701 (vgl. § 10): *Nos autem multis querelis capituli et communitatis affligamur*, doch ist das nicht weiter ausgeführt.

Bei 131 Häusern des Dorfes bzw. der Pfarrei Pfalzel (ohne den Anteil der Pfarrei an Biewer) im Jahre 1786 gab es 65 Kinder im Alter zwischen sieben und zwölf Jahren. Die Schule, deren Lehrer 1759 und 1763 der Frühmesser der Pfarrei war (s. unten), hatte Unterricht von Allerheiligen (1. November) bis St. Johann (24. Juni); in den anderen Monaten mußten die Kinder wohl in der Landwirtschaft helfen bzw. mitarbeiten (Angaben nach Becker wie Anm.). Bei den oben genannten Auseinandersetzungen 1763 ging es darum, daß der Pfarrer bzw. die Gemeinde mit dem Frühmesser Johann Peter Reichert einen eigenen Schulmeister eingestellt hatten, sodaß dem Schulmeister des Stiftes Einkünfte verloren gingen. Das Stift schlug deshalb 1780/81 vor, die Stiftsschule solle die Knaben und die Pfarrschule die Mädchen erhalten. Darauf ging der Pfarrer aber nicht ein. Offenbar argumentierte er, daß es gut wäre, „wenn die Kinder die Freiheit nicht hätten, in die chorale Stiftsschule zu gehen" (J. Becker S. 200), womit praktisch ein Monopol der „Pfarrschule" beansprucht wurde. Dem entspricht (als vermeintliches Entgegenkommen), daß der Pfarrer am 30. September 1782 zusicherte, dem Stift sollten sechs Knaben für dessen Chordienst verbleiben und es solle auch Holz aus der Pfarrschule erhalten (so mit verschiedenen Eintragungen im KP). Vielleicht darf man es als „Gegenaktion" des Stiftes interpretieren, daß dieses am 30. Mai 1788 dem bisherigen Pfalzeler Magister Johann Peter Reichert, also dem Lehrer der „Pfarrschule", die stiftische Pfarrei Ittel übertrug (so KP) und damit aus Pfalzel „wegbeförderte". An der Pfarrschule Pfalzel wurde 1790 (als Nachfolger Reicherts) der Laie Georg Knopp Schulmeister (J. Becker).

Man wird diesen Nachrichten gewiß soviel entnehmen dürfen, daß das Stift seine Knaben für den Chordienst – man würde heute sagen: Meßdiener – aus der Bevölkerung der Siedlung Pfalzel rekrutierte, und daß damit auch eine (allgemeine) Ausbildung verbunden war, zumindest in den Grundkenntnissen des Schreibens und Lesens. Der Angabe, daß mit der Einrichtung einer Pfarr- bzw. Gemeindeschule dem Schulmeister des Stiftes Einnahmen verloren gingen, ist eindeutig zu entnehmen, daß zumindest in dieser Zeit die Stiftsschule auch über die Ausbildung für den Chordienst hinaus „allgemeinen" Unterricht erteilte und daß dieser – vermutlich von den Eltern der Kinder – bezahlt wurde. Insofern war diese Stiftsschule für die Gemeinde Pfalzel und womöglich auch für Kinder benachbarter Siedlungen eine „öffentliche" Schule (wobei die Konfessionsfrage in dieser Zeit einer konfessionell geschlossenen Gesellschaft nicht gestellt war). Natürlich gab es noch keine allgemeine Schulpflicht, aber daß auch Mädchen diese Schule besuchen konnten und offensichtlich auch besuchten, sei für das allgemeine Bild der Alphabetisierung und die Funktion solcher Stiftsschulen für die Gesellschaft dieser Zeit unterstrichen.

Inwieweit diese schulischen Verhältnisse in frühere Epochen zurückdatiert werden dürfen, kann anhand schriftlicher Überlieferung nicht beantwortet werden. Die Funktion eines Scholasters als Ausbilder von Kindern und Jugendlichen primär für den Gottesdienst (im weiteren Sinne) des eigenen Stiftes, darüber hinaus aber auch zur Unterrichtung und Förderung von Kindern des engeren Umfeldes – d. h. nicht als überörtliche, regionale „Bildungs-" und Erziehungs-Anstalt – hat wohl auch im kleinen Stift Pfalzel immer bestanden und ist auch (gewiß mit Höhen und Tiefen) ausgeübt worden.

In den nach der Visitation von 1701 erlassenen Bestimmungen (vgl. § 10) sind für die Annahme als Lehrer (*ludimoderator, rector*) und als Organist (*ludimagister*) folgende Bedingungen genannt: katholisch, fromm, gebildet (*pius et doctus*), von legitimer Geburt, unverheiratet (*non uxoratus*), kundig in Sprache und Gesang (mit Ausnahme in besonderen Fällen) und von gutem Benehmen (*de honesto victu*), damit sie die Kinder (*parvulos*) in christlicher Grundhaltung und Frömmigkeit (*christiana rudimenta et pietatem*) erziehen. Der Lehrer (*rector*) ist verpflichtet, mit seiner Schule (*schola*) am Gottesdienst in St. Nikolaus und am Katechismusunterricht der Jesuiten (*catechismum Jesuitarum*) in St. Martin teilzunehmen sowie den Chor (zum Gottesdienst) in St. Nikolaus zu bilden und auch am üblichen Salve Regina an den Sonn- und Feiertagen mitsamt deren Vigil und an allen Tagen der Fastenzeit (*Quadragesima*) teilzunehmen.

Im Protokoll des Generalkapitels vom 15. Juni 1603 ist notiert, daß der Schulmeister derzeit abwesend sei und an seiner Stelle die Schule in Vertretung von Jakob Ehrang betreut werde (*scolam tanquam ludimoderator absente administrabit Jacobus Eringius loco stipendii, habebit pro victu et salario 40 Taler etc.*). – Als Zufallsfund sei notiert, daß zum Jahre 1628 ein Schulmeister Stephan von Pfalzel bezeugt ist (K Best. 56 = Reichskammergericht, Nr. 2978). – Kosten für das Schulgebäude wurden im 18. Jahrhundert anscheinend aus Mitteln der Fabrik bestritten (K Best. 157 Nr. 307). Anderseits zahlt 1756 der Scholaster für das Gehalt des Schulmeisters 45 Rt. und zu den Kosten für eine Reparatur des Schulgebäudes 75 Rt. (vgl. § 12 Abschn. 3).

§ 18. Äußere Bindungen und Beziehungen

1. Verhältnis zum Papst

Natürlich hat man auch in Pfalzel insbesondere im späten Mittelalter Bestätigungen interner Maßnahmen bei der Kurie erbeten und erhalten. Umgekehrt war das Interesse an Verleihungen von Pfründen im kleinen Stift Pfalzel durch die Kurie relativ gering. Sehr bemerkenswert ist aber der Verzicht der Kurie auf ihr Kollationsrecht an den in päpstlichen Monaten frei werdenden Pfründen 1477 wegen der Einbeziehung des Stiftes in Burg und Residenz Pfalzel zugunsten des Erzbischofs (vgl. § 8 und § 11 Abschn. A 1b). – Zu Ablaßverleihungen vgl. § 25.

2. Verhältnis zu den deutschen Königen

Hier sind nur die Ersten Bitten zu nennen (vgl. § 11 Abschn. A 1b). Nachweise in den Personallisten.

3. Verhältnis zum Erzbischof und Kurfürsten von Trier

Die (kirchen-)rechtliche Position des St. Marienstiftes in Pfalzel als bischöfliches Stift stand nie in Zweifel. In den knapp 200 Jahren der Funktion der „Burg" Pfalzel als (Neben-)Residenz der Erzbischöfe von Trier von der Mitte des 14. bis zur Mitte des 16. Jahrhunderts war die Einflußnahme der Erzbischöfe in innerstiftische Verfassungsstrukturen – bis hin zum Versuch, ein uneingeschränktes Besetzungsrecht für die Kanonikate zu erlangen – gewiß sehr konkret und intensiv. Damit war freilich auch einerseits der Ausbau des erzbischöflich-kurtrierischen Residenzbaues, verbunden mit einer Minderung des stiftischen Gebäuderinges, und anderseits eine Aufwertung der personellen Zusammensetzung des Kapitels und eine tatkräftige Förderung der Modernisierungs- und der Ergänzungs- wie Ersatzbauten des Stiftes, namentlich des neuen Kreuzganges, verbunden (Details vgl. §§ 3 und 8 mit weiteren Hinweisen). Das alles klang wieder ab mit dem Rückfall des Residenzsitzes Pfalzel zum kurtrierischen Amtssitz. Das St. Marienstift wurde wieder eines der kleineren Stifte des Erzstiftes, das aber einbezogen blieb in die innererzstiftischen Verflechtungen des engeren Trierer Raumes.

Über das Verhältnis des Stiftes zum Erzbischof-Kurfürsten als Landesherr ist kaum etwas bekannt. Die Einbindung des Stiftes in den Geistlichen (Land-)Stand des Oberstiftes ist nicht untersucht (weil dazu die allgemeinen Grundlagen fehlen). Notiert seien:

– 1435 beauftragt die „Generalsynode" zu Basel den Domdekan zu Köln und den Dekan des Stiftes St. Simeon in Trier, das Stift Pfalzel gegen unerlaubte Steuereintreibungen – mit der Begründung der Steuerfreiheit geistlicher Personen gemäß Erklärung des Laterankonzils – zu schützen (StadtA Trier Urk. R 34). Was konkret hier zu befürchten stand, ist nicht bekannt, doch kann es sich wohl nur um Kurtrier handeln, da Pfalzel in anderen Territorien kaum Besitz hatte.

– 1457 (26./27. Januar). Dekan und Kapitel des Stiftes Pfalzel leihen dem Elekten Johann II. auf ein Jahr aus Rücklagen der Präsenz und der Liebfrauen-Bruderschaft 500 fl.; der Erzbischof gelobt, dafür 20 fl. (als Zins) für Messen zu zahlen (K Best. 1 C Nr. 18 Stück 58; Goerz, RegEb S. 205). Vermutlich handelt es sich um diese Verschuldung, für die der Erzbischof 1460 dem Stift Abgaben der Fischer zu Pfalzel anweist (Goerz, RegEb S. 210).

– 1514. Erzbischof Richard gewährt dem Stift Zollfreiheit für dessen eigenes Wachstum zu Cochem (K Best. 1 C Nr. 23 S. 359).

– 1652. Zur Huldigung Erzbischof Karl Kaspars in Pfalzel vgl. nachstehend Abschn. 4.

4. Verhältnis zur Gemeinde Pfalzel

Der Bering des Frauenklosters bzw. des Kanonikerstiftes mitsamt dem aus diesem späteren Stiftsbering separierten Bereich von Burg, Residenz und Amt des Erzbischofs-Kurfürsten von Trier wie er im 17. Jahrhundert mit dem heute im Kern noch erhaltenen Festungsgürtel umschlossen wurde, bestand (und besteht) östlich neben dem weit größeren Bering der Wohngemeinde Pfalzel. Sehr wahrscheinlich ist dies der 5. Teil der Gesamtgemarkung, wie er in Weistümern immer angesprochen wird. Das $1/5$ des Stiftes (mitsamt der kurfüstlichen Burg bzw. Amtsverwaltung) findet in der Perspektive der ursprünglichen Grundherrschaft (des 7. Jahrhunderts) seine Ergänzung in der auch bis zum Ende des Stiftes bestehenden Grundherrschaft jenseits der Mosel um Eitelsbach-Mertesdorf. Diese sehr viel älteren Verflechtungen wird man bei einer Betrachtung des Verhältnisses Stift – Wohngemeinde (und umgekehrt) im Blick behalten müssen. Über alles Trennende hinweg sind Stift und Gemeinde eine Einheit.

Das kann hier nicht im Detail dargestellt werden; auch dazu fehlen Vorarbeiten. So bleiben nur wenige Notizen:

– 1391 (31. August). Erzbischof Werner erlaubt den Bürgern zu Pfalzel, von allem verzapften Wein Ungeld, gleich dem Sestergeld der Stadt Trier, zu erheben, vorbehaltlich der Rechte und Freiheiten des Stiftes und des Klerus zu Pfalzel. Das Geld ist für Schloß und Befestigung Pfalzel zu verwenden (Kopiar BistA S. 108; nicht bei Goerz, RegEb).

– 1652. Die Huldigung des am 12. März 1652 in Trier inthronisierten Erzbischofs Karl Kaspar von der Leyen am 10. April 1652 in Pfalzel wird zeitgenössisch so geschildert: *Capitulum obiciavit cum togis usque ad Mosellam et dedu-*

xerunt archiepiscopum usque ad aedes domini decani Krissel. In aedibus decani induit togam reverendissimus et ex aedibus decani accepit capitulum cum cruce et superpelliciis ad missam audiendum, Te Deum Laudamus cantatum. Postea legit decanus sacrum pro archiepiscopis. Missa lecta abivit ad curiam civium, ibidem tabernaculum factum, iuraverunt omnes cives data manu. Archiepiscopus abivit iterum Treviros (MischBd StadtBi S. 3v).

— 1746. Erzbischof Franz Georg von Schönborn verlieh dem ersten Inhaber der neu im Stift eingerichteten Vikarie Lanser und dessen Nachfolgern das *ius civium* in Pfalzel, so wie es die Kanoniker und Vikare des Stiftes besitzen (vgl. § 15).

Über die Schule für Jungen und Mädchen vgl. § 17 Abschn. 3.

§ 19. Siegel

1. Das große Kapitelssiegel

Das große Kapitelssiegel ist rund und zeigt die auf einer breiten Bank mit einer breiten Lehne sitzende Mutter Gottes mit Nimbus, Krone und Schleier, in der rechten erhobenen Hand einen Apfel, in der linken am Körper anliegenden Hand ein Buch haltend, vom linken Arm abhängend ein Tuch, auf der Brust eine Gewandspange. Die Umschrift lautet: *Sigillum ecclesie sancte Marie Palatiolensis* (zum Buchstabenbestand s. unten).

Abb.: Ewald, Rhein. Siegel 4, Tafel 14 Nr. 5 und 7. Text Meyer-Wurmbach 1 S. 46.

Es sind zwei Stempel zu unterscheiden:
— der ältere Stempel (1), bezeugt ab 1338 (K Best. 186 Nr. 52), aber sicher älter, bis 1437 (K Best. 157 Nr. 88).
— der jüngere Stempel (2), bezeugt ab 1446 (K Best. 186 Nr. 348) bis 1571 (K Best. 186 Nr. 737).

Unterschiede:
— Der Hintergrund ist in 1 glatt, in 2 mit kleinen Sternen besät. — Die Bank ist in 2 leicht gehöht und dadurch schmaler wirkend (in 1 Breite : Höhe 30 : 16; in 2 28 : 17). In 2 an den Ecken der Bank kleine Pfeileraufbauten.
— Die Krone hat in 1 drei Zacken, in 2 fünf Zacken und Perlen.
— Die Haltung der rechten Hand ist in 1 fast senkrecht, in 2 grazil abgewinkelt.
— Das Buch hat in 1 ca 45°, in 2 ca 80° Schräglage.

1. Das große Kapitelssiegel 185

a

b

c

Abb. 11a–c. Die Siegel des St. Marien-Stiftes Pfalzel. Kapitelssiegel 1. und 2. Fassung, Siegel Ad causas. – Fotos: Landeshauptarchiv Koblenz.

— Die Gewandspange ist in 1 ein einfacher leerer Rombus, in 2 durch Zierwerk ausgefüllt.
— Der Schleier hat in 2 einen leichteren Faltenwurf.
— Größen: 1 innen 45 mm, außen 63 mm Durchmesser, 2 innen 45 mm, außen 60 mm Durchmesser.
— Die Legende zeigt Typenunterschiede.:
 1: S ECCEIE SCE MARIE PALACIOLEN +
 2: SI ECCLESIE SCE MARIE PALATIOLENSIS
In 1 ist das zweite E in ecclesie mißlungen. (Meyer-Wurmbach ließt abweichend in 1 ECCLIE, in 2 für SI nur S.)

Gesamteindruck: Der Stempel 2 ist ein sorgfältiger Nachschnitt von 1, hat aber einige kleine, das Zeitempfinden charakterisierende Abweichungen. Stempel 2 ist der elegantere Schnitt.

Für die Neuzeit sind Abdrucke bisher nicht bekannt, was aber nicht besagen muß, daß der Stempel nicht mehr verwendet worden sei. Sein Gebrauch wurde vermutlich nach Einführung des ad causas-Stempel (s. unten) eingeschränkt. Immerhin wird in der Rechnung von 1795/96 noch ein Posten angeführt: *ein stempel machen lassen in dem großen siegel,* womit sicher ein Griff gemeint ist.

Hingewiesen sei darauf, daß dieses Siegel eine der seltenen Darstellungen der gekrönten Maria ohne Kind ist, mit einem Apfel (oder der Weltkugel?) und einem Buch (wie vielfach in Verkündigungsdarstellungen) in den Händen. Ob man darin einen Hinweis auf den Patronatstag des Stiftes Assumptio Mariae und somit die in den Himmel aufgenommene „Himmelskönigin" sehen kann, mag dahingestellt sein. Vergleichbar ist ein Siegel des Marien-Stiftes Aachen (Ewald, Rhein. Siegel 4 Tafel 1 Nr.6), vielleicht auch das des Zisterzienserinnen-Klosters Walberberg (wenn es sich nicht um eine Darstellung der hl. Walburga, sondern Marias handelt; ebenda Tafel 31 Nr. 5). Das Thema bedürfte einer umfassenden Untersuchung. Vgl. auch LexChristlIkonographie 3 Sp. 155–210. Herrn Toni Diederich/Köln danke ich für seine Beratung.

2. Das ad causas-Siegel

Das ad causas-Siegel zeigt ein Brustbid der Madonna mit Nimbus und Krone und dem Kind auf dem rechten Arm, umgeben von einem Strahlenkranz, unten eine liegende Mondsichel. Rund, 39 mm Durchmesser.

Legende: S(igillum) ECCLESIE CAL(l)EG(i)AL(is) B(ea)TAE MARIE VIRGINIS PALACIOLEN(sis) [A statt O in collegialis]

Abb. 12a–f. Siegel von Kanonikern des St. Marien-Stiftes Pfalzel. – Fotos: Landeshauptarchiv Koblenz.
a und b: Propst Johann. 1212. Vorder- und Rücksiegel. Beschreibung S. 297.
c: Propst Heinrich. 1251. Beschreibung S. 300.
d: Kanoniker Gottfried von Merniche. 1271. Beschreibung S. 354.
e: Kanoniker Gerlach von Malberg. 1287. Beschreibung S. 355
f: Kantor Johann Udalrich Miltz. 1747. Nachweis S. 323.

Abb.: Ewald, Rhein. Siegel 4, Tafel 14 Nr.6. Text: Meyer-Wurmbach 1 S. 46. Meyer-Wurmbach hat COL(l)EGIAT(e).

Das Siegel ist bezeugt seit 1526 (K Best. 157 Nr. 302 Stück 2) und war bis zur Aufhebung des Stiftes in Gebrauch (vgl. K Best. 276 Nr. 2681). Die Bezeichnung als ad causas-Siegel ist 1543 und 1544 urkundlich bezeugt (K Best. 157 Nr. 123 und 126).

Die Kanoniker – nicht nur die Dignitäre und Amtsinhaber – führten zeitweise eigene Siegel, manche von hoher Qualität. Vgl. die Nachweise in den Personallisten.

Abb. 13. Die Skulptur der drei Frauen Irmina – Adela – Klothilde auf einem Esel in der Kirche in Auw a. d. Kyll. Vgl. Exkurs S. 194–198.

5. RELIGIÖSES UND GEISTIGES LEBEN

Die Vorgabe (der Gliederung und damit einer Themen-Vorgabe der Germania Sacra), auch über geistiges Leben der Stifte zu berichten, muß bei personell sehr kleinen Stiften wie dem St. Marienstift Pfalzel nicht ausgeklammert, aber letztlich unbeantwortet bleiben. Jedenfalls waren das Stift bzw. das Kapitel als solches nicht an den geistigen Strömungen und Anliegen ihrer Zeit beteiligt, es sei denn man rechnet die nicht nur von den Erzbischöfen geforderten und geförderten, sondern vom Kapitel auch mitgetragenen innerstiftischen Reformen namentlich des 15. Jahrhunderts (vgl. § 8 Abschn. C) dazu.

Unter den Mitgliedern des Kapitels sind auch keine etwa durch Schriften hervorgetretene Kanoniker zu nennen und offensichtlich hat es im Stift Pfalzel auch – neben den für Gottesdienst und Kult natürlich benötigten Texten (vgl. dazu § 3 Abschn. B) – nie eine Bibliothek mit theologischen, juristischen, literarischen oder religiös-„erbaulichen" Handschriften und Büchern gegeben (vgl. § 5), wie sie in größeren Stiften meist aus Nachlässen oder Stiftungen einzelner Kanoniker entstanden sind. Doch wird man damit freilich auch nicht übersehen dürfen (und können), daß unter den nicht wenigen im Stift Pfalzel – namentlich als Pröpste oder Dekane – bepfründeten Funktionsträgern in wichtigen Stellen der erzbischöflichen Verwaltung durchaus profilierte Theologen und vor allem Juristen waren. Diese aber nun als Zeugen oder Repräsentanten des „geistigen Lebens" des Stiftes zu nennen, wäre wohl doch eine Überzeichnung pro domo.

Anderseits aber ist unverkennbar, daß einige von ihnen z. B. durch die ihnen mit ihren außerstiftischen Ämtern zugänglichen Kontakte und Beziehungen auch innerstiftische Entwicklungen unterstützen und ermöglichen konnten. Andere haben durch die von ihnen vermittelten, in Auftrag gegebenen und auch (mit-)finanzierten Ausstattungsstücke der Kirchen – man denke an Altäre, Gemälde, Statuten, Paramente, vasa sacra und auch die z. T. noch erhaltenen sehr qualitätvollen Epitaphe – nicht nur das „äußere", ästhetische Bild in Anpassung und Aufnahme künstlerischer Entwicklungen sichtbar geprägt, sondern ebenso (was unter primär kunsthistorischer Sicht leicht übersehen wird) in theologischen und liturgischen Fragen ihrer Epochen Akzente gesetzt und damit den Stiftsangehörigen und Besuchern des Gotteshauses und Gottesdienstes vermittelt. Das gilt gewiß für alle Jahrhunderte.

Zu nennen ist in diesem Kontext „geistigen Lebens" auch die „Schule" des Stiftes, wiewohl auch dazu konkrete Angaben kaum möglich sind (vgl. in § 17).

Das Frauenkloster der Adela war sicher – neben einer Stätte des Gebetes und kontemplativen Lebens – auch eine „Erziehungs- und Ausbildungs-Anstalt" für Mädchen und junge Frauen (und nicht etwa nur eine Versorgungsstelle für Nichtverheiratete und Witwen). Für das Kanonikerstift wird man das so nicht sagen können. Die wohl seit Beginn bestehende und vom Scholaster geleitete „Scholasteria" war gewiß keine nur dem unmittelbar innerstiftischen Bedarf dienende Ausbildungsstelle für Chorknaben („Meßdiener") und namentlich von Kanonikern, Vikaren und Altaristen (als Vorbereitung zum Empfang der Weihen, für die der Scholaster die Atteste als Ausbildungs- bzw. Prüfungszeugnisse auszustellen hatte). Sie stand gewiß – so wie es in der Konkurrenz zu der dann im 18. Jahrhundert von der Gemeinde Pfalzel unterhaltenen Pfarreischule überliefert ist – auch schon im Mittelalter den Knaben (und zumindest im 18. Jahrhundert nachweislich auch den Mädchen) der Nachbargemeinden offen. Die „Glaubenslehre" mag dabei formal der Ansatz gewesen sein, aber es wurden sicher auch Lesen, Schreiben und Rechnen sowie Grundkenntnisse des Lateinischen unterrichtet. Dieser „bildungspolitische" Beitrag gerade der kleineren Stifte und Klöster „auf dem Land" wird meist – auch als Teil eines „geistigen Lebens" – übersehen.

§ 20. Adela als Heilige

Adela (auch Adula) wurde um 660/675 als Tochter einer der in Ansehen und Besitz herausragenden und wahrscheinlich den frühen Karolingern (Pippiniden) auch verwandtschaftlich verbundenen Familien des Raumes zwischen Maas, Rhein und Mosel mit Schwerpunkt in Eifel und Ardennen geboren. Sie war mit dem *vir inluster* Odo verheiratet und hatte mehrere Kinder, darunter den Sohn Alberich. Ein Sohn dieses Alberich ist Gregor, seit 721 Schüler und Gefährte des Winfried-Bonifatius, gestorben 775/78 als Abt von St. Martin in Utrecht. Ein Enkel des genannten Alberich, ebenfalls mit Namen Alberich, war nach 777 – ca 784 erster Bischof von Utrecht.

Adela gründete um 700, nach dem Tod ihres Ehemannes, in dem in der römischen Bausubstanz weitgehend erhaltenen Palatiolum (vgl. § 3, Abschn. A 2), das sie mit einer ausgedehnten Grundherrschaft von Pippin II. erworben hatte, wohl als Witwensitz ein Frauenkloster, das – vermutlich über Echternach – in guten Kontakten zur angelsächsischen Mission stand. Ein Besuch des Winfried-Bonifatius ist zu 721 bezeugt. Aber auch an die Parallelität zur Gründung des Frauenklosters St. Maria im Kapitol in Köln durch Adelas Schwester Plektrud, der Ehefrau Pippins (s. u.), ist hinzuweisen. Adela starb um 735 und wurde in der Klosterkirche zu Pfalzel begraben.

§ 20. Adela als Heilige.

Die mit Eifer kontrovers diskutierten Fragen um Herkunft und Verwandtschaft Adelas, namentlich zu Irmina, der Äbtissin von Ören/Trier und Förderin von Echternach, sowie zu Plektrud, der Gemahlin Pippins II., sollen hier nicht erörtert werden. Schlüssige Beweise gibt es nicht, weshalb darauf verzichtet werden kann und muß, Kombinationen und Mutmaßungen zu referieren oder gar um Varianten zu vermehren. Als Arbeitsgrundlage mag hier gelten, daß Irmina und deren Gemahl Hugobert vier Töchter hatten, nämlich die genannten Plektrud und Adela sowie Regentrud und Chrodelind.

Aus der umfangreichen Literatur seien genannt:

Karl August Eckhardt, Merowingerblut. 1: Die Karolinger und ihre Frauen (Germanenrechte NF, Deutschrechtliches Archiv 10 und 11. 1965). Behandelt S. 111–157 Irmina, Adela, Regintrud, Adelas Deszendens. – Eugen Ewig, Trier im Merowingerreich. 1954 (auch TrierZs 21. 1952). Verwiesen sei insbesondere auf die Beobachtungen S. 136–139 zur Schwester Adelas Chrodelind, die in späteren Untersuchungen meist übersehen sind. – Matthias Werner, Adelsfamilien im Umkreis der frühen Karolinger. Die Verwandtschaft Irminas von Ören und Adelas von Pfalzel (VortrForschungen, Sonderbd 28. 1982). – Nancy Gauthier, L'évangélisation des pays de la Moselle. La province Romaine de Première Belgique entre antiquité et moyen-âge (IIIe – VIIIe siècle). Paris 1980. Zu Adela und Pfalzel insbesondere S. 328–335. – Eduard Hlawitschka, Zu den Grundlagen des Aufstiegs der Karolinger. Beschäftigung mit zwei Büchern von Matthias Werner (RheinVjBll 49. 1985 S. 1–61; mit Nachweis vorangehender Literatur). – Hans Hubert Anton, Klosterwesen und Adel im Raum von Mosel, Saar und Sauer in merowingischer und frühkarolingischer Zeit (Willibrord. Apostel der Niederlande, Gründer der Abtei Echternach. Gedenkgabe ... hrsg. von Georges Kissel und Jean Schroeder. Luxemburg 1989, 2. Aufl. 1990, S. 96–124). – S. Anton in: ReallexAltertumskde 23. 2003 S. 1.

Für die hier im Vordergrund der Überlegungen stehende Geschichte des Kanonikerstiftes Pfalzel ist von Interesse, daß sehr wahrscheinlich im Zusammenhang mit dem Protest gegen die Vertreibung der Nonnen aus Pfalzel durch Erzbischof Poppo 1016 auch das historische Bild der Gründerin dieses Frauenklosters mit dem Ziel einer Aufwertung neu reflektiert wurde. Jedenfalls ist der wohl im Kontext dieser Kontroverse entstandene Libellus de rebus Trevirensibus der Ausgangspunkt für die „Identifizierung" Adelas als Tochter König Dagoberts und erst mit dieser Zuordnung für deren religiös-kirchliche Einreihung in den Kreis der (trierischen) Heiligen. Das Bruchstück einer verlorenen Kalksteinplatte (vgl. § 3 Absch. A 3b) könnte Teil einer Grabtafel sein, die in diesem Zusammenhang um 1016 nach einer Öffnung des ursprünglichen Grabes sowie der Erhebung und Übertragung der Gebeine Adelas in ein Hochgrab angefertigt wurde.

Es mag sein, daß um die Jahrtausendwende aber schon eine ältere Tradition bestand, nach der Adela nicht eine Schwester, sondern eine Tochter Irminas von Ören (und deren Ehemann Hugobert) war, die über den Libellus hinaus

Bestand hatte. Engere Beziehungen zwischen Ören und Pfalzel sind auch darin erkennbar, daß ein Teil der Pfalzeler Nonnen nach ihrer Vertreibung durch Erzbischof Poppo 1016 dem Örener Konvent beitraten. Vermutlich wurde in dieser Zeit Irmina von Ören auch bereits als Heilige verehrt, so daß die „Kanonisation" Adelas – als Tochter oder Schwester Irminas und somit (wie vermeintlich Irmina) ebenfalls einer Gründerin eines Frauenklosters – gar nicht so abwegig schien. Über den vermeintlichen Nachweis eines Adela-Patroziniums der Filial-Kapelle Morbach zu 1374 vgl. § 29 bei Morbach.

Der Protest gegen die Vertreibung der Nonnen hat aber deren Wiederansiedlung nicht durchsetzen können, sondern lediglich die Über- bzw. Herausgabe des (noch verfügbaren) Besitzes an ein neu gegründetes Kanonikerstift erreicht. Die Kanoniker haben mit den Klostergebäuden natürlich auch die Kirche und damit auch das Grab der heiligen Adela übernommen, deren Kult aber offensichtlich nicht gefördert. Jedenfalls ist nichts darüber bekannt, daß das Stift Pfalzel die Verehrung dieser Hausheiligen besonders gepflegt und sich mit ihr an der in Trier gerade im 11./12. Jahrhundert sehr eifrigen Heiligen-Propagierung (Kanonisation Simeons, Trierer Märtyrer in St. Paulin, Matthias-Grab etc.) beteiligt hätte. Die St. Marien-Kirche des Kanonikerstiftes Pfalzel war nie ein Wallfahrts- und nicht einmal ein überörtlich besuchter Anbetungs- oder Verehrungsort am Grab der heiligen Adela. Als man zu Anfang des 13. Jahrhunderts die Vierung der Kirche um eine Apsis erweiterte und damit der Hochaltar einen anderen Platz erhielt, rückte man das Hochgrab der heiligen Adela von seiner bisherigen, sehr wahrscheinlich zentralen Stelle (in der Vierung) – im wörtlichen Sinne – an die (Evangelien-)Seite, halb in die Außenmauer integriert.

St. Adela war auch nie (Zweit-)Patronin der Stiftskirche, geschweige denn, daß ihr Name (und Kult) den Namen der Erst-Patronin im öffentlichen Bewußtsein verdrängt hätte (wie in Trier z.B. Paulinus, Irmina, Simeon, Maximin, Matthias). Ob das für Pfalzel im 15. Jahrhundert bezeugte St. Agritius-(Zweit-)Patrozinium (vgl. § 6) in diesem Zusammenhang zu sehen ist, mag dahingestellt sein.

So blieb im Stift Pfalzel letztlich nur ein Gedächtnis, das – nach Ausweis des Pfalzeler Memorienverzeichnisses des 15. Jahrhunderts (vgl. § 23) – verbunden mit einem Totenamt (*missa animarum*) am Freitag nach der Dezember-Quatember (= Mittwoch nach dem 3. Adventssonntag) begangen wurde und mit der Verteilung von einem Ohm Wein und einem Malter Weizen an die Armen verbunden war. Dieser Brauch wurde (nach Ausweis der Rechnungen) bis zur Aufhebung des Stiftes beibehalten. Er ist auch im Prozessionale von 1708 beschrieben (vgl. § 24 Abschn. 4). – Franz Tobias Müller zitiert zwar einige Autoren und Proprien, in denen Adela als Heilige bezeichnet wird, moniert dann aber (S. 468): *Wegen diesem wunderte es mich, daß man im hiesigen Stift nicht ein-*

§ 20. Adela als Heilige. 193

mal jährlich sich der gottseligen Adhela als einer Heiligen in der Kirch erinnerte. Nur ware es Brauch, nach vollendeten Jahrsämtern auch eins für die seelige Stifterinn (ergänzt: *in schwarzem Meßgewande*), und zwar mit dieser ersten Collekte zu singen: *Propitiare Domine animae famulae tuae Adhelae; et praesta, ut quae de suis in hoc loco pervigili cura nomini tuo quotidiana praeparavit obsequia, cum sanctis tuis perfrui mereatur laetitias, Per Dominum etc*. Nach einer Übersetzung dieses Gebetes notiert F. T. Müller, daß dieses auch jährlich in St. Simeon in Trier am 16. Juni für Erzbischof Poppo verwandt werde. *Aber in Betref unser Adhela mag daßelbige wohl noch eine strenge Beibehaltung des uralten Brauches seyn,* wie er bei Petrus Lombardus überliefert sei: *Es ist Urbild für einen Martyrer zu bethen, durch deßen Gebeth wir müßen empholen werden; und beifüget: für andere Verstorbene aber wird gebethet*. Er zitiert dann weiter Beispiele von Gebeten zu Päpsten, die (auch) nicht Märtyrer waren, aber als Heilige verehrt wurden.

Als Todestag Adelas ist der 2. November überliefert: *Haec sancta Adela plena dierum migravit ad Christum quarta – die Omnium Animarum – Nonas Novembris* (so im Mischbd StadtBi Bl. 166v in der Überschrift zu einer Abschrift des Testamentes der Adela, 16. Jahrh.; gedruckt Wampach, UrkQLuxemburg 1 Nr. 19 S. 20 Anm. 12). Es scheint, daß dieser Todestag in der Liturgie des Stiftes nicht berücksichtigt wurde.

Diese geringe Förderung – um nicht zu sagen: wegen dieser Vernachlässigung – des Kultes einer heiligen Adela durch die Kanoniker des Stiftes Pfalzel hatte auch zur Folge, daß Adela keine wie auch immer verbürgte Vita erhielt und selbst in den trierischen Kalendaren keinen eigenen Gedenktag hatte. Lediglich lokal wurde die *memoratio* der heiligen Adela aus der geschilderten Verbindung mit der Wirkungsgeschichte Irminas dann – nicht eben einfallsreich – mit dem Gedenktag Irminas am 24. Dezember verbunden. In den verbreiteten Trierer Kalendaren des Mittelalters ist aber auch zum 24. Dezember nur Irmina genannt (vgl. Miesges, Festkalender S. 112). Das gilt selbst für das Martyrologium Romanum in der letzten Fassung vor der Reform des 2. Vaticanums, das zum 24. Dezember für Trier *sancta Irmina, virgo, filia Dagoberti regis* – mit Nennung von Plektrud und Adela als Töchter im Kommentar – nennt (Ausgabe AA SS von 1940). Für das 19. Jahrhundert stellt A. J. I. Liehs (Leben und Thaten der Heiligen, 1837/1861) lapidar fest, daß die von ihm als „heilige Adela" unter dem 24. Dezember beschriebene Adela (Irmina am 18. Dezember; vgl. dazu Miesges, Festkalender S. 111: *celebratio sanctissimae Irminae* am 18. Dezember im Offitium der Abtei St. Irminen aus der 2. Hälfte des 15. Jahrhunderts) weder in Pfalzel noch in einer anderen Kirche „eine öffentliche Verehrung gehabt" habe (S. 308). Der Versuch einer Reaktivierung eines Kultes hat anscheinend der 1936–1950 in Pfalzel amtierende Pfarrer Jakob Kiefer (oder schon dessen Vorgänger 1925–1936 Johann Baptist Kunzen?) versucht (vgl. die Angaben über die „Wiederauffindung" der Reliquien Adelas unter dem Hochaltar der St. Martin-Pfarrkirche in § 3 Abschn. A 3b und die hier weiter unten notierte Gründung eines Frauenklosters St. Adula 1932), womit sich wohl auch die Aussagen im Kalendarium OSB 3. 1937 S. 453 über den sicher begründeten „Lokalkult in Pfalzel" bzw. in der Bibliotheca Sanctorum (Rom) von 1961 S. 238 „Ha culto locale e popolare" erklären lassen.

Die im 2. Vaticanum beschlossene und 1969 erschienene reformierte Fassung des Calendarium Romanum Generale brachte dann neben neuen Daten auch den Wegfall der Gedenktage von rund einem Drittel der bisher genannten Heiligen. Das wiederum führte auch zu einer Reform der (immer üblichen) Eigenkalender der Bistümer. Für die deutschen Sprachgebiete erschienen diese Calendaria particularia 1975. Für die Diözesen Trier und Luxemburg ist darin Irmina zum 3. Januar aufgenommen (in Trier mit Todestag „um 710", in Luxemburg „24. 12. 724"). Adela ist nicht genannt. Lediglich in „Namenstagskalendern" der liturgischen Kommissionen (z. B. hrsg. von Jakob Torsy, 1975) ist Adula/Adela als „wahrscheinlich die Tochter Irminas" – nun ebenfalls zum 3. Januar! – für Luxemburg und Trier notiert. In der St. Marien- und St. Martin-Pfarrkirche in Pfalzel wird der hl. Adela am 3. Januar gedacht; ihr Name wird bei den Eigenheiligen der Allerheiligenlitanei (mit Maximin und Gregor von Utrecht) genannt.

Ein Frauenkloster St. Adula der (Steyler) Missionsschwestern wurde 1932 in Pfalzel gegründet. Es hatte eine Kapelle mit dem Patronat (*sub titulum*) der hl. Adula, 1952 gehörten ihm sieben Schwestern an, die in der ambulanten Krankenpflege wirkten sowie einen Kindergarten und eine Nähschule hatten (Handbuch des Bistums Trier, 20. Ausgabe 1952 S. 303). Das Kloster bestand bis Ende des Jahres 1961 (vgl. Pfalzel 1989 S. 184–187).

Exkurs

Irmina – Adela – Klothilde.

Die „Drei Frauen auf dem Esel" in Auw an der Kyll. Abb. S. 188.

Lit.: Kdm. Krs Bitburg (1927) S. 26 mit Abb. S. 25 und älterer Literatur. – Kulturdenkm. Rheinland-Pfalz 9.1, Krs Bitburg-Prüm (1991) S. 200–203 (ohne Abb.). – Liehs, Leben und Thaten der Heiligen S. 303–311. – Philipp de Lorenzi, Beiträge zur Geschichte sämtlicher Pfarreien der Diözese Trier 1 (Reg.Bez. Trier) 1887 S. 125f. – Matthias Zender, Die Matronen und ihre Nachfolgerinnen im Rheinlande (RheinVjBll 10. 1940 S. 159–108). – Heinrich Schunck, Matronenkult und Verehrung der drei hl. Jungfrauen im Trierer Land (TrierJb 5. 1954 S. 71–78, mit Literaturnachweisen). – Nikolaus Kyll, Volkskanonisation im Raum des alten Trierer Bistums (RheinJbVolkskde 11. 1960 S. 7–61, hierzu S. 39–41). – Andreas Heinz, Die Personen der Auwer Drei-Jungfrauen-Legende (HtKalenderKrsBitburg 1969 S. 118–124). – Brauksiepe–Neugebauer, Klosterlandschaft Eifel S. 31 f.

§ 20. Adela als Heilige. 195

In Auw (an der Kyll, sö Bitburg) befindet sich in der St. Marien- (Wallfahrts-) Kirche eine Holzskulptur aus dem 16. (oder 17.?) Jahrhundert mit drei auf einem Esel sitzenden Frauen. Dazu gibt es vor Ort die Legende, König Dagobert habe seine drei Töchter Irmina, Adela und Klothilde, die in einem Kloster lebten, an seinen verderbten Hof ziehen wollen, und als diese sich weigerten, habe er Soldaten geschickt, die die Frauen gefangen nehmen und an seinen Hof bringen sollten. Diese seien aber vor den Soldaten auf einem Esel geflohen. Auf einem Felsen hoch über der Kyll in der Nähe von Auw seien sie in große Bedrängnis geraten, weil die Soldaten schon nahe hinter ihnen waren und ein Sprung vom Felsen über die Kyll auf das jenseitige Ufer zu gefährlich schien. Aber mit der Hilfe der von ihnen angerufenen Gottesmutter wagten sie den Sprung dennoch und konnten so unverletzt ihren Häschern entkommen. Der Felsen über der Kyll heißt seither die Eselslay.

Über das Alter dieser Legende der „Drei standhaften (heiligen) Jungfrauen Irmina, Adela und Klothilde" sind nähere Angaben nicht bekannt (Ph. de Lorenzi hat es 1887 so formuliert: „Ob der älteste Kern dieser Legende von den 3 Jungfrauen in dem heidnischen Matronendienst zu suchen ist, das zu ermitteln überlassen wir den Archäologen"; Beiträge S. 126). Die Forschung ist sich darin einig, daß es sich um eine mit den vor Ort bekannteren Namen verknüpfte lokale Interpretation der in verschiedenen Kulturen bezeugten Personengruppe der drei Frauen handelt. Dabei wird primär an eine frühe christliche Integration des keltischen und ebenso germanischen (und in der römischen Epoche weiterlebenden) Drei-Matronen-Kultes – als Quell- und Baum-, aber auch als Fruchtbarkeits-Göttinnen – gedacht, vielleicht auch in Zusammenhang mit der im Trierischen gut bezeugten, auf einem Esel sitzenden, ebenfalls keltischen Epona. Möglich sei aber auch eine Anlehnung an den christlich-stadtrömischen Kult der hl. Sophia und deren drei Töchter Fides, Spes und Caritas, unbeschadet dessen, daß diese drei enthaupteten Märtyrerinnen auch meist mit ihrer Mutter und keineswegs auf einem Esel oder Pferd dargestellt werden. Erst mit der Übertragung von Reliquien aus Rom in das Kloster Eschau/Elsaß im 8. Jahrhundert und der Ausbreitung des Kultes von Fides, Spes und Caritas im rheinisch-lothringischen Raum ist in Luxemburg-Stadt eine Verschmelzung dieses Kultes der christlich-römischen Märtyrerinnen mit dem dort offenbar noch latent lebendigen heidnisch-einheimischen Kult der auf einem Esel sitzenden „Drei Matronen" nachweisbar[1].

Die Namen der Legende der „Drei Frauen" von Auw an der Kyll mit Dagobert, Irmina, Adela und Klothilde sind damit aber keineswegs verbunden. Diese stehen vielmehr ohne Zweifel in unmittelbarem Bezug zu der seit dem frühen 11. Jahrhundert propagierten Tradition der Abtei St. Irminen/Ören in Trier und des Frauenkonventes der Adela in Pfalzel. Deshalb ist die Überlieferung von Auw hier im Zusammenhang mit Adela zu erörtern. Beide Klöster nämlich, sowohl St. Irminen/Ören wie auch Pfalzel, hatten Rechte und Besitzungen im Raum der Kyll in der Nachbarschaft von Auw. Bei Pfalzel ist dabei freilich zu bedenken, daß das Kanonikerstift für diese „Hagiographie" wohl nicht in Betracht kommt, weil dieses den Kult Adelas nachweislich nicht gefördert hat, und somit eine Datierung der Namengebung in Auw von Pfalzel aus noch dem Frauenkonvent zuzuschreiben wäre.

---

[1] So A. Heinz, Die Personen. Er sieht als Vorbild der Legende von Auw den Kult des hl. Quirin im St. Greins-Kapellchen im Grund (= Name der Talsiedlung) von Luxemburg. Dort gebe es auch eine Skulptur eines Esels, auf dem drei Frauen reiten. Diese heißen dort Fides, Spes und Charitas.

Ungewöhnlich – und darum sehr beachtenswert – ist die Nennung von Klothilde, weil damit einerseits gewiß mit Irmina und Adela die selten bezeugte und auch in der überlieferten Ören-Pfalzeler Tradition nicht relevante Schwester Adelas Chrodelinde[1]) gemeint ist, und weil anderseits hier nicht etwa eine der in der zu Beginn des 11. Jahrhunderts entwickelten „Genealogie" deutlich präsenteren und in der damals in der Trier-Pfalzel verfügbaren Überlieferung genannten beiden anderen „Schwestern" Adelas, nämlich Regentrud und Plektrud, als dritte der drei Frauen gewählt wurde. Das gilt ähnlich für das doch sehr negative Bild König Dagoberts, ist doch mit dem „Lesefehler" des Autors des Libellus de rebus Trevirensibus in der Ören-Pfalzeler Überlieferung nicht Hugobert, sondern König Dagobert der Gemahl Irminas und Vater Adelas. Man wird deshalb zunächst davon auszugehen haben, daß die Legende der „Drei Jungfrauen" in der ungewöhnlichen Fassung von Auw zwar von der Ören-Pfalzeler Tradition ausgeht, aber doch beachtliche „Varianten" aufweist.

Der Name der Chrodelinde/Klothilde geht nämlich sehr wahrscheinlich auf eine andere, heute nicht mehr bekannte Überlieferung zurück, womit freilich – wenn diese Vermutung zutrifft – auch in der Diskussion um die Geschwisterschaft Adela-Chrodelinde ein weiteres Kriterium bereit stünde. Jedenfalls dürften die Namen der drei Frauen Irmina – Adela – Chrodelinde/Klothilde der Kern der Auwer Legende mit einem eindeutigen Bezug zur Ören-Pfalzeler Überlieferung sein.

Dieser Bezug gilt gewiß auch für den Namen König Dagoberts, doch müssen für dessen Umdeutung in das Negativbild eines Verfolgers andere Gründe vorliegen. Bei einem bloßen Rückgriff auf den keltisch-römischen Drei-Matronen-Kult ist eine vierte – zudem in der Skulptur nicht dargestellte – Person nicht erforderlich, eher störend. Vielleicht ist darin ein Hinweis auf die christlich-stadtrömische Überlieferung von Sophia und deren drei Töchtern Fides, Spes und Caritas zu sehen. In der römischen Tradition steht zwar neben den drei Schwestern deren (in das Martyrium nicht einbezogene) Mutter Sophia im Vordergrund, zur Legende gehört aber natürlich auch der (Christen-) Verfolger Kaiser Hadrian. Dagobert könnte an dessen Stelle getreten sein.

Individueller, spezifischer Kern der Auwer Legende ist aber der Sprung vom hohen Felsen an das jenseitige Ufer der Kyll, letztlich also das „Naturdenkmal" der „Eselslay" bei Auw. Also eine „wahre Begebenheit", die mit dem Kult von drei Frauen auf einem Esel verbunden wurde? Auch da ist zu beachten, daß es ähnliche Geschichten von einem kühnen Sprung zu Pferd von einem hohen Felsen auch an anderen Orten mit vergleichbaren „Naturdenkmalen" gibt. Offensichtlich greifen sehr verschiedene mündliche und schriftliche Überlieferungen ineinander, aus denen schließlich die Auwer Legende mit Dagobert, Irmina, Adela und Klothilde geformt wird.

Andreas Heinz hat darauf hingewiesen, daß die kleine Skulptur des 16. Jahrhunderts in Auw nicht unbedingt ein Heiligenbild sein muß, sondern eher als Votivbild anzusprechen sei, das ein Pilger – als Dank für eine in der St. Marien-Wallfahrtsstätte erhaltene Hilfe – in dieser Wallfahrtskirche aufgestellt habe. Daß er als Motiv seiner Stiftung

---

[1]) In der neueren Literatur (z.B. BRAUKSIEPE-NEUGEBAUER, Klosterlandschaft) wußte man mit Klothilde nichts im Umfeld von Irmina und Adela anzufangen und interpretierte daher, es sei Chlothilde/Chrodechilde, die Gemahlin Chlodwigs I., des Begründers des fränkischen Großreiches (gest. 511), gemeint. Die Schwester (?) Adelas Chrodelinde ist zwar in der Forschung strittig, erhält aber durch diesen „Beleg" aus der Auwer Legende eine weitere Bestätigung. Zu Chrodelinde vgl. auch EWIG, Trier im Merowingerreich, insbes. S. 137 Anm. 152.

§ 20. Adela als Heilige.

die „Drei Frauen auf einem Esel" wählte, setzt freilich voraus, daß deren Geschichte – wenn es denn kein Kult von heiligen Frauen sein soll – bekannt war. Andreas Heinz geht daher auch von einer damals lebendigen Sage aus, der dann der Bösewicht Dagobert freilich fehlt. Womit wieder an ein – gewiß unbewußtes – Weiterleben der heidnischen keltisch(-römischen) „Drei Matronen" zu denken wäre.

Wie es zu den Namen (Dagobert), Irmina, Adela und Klothilde/Chrodelinde kam, ist damit freilich nicht geklärt. Man könnte an eine jüngere, „gelehrte Erfindung" (z. B. durch einen geschichtskundigen Pfarrer) denken. Dagegen spricht der Name der dritten „Schwester" Klothilde, die in der tradierten Ören-Pfalzeler Historiographie nicht vorkommt; hier wären, wie gesagt, Regentrud oder Plektrud in Betracht gekommen. Damit auf eine verlorene ältere Überlieferung zu schließen, setzt voraus, daß unmittelbare Beziehungen der Abtei St. Irminen/Ören zu den mit der Geschichte des Sprungs von dem nahe Auw gelegenen Felsen am Ufer der Kyll und somit zur Siedlung Auw und wohl auch deren Kirche bestanden. Dazu bedarf es eines kurzen Exkurses über die Geschichte der Pfarrei Auw.

Auw[1]) ist mit Hosten eine kleinere Grundherrschaft der Abtei St. Maximin vor Trier. Sie ist zwar erst seit 1200 in deren Besitz nachweisbar, kann aber durchaus (als Außenstelle oder Neusiedlung von Eßlingen aus; so Gießmann S. 152) zu deren älteren Gütern gehören. Wahrscheinlich als grundherrliche Eigenkirche bestand in Auw eine St. Marien-Pfarrkirche, deren Kollator und Dezimator der Abt bzw. die Abtei St. Maximin waren. Der benachbarte Ort Preist wurde alternierend von den Pfarrern von Auw und Schleidweiler seelsorgerlich betreut (so 1570 bezeugt), bis 1688 durch das Trierer Offizialat entschieden wurde, daß Preist zur Maximiner Pfarrei Auw gehöre. Die St. Martins-Kirche in Schleidweiler war Sitz einer älteren Pfarrei der großen Grundherrschaft Orenhofen, die zu den alten Besitzungen der Abtei St. Irminen/Ören gehörte. Kollator und Dezimator war die Abtei Ören. Nach den überzeugenden Darlegungen von Ferdinand Pauly gehörte das Gebiet der (jüngeren) Grundherrschaft Auw kirchlich ursprünglich zur Pfarrei Schleidweiler und konnte von der Abtei St. Maximin als grundherrliche Eigenkirche aus diesem Pfarrverband herausgelöst und zur selbständigen Pfarrei erhoben werden. Die Zuordnung von Preist ist dazu eine deutlich jüngere, aus der lokalen Situation sich ergebende Entwicklung.

Der Nachweis älterer (Pfarr-)Rechte der Abtei St. Irminen/Ören an Auw kann somit erklären, wie die gewiß ungewöhnliche und singuläre Benennung der „Drei Frauen auf dem Esel" – einmal abgesehen davon, wie es zu dieser Kult- und/oder Legenden-Gruppe in Auw gekommen ist – mit den Namen von Irmina, Adela und Klothilde zustande kam. Ohne einen direkten Bezug zu den Wirkungsstätten dieser Frauen, zu St. Irminen/Ören und Pfalzel, scheint es jedenfalls unwahrscheinlich, daß ausgerechnet diese Namen der – wie wir annehmen: vorhandenen – Dreiergruppe beigelegt wurden. Vorausgesetzt, daß man nicht eine historisierende Namengebung im 19. Jahrhundert annimmt, was aber schon an sich und konkret wegen des Namens der Klothilde

---

[1]) FABRICIUS, Erl. 5,2 S. 32 und 43. – PAULY, SiedlPfarrorg. 3 S. 132–136. – EWIG, Trier im Merowingerreich S. 252 Anm. 90, nimmt an, die St. Maximiner Pfarrei Auw – Preist – Hosten sei aus den Maximiner Besitzberingen Welschbillig oder Speicher ausgeschieden worden; dabei sind die genannten, noch im 16. Jahrhundert nachweisbaren Rechte von Ören über dessen Pfarrei Schleidweiler nicht berücksichtgt. – Erich WISPLINGHOFF, Untersuchungen zur frühen Geschichte der Abtei St. Maximin (AbhMittelrheinKG 12. 1970 S. 103). – Thomas GIESSMANN, Besitzungen der Abtei St. Maximin. 1990 S. 152 (wegen Eßlingen).

nicht anzunehmen ist. Wenn es sich aber um eine Namensgebung durch die Abtei St. Irminen/Ören handelt, muß diese vor der Zurückdrängung der Rechte dieser Abtei durch die Begründung einer grundherrlichen Eigenkirche in Auw durch die Benediktinerabtei St. Maximin erfolgt sein. Diese St. Maximiner „Maßnahme" (wobei man durchaus auch an eine Zustimmung von St. Irminen/Ören denken kann) ist nicht näher datierbar, doch wird man sie in Analogie zur allgemeinen Verfestigung der Pfarrstrukturen spätestens dem 13. Jahrhundert zuzuordnen haben.

Die Legende von den „Drei Frauen auf einem Esel" in Auw wäre damit ein frühes, aber zugleich auch ein spätes Zeugnis zum Kult der Adela von Pfalzel, vermittelt und getragen von der Trierer Abtei St. Irminen/Ören.

§ 21. Reliquien

Über Reliquien des Stiftes ist sehr wenig bekannt. Zu nennen sind lediglich die Gebeine der Äbtissin Adela, deren Verehrung als Heilige aber selbst in Pfalzel nur geringe Resonanz fand (vgl. § 20). Welche Reliquien sich in den Altären der Stiftskirche und der Kapellen befanden, ist nicht überliefert.

Mit der Neugestaltung und Erweiterung der früheren St. Marien-Stiftskirche als Pfarrkirche Pfalzels 1962 wurden auch (die) Reliquien aus der bisherigen Pfarrkirche St. Martin in diese St. Marien-Kirche gebracht, doch handelt es sich dabei nicht um Reliquien, die früher in der Stiftskirche waren und 1802 nach St. Martin gebracht worden waren, sondern um solche, die (überwiegend) aus der Trierer Abtei St. Maximin stammen (vgl. § 3 Abschn. A 6c).

In einer Reliquienkammer des Hochaltars befinden sich jetzt Teile vom Haupt und eines Schienbeins (18 cm lang) der Adela, das Haupt des Maximin und Partikel des Gregor von Utrecht (vgl. nachstehend).

In einem Metallbehälter, der in eine mit einem Gitter verschlossene Wandnische auf der linken Seite des Langhauses gestellt ist, befanden sich (im Juni 2004) folgende Reliquien:

– Das Abendmahlsmesser aus St. Maximin (s. unten).
– Das Haupt der hl. Agnes, eingeschlossen in rotem Samt (Atlas), geschmückt mit Steinen und Perlen. Die Beschriftung lautet jetzt *Agatha virg.*, doch ist dies sehr wahrscheinlich eine Korrektur bzw. irrtümliche Nachzeichnung der Vorlage aus *Agneta virg.*, wie die Reliquie in den älteren Verzeichnissen für St. Maximin (vgl. hier weiter unten und § 3 Abschn. A 6c) bezeugt ist.
– Das Haupt der hl. Severa in einer der des Hauptes der Agnes sehr ähnlichen, aber im Schmuck deutlich weniger kostbaren Fassung. – Severa war nach zuverlässiger Trierer Tradition eine Schwester des Trierer Bischofs Modoald (um 620–646/47), der für Severa das Frauenkloster St. Symphorian am Moselufer vor Trier gegründet haben und dort neben Severa begraben worden sein soll. Nach dem Verfall des Klosters wurden die Gebeine Modoalds

1047/49 nach St. Paulin gebracht und 1107 mit denen der Bischöfe Bonosus und Abrunculus in einer groß herausgestellten Translatio durch Thietmar von Helmarshausen von St. Paulin nach Helmarhausen überführt (vgl. Th. Bauer, Gesch. Bistum Trier 1 S. 223 und 228 mit Nachweisen; Gierlich, Grabstätten S. 47 ff.; Heyen, GS NF 6, St. Paulin S. 295–299). Reliquienpartikel des Modoald sind im Trierer Raum nicht selten nachweisbar, wobei als Herkunftsort auch St. Maximin genannt wird. Über den Verbleib der Gebeine der Severa nach 1047/49 ist konkret nichts überliefert, doch wird auch hier St. Maximin genannt. – In den Berichten über die Sicherstellung von Reliquien aus St. Maximin beim Einmarsch der Franzosen 1794 und deren späterer Übergabe an St. Martin in Pfalzel (vgl. § 3 Abschn. A 6c) wird neben dem oben genannten Haupt der hl. Agnes immer das der hl. Apollonia genannt. Auch im Verzeichnis Enens von Reliquien der Abtei St. Maximin von 1514 werden nacheinander *Ein groß stuck von dem haubt santt Agneten iunckfrauw. Ein groß stuck von dem haupt sant Appollonien* genannt (Medulla gestorum S. 54). Nach diesen Angaben müßte es sich bei dem erhaltenen zweiten Kopfreliquiar um dieses Haupt der Apollonia handeln. Die Beschriftung mit der Angabe Severa ist jünger als die der Agnes, aber eindeutig lesbar. Ob es sich um eine „Umdeutung" handelt? Severa ist auch im Verzeichnis von Enen nicht genannt.

– Eine kleine Partikel des Gregor (von Utrecht) in einer Metallfassung mit Glas, befestigt auf einem kleinen Kissen. Es handelt sich mit Sicherheit um eine Fassung der letzten Jahrzehnte und könnte auch eine ursprünglich private „Haus"-Reliquie sein.

– Ein rechteckiges rotes (Seiden-)Kissen, auf dem 25 in Stoff oder Papier eingewickelte und mit z.T. älteren oder auch jüngeren (nach 1950) Brokatbändern verzierte Reliquien aufgenäht sind. Diese Reliquien haben alle eine kurze Beschriftung mit Name und Rang (*episcopus, virgo* etc.; immer in der üblichen Kürzung) auf Pergament oder Papier. Die Schrift ist im Stil des 15. Jahrhunderts, kann aber auch Nachbildung sein. Es handelt sich (hier in alphabethischer Folge) um Reliquien nachstehend genannter Heiliger. In der Anordnung (Platzierung) auf dem Kissen konnte kein System erkannt werden; lediglich die vier Stücke von Magnerich sind in die Ecken des Kissens gestellt.

Brictius (Bischof von Trier), Cornelius (Papst, zwei Partikel), Cyrill (*ex ossibus*), Eucharius (Bischof von Trier), Georg, Gregor (Papst), Kunigunde (*virgo*), Laurentius, Magnerich (Bischof von Trier, vier Partikel), Martin von Tour, Modoald (Bischof von Trier), Petronilla (*de mandibula*/Kinnbacken), Proiectus, Romanus (Märtyrer, zwei Partikel), Severa (*virgo*), Urban (Papst), Wendelin *de Liano* (?), von den 40 Märtyrern, ein Steinchen vom Ölberg, ein Stein aus dem Tal Joschafat bei Jerusalem: *De valle Josaphae lapis ubi sepulta fuit b. virgo Maria.*

Dieses Kissen mit den Reliquien ist wahrscheinlich im 19./20. Jahrhundert in Pfalzel angefertigt worden. Jedenfalls handelt es sich wohl kaum um eines der 1794 sichergestellten Stücke aus St. Maximin oder St. Martin (vgl. § 3 Abschn. A 6c), sondern wahrscheinlich um eine nachträgliche „Sammlung" und vielleicht auch Auslese aus älteren Zusammenstellungen (Reliquiaren). So stammen die vier Stücke des Bischofs Magnerich wohl aus St. Martin, wo Magnerich begraben war, andere vermutlich aus St. Maximin. Eine konkrete Zuweisung aller Stücke ist aber nicht mehr möglich. Es ist aber auch anzunehmen, daß sich Stücke aus älterem Bestand von St. Martin und der St. Marien-Stiftskirche oder einzelner Altäre darunter befinden.

— Ein Altarsepulcrum (Kästchen aus dünnen Bleiplatten, 9,5 × 4,5 × 4,0 cm; beschädigt, mit versiegeltem Leinenband geschlossen) mit drei kleinen Partikeln der hll. Benignus und Fortunatus. In einer beiliegenden Pergamenturkunde bestätigt Weihbischof Cuchot d'Herbein, den Hochaltar (im Neubau) der Kirche St. Martin am 5. September 1779 geweiht und die oben genannten Reliquien hineingelegt zu haben; er verleiht einen 40tägigen Ablaß für alle Besucher am Anniversar des Weihetages. Das Siegel des Weihbischofs liegt bei. Ein ebenfalls in dem Kästchen befindliches Papier bestätigt, daß bei der Neuweihe des Altares 1894 die genannten Reliquien vorhanden waren. Über die Herkunft der Reliquien von Benignus (3. Jahrh., Dijon) und Fortunatus (mehrere) ließ sich nichts ermitteln. Vermutlich stammen sie aus der alten (abgebrochenen) St. Martin-Pfarrkirche.

Von diesen Reliquien ist die Herkunft vor 1802 für folgende Stücke gesichert oder doch wahrscheinlich:

a) Aus der St. Marien-Stiftskirche (dort bis 1802):

— Reliquien der Adela: Schädel-Teil und Schienbein-Fragment. Jetzt im Hochaltar.

Pfalzel 1989 S. 153 (Beitrag Th. van Zanten mit Abb. Schädel und Knochen).

b) Alt-Bestand (vor 1802) der St. Martin-Pfarrkirche:

— Altarsepulcrum der Weihe von 1779 mit Reliquien von Benignus und Fortunatus.

c) Aus der Benediktinerabtei St. Maximin vor Trier. 1803 nach St. Martin/ Pfalzel gegeben (vgl. § 3 Abschn. A 6c), von dort 1962 nach St. Marien:

— Die Schädel-Reliquie des hl. Trierer Bischofs Maximin. Jetzt im Hochaltar.

Abb. Pfalzel 1989 S. 152 (mit alter Fassung) und S. 153 (neue Fassung, zwei Aufnahmen; Beitrag Th. van Zanten).

– Das „Abendmahlmesser". Jetzt im Reliquienbehälter in der Kirche. Eine Beschriftung aus dem 13. Jahrhundert auf einem Silberband am Griff des Messers lautet:

CVLTELL(us) D(omi)NI IH(es)V Q(ui) VS(us) FVIT I(n) CENA

Nach wenig glaubhaften älteren Überlieferungen soll die Inschrift fortgeführt gelautet haben: VLTIMA IN DIVISIONE AGNI PASCHALIS

Nachbildung der Inschrift und weitere Hinweise bei Kraus, Christliche Inschriften 2 S. 203 Nr. 429. – Kdm. S. 280 (Abb.) und 281 (Text). – Cüppers, Pfalzel 1989 S. 85 f. (Text). – Th. van Zanten, Pfalzel 1989 S. 151 Abb. und zutreffende Angabe: heute „in einem mit Samt bekleideten Kasten aufbewahrt".

– Der Stab des hl. Maximin, 121 cm hoch, war nach van Zanten, Pfalzel 1989 S. 152 „leider ... nicht mehr vorhanden". Der Verbleib ist nicht bekannt.

– Das Haupt der hl. Agnes. Jetzt im Reliquienbehälter in der Kirche.

– Das Haupt der hl. Apollonia, beschriftet mit hl. Severa. Jetzt im Reliquienbehälter in der Kirche.

d) Aus der Benediktinerabtei St. Martin in Trier. 1803 nach St. Martin/Pfalzel gegeben (vgl. § 3 Abschn. A 6c), von dort 1962 nach St. Marien:

– Vielleicht die auf dem Reliquienkissen, jetzt im Reliquienbehälter in der Kirche, befindlichen Partikel des Trierer Bischofs Magnerich.

e) Nach 1962 erworbene Reliquien:

– Reliquie des hl. Gregor „von Pfalzel" = von Utrecht. Jetzt im Hochaltar. 1984 aus Susteren erworben (Pfalzel 1989 S. 153 und S. 173–178).

Gregor ist ein Enkel der Adela. 721 begegnete er als 14/15jähriger in Pfalzel dem Winfried-Bonifatius, dem er sich anschloß. 737/38 war er mit Bonifatius in Rom und 742 als dessen „Nachfolger" in der (Neu-)Organisation der fränkischen Kirche vorgesehen, was sich aber – wahrscheinlich wegen Differenzen mit den Karolingern – zerschlug. 747 wurde Gregor dann Abt des St. Martin-Klosters in Utrecht und 754 Leiter der Friesenmission (aber nicht Bischof von Utrecht). Er begründete und leitete in Utrecht eine bedeutende „internationale" Schule. Gregor starb am 25. August 775/76 und wurde in Susteren (nördlich von Maastricht) begraben. Sein Neffe Alberich (Großenkel Adelas) war erster Bischof von Utrecht.

Im (nachkonziliaren) Proprium der Diözese Trier wird das Fest des hl. „Gregor von Pfalzel, Mitarbeiter des Bonifatius" am 26. August begangen. Im (alten) Martyrlogium Romanum ist Gregor als Verwalter von Utrecht mit der Angabe, sein Fest werde in der Diözese Utrecht gefeiert, zum 25. August notiert (Ausgabe AA SS 1940 S. 360). Im Kanonikerstift Pfalzel ist seine Erinnerung nicht bezeugt.

– Eine kleine „Privat-Reliquie" des Gregor. Jetzt im Reliquienbehälter in der Kirche.

§ 22. Bruderschaften

Liebfrauen-Bruderschaft

1457 leihen Dekan und Kapitel des Stiftes Pfalzel Erzbischof Johann II. auf ein Jahr 500 fl. aus den Mitteln ihrer Präsenz und denen der Liebfrauen-Bruderschaft (K Best. 1 C Nr. 18 Stück 58; Goerz, RegEb S. 205; vgl. § 18 Abschn. 3). Diese *fraternitas Beatae Mariae Virginis* ist auch in den Statuten von 1480 genannt. 1487 kauft die Bruderschaft bzw. deren Brudermeister eine Rente in Pfalzel (Kopiar BistA S. 68), 1526 ist Christian Nolden, Vikar des St. Johann Baptist-Altares (vgl. § 26), *magister* der Bruderschaft (K Best. 157 Nr. 302 Stück 2). Die Bruderschaft wird auch später noch gelegentlich erwähnt, doch sind nähere Angaben nicht möglich (1552: K Best. 157 Nr. 198; 1608: Nr. 158; 1623: Statuten). Im Mischbd (StadtBi) war anscheinend auch ein Verzeichnis der Mitglieder der Bruderschaft vorgesehen, doch ist dies nicht über die Eintragung des ersten (neuen) Mitglieds Gumbrett Theis aus Pfalzel, 1568, hinausgekommen (Bl. 113r). Dies zeigt aber, daß auch Laien Mitglieder werden konnten. 1655 wird das Amt des Bruderschaftsmeisters dem des Kellners inkorporiert (Generalkapitel, Mischbd StadtBi).

Die 1756 bezeugte Marianische Sodalität hat mit dem Stift nichts zu tun, sondern ist eine Gemeinschaft der Pfarrgemeinde St. Martin, wenn auch einzelne Stiftsherren ihr angehört oder sie gefördert haben mögen (K Best. 157 Nr. 315). Wengler (Pfalzel S. 46) berichtet, die Sodalität sei 1775 erneuert worden; alle Geistlichen des Stiftes hätten sich damals einschreiben lassen.

§ 23. Tod, Begräbnis, Anniversarien, Memorien

Die schüttere schriftliche Überlieferung des Stiftes ermöglicht keine detaillierte Schilderung der liturgisch-religiösen Gewohnheiten und Gebräuche um Tod und Gedächtnis. Grundsätzlich läßt sich aber sagen, daß das Stift einerseits keine überörtlich bedeutsame Kultstätte — wie die großen Abteien und Stifte oder Wallfahrtsorte — war, in der auch Auswärtige mit Anniversarien und Memorien oder gar einer Grabstätte eingebunden zu sein wünschten, daß es aber anderseits — und vielleicht auch deshalb — kein exklusives Stiftsgremium bildete, sondern offen war für die Menschen der Siedlung Pfalzel und der näheren Umgebung.

Das zeigt sich besonders am Begräbnisrecht. Trotz der zeitweise engen Bindung an die in unmittelbarer Nachbarschaft residierenden Erzbischöfe von Trier wurde keiner von diesen in der Stiftskirche begraben, selbst nicht Erzbischof Jakob von Sierck, der in Pfalzel in einem Gebäude des Stiftes gestorben ist (vgl. § 8). Anderseits war es aber offensichtlich ganz „normal", jedenfalls keine besondere Ausnahme, daß Laien im Kreuzgang des Stiftes oder in dessen St. Peter-Kapelle begraben wurden, wenn es sich dabei auch überwiegend um Angehörige von Kanonikern gehandelt haben mag. Im Testament des Johann Jakob Ebentheuer von 1755 (vgl. § 33) heißt es, er wünsche sein Grab *ante portam chori more hic consueto*, was im Schiff bzw. in der Vierung bedeuten würde; ob das auf das 18. Jahrhundert zu beschränken ist, muß offen bleiben.

Das Zeremoniell einer Beerdigung mit Beisetzung im Kreuzgang schildert eine Urkunde vom 5. März 1437 (K Best. 157 Nr. 88), in der die Eheleute Nikolaus Weißbäcker und Liefgen zu Pfalzel dem Stift ein Haus an der Mühle schenken und bestimmen, daß beide nach ihrem Tod im Kreuzgang beerdigt werden sollen. Zur Begräbniszeremonie, die ausdrücklich als Brauch bezeichnet wird, heißt es, daß der Leichnam mit Prozession in der Kirche empfangen werden solle. Dort solle man eine Vigil singen, dann die Leiche mit Kerzengeleucht und Gedeck „bereiten", eine Seelenmesse lesen und anschließend die Leiche in einem Grab im Kreuzgang begraben. Danach sollen hintereinander 30 hl. Messen gelesen werden und nach jeder Messe solle der Zelebrant mit Weihwasser zum Grab gehen. Auch beim Jahrgedächtnis sei neben der Vigil und der Seelenmesse eine Prozession zum Grab üblich. Die beiden Eheleute sind in dem weiter unten beschriebenen Memorienverzeichnis eingetragen, wobei es heißt: *et itur cum commendatione ad sepulchrum in ambitu*. Die besondere Erwähnung dieses Gangs zum Grab läßt freilich darauf schließen, daß das nun doch wieder nicht allgemeiner Brauch war.

Eine Trauer- und Begräbnisordnung für Kanoniker und Vikare erließ das Stift am 20. Mai 1774 (KP S. 104–109), die wegen ihrer detaillierten Angaben – auch wenn die Liturgie als solche weitgehend ausgeklammert ist – hier ausführlicher zitiert sei. Ein unmittelbarer Bezug zur kurfürstlichen *Ordinatio … circa exsequiis* vom 28. Juni 1737 (Blattau 4, S. 252–259) ist nicht gegeben und insoweit auch keine direkte Diskrepanz mit der verschärften Neufassung des Kurfürsten vom 19. September 1777 (Blattau 5, S. 231–235); (vgl. allgemein zum Trierer Begräbnisritus Andreas Heinz in: ArchMittelrheinKG 56. 2004 S. 159–198).

1. Maßnahmen nach dem Tod

Den Tod eines Kapitularen sollen dessen Erben oder Hausgenossen sofort dem Dekan bzw. bei dessen Abwesenheit dem Senior des Kapitels mitteilen. Der Glöckner des Stiftes benachrichtigt alle Kapitulare. Danach gibt er mit der kleinen Prim-Glocke (*Primen Klöckelein*) drei Zeichen und läutet dann alle Glocken mit drei *stürmen*, jeweils mit einem Zeichen mit der Prim-Glocke vor jedem Sturm. Dieses große Geläut erfolgt beim Tod eines Kapitulars an den drei Tagen bis zur Beerdigung morgens, mittags und abends; beim Tod eines Vikars gibt es nur das erste Läuten mit drei Stürmen und das zur Beerdigung.

Der Glöckner entkleidet den Toten, wäscht die Leiche und bekleidet sie *standtsmäßig*. Mit Hilfe der Lehnsleute oder anderer wird der Tote (im Sterbehaus) auf das *thombeau oder paradun-beth* gelegt (aufgebahrt). Wenn der Tote dort liegt (und Trauergäste kommen), geht der Glöckner *auff und ab* und achtet darauf, daß die Leiche *sauber und rein gehalten* wird. Mit Hilfe der Lehnleute wird die Leiche in die *doten-laad* (in den Sarg) gelegt.

Die Lehnleute wachen während der Nächte (vor der Beerdigung) bei der Leiche. Dabei erhalten sie jeder für jede Nacht ein Maß Wein und ein Albus Weißbrot. Die Lehnleute heben auch das Grab aus, dessen Platz ihnen vom Kapitel angewiesen wird, legen (bei der Beerdigung) den Leichnam hinein und schließen das Grab. Früher erhielten sie am Begräbnistag die Beköstigung (*die kost*) im Sterbehaus; das wird jetzt abgeschafft.

Der Glöckner erhielt früher für seine Arbeit an den drei Exequientagen 2 Rt. 48 Alb. und im Sterbehaus an allen Tagen die Beköstigung sowie für die *auffbarthung des dreysiger* (Gedächtnis am 30. Tag) 1 Rt. 6 Alb. Künftig erhält er von den Erben eines Kapitulars für alle Dienste 7 Rt. 18 Alb., eines Vikars 4 Rt.

2. Zum Begräbnis und zum Zeremoniell

Die Erben des Verstorbenen bestellen sechs oder acht Männer in schwarzen Mänteln, die – *in absentia sodalitalis* (s. unten) – die Leiche tragen, sowie vier Männer mit schwarzen Mänteln, die die Leiche begleiten und von denen jeder eine ³⁄₄-Pfund-Kerze in der Hand trägt; diese Kerzen werden um das *doten-gerüst* aufgestellt. (Bestimmungen über die Trauerflore sind gestrichen; vgl. dazu weiter unten.)

An die beiden Kreuze des Stiftes kommen je ein vier Ellen langer Trauerflor, den die Choralen bekommen, und an das große Kreuz ein sechs Ellen langer Trauerflor, den der Glöckner erhält. (Diese Bestimmung wurde durch kurfürstliche Verordnung gestrichen. Die Choralen erhalten für ihren Dienst 24 Alb.)

Dem *pedello capituli* (das ist wahrscheinlich der Führer bei der Prozession) werden 18 Alb. für jeden Gang und für die Anwesenheit bei den Exequien gegeben. (Gestrichen ist die Verfügung, daß er einen Flor an den Stab und einen an den Hut erhält.)

Der Organist erhält für sein Orgelspiel beim Requium 36 Alb.

3. Zur Ordnung für den Chordienst

Jeder Kapitular und jeder Vikar soll gemäß des *pactum chori* baldmöglichst drei Messen für den Verstorbenen lesen.

Wenn der Tote (im Sterbehaus) aufgebahrt (auf das *parade-beth* gelegt) ist, soll der ganze Chor je nach beendigter Matutin/Sext/Komplet in das Sterbehaus gehen und dort den Psalm De profundis sowie Versikel und Kollekte *pro defuncto sacerdote* durch den Hebdomdar beten. Danach sollen alle *iuxta ordinem* den Verstorbenen *unter wünschung der ewigen ruhe* mit Weihwasser besprengen.

Tag und Stunde der Beerdigung werden zwischen Kapitel und Erben vereinbart.

– Wenn die Beerdigung am Vormittag stattfindet, wird um 8.30 Uhr zur Prim angeläutet. In der Kirche werden mit Intonierung durch den Hebdomadar hintereinander Prim, Terz und Sext gesungen; der Hebdomadar liest währenddessen die Konventual-Messe. Bei Beginn der Terz wird mit der großen Glocke ein Zeichen gegeben und nach der Terz bzw. mit Beginn der Sext wird mit allen Glocken geläutet. Nach der Sext folgt das Offitium defunctorum; bei der neunten Responsio libera wird mit allen Glocken geläutet und nach dem Hymnus Benedictus mit dem Prim-Glöckchen das Zeichen zum Abholen der Leiche (im Sterbehaus) gegeben. Der Chor versammelt sich (in der Kirche) mit Kreuz, Weihwasser und Weihrauch zum Abholen der Leiche. (Dann folgt die Beerdigung, deren Ablauf nicht beschrieben ist.) Während des Begräbnisses wird beständig mit allen Glocken geläutet. Nach der Beerdigung als solcher folgt (wieder in der Kirche) das „Hohe Seelen-Amt" mit einer Commendatio am Grab (*thombeau*) und Geläut aller Glocken.

– Wenn die Beerdigung am Nachmittag stattfindet, wird zur Vesper mit dem ersten Zeichen und allen Glocken geläutet. Zum Beginn der Komplet werden nochmals alle Glocken geläutet und gegen Ende der Komplet wird das Zeichen mit dem Prim-Glöckchen gegeben. Dann folgt der Ablauf wie am Vormittag. Nach der Beerdigung wird die Vesper defunctorum gebetet. Am nächsten Tag folgen dann nach Terz und Sext das Seelenamt und die Commendatio mit allen Glocken.

Neu wird beschlossen, daß die Exequien nur an einem Tag und nicht wie bisher an drei Tagen begangen werden, und daß die bisher für die Kapitulare und den ganzen Chor üblichen Mittag- und Abendessen im Sterbehaus am Exequientag entfallen.

Die Mitglieder der Bruderschaft der Sodalität hatten für ihre Begleitung (*pro comitatu*) bei der Beerdigung *eine ohnverschämte ahnforderung gemacht*. Darauf beschloß das Kapitel, sie künftig nicht mehr einzuladen (*beruffen*). Nun hat die Sodalität durch den Pastor (von St. Martin) erklären lassen, man wolle *in corpore* alle (Stifts-)Herren *gratis* begleiten, auch die Trauerflore selbst anschaffen, wenn sich die (jeweiligen) (Stifts-)Herren zur Lebzeit mit 36 Alb. in die Sodalität haben einschreiben lassen. Dies wird nun jedem freigestellt.

Hinsichtlich der Kerzen wird folgendes bestimmt: Die Erben eines Kanonikers haben bereitzustellen: auf den Hochaltar sechs $3/4$-pfündige, auf die Metten-Leuchten zwei $3/4$-pfündige, für die zwei *schäler* (?) zwei $1/2$-pfündige und auf jeden Nebenaltar je zwei $3/4$-pfündige Kerzen. Diese Kerzen erhält nach der Beerdigung der Kustos zur freien Verwendung. Für die sechs großen Leuchter um den Sarg bzw. das Grab (*thombeau*) haben sie sechs $3/4$-pfündige Kerzen zu stellen, die die sechs Männer tragen. Diese Kerzen fallen an die Erben zurück; der Glöckner bringt sie ihnen in das Sterbehaus. Für Beerdigungen der Vikare gelten die gleichen Mengenangaben, aber statt $3/4$-pfündigen Kerzen genügen hier $1/2$-pfündige, und statt $1/2$-pfündige $1/4$-pfündige Kerzen.

Loco paramentorum (die Toten sind im Sarg offenbar in vom Stift bereit gestellte Paramente gekleidet) zahlen die Erben von Kapitularen 35 Rt. an die Fabrik, auch wenn der Kanoniker woanders gestorben ist und begraben wurde. (Hinsichtlich der Vikare wird in einem Nachtrag vom 23. Januar 1778 bestimmt, daß für diese die Erben 10 Rt. „für die Totenkleider" an die Fabrik zahlen.) Der Grabstein wird vom Stift kostenlos gestellt; wenn der Name oder ein Wappen gewünscht werden, sind dafür 8 Rt. an die Fabrik zu zahlen.

4. Das Memorienverzeichnis von 1553/1566

Die Abschrift einer wohl im Chor der Stiftskirche bereitgehaltenen *Tabula chori memoriarum et festorum* ist das einzig erhaltene Memorienverzeichnis (Kopiar PfarrA Bl. 60–67. Ein *Repertorium memoriarum* im Mischbd StadtBi Bl. 267 mit einem nur die Buchstaben A bis G erfassenden *Repertorium memoriarum et festorum iuxta litteras alphabeticas* Bl. 112r/v ist in die nachstehenden Angaben einbezogen und als „Index" zitiert. Die zitierte *tabula chori* ist datiert auf 1444, *renovatum* 1553, und hat einen ebenfalls 1553 abgeschriebenen Nachtrag von 1523 (*Novae memoriae*). Die ganze Niederschrift wurde 1566 nochmals erneuert. Am Schluß finden sich Ergänzungen bis 1582.

Der praktische Wert der Datenangaben des Verzeichnisses ist relativ gering. Todesdaten sind nur bei den Ergänzungen am Schluß gegeben, im übrigen ist lediglich der Kalendertag des Gedächtnisses vermerkt, wobei hier im Vergleich zu ähnlichen Verzeichnissen notiert sei, daß in der Mehrzahl der Gedenktage der „nächtfolgende Werktag" nach einem Fest angegeben ist. Zeitlich gibt das Verzeichnis fast ausschließlich Namen des späten 14. und des 15. Jahrhunderts. Bei der Renovation von 1444 wurde somit die Mehrzahl der älteren Eintragungen gestrichen.

Eine Gliederung nach Personengruppen zeigt, daß über die Hälfte der genannten Toten ehemalige Kanoniker oder Vikare des Stiftes Pfalzel sind. Die Laien haben immerhin noch einen Anteil von fast einem Drittel (27 von 90 Namen, jedoch vielfach Eheleute oder sonstige Familienangehörige). Genannt sind:

- Mitglieder des Stiftes Pfalzel (Kanoniker und Vikare)   51
- die Stifterin Adela, fünf Erzbischöfe, sechs Kleriker   12
- Laien, davon 12 Frauen   27
                                                            ──
                                                            90

Von den Mitgliedern des Stiftes (Kanoniker und Vikare) sind im Hauptteil 22 Namen genannt, von denen elf auch urkundlich (zwischen 1391 und 1500) bezeugt sind. Weitere acht nicht als Kanoniker bezeichnete Personen konnten durch urkundliche Belege als solche identifiziert werden. Im Nachtrag sind 15 Personen genannt, die auch urkundlich bekannt sind. Ferner werden im Hauptteil sechs Personen als *dominus* bezeichnet, die wegen ihrer Familiennamen Mitglieder des Pfalzeler Kapitels gewesen sein könnten; sie wurden deshalb in die Kapitelsliste aufgenommen.

Von den Trierer Erzbischöfen werden nur erwähnt:

– Alle Trierer Erzbischöfe. Eine Memorie *Omnium archiepiscoporum Trevirensium* ist im Index mit einem Präsenzgeld von 1 fl. aus St. Aldegund notiert.

– Egbert (977–993; Todestag 9. Dezember) mit Memorie am Tag nach Allerseelen in der Peters-Kapelle im Kreuzgang. Der Index hat: *(Memoria) Eckberti et aliorum episcoporum* mit 1 fl. Präsenzgeld *ex castro*, d. h. aus der Burg des Erzbischofs in Pfalzel.

– Eberhard (1047–1066; Todestag 12. April) mit Memorie am Tag nach Gertrud (17. März) und einem Präsenzgeld aus einer Zinszahlung der Abtei St. Matthias (aber Index: *panis et vinum aput s. Matthiam*; vgl. Heyen, GS NF 41, St. Simeon S. 550f.).

– Balduin (1307–1354; Todestag 21. Januar) mit Memorien an den Samstagen der vier Quatemberwochen und einem Präsenzgeld aus dem Zehnten zu

Bischofsdhron (urkundlich bezeugt in der Schenkung von 1315: K Best. 157 Nr. 37; auch Index: vier Memorien mit 2 fl. Präsenzgeld aus *Drona Episcopi/* Bischofsdhron).

— Otto von Ziegenhain (1418–1430; Todestag 13. Februar) mit Memorien an den Tagen nach Mariae Geburt, Epiphanie und Fronleichnam. Otto habe das Fest St. Kastor gestiftet, das mit seinem Todestag identisch ist; vermutlich besteht hier ein Zusammenhang.

— Johann II. von Baden (1456–1503, Todestag 9. Februar) mit Memorie am Todestag (Apollonia) und an der Vigil von Laurentius (10. August) mit Präsenzgeldern aus den Gütern der von ihm 1463 dem Stift inkorporierten Klause zu Cochem (K Best. 157 Nr. 99: 4 fl. für zwei Memorien bzw. zwei *missae pro defunctis*; Index: zwei Memorien mit 4 fl. Präsenzgeld aus der Klause). — Erzbischof Johann hatte diese Stiftung von zwei Messen für alle Erzbischöfe eingerichtet, und zwar zu seinen Lebzeiten als Memorie mit Messen *De Spiritu Sancto* oder *prout ipsis placuit De Beatae Mariae Virginis* und nach seinem Tod als *missa pro defunctis* (K Best. 157 Nr. 99; vgl. § 8). — Das Anniversar war auch bei der Inkorporation der Pfarrei Noviand 1471 festgesetzt worden (K Best. 157 Nr. 104).

Auffallend ist, daß weder Bischof Modoald (622–647) aus der Gründungszeit des Frauenklosters (wohl aber Erzbischof Egbert), noch der das Kanonikerstift einrichtende Erzbischof Poppo (1016–1047) genannt werden. Es fehlen auch Erzbischof Boemund II. (1354–1362), für den eine Memorienstiftung von 1365 urkundlich bezeugt ist (vgl. nachstehend), und die anläßlich der Inkorporation von Ittel 1212 durch Erzbischof Johann I. (1189–1212) aufgetragene Feier eines Anniversars (K Best. 157 Nr. 4; MrhUB 2 Nr. 283 S. 318).

Die recht individuell spezifizierte Stiftung des vormaligen Erzbischofs Boemund II. (*olim*; Verzicht Mai 1362, gestorben 10. Februar 1367) vom 28. September 1365 sei detaillierter beschrieben. Der Erzbischof stiftet Renten im Ertragswert von 60 Solidi, für die zu seinen Lebzeiten jährlich zwei hl. Messen gefeiert werden sollen, nämlich am Tag nach der Oktav von Fronleichnam eine Messe zum hl. Geist und am Tag nach Peter und Paul (30. Juni) eine Marien-Messe. Nach seinem Tod sollen ebenfalls zwei hl. Messen gefeiert werden, und zwar am Todestag sein Anniversar mit Vigil und neun Messen *pro defunctis* und einer Memorie für Erzbischof Balduin, sowie ein halbes Jahr nach seinem Todestag eine Memorie. Die 60 Solidi seien zu je 30 Sol. zu den beiden Stiftungen an die teilnehmenden (*praesentes*) Kanoniker, Vikare und Kapellane zu verteilen (K Best. 157 Nr. 48).

An Klerikern werden genannt

– der Prümer Abt Johann von Esch (gest. 1473; Brower, Metropolis 2 S. 475 f.) mit Memorien an den Dienstagen nach Septuagesima und Misericordia (mit 1 fl. Präsenzgeld aus St. Aldegund: Index),

– der Scholaster von St. Paulin Michael Piesport (1548–1563/64, auch Kanoniker in St. Simeon und Pfalzel; vgl. Heyen, GS NF 6, St. Paulin S. 649, NF 41, St. Simeon S. 937 und hier § 35) mit einer Memorie vor Allerheiligen,

– der Kanoniker von St. Paulin und Dekan von Kyllburg Johann Nittel (1450–1454) mit Memorie am Freitag nach dem Sonntag Cantate (vgl. Heyen, GS NF 6, St. Paulin S. 706),

– der Dominikaner Johann von Arnsberg mit einer Memorie (ohne Tagesangabe), der wohl ein Verwandter des gleichnamigen Pfalzeler Kanonikers und Scholasters (1445–1471) ist (vgl. § 32),

– der Pfarrer von Cochem Jakob von Dudeldorf (vor 1525; vgl. § 35) mit Memorie an Circumcisio,

– der Pfarrer von Cochem Tilmann von Strassen (1430 ff.; vgl. § 35) mit Memorie am dritten Tag nach Vitus und Modestus (15. Juni).

An Laien sind genannt

– Johann Studegil von Bitsch, Wäpeling, Amtmann zu Pfalzel, und dessen Ehefrau Margarethe von Soetern sowie deren zweiter Ehemann Bartholomäus Foß von Bettenberg, Wäpeling, und Adelheid Studegil von Bitsch,

– Johann Knoblauch von Dieblich,

– Nikolaus von Nidda, Torwächter (*portenarius*) in der Burg Pfalzel,

– Heinmann Hansonis, Schultheiß (*villicus*) zu Pfalzel, und dessen Ehefrau Katharina,

– Peter Schabdoesch gen. Viernmeyer, Schöffe des Stifts in Pfalzel,

– Johann Scheffgin von Eitelsbach, Hofmann,

– Henskin von Zewen, Schultheiß zu Kirsch (*Kerrich*),

– Hansmann Clasen, Johann Graef, Tilen Kamerß, Peter Sartoris aus Koblenz, Johann Suntzelß von St. Aldegund (1385; vgl. K Best. 157 Nr. 57), Nikolaus Weißbäcker und dessen Ehefrau Liefgen aus Pfalzel (1437 mit einer Stiftung; vgl. oben S. 203; vgl. auch Verzeichnis der Gräber in § 3 Abschn. A 3b),

– Demod Sutrix und deren Ehemann Heinrich, die das Fest *Johannes ante potam latinam* stiftete und im Kreuzgang begraben ist (Index: 1 fl. Präsenzgeld aus Enkirch),

— Liefgin *uff dem bach*, Elisabeth Biewers (1468; vgl. K Best. 157 Nr. 14), Katharina von Kaldenborn, Barbara und Tryna Kamerß, Lucia von Luxemburg (1533:Kopiar BistA S. 192), Grete Trumperß.

— Elsgen Beierßs mit 10 Alb. Präsenzgeld aus einem Garten (Index), gestiftet von Peter Falkens, Bürger zu Pfalzel, und dessen Ehefrau Katharina mit Urkunde vom 25. April 1468 (Mischbd StadtBi Bl. 91).

Wie tiefgreifend die Neubearbeitung des Memorienverzeichnisses 1444 (bzw. eine dieser bereits vorangegangenen Neufassung) gewesen sein muß, geht daraus hervor, daß auch Stiftungen Pfalzeler Kapitelsmitglieder gestrichen wurden. So sind folgende urkundlich bezeugte Stiftungen von Anniversarien nicht mehr genannt: 1271 das des Dekans Friedrich, 1295 das des Dekans Walter, 1368 das des Propstes Heinrich Kempe, 1391 das des Propstes Johann von Hechtsheim. Genannt seien auch die nicht aufgenommenen urkundlich bezeugten Stiftungen des Dekans von St. Paulin vor Trier Burchard 1240 (vgl. zu dessen Testament Heyen, GS NF 6, St. Paulin S. 617f.), des Dompropstes Nikolaus von Hunolstein 1335 (Toepfer, UBHunolstein 1 Nr. 211 S. 163), des Herbrand von Liessem 1336 (K Best. 157 Nr. 40) und eines Christian, wohl aus Ruwer, 1366 (ebenda Nr. 22). Aber selbst eine Anniversarienstiftung der Klara von der Hungerburg (vor Trier) von 1454 (ebenda Nr. 91) ist nicht eingetragen. Aus der Zeit vor 1350 verblieben somit nur Adela und die Bischöfe Egbert, Eberhard und Balduin.

Aus späterer Zeit sind Anniversarien- oder Memorienstiftungen urkundlich kaum bezeugt (genannt seien 1525 Anniversar des Rubus Trine: Kopiar BistA S. 181, 1623 Stiftung durch den Dekan Landt: K Best. 157 Nr. 159; 1661 durch den Vikar Habscheid: Nr. 160 Rv), doch ließen sich solche gewiß aus den Rechnungen zusammenstellen. Es handelt sich dabei jedoch im allgemeinen um Stiftungen Pfalzeler Kanoniker und Vikare, die ohnehin anzunehmen sind, und gelegentlich um Einwohner von Pfalzel; für sie ist aber das Memorienverzeichnis der Pfarrkirche (im PfarrA Nr. 20) eine sehr viel ergiebigere Quelle.

§ 24. Chor- und Gottesdienst, Kalender

1. Disciplina ecclesiae Palatiolensis

Über den täglichen Chordienst des Stiftes sind spezielle Angaben kaum überliefert. Die nachstehend zitierte *Disciplina ecclesiae Palatiolensis*, die Einzelheiten beim Chordienst wie Kleidung, Knieen, Stehen etc. regelt, zeigt keine wesentlichen Besonderheiten im Vergleich zu den Reglungen und Gewohnheiten anderer Stifte. Auch die verschiedenen Anordnungen und Ermahnungen in den Statuten benennen nur allgemeine Wünsche oder Mißstände, ohne daß man daraus auf besondere Verhältisse in Pfalzel schließen dürfte (wie z. B. die Einschärfung der Teilnahmeverpflichtung an der Matutin als Voraussetzung für die Berechtigung an der Präsenz).

Kopiar PfarrA S. 10 r und v; Kopiar StadtBi fol. 8r.

Nach der Folge der Überlieferungen ist diese Disciplina in die 2. Hälfte des 15. Jahrhundets zu datieren. Sie ist weitgehend identisch mit der des Stiftes St. Simeon/Trier und des Domstiftes. Abweichungen betreffen Wortumstellungen und sprachliche Formulierungen. Eigengut von Pfalzel sind die Bestimmungen über Stehen und Sitzen (*Item in Matutinis* bis *ad placidum*).

Quoniam (Quia) superiorum interest corrigere excessum subditorum, ut salutaribus se subieciant obedientiis mandatorum, quatenus eorum processus vitae per correctionem in melius immutetur secundum psalmistam dicentem ‚Disciplina tua correxit me in finem, disciplina tua ipsa me docebit'.

Cunctus igitur de gremio huius ecclesie b(eate) et gloriose virg(inis) Marie Palatiolensis existentibus et chorum presentem ingredientibus sive maioris sive minoris aetatis sit indicitur et precipitur ut in incessu habitu et tonsura clericali sint irreprehensibilis curiosi et solertes circa offitium divinum devotum peragendum.

Ita quod in processione vel in choro cantantibus aliis nullus singulariter aliquis legat, oret, murmuret, rideat sive loquatur. Dum processio transit per monasterium a quolibet intetur.

Item sacerdos cum ministris suis dum exit saccarium ad maiorem missam celebrandam, donec in chorum venerit et quando revertitur etiam intetur. Sacerdoti turificanti et scholari thurebulam portanti per chorum gradientibus ab omnibus inclinetur.

Item in omnibus horis ad ‚Gloria Patri', in Matutinis ‚Te ergo quesumus', ‚Deus miseretur nostri', ad Tertiam ‚Et veniat super me misericordia tua domine', in Missa ‚Adoramus te', ‚Suscipe deprecationem nostram Jesu Christe', ‚Et homo factus est', ‚Et conglorificatur' versus orientem et occidentem ad omnibus inclinetur.

Item in Matutinis ad ‚Te Deum laudamus', ‚Benedicite omnia opera', ad Benedictus, ad Gloria in excelsis, ad Epistolam, ad Evangelium, ad Credo, ad Sanctus, ad Agnus Dei, in Vespero ad Magnificat, in Completorio ad ‚Nunc dimittis' nullus chorum ingrediatur vel egrediatur vel a loco vel stallo suo moveatur.

Item in Matutinis quando Nocturni feriales non servantur, hoc est in festis vel feriis 9 vel 3 lectionum, et in Vesperis in primo psalmo singuli stent in locis et stallis suis usque ad ‚Gloria Patri', ubi ab omnibus, ut dictum est, inclinetur, deinde unusquisque sedeat vel stet ad placidum.

Nullus debet transire de uno choro in alium nisi retro pulpitum inclinando versus orientem et occidentem. Qui vero exit chorum debet se retro flectere et summo altari inclinare.

Dum dominus decanus chorum ingreditur, omnes sedentes sibi debent assurgere. Si vero scholasticus ingressus fuerit, sedentes in inferioribus sedibus debent sibi assurgere.
In monasterio coram dominis superpelliciatis nullus sine superpellicio comparere debet.
Qui vero dictae ordinationis statuta infregerit, pro qualitate excessus poene subiacebit.
Nullus etiam libros ad ecclesiam antedictam pertinentes scindat aut aliquo quovismodo subtrahere vel scienter deteriorare presumat. Qui vero in aliquo contrarium fecerit, cum Dathan et Abiron quos terra vivos absorbuit sui portionem miserabiliter sortiatur.
Inhibetur etiam ne quis ab hora qua Prima pulsatur usque ad finem Missae Summae et ad hora qua Nona pulsatur usque ad finem Completorium infra septa coemiterii sine religione ambulet aut ambulare presumet, contrarium vero facientes poenae subiacebunt.

2. Nachrichten über besondere oder ergänzende Bestimmungen und Stiftungen

Die Statuten von 1480 bestimmen als Änderung der bisherigen Gewohnheit, daß das tägliche und öffentliche Hochamt künftig zu singen (also nicht nur zu lesen bzw. zu sprechen) sei. Die (allgemeinen) Statuten von 1595 ordnen an, daß dieses Hochamt stets mit Assistenz von Diakon und Subdiakon zu feiern sei und die Rezitation der Epistel und des Evangeliums (wie bisher) abwechselnd durch alle Kanoniker und Vikare zu geschehen habe. Diese Ministranten für den Dienst am Hochaltar werden – nachweisbar seit 1570 – beim Generalkapitel bestimmt. Im 17. Jahrhundert obliegt dem jüngsten Kanoniker und den drei Vikaren diese *lectura seu ministratio in summa missa*. Die im 17. Jahrhundert in den Protokollen zu den Residenzmeldungen aufgeführten *tres chorales* sind wahrscheinlich diese einander abwechselnden *celebrantes* für das Hochamt. Die Statuten von 1623 schärfen die Bestimmungen über Diakon und Subdiakon sowie die Lectoren von Epistel und Evangelium nochmals ein.

1718 stiften die Eheleute Dr. iur. Franz Ebentheuer und Susannne Katharina Gruntinger eine hl. Messe an jedem Sonntag am Hochaltar (außer im Monat Oktober; Mischbd StadtBi Bl. 9, 92, 93).

Die Statuten von 1623 bestimmen auch die Einführung einer weiteren Messe an den Werktagen, an der auch die Laien teilnehmen können und die am Morgen während der Matutin gelesen werden solle. Offensichtlich wurde diese Messe in der neben der Stiftskirche gelegenen Pfarrkirche St. Nikolaus (vgl. § 3 Abschn. A 4b) gefeiert, da gesagt ist, diese Anordnung sei insofern bereits erfüllt, als bisher am Dienstag und Freitag diese Messe von den Kanonikern und Vikaren im Turnus (*in ordine*) in dieser Kirche gesungen worden sei (dabei handelt es sich um die von Dekan Johann von Lutzerath 1528 gestifteten beiden Wochenmessen; vgl. § 31), samstags die Marien-Messe bestehe und für den Sonntag die bisherige Pfarrmesse gelte. Der Dienst am

Montag, Mittwoch und Donnerstag wird den drei Vikaren – in der Reihenfolge St. Johann Evangelist, St. Katharina, SS. Trinitatis – aufgegeben. Auch die Bestimmung, daß dieser Dienst als Erfüllung der Präsenz im Chor zu gelten habe, zeigt, daß es sich um eine hier neu eingerichtete bzw. aufeinander abgestimmte tägliche Messe in der St. Nikolaus-Pfarrkirche handelt. Bemerkenswert ist die ausdrückliche Einbeziehung der Laien, womit wohl zumindest in erster Linie an die Pfarrangehörigen von St. Nikolaus gedacht ist und darin gewiß auch der Wunsch der Laien zur Teilnahme an einem Werktags-Gottesdienst erkennbar ist. Andersseits zeigt diese Regelung aber auch, daß die Stiftskirche lediglich den Stiftsangehörigen – mitsamt deren unmittelbarer *familia* – "offen" stand. Für die St. Nikolaus-Kirche ergibt sich folgende Gottesdienst-Ordnung:

sonntags	Pfarrmesse (Pfarrer bzw. dessen Vikar)
montags	Vikar St. Johann Evangelist
dienstags	Kanoniker und Vikare im Turnus
mittwochs	Vikar St. Katharina
donnerstags	Vikar der hl. Dreifaltigkeit
freitags	Kanoniker und Vikare im Turnus
samstags	Marien-Messe (Stiftung)

1756 stiftet der Scholaster Karl Kaspar von Nalbach (vgl. § 32) eine hl. Messe an allen Samstagen am Hochaltar vor dem Sanctissimum (K Best. 157 Nr. 315). Vgl. auch nachstehend im Kalendar zum 15. August.

Mit Urkunde vom 6. Januar 1449 bekunden Dekan und Kapitel des Stiftes, von den Testamentsvollstreckern des verstorbenen Kustos Christian Matthiae von Piesport (vgl. § 33) 100 fl. erhalten zu haben und geloben, dafür an allen Tagen unmittelbar nach der Matutin (*immediate finitis*) pro salute des Christian *et etiam pro conservatione ecclesie nostre* kniend das ,Ancilla Christi' *cum collectio de patrona nostra gloriosa Dei genitrici virgo Maria, iuxta ratum temporis interim puls abitur cum magna campana, ter Ave Maria* zu beten (Kopiar BistA S. 129; Kopiar StadtBi fol. 17: Antiphon Mariae mit drei Ave und Geläut der großen Glocke).

Im Index des Mischbandes ist unter dem Buchstaben A notiert: *Angelica salutatio 2 fl., capitulum conscribunt reclusorium 3 fl., Petrus Fabri 1 fl., pro lectura Psalterii summi 10 fl.* Mit der *Angelica salutatio* ist der "Englische Gruß" (Ave Maria) morgens, mittags und abends gemeint.

Ebenfalls im Index des Mischbandes ist unter B der (anderweitig nicht ermittelte) *dominus Carolus Bruck* mit einem Präsenzgeld von 4 fl. notiert, der *instituit stationes et candelas matutinales*.

In den Statuten von 1480 wird die Aufnahme von vier Messdienern (junge Choralen), die beim Chordienst zu allen Stunden und bei der hl. Messe assistieren sollen, angeordnet und ausdrücklich als Neuerung bezeichnet.

Kost und Kleidung habe das Kapitel zu stellen. Die Aufsicht solle der *rector scholarum* führen. Inwieweit die Bestimmung ausgeführt wurde, ließ sich nicht nachprüfen.

Das Ewige Licht ist in den allgemeinen Statuten von 1595 bezeugt. Grundsätzlich sind eine Lampe im Chor und eine vor dem Sanctissimum vorgesehen, doch genüge auch – wenn nicht genügend Öl vorhanden sei – die Lampe vor dem Sanctissimum, die aber ständig brennen solle. Für die konkreten Verhältnisse in der Stiftskirche in Pfalzel ist damit freilich nichts gesagt.

Mit der Inkorporation der Klause in Cochem 1463 (vgl. § 8 Abschn. C) bestimmt Erzbischof Johann II., daß aus deren Einkünften künftig am Karfreitag nach Mittag bis Mitternacht vor Ostern 3 fl. (als Präsenz) für eine Psalmenlesung vor dem Grab des Herrn (*ante sepulturam domini*) zu zahlen seien (K Best. 157 Nr. 99). Zu dem im Trierischen sehr alten, heute noch geübten Ritus der Grablegung an Karfreitag vgl. Kurzeja, Liber ordinarius S. 137 ff. mit Anm. 493. Eine umfassende Untersuchung der Bräuche um die Depositio Crucis am Karfreitag fehlt (Mitteilung Jürgen Bärsch/Eichstätt Mai 2004).

Liturgiegeschichtlich bemerkenswert mag auch die Bestimmung der allgemeinen Statuten von 1595 sein, daß der zelebrierende Priester den Kelch zum Altar und wieder zurück tragen solle, außer im Hochamt, bei dem der Ministrant den Kelch zu tragen habe.

Hinsichtlich der Lesungen ist erwähnenswert, daß die Statuten von 1480 bestimmen, täglich zur Erbauung das Martyrologium zu lesen, was seit langem versäumt worden sei.

Die allgemeinen Statuten von 1595 schärfen im übrigen ein, daß grundsätzlich der Trierer Ritus zu beachten sei.

Die Totenmesse (*Missa defunctorum*), meist als Anniversar oder Memorie, wurde in Pfalzel nach Ausweis der Statuten von 1463 am Montag, Mittwoch und Freitag gehalten. Für die Berechtigung an den dabei verteilten Präsenzgeldern war die Teilnahme an Matutin, Hochamt und Vesper maßgebend. Eine Tabelle für die Aufschlüsselung von 6, 8, 11 etc. Albus unter sechs bis 15 Berechtigten ist im Kopiar PfarrA fol. 13–14 überliefert.

Über die über die Woche verteilte tägliche Messe der Vikare und Altaristen sowie eine Messe der Vikare und Altaristen an den Werktagen der Fastenzeit vgl. § 15.

3. Festkalender des Stiftes Pfalzel

Er ist erstellt nach dem Memorienverzeichnis von 1553/66 (vgl. § 23) mit Ergänzung urkundlich überlieferter Stiftungen sowie den Angaben des Prozessionale von 1708 (vgl. hier Abschn. 4). Die im Proprium Sanctorum dieses

Processionale ohne Prozession oder Statio genannten Tage sind hier aber nicht aufgenommen, weil sie nicht als Pfalzeler Eigenfeste bezeichnet werden können. Notiert ist, wenn die aus Stiftungen überlieferten Fest- und Gedenktage im Processionale von 1708 nicht (mehr) genannt sind.

6. Dezember
Fest des hl. Nikolaus. Vgl. Abschn. 4, Proprium Sanctorum

Mittwoch der Adventsquatember (= nach dem 3. Adventssonntag)
Allgemeine Memorie der Mitglieder der Liebfrauen-Bruderschaft (vgl. § 22), bei der der Bruderschaftsmeister vier große Wachskerzen *ad medium ecclesiae* und der Kellner des Stiftes zwei Anniversarien-Kerzen zu stellen haben. Nicht im Processionale

Freitag der Adventsquatember (= nach dem 3. Adventssonntag)
Memorie der Adela mit einer Spende von 1 Ohm Wein und 1 Ml. Weizen an die Armen (vgl. § 20). Ergänzung im Processionale (Abschn. 4)

Weihnachten, Ostern, Pfingsten, Assumptio Mariae (15. August)
4 fl. Präsenzgeld, gestiftet 1463 von Erzbischof Johann aus den damals dem Stift inkorporierten Gütern der Klause in Cochem. Das Präsenzgeld ist gebunden an die Teilnahme bei Prim, Vesper, Matutin und Hochamt. Der Kustos erhält *pro subsidio luminarium summi altaris* an diesen Festen 2 fl. (vgl. § 8). Zu diesen vier Hauptfesten vgl. auch weiter unten die Stiftung zum Dreifaltigkeits-Sonntag (= Sonntag nach Pfingsten). Vgl. auch Abschn. 4 (Processionale)

13. Januar (Oktav von Epiphanie), seit 1707 Sonntag nach der Oktav Kirchweih (*Dedicatio*) der Stiftskirche. Vgl. Abschn. 4

17. Januar
Fest des hl. Antonius (im Index notiert)

30. Januar
Fest der hl. Aldegund. Gestiftet von dem Kanoniker Heinrich von Löwenstein (1500–1517, zuletzt Kustos; vgl. § 33). Nicht im Proprium Sanctorum von 1708 (Abschn. 4)

2. Februar
Lichtmeß (Purificatio). Vgl. Proprium Sanctorum von 1708 (Abschn. 4)

13. Februar
Fest des hl. Kastor mit *commemoratio* des hl. Florin. Gestiftet von Erzbischof Otto von Ziegenhain; zugleich dessen Todestag (1430). Präsenzgeld 10 Alb. und 10 Heller aus Enkirch (Index). – Nicht im Proprium Sanctorum von 1708 (Abschn. 4)

Aschermittwoch
Vgl. Processionale (Abschn. 4)

Freitag der Quatemberwoche nach dem Sonntag Invocavit (= erster Fastensonntag bzw. 6. Sonntag vor Ostern)
    Allgemeine Memorie der Mitglieder der Liebfrauen-Bruderschaft. Vgl. oben bei Mittwoch der Adventsquatember. Nicht im Proprium von 1708 (Abschn. 4)
Palmsonntag
    Vgl. Processionale (Abschn. 4)
Gründonnerstag
    Vgl. Processionale (Abschn. 4)
Karfreitag
    Vgl. Processionale (Abschn. 4)
Karsamstag
    Vgl. Processionale (Abschn. 4)
Ostern
    Eines der vier Hauptfeste. Vgl. oben bei Weihnachten
Freitag nach dem Sonntag Quasimodo (= Sonntag nach Ostern)
    Fest Clavorum et Lanceae mit einer hl. Messe in der St. Nikolaus-Kapelle. Präsenzgeld 3 fl. aus einem Weinberg in Mehring (Index). Gestiftet 1528 von Dekan Johann von Lutzerath (K Best. 157 Nr.131). Nicht im Proprium von 1708 (Abschn. 4)
Bittprozessionen an Markus (25. April) und an den drei Tagen vor Christi Himmelfahrt sowie Bannprozession am Freitag der 3. Woche nach Ostern. Vgl. Processionale (Abschn. 4).
6. Mai
    Fest Johannes ante portam Latinam. Gestiftet von Demod Sutrix aus Pfalzel. Nicht im Proprium von 1708 (Abschn. 4)
12. Mai
    Fest der hll. Nereus und Achilleus und des hl. Modoald. Gestiftet von dem Kanoniker Peter von Zewen (1430–1438, auch Kantor; vgl. § 34). Nicht im Proprium von 1708 (Abschn. 4)
Christi Himmelfahrt
    Vgl. Processionale (Abschn. 4)
Pfingsten
    Eines der vier Hauptfeste. Vgl. oben bei Weihnachten
Freitag der Pfingst-Quatember (= Woche nach Pfingsten)
    Allgemeine Memorie der Mitglieder der Liebfrauen-Bruderschaft. Vgl. oben bei Mittwoch der Adventsquatember. Nicht im Proprium von 1708 (Abschn. 4)
Sonntag nach Pfingsten
    Fest der hl. Dreifaltigkeit (= Sonntag Trinitatis). Das Fest sei zu begehen *cum cappis et thuribulo circumferendo et in processione precise prout consuetum est fieri*

in 4 festis principalibus cum propria historia, 9 lectionum etc. Gestiftet von dem Kanoniker Ludwig von Amelburg (15. Jh.; auch Pastor in Cochem; vgl. § 35)

Fronleichnam
Vgl. Processionale (Abschn. 4)

15. Juni
Fest der hll. Vitus und Modestus. Nicht im Proprium von 1708 (Abschn. 4). Tag des Generalkapitels

2. Juli
Fest Visitationis Mariae. Vgl. Proprium von 1708 (Abschn. 4)

22. Juli
Fest der hl. Maria Magdalena. Vgl. Proprium von 1708 (Abschn. 4)

26. Juli
Fest der hl. Anna. Präsenzgeld 1 Goldfl. aus einer 1557 gekauften Rente in Schweich (Index)

28. Juli
Fest des hl. Pantaleon. Nicht im Proprium von 1708 (Abschn. 4)

6. August
Fest Transfigurationis Domini. Gestiftet von den Magg. Dr. decr. Konrad von Freiburg und Dr. med. Johann gen. der Coelner im Auftrage des verstorbenen Prokurators am Offizialat Trier Hermann Hardewich (Hermann Sohn des Theoderich von Harde(n)wich, Utrechter Kleriker, Notar am Offizialat Trier, mehrfach bezeugt 1387–1425) mit Licht sowie *cum thuribulo et statione cantoris.* Nicht im Proprium von 1708 (Abschn. 4)

9. August
Fest Maria Egyptiaca (das Fest wird im allgemeinen Kalender am 9. April gefeiert). Präsenzgeld 8 Alb. und 1 Heller aus Enkirch (Index). Im Proprium von 1708 am 7. August (Abschn. 4). Gestiftet von Erzbischof Otto von Ziegenhain (1418–1430)

15. August
Fest Maria Himmelfahrt/Aufnahme Mariens. Eines der vier Hauptfeste. Vgl. oben bei Weihnachten. Vor 1756 stiftete der Scholaster Karl Kaspar von Nalbach (vgl.§ 32) eine Andacht an Assumptio Mariae, zu der fünf Ordensgeistliche zum Beichthören und zur Feier von fünf hll. Messen zu bestellen seien und zu der nach Möglichkeit ein Ablaß zu gewinnen sei (K Best. 157 Nr. 315). Vgl. auch Processionale (Abschn. 4)

Werktag nach der Oktav von Maria Himmelfahrt (22. August)
Memorie aller Trierer Erzbischöfe. Gestiftet von Dekan Michael von Britten (Dekan 1433–1438; vgl.§ 31). Nicht im Proprium von 1708 (Abschn. 4)

7. September
   Vigil von Mariae Geburt. Stiftung des Domkanonikers Gerhard von Daun in dessen Testament vom 20. Oktober 1280 (K Best. 1 D Nr. 140; MrhR 4 S. 169 Nr. 747). In dem sehr persönlich akzentuierten Testament sollen aus einem Teil der Güter, die an zwei Neffen des Gerhard als Haupterben fallen, der St. Marien-Stiftskirche in Pfalzel jährlich zur Vigil von Mariae Geburt *ad propinandum ibidem* 12 Den. gezahlt werden. Ein Anniversar oder eine Memorie ist dabei nicht bestimmt. Das Anniversar wird vielmehr nur im Dom eingerichtet. Das Regest in MrhR ist insoweit mißverständlich. Andere Kirchen, Klöster oder Stifte erhalten keine Legate. Ein Grund für die besondere Zuwendung zum Stift Pfalzel ist nicht erkennbar, müßte aber wohl doch gegeben sein. In der Reihe der Pröpste von Pfalzel ist zu 1280 eine Lücke (vgl. § 30). Vgl. auch Proprium von 1708 (Abschn. 4)

Freitag der Quatember nach Kreuzerhöhung (= 14. September)
   Allgemeine Memorie der Mitglieder der Liebfrauen-Bruderschaft. Vgl. oben bei Mittwoch der Adventsquatember. Nicht im Proprium von 1708 (Abschn. 4)

1. und 2. November
   Feste Allerheiligen und Allerseelen. Vgl. Processionale von 1708 (Abschn. 4)

10. November
   Eine Memorie der Armen. Gestiftet von Kanoniker Peter von Zewen (1430–1438; vgl. oben 12. Mai). Nicht im Proprium von 1708 (Abschn. 4)

11. November
   Fest des hl. Martin. Ein Jakob Bruck hatte eine *statio* an Martini gestiftet. 1550 kaufen Dekan und Kapitel des Stiftes dafür eine Rente (Kopiar BistA S. 193)

17. November
   Fest des hl. Florin. Gestiftet von Kanoniker Christian von Piesport (1429 – vor 1449, auch Kustos; vgl. § 33). Präsenzgeld 6 Alb. aus einem Weinberg der Kustodie in Eitelsbach (Index). Vgl. auch oben zu einer Stiftung des Christian von Piesport nach der Matutin. Zu Florin vgl. 13. Februar. Nicht im Proprium von 1708 (Abschn. 4)

6. Dezember
   Fest des hl. Nikolaus. Gestiftet von Dekan Nikolaus Landt von Zell (1547–1566; vgl. § 31)

4. Prozessionen, Umgänge, Stationen

Aus dem Stift Pfalzel ist ein Processionale von 1708 bzw. 1763 erhalten. Es überliefert umfassend die in der spezifischen topographischen und verfassungsrechtlichen Situation des Stiftes begründete Ordung dieser Liturgie-Form. Pfalzeler Eigengut sind dabei nicht (oder nur selten) Gesänge und Gebete, sondern die Zielorte mit den dorthin führenden Wegen der verschiedenen Prozessionen und Umgänge. Nachstehend ist dieses Eigengut in der Ordnung der Handschrift genannt.

Die Handschriften:

1. Processionale ecclesiae collegiatae Palatiolensis iuxta ritum sacrae archidioecesis ecclesiae Trevirensis, emendatum et scriptum anno bissextili 1708. Scriptum libri lextor mi chare requiris legia me genuit Nicolaus nuncupor Henrot.

Titelblatt mit Wappenschild in ovalem Rund: geteilt durch einen Balken, oben drei Rosen oder Mispeln 1:2, unten ein Dreieck mit Querbalken und kleinen Flammen; Schildhaupt ein Prälatenhut. –

Zusatz auf Titelblatt unten: *Anno 1730 obijt scriptor.* –

Endblatt mit Wappen wie Titelblatt, oben Spruchband: „Absque labor nihil". In einem Schriftschild unten: „D. O. M. NICOLAUS HENROT Leodius, canonicus et scholasticus Palatiolensis 1708". – Zu Nikolaus Henrot vgl. § 32.

Papierband in Lagen, in Leder gebunden, 16 × 10 cm, in der Paginierung des Kernbestandes 282 Seiten mit der vom Autor schon bemerkten Seitenfolge 59, 69 (also ohne die Seiten 60–68) und dem Hinweis: *NB.: est error in numero paginarum, sed non in officio.* Am Schluß (ab S. 283, unpaginiert) auf vermutlich schon bei der Bindung hinzugefügten, zunächst leeren Blättern einige Nachträge (s. unten). Vorne nachträglich vorgebunden 6 Blatt Register, ebenso am Schluß auf 4 Blatt ein späterer Nachtrag.

StadtBi Trier Hs 1677/1746 8°. Zur Bibliothek „Ex dono haeredum canonici Schwarz. 1830" (links vor dem Titelblatt. Vgl. dazu § 3 Abschn. B).

2. Processionale ecclesiae collegiatae Palatiolensis .. (wie 1) .. emendatum et scriptum anno verbi incarnati millesimo septingentesimo sexagesimo tertio.

Titelblatt mit Wappenschild in Blumeneinfassung: im (fast rundem) Schild ein gleichschenkliges Tatzenkreuz, in der Mitte die Buchstaben J H S, im H ein Kreuzpfahl; als Schildhaupt ein Prälatenhut. Unten Schriftband: „Cantate domino canticum novum, cantate domino omnis terra. Joannes Lauter Adamus". – Zu Johann Adam Lauter, seit 1772 Kantor, vgl. § 34.

Papierband in Lagen, in Leder gebunden, 20,5 × 18 cm, 135 Seiten. StadtBi Trier Hs. 2282/2224 8°.

Der formale Anlaß zur Neuanlage – es heißt ausdrücklich *emendatum* (verbessert) – des Processionale 1708 ist wahrscheinlich die Neu-Festsetzung des Dedikationstages der Stiftskirche auf den 1. Sonntag nach der Oktav von Epiphanie. Jedenfalls ist dazu ausdrücklich gesagt, daß dieser Tag bis 1706 einschließlich an der – im Wochentag wechselnden – Oktav von Epiphanie (13. Januar) gefeiert worden sei (s. unten). – Die Betonung des Trierer Ritus ist nur eingeschränkt richtig, denn im Heiligenkalender sind nur wenige der Trierer Heiligen genannt. In der Fassung von 1763 werden schließlich trotz der Kapitels-Überschrift „Proprium Sanctorum" nur die fünf Marienfeste (Conceptio, Purificatio, Annuntiatio, Nativitas, Ascensio) und Allerheiligen genannt. Insofern handelt es sich weitgehend um eine Ordnung für das spezifische Pfalzeler Eigengut im großen Rahmen des um die Wende vom 17. zum 18. Jahrhundert dem Missale Romanum weitgehend angeglichenen Trierer Propriums (vgl. dazu Andreas Heinz, Liturgische Bücher).

Gliederung:

– Proprium (missarum) de Tempore (Liturgie der – in den Kalendertagen – „beweglichen" Sonn- und Festtage des Kirchenjahres ab Advent). In 1 S. 1–189, in 2 S. 2–108.

– Proprium Sanctorum (Heiligenkalender Dezember bis November). Mit Commune Sanctorum im Anhang. In 1 S. 190–250, in 2 S. 109–122, 131–135.

– Gottesdienste aus besonderen Anlässen. In 1 S. 250–282, in 2 S. 122–130.

Proprium de Tempore (Ordnung des Festkreises)

Sonn – und Festtage. Austeilung des Weihwassers (*aqua lustralis*).
1 S. 1–6, 2 S. 2–7.
Nach der Prim wird die Prozession mit Weihwasser besprengt. Danach geht der Priester mit den Ministranten vom Chor zur Sakristei und bereitet sich zur Messe. – Zu dem beim Umgang gesungenen „Asperges me" sind Varianten notiert. Die Prozession führt zur St. Peter-Kapelle und von dort zum Beinhaus (*ad ossatorium pro defunctis*).

Freitag in der Advents-Quatember: Memorie Adelas.
1 S. 6, 2 S. 7.
Feria VI quatuor temporum Adventus habetur memoria d(ominae) Adhelae fundatricis nostrae (2: huius) ecclesiae cum integro officio defunctorum. Missa solemni sub qua domini vadunt ad Offertorium et cum Commemoratione. Nach der Messe geht man

in die Sakristei. Dort erhalten die Kanoniker jeder zwei Brote und einen Krug Wein und gehen dann in ihre Häuser. Der Rest (an Broten und Wein) wird an die Armen verteilt: nach der Messe *ibunt celebrantes et chorus – praecedentibus cruce, ceroferariis et aqua benedicta – ad sacristiam sub psalmo ‚Miserere', qui concluditur cum ‚Gloria Patri', ad benedicendum panem et vinum, e quibus postea quilibet dominorum capit 2 panes et amphoram vini et redeunt domum, reliqua tunc distribuntur inter pauperes.*

Weihnachten (*In nativitate Domini*).
1 S. 7–9, 2 S. 7–9 (nur zur Prozession).
Zu den (üblichen) drei Messen:
1. Noch während der Matutin geht der Dekan mit den beiden Senioren und Ministranten zu Sakristei, wo sie sich zur ersten Messe ankleiden. Am Hochaltar endet die 1. Messe mit dem ‚Te Deum'. Darauf folgen die Laudes.
2. *In aurora* feiert der Altarist von St. Katharina die zweite Messe (am Hochaltar?).
3. Die letzte (dritte) Messe feiert der Dekan mit Einzugs-Prozession. In der Mitte der Kirche singt man ‚Hodie Christus natus est', beim Eintritt in den Chor ‚Verbum caro factum est'.

St. Stephanus, St. Johann, De sanctis Innocentibus, Sonntag in der Oktav von Nativitas, Oktav von Nativitas, (Circumcisio nur in 2), Epiphania Domini, Sonntag in der Oktav von Epiphanie.
1 S. 9–18, 2 S. 9–12 (nur zu Circumcisio und Epiphanie).
Keine besonderen Angaben zu den Prozessionen. Sie führen von der Sakristei durch die Kirche mit Gesängen in der Mitte der Kirche und beim Eintritt in den Chor.

Aschermittwoch (*Dies cinerum*)
1 S. 19–38, 2 S. 12–26.
Es ist eine zeitlich recht lange Liturgie.
Nach der Non singt der Chor sofort die Antiphon ‚Exaudi'. Währenddessen betreten der Priester im Chormantel (*cappa*) und der Ministrant in Albe den Chor und gehen zum Altar. Dort wird die Asche geweiht. Der Ministrant streut (*imponit*) dem Zelebranten vor dem Altar von dieser Asche auf das Haupt. Danach streut der Zelebrant dem vor dem Altar knienden Ministranten, danach den an den Stufen im Chor knienden Kanonikern, Vikaren und dem ganzen Chor und schließlich dem am Eingang (*ostiarium*) des Chores knienden Volk ebenfalls Asche aufs Haupt (so in 1 von 1708 S. 19; in 2 von 1763 S. 12 werden nach dem Ministranten nur *deinde caeteris clericis et populo* genannt). Nach dieser *insperso* (so in 1; in 2 *his peractis*) geht der Priester zum Altar zurück und liest eine Kollekte.

Danach geht er in Prozessionsordnung zur *visitatio* der Altäre (in 2 nur: zu den Altären), und zwar in folgender Reihenfolge (1 S. 19–38): SS. Trinitatis, St. Johann Baptist und Evangelist, St. Katharina, St. Martin, Kapelle St. Peter, St. Nikolaus. Auf dem Weg und vor den Altären sind jeweils besondere Gesänge und Gebete vorgesehen. Von St. Nikolaus geht man zum Chor zurück. Nach einer Litanei folgt die Messe.

Altar-Stationen während der Fastenzeit.
In der Fastenzeit hielt man abwechselnd an den Wochentagen an je einem der (Neben-)Altäre eine Statio. Dieser allgemeine Brauch (vgl. Kurzeja, Ordinarius S. 304 f.) wurde in Pfalzel schon zu Anfang des 18. Jahrhunderts aufgegeben. Es heißt dazu im Processionale (1 S. 38; nicht in 2): *Ante hac singulis diebus ferialibus fiebat statio per XL (Quadragesima) ad unum altare, alternative cum uno ex R(esponsoribus) et precibus et litaniis ut supra.*

Palmsonntag/Palmenweihe.
1 S. 38–48, 2 S. 26–32.
Vgl. ausführlich zum Palmsonntag-Ritus im Trierischen: Kurzeja, Ordinarius S. 263–280. Über die Teilnahme des Stiftes Pfalzel an Palmenweihe und Prozession des Domkapitels vgl. ebenda S. 251 Anm. 1106.
Nach der Prim betritt der Hebdomadar mit Ministranten, Weihwasser, Kerzen und Weihrauchfaß den Chor und legt auf dem Weihaltar (*ad altare benedicturus*) an der Epistelseite die Palmzweige (*ramos palmarum*) ab. Der Subdiakon beginnt die Lesung ‚In diebus illis' etc. „wie im Meß-Formular". Nach der Segnung (*benedictio*) der Palmen und deren Verteilung (*distributio*) intoniert der Kantor das ‚Asperges'; kein ‚Gloria'.
Dann geht man in Prozession zum Kreuz auf dem Friedhof, oder wenn es regnet in die St. Peter-Kapelle oder zum Außenportal der Kirche. Dort folgt die Lesung. *Apud crucem inter utrumque chorum stabunt celebrantes, cantor autem intonat ‚Cum audisset'. Pueri canunt hymnum sequentem (‚Gloria laus et honor'), choro repetente primum versum. A porta s. Nicolai usque ad crucem. Interim cantor et decanus capiunt presbyterum officiantem, ponent eum ante crucem pronum in faciem, et tum ipsi flexis genibus presbyterum palmis percutientes intonant antiphonam ‚Scriptum est enim, percutiam pastorem. Et dispergentur oves gregis. Postquam autem surrexero, praecedam vos in Galileam, ibi me videbitis, dicit Dominus'* (Matth. 26, 31 und 32; Mark. 14, 27 und 28. Nach Kurzeja, Ordinarius S. 276 mit Anm. 1190 ein sehr später Beleg dieses Brauches). *Ter repetitam antiphonam surgit et capit crucem sacerdos, et redeundo ad ecclesiam cantor intonat ‚O crux ave'.*
Es folgen auf dem Prozessionsweg in die Kirche Gebete *in medio ecclesiae* und *intrado chorum*. Der Hebdomadar trägt das Kreuz hinter den Hochaltar. Darauf folgt die Terz.

Gründonnerstag (*Coena Domini*).
1 S. 49–74, 2 S. 32–42.
Kurzeja, Ordinarius S. 129 f. zur Waschung der Altäre, S. 131–133 zur Fußwaschung.

Nach Mittag um die 2. Stunde kommen die Kanoniker in der Sakristei zusammen (*conveniunt*). Der Hebdomadar trägt die Albe und einen mit einem Handtuch verbundenem Chormantel (*cappa manutergio ligata*), die Ministranten tragen Alben, der Chor den Chorrock (*superpelliceis*). So geht man mit den *juvenes*, die Kreuze, Kerzen und Weihwasser tragen, zur Waschung der Altäre (*ad abluenda altaria*).

Von der Sakristei geht man mit dem Gesang ‚In monte oliveti oravit' zum Hochaltar. Diesen wäscht (*lavat*) der Priester mit Palmzweigen, indem er über und vor der *mensa* des Altares ein Kreuz macht. Danach küssen er und die Ministranten den Altar in der Mitte. Der Kantor intoniert das ‚Asperges me'. – Danach geht man zu den nachstehend genannten Altären und wäscht mit unterschiedlichen Gebeten diese ebenso: SS. Trinitatis, St. Johann, St. Katharina, St. Martin, Kapelle St. Peter, St. Nikolaus.

Dann geht man in Prozession zum Refektorium. Der Diakon liest das Evangelium *in tono epistolae*, danach segnet der Priester Brot und Wein. Die Kanoniker setzen sich an ihre Plätze (*locis suis*). Der Priester geht mit seinen Ministranten hinaus und bereitet sich vor, den Kanonikern nach folgendem Ritus die Hände zu waschen (*ad lavandas dominis manus*):

Der Subdiakon mit einer Schüssel (*pelvim*) mit warmem Wasser, der Diakon mit einem Handtuch über der linken Schulter (*pendens ex humero sinistro*) und der Priester in Albe betreten das Refektorium und gehen zum Dekan bzw. zum Senior. Der Priester kniet nieder. Der Subdiakon gießt kniend Wasser über die Hände des Dekans bzw. des Seniors und der Priester wäscht diese. Dann trocknet sie der Diakon kniend mit dem Handtuch. Nun küsst der Priester die Hände und sagt ‚Pax tecum'. Der Gewaschene (*lotus*) antwortet ‚Et cum spiritu tuo'. Ebenso küssen Diakon und Subdiakon. – Ebenso wird die Waschung bei den anderen Kanonikern vollzogen. Danach gehen die (drei) *officiantes* hinaus und kommen dann im Chorrock wieder in das Refektorium und setzen sich an den ersten Platz (*primo loco*). Der Dekan und die beiden Senioren gehen hinaus, nehmen Schüssel und Handtuch und waschen den *officiantes* die Hände. Danach gehen diese an ihren Platz im Kapitel.

Nach der Waschung verteilt der Kellner Brot oder Brezel (*vel spiras*) und gibt einen Umtrunk (*dabit propinam*). Währenddessen ließt der jüngste Kanoniker Kapitel 13 und 14 des Johannes-Evangeliums und schließt mit den Worten ‚Surgite, eamus hinc'. Dann erheben sich alle und gehen in ihre Häuser oder in den Chor.

Karfreitag (*Feria sexta in parasceve Domini*).
1 S. 75–89, 2 S. 42–50.

Um die neunte Stunde werden die kleinen Stundengebete (*horae minores*) gesungen. Während der Non gehen der Priester, bekleidet mit dem Chormantel (*cappa*) und der Ministrant in Albe ohne Kerzen, Kreuz und Weihrauch (*incenso*) zum Hochaltar. Der Senior im Chor liest die Prophetie ‚In tribulatione', der Chor singt ‚Domine audivi', der Priester singt am Altar die Kollekte. Dann liest der nachfolgende Kanoniker die zweite Prophetie und der Chor singt den Traktat ‚Eripe me'. Danach wird die Leidensgeschichte (*passio*) am ungeschmückten (Lese-)Pult (*nudum pulpitum*) gesungen.

Danach singt der Priester auf der Epistelseite die Kollekte wie im Missale und bei der letzten, der für die Heiden (*quae est pro paganis*) nehmen der Kantor und der Seniorkanoniker das hinter dem Altar (*retro altare*) befindliche, mit einem schwarzen Tuch umkleidete Kreuz (*crucem velatam velo nigro*) und singen auf der Evangelienseite nahe dem Altar

— ‚Popule meus quid feci tibi …'
— die *juvenes apud sacristiam* antworten ‚Agios otheos…'
— der Chor antwortet ‚Sanctus Deus, sanctus fortis, sanctus et immortalis miserere nobis'
— währenddessen gehen Kantor und Senior einen Schritt voran (*procedunt unum passum*). Es folgen weitere Stationen und Gesänge.

Kantor und Senior
— *pueri* beim St. Katharinen-Altar – Chor
— *pueri* vor dem Portal (*ostium*) des Chores – Chor.

Kantor und Begleiter gehen bis zu den Stufen (*ad gradus;* des Chores) und enthüllen am Kreuz das Haupt des Gekreuzigten mit dem Gesang ‚Ecce lignum …' und Respons des Chores, dann enthüllen sie den rechten Arm, danach den ganzen Körper, jeweils mit ‚Ecce lignum'.

Kantor und Begleiter legen das Kreuz vor die Stufen (des Chores) und verehren es (*adorare*). Der Chor singt die Antiphon ‚Beati immaculati …'. Der ganze Chor geht hintereinander zum Kreuz und verehrt es. Währenddessen singen Kantor und Ministranten kniend den Hymnus ‚Crux fidelis' (S. 80–85) mit Respons des Chores. Dann gehen Kantor und Begleiter an ihren Platz im Chor.

Mit Beendigung des Hymnus zieht der Priester die Kasel an, betet die Confessio, breitet das Korporale aus, nimmt den Kelch mit der am Vortag hineingelegten hl. Hostie und stellt ihn auf den Altar. Der Chor singt ‚Hoc corpus'. Es folgt der Gottesdienst (*officium*) nach dem Missale.

Nach der Vesper nimmt der Priester, bekleidet mit dem Chormantel (*cappa*), das auf den Chorstufen liegende Kreuz und geht mit den Ministranten und dem Chor zum Grab (*ad sepulchrum*). Dort legt er das umhüllte Kreuz (*crucem cum amictu*) hinein, besprengt es mit Weihwasser (*aspergit aquam lustrali*) und gibt Weihrauch (*thurificat*). Es folgen mehrere Gebete.

Karsamstag (*sabbatho sancto*).
1 S. 90–109, 2 S. 50–55.

Die kleinen Horen werden *tempore opportuno* ohne Lichter gebetet. Nach der Non erwartet der Priester in weißem oder violettem (*caeruleo*) Pluviale – nachdem alle Feuer gelöscht sind – mit Diakon und Subdiakon sowie anderen Ministranten mit Weihwasser und Rauchfaß (*cum incenso*) beim St. Katharinen-Altar den Chor mit Kreuzen. Dann geht man zu zweit zum vorderen Kirchentor (*porta anterior*), wo ein neues, aus Stein geschlagenes Feuer (*ignis novum de silice excussus*) gesegnet wird, *orando ex abrupto* die Sieben Bußpsalmen mit weiteren Gebeten. Dann werden gesegnete (Holz-) Kohlen (*carbones*) in das Rauchfaß gelegt. Der Priester segnet fünf Weihrauchkörner für die Osterkerze (*grana incensi quinque ponenda in cereo*) und spricht ein Gebet. Danach gibt er aus dem Schiffchen (*naviculum*; zum Weihrauchfaß gehörend) mit dem üblichen Segen Weihrauch in das Rauchfaß. Die genannten Weihrauchkörner und das Feuer werden dreimal mit Weihwasser besprengt (dazu ‚Asperges me'). Ohne Gesang und ohne Psalmen wird dreimal inzensiert („geräuchert"). Dann werden Kerzen angezündet und man geht zum Chor. Die *juvenes*, die voran gehen, singen den Hymnus ‚Inventor rutili dux bone luminis …'.

Danach singt der Diakon auf der Evangelienseite die Sequenz zur Weihe der Osterkerze. Nach der Weihe (die nicht beschrieben ist) geht man zu zweit zum Taufbecken (*ad fontem*). Dort folgt die Weihe des Taufwassers (in 1 S. 98–109 ausführlich mit den Gebeten und Angaben über die zu beachtende Form der Kreuze bei den Segnungen und des Eintauchens der brennenden Osterkerze. In 2 S. 55 ist diese *Benedictio fontis* nicht beschrieben, sondern lediglich genannt *ut in Missale vel Agenda*). Danach wird ein Teil des (gesegneten) Wassers in ein Gefäß (*vasa*) gefüllt (wahrscheinlich als Weihwasser, auch für die Gläubigen). In das (verbliebene) Wasser wird dreimal in Kreuzform Chrisam gegossen. Der Chor singt die *Litania maior*. Dann geht man zum Chor zurück, wo der Kantor mit dem Kyrie die Messe beginnt.

Ostern (*Die resurrectionis Domini*) und Osterwoche.
1 S. 110–136, 2 S. 56–74.

a) Am Grab.

In der Osternacht (*in nocte resurrectionis*) kommen vor der Matutin die Kanoniker *et alii ministri ecclesiae* in der Sakristei zusammen und gehen von dort zu zweit in nachstehender Ordnung zum Grab (*sepulchrum Domini*): zuerst die Knaben (*pueri*) mit Kreuzen, Kerzen, Weihrauch und Weihwasser. Danach der Dekan und der Senior der Kanoniker *in cappis purpureis*, dann der Kantor und der Chor. Die Knaben, Dekan, Senior und Kantor gehen bis zum Grab, wo der Kantor hinter den anderen (*retro illos*) steht. Der Chor bleibt *infra turrim*. Auf dem Weg hat der Kantor *bassa voce* dem Chor die Antiphon ‚Sedit angelus ad sepulchrum' intoniert. Am Grab spricht der Dekan ein Gebet. Dann wird das Grab (*sepulchrum*) geöffnet und der Dekan legt das Schweißtuch (*sudarium*), das im Grab liegt, zum Kopf des Grabes, verehrt (*adolet*) das Kreuz, ergreift es und trägt es auf dem Weg zum Chor hinter den Altar. Währenddessen werden die Antiphon ‚Christus resurgens' und eine Kollekte gesungen. Danach werden die Glocken geläutet, wie es zur Matutin üblich ist.

b) Die Frauen am Grab

Nach der dritten Responsorie der Matutin gehen die drei ältesten Kanoniker *induti cappis repraesentantes Marias* – begleitet von Kantor und Chor mit Kerzen, voran Kreuze – zum Besuch des Grabes (so wie schon vor der Matutin). Dort folgt folgende Handlung (1 S. 113–117):

Lesung
– Dum transisset Sabbathum Maria Magdalenae et Maria Jacobi et Salome emerunt aromata, ut venientes ungerent Jesum. Alleluia alleluia.

Hic pueri in sepulchro repraesentantes angelos canunt:
– Quem quaeritis in sepulchro o Christi colae.

Domini repraesentantes Marias respondent:
– Jesum Nazarenum crucifixum o coelicolae.

Pueri rursus in sepulchro canunt:
– Non est hic, surrexit sicut praedixerat, ite nuntiate quia surrexit.

Pueri sine intervallo pergendo et sudarium expantum dominis Marianis dando:
– Venite et videte locum ubi positus erat Dominus. Alleluia alleluia. Cito euntes dicite discipulis quia surrexit Dominus. Alleluia.

Domini Mariani ante segestantes sudarium eunt cum choro ad medium templi et cantor intonat:
– Et recordatae sunt verborum ejus et regressae a monumento nuntiaverunt haec omnia illis undecim et caeteris omnibus. Alleluia.

Sine intervallo subjicitur in medio ecclesiae:
– Surrexit Dominus de sepulchro, qui nobis pependit in ligno. Alleluia.

In medio ecclesiae canitur per choros sequentia:
– Victimae paschali laudes immolent Christiani. Agnus redemit oves Christus innocens patri reconciliavit peccatores. Mors et vita duello conflixere mirando: dux vitae mortuus regnat vivus.

Hic dominus cantor accedens interrogt primum Marianum et statim redit ad locum similiter ad alios duos:
– Dic nobis Maria quid vidisti in via?

Primus Marianus respondet:
– Sepulchrum Christi viventis et gloriam vidi resurgentis.

Dominus cantor ad secundum Marianum:
– Dic nobis Maria quid vidisti in via?

Respondit secundus Marianus:
– Angelicos testes sudarium et vestes.

Dominus cantor ad tertium Marianum:
– Dic nobis Maria quid vidisti in via?

Respondit tertius Marianus:
– Surrexit Christus spes mea, praecedet suos in Galilaeam.

Cantor cum choro redeundo ad chorum:
– Credendum est magis soli Mariae veraci quam Judaeorum turbae fallaci. Scimus Christum surrexisse a mortuis vere, tu nobis victor rex miserere.

Deponitur sudarium ad altare et cantatur:
– Te Deum

c) Es folgen vor dem Hochaltar im Chor und im Schiff der Kirche die Ostergesänge (1 S. 117–123).

d) In der Osterwoche.
Nach der im Chor gesungenen Vesper geht man an allen Tagen der Woche (ohne samstags) nach Ostern zum Taufbecken und zum Kreuz (auf dem Friedhof?) und kehrt dann wieder zum Chor zurück, je mit besonderen Gesängen und Gebeten, an allen Tagen mit dem ‚Magnificat' (1 S. 123–137). Bei den Gesängen am Taufbecken und am Kreuz steht der Hebdomadar hinter dem Kantor. Danach folgt die Komplet.

Bittprozession an Markus (25. April).
1 S. 137–148, 2 S. 75–82.
Wenn das Fest des hl. Markus auf Ostern oder auf einen Tag innerhalb der Oktav von Ostern oder einen anderen Sonntag fällt, geht die Prozession (nur) nach St. Nikolaus. Nach wenigen, insbesondere auf den hl. Nikolaus bezogenen Gebeten geht man wieder in die Stiftskirche zurück. Hier folgen dann Terz und Messe.

Wenn das Fest des hl. Markus auf einen Werktag fällt, folgen nach der Terz im Chor der Stiftskirche wenige Psalmen und Gebete und dann geht man in Prozession mit Kreuzen, Fahnen und Gesang zur Pfarrkirche St. Martin. Dort werden nach verschiedenen Gebeten und Psalmen die Sext gebetet und die

Messe gesungen. Am Ufer (*prope rivum*; nämlich der Mosel) wird die Antiphon vom hl. Nikolaus gesungen. Dann geht man zurück in die Stiftskirche (*ecclesia maior*). Nach einem kurzen Gebet gehen alle in ihre Häuser (*finita collecta ibunt omnes domum*).

Bittprozessionen (*Processiones rogationum*) an den drei Tagen vor Christi Himmelfahrt.
1 S. 148–164, 2 S. 82–93.
Vgl. mit Literaturhinweisen Kurzeja, Ordinarius S. 305–317.

Montags
Statio in St. Jakob in Biewer. Die Prozession geht außerhalb des (Pfalzeler) Tores *usque ad campum*. Von dort wird bis zur Kirche in Biewer von zwei Kanonikern mit Repetition des ersten Verses durch den Chor eine Litanei (mit Ergänzungsmöglichkeiten) gesungen. In St. Jakob feiert der Hebdomadar die *Missa rogationum*. Auf dem Rückweg singt das Volk (*populus*) bis zum Pfalzeler Tor. Dort folgen Schlußgesänge.

Dienstags
Statio in Ehrang. Die Prozession geht wie am Vortag zum Pfalzeler Tor. Die Litanei ist länger ausgestaltet. An der Brücke vor Ehrang erwarten die Ehrangen (*Erengani*) das Kapitel. In der Kirche in Ehrang ist dann wieder die Bittmesse. Die Gebete sind breiter ausgestaltet.

Mittwochs
Sofort (*statim*) nach der Prim werden das *officium defunctorum* und eine *missa animarum* gehalten. Dann verläßt man in Prozession Pfalzel und geht *circa pomaria*. Außerhalb des Obertores (*porta superior*) werden die Sieben Bußpsalmen gelesen, *modeste procedendo* bis zum Bach (*rivulum*; die Kyll), wo die Ehranger und die Kordeler (*Cordelenses*) sind. Von dort geht man gemeinsam bis hinter die Gärten des (Stifts-)Kapitels. Die beiden jüngeren Vikare singen die Litanei und man geht bis zum St. Johannis-Tor. Mit den Liedern und Gebeten wie an den Vortagen geht man gemeinsam in die Stiftskirche zurück. Hier folgt nach der Terz die vom Kantor zelebrierte Messe von der Vigil von Himmelfahrt. *Sub missa vel post* entfernen sich (*discedunt*) die aus Ehrang und Kordel *sub pulsis capanum*.

Bannprozession am Freitag der dritten Woche nach Ostern.
1 S. 148, 2 S. 82–84.
Vgl. Kurzeja, Ordinarius S. 321–23. Das Stift Pfalzel nahm an der von Erzbischof Egbert (983) aus Anlaß einer großen Dürre in Verbindung mit einem Fasten eingeführten Bittprozession der Trierer Kirchen teil. Im Prozessionale ist dazu unter der Überschrift „Feria sexta bannita et feria secunda rogationum" notiert: Wenn Markus auf den genannten Bann-Freitag fällt, ist zum

Fest des hl. Markus nur eine (kurze) statio in St. Martin. Andernfalls ist am Bitt-Montag die Prozession nach Biewer (s. oben bei den Bittprozessionen) und der Markus-Tag wie vorgesehen. Auf die Teilnahme des Stiftes an der Trierer Bannprozession ist nicht eingegangen.

Himmelfahrt (*Dies ascensionis*).
1 S. 165–168, 2 S. 94–96.

Vor der Matutin übernimmt die Jugend Pfalzels den Reliquienschrein in der Stiftskirche und trägt ihn in Prozession nach Ehrang. Um die Non kehrt sie zurück und wartet an der Mühle. Inzwischen wird im Chor (der Stiftskirche) die Prim gesungen. Danach gehen der Hebdomadar im Chormantel, die Ministranten in Tuniken, der Kantor im Chormantel und der Chor in Chorröcken mit Kreuzen und Weihwasser der Prozession (der Jugend) ohne zu singen entgegen. In der Nähe des Friedhofes intoniert der Kantor ‚Alsolve Domine animas eorum …'. Nahe der St. Nikolaus-Kirche bleiben Chor und Offizianten stehen. Nur der Zelebrant geht zum (Reliquien-) Schrein und besprengt diesen und das Volk mit Weihwasser. Danach nehmen die Mädchen (*puellae*) den Schrein und tragen ihn zur (Stifts-)Kirche, gefolgt von Ministranten, Priester, Kantor, Chor und schließlich den Jungen (*iuventus*) und dem übrigen Volk. Dabei wird ‚Isti sunt sancti' gesungen. Es folgt eine Weihwasser-Besprengung und der übliche (*more solito*) Umgang durch die Kirche (mit Gesang *in medio* und *intrando chorum*).

Der Text dieser spezisch Pfalzeler Prozession lautet:

Hac die ante Matutinas juventus Palatiolensis accipit capsam reliquiarum in majore ecclesia, eam processionaliter fert in Eranck; circa Nonam redit et expectat apud molendinum. Interim in choro canitur Prima; qua finita hebdomadarius indutus cappa, ministrantes tunicis, cantor in cappa et chorus in superpelliceis cum crucibus et ben[ed]icta aqua exeunt obviam processioni, nihil canentes, sed prope coemiterium cantor intonat ‚Absolve Domine animas eorum …' Cum chorus et officiantes pervenerint prope s. Nicolaum, subsistunt ibi et solus celebrans accedens capsam, eam aspergit et populum. Postea puellae apprehendunt capsam et illam referunt ad ecclesiam, sequuntur ministrantes, sacerdos, cantor, chorus, denique juventus et reliqua plebs; interim canitur responsorium ‚Isti sunt' pag. 155. Reversi domini et officiantes ad chorum cantor intonat pro aspersione aquae ‚Vidi aquam' pag. 117. Deinde more solito circumitur sub his sequentibus responsoriis … (1 S. 165 f.).

Sonntag in der Oktav von Himmelfahrt, *Fest Divisio Apostolorum* (15. Juli), Vigil von Pfingsten, Pfingsten, *De sanctissima Trinitate*.
1 S. 169–173, 2 S. 96–99.

Keine besonderen Anordnungen hinsichtlich der Prozessionen oder Stationen. Zur Vigil von Pfingsten ist die Benedictio Fontis wie an Aschermittwoch genannt.

Fronleichnam (*In festo Corporis Christi*).
1 S. 173–188, 2 S. 100–107.

Nach der Prim betritt der Hebdomadar – während der Kantor das ‚Asperges me' intoniert – mit den Ministranten den Chor und gibt dem Chor und dem Volk den Weihwasser-Segen. Dann nimmt er das Allerheiligste (*venerabile*) und gibt (mit diesem) den Segen. Die Jugend (*iuventus*) geht mit den Fahnen hinaus, gefolgt von den Kreuzträgern des Kapitels, dem Chor, dem Kantor und zuletzt den Zelebranten. Beim Brunnen (*apud puteum*) oder bei der Kapelle im Kreuzgang (*capellam in ambitu*: im alten Kreuzgang?) singt man ‚Immolabit hoedum' etc. Der Weg führt nach St. Martin. Beim Eintritt (*intrando*) in diese Kirche wird ‚Martinus Abrahae' gesungen. Nun stellt der Priester das Allerheiligste auf den Altar und gibt nach einer Kollekte den Segen (‚O vere digna hostia'). Dann gehen alle in der Reihenfolge wie sie eingetreten sind wieder hinaus. Es folgen am Obertor (*porta superior*) das ‚Lauda Syon' (von Thomas von Aquin) und bei Bedarf weitere Gesänge. Der Weg geht zur Stiftskirche zurück. Dort endet die Prozession.

Sonntag in der Oktav von Fronleichnam.
1 S. 189, 2 S. 108.
Keine besonderen Angaben.

Proprium Sanctorum

1 S. 190–238. 2 S. 109–122 hat nur die Marienfeste und das Fest Allerheiligen. Auch in 1 gibt es zu den meisten Heiligen-Festen nur Tagesgebete, aber keine oder kaum Anweisungen für Prozessionen oder Stationen. In den Monaten April und Mai sind keine Gedenktage von Heiligen genannt, wahrscheinlich wegen der Verdichtung der beweglichen Feste um Ostern und Pfingsten in dieser Zeit. Im Monat Oktober sind ebenfalls keine Heiligenfeste notiert, hier wohl weil dies der Ernte- oder Ferienmonat ist. Nachstehend sind deshalb lediglich die Tage als solche aufgelistet und nur dort ergänzt, wenn neben den Gebeten auch Angaben zu Prozessionen oder Stationen gegeben sind.

6. Dezember Nikolaus. – 1 S. 190 f., nicht in 2.
Der Tag ist nicht nur der Festtag des hl. Nikolaus, sondern auch der Dedikationstag der St. Nikolaus-Pfarrkirche (das Processionale spricht stets nur von -Kapelle). Es gibt deshalb auch verschiedene Regelungen für das Stundengebet (von St. Nikolaus oder De tempore). Das Kapitel singt einen Teil des Stundengebetes in der St. Nikolaus-Kapelle. Der Dekan spendet den Segen *super populum more parochiali*. Die Kapitelsmesse ist in der Stiftskir-

che als Messe *de s. Nicolao*. Währenddessen singt der Dekan oder sein Vertreter (*substitutus*) in der St. Nikolaus-Kapelle die Messe *de Dedicatione*. Fällt der Tag auf einen Sonntag, geht die übliche Sonntags-Prozession nach St. Nikolaus und kehrt von dort in die Stiftskirche zurück, wo die Messe *de s. Nicolao* folgt, während (in der St. Nikolaus-Kapelle) der Chor die Messe *de Dedicatione* begleitet.

8. Dezember Mariae Empfängnis (*Conceptio*). – 1 S. 192, 2 S. 109. Nur die Angabe wie an *Nativitas mutatis mutandis*.

20. Januar Sebastian. – Nachtrag in 1 S. 284.

21. Januar Agnes

25. Januar Conversio Pauli

2. Februar Lichtmeß (*Purificatio*). – 1 S. 194–197, 2 S. 109–111.

Nach der Prim kommt der Hebdomadar mit Ministranten in den Chor der Kirche zur Weihe der Kerzen an der Epistelseite. Er besprengt die Kerzen mit Weihwasser und spricht den Segen. Der Kustos verteilt die Kerzen. Eine Prozession zieht durch die Kirche mit Gesängen *in medio* und *intrando chorum*.

5. Februar Agatha

22. Februar Cathedra Petri. – 1 S. 199. Nicht in 2.

1. Vesper und Komplet (am Vortag) und Prim, Terz, Messe und Sext in der St. Peter-Kapelle.

24./25. Februar Matthias

25. März Annuntiatio. – 1 S. 200–203, 2 S. 109–110.

Bei der Prozession gibt es in der Mitte der Kirche einen Wechselgesang zwischen den knienden Knaben (*pueris flexis genibus*) und dem Chor

1. Juni Simeon. – 1 S. 203 f.

Gaude plebs Treverica per tui Simeonis patrocinia, quae eras diu miseria et flebilis gaude nunc illuminari tanti viri miraculis. Succurre nobis Domine, succurre ut qui iam deficimus viriliter resurgamus. Tanti Gloria Patri et Filio et Spiritui Sancto.

24. Juni Nativitas Johannis Baptistae

26. Juni Johannes und Paulus

29. Juni Petrus und Paulus

30. Juni Commemoratio Pauli

2. Juli Visitatio Mariae und Sonntag in der Oktav. – 1 S. 208–210, 2 S. 214 f. Prozession mit Magnificat

13. Juli Margaretha
15. Juli Divisio apostolorum
22. Juli Maria Magdalena. – 1 S. 212 f.
1. Vesper und Komplet (am Vortag) sowie Prim, Terz, Messe und Sext in der St. Peter-Kapelle mit Gebeten von Magdalena.

26. Juli Anna
3. August Inventio Stephani
6. August Transfiguratio Domini
7. August Maria Aegyptiaca
10. August Laurentius
15. August Assumptio Mariae und Sonntag in der Oktav. – 1 S. 219–221, 2 S. 115 f.
Einfache Prozession (*in medio, intrando chorum*).

18. August Helena
1. Sonntag im September Angelus Custodis (Schutzengel)
8. September Nativitas Mariae. – 1 S. 223–225, 2 S. 117 f.
Einfache Prozession.

14. September Exaltatio Crucis
1. November Omnium Sanctorum. Allerheiligen und Allerseelen. Mit Sonntag in der Oktav von Allerheiligen. – 1 S. 228 f., S. 267–283 (*offitium defunctorum*), 2 S. 118–120 (nur *Omnium Sanctorum*).
Nach der 2. Vesper von Allerheiligen beginnt das *Offitium Defunctorum* mit den *Vesperae Defunctorum*. In Prozession geht man durch den Kreuzgang (*ambitus*) bis in die Nähe der St. Peter-Kapelle, wo die Prozession stehen bleibt. Der Hebdomadar umschreitet den Friedhof und die St. Nikolaus-Kapelle und besprengt (*aspergendo*) die Gräber (*sepulchra*) und das Beinhaus (*ossatorium*). Die Prozession singt währenddessen die Psalmen ‚Miserere', ‚De profundis' und ‚Domine exaudi'. Inzwischen ist der Hebdomadar zurück gekommen und man geht zum Chor (der Stiftskirche). Dort betet man die kleinen Fürbitten (*parvae preces*) und die Kollekte ‚Fidelium'. Dann folgt die Komplet. Am nächsten Tag werden nach Prim, Terz und Sext die *Matutina Defunctorum* gebetet und nach den Laudes die *Missa Animarum* gefeiert. Danach geht man zum *ossatorium* mit einer *Commendatio ut in Breviario*.

11. November Martin
19. November Elisabeth
21. November Praesentatio Mariae. – 1 S. 232–235, 2 S. 120–122. Ohne Besonderheit.

22. November Caecilia
23. November Clemens
25. November Katharina

Commune Sanctorum (*Responsoria de ...*).
1 S. 239–250, 2 S. 131–135.
Es handelt sich um die Kerngebete (Standart-Gebete) für die verschiedenen Gruppen von Heiligen, nämlich
De apostolis – De martyre/Pro uno martyre – De martyribus/Pro pluribus martyribus – De confessore (unterschieden als pontifex oder non pontifex) – De/Pro doctore – De/Pro pluribus confessoribus – Pro virginibus et non virginibus – De pluribus virginibus

Gottesdienste aus besonderen Anlässen

De Dedicatione Templi
1 S. 250–255, 2 S. 122–125 (ohne die historische Vorbemerkung)
Dedicatio ecclesiae Palatiolensis usque ad annum 1706 inclusive semper servata fuit in die octava Epiphaniae, nunc vero servatur dominica prima post Octavam istam. Et per immunitatem circumitur sub responsoriis et sub sequentibus aliis prout hic sunt:
– Benedic Domine domum istam et omnes habitantes in illa ...
– Terribilis est locus iste ...
– Hoc in templo summe Deus ...
– Domus mea domus orationis vocabitur ...
– Haec est domus Domini ...
Auch an der Oktav ist eine Prozession.

Ordo servandi ritum Primitiarum
1 S. 256–258, 2 S. 125f. (etwas verkürzt)
Neben Segnungen und einer Messe ist eine Prozession mit dem Allerheiligsten durch den Umgang (*circuitum*) und Rückkehr durch das äußere Tor (*porta anterior*).

Ordo processionis in Jubilaeo
1 S. 258–266, 2 S. 126–130.
Die liturgische Gestaltung entspricht allgemeinen Vorgaben (mit zur Wahl stehenden Gebeten *tempore tribulationis, tempore belli und pro gratia actione*). Eigengut des Stiftes Pfalzel ist eine Prozession mit dem *Sanctissimum* nach St. Nikolaus und/oder nach St. Martin.

Ergänzungen in 1 (ohne Seitenzählung):
– Hymnus Sanctorum Ambrosii et Augustini („Te Deum laudamus") (4 Seiten). – Missa defunctorum (mit Hymnus zwischen Ostern und Himmelfahrt) (6 und 6 Seiten). – Ergänzung zum Commune Sanctorum:
Capitula für Apostel, einen Märtyrer, mehrere Märtyrer, Bekenner der Bischof ist, Bekenner der nicht Bischof ist (2 Seiten). – Regina Caeli (0,5 Seite). – Antiphon zur Sext (2 Seiten). – Melodien des ‚Ite missa est' zu verschiedenen Tagen (1,5 Seiten). – Gebet zur Memorie des Bekenners und Bischofs Agritius (0,5 Seite). – Am Schluß eingeheftete Doppellage (8 Seiten): Ad sanctum Petrum, Ad sanctum Nicolaum, Ad sanctum Martinum. – Am Schluß kleiner Index.

§ 25. Ablässe

Folgende Ablässe sind überliefert. Eine Interpretation ist hier nicht zu geben. Sie fügen sich ein in das allgemeine Bild des späten Mittelalters, wie es für Köln anschaulich und kritisch-besonnen skizziert ist von Wilhelm Janssen, Bemerkungen zu Ablaßpolitik und Ablaßfrömmigkeit in der spätmittelalterlichen Kölner Erzdiözese (Fs. Heyen = QAbhMittelrheinKG 105. 2003 S. 951–977). Das gilt ähnlich auch für die Verleihungen des 18. Jahrhunderts.

1289

Erzbischof Gerhard von Mainz und weitere 17 Erzbischöfe und Bischöfe erteilen zu Rieti der Stiftskirche Pfalzel – *ecclesia collegiata Palatiolensis in honore beatae Mariae virginis et Agricii est fundata et dedicata* – ein Ablaßprivileg.

StadtA Trier Urk G 8 (mit 18 Siegeln). MrhR 4 S. 378 Nr. 1672. Ohne Tagesdatum. Vgl. dazu ähnliche Ablaßprivilegien, u. a. für das Stift Karden, MrhR 4 S. 373 f. Nr. 1651–1653. Mit Transfixen der Erzbischöfe Boemund von 1289 und Balduin von 1321 (s. unten).

Der Ablaß kann gewonnen werden:
– an Ostern (*Resurectio*), Himmelfahrt, Pfingsten
– an allen Marienfesten,
– an Johann Baptist und Johann Evangelist, Michael, Peter und Paul und allen Apostel-Tagen, an Stephan, Laurentius, Nikolaus, Agritius, Martin, Maternus, Valerius, Eucharius, Maximin, Paulin, Katharina, Margaretha, Agatha, Lucia, Elftausend Jungfrauen, Maria Magdalena, Elisabeth, Allerheiligen, Allerseelen sowie an der Oktav dieser Tage.

Die Gewinnung des Ablasses ist an eine Spende zugunsten der Fabrik des Stiftes gebunden.

Rückvermerk (Adresse): *Ex parte Ludewici can(onici) eccl(esiae) Pal(atiolenis) Trev(irensis) dioc(esis) ad honorem sacratissime virg(inis) Marie et d(omini) nostri Jesu Christi et Katharine virginis et Omnium Sanctorum mittitur ad ecclesiam Palatiolensem.*

Erzbischof Boemund genehmigt mit Transfix vom 25. Juni 1289 die Verleihung *ad preces Ludewici, canonicus ecclesie Palatiolensis.* –

Erzbischof Balduin bestätigt mit Transfix vom 5. Februar 1321.

1333 April 6, Avignon

Zwölf Bischöfe verleihen der Stiftskirche Pfalzel einen Ablaß von je 40 Tagen.

StadtA Trier Urk. G 6. Pergament mit großer gemalter Bild-Initiale. Regest: Sauerland, VatReg 5 S. 522 Nr. 1299 (nach dem Original in Trier).

Der Ablaß kann an folgenden Tagen gewonnen werden:
– an allen Marienfesten,
– an Weihnachten, Circumcisio, Epiphanie, Karfreitag (*Parasceves*), Ostern, Himmelfahrt, Pfingsten, Fronleichnam (*Corpus Christi*)
– an Inventio (3. Mai) und Exaltatio Crucis (14. September),
– an den Festen der hll. Michael (29. September), Geburt (24. Juni) und Enthauptung (29. August) Johannes des Täufers, an Peter und Paul (29. Juni) und an den Gedenktagen aller anderen Apostel und Evangelisten,
– an den Festtagen der hll. Stephan (26. Dezember), Laurentius (10. August), Georg (23. April), Christophorus (25. Juli), am Tag der Zehntausend Märtyrer (22. Juni), an Paulin (31. August), Maximin (29. Mai), Eucharius (8. Dezember), Maternus (13. September), Dionysius (9. Oktober), Maria Magdalena (22. Juli), Katharina (25. November), Margaretha (13. Juli), Lucia (13. Dezember), Agnes (21. Januar), Agatha (5. Februar), Apollonia (9. Februar), Dorothea (6. Februar), Cecilia (22. November), am Tag der Elftausend Jungfrauen (21. Oktober),
– an der Commemoratio Allerheiligen (1. November) und Allerseelen (2. November), am Weihetag der Kirche (15. August) und an den Oktavtagen aller genannten Feste.

Auflagen für die Gewinnung des Ablasses sind:
– die Teilnahme am Gottesdienst und ein Besuch des Friedhofes,
– eine Spende an die Fabrik und/oder an die Kapellen St. Peter und St. Nikolaus (beim Stift) sowie St. Michael archangeli in der Burg
– testamentarische Legate,
– ein Gebet für den Erzbischof, der diese Verleihung genehmigt, und für Philipp *dictus de Erysheim* (oder *Grysheim*), Kanoniker des Stiftes Pfalzel (vgl. § 35).

Mit Transfix vom 4. August 1333 genehmigt (*approbatio*) Erzbischof Balduin die Verleihung.

1461 August 25

Papst Pius II. verleiht einen Ablaß von sieben Jahren und ebenso vielen Quadragenas, der von Gründonnerstag bis zur Vigil von Ostern (*feria quinta maioris ebdomadae usquw ad vigiliam resurrectionis Domini nostri Jesu Christi*) sowie an den Festtagen (*festivitates*) Pfingsten, Assumptio Mariae und Kirchweih (*dedicatio eiusdem ecclesie*) jeweils von der 1. bis zur 2. Vesper unter den üblichen Bedingungen mit einem Besuch der Kirche und einer Spende gewonnen werden kann. Er dient der Reparatur der wegen des Alters reparaturbedürftigen Kirche und zur Erneuerung von Kelchen, Büchern, Paramenten und Ornamenten. Der Rückvermerk nennt nur die Zeiten von Gründonnerstag (*cena Domini*) bis Ostern und Pfingsten, nicht die Aufnahme Mariens und die Kirchweih.
K Best. 157 Nr. 97.

1732 März 11

Papst Clemens XII. verleiht den Besuchern der Stiftskirche an einem vom *ordinarius loci* zu bestimmenden Tag der sieben Marienfeste einen vollkommenen Ablaß (bestimmt wurde das Fest Mariae Himmelfahrt) und an den übrigen sechs Marienfesten einen Ablaß von sieben Jahren.
K Best. 157 Nr. 177.

1746 Januar 26

Papst Benedikt XIV. verleiht den Besuchern der Stiftskirche – beschränkt auf sieben Jahre – einen vollkommenen Ablaß, der am Fest Mariae Himmelfahrt gewonnen werden kann.
K Best. 157 Nr. 180.

vor 1756

Der Scholaster Karl Kaspar von Nalbach empfiehlt, für die von ihm gestiftete Andacht an Assumptio Mariae einen Ablaß zu gewinnen. Vgl. § 24.

6. DER BESITZ

§ 26. Übersicht

1. Historisch-chronologische Übersicht.

Die Besitzungen des Stiftes kann man unterscheiden in:

a) Ausstattungsgüter, d.h. solche Besitzungen, die aus dem Besitz des vormaligen Frauenklosters übernommen wurden. Dazu gehören:

– Kloster, Kirche und Stiftsbering in Pfazel selbst sowie die Grundherrschaft Pfalzel-Eitelsbach mit Randbesitz in Ruwer, Mertesdorf, Kasel und Waldrach, einschießlich der diese Grundherrschaft umfassenden Pfarrei Pfalzel-St. Nikolaus.

– An der Mosel die Hofgüter in Kesten-Minheim, Machern-Wehlen, Ürzig, Enkirch und Spey/Merl.

– In der Eifel Grundherrschaft und Pfarrkirche Ittel, Rechte in Dockendorf-Ingendorf-Messerich-Kaschenbach, ein Hofgut in Ehlenz mit Mühlen in Niderhuysen und Seffern sowie Besitzungen in Rockeskyll-Walsdorf und Stadtfeld.

– Südlich der Mosel im Hunsrück und an der Saar die Grundherrschaften Hinzert mit Kirche, Nonnweiler mit Kirche und Britten.

b) Wohl noch in die Anfangszeit des Stiftes zurückreichend, vielleicht auch noch vom Frauenkloster übernommen, die Grundherrschaft in St. Aldegund mit Besitz in Alf, Bremm und Neef und der Pfarrkirche Alf sowie ein Hof in Cond.

c) Aus späterer Zeit die Pfarrkirche in Cochem (1217) und die Klause in Cochem (1463/70) mit Besitz in Bruttig, Cond, Ehlenz, Ernst, Faid, Hambuch, Sehl und Valwig.

– Als Ersatz für Ehlenz eine Grundrente in Platten.

– Streubesitz und Arrondierungskäufe in der Nachbarschaft von Pfalzel, nämlich in Aach, Biewer, Ehrang, Kordel, Longen, Schweich, Thörnich und Trier.

c) Verluste bzw. Verkäufe und Tausch.

Dazu zählen die oben genannten Besitzungen in Aach, Ehlenz, Hambuch, Minheim und Rockeskyll.

d) Die in späterer Zeit erworbenen Rechte an Kirchen. Dazu zusammenfassend unten in Abschn. 3.

Diese Übersicht zeigt, daß das Stift an Grundbesitz zu der Erstausstattung aus dem Besitz des vormaligen Frauenklosters kaum etwas hinzu erworben hat. Eine nennenswerte Vermehrung der Einkünfte konnte nur durch die Inkorporationen von Kirchen durch die Erzbischöfe erreicht werden, nämlich 1212 Ittel, 1217 Cochem, 1315 Bischofsdhron, 1471 Noviand, 1463/70 Klause Cochem und 1473 Alf (Einzelheiten nachstehend in Abschn. 3). Die Erträge aus diesen Rechten an Kirchen machten den Hauptteil der stiftischen Einkünfte in späterer Zeit aus. Ohne diese Zuwendungen der Erzbischöfe hätte das Stift die wirtschaftliche Umstellung von der Agrarwirtschaft zur Kapitalwirtschaft nicht überstehen können.

Der Grund für dieses Unvermögen des Stiftes, trotz einer zunächst relativ soliden agrarischen Grundausstattung die notwendige Anpassung und Weiterentwicklung der wirtschaftlichen Grundlagen durchzuführen, ist primär darin zu sehen, daß das Stift keine Sondervermögen (Fabrik, Präsenz, Hospital) eingerichtet hatte, die ausreichende Überschüsse hätten erzielen können, um dann durch Rentenkäufe neue Einnahmemöglichkeiten zu erschließen. Nahezu sämtliche Einnahmen wurden vielmehr direkt an die Kapitelsmitglieder verteilt, wobei es wirtschaftlich irrelevant war, ob unmittelbar durch Einzelpfründen (Präbenden) oder mittelbar durch Verteilung über die Kellerei (Einzelheiten dazu in § 27). Anderseits war die Besitzgrundlage zu gering, um ausschließlich auf dieser agrarischen Basis bei den sich ändernden wirtschaftlichen Verhältnissen ausreichende Einkünfte aus Pacht- und Lehngütern der Grundherrschaften zu erhalten.

2. Einkommen-Übersichten

a) 1590–1599

Eine im ganzen Erzstift durchgeführte Erhebung der jährlichen Einkünfte der Jahre 1590–1599 gibt für das Stift Pfalzel folgende Angaben.
Ratio decennalis frumentorum quae inter personas ecclesiae B(eatae) M(ariae) V(irginis) Palatiolensis deservientes divisa sunt. Die Angaben seien aus den Registern ermittelt. Unterzeichnet von Dekan Johann Leonardi. K Bst. 1 C Nr. 11354 S. 255 f.

	Korn (*siligo*) in Malter und Viertel	Hafer (*avena*) in Malter und Viertel	Wein (*vinum*) in Fuder und Ohm	Geld (*ex venditione frumentorum et proventibus*) in fl. und Alb.
1590	64 5	33 5	36 6	118
1591	72 5	60	41	98 13
1592	71	55	13 40	256
1593	67	54	19	144
1594	52 5	49 5	32	280
1595	66	54	36	110
1596	77	57	14 40	239
1577	60 5	47	26	126
1598	63	51 5	25 30	80
1599	67	51	69 30	20

Bei den insbesondere sehr großen Schwankungen der Wein-Erträge ist zu beachten, daß diese durch höhere Geld-Erträge ausgeglichen sind, was gewiß so zu erklären ist, daß die Weine bzw. die Trauben und z.T. auch Getreide-Erträge bei der Ernte vor Ort verkauft wurden. Vielleicht hing das vom „Talent" der Kellner ab. Zum Vergleich mit anderen Stiften und Klöstern vgl. Heyen, Ein Verzeichnis der durchschnittlichen Jahreseinkünfte der Stifte und Klöster des Ober- und Niederstifts Trier für die Jahre 1590 bis 1599 (KurtrierJb 8. 1968 S. 141–152).

b) 1800
Über die jährlichen Einkünfte des Stiftes macht das Kapitel am 25. Juli 1800 (K Best. 276 Nr. 2479) folgende Angaben (in livres):

Einkünfte:

Aus Grundgütern	2508 lv
An Erbbestands- und Grundzinsen	2676 lv
Aus *liegenden* (ausgeliehenen) Kapitalien in Höhe von 16 984 lv	(Zinsen) Höhe nicht angegeben

Dazu sind folgende Erläuterungen angefügt: *Die Grundgüter gehören zum mehresten theil den Stifts Vicariis, so daß ein canonicus in allem nicht mehr bezogen, dann 48 lv 48 c.; es ist vielleicht kein stift in den vier departementen, das so viel verlohrn hat durch aufhebung des zehnden, als das hiesige, dann der gantze praesentz, fabric und die mehreste anniversariae stunden auf zehnden. Der stifts custos muste wachs, wein, wasch besorgen aus bezogenen zehnden, da er eine besondere rente hatte.*

Auf der rechten Rheinseite habe das Stift gar nichts.

Mit den Zinsen sei es so, daß das Stift nicht in der Lage gewesen sei, zu den Kontributionen und Grundsteuern der Orte beizusteuern. Dehalb hätten die Erbbeständer (Erbpächter), namentlich an der Mosel, mit diesem Argument alle Zahlungen verweigert.

Zu den Kapitalien ist angegeben, die meisten seien der Geistlichen und z. T. der Weltlichen „Landschaft" (Landstände) ausgeliehen. Von da habe man seit dem Krieg(sausbruch) nichts mehr bekommen.

Ausgaben:

Zinsen für entliehene Kapitalien in Höhe von 25 952 lv. Das Kapital sei überwiegend aufgenommen worden, um die Bourbottische und andere Kontributionen aufzubringen. Man habe Zinsen nur z. T. bezahlen können.	1292 lv
Grundsteuer	1287 lv
Abgaben. Namentlich schuldet das Stift dem Kustos 1582 lv für Wachs und Wein, die dieser aus eigenen Mitteln bereitgestellt habe; er habe dafür früher Zehnt-Einnahmen gehabt, die nun nicht mehr zur Verfügung stünden	2230 lv
Gebäudeunterhalt	646 lv

c) 1802

Für das Jahr 1802 ist nachstehende Übersicht über die Einkünfte des Stiftes – wieder ohne die nicht mehr verfügbaren früheren Zehnteinnahmen – überliefert (K Best. 276 Nr. 2681; abgerundet auf volle fl. bzw. fr.):

Kapitalgut			
– aus Liegenschaften	1 605 fl.	=	5 192 fr.
– aus Kapitalzinsen	238 fl.	=	765 fr.
19 515 fr. zu durchschnittlich 4%			
Präsenzgut			
– aus Liegenschaften	243 fl.	=	785 fr.
Häuser und Pfründengüter (Allode)			
– der Kanoniker	988 fl.	=	3 270 fr.
– der Vikare	658 fl.	=	2 126 fr.
Summe	3 732 fl.	=	12 138 fr.

Abzüglich Ausgaben:				
– Kontributionen	150 fl.			
– Zinsen	249 fl.			
– Entgelt für den Kellner	50 fl.			
– Hostien	3 fl.			
– Pfarrergehalt St. Nikolaus	50 fl.			
– Sakristan	80 fl.	582 fl.	=	1 883 fr.
Zur Verteilung		3 150 fl.	=	10 255 fr.

Das Einkommen eines Kanonikers betrug daraus
- aus Kapitelsgut   190 fl. =   614 fr.
- aus Präsenzgut   22 fl. =   71 fr.
- aus Haus und Allod durchschnittlich
  (maximal 160 fl., minimal 70 fl.)   123 fl. =   408 fr.
                              Summe   335 fl. =   1093 fr.

Das Einkommen eines Vikars betrug daraus
- aus Kapitelsgut   12 fl. =   41 fr.
- aus Präsenzgut   22 fl. =   71 fr.
- aus Haus und Allod durchschnittlich   216 fl. =   708 fr.
                              Summe   250 fl. =   820 fr.

Am 13. August 1802 (K Best. 276 Nr. 2559) wurde auch festgestellt, welche Rechnungen und Aufzeichnungen über Liegenschaften und Zins-Einkünfte vorhanden waren. Dabei befindet sich eine recht lange Liste über Schuldverschreibungen und Zinsen.

Zu den Häusern gibt der Pfarrer von St. Nikolaus zu Protokoll, daß das von ihm bewohnte Haus früher der Lanser-Vikarie gehörte und deshalb nun versteigert werden solle. Dagegen erhebt er als Pfarrer Einspruch (weil Pfarreigut von Versteigerungen ausgenommen war).

In einer Aufzeichnung der von einigen Kanonikern selbst bewirtschafteten Güter (K Best. 276 Nr. 2559) werden solche der Kanoniker Schilli, Kirn, Schimper und Hoffmann sowie der Vikare Lichter und Flesch und die Pfarrei-Güter in Pfalzel genannt. In Eitelsbach habe der Dekan Kaysersfeld 1423 Stock Weinberge in Bewirtschaftung, die Kanoniker Schimper 3672, Schilli 2373 und Kirn 2373 Stock.

3. Besitzstruktur an Kirchenrechten und Zehnten

Der vergleichsweise zwar nicht sehr umfangreiche Besitz an Pfarrkirchen bedeutete für das Stift Pfalzel dennoch die entscheidende Sicherung der wirtschaftlichen Basis, weil der damit verbundene Zehnt bzw. Zehntanteil eine, wenn auch von der Ernte abhängige, aber letztlich doch (bis zur Aufhebung der Zehnten 1795) relativ konstante Einnahme sicherte. Über die Grundherrschaften war eine theoretisch zwar gegebene ähnliche Kontinuität nicht gesichert, weil hier sowohl bei den vererbbaren, wie auch bei den zeitlich befristeten Verpachtungen bzw. Verlehnungen zunehmend geringere Abgaben – später nicht mehr als Ertragsanteil-Pacht, sondern als aushandelbares Fixum – erzielt werden konnten. Beim Stift Pfalzel kam hinzu, daß es am Rentenmarkt kaum beteiligt war (vgl. dazu oben Abschn. 1).

In der historischen Entwicklung sind beim Kirchenbesitz zu unterscheiden:

a) Grundherrliche Eigenkirchen, die nachweisbar oder sehr wahrscheinlich noch in die vorstiftische Zeit des Frauenklosters zurückreichen und zumindest in einigen Fällen auch als Teilnahme am Siedlungsausbau entstanden sind. Dazu gehören
- Pfalzel-St. Nikolaus als Stifts-Pfarrkirche der Grundherrschaft Pfalzel-Eitelsbach,
- Alf mit St. Aldegund an der Mosel,
- Ittel nördlich von Trier, wahrscheinlich alte Villikation mit Grund- und Zehntrechten in einem ursprünglich weiteren Bering,
- Hinzert und Nonnweiler im Hunsrück südlich von Trier als kleine Hofsiedlungen.

b) Übertragung von Rechten an Pfarrkirchen an das Stift durch die Erzbischöfe von Trier, offensichtlich mit dem Ziel einer Aufbesserung der wirtschaftlichen Ausstattung des Stiftes. Es sind dies in zeitlicher Folge (Nachweise in § 29 bei den genannten Kirchen):
- 1212 überträgt Erzbischof Johann dem Kapitel wegen der *tenuitas stipendiorum canonicorum ... in subsidium alimonie* die *cura pastoralis* der Kirche zu Ittel. Die Besoldung des Vikars wird genau bestimmt; dem Kapitel bleibt wohl der größere Teil des „Pfarrer-Anteils" (vermutlich ein Drittel).
- 1217 überträgt Erzbischof Theoderich dem Stift die Kirche zu Cochem mit der Auflage, daß diese einem Kanoniker des Stiftes mit Verpflichtung zur Residenz in Cochem zu übertragen sei. Der gesamte Zehnt – abzüglich der Kompetenz des Pfarrer-Kanonikers und eines Karats Wein für den Dekan – wurde dem Propsteigut hinzugefügt und kam erst 1379 mit der Aufhebung der Propstei an die Präsenz. Praktisch wurde mit dieser Maßnahme ein Kanonikat des Stifts Pfalzel nach Cochem „übertragen" und damit dessen bisherige Pfalzeler Ausstattung (Pfründen- und Präsenzeinkünfte) zur Verbesserung der verbleibenden Kanonikate genutzt. Das Kanonikat als solches wurde nicht aufgehoben, eines der Mitglieder des Kapitels erhielt vielmehr seinen „Amtssitz" in Cochem. Diese Konstruktion hatte Bestand bis zur Aufhebung des Stiftes 1802.
- 1315 übertrug Erzbischof Balduin dem Stift zur Verbeserung der Pfründen die *cura pastoralis* mit einem Drittel der Zehnten der großen Pfarrei Bischofsdhron. Die Kompetenz des vom Stift eingesetzten Vikars/Plebans und eines Kaplans (*coadiutor*) wurde festgesetzt. Zwei Drittel des Zehnten blieben dem Erzbischof.
- 1471 inkorporierte Erzbischof Johann II. dem Stift die kleine Pfarrei Noviand. Das Stift erhielt ein Drittel (später die Hälfte) des Zehnten abzüg-

lich der Kompetenz des Vikars; die übrigen zwei Drittel blieben dem Erzbischof.
— 1471 war zwischen Erzbischof Johann II. und dem Stift Pfalzel vereinbart worden, dem Stift neben Noviand auch die einträgliche Pfarrei Bernkastel zu inkorporieren. Dafür sollte das Kapitel auf das ihm zustehende Nominationsrecht an den in geraden Monaten frei werdenden Kanonikaten zugunsten des Erzbischofs verzichten. Der Vertrag kam nicht zustande. Vgl. § 29 bei Noviand.

c) Historisch bemerkenswert, wenn auch nicht ungewöhnlich, ist das seit dem 15. Jahrhundert erkennbare Bestreben von Filialgemeinden, nicht nur eigene Kapellen mit wenigen, für bestimmte Tage gestifteten Gottesdiensten zu erhalten, sondern auch regelmäßige Werktags- und Sonntags-Gottesdienste durch dazu zusätzlich verpflichtete Vikare. Das ist primär wohl in der Bevölkerungszunahme begründet, ist aber auch ein Zeichen einerseits für eine Minderung des Pfarrei-Bewußtseins (und eines daraus resultierenden Verständnisses für den Pfarr-Zwang) und anderseits einer wachsenden Identität der Filialgemeinden. Auch ein vermehrtes Bedürfnis zur persönlichen Teilnahme an Gottesdiensten, auch mit und in der eigenen Gemeinde, mag als Motiv von Bedeutung gewesen sein. Genannt seien in chronologischer Folge:
— 1371 und 1597. Pfarrei Bischofsdhron, Pfarrer und Kaplan (*coadiutor*). 1371 wird bestimmt, daß der 2. Sonntags-Gottesdienst, der bisher ebenfalls in der Pfarrkirche stattfand, abwechselnd in den Filialen Gonzerath (ca 6 km), Heinzerath (ca 5 km) und Morbach (ca 3 km) zu halten sei. 1597 werden weitere Sonderreglungen für die Filialgemeinden Hinzerath (ca 4 km), Hundheim (ca 2,5 km), Rapperath (ca 4,5 km) und Heinzerath (s. o.) verfügt. Zu Rapperath vgl. auch zu 1628.
— 1430/45. St. Aldegund, Pfarrei Alf. Ein zusätzlicher Kaplan der Pfarrkirche soll regelmäßig eine Messe an allen Sonn- und Feiertagen in der Filiale St. Aldegund halten; für die Fronleichnamsprozession wird eine Sonderreglung bestimmt. Hier ist zu beachten, daß in St. Aldegund der Haupthof der stiftischen Grundherrschaft war und somit wohl ohnehin eine gewisse Rivalität zwischen beiden Orten bestand.
— 1471. Faid, Pfarrei Cochem. Neben der schon bisher vom Pfarrer in Faid gehaltenen Wochenmesse und dem Begräbnisrecht der Gemeinde wird die Stiftung einer Sonntags-Frühmesse gestattet. Die Gemeinde Faid bleibt aufgefordert, trotzdem an Hochfesten und an den Sonntagen zur Messe und zur Verkündigung (wohl die spätere „Christenlehre") nach Cochem zu kommen.
— 1493. Sehl, Pfarrei Cochem. Die Gemeinde erhält die Genehmigung zum Bau einer Kapelle mit einer Wochenmesse. Zu beachten ist, daß diese Kapelle ca 1,5 km von der Pfarrkirche entfernt ist (Sehl ist seit 1932 Stadtteil von

Cochem), hier also die meist angeführte „Belastung" eines weiten Fußweges nicht als Grund für den Bau der Kapelle gegolten haben kann, sondern eher das Selbstbewußtsein der kleinen Gemeinde, wenn nicht ein religiöses Motiv.
– 1628. Rapperath, Pfarrei Bischofsdhron. Die Gemeinde erhält einen eigenen Sonntags-Gottesdienst wegen der zu weiten Entfernung (ca 4,5 km) zum Pfarrort.

Hingewiesen sei noch auf Kaschenbach, Messerich, Sehl und Wehlen, wo das Stift Anteile an Zehntrechten hatte, die auf ältere Rechte hinweisen könnten. Vgl. § 28.

4. Zur Einziehung der Abgaben und Erträge

Die Erträge aus den verschiedenen Gütern an der Mosel wurden jährlich im Herbst in einer in der Mitte des 16. Jahrhunderts genau durchorganisierten Fahrt zu Schiff nach Cochem und zurück eingesammelt. Die Leitung hatte der Kellner. Er wurde von einem oder zwei weiteren Kanonikern begleitet, die „Herbstherren" hießen (solche z. B. genannt 1620 in K Best. 157 Nr. 339). Besucht wurden auf dieser Fahrt die Höfe in Wehlen (Übernachtung), Enkirch, Spey, St. Aldegund, Alf, Cochem und Cond, wobei auch die Hofleute zusammengerufen und u. U. auch das grundherrschaftliche Jahrgeding gehalten wurde (vgl. z. B. Kopiar StadtA Bl. 18 f.). Der Wein wurde, wie auch in anderen Stiften, in natura nach Pfalzel gebracht und dort verlost (so noch 1780 die Erträge aus Eitelsbach, Enkirch und Cochem). Gelegentlich entschloß man sich auch, zur Ersparung der Transportkosten den Most an Ort und Stelle zu verkaufen oder bei Hofpächtern einzulagern (Beispiel in KP).

Die Rechnungslegung von Kellner, Fabrikmeister und Präsenzmeister über ihre Wirtschaftsführung sollte zwischen Vitus und Modestus (15. Juni) und Assumptio (15. August) erfolgen und innerhalb eines Monats geprüft werden (Statuten des Stifts von 1480). – In den allgemeinen Statuten von 1595 ist bestimmt, daß die Rechnungslegung 14 Tage vor Johann Baptist (24. Juni) erfolgen solle. Jede Vermögensart solle einen eigenen Receptor haben und alle drei Jahre sei eine Inventur der Höfe und Güter vorzunehmen. Diese Bestimmungen sind in Pfalzel offenbar nicht beachtet worden.

§ 27. Gliederung der Besitzungen, Rechte und Einkünfte in Einzeltitel. Vermögens- und Finanzverwaltung

A. Sondervermögen

- von Propst, Dekan, Scholaster, Kustos und Kantor vgl. § 12
- von Vikaren vgl. § 15.

B. Pfründen und Präsenzen

1. Die Einzelpfründe (*praebenda*)

Der Besitz des Stiftes Pfalzel war vor 1386 aufgeteilt in die sogenannten Pfründen (*praebendae*) aus Grundherrschaften, Kirchenrechten, Grundgütern und Besitzungen und den daraus zustehenden oder erbrachten jährlichen Einkünften. Sie wurden – und das ist das entscheidende Motiv ihrer Einrichtung – vom jeweiligen Pfründenbesitzer (oder in dessen Auftrag) verwaltet. Eine „zentrale" Verwaltung der Rechte und Besitzungen gab es also nicht (und war auch nicht nötig). Vereinzelt werden diese *praebendae* als *pensiones* bezeichnet (z. B. 1271 in K Best. 157 Nr. 15).

Voraussetzung für diese Einrichtung der Präbenden war der Verzicht oder die Abschaffung einer hinsichtlich des materiellen Unterhaltes gemeinsamen Lebensführung als Teil der umfassenden, namentlich Gebet, Gottesdienst und geistig-religiöse Lebenshaltung einschließenden *vita communis*. Wahrscheinlich hat es diese „materielle" Gemeinsamkeit in dem vergleichsweise spät gegründeten St. Marien-Stift in Pfalzel nie gegeben. Ob es sie in der Endzeit des Frauenkonventes gab, bleibt eine offene Frage.

Die „Selbstverwaltung" der Einzelpfründe (mit eigenem Personal) entsprach der Agrar-Struktur dieser Epoche, die von relativ gleichbleibenden Produktionsmethoden und Erträgen ausgehen konnte. Mit dem Übergang zu Markt- und Geldwirtschaft wurden flexiblere Arbeits- und Verwaltungs-Mechanismen erforderlich, die aber nicht von jedem geleistet werden konnten. Das führte bei den hier in Rede stehenden Einzelpfründen (aber nicht nur dort) bald zu sehr unterschiedlichen „Erträgen" und damit zu einer Ab- oder Aufwertung der einzelnen Pfründe und zwangsläufig auch zu Verdruß und Streit zwischen den jeweiligen Inhabern der ja letztlich zufällig (nämlich nach Todesfall des Vorgängers) zugewiesenen Pfründe.

In manchen Stiften hat man versucht, dieser Entwicklung durch Umverteilungen entgegen zu steuern, indem man Teile von Einkünften (z. B. Zehntanteile) von einer Präbende einer anderen zuwies. Letztendlich blieb aber nur die Aufgabe dieses Systems der „Selbstverwaltung", indem man die Rechte und Besitzungen aller Präbenden zusammenführte, sie zentral verwaltete und die Einkünfte jährlich an die (vormaligen) Berechtigten zu gleichen Teilen ausgab. Für Verwaltungskosten, Sicherheits-Rücklagen (z.B. für Mißernten) und zur Kapitalbildung (mit deren Zinserträgen) wurden Teile der Einkünfte bereitgestellt. Diese neu geschaffene zentrale Vermögensverwaltungs-Position der früheren Präbenden wurde meist als Kellerei, ihr Verwalter als Kellner bezeichnet.

Der Übergang von der Einzelpfründe zur zentral verwalteten Pfründe erfolgte in den einzelnen Stiften zu sehr unterschiedlichen Zeiten. Im Stift Pfalzel wurde die Präbende vergleichsweise früh durch das Statut von 1386 aufgehoben.

Das System der mit bestimmten Einkünften (und nicht aus Gesamterträgen) ausgestatteten Präbenden ist letztlich Voraussetzung für die mit der Inkorporation der Pfarrei Cochem 1217 durch den Erzbischof verfügte Regelung, daß das Amt des Pfarrers von Cochem von einem in Cochem zur Residenz verpflichteten Kanoniker des Stiftes Pfalzel auszuüben sei, der damit umgekehrt seine Rechte als Kapitularkanoniker in Pfalzel weitgehend verlor (vgl. § 29 zu Cochem). Das Stift Pfalzel wurde damit praktisch von der Ausstattung eines Kanonikates entlastet und konnte die anderen Präbenden nun materiell aufbessern. Anderseits ging damit ein Kanonikat im Kapitel vor Ort verloren. Es fragt sich, ob für dieses „Modell Cochem" von 1217 Verhältnisse der sogenannten „Seelsorge-Stifte" (wie z.B. St. Kastor in Karden oder Münstermaifeld mit einer großen Zahl „inkorporierter" Pfarreien) als Vorbild dienten. Jedenfalls war dieses Modell Cochem auch eine Möglichkeit, die Einzelpfründen durch die „Auslagerung" eines Kanonikates aufzubessern, die aber in Pfalzel nicht weiter verfolgt worden ist. Zur Pfarrei Alf vgl. § 29.

2. Das Kapitelsgut. Die Kellerei

In der Übergangszeit auch benannt *als bona capitularia, mensa capituli, corpus grossum*.

Mit Urkunde vom 20. September 1386 verfügte Erzbischof Kuno die Zusammenlegung der Einkünfte und Erträge (*redditus, proventes, possesiones*) der bisherigen Einzelpfründen in eine zentrale Einnahmestelle, aus der künftig die Kanoniker zu gleichen Teilen zu besolden seien (StadtA Trier Urk. H 12; Abschrift in K Best. 1 C Nr. 5 Stück 579; Goerz, RegEb S. 119 mit falschem Datum 11. September). Die Urkunde bestimmt, daß die Kanoniker die *pensiones*, die sie derzeit in Besitz haben, auf Lebzeit behalten können, daß diese aber nach ihrem Tod an das Kapitel fallen und die Einkünfte künftig vom Kapitel an die residierenden Kapitularkanoniker verteilt werden sollen. Die nichtresidierenden (*absentes*) Kanoniker behalten lediglich die Einkünfte der Präbenden (womit hier offenbar die Allode und vielleicht die Kurien gemeint sind). Die Bedeutung dieser Verordnung wird auch darin deutlich, daß der Erzbischof ausdrücklich alle bisherigen, dieser Bestimmung entgegenstehenden Statuten annulliert, die Kanoniker von ihren diesbezüglichen Statuten-Eiden entbindet und kirchliche Strafen für den Fall der Nichtbefolgung androht.

Mit dieser Aufhebung bzw. Zusammenlegung der Rechte und Einkünfte der Einzelpfründen 1386 wurde das nun zentral verwaltete Kapitelsgut geschaffen, dessen Erträge die Grundausstattung der Mitglieder des Kapitels – mit Ausnahme des Propstes, der die Einkünfte des schon früher ausgesonderten Propsteigutes bezog – waren. Die Zahl der Kanonikate (einschließlich des Dekans) betrug zehn. Die jährlich zu verteilenden Erträge der *bona capitularia* wurden aber nicht in zehn, sondern in 13 gleiche Teile aufgeteilt (Beschreibung z.B. in Kopiar StadtA Bl. 9 und 61 sowie Kopiar PfarrA Bl. 13), nämlich

– je ein Teil für die zehn Inhaber der Kanonikate, sofern sie (nach Ablauf der Karenzjahre) als *canonici capitulares* aufgenommen waren,

– je ein zusätzliches Teil für den Dekan und den Scholaster als Amtsausstattung, und

– ein Teil als sogenannte *praebenda presbyterorum*, deren Ertrag an die Kanoniker und Vikare verteilt wurde, die am Hochaltar Dienst taten (wohl nicht nur an den Zelebranten, sondern auch an dessen Assistenten bzw. Ko-Zelebranten). Dekan und Scholaster waren hier gleich behandelt, erhielten also keinen doppelten Anteil. Wenn ein Kanoniker für seine Zelebrationsverpflichtung einen Vertreter bestellte, erhielt er seinen Anteil und hatte den Vertreter zu besolden. Zelebrations-Beauftragte für nicht besetzte Kanonikate – das waren insbesondere die der Extrakapitulare – hatten unmittelbar Anteil an dieser Priesterpräbende.

Hinsichtlich der normalen $^1/_{10}$-Anteile war ferner zu berücksichtigen:

– Die Erträge der Extrakapitulare erhielten die für diese sogenannten Karenzjahre bestimmten Einrichtungen, nämlich die Erben des Vorbesitzers und die Fabrik (vgl. in § 11 bei Karenzjahre).

– Die Erträge eventuell nicht besetzter Kanonikate wurden an die übrigen Kapitularkanoniker verteilt.

– Die erzbischöflichen Kapläne (vgl. § 13) galten grundsätzlich als *canonici residentes* und erhielten vollen Anteil.

– Zur Stärkung der Residenz gab es wiederholt Bemühungen, die Berechtigung an diesen Einkünften auf *canonici capitulares residentes* zu beschränken und nur an diese zu verteilen. Zur Regel wurde das aber nur bei Dekan, Scholaster, Kustos und Kantor.

1473/74 erfolgte die Inkorporation der Pfarrei Alf, weil die Einnahmen der *mensa capitularia* zur Ausstattung der *capitulares residentes* nicht ausreichten; diese zusätzlichen Einkünfte durften aber nur an die *residentes* gegeben werden (K Best. 157 Nr. 108 und 109).

Zu den *bona capitularia* gehörten im 16. Jahrhundert
– ein Drittel der Zehnten zu Cochem (²/₃ weniger ein Karat Wein für den Dekan gehörten zum Propsteigut und kamen 1379 zur Präsenz),
– die Güter der Klause Cochem,
– ein Drittel der Zehnten und das Altargut in St. Aldegund,
– die Einkünfte aus der Pfarrei Bischofsdhron (das sind ⅓ Zehnt abzüglich der Kompetenz für den Pfarrer bzw. Vikar),
– die Einkünfte aus Mehring (?).

3. Kurien und Allode

Wahrscheinlich sind die bis zum Ende des Stiftes bestehenden Wohnhäuser (mit Hofgebäuden) und die in Eigenwirtschaft als Gemüse- und Obstgärten genutzten (und erst spät z. T. auch verpachteten) Ländereien, die sogenannten Allode, der Ansatz zur Einrichtung der Präbenden als Einzelpfründen und blieben nach der Aufhebung dieser Einzelpfründen 1386 als solche auch in ihrer Unterschiedlichkeit erhalten.

a) Kurien (Kanonikatshäuser)

Im Stift Pfalzel wird eine *curia claustralis* urkundlich zuerst 1341 erwähnt (K Best. 157 Nr. 44; Tausch gegen das Finkenhaus mit Erzbischof Balduin), doch ist die Einrichtung gewiß älter. Die Häuser waren – wie bei den Stiften üblich – Eigentum des Kapitels und wurden ursprünglich meistbietend versteigert. Der Inhaber hatte eine beschränkte Baulast zu tragen, die – auch dies ist kein Sonderfall – vielfach vernachlässigt wurde, was zu Auseinandersetzungen mit den Erben und Sonderausgaben des Kapitels führte (z. B. 1528 K Best. 157 Nr. 131). Jährliche Visitationen wurden in den Statuten von 1480 und 1595 angeordnet.

Die Statuten von 1463 reservieren die Kurien den residierenden Kanonikern. Der Kaufpreis fällt an die Fabrik mit Ausnahme von je einem fl. für jeden Kanoniker (Dekan und Scholaster doppelt). Nach dem Tod des Kurien-Inhabers behalten die Erben bzw. Nachlaßverwalter ein Nutzungsrecht für drei Monate. Wer ein Jahr lang die Residenz nicht ausübt und auch nicht die Absicht hat, sie wieder aufzunehmen, ist verpflichtet, das Haus einem anderen *residens* zu verpachten. Das Statut von 1595 ordnete an, die Preise der Kurien (einmalig) festzusetzen und sie künftig bei Freiwerden den Kanonikern in der Senioritätsfolge

B 3. Kurien und Allode 249

zum Erwerb anzubieten. Es wird ausdrücklich gesagt, diese Bestimmung sei aufgenommen worden, um Streitigkeiten bei der Steigerung zu vermeiden. Hierzu gibt der Dekan Johann Zandt 1626 (Mischbd StadtBi Bl. 54) unter Berufung auf ältere Urkunden einen Kommentar: er berichtet, daß der Kanoniker Michael Heymann am 30. April 1579 das Haus zum Windelstein für 171 Taler erworben habe, obwohl 100 fl. ein angemessener Preis gewesen seien. Das habe zu Zwistigkeiten geführt, woraufhin man 1595 im Kapitel beschlossen habe, Richtpreise festzusetzen, nämlich „Zum Windelstein" 100 Goldfl., „bei der Scholasterie" und *e regione scholae contigua templo* je 100 Rt., „am Kreuzgang" 150 Rt., *ad turrim, ad aulam* und „neben der Mühle des Erzbischofs" je 100 fl. *rotatis*. Demnach hätten die Statuten die oben angeführte Neuerung lediglich bestätigt.

Angaben zu den Kurien und Nebengebäuden als solchen vgl. § 3 Abschn. A 5.

b) Die Allode

Zu jeder Kanonikerpfründe gehörten sogenannte Allode, in Eigenwirtschaft genutzte Ländereien in Pfalzel (einige auch in der angrenzenden Gemarkung von Ehrang) und in Eitelsbach (vgl. § 11 Abschn. A 3b). Es handelt sich um größere Äcker, Baumgärten (Obst) und Kastanien-Wäldchen („Kästen"), seltener um (Gemüse-) Gärten, in Eitelsbach auch um Weinberge.

Ein Verzeichnis dieser Allode (*Allodia dominorum capitularium ecclesie BMV Palatiolensis / Uffzeychnungh aller prebend felt ... sampt den vicarien auch altaren*) von 1550 bzw. in einer Abschrift des Kanonikers Christoph Gritzer von 1567 (Kopiar PfarrA Bl. 19–21, Mischbd StadtBi Bl. 10–13) nennt diese Ländereien. Sie liegen in der Oberen, der Mittleren und der Unteren Flur (letztere an der Mosel) und haben sehr unterschiedliche Größen (überwiegend ein Morgen, die der Vikare sind größer). Genannt sind die Allode der Dechanei und der Scholasterie, sodann die der elf Kanonikate (darunter auch die *campi Cochemiensis*) sowie die der sechs Vikarien bzw. Altäre. Die Auflistung nennt nur wenige Flurnamen und Angrenzer. Die Abschrift Gritzers nennt am Rand die Namen der jeweiligen Inhaber bis zur Aufhebung des Stiftes; diese sind hier in Abschn. 7, Vorbemerkung, als „Pfründenverzeichnis" (PV) veröffentlicht.

Diese Allode wurden 1802/03 versteigert.

In der nachstehenden Liste (zusammengestellt aus Schieder, Säkularisation) ist unterschieden zwischen dem Allod-Eigentum (bei der Versteigerung ist das die „Provenienz", die dem Nachweis „Stift Pfalzel" zugefügt ist) und dem aktuellen Pächter. Das zeigt, daß zu dieser Zeit viele Stücke nicht mehr von den Kanonikern selbst bewirtschaftet wurden, sondern verpachtet waren. Die Käufer sind hier nicht genannt.

§ 27. Gliederung der Besitzungen, Rechte und Einkünfte in Einzeltitel

Objekt Größenangabe in Hektar und Ar	„Provenienz" = Allod des	Pächter	Schätz- preis	Kauf- preis	Nr. der Edition unv = nichtverkauft	
Pfalzel:						
Garten 0,05	–	Hermann	80	(800)	5822	unv
			80	85	5832	
Acker 2,32 Kastanien-Wäldchen	Vikar Willwersch	Steinbach u. a.	1000 526	– 545	5824 5863	umv
Baumgarten 0,04 Acker 1,48	Kanoniker Weber	Hemmer	1000	1050	5826	
Baumgarten 0,05	Kanoniker Hahn	Lieser	33	55	5833	
Acker 1,10	Kanoniker Hofmann	selbst	495	1100	5834	
Baumgarten 0,05	Kanoniker Hofmann	selbst	33	50	5835	
Acker 1,70	Kanoniker Hofmann	Lieser	660	1275	5836	
Garten 0,06 ummauert	[1]	Lichter	66 66	(380) 265	5837 5845	
Acker 6,42 mehrere Parzellen	Kanoniker Lichter	selbst	3564	5400	5838	
Baumgarten 0,04 Acker 1,04	Kanoniker Linz	Zingen	462	1325	5841	
Baumgarten 0,04 Acker 1,10	Kanoniker Pfeifer	Hermann	605	1300	5842	
Acker 4,74	Vikar Willwersch	Besselich	4820 2400	– 4000	5843 5864	unv
Acker 1,79	Vikar Willwersch	Jung	1456	1650	5844	
Garten 0,03 Wald 2,55 Acker Kastanien-Wäldchen	der Glöckner	Zeyen	656 656	(1950)	5846 5858	unv unv
Baumgarten 0,06 Acker 1,05	–	Wirtz	720 720	(1225) 815	5847 5859	unv
Baumgarten 0,10 Acker 1,65	Kanoniker Schimper	selbst	1520	2725	5848	
Land 3,27 Wildland 0,27 Weinberg, Wiese Wildland 0,31 in Eitelsbach	Kanoniker Kaisersfeld	Eichorn	2960	4052	5851	[2]
Acker 1,53	Kanoniker Kirn	selbst	1568	1775	5852	[3]
Baumgarten 0,04	Kanoniker Kirn	selbst	80	120	585	
Land 2,74	Vikar Willwersch	Kirsch	1616	1925	5854	
Acker 0,07	–	–	20	35	5867	[4]
Güter	–	–	–	10600	5872	[5]

Objekt Größenangabe in Hektar und Ar	„Provenienz" = Allod des	Pächter	Schätz-preis	Kauf-preis	Nr. der Edition unv = nichtverkauft	
Eitelsbach:						
Wildland 1,66	Vikar Willwersch	Goergen	300	310	5727	
Land 3,89	–	Eichhorn	4015	–	5728	unv
Wildland 3,18			5840		5740	unv
Wiese 2,89			4015	4045	5742	
Kelterhaus Baumgarten 0,35	–	B	250	555	5729	
Wildland 28,28	–	Trierweiler	971	1625	5730	
Wildland 0,15 Wiese 0,03 Weinberg 0,32 (z. T. Pfalzel)	Kanoniker Schimper	selbst	160	650	5731	
Weinberg 0,06 Wiese 0,01	Kanoniker Hahn	Lieser	80	150	5732	
Wildland 0,14 Weinberg 0,44 Wiese	Kanoniker Schilli	selbst	400 275	–	5733 5744	unv unv
Wildland 0,27 Weinberg 0,23 + 0,08, Wiese Land 3,27 in Pfalzel	Kanoniker Kaisersfeld	Eichhorn	400	548	5736	
Wildland 8,13	–	–	580 580 300	(585) – –	5737 5741 5745	unv unv unv
Wildland 7,97	–	Eichhorn	160	800	5746	6)
Weinberg 0,07 Wiese, Wildland	Kanoniker Kirn	selbst	80	–	5738	unv
Wildland 0,29	Kanoniker Linz	Zingen	80	85	5739	
Wildland 8,13	–	–	580	–	5741	

Hinweis: Die Edition der Versteigerungen nennt natürlich auch andere Güter, die aber nicht zu den Alloden gehören. Vgl. dazu die Nachweise in § 9.

---

[1]) Käufer ist der Kanoniker Schilli (un prêtre).
[2]) Käufer einer Parzelle ist der Vikar Th. Lichter.
[3]) wie Anm. 2.
[4]) Zur Tilgungskasse am 24. Februar 1809.
[5]) Verweis zu 587–40/15/18 ohne Datum.
[6]) Zur Tilgungskasse.

4. Residenzgelder

Sprachlich und inhaltlich zu unterscheiden ist von der Präsenz (bei Gottesdiensten) die Residenz am Ort. Sie ist namentlich im späten Mittelalter wegen der auswuchernden Kumulierungen von Pfründen, durch die eine Residenz wenigstens der Mehrzahl der Kapitelsmitglieder und damit die Voraussetzung für einen geordneten gemeinsamen Gottesdienst prakisch unmöglich geworden war, das Hauptanliegen der Reformbemühungen. Der Anlaß für diese zahlreichen Kumulierungen war gewiß der im allgemeinen Umbruch des Wirtschaftssystems begründete Verfall des Marktwertes der Pfründeneinkünfte, den der einzelne Pfründeninhaber durch Zusammenlegungen auszugleichen versuchte. In den daraufhin überall einsetzenden Reformen hat man deshalb vielfach – wo es eben anging – die Zahl der Pfründen reduziert und damit die Einkünfte der verbleibenden Pfründen aufgebessert. Im Stift Pfalzel hat man diesen Weg offenbar zu vermeiden versucht, vermutlich um die ohnehin kleine Zahl der Pfründen nicht noch weiter einzuschränken. Ein – im Vergleich zu anderen Stiften recht interessanter – Versuch war die Bindung eines Pfalzeler Kanonikates mit der Funktion eines residierenden Pfarrers in Cochem (vgl. § 29), doch war dies letztlich auch eine Reduzierung der in Pfalzel anwesenden Kanoniker, wenn auch formal eine (Ein-)Bindung bestehen blieb. Dabei muß man jedoch auch beachten, daß in dieser Zeit des 14. und 15. Jahrhunderts wegen der unmittelbaren Nachbarschaft des Stiftes Pfalzel zur (Neben-)Residenz der Erzbischöfe von Trier und einer darin begründeten verstärkten Einbindung in Dienste des Erzbischofs eine Verkleinerung des Kapitels gewiß unerwünscht war. Wohl deshalb hat man sich in Pfalzel mehr um eine Verbesserung der Einkünfte der Präbenden durch die Bereitstellung zusätzlicher Einnahmen bemüht, und diese dann ausdrücklich nur den auch residierenden Kapitularkanonikern zugewiesen. An diesen nur den *canonici residentes* vorbehaltenen Einkünften – namentlich die Zehnteinkünfte aus Bischofsdhron und Noviand, die Einkünfte der 1379/91 aufgehobenen Propstei und schließlich auch die der 1463 inkorporierten Klause Cochem – hatten im Unterschied zu den „Präsenzgeldern" die Vikare und Altaristen deshalb auch keinen Anteil. Sie sind insoweit auch eher den Einkünften aus Kapitelsgut zuzurechnen.

Mit der seit dem 17. Jahrhundert ohnehin wieder zunehmenden Wahrnehmung der Residenz wurde diese „Residenz-Zulage" als solche entbehrlich. In der Reform von 1623 (vgl. § 10) wurden deshalb die hier (gewiß nicht zutreffend) als Einkünfte der *praepositura* bezeichneten Residenzgelder den Einkünften der Gottesdienst-Präsenz (*praesentia communis*) hinzugefügt und damit künftig bei den *distributiones cottidianas* und nicht mehr im *corpus grossum* verteilt.

5. Präsenzgelder

Präsenzgelder sind Prämien für die Teilnahme an Gottesdiensten (vergleichbar den heutigen „Sitzungsgeldern"). Sie dienen der Sicherung bzw. Verbesserung der Teilnahme. Nach den Stiftern (Dotatoren) wird meist unterschieden zwischen

– Präsenzgeldern für die Teilnahme an Gottesdiensten (aller Art) des Stiftes, die in der Regel vom Stift selbst oder den Erzbischöfen dotiert worden waren, und

– Präsenzgeldern für die Teilnahme an Anniversarien und Memorien, die von den Verstorbenen selbst zu deren Lebzeiten bzw. testamentarisch oder von Angehörigen (im weiteren Sinne) gestiftet worden waren.

Die Bezeichnung ist überwiegend Präsenz/Präsenzgeld, zu unterscheiden von der Residenz, die (nur) die Anwesenheit am Ort zum Inhalt hat. 1271 ist eine „Spende" für die Teilnahme an einer Memorie als *elemosina* bezeichnet (K Best. 157 Nr. 15; das ist auch für andere Stifte bezeugt und darf nicht mit „Almosen" eines Hospitals verwechselt werden).

a) Anniversarien-Präsenz

Die ältere Einrichtung von Präsenzgeldern ist wahrscheinlich die für die Teilnahme an Anniversarien und Memorien. Die Höhe der zur Verteilung gelangenden Naturalien (z. B. Getreide, Wein) oder Gelder war unterschiedlich und vom Stifter jeweils bestimmt worden (z. B. 20 fl. aus dem Zehnt in Noviand beim Anniversar des Erzbischofs Johann, gestiftet 1471). Berechtigt waren alle *praesentes*, auch die Vikare und Altaristen. Für diese Einkünfte bestand im Stift Pfalzel keine spezielle Vermögensinstitution mit eigener Liegenschaftsverwaltung. Vielmehr wurden die Güter etc., aus denen die jährlichen Renten etc. flossen, von anderen Vermögensinstitutionen mit verwaltet. So ist z. B. schon 1271 ein für ein Anniversar geschenkter Weinberg einer Pfründe zugeschlagen worden, deren Inhaber die Nutzung erhob und daraus das Präsenzgeld zu zahlen hatte (K Best. 157 Nr. 15). Später wurden diese Anniversarien-Stiftungen von der Kellerei verwaltet, in deren Rechnungen deshalb auch die Präsenzgelder nachgewiesen sind.

Anniversarien und Memorien können in der Addition zu einer Belastung der Gottesdienst-Ordnung werden. Die überall und zu allen Zeiten festzustellende Streichung vieler Gedächtnisse ist gewiß auch darin begründet. Anderseits ist aber auch ein – wie auch immer entstehender – „Schwund" der zur Verteilung gestifteten Präsenzgelder zu beobachten.

b) Gottesdienst-Präsenz (*praesentia communis*)

Diese hatte als Ziel eine Verbesserung der Teilnahme und ist insofern dem Wesen nach eine Reformmaßnahme, aber keineswegs eines spezifischen Pfalzeler Problems, sondern eher ein allgemeines Dauerthema. Der Ansatzpunkt ist aber vielleicht doch eine in die Zeit reiner Naturalwirtschaft zurückreichende tägliche Ausgabe von Nahrungsmitteln (Getreide, Wein, Fleisch) nach dem gemeinsamen Gottedienst, die sogenannte *distributio cottidiana*. Bei der Inkorporation der Einkünfte der Propstei des Stiftes Pfalzel aus Cochem, Cond, Britten und Hinzert in das Kapitel 1379 wird z. B. bestimmt, daß diese für alle residierenden Kanoniker, Vikare und Altaristen nach der Ordnung der *distributio cottidiana* reserviert seien (K Best. 157 Nr. 55; vgl. § 12). Als Entschuldigungsgrund könne – wie allgemein üblich – nur Krankheit und Abwesenheit im Auftrag des Kapitels gelten. Über diese Propsteigüter bzw. die Verteilung der Einnahmen bestimmen nun die Statuten von 1463, daß diese an den Dekan und die Kanoniker *in maioribus et minoribus ordinibus* und die Vikare und Altaristen *in sacerdotio existentes*, die persönliche Residenz halten und an nächtlichen wie täglichen Gottesdiensten (*divinis officiis*) teilnehmen, zu verteilen seien. Ausgenommen sind lediglich 32 fl. für die Gemeine Präsenz für Memorien (also die oben genannte Anniversarien-Präsenz) und ein Karat Wein aus Cond, das an die Kapitularkanoniker zu verteilen sei.

Mit der im 18. Jahrhundert wieder deutlich verbesserten Residenz und damit auch der Präsenz der Kanoniker wurden diese Präsenzgelder praktisch ein Bestandteil der regelmäßigen Einkünfte eines Kanonikers. Das führte schießlich dazu, sie auch den Einkünften des den Erben eines verstorbenen Kanonikers zustehenden sogenannten Gnadenjahres (vgl. § 11) zuzuordnen. Für das Stift Pfalzel jedenfalls stellt das Kapitel auf eine Anfrage des Trierer Domkapitels (!) am 17. Mai 1753 fest, daß nach dem Tod eines Mitkanonikers dessen Erben auch das Präsenzgeld für das laufende Jahr ausgezahlt werde, und zwar im Umfang der tatsächlichen Präsenz des Verstorbenen im Vorjahr (KP zum genannten Datum).

Die Bestimmung – oder auch Vereinbarung – dessen, an welchen Tageszeiten des Gottesdienstes eine Teilnahme zur Erfüllung der Präsenz erforderlich sei, stand zu allen Zeiten und in allen Stiften zur Diskussion. Die einfachere Lösung war, das „Tagesgeld" auf die einzelnen kanonischen Stunden (Matutin, Vigil etc.) aufzuteilen und nur den Anteil der Stunden auszuzahlen, an denen der einzelne teilgenommen hatte (so Kopiar StadtBi Bl. 9v). Als gewiß unrealistische Extremforderung bestimmen die Statuten von 1623, daß auch diejenigen als abwesend zu betrachten seien, die zwar körperlich im Chor anwesend seien, *animo autem vagantur*.

Über die Verteilung der Präsenzgelder bestimmen die Statuten von 1480, daß sie sofort nach der hl. Messe zu verteilen seien, oder – falls Kleingeldmangel herrsche – in einer Monatsrechnung. – Die immer unterschiedliche Präsenz mußte natürlich aufgezeichnet werden. Dies war die Aufgabe des *respector chori* (vgl. § 14).

6. Umtrunk (*propinatio*)

Zur Gestaltung von Festen des Kirchenjahres gehört auch der gemeinsame Umtrunk (oder ein gemeinsames Essen), meist mit allen Stiftsangehörigen. Das Reformstatut von 1623 (vgl. § 10) bestimmt, diese *propinas communes* mit Ausnahme der am Sonntag Letare (Mitfasten) und an Coena Domini (Gründonnerstag) abzuschaffen. Der bisher dabei ausgeschenkte Wein (1½ Ohm) solle der Fabrik zugute kommen. Ob es dazu kam, ist nicht bekannt.

C. Die Fabrik

Im Schiedsspruch Erzbischof Theoderichs zwischen Propst und Kapitel von 1219 (vgl. § 12 Abschn. 1) ist bestimmt, daß ein Drittel des großen Zehnten der Pfarrei Cochem (die das Stift 1217 erhalten hatte; vgl. § 29) der Fabrik des Stiftes gehöre. 1223/29 verfügt der gleiche Erzbischof dann die Einführung eines zweiten Karenzjahres (K Best. 157 Nr. 30; vgl. § 11), dessen Einkünfte zur Reparatur der Kirche und zur Anschaffung von Kirchengewändern (*ornamenta*) verwandt werden sollen. Die Fabrik als solche wird nicht genannt, ist aber gewiß der „Empfänger" dieser Einnahme. Zur Ausstattung dieser Fabrik gehörte neben diesem 2. Karenzjahr ein nicht näher faßbarer, aber wahrscheinlich noch zu den Gründungsgütern des Stiftes gehörender Zehntanteil zu Messerich (vgl. § 29) und wenigstens zeitweise der Erlös auch der Versteigerungen der Kurien (vgl. § 3 Abschn. A 5). Außerdem besaß die Fabrik einige Felder in Cochem und verschiedene Kapitalzinsen.

Die Vermögenslage der Fabrik, die neben den anfallenden Baulasten an den Stiftsgebäuden und z. T. auch an inkorporierten Kirchen unter anderem den (fremden) Beichtvater und das Salve-Geläut zu bezahlen sowie Öl und Hostien zu stellen hatte, war nicht gut. Die Statuten von 1623 ordnen an, daß 25 Taler aus ⅓ der Einkünfte der Kustodie zweitweilig der Fabrik zu überweisen seien (vgl. § 35 bei Sebastian de la Tour). Ferner sollten die Gastungen (*propinationes*; vgl. oben Abschn. 6) abgeschafft und der Fabrik zugewiesen und auch die Statutengelder (vgl. § 11) ganz an die Fabrik gezahlt werden. Der Kellner solle künftg eine besondere Rechnung über die Fabrik-Ausgaben führen. 1686 wurde eine vakante Pfründe kurze Zeit an die Fabrik überwiesen (Mischbd StadtBi

Bl. 73r). In der 2. Hälfte des 18. Jahrhunderts hat man zur Tilgung beträchtlicher Schulden (1779 wegen der Baulasten in Ittel und Noviand) zweimal (1756 und 1779) einen Teil der Gefälle der Scholasterie zeitweise der Fabrik zugewiesen (K Best. 157 Nr. 307; vgl. § 12, Scholasterie). 1774 wurde beschlossen, daß jeder neu gewählte Pfarrer 36 Rt. (gleichsam als Statutengeld) an die Fabrik zu zahlen habe. Auch sollten künftig Siegelgebühren für Patente, Kollationen, Pachtbriefe etc. in Höhe von 1 Rt. 18 Alb. an die Fabrik abgeführt werden. 1761 bot der Kanoniker Richardot an, einmalig 2000 Rt. an die Fabrik zu zahlen und dafür von der Residenz befreit zu werden, aber dennoch als *residens* zu gelten, was das Kapitel auch am 31. Juli 1761 annahm (vgl. KP).

D. Bruderschaften

Über das Vermögen der Liebfrauen-Bruderschaft (vgl. § 22) konnten Unterlagen nicht ermittelt werden. Mit der Integration des Amtes des Bruderschaftsmeisters in das des Kellners wurden wohl auch Güter und Kapitalien der Bruderschaft den allgemeinen Stiftseinkünften der Kellerei hinzugefügt.

§ 28. Liste der Herrschafts-, Gerichts- und Grundrechte, des Grundbesitzes, an Zinsen, Renten etc.

Aach (nw Trier). Propst Heinrich von Pfalzel bestätigt mit Urkunde vom 25. Juni 1238, daß er Güter in *Age* und *Wilre* (Butzweiler?) vom Kloster St. Thomas gekauft und nun dem Kloster Ören in Trier für 100 Pfd verkauft habe. Der genannte Kaufpreis solle in zwei Raten im Herbst 1239 und im folgenden Jahr bezahlt werden. Das Kloster Ören habe dafür genannte Bürgen gestellt (Kopie K Best. 201 Nr. 671 Bl. 385/Nr. 360; MrhUB 3 Nr. 627 S. 478; MrhR 3 S. 15 Nr. 73). Es ist damit nicht gesagt, daß es sich um Besitz des Stiftes handelt; eher ist an ein privates Geschäft des Propstes zu denken.

St. Aldegund (s Cochem). Die Herkunft des kirchlichen und weltlichen Besitzes des Stiftes Pfalzel in Alf und St. Aldegund ist unbekannt. Das Stift wird urkundlich erst 1337 als Inhaber des Patronats der Pfarrkirche Alf genannt (vgl. § 29), der Hof des Stiftes in St. Aldegund erst 1385 (K Best. 157 Nr. 57).[1]

---

[1] Insofern ist auch die von PAULY (SiedlPfarrorg. 1 S. 152 und 154) genannte Annahme, Erzbischof Poppo habe dem Stift die Kirche geschenkt, lediglich eine Vermutung, die von der Voraussetzung ausgeht, Poppo habe das Stift „gegründet"; es gibt aber keinen Hinweis darauf, daß Poppo dem Stift etwas zuzüglich zu überkommenen

Auch über den Umfang der weltlichen Besitzungen ist nur wenig bekannt. Die Aktenüberlieferung ist schlecht. Erhalten sind ein Register der Weinzinsen des Hofes St. Aldegund (mit Alf, Bremm, Neef) von 1620 (K Best.157 Nr. 338) sowie Einzelschriftstücke (Nr. 339), u.a. mit einer Verpachtung aller Erträge (Korn-, Heu-, Trauben-Zehnt, Zinsen) 1763 auf neun Jahre für immerhin jährlich 500 Rt., zuzüglich einer Zahlung an den Pastor von Alf (der ½ des Zehnten erhält) von zwei Maltern Korn für die Wochenmesse und zwei Ohm Wein und des Grundzinses für den Stiftshof in St. Aldegund von 3½ Alb. an das Kloster Stuben; dort auch Schriftstücke über den Erhebungsmodus des Zehnten bei der Traubenlese. Ein Verzeichnis der Altargüter von 1568 mit Namen der Pächter und Flurnamen in Mischbd StadtBi Bl. 99–100. – Vgl. Schieder, Säkularisation 2,1 Nr. 605 (Kelterhaus).

Alf (s Cochem) s. St. Aldegund.

Biewer (n Trier, heute Stadtteil von Trier). Das Stift hatte hier als Teil seiner Grundherrschaft Pfalzel-Eitelsbach einen kleineren Anteil.

Bremm (s Cochem). Vgl. St. Aldegund.

Britten (n Merzig/Saar). Zur Herkunft des Besitzes ist nichts überliefert. Wegen der Nachbarschaft zum St. Pauliner Besitz in Zerf-Greimerath ist anzunehmen, daß die kleine Teil-Grundherrschaft Pfalzels wohl schon dem Frauenkloster – von Erzbischof Hetti? – übertragen wurde und somit Teil der Erstausstattung des Stiftes Pfalzel ist (vgl. Heyen, Benediktinerinnenkloster S. 52f.). Im Streit zwischen Propst und Kapitel von 1219 werden dem Propst in Britten nur Vogteirechte zugestanden. Mit der Inkorporation der Propstei 1379 erhält das Kapitel dann auch deren Güter und Einkünfte aus Britten. Es handelt sich um eine Grundherrschaft mit neun Stockgütern, die im 18. Jahrhundert ein Fixum von drei Vierteln Korn, drei Maltern Hafer und sechs Hühnern einbrachte (K Best. 157 Nr. 341; so auch im Simpelverzeichnis von ca 1730: K Best. 1 E Nr. 654). Besthauptpflichtig waren 1595 die Häuser einerseits des Baches nach Greimerath zu (was 1771 bestritten wurde: KP zum 9. August 1771). Im Inventar von 1802 zählt der Besitz zum Präsenzgut. Die kurtrierische Verwaltung nennt 1563 für das Stift Pfalzel nur „etlich grundgerechtigkeit" (vgl. Brommer, Feuerstätten S. 563).

Bruttig (ö Cochem). Das Stift besaß hier aus der Hinterlassenschaft der Klause Cochem (vgl. § 29) einige Weinberge (ca 1730 1500 Stock: K Best. 1 E Nr. 654).

Besitzungen des Frauenklosters aus anderer Herkunft hinzugefügt habe. Zu beachten ist auch, daß der Sitz der Pfarrei zwar Alf war, der Hof des Stiftes aber in St. Aldegund lag, sodaß Paulys Spekulationen um die Frühgeschichte der Pfarrei Alf ohnehin nicht einfach mit einer Schenkung an das Stift Pfalzel verknüpft werden können.

Bullay (s Cochem). Das Stift besaß hier ein größeres Grundstück (Feld, Wiese), das vielleicht aus der Hinterlassenschaft der Klause Cochem stammt (K Best. 157 Nr. 130, 343).

Butzweiler (n Trier). Über Güter in Aach und Butzweiler (*Wilre*) 1238 vgl. bei Aach.

Cochem (Mosel). 1217 schenkt Erzbischof Theoderich von Trier dem Stift Pfalzel die Pfarrei Cochem (vgl. § 29), die mit den Propsteigütern 1379 an das Kapitel fällt. 1411 verkaufen Dekan und Kapitel Anteile an einem Haus neben dem Wittumshof zur Nutzung für den Pastor (K Best. 157 Nr. 71). Ältere (grundherrliche) Besitzungen des Stiftes in Cochem sind nicht erkennbar. Erst als 1463/70 dem Stift die Klause in Cochem inkorporiert wurde, erhielt es umfangreicheren Grundbesitz und Zinsen in Cochem und den umliegenden Ortschaften. 1514 erhält das Stift von Erzbischof Richard Zollfreiheit für eigenes Wachstum in Cochem (K Best. 1 C Nr. 23 S. 359). 1765 verpachtet das Stift alle seine Früchte-Einkünfte in Cochem, Faid, Dohr, Sehl einschließlich des Weinzehnten auf neun Jahre für jährlich 700 Rt., zuzüglich der Zahlung der Kompetenz an den Pastor zu Cochem in Höhe von 14 Ml. Korn und 11 Ml. Hafer (K Best. 157 Nr. 345–347). 1783 kann das Stift durchsetzen, daß brach liegengelassene Grundstücke entweder wieder in Nutzung genommen werden oder als Ersatz für den ausfallenden Zehnt eine Pauschale entrichtet wird (ebenda in Nr. 347). Vgl. auch Cond. Vgl. Schieder, Säkularisation 2,1 Nr. 655 (Haus, Kelter, Hof).

Cond (gegenüber Cochem, rechte Moselseite, 1932 nach Cochem eingemeindet). Vgl. Rettinger, Histor. Ortslexikon S. 54–58; Kdm. Cochem 1 S. 224–230.

In Cond gab es mehrere größere, relativ autarke Weingüter, z.T. mit eigenem Grundgericht (vgl. die Auflistung bei Rettinger und die Beschreibung des Hofes der Abtei Stablo in Kdm.), von denen das Stift Pfalzel den „Mergener Hof" (Marien-Hof) besaß. Diese Grundherrschaft in Cond mag in die Anfangszeit der Stiftes zurückreichen, wohl aber nicht auch schon zum Besitz des Frauenklosters gehören (vgl. Heyen, Benediktinerinnenkloster S. 53). Die Herkunft ist unbekannt.

Zu den 1379 dem Kapitel inkorporierten Gütern der Propstei Pfalzel gehörten auch drei Karat Wein aus Lehngütern (*feodales et vasalli*) in Cond und ein Hof (*curia*), der z.Zt. der Pröpste offenbar entfremdet worden war bzw. dem Stift zu entgleiten drohte, denn 1393 ließ dieses feststellen, daß die Bewohner dieses Hofes an ihm keinerlei Rechte (*ius*) hätten, sondern ihn dem Wohlwollen (*gratia*) des Stiftes verdankten. Sie erhielten den Hof nun auch formal in Pacht (K Best. 157 Nr. 61).

Aus dem Besitz der Klause Cochem erhielt das Kapitel sodann 1463/70 weitere Güter und Rechte, deren Gesamtertrag 1425 an Zinsen, Gülten etc. aus einem Haus, einer Hofstatt, verschiedenen Gärten, Weinbergen und Äkkern ca 20 Alb., 17 Sester Wein und drei Pfd Öl betrug. Diese verschiedenen Einkünfte sind 1552 bereits mit denen aus den ehemaligen Propsteigütern vereinigt bzw. in einem gemeinsamen Verzeichnis zusammengefaßt (K Best. 157 Nr. 342). Durch einen Vergleich mit dem Verzeichnis der Klause von 1425 (Abschrift in K Best. 157 Nr. 373) lassen sich beide Besitzgruppen unterscheiden; daraus ergibt sich, daß die im Verzeichnis von 1552 genannten grundherrschaftlichen Rechte ausschließlich für das Propsteigut gelten und daher auch das Weistum des St. Marienhofes zu Cond von 1563 nur auf dieses Propsteigut zu beziehen ist. Es handelt sich um eine noch gut erkennbare Grundherrschaft mit eigenen Schöffen, einem Schultheißen, der im Hof wohnt, einem Jahrgeding (an Johannes und Pauli martyris = 26. Juni) mit Bann und Frieden „und aller Freiheit" (Bußen fallen zu zwei Dritteln an das Stift, zu einem Drittel an die Schöffen) sowie einer beträchtlichen Anzahl gegen die Hälfte des Ertrags ausgegebener Weinberge (ein Teil ist als Mannwerke bezeichnet). Rechtshistorisch bemerkenswert ist auch, daß die Lehnleute jährlich im Zehnthaus in Cochem 4½ Ml. Korn erhielten und dieses dann untereinander teilten. Je nach der empfangenen Kornmenge (es gab auch Lehnleute, die kein Korn wollten), war dem Stift dafür Wein zu liefern, und zwar für ein Sester Korn ein Sester Wein (ein Ml. = 32 Sester; ein Ohm = 36 Sester), sodaß das Stift als Gegenlieferung vier Ohm Wein erhielt.

Auf ehemaligem Besitz der Cochemer Klause – wenigstens besagen dies einige Randvermerke des 18. Jahrhunderts im Verzeichnis von 1552 – auf dem Conder Berg erbaute das Stift 1761/62 einen Hof (Grundsteinlegung am 8. April 1761: K Best. 157 Nr. 189), dem es umfangreiche Weide- und Waldrechte (anscheinend aus Rodetätigkeit; Schiffelwirtschaft) zuwies und weshalb es zu erheblichen Streitigkeiten mit der Gemeinde Cond kam, die in Verträgen von 1762 und 1784/85 geklärt wurden (ein Prozeß von 1762 wegen Übergriffen des Vogtes und der Niederreißung des Neubaues durch die Junggesellen von Cond in der Nacht des Dreifaltigkeits-Sonntages bezieht sich wahrscheinlich auf diesen Bau: K Best. 1 C Nr. 15789). Vgl. Schieder, Säkularisation 2,1 Nr. 679 (Haus, Scheune, Stall). Der Hof wurde verpachtet, 1794 für eine Pacht von jährlich 65 Rt. (vgl. K Best. 157 Nr. 348–350). Diese Neusiedlung ist ein frühes Beispiel für Landausbau noch im 18. Jahrhundert.

Duslet. In einer Urkunde von 1291 sind Pfandgüter des Walter von *Hasselburne* in diesem Ort, Lehen der Herren von Blankenheim für die Burg *Castilburch* (Kasselburg nö Gerolstein), und Ackerland (*teutonice terra arabilis*) bei dem Dorf *Duslet*, aus dem das Stift Pfalzel einen Jahreszins bezieht, genannt

(MrhR 4 S. 425 Nr. 1894 nach „Original in Coblenz"; dies wurde nicht ermittelt; das schon bei MrhR zitierte Regest bei Georg Baersch, Eiflia illustrata 2a. 1820 S. 158 hat keinen Nachweis. Baersch meint, Hasselburne sei Hasborn; *Duslet* sei ihm „ganz unbekannt"). Wegen der Nähe zum älteren Pfalzeler Besitz in Rockeskyll/Waldorf bzw. Walsdorf (s. bei Waldorf) könnte es sich um eine Wüstung in diesem Raum handeln.

Ediger (s Cochem). 1467 Rentenkauf (Kopiar BistA S. 22).

Ehlenz (nw Bitburg). Aus dem Besitz des Frauenklosters (vgl. Heyen, Benediktinerinnenkloster S. 48 f.; Schenkung der *villa Elesa* durch Erzbischof Egbert) besaß das Stift Pfalzel einen Hof, den es 1291 auf sechs Jahre für jährlich zehn Malter Korn, fünf Pfund Geld, zehn Hühner und ein $\frac{1}{2}$ Malter Hafermehl verpachtete (K Best. 157 Nr. 18; MrhR 4 S. S. 425 Nr. 1896). Eine weitere Verpachtung ist für 1382 überliefert, nun auf zwei Generationen für jährlich 12 Malter Getreide und 1 $\frac{1}{2}$ Malter Hafermehl, fünf Pfund Denare, 20 Hühner und 100 Eier (K Best. 157 Nr. 53). Einbegriffen war hier eine Rente aus Nattenheim (s. dort), die das Stift 1336 erhalten hatte. Die Höhe der Pachtsumme zeigt, daß es sich bei Ehlenz um einen größeren Besitz handelte. Der Besitz wurde 1429 gegen Zahlung einer Rente an den Erzbischof von Trier abgetreten (vgl. bei Platten). Zur Ausdehnung der Grundherrschaft vgl. auch die Nachweise über Mühlen in der Nims bei Niderhuysen und Seffern.

Vielleicht besaß das Frauenkloster hier auch eine grundherrliche Eigenkirche, die dann aber nicht an das Stift fiel, sondern als trierisches Lehen an die Herren von Malberg; das St. Hubertus-Patrozinium in der (zwischen Ehlenz und Biersdorf alternierenden) Filiale Oberweiler kann ein Relikt dieser eigenkirchlichen Strukturen sein (vgl. Fabricius, Erl. 5,2 S. 23 und 33; Pauly, Siedl. Pfarrorg. 3 S. 188–190).

Ehrang (nö Trier, heute Stadtteil von Trier). Streubesitz des Kapitels und einzelner Vikarien. Vgl. Schieder, Säkularisation 3 Nr. 5707 (Acker, Vikar Willwersch).

Eitelsbach (nö Trier, heute Stadtteil von Trier).
Die durch Adela von ihrem Schwager Pippin um 710 erworbene und die Grundausstattung des Frauenklosters bildende Grundherrschaft der *villa* Pfalzel umfaßte auf dem linken Moselufer ein Fünftel der (später mit den übrigen vier Fünfteln dem Erzbischof von Trier gehörenden) Grundherrschaft Pfalzel und auf dem jenseitigen rechten Moselufer ein sich rechtsseits der Ruwer über Teilen von Ruwer, Eitelsbach, Mertesdorf, (Teilen von Grünhaus) und Kasel bis nach Waldrach erstreckendes Gebiet, dessen „Ruwer-Zentrum" (also rechts der Mosel) ursprünglich wohl Kasel war, das aber spätestens um die Wende vom 15. zum 16. Jahrhundert nach Eitelsbach verlegt worden war; dort

§ 28. Liste der Herrschafts-, Gerichts- und Grundrechte, des Grundbesitzes 261

befand sich der Haupt- und Freihof (mit Asylrecht über sechs Wochen und drei Tage). Zentraler Ort der (Grund-)Gerichtstage war aber der alte Kreuzgang in Pfalzel (Beschreibung mit Zitaten aus den grundlegenden Weistümern von 1462, 1525 und 1549 bei Heyen, Benediktinerinnenkloster S. 29–38). Innerhalb dieser bis zur Aufhebung des Stiftes bestehenden Grundherrschaft, gab es eine wechselnde Zahl von Grundbesitzern, die am stiftischen Jahrgeding teilzunehmen verpflichtet waren, so 1721 der Trierer Domdekan (wegen des sogen. Duisburger Hofes, heute eine Außenstelle des Bistumsarchivs Trier; zum Bau vgl. Kdm. Trier-Land S. 85–87) und die Dom-Altaristen, die Abtei St. Maximin und die Stifte St. Paulin und St. Simeon sowie das Kloster St. Anna in Trier. Größter konkurrierender Grundbesitzer war die Trierer Kartause St. Alban, die seit ihrer Gründung durch Erzbischof Balduin 1335 eine Grangie in Eitelsbach besaß[1]).

Zur Besitzgeschichte der Grundherrschaft Eitelsbach des Stiftes Pfalzel sind zahlreiche Unterlagen in K Best. 157 überliefert. Zur Kirche vgl. § 29. Zur Versteigerung 1802/03 vgl. Schieder, Säkularisation 3 Nr. 5747 (Hof, großer Weinberg, Salmenfang; Pächter Nell/Trier). – Zur Ortsgeschichte vgl. Ruwer und Eitelsbach. Zwei Dörfer im Spiegel ihrer Geschichte, hrsg. von Matthias Kordel. Geschichte und Kultur des Trierer Landes 2. 2003.

Ellenz (Mosel, sö Cochem, Gemeinde Ellenz-Poltersdorf). Mit der Klause Cochem erhielt das Stift 1463/70 einige Renten. Sie sind in späteren Aufzeichnungen nicht mehr genannt.

Enkirch (nö Bernkastel).

Die Güter des Frauenklosters, nämlich schon von Adela eine *portio in Anchiriacum* sowie von Erzbischof Egbert um 988/93 drei Weinberge und mehrere Mansen in *Anchiria*, kamen nach der Aufhebung des Frauenkonventes an das neu eingerichtete Stift, gingen diesem aber *dampnoso concamio* mit einem Ripo verloren. Da dies *minus diligenter factum fuerat* nahm sich Erzbischof Udo auf Bitten des Propstes von Pfalzel Regenher der Sache an und verfügte 1071 die Rückgabe *cum omni integritate agros et silvas, prata, vineas* mit Ausnahme des Grundstückes (*area*), auf dem sich Ripo ein Haus erbaut hatte und das diesem nun rechtmäßig geschenkt wurde (MrhUB 1, Nachtrag Nr. 4 S. 719; die Angaben zum Besitz des Frauenklosters bei Heyen, Benediktinerinnenkloster S. 41).

---

[1]) Rechte und Pflichten beschreibt ein Vertrag von 1402: K Best. 157 Nr. 68; wegen Gütertausch und Weiderechten vgl. Kopiar StadtBi Bl. 23 und 26 ff.; weitere Nachweise in K Best. 157 und Best. 186; ob von dieser Kartäuser Grangie vor deren Verselbständigung ältere Bindungen zur erzbischöflichen Grundherrschaft Pfalzel bestanden und die Verlegung des stiftischen Zentrums von Kasel nach Eitelsbach mit dieser Veräußerung des trierischen Teiles zusammenhängt, kann als Frage hier nur thematisiert sein; über den erhaltenen und ausgebauten Hof der Kartause vgl. Kdm. Trier-Land S. 99–104.

Das Stift besaß in Enkirch bis zur Aufhebung einen Hof (1458: *Paltzer* Hof), der verpachtet war (Nachweise in K Best. 157). Als der Hofmann auf eigene Kosten ein Gebäude neu errichtet hatte und die Erben dies als Eigentum beanspruchten, bezahlte das Stift 1716 mit immerhin 330 fl. den Wert des Objektes und zog es an sich (K Best. 157 Nr. 181). 1407 erwarb das Stift für 110 fl. die Güter des Johann Schilling von Lahnstein, die dieser in Enkirch von seiner Mutter ererbt hatte, gestattete 1437 aber den Rückkauf, doch kam dieser nicht zustande. 1482 aber verkaufte das Stift diese Güter für den gleichen Preis an die Brüder Wilhelm und Hermann Mohr vom Wald, die sich verpflichteten, bis zur Bezahlung des vollen Kaufpreises jährlich 4 fl. und 10 Alb. als Zins zu zahlen (K Best. 157 Nr. 301, Best. 54 B Nr. 1897 und 3159/ Urk. 64; Kopiar BistA S. 70). Vgl. auch Kdm. Krs Zell S. 148 und Schieder, Säkularisation 2,2 Nr. 5180 (Hof).

Ernst (Niederernst, ö Cochem). Aus dem Besitz der Klause Cochem erhielt das Stift 1463/70 verschiedene Renten, die später nicht mehr nachweisbar sind.

Faid (w Cochem). Aus dem Besitz der Klause Cochem erhielt das Stift 1463/70 Pacht von verschiedenen Ackerstücken. Im Simpelverzeichnis von ca 1730 sind drei Morgen Ackerland und 1/4 Morgen Wiese genannt (K Best. 1 E Nr. 654). Im Inventar von 1802 ist ein kleiner Hof im Wert von 32 fr. als Präsenzgut nachgewiesen. Vgl. Schieder, Säkularisation 2,1 Nr. 734f. (Ackerland).

Flußbach (nö Wittlich). 1389 ist ein Zins aus Flußbach genannt, der zum Hof in Wehlen gehörte, bei der Verpachtung dieses Hofes aber ausgenommen wurde (K Best. 157 Nr. 54). 1552/55 noch genannte geringe Geld- und Weinzinsen seien circiter 1592 verkauft worden (ebenda Nr. 318). Ein Verzeichnis von Weinzinsen in *Floetzbach* und am *Beymbergh* Mitte 16. Jahrh. in Mischbd StadtBi Bl. 103.

Geisberg, Gde Pluwig (sw Trier). 1530 entschied der Erzbischof in einem Streit zwischen dem Vikar des St. Johann Baptist-Altares Christian Nolden – vertreten durch dessen Patron, den Scholaster von Pfalzel Johann von Baden – mit Johann von Breitscheid und dessen Ehefrau Brigitte wegen einer Mühle gen. Peuters bei dem Haus Geisberg gen. Hungerburg, daß diese Mühle beiden je zur Hälfte gehöre (K Best. 157 Nr. 132). Vermutlich handelt es sich um eine Stiftung an die Vikarie. Weitere Nachweise wurden nicht ermittelt. Zu Geisberg/Hungerburg vgl. Kdm. Trier-Land (1936) S. 319.

Gilzem (s Bitburg). Zehntrechte in Gilzem gehen wahrscheinlich auf ältere grundherrschaftliche Rechte zurück. Vgl. hier bei Ittel und in § 29.

Grünhaus (nö Trier, Gemeinde Mertesdorf). Vgl. Eitelsbach.

Hahnenwerth (Insel in der Mosel zwischen der Mündung der Kyll und dem rechts der Mosel gelegenen Hof Kevenig: *insula zum Hane* in der Mosel *inter ripam dictam Kele et curtem Kevenich*). Vor 1392 haben Thilmann von Schoden, Pleban in Andernach, gemeinsam mit seinem *consanguineus* Peter, Sohn des Heinrich von Schoden, und dessen Ehefrau Katharina den Hahnenwerth an Martin, Sohn des Heinrich gen. Domherr, Schultheiß und Schöffe zu Pfalzel, und dessen Ehefrau Katharina für 100 Goldfl. verkauft. Die Käufer konnten diesen Preis aber nicht ganz bezahlen und verkauften deshalb die Insel weiter an Dekan Heinrich von Welchbillig und das Kapitel zu Pfalzel, die sich auch verpflichten, die Rückstände zu begleichen. Dazu gibt der gen. Thilmann am 3. Februar 1392 seine Zustimmung. Am 20. Februar 1392 erfolgt die formale Auftragung der Insel an das Stift durch die Eheleute Martin und Katharina, wohl weil inzwischen die finanziellen Transaktionen abgewickelt waren. Der diesen urkundlichen Angaben vermeintlich entgegenstehende Eintrag im Pfalzeler Memorienverzeichnis, der Amtmann von Pfalzel Johann Studigel von Bitsch habe die Insel für die Einrichtung einer Memorie dem Stift geschenkt, ist wohl so zu verstehen, daß Johann Studigel dem Stift den Kaufpreis übergeben hatte (Kopiar BistA S. 76–80, Kopiar StadtBi Bl. 21v-22r). Am 12. April 1535 verkauft das Stift Pfalzel für 450 fl. diese Insel an den Erzbischof von Trier, um mit dem Erlös einen Kredit des Stiftes St. Paulin von 1523 in gleicher Höhe ablösen zu können (K Best. 1 A Nr. 3036, Kopiar StadBi Bl. 22v-23r und 33v-34r, Kopiar BistA S. 76–80; vgl. § 8 Abschn. D).

Hambuch (n Cochem). Aus dem Besitz der Klause Cochem erhielt das Stift 1463/70 einen kleinen Zins aus Hambuch, der später nicht mehr genannt ist.

Hasselburne (Raum Prüm) s. *Duslet*.

Hinzert (n Hermeskeil). Der Ort Hinzert wurde sehr wahrscheinlich durch Erzbischof Hetti von Trier in der 1. Hälfte des 9. Jahrhunderts dem Kloster Pfalzel übertragen (vgl. Heyen, Benediktinerinnenkloster S. 50). Das Stift hat diesen Besitz übernommen. Im Streit zwischen Propst und Kapitel 1219 wird er als Kapitelsgut bezeichnet; dem Propst wird lediglich die Vogtei eingeräumt. 1379 erhält das Kapitel mit den übrigen Propsteigütern auch die zu diesen gehörenden Einkünfte und Rechte in Hinzert. Im Weistum von 1463 (K Best. 157 Nr. 101; ebenso 1570: Nr. 148) werden Dekan und Kapitel als alleinige Grund- und Lehnsherren und als Vögte des Ortes mit allem Gericht und aller Herrlichkeit bezeichnet. Der Erzbischof von Trier wird lediglich als Hochgerichtsherr anerkannt; verschiedene Streitigkeiten mit dem trierischen Amtmann in Grimburg 1446 (in K Best. 157 Nr. 77) und besonders wegen einer Beeinträchtigung der stiftischen Grundgerichtsbarkeit, insbesondere des Rechtes zur Eintreibung der für Grundfrevel verhängten Bußen (K Best. 1 C Nr. 3886 und 19039), sind überliefert. Als Grundherr hat das Stift ein freies Jahrgeding mit (1570) elf Hofstätten. Jahrgedingsprotokoll 1741–1780 und Grenzbegang 1688 in K Best. 157 Nr. 376. Zur Kirche vgl. § 29. Über die – nicht vollzogene – „Schenkung" der Herrschaft Hinzert 1463 an den Erzbischof vgl. § 8. Vgl. auch Brommer, Feuerstätten S. 501: der Grundzins des Stiftes betrage jährlich elf Faß Hafer, elf Hühner, elf Kreuzer und das Besthaupt, womit wohl elf Höfe gemeint sind). Zur Versteigerung 1802/03 vgl Schieder, Säkularisation 3 Nr. 8776f. (Wiesen).

Hungerburg (bei Pluwig) s. Geisberg.

Idenheim (n Trier). Verschiedene Rentenkäufe 1524–1541 bezeugt (Kopiar BistA S. 132, 158, 159).

Idesheim (n Trier). Rentenkauf 1524 (Kopiar BistA S. 130).

Ittel (n Trier). Die Grundherrschaft des Stiftes Pfalzel in Ittel geht sehr wahrscheinlich noch in die Zeit des Frauenklosters zurück, vielleicht als Beteiligung an der Erschließung dieses Raumes (vgl. Heyen, Benediktinerinnenkloster S. 56–60; anders Pauly, Siedl. Pfarrorg. 3 S. 213–216, der eine Zuweisung Erzbischof Poppos aus St. Pauliner Besitz annimmt; vgl. auch § 29).

Nach einem Weistum von 1555 hatte das Stift Pfalzel die Grundherrschaft mit Gebot und Verbot, Wasser und Weide, Jagd (außer Hochwild, das dem Erzbischof von Trier als Landesfürst zustand) und Fischfang, ferner das Recht, Meier und Schöffen zu setzen, das Pfand- und Rügerecht sowie den Weinschank (vom Kurfürsten von Trier 1584 bestritten) und ein freies Jahrgeding. Eine kleine Grundherrschaft von drei Hofstätten besaß das Stift St. Simeon (vgl. Heyen, GS NF 41, St. Simeon S. 674), das aber die Meier- und Schöffen-Ernennungen des Stiftes Pfalzel anerkennen sollte. Gewisse übergreifende Rechte zeigen sich darin, daß Pfalzel im eigenen Bereich Besthaupt vom runden Fuß, im St. Simeoner Bereich vom gespaltenen Fuß erhielt und umgekehrt St. Simeon für seinen Bereich vom runden, im Pfalzeler Bereich vom gespaltenen Fuß.

Das Stift scheint im Besitz seiner Rechte kaum gestört worden zu sein; überliefert sind ein Prozeß gegen den kurtrierischen Amtmann zu Welschbillig Ende 16. Jahrhundert und gegen das Stift St. Simeon 1583 in K Best. 157 Nr. 362. Jahrgedings-Protokolle 1731–1786 in K Best. 157 Nr. 377. Das Simpelverzeichnis von ca 1730 nennt 50 Mg. Ackerland, 27 Mg. Wildland, 4 Mg. Wiesen sowie an Zinsen 2 Ml. Hafer, 12 Hühner, 16 Hähne (K Best. 1 E

Nr. 654). Vgl. auch Brommer, Feuerstätten S. 391, und Schieder, Säkularisation 3 Nr. 5768 (Ackerland).

Zu dieser Grundherrschaft Ittel gehörten wahrscheinlich als Außenstationen kleine Einzelhöfe in Gilzem, Kaschenbach und Messerich, aus denen das Stift später noch einen „Seel"-/Saal-Zehnten (*terra salica*) bezog (vgl. § 29 zu diesen Orten). Vielleicht besteht hier eine Verbindung zu den aus der Zeit des Frauenklosters überlieferten Schenkungen *Drugundorf* (= Dockendorf?) von 885 und *Emendadesdorf* (= Ingendorf?) 998/99, beide nahe bei Messerich (vgl. Heyen, Benediktinerinnenkloster S. 46f.).

Kaimt (gegenüber Zell/Mosel). Vgl. Spey.

Kaschenbach (s Bitburg). Über Zehnteinnahmen des Stiftes von einer *terra salica* in Kaschenbach vgl. § 29. Grundbesitz ist aus stiftischer Zeit hier nicht bezeugt. Die Nachricht, daß der *miles* Jakob von Dudeldorf 1338 mit Zustimmung seines ältesten Sohnes Wilhelm und des Erzbischofs von Trier sein kurtrierisches Lehen als Burgmann von Welschbillig an der *villa Kochermbach/Kyrhenbach* mit *iurisdictio alta et bassa* für 140 Pfd kleine Turnosen auf Widerruf an den Schöffen von Bitburg Gobelin von Masholder verkaufte (K Best. 54 D Nr. 182; vielleicht Provenienz Kurtrier?), ist aber vielleicht ein Beispiel für die nur allgemein überlieferte Verwendung von Gütern des aufgehobenen Nonnenklosters Pfalzel als Lehen des Erzstiftes durch Erzbischof Poppo; mehr als eine Vermutung kann das aber nicht sein.

Kasel (nö Trier). Über die Grundherrschaft Kasel-Eitelsbach vgl. bei Eitelsbach. 1277 verpachten Dekan und Kapitel von Pfalzel auf ewig ihren Wald Winterschlag bei Kasel gegenüber der Ruwer an die Abtei St. Maximin für jährlich zwei Malter Zins (Kopiar StadtBi Bl. 52r; MrhR 4 S. 99 Nr. 434). – Vgl. Schieder, Säkularisation 3 Nr. 5780 (Wildland).

Kenn (n Trier). 1584 Rentenkauf (K Best. 1 C Nr. 105 Bl. 69v). Vgl. Kevenich. Schieder, Säkularisation 3 Nr. 6128, 6130, 6133 (Weinberge).

Kesten (sw Bernkastel). In Kesten besaß das Stift eine zwar erst 1437 bezeugte kleine Grundherrschaft mit eigenem Hof (Hofgeding) und meist in Anteilpacht vergebenen Weinbergen und einige Grundzinsen (K Best. 157 Nr. 365, 378–383; Weistum von 1526 u.a. in Kopiar StadtBi Bl. 31v-32r; Güterrenovation von 1591 in Mischbd StadtBi Bl. 186–189; im Simpelverzeichnis von ca 1730 ca 1000 Stock Weinberge: K Best. 1 E Nr. 654). Der Besitz geht wohl noch in die Anfänge des Stiftes zurück, vielleicht sogar noch in die Zeit des Frauenklosters (vgl. Heyen, Benediktinerinnenkloster S. 54).

Kevenich/Köwerich (Wüstung an der Mosel zwischen Ruwer und Kenn, n Trier). Vgl. Josef Steinhausen, Ortskunde Trier-Mettendorf (PublGesRhein-GKde 12, Abt. 3 Bd 1,1. 1932) S. 277f. – 1748 bezeugt als *Ludovici* Hof *vulgo Kewericher Hof zum Wendelstein* (K Best. 157 Nr. 354). – 1369 erwirbt das Stift Pfalzel für 81 Pfd für die Scholasterie einen Weinberg (K Best. 157 Nr. 51). 1565 kauft das Stift für 450 fl. eine Rente von jährlich 12 fl. von der Abtei St. Maximin, wobei der *Kevericher* Hof bei Ruwer als Pfand dient; 1623 wird diese Rente zurück erworben (Kopiar StadtBi Bl. 51v). Im kurtrierischen Simpelverzeichnis von ca 1730 haben die Scholasterie von Pfalzel in Kenn 2745 Stock Weinberg und die Vikarie St. Katharina 4650 Stock (K Best. 1 E Nr. 654). Vermutlich handelt es sich dabei um Kevenich und bei dem Besitz der Scholasterie um den 1369 erworbenen Weinberg.

Klüsserath (nö Trier). 1552/55 sind zwei Weinberge für die Hälfte des Ertrags ausgegeben (K Best. 157 Nr. 318). Später nicht mehr bezeugt (es sei denn bei einem Nachbarort).

Kordel (an der Kyll, n Trier). Ein Feld und eine Wiese an der Lohbach wurden 1565 für jährlich 12 Albus verpachtet und seien Ende des 16. Jahrhunderts verkauft worden (Kopiar PfarrA Bl. 25v). 1763 erhält das Stift einen Zins von einer Kapitalleihe.

Longen (nö Trier). Das Stift besaß hier einige Weinberge, die verpachtet waren. 1705 klagen die Pächter (bei $\frac{1}{2}$ des Ertrags) über unbillige Erhebungspraktiken (K Best. 157 Nr. 302 Stück 7; ferner auch Nr. 318 zu 1552/55).

Merl (nw Zell/Mosel). Vgl. Spey.

Mertesdorf (nö Trier). Teil der Grundherrschaft Eitelsbach-Kasel. Vgl. bei Eitelsbach.

Messerich (sw Bitburg). Zehntrechte in Messerich gehen wahrscheinlich auf ältere grundherrschaftliche Rechte aus der Zeit des Frauenklosters zurück. Vgl. hier bei Ittel und in § 29.

Minheim (sw Bernkastel). 1692 werden Zinsgüter für sechs Sester ausgetauscht gegen solche in Kesten (K Best. 157 Nr. 365). Alter und Herkunft dieses Besitzes sind nicht bekannt. Es mag aber darauf hingewiesen sein, daß die 1061 im Besitz des Erzbischofs von Trier nachweisbare Kirche von Minheim nach dem Patrozinium des hl. Johannes des Täufers das des hl. Hubertus führte, sodaß hier vielleicht alte Beziehungen zum Nonnenkloster Pfalzel erkennbar sind. Vgl. Fabricius, Erl. 5,2 S. 58; Pauly, Siedl. Pfarrorg. 2 S. 81 f.; Heyen, Benediktinerinnenkloster S. 54.

§ 28. Liste der Herrschafts-, Gerichts- und Grundrechte, des Grundbesitzes   267

Nattenheim (n Bitburg). 1336 schenken der Ritter (*armiger*) Herbrand von Liessem und dessen Ehefrau Lucardis dem Stift Pfalzel *propter affectionem* und zur Stiftung ihres Anniversars eine Rente von zwei Maltern Korn aus Nattenheim (K Best. 157 Nr. 40). 1382 wird diese Rente zusammen mit dem Hof Ehlenz verpachtet (ebenda Nr. 53) und ist vermutlich mit Ehlenz 1429 an Kurtrier übergeben worden (vgl. bei Ehlenz).

Neef (s Cochem). Vgl. St. Aldegund.

Niderhuysen an der Nims (*molendinum in N super fluvio Nymese situm*). In einer bisher nicht veröffentlichten Urkunde vom 4. Mai 1254 bckunden Propst Heinrich, Dekan C(onrad) und das ganze Kapitel von Pfalzel, daß sie lange mit dem Ritter (*miles*) Heinrich gen. *Schelardus de Ham* wegen ihrer Mühle in *Niderhuysen* prozessierten, nun aber Frieden schlossen und den Streit dahingehend beilegten, daß sie dem Ritter Heinrich und dessen Erben die Mühle gegen einen Zahlung von drei Maltern Weizen (*siligo*), zahlbar jährlich an St. Martin, nach Erbrecht überließen. Bei Nichtzahlung der Pacht (*pensio*) fällt die Mühle an das Stift zurück. Zeugen sind die Brüder Achill und Arnold von Ließem (*Liezzenn*), Egidius von Meerfeld (*Mervelt*), Theoderich *villicus* von Ehlenz *(Elesezze)*, Mitsiegler ist der *vir nobilis* R, Herr zu Malberg (*Mailberch*). Abschrift in Kopiar BistA S. 151. Die Ortsbezeichnung Niederhausen (?) konnte nicht identifiziert werden. Es handelt sich mit Sicherheit um eine Mühle in der Nims, die zur alten Grundherrschaft des Stiftes Ehlenz gehörte (daher der „Villikus" Theoderich als Zeuge) und wohl ähnlich wie die Mühle bei Seffern (s. dort) dem Stift entfremdet worden war; zu Ließem ist bemerkenswert, daß es der südliche Nachbarort von Ehlenz ist.

Niederkyll (in Stadtkyll, nw Daun). Vgl. Waldorf.

Niederstadtfeld (sw Daun). Vgl. Waldorf.

Oberstadtfeld (sw Daun). Vgl. Waldorf.

Oberweiler (nw Bitburg). Über vermutete, nicht mehr urkundlich bezeugte ältere Rechte von Ehlenz aus vgl. bei Ehlenz.

Pfalzel (Stadtteil von Trier). Adela hatte von ihrem Schwager Pippin um 710 einen Teil (die Hälfte?) der Grundherrschaft Pfalzel (links der Mosel) – Eitelsbach – Kasel (rechts der Mosel entlang der Ruwer) erhalten. Der größere Teil der Adela-Hälfte lag rechts der Mosel; in Pfalzel gehörten dazu nur ein Teil des römischen Palatiums für Kirche und Klostergebäude (vgl. § 3) und ein Fünftel von Siedlung und Flur Pfalzel. Die übrigen vier Fünftel waren später Besitz des Erzbischofs von Trier. Vgl. dazu unter Eitelsbach.

Das Stift Pfalzel hatte mit seinem ⅕-Anteil an der Grundherrschaft der Siedlung Pfalzel nur einen geringen Einfluß auch auf die Entwicklung der Gemeinde Pfalzel. Das gilt selbst für Stiftungen, die überwiegend der Gemeinde-/Stadtpfarrei St. Martin, deren Patronat ebenfalls der Erzbischof besaß, zuflossen, und nicht der Stiftspfarrei St. Nikolaus (vgl. dazu § 29). Über die Rechte des Erzbischofs in Pfalzel vgl. das Weistum von 1586 bzw. 1569 z. B. in StadtBi Trier Hs. 1757/972a Bl. 44–46 und ausführlich Brommer, Feuerstätten S. 464–489 zu Amt Pfalzel. Privatrechtlich hat das Stift natürlich im Laufe der Jahrhunderte in Pfalzel eine Reihe von Renten, Zinsen, Gütern etc. erworben, die aber einzeln aufzuführen sich erübrigt; sie sind in der Summe nicht erheblich. Das Stift hat räumlich wie auch wirtschaftlich mehr neben als in der Gemeinde Pfalzel gestanden. – Einen Werth (= Insel) unterhalb von Pfalzel verkaufen 1535 Dekan und Kapitel für 450 fl. an den Erzbischof (Best. 1 C Nr. 25 S. 263–65); vgl. oben bei Hahnenwerth.

Platten (sö Wittlich). Der Besitz in Platten besteht aus zwei Teilen:
– 1. In der Verpachtung des Hofes Wehlen von 1389 wird ein Zins zu Platten aus dem Erbgut der *magistra* von Ören und des *armiger* Paul von Platten, der früher zum Hof Wehlen gerechnet wurde, ausgenommen (K Best. 157 Nr. 54). Die Herkunft dieses Zinses ist unklar. Später besaß das Stift in Platten eine große Wiese, die wohl mit diesem Besitz zusammenhängt (ebenda Nr. 369). In einer Aufzeichnung von 1569 ist auffallend, daß Pfalzeler Besitzungen meist in der Nachbarschaft zu Örener Besitz liegen (Kopiar PfarrA Bl. 81r). 1657 wird die Wiese in Platten mit Genehmigung des Erzbischofs für 316 Rt., die erst nach 30 Jahren abgelöst werden dürfen, verpfändet, um eine Schuld von 400 Rt. zu 5,5 % Zins abzulösen (K Best. 1 C Nr. 52 S. 180 f.). Vielleicht war sie auch Pertinenz des Wehlener Altbesitzes.
– 2. 1429 gab Erzbischof Otto Anweisung, 20 Malter Korn, die bisher von der Kellerei Wittlich erhoben wurden, künftig an das Stift Pfalzel zu zahlen (K Best. 157 Nr. 87; Kopiar StadtBi Bl. 10r; Goerz, RegEb S. 158). Sehr wahrscheinlich handelt es sich um einen Anteil am Zehnt, der später dem Stift übertragen wurde (vgl. § 29 zu Platten). Eine Notiz zur Anweisung von 1429 besagt, daß diese 20 Malter (und 10 fl. aus Pfalzel) *pro curia Elsatz* an das Stift gekommen seien. Das Stift hat somit seinen Hof Ehlenz aus welchem Grund auch immer dem Erzbischof gegen diese Zahlungen übergeben (vgl. auch Ehlenz).

Pluwig (sw Trier) s. Geisberg/Hungerburg.

Rockeskyll (nw Daun). Vgl. Waldorf.

Ruwer (nö Trier, Stadtteil von Trier). Über kleinere Teile von Ruwer als Bestandteil der Grundherrschaft Eitelsbach vgl. dort. Erwerb von Renten in

§ 28. Liste der Herrschafts-, Gerichts- und Grundrechte, des Grundbesitzes   269

Ruwer durch das Stift Pfalzel in K Best. 157. 1446 Arrondierungsvertrag mit der Abtei St. Maximin ebenda Nr. 90.

Schweich (nö Trier). Rentenkauf 1543/44 (K Best. 157 Nr. 124 und 126). Später nicht mehr bezeugt.

Seffern (n Bitburg). Eine Mühle (Bannmühle, Wasserlauf- und Wald-Rechte) in Seffern war von den von Malberg dem Stift entfremdet worden und wird 1271 gegen Zahlung von 20 Pfd restituiert (K Best. 157 Nr. 14; MrhR 3 S. 585 Nr. 2570). Da die Herren von Malberg als Lehnsträger im Besitz des Patronats von Ehlenz waren, sind hier vermutlich ältere grundherrlich-eigenkirchenrechtliche Verhältnisse erkennbar. Vgl. bei Ehlenz.

Sehl (Gemeinde Cochem). Aus dem Besitz der Klause Cochem erhielt das Stift 1463/70 verschiedene Zinsen.

Spey (Ortsteil von Merl moselabwärts; nw Zell/Mosel). Das Stift besaß hier ein kleines Hofgut mit einer bis ins 18. Jahrhundert bezeugten alten grundherrschaftlichen Struktur. In der Rechnung von 1580/81 sind die Hofleute als *feudales* bezeichnet, noch 1770 wird ein Hof-Geding gehalten (KP). Im kurtrierischen Simpelverzeichnis sind zu 1730 3000 Stock Weinberge und 4,5 Sester Zins genannt (K Best. 1 E Nr. 654). Eine Renovation ist von 1683 überliefert (K Best. 157 Nr. 366), die Namen der Halbscheids-Weinberge und -Leute *ab antiquo registro nostro anno 1440* sowie eine Verpachtung von 1532 enthält das Kopiar BistA S. 117 und S. 194. Der Hof wurde später von St. Aldegund aus verwaltet. Versteigert wurde 1808 ein Bauplatz aus dem Besitz des Stiftes Pfalzel „hinter dem Dorfe Merl an den Weinbergen" (Schieder, Säkularisation 2,1 Nr. 2491).

Sehr wahrscheinlich handelt es sich bei diesem Hofgut in Spey um den im Testament Adelas genannten Besitz in *Caimitas*, dem gegenüber moselaufwärts gelegenen Kaimt. Vgl. dazu Heyen, Benediktinerinnenkloster S. 41 mit Anm. 44. Eine Untersuchung der Geschichte dieses Spey/Mosel (im Unterschied zu Spay/Rhein), das eine 1788 abgebrochene St. Stephan-Kapelle hatte (vgl. Kdm. Krs Zell S. 223) fehlt.

Thörnich (Mosel, nö Trier). Seit dem 16. Jahrhundert sind ein Weinberg (um die 1000 Stock) und ein Ackerfeld im Besitz des Stiftes bezeugt und verpachtet (K Best. 157). Die Herkunft des Besitzes ist nicht bekannt. – Vgl. Schieder, Säkularisation 3 Nr. 5538 (Weinberg, Acker).

Trier. Das Stift Pfalzel hatte nur geringen Besitz bzw. kleinere Renten und Zinsen in Trier und den angrenzenden Siedlungen (St. Paulin, St. Maximin, Kürenz). Wegen eines Grundstückes im Bering des Klosters St. Katharinen kam es 1420 zu einem Prozeß, weil eine Rente von fünf Vierteln Roggen rückständig war. Die Nonnen von St. Katharinen wollten mit der Bemerkung, auf dem Grundstück sei ihr Abtritt gebaut, den Wert wohl abmindern (K Best. 157 Nr. 73; Zimmer, St. Katharinen Nr. 182). Ein Haus in der Jüdemer Str. wird 1335 verpachtet (Kopiar BistA S. 118; ferner K Best. 1 A Nr. 3945 und 3948). 1460, 1462, 1483 und 1556 Rente des Klosters St. Nikolaus (Franziskanerinnen „Zu den grauen Schwestern", *sancti Nicolai domus apud Praedicatores*, vgl. Kdm. Trier-Stadt S. 461; K Best. 157 Nr. 95 und 195f.; Kopiar StadtBi Bl. 43r-44v).

Ürzig (nw Bernkastel). Ein Zins aus einem Weinberg in Ürzig, genannt *bona de Air*, gehörte zum Hof Wehlen, wurde aber bei der Verpachtung dieses Hofes 1389 ausgenommen (K Best. 157 Nr. 54). Im 18. Jahrhundert ist der *Fraaß*-Hof, anscheinend ohne Hofgebäude, mit einem Weinberg von rund 13500 Stock, die gegen die Hälfte des Ertrags ausgegeben waren, bezeugt. Von diesem Weinberg erhielt das Stift auch den Zehnten und zwar nach einem Bericht von 1783 real den Ertrag von jedem zehnten Stock (ebenda Nr. 371).

Valwig (w Cochem). Aus dem Besitz der Klause Cochem erhielt das Stift 1463/70 drei Weinberge, die für die Hälfte des Ertrags ausgegeben waren. Im Simpelverzeichnis von ca 1730 sind Weinberge mit ca 2000 Stock und ein Zins von einem Ohm Wein notiert (K Best. 1 E Nr. 654).

Waldrach (Ruwer, nö Trier). Geringe Teile der Gemarkung gehörten zur Grundherrschaft Eitelsbach (vgl. dort). 1552/55 sind 12 Morgen Medemland (ausgegeben für die 5. Garbe), eine Wiese und 12 Morgen Wildland notiert (K Best. 157 Nr. 318).

Waldorf (s Blankenheim) oder Walsdorf (nw Daun). Propst und Kapitel des Stifts Pfalzel verpachten 1272 erblich ihre Güter zu *Kylle, Stadevelth* und *Waldistorph* an die Brüder Beccelin, Ritter, und Johann von Manderscheid für einen Zins von jährlich 20 Trierer Solidi. Die Pächter stellen ihren Hof in *Ryckeyth* als Pfand (K Best. 157 Nr. 16; MrhR 3 S. 615 Nr. 2709). In der Überlieferung des Stiftes sind später weder diese Güter noch ein entsprechender Zins nachweisbar. Zur Identifizierung der genannten Orte mit Rockes- oder Nieder-Kyll (bei Stadtkyll), Ober- oder Nieder-Stadtfeld und Waldorf oder Walsdorf vgl. Heyen, Benediktinerinnenkloster S. 54–56. Der Besitz könnte von der Irmina-Sippe an das Frauenkloster und von diesem an das Stift Pfalzel gekommen sein.

Walsdorf (nw Daun) s. Waldorf.

Wehlen (nw Bernkastel). Größeres Hofgut. Der Besitz gehörte sehr wahrscheinlich zur Erstausstattung des Stiftes und ist zumindest ein Teil des von

§ 28. Liste der Herrschafts-, Gerichts- und Grundrechte, des Grundbesitzes 271

Adela dem von ihr gegründeten Frauenkloster in Pfalzel übereigneten Gutes in der *villa Machariaco*. Vgl. Heyen, Benediktinerinnenkloster S. 42–46. Zur Verwaltung und Nutzung des Besitzes enthält das Archiv des Stiftes eine relativ dichte Überlieferung (ab 1276, 1389 etc.).[1])

Das Stift Pfalzel bezog in Wehlen auch den Weinzehnten (vgl. Fabricius, Erl. 5,2 S. 64). Den Fruchtzehnten erhielt zu zwei Dritteln das Kloster Machern, zu einem Drittel das Hospital (Cusanus-Stift) in Kues. Der Anteil des Hospitals erklärt sich daraus, daß Wehlen *filia* von Bernkastel war und diese Pfarrei seit 1532 dem Hospital inkorporiert war (Fabricius S. 48f.); er kann also nichts mit dem Versuch des Stiftes Pfalzel von 1471/1501 zu tun haben, die Pfarrei Bernkastel zu erwerben (vgl. § 29), weil von Zehntanteilen damals gar nicht die Rede war. Die Pfalzer Rechte müssen daher wesentlich älter und wohl grundherrschaftlich (-eigenkirchlicher) Natur sein. Vermutlich liegt eine Teilung mit dem Kloster Machern bzw. den Vorbesitzern von Machern (Abtei St. Irminen-Ören/Trier) zugrunde. – Zu den Versteigerungen 1802ff. vgl. Schieder, Säkularisation 3 Nr. 5406 (Hof, Kelterhaus). – Über eine Hypothek des Stiftes Pfalzel auf dem Hof Wehlen zugunsten des Stiftes St. Paulin/Trier in Höhe von 450 Goldfl. bzw. 18 Goldfl. jährlichen Zins (Rente) 1523–1535 vgl. § 8 Abschn. D. – Wegen Zehnten auf dem Nonnenberg zu Wehlen gab es 1704 Streit mit der Abtei St. Matthias/Trier (Mischbd StadtBi Bl. 4r/v; vgl. Becker, GS NF 34, St. Matthias/Trier S. 539).

Zeltingen (nw Bernkastel). Der Zehnt von der Insel gegenüber Zeltingen (Zeltinger Werth) gehörte zu den Rechten des Wehlener Hofes des Stiftes Pfalzel (1389, 1560: K Best. 157 Nr. 54 und 147; vgl. Wehlen).

---

[1]) Vgl. auch Kdm. Krs Bernkastel. 1935 S. 366 zum Hof des Stiftes. Das Stift erwirbt 1276 nicht, wie dort angegeben, diesen Hof von den Eheleuten Gobolo Ruzkolve und Kunigunde, sondern deren Rechte an der Kelter zu Wehlen, *cuius allodium* dem Stift gehörte: K Best. 157 Nr. 17; MrhR 4 S. 76 Nr. 331. Im Inventar des Stiftes Pfalzel von 1802 ist noch ein Haus mit vier Keltern und einem Garten im Wert von 129 fr. nachgewiesen. Eine Verschenkung durch den „Zweibrücker Hof" 1776 muß somit auch eine Verwechslung sein. Bei den Überlegungen von GAUTHIER, L'évangélisation S. 335 zum *Machariaco* der Adela-Urkunde sind die Angaben bei HEYEN, Benediktinerinnenkloster, offensichtlich mißverstanden und letztlich deren Bestätigung.

§ 29. Liste der inkorporierten Kirchen und der Zehntrechte

St. Aldegund (s Cochem). Kapelle St. Bartholomäus. Filiale von Alf. – Wohl schon zwei Jahrzehnte vor 1445 war es zu erheblichen Auseinandersetzungen zwischen dem Pleban von Alf und der Filialgemeinde St. Aldegund wegen deren Forderung nach Gottesdiensten in ihrem Ort gekommen. Die Gemeinde hatte sogar ein Haus für einen eigenen Kaplan errichtet (oder bereitgestellt?). Schon Erzbischof Otto (gest. 1430) hatte sich vergeblich um eine Beilegung des Streites bemüht. Erst als Erzbischof Jakob am 1. Januar 1445 den Abt von St. Matthias/Trier Johann von Forst, den Archidiakon von Dietkirchen Adam Foil von Irmentraud und den Dr. decr. Konrad von Freiburg beauftragte und mit den erforderlichen Vollmachten ausstattete, den Streit beizulegen, kam es am 12. Oktober 1445 zu einer Einigung. Sie ist als Beispiel für die religiöse Situation in einer Moselgemeinde um die Mitte des 15. Jahrhunderts von allgemeinem Interesse und soll deshalb hier ausführlicher dargestellt sein. Im einzelnen wurde bestimmt:

– 1. Der St. Jakob-Altar in Alf (s. dazu bei Alf) wird dem Pastor von Alf inkorporiert.

– 2. Der Pastor wird (im Gegenzug) verpflichtet, auf eigene Kosten einen Kaplan zu halten.

– 3. Dieser Kaplan (oder der Pastor selbst) ist verpflichtet, an allen Sonn- und Feiertagen in der Kapelle in St. Aldegund eine hl. Messe zu zelebrieren, Wasser und Salz zu segnen (*aquam et sal benedicat*) sowie die Festtage zu verkünden. An den Festen Weihnachten, Epiphanie, Himmelfahrt, Pfingsten, Fronleichnam, den fünf Marienfesten, Allerheiligen, den Apostelfesten und am Dedikationstag der Kapelle in St. Aldegund soll die hl. Messe so früh am morgen gefeiert werden, daß der Zelebrant anschließend in Alf assistieren kann und auch die Einwohner von St. Aldegund noch am Gottesdienst in Alf teilnehmen können.

– 4. Der Pastor von Alf ist zur Spendung aller Sakramente verpflichtet (die Frage, an welchem Ort sie zu spenden sind, ist offen gelassen. Vielleicht soll die Bestimmung aber auch festlegen, daß die Sakramente durch den Pastor und nicht durch den Kaplan zu spenden sind oder nur von diesem gespendet werden dürfen).

– 5. Dekan und Kapitel zu Pfalzel zahlen dem Pastor zu Alf zusätzlich aus ihrem zwei Drittel-Anteil am Zehnt jährlich drei Malter Weizen, die Gemeinde St. Aldegund zahlt fünf Ohm Wein.

– 6. Es wird ausdrücklich festgestellt, daß die St. Remigius-Kirche in Alf *mater et principalis ecclesia parrochialis* und die Kapelle in St. Aldegund *filia* bleiben.

– 7. Alle Oblationen an den Altären (Plural!) der Kapelle in St. Aldegund erhält der Pastor zu Alf und ebenso die Hälfte der Oblationen in den Opferstöcken (*in truncis*) innerhalb oder außerhalb der Kapelle; der Pastor erhält zu diesen einen der Schlüssel, der Fabrikmeister der Kapelle den zweiten.

— 8. An Fronleichnam hat der Kaplan früh am Morgen in St. Aldegund eine hl. Messe zu zelebrieren und sofort anschließend mit dem Sanctissimum und denen, die mitgehen wollen, nach Alf zu gehen, wo (dann) eine feierliche Messe zelebriert und die Prozession gehalten wird. Am darauffolgenden Sonntag sind umgekehrt die Frühmesse in Alf, der Weg nach St. Aldegund sowie Hochamt und Prozession in St. Aldegund.

— 9. Das für den Kaplan erbaute Haus in St. Aldegund wird verkauft oder verpachtet. Der Erlös fällt an die Kapelle. Die Gemeinde St. Aldegund ist verpflichtet, dem Kaplan einen besonderen, angemessenen Raum (*camera honesta*), in dem auch Schlaf- und Ruhemöglichkeit gegeben sind, zur Verfügung zu stellen (K Best. 157 Nr. 336, Abschrift 18. Jahrh.). Vgl. namentlich zu 1473 bei Alf.

Alf (s Cochem). Landkapitel Kaimt-Zell. Patrozinium: St. Remigius. Filialen: St. Aldegund. Vgl. Fabricius, Erl. 5,2 S. 180; Pauly, SiedlPfarrorg. 1 S. 152f.; Kdm. Krs Zell (1938) S. 40–45, St. Aldegund S. 31–39 mit Nachweisen archivalischer Überlieferungen.

1337 werden Dekan und Kapitel zu Pfalzel anläßlich der Errichtung eines Altares in der Pfarrkirche zu Alf als Patrone erwähnt (K Best. 157 Nr. 43). Die Herkunft des Besitzes ist nicht bekannt (vgl. auch § 28 zu Alf-St. Aldegund). 1429 wird durch einen Schied festgestellt, daß der Pleban zur Reparatur des Chores der Kirche in Alf verpflichtet sei, nicht das Kapitel; ein Rückvermerk des 18. Jahrhunderts auf der Urkunde besagt aber: *sine effectu, quia pastor non amplius gaudet 3tia parte decimatus* (K Best. 157 Nr. 74). 1456 verkauft der Pfarrer (Kirchherr) Johann von Cochem mit Zustimmung von Dekan und Kapitel des Stiftes Pfalzel ein baufälliges Haus des St. Jakob-Altares (s. u.) für einen Kaufpreis von 75 fl. und einem „Vierdung" Wachszins (K Best. 157 Nr. 92), eine zur Kirche gehörende Hofstatt darf er verpachten (ebenda Nr. 94). 1537 gestatten Dekan und Kapitel, unter einem Grundstück des Wittumshofes einen Keller zu bauen (ebenda Nr. 133).

Am 31. Juli 1473 gestattet Papst Sixtus IV. die Inkorporation der Pfarrkirche zu Alf mit deren Filiale (*filialis sine cura*) St. Aldegund und des Altares der hll. Jakob und Christophorus in der Kirche zu St. Aldegund in die *mensa* des Pfalzeler Kapitels mit der Bestimmung, die Pfarrei mit einem Kanoniker (einem *de gremio* des Kapitels) zu besetzen; die auf der Pfarrei liegenden Lasten bleiben bestehen, namentlich ist jeweils beim Tod des Dekans die entsprechende Gebühr (für die Investitur) an den Archidiakon zu entrichten. Der amtierende *rector* der Kirche Johann von Esch verzichtete und erhielt auf Lebzeit ein Drittel der Einkünfte. Die Inkorporation wurde am 23. Juli 1474 durch den Dekan des Stiftes St. Simeon/Trier, Heymann Franck, in päpstlichem Auftrag vollzogen. Die an die Kurie zu zahlenden Gebühren betrugen 75 Gulden und wurden am 10. Dezember 1481 bezahlt (K Best. 157 Nrr. 108–110; Abschrift BistA Trier Abt. 65 Nr. 81). Diese Bestimmung der Versorgung der Pfarrei durch Kanoniker und die Zahlung der Archidiakonats-Gebühren wurden, wenn überhaupt, nur kurze Zeit befolgt; später jedenfalls stellte das Stift einen von ihm besoldeten Kuratvikar bzw. *pastor* ein.

Um 1550 (das Datum fehlt) verleihen Dekan und Kapitel von Pfalzel dem Anton von Dreiß, Trierer Priester und *capellan* des Stiftes, die Pfarrkirche Alf mit der Filiale St. Aldegund und bestimmen, daß er einen weiteren *presbyter* als Hilfe bei sich haben solle. Er erhält als Besoldung jährlich drei *plaustra* Wein, 12 Ml. Weizen und 40 fl. (Kopiar K Best. 560, 347 Nr. 1 Bl. 14r). Das Stift bezog meist ⅔ des Zehnten und überließ ⅓ dem Pleban bzw. Kuratvikar, wurde aber wiederholt zur Besserstellung des Plebans, der durch die Anstellung eines Kaplans für St. Aldegund (s. dort) belastet war, verpflichtet. Nach einer Visitation des Archidiakons am 9. März 1653 ordnet dieser an, daß das Stift Pfalzel das Gewölbe der Kirche zu Alf erneuern lassen sowie (neue) Ornamente für Alf und St. Aldegund beschaffen solle. Die gestifteten Anniversarien sollen in Alf und St. Aldegund dort, wo sie gestiftet sind, gehalten werden. In Alf soll das Beinhaus von der Gemeinde gebaut werden. Ferner soll das Stift Pfalzel nachweisen, wann ihm die Altäre St. Jakob in Alf und St. Barbara in St. Aldegund inkorporiert wurden. Schließlich müsse die Kompetenz des Pfarrers so verbessert werden, daß er einen Kaplan unterhalten könne. Er soll daher entweder zusätzlich vier Fuder Wein oder ein Drittel des Zehnten (mit Beteiligung an den Zehnterhebungskosten mit einem Drittel) erhalten (Mischbd StadtBi Bl. 7r-v). Am 8. Mai 1651 schickt das Kapitel von Pfalzel einen vergoldeten Kelch mit Patene nach Alf, *quia milites Rosatii abstulerunt* (ebenda Bl. 3r). 1711 bestimmt der Offizial von Trier als *portio* des *vicarius curatus* in Alf und St. Aldegund jährlich drei *plaustra* Wein, 14 Ml. Korn, ein Ml. Hafer und 64 Gulden; dagegen appelliert der Vikar; der endgültige Schied ist nicht bekannt (Mischbd a.a.O. Bl. 6r). Der Zehnt wurde 1763 zum ersten Mal verpachtet und ertrug damals 500 (!) Rt. (KP). Streitigkeiten mit den Gemeinden Alf und St. Aldegund sind zu 1739 und 1743 bezeugt (BistA Trier Abt. 65 Nr. 84).

Altäre: In Alf stifteten 1337 die Eheleute Heinrich gen. Bunna von Alf und Patza einen Altar zu Ehren der hl. Dreifaltigkeit, aller Apostel, der hll. Christophorus, Nikolaus, Katharina und Dorothea, dotieren ihn mit drei Karat Wein aus St. Aldegund und dem Haus gen. *gemaldehus* zu Alf, unter der Bedingung, daß wöchentlich mindestens vier hl. Messen an diesem Altar gefeiert werden. Die Ernennung des ersten Vikars solle den Stiftern zustehen, der weiteren dann dem *rector ecclesie* (K Best. 157 Nr. 43). Dieser Altar wurde am 12. Oktober 1445 – er hieß nun gemeinhin (*vulgariter*) der St. Jakob-Altar – zur Bereinigung von Streitigkeiten mit St. Aldegund und der Ausstattung des Pfarrers von Alf inkorporiert. Dieser erhielt dabei die Auflage, wöchentlich zwei hl. Messen an diesem Altar zu zelebrieren oder zelebrieren zu lassen und für die Bücher, Kelche, Ornamente etc. des Altares auf eigene Kosten zu sorgen. Außerdem wurde er, weil die Stiftungsauflagen weit umfangreicher waren, verpflichtet, zweimal jährlich ein Anniversar für die Stifter zu halten (K Best. 157 Nr. 336). 1653 wird das Stift aufgefordert, nachzuweisen, wann ihm der Altar inkorporiert wurde (Mischbd StadtBi Bl. 7r-v; gedruckt Wengler, Pfalzel S. 19–20). Bei einer Neuanfertigung (?) des Altares 1779 wurde festgestellt, daß die Patroziniums-Angabe St. Jakob falsch sei; das Stift verlangte 1784 deshalb eine Änderung. Ob diese erfolgte, ist nicht bekannt (K Best. 157 Nr. 337. Wegen der beiden Wochenmessen ebenda zu 1785).

Baldenau (kurtrierische Burg, Gemeinde Bischofsdhron, sö Bernkastel). Burgkapelle zur Pfarrei Bischofsdhron. Das ein Drittel-Zehntrecht des Stiftes Pfalzel ist 1481 bezeugt (K Best. 1 A Nr. 282)

Bernkastel (Mittelmosel). Landkapitel Piesport. Patrozinien: St. Maria und Michael bzw. Michael und Sebastian. Filialen: (Wehlen), Graach, Longkamp, Monzelfeld. Vgl. Fabricius, Erl. 5,2 S. 48 f.; Pauly, SiedlPfarrorg 2 S. 74–78.

Über das gescheiterte Projekt einer Inkorporation der Pfarrkirche von Bernkastel in das Stift Pfalzel 1471/77–1501 vgl. in § 8 und hier unter Noviand.

Beßlich (nw Trier). Burdekanat. Vgl. Fabricius, Erl. 5,2 S. 16; Pauly, SiedlPfarrorg 6 S. 266. Die Angabe Wenglers (Pfalzel S. 21), „der Verwalter der Pfarrei Beßlich war bald ein Stiftsherr von St. Simeon in Trier, bald ein solcher vom Marienstift in Pfalzel", ist ein wie auch immer entstandener Irrtum.

Bierfeld (s Hermeskeil). Filiale von Nonnweiler. Vgl. Brommer, Feuerstätten S. 512 (Zehnte an Stift Pfalzel).

Biewer (n Trier, heute Ortsteil von Trier). Filiale der Pfarrei Pfalzel-St. Martin. Ein kleiner Teil gehörte wohl zur alten Grundherrschaft Pfalzel-Eitelsbach und deshalb zum Zehntbezirk der Stiftspfarrei St. Nikolaus.

Bischofsdhron (sö Bernkastel). Landkapitel Piesport. Patrozinium: St. Paulin. Filialen: Gonzerath, Heinzerath, Hinzerath, Hundheim, Morbach, Rapperath, Wederath (seit 1587, s. u.), Wenigerath, Burgkapelle Baldenau. Vgl. Fabricius, Erl. 5,2 S. 49; Pauly, SiedlPfarrorg 2 S. 64–66.

Es handelt sich sehr wahrscheinlich (vgl. die Ausführungen bei Pauly) um die Pfarrei einer vom Erzbischof von Trier erschlossenen Rodungs-Grundherrschaft des 9./10. Jahrhunderts, die aber mit der Grundherrschaft vom Erzbischof als Lehen ausgegeben worden war. 1277 gestattet dann Gerhard Herr zu Kempenich als Lehnsherr, daß Daniel von *Wonninberch* (Winneburg?) Zehnt und Patronat zu Bischofsdhron an Erzbischof Heinrich von Trier verkauft, und verzichtet auf seine Rechte als Lehnsherr (MrhR 4 S. 92 Nr. 402; Original im kurtrierischen Archiv K Best. 1 A Nr. 139).

Mit Urkunde vom 3. September 1315 schenkt Erzbischof Balduin von Trier mit der Stiftung eines Anniversars dem Stift Pfalzel zur Verbesserung von dessen Präbenden die *cura pastoralis* der Kirche zu Bischofsdhron mit einem Drittel des Zehnten unter der Bedingung, künftig einen Ewigvikar einzusetzen, der ⅓ des Zehnten in Gonzerath sowie 18 Ml. Weizen in Gonzerath, 10 Ml. Mischfrucht und 16 Ml. Hafer in Morbach und außerdem alle *dotes, obventiones, oblationes, legata et leganda* erhalten solle und zur Anstellung eines Kaplans (*coadiutor*) verpflichtet sei (K Best. 157 Nr. 37; Goerz, RegEb S. 67). Die Pfarrei wurde 1587 durch die Zuweisung des kurtrierischen Wederath vergrößert, das von der evangelisch gewordenen (sponheimischen) Pfarrei Kleinich abgetrennt wurde. Als Entgeld für diese Erweiterung seiner Aufgaben wurden dem Pfarrer durch Urkunde vom 25. Mai 1587 mit Zustimmung der Synodalen von Erzbischof Johann die Einkünfte des Altares St. Katharina in Bischofsdhron inkorporiert (ebenda Nr. 149; ein Verzeichnis der umfangreichen Güter und Renten von einem Kapital von 500 fl. dieses Altares von 1591 ebenda Nr. 350).

Für die Pfarrgeschichte ist die im Archiv des Stiftes Pfalzel überlieferte „Ordnung der Pfarrkirche" zu Bischofsdhron von 1597 (K Best. 157 Nr. 350) von Bedeutung, in der aufgezeichnet ist, an welchen Festtagen Pastor und Kaplan in den Filialorten Gottesdienste zu feiern verpflichtet sind, nämlich an Johann Baptist in Hinzerath (Patron der Kapelle), an Maria Magdalena und an Rochus in Hundheim (Patron ist Helena am 18. August, Rochus ist am 16. August), an Jakobus in Rapperath (Patron der Kapelle), an Bartholomäus und Petrus ad vicula in Heinzerath (Patron ist Petrus). An Johann Baptist und Allerseelen bleibt der Kaplan in der Pfarrkirche, an Palmarum, Ostermontag, Himmelfahrt, Pfingstmontag und -dienstag sowie an Fronleichnam kommt die ganze Pfarrei – die Zender mit den Gemeinden – nach Bischofsdhron und an Osterdienstag wird das Amt in Rapperath gehalten. Diese Angaben ergänzen eine Ordnung Erzbischof Kunos, die dieser bereits 1371 erlassen hatte (K Best. 1 C Nr. 6, Stück 614; Fabricius und Pauly a.a.O.). Dabei ging es um den Gottesdienst an Sonn- und Festtagen in den drei Orten Morbach, Heinzerath und Gonzerath, die schon jetzt, 1371, eine Sonderstellung gegenüber den übrigen Filialgemeinden besaßen. Sie hatten nämlich bisher jede einen Sonntagsgottesdienst, sodaß Pfarrer und Kaplan jeweils zwei Messen zu lesen hatten. Offensichtlich gab es nun wegen der Besetzung der Kaplansstelle oder (und?) einer weiteren Priesterstelle Schwierigkeiten. Es heißt nämlich: *quia ad tenendam seu celebrandam unam missam de die vix aliquis reperiatur ydoneus et certis aliis causis pensatis, quas propter brevitatem narrare omittimus, ordinamus, statuimus et tenore presentium ordinamus,* daß künftig der *rector ecclesie* und dessen Nachfolger eine Messe in der Pfarrkirche in Bischofsdhron zu lesen habe, am darauf folgenden Sonntag in Morbach, dann in Heinzerath, dann in Gonzerath und so weiter. Es heißt ausdrücklich, daß dies so bleiben solle, bis es durch den (derzeitigen) Erzbischof oder dessen Nachfolger geändert werde. Darüber hinaus wird bestimmt, daß es für die vier Patronatstage (*festa principalia*) und die Weihetage sowie für die Betreuung der Gläubigen (*populus*) mit den *sacramenta ecclesiastica* (vermutlich ist dabei vor allem an das Sterbesakrament/„Letzte Ölung" gedacht) bei der bisherigen Regelung bleibe. Ungewöhnlich scharf ist die Erklärung, daß der derzeitige rector der Pfarrkirche, Johann, und seine Nachfolger bei Nichtbeachtung dieser Anordnung mit Exkommunikation bestraft werden. – Eine tiefgreifende Veränderung der Pfarrorganisation und damit auch der Seelsorge hätte eine Anordnung Erzbischof Jakobs von Eltz von 1575 bedeutet, mit der im Gebiet der bisherigen Pfarrei Bischofsdhron zwei neue Pfarreien in Hundheim (mit Bischofsdhron, Wenigerath, Hinzerath, Gonzerath und Wederath) und Rapperath (mit Morbach, Heinzerath sowie Merscheid, Elzerath und Weiperath aus der Pfarrei Berglicht) eingerichtet werden sollten (Blattau, Statuta 2 S. 267–269; vgl. Pauly, SiedlPfarrorg S. 66). Diese Umorganisation kam aus nicht bekannten Gründen nicht zustande. Eher im Gegenteil zeigt die oben zitierte Ordnung von 1597 neben einer stärkeren Beachtung des Eigenlebens der Filialgemeinden eine deutliche Festigung des pfarrlichen Zusammenhangs. Eine Besserstellung für die Filialgemeinde Rapperath wurde 1628 vereinbart (vgl. bei diesem Ort).

Cochem (Mittelmosel). Landkapitel Kaimt-Zell. Patrozinium: St. Martin. Filialen: Dohr, Ebernach, Faidt, Sehl, Burg Winneburg. Vgl. Fabricius, Erl. 5,2 S. 194; Pauly, SiedlPfarrorg 1 S. 118–124 (zur Großpfarrei Klotten); Kdm. Krs Cochem (1959) S. 145–163.

1217 schenkt Erzbischof Theoderich – verbunden mit der Stiftung eines Anniversars – dem Stift Pfalzel die Kirche zu Cochem, vorbehaltlich der erzbischöflichen und archidiakonalen Rechte. Die Schenkung umfaßt das Patronatsrecht und den ganzen Zehnten und entspricht praktisch einer Inkorporation. Mit dieser Übereignung war die Maßgabe verbunden, daß die Pfarrei jeweils einem Kanoniker des Stiftes übertragen werden solle, der die *dos*, die Opfer, Weinberge und Almosen sowie den Zehnt zu Dohr erhalten solle und zur Residenz in Cochem verpflichtet sei. Wegen dieser Residenzverpflichtung hatte dieser Pfarrer-Kanoniker auch kein Wahlrecht und kein Mitspracherecht bei Kapitelsverhandlungen in Pfalzel. Der nach Abzug der Kompetenz für den Pfarrer verbleibende Zehnt gehörte bis 1379 zum Propsteigut; lediglich ein Karat Wein erhielt der Dekan. 1379 wurde dieser (zwei Drittel-)Anteil dem Kapitel inkorporiert und gehörte von da an zum Präsenzgut (so K Best. 157 Nr. 55; Stiftung von 1217: ebenda Nr. 5; MrhUB 3 Nr. 72 S. 73; MrhR 2 S. 363 Nr. 1323).

Die Besetzung dieser Pfarrstelle ist in den Statuten von 1463 näher bestimmt. Danach war die Pfarrei bei einer Vakanz zunächst allen Kanonikern anzubieten. Finde sich niemand, der die Stelle freiwillig übernehmen wolle, so solle sie dem jüngsten Kanoniker zufallen. Sollte dieser ungeeignet sein, so sei durch Mehrheitsbeschluß einer der Kanoniker zu bestimmen; ausgenommen war lediglich der Dekan. Wenn der Ernannte ein dotiertes Amt in Pfalzel hat, so kann er dieses weiter ausüben, erhält aber keine Amtsdotation. – Diese Regelung führte verständlicherweise zu Schwierigkeiten und anscheinend auch zu häufigen Resignationen. Es wurde deshalb 1598 als neue Ordnung beschlossen, die Pfarrei einem Kanonikat des Stiftes, das dann von Dekan und Kapitel gemeinsam vergeben werde, zu unieren. Dieser Kanoniker war zur Residenz in Cochem verpflichtet und verlor Kanonikat und Pfarrei, wenn er eine andere Pfründe (auch eine simplex-Pfründe) annahm (K Best. 157 Nr. 152). Praktisch wurde durch diese Regelung in Pfalzel ein Kanonikat aufgehoben bzw. der Pfarrkirche in Cochem inkorporiert (so sah es die kurtrierische Verwaltung: vgl. die Eintragung im Temporale K Best. 1 C Nr. 43 S. 1172–1174). Das im Stift geführte Pfründenverzeichnis (vgl. Kapitel 7 Vorbemerkung, und § 27 Abschn. B 3b) nennt daher auch zu dieser Pfründe keine Inhaber mehr. Es wird dazu vermerkt, daß man die Gärten und Felder dieser Präbende *campi Cochemiensi* nenne, daß aber drei davon dem Kustos für das Reinigen der Kirche gegeben worden seien; die übrigen habe man 1695 abgestoßen (Mischbd StadtBi Bl. 11r). Der Pfarrer von Cochem führte fortan den Titel eines „Ehrenkanonikus". Er leistete den Eid auf die Statuten des Stiftes (so z. B. 1612, Mischbd StadtBi S. 47r) und zahlte Statutengelder wie jeder Kanoniker. Anderseits erhielt er die Stelle nicht wie ein Vollkanoniker durch Nomination im Turnus bzw. durch den Erzbischof von Trier, sondern (wie z. B. auch der Pfarrer von Noviand) durch Wahl des Kapitels. Die Wahl bestätigte der Archidiakon von Karden. Die Einführung stand jedoch nicht dem Landdekan zu, sondern dem Kapitel von Pfalzel (so 1771 erläutert, vgl. KP zum 6., 12., 17. Dezember).

Über die Inkorporation der Klause in Cochem in das Stift Pfalzel 1463 vgl. § 8 Abschn. C.

Pfarrer von Cochem

Wegen der direkten personellen Verflechtung des Amtes des Pfarrers von Cochem mit einem Kanonikat des Stiftes Pfalzel – mit der Inkorporation von 1217 sollte ein Kanoniker in Cochem residieren, seit 1598 wurde ein Kanonikat in Pfalzel aufgehoben, die Pfarrei aber durch das Kapitel vergeben, der Pfarrer war „Ehrenkanoniker" – sind die ermittelten Nachweise über Pfarrer von Cochem (auch nach 1598) in die Personallisten des Stiftes Pfalzel (§ 35) eingefügt. Zum Nachweis sind die Namen nachstehend aufgelistet.

Vor der Inkorporation:
1163/65   Alard, *sacerdos de Chocheme*. Zeuge. MrhUB 1 Nr. 644 S. 702
ca 1210   Albert, Priester zu Cochem. Zeuge. MrhR 2 S. 302 Nr. 1101
Seit der Inkorporation:
1262/5   Richwin
1287–1297   Johann
1316–1330   Johann
1379–1382   Sibekin/Sibrecht
1393–1411   Peter von Welschbillig
1422   Johann Schoriß
1430   Konrad
nach 1430   Thilmann Philippi von Strassen
1480   Johann Schwan
vor 1523   Jakob von Dudeldorf
1544   Theobald Jodocus von Ediger
1546   Maximin Alflen, Pfarrverwalter
1547(–1558) Johann Weiler
1558   Peter Homphäus
1569   Jodocus Pfalzel
     –1575   Ludwig Pfalzel
1575–1594   Matthias Dominici aus St. Vith/Vitensis
1594–1612   Balthasar Odelerus
1612   Kaspar Neidhover
1629   Johann Hurdt
1684–1701   Hermann Contzen
1703–1728   Heinrich Hücheln
vor 1712   Johann Emus
     –1770   Johann Heuser
1770–1802   Peter Ludwig

Altäre in der Pfarrkirche von Cochem
und deren Altaristen

Neben dem Pfarraltar gab es in der St. Martin-Kirche in Cochem weitere bepfründete Altäre, nämlich

– den hl. Kreuz-Altar, der mit der Frühmesser-Stelle verbunden war. Diese ist (ohne die Nennung des Altares) urkundlich 1422 genannt (K Best. 121 Nr. 18; ein Haus der Frühmesse 1480 K Best. 157 Nr. 115; der hl. Kreuz-Altar ebenfalls 1480 K Best. 157 Nr. 67). 1542 wird mit diesem hl. Kreuz-Altar der hl. Geist-Altar im Hospital verbunden (vgl. unten bei Johann Piscatoris). Inhaber dieser Altäre sind:

Berthold Gutmann. Bis 1542 war er Altarist des hl. Geist-Altares im Hospital bei Cochem und wurde Mönch. Der Altar war damit frei *per ingressum religionis* des Berthold (K Best. 1 C Nr 30 S. 129).

Johann Piscatoris aus Cond. Am 31. März 1542 verleiht Erzbischof Johann Ludwig ihm den hl. Geist-Altar im Hospital zu Cochem. Am 1. Juni 1545 ist er auch Inhaber des hl. Kreuz-Altares in der Pfarrkirche zu Cochem. Beide Altäre werden nun vereinigt. Vor dem 14. Oktober 1546 ist Johann Piscatoris verstorben (K Best. 1 C Nr. 30 S. 129, 505 f., 633 f.).

Johann Schneidt (I.). 1546 verleiht Erzbischof Johann IV. Ludwig dem *presbyter Trevirensis* Johann Schneid den hl. Kreuz-Altar in der Pfarrkirche Cochem und den damit unierten hl. Geist-Altar im Hospital (K Best. 1 C Nr. 30 S. 633f.). 1554 schenkt Johann Schneid dem (hl. Geist-?) Altar verschiedene Güter und Zinsen, denen Erzbischof Johann V. am 15. Juli 1547 die (Abgaben-) Freiheit geistlicher Güter und der Familie Schneid ein Präsentationsrecht verleiht (K Best. 1 C Nr. 32 S. 143–150 mit Angaben zur Familie).

Johann Schneidt (II.). 1573 verleiht ihm Erzbischof Jakob die Altäre hl. Kreuz und hl. Geist zu Cochem (K Best. 1 C Nr. 39 S. 327). 1594 ist der Altarist Johann Schneidt in einem Prozeß genannt (K Best. 56 Nr. 1589, Vorakten Bl. 282r). – Ein Johann Schneidt aus Cochem erhält 1592 den Altar St. Maria Magdalena in Niederlahnstein, auf den er 1595 verzichtet (K Best. 1 C N. 43 S. 640 und 901 f.). Schon 1594 hatte er auf die Pfarrei Engers verzichtet (ebenda S. 843). – Ein Johann Schneidt ist 1574–1579 im Stift Dietkirchen bezeugt, ein anderer 1565–1580 im Stift Karden (vgl. Pauly, GS NF 19, Karden S. 371). Es handelt sich dabei wohl um verschiedene Personen gleichen Namens.

Johann Heinrich Schenk. 1710 Frühmesser des hl. Kreuz-Altares, gestorben vor dem 18. Juni 1710 (K Best. 1 C Nr. 64 Bl. 136).

Johann Linius. 1710–1719 Altarist. Am 18. Juni 1710 erhält er als Trierer Priester und Vikar in St. Kastor/Koblenz durch Erzbischof Johann Hugo die Frühmesser-Stelle am hl. Kreuz-Altar in Cochem, die nach seinem Tod am 22. Januar 1720 neu besetzt wird (K Best. 1 C Nr. 64 S. 135f., 189–192). Sein (verlorener) Grabstein aus der Pfarrkirche Cochem mit Todesjahr 1719 ist in Kdm. Krs Cochem S. 162 genannt.

Reiner Neubaum. 1720 erhält er als Trierer Priester die Frühmesserei am hl. Kreuz-Altar in Cochem (K Best. 1 C Nr. 64 S. 189f.).

– den St. Jakob-Altar. Inhaber dieses Altares sind:

Eberhard Jacobi. 1507 ist ein Eberhard *capellanus* ohne Angabe eines Altares genannt (K Best. 56 Nr. 2331, Vorakte Bl. 75r). Vermutlich ist er identisch mit dem vor dem 10. Dezember 1544 als Inhaber des St. Jakob-Altares in der Pfarrkirche zu Cochem gestorbenen Eberhard Jacobi (K Best. 1 C Nr. 30 S. 366).

Maximin Alflen *Cochemensis*. 1544 verleiht ihm Erzbischof Johann Ludwig den St. Jakob-Altar in der Pfarrkirche zu Cochem (K Best. 1 C Nr. 30 S. 361). Am 23./27. August 1546 schließt er als Kaplan zu Cochem einen Vertrag mit dem Kanoniker von Pfalzel Johann Weiler (vgl. § 35), die Pfarrei Cochem bis Johann Baptist (24. Juni) 1547 zu versorgen; er erhält dafür alle Einkünfte des Pfarrers und zusätzlich ein Fuder Wein (Kopiar StadtBi Bl. 20v-21r). Als Altarist des St. Jakob-Altares ist er 1549 bezeugt (K Best. 1 C Nr. 101/Stück 120). Ein Maximin von Alflen ist 1560 Scholaster in Karden und als solcher vor dem 13. November 1564 gestorben (K Best. 99 Nr. 573 und Best. 1 C Nr. 34 S. 179; vgl. Pauly, GS NF 19, Karden S. 352).

Franz von Immert. Als Inhaber des St. Jakob-Altares in der Pfarrkirche zu Cochem starb er vor dem 12. Dezember 1571 (K Best. 1 C Nr. 39 S. 204).

Johann Pfalzel. 1571-ca 1577 Vikar des St. Jakob-Altares in Cochem. 1577 Vikar von St. Katharina im Stift Pfalzel. Vgl. § 36.

Johann Georg … Doell. (17./18. Jahrhundert?). Altarist. Sein (verlorener) Grabstein aus der Pfarrkirche Cochem ist Kdm. Krs Cochem (1959) S. 162 genannt.

Dohr (sw Cochem). Kapelle St. Nikolaus. Filiale von Cochem. Vgl. auch Kdm. Krs Cochem (1959) S. 234.

Ebernach (ö Cochem). Propstei der Benediktinerabtei Laach. Liegt im Gebiet der Pfarrei Cochem. Über eine Pfarr-Prozession an Pfingsten vgl. Sehl.

Ehlenz (nw Bitburg). Zur Annahme einer Eigenkirche des Frauenklosters in der Grundherrschaft Ehlenz, die aber nicht an das Stift fiel, vgl. § 28,

Eitelsbach (nö Trier, heute Stadtteil von Trier, Pfarrei Trier-Ruwer). Filiale der Stiftspfarrei Pfalzel-St. Nikolaus. Die Toten aus Eitelsbach wurden in Ruwer begraben, weil ein Transport nach Pfalzel (über die Mosel) zu kompliziert war. Als in Ruwer eine neue Kirche errichtet wurde, befüchtete man im Stift Pfalzel Schwierigkeiten, wahrscheinlich wegen einer Beitragsverpflichtung zu diesem Neubau. Das Stift erbat und erhielt daher 1755 beim Offizialat Trier die Genehmigung, in Eitelsbach eine Kapelle mit einem eigenen Friedhof zu errichten (K Best. 157 Nr. 357). Diese Kapelle wurde 1850/52 durch einen Neubau ersetzt. In ihm befindet sich ein Altarbild, das 1768 von dem Pfalzeler Kanoniker Heinrich Ebentheuer gestiftet worden war (vgl. § 32). 1787 gab es Verhandlungen, Eitelsbach nach Ruwer oder nach Mertesdorf umzupfarren, um der Filiale einen eigenen Sonntags-Gottesdienst zu ermöglichen (KP 7. September, 14. Dezember 1787 und 19. Februar 1788). Vgl. auch: Ruwer und Eitelsbach. Zwei Dörfer im Spiegel ihrer Geschichte, hrsg. von Matthias Kordel (Geschichte und Kultur des Trierer Landes 2) 2003.

Faid (w Cochem). Kapelle St. Stephanus. Filiale von Cochem.
Mit Urkunde vom 18. März 1471 gestatten Dekan und Kapitel von Pfalzel als Pfarrer von Cochem vorbehaltlich der Pfarr-Rechte, daß *Roden Heintzgin*, Einwohner zu Faid, dort eine Sonntags-Frühmesse stiftet. Dabei werden folgende Bedingungen und Erläuterungen von der Gemeinde anerkannt: 1. Es soll ein geeigneter Priester mit Rat des Pfarrers von Cochem bestellt werden. 2. Die Einwohner von Faid sollen trotz dieser Sonntagsmesse *so dicke sie bequemligst mogin* mit ihrem Opfer zu den Hochfesten, den Aposteltagen und an den Sonntagen nach Cochem in die Messe und die „Verkündigung" (Christenlehre) kommen. 3. Die Gemeinde soll nicht versuchen, der Mutterkirche Abbruch zu tun, z. B. durch Beichthören, Spendung des Sakramentes der Taufe oder ähnliches. 4. Bisherige Jahrgedächtnisse dürfen weiter gehalten werden. 5. Die bisher vom Pfarrer gefeierte Wochenmesse bleibt bestehen. 6. Das seit alters bestehende Begräbnisrecht bleibt der Gemeinde Faid erhalten (K Best. 157 Nr. 103).

Gilzem (n Trier). Kapelle St. Johann. Filiale von Ittel (s. dort). Teilzehnt des Domkapitels. Später zu Welschbillig.

Gonzerath (sö Bernkastel). Kapelle (St. Antonius und) St. Valerius. Filiale von Bischofsdhron.

Heinzerath (sö Bernkastel). Kapelle St. Peter (ad vincula). Filiale von Bischofsdhron.

Hinzerath (sö Bernkastel). Kapelle St. Johannes der Täufer. Filiale von Bischofsdhron.

Hinzert (ö Trier). Landkapitel Wadrill. Patrozinium: St. Johann der Täufer. Keine Filialen. Vgl. Fabricius, Erl. 5,2 S. 125; Pauly, SiedlPfarrorg 4 S. 68 f.; Heyen, Benediktinerinnenkloster Pfalzel S. 50 f.

Die Kirche zu Hinzert ist offensichtlich eine Eigenkirche der kleinen, nur dieses Dorf umfassenden Grundherrschaft, die ursprünglich zum Nonnenkloster Pfalzel gehörte und aus dessen Hinterlassenschaft an das Stift kam. Vgl. dazu auch § 28. Zum nicht vollzogenen Projekt einer Überlassung von Hinzert mitsamt der Kirche an den Erzbischof vgl. § 8 Abschn. C.

Zu Ende des 15. Jahrhunderts war das Kapitel seiner Seelsorgeverpflichtung offenbar nur unzureichend nachgekommen, was zu einem langjährigen Prozeß mit der Gemeinde führte. Offensichtlich ging es der kleinen Gemeinde dabei auch um eine größere Selbständigkeit als Pfarrei. Ein im Wortlaut nicht erhaltenes, aber wohl zugunsten der Gemeinde ausgefallenes Urteil des Archidiakons von Tholey wurde vom Stift Pfalzel, das die Jurisdiktion des Archidiakons bestritt (die Begründung ist nicht bekannt), mit einer Appellation an den Papst beantwortet. Dieser beauftragte am 15. Juli 1490 den Domdekan und den Weihbischof von Trier mit der Untersuchung des Streitfalles. Am 24. Februar 1492 einigten sich die Prozeßgegner, sich einem Schiedsspruch des Domdekans zu unterwerfen. Dieser wurde am 9. Juni 1492 gefällt. Der Forderung der Gemeinde, die Kirche zu Hinzert als Pfarrkirche (*ecclesia parrochialis*) anzuerkennen, wurde entsprochen. Es ist nicht ersichtlich, ob bzw. was das Stift dagegen eingewandt bzw. welchen Status es der Kirche hatte einräumen wollen. Sollte Hinzert als Kapellengemeinde gegolten haben, dann müßte es zu einer anderen Pfarrei gehören oder vielleicht den Status einer *capella libera* gehabt haben. Ungeklärt bleibt dann freilich, wieso das Stift Pfalzel *dos* und Zehnt ganz in Besitz hatte. Die Gemeinde hatte nämlich neben (oder mit) dieser Anerkennung als Pfarrkirche verlangt, daß dem *rector ecclesie* der ganze Fruchtzehnt und die *dos* zustehe. Dagegen wurde im Schiedsspruch festgestellt, daß das Stift lediglich zur Bestallung eines Priesters *ad regendam* verpflichtet sei und diesem neben der zu restituierenden *dos* ein Drittel des großen und kleinen Zehnten einräumen müsse. Im übrigen sei der Gemeinde der Bau eines Pfarrhauses und einer Taufkapelle zu erlauben (Schied: StadtA Trier Urk. WW 6 und Abschrift in Kopiar StadtBi Bl. 29r).

Über die Verwaltung der Pfarrei in der späteren Zeit ist wenig bekannt. 1569 soll sie von Rascheid aus betreut worden sein (Fabricius, Erl. 5,2 S. 125), zum Jahre 1570 ist aber ein *capellanus* zu Hinzert bezeugt (K Best. 157 Nr. 148). Auch die Angabe bei Fabricius, der Pfarrer habe den ganzen Zehnt bezogen und somit das Stift Pfalzel lediglich das Kollationsrecht ausgeübt, kann zumindest nicht durchgängig richtig sein; in der Stiftsrechnung von 1763 ist z. B. noch eine Zehnteinnahme aus Hinzert bezeugt. 1717 übertrug das Stift nach dem Tod des Pfarrers Valentin Meier dem Pastor von Beuren Johann Hehs auf sechs Jahre die *cura animarum* der Pfarrei Hinzert, der dafür die *emolumenta et fructus* aus Hinzert erhielt, dem Stift aber jährlich je drei Malter Korn und Hafer zu liefern hatte (Mischbd StadtBi Bl. 57v).

Hofweiler (n Trier; ursprünglich zwei Siedlungen Hof und Weiler). Kapelle St. Agatha. Filiale von Ittel.

Hundheim (sö Bernkastel). Kapelle St. Helena. Filiale von Bischofsdhron.

Idenheim (n Trier). Kapelle St. Eligius. Filiale von Ittel.

Idesheim (n Trier). Kapelle St. Andreas. Filiale von Ittel.

Ittel (n Trier). Landkapitel Kyllburg-Bitburg. Patrozinium: St. Dionysius, später auch St. Martin. Filialen: Gilzem (später nicht mehr?), Idenheim, Idesheim, Hofweiler (Hof und Weiler), Kyll. Vgl. Fabricius, Erl. 5,2 S. 24; Kdm. Trier-Land S. 180 f.; Pauly, SiedlPfarrorg 3 S. 213–216; Heyen, Benediktinerinnenkloster Pfalzel S. 56–60.

Die kleine Grundherrschaft Ittel mitsamt einer grundherrlichen Eigenkirche war sehr wahrscheinlich noch Besitz des Nonnenklosters Pfalzel und von diesem Teil der Erstausstattung des Stiftes Pfalzel (vgl. dazu § 28). Die Kirche gehörte zum Propsteigut. 1212 gaben Propst Otwin als Inhaber des Patronats sowie der für die archidiakonalen Funktionen zuständige Groß-Archidiakon Theoderich ihre Zustimmung zur Übertragung der *cura pastoralis* der Kirche zu Ittel in das Kapitel (*in subsidium alimonie* wegen der *tenuitas stipendiorum canonicorum*) des Stiftes durch Erzbischof Johann. In der darüber ausgestellten Urkunde des Erzbischofs[1]) wurde bestimmt, daß der Propst den Vikar dem

---

[1]) Die Urkunde ist in zwei Originalen überliefert, und zwar die aus dem Archiv des Stiftes Pfalzel in StadtA Trier Urk. K 10 (Rückvermerk: *Littera collationis seu incorporationis parochiae Ittel. Sign. Ittel N 1. Conv. 1mo.*) sowie eine zweite Ausfertigung aus dem Archiv des Erzbischofs, heute irrtümlich in LHA Koblenz im Bestand des Stiftes Pfalzel, Best. 157 Nr. 4 (Rückvermerk: *Incorporatio ecclesie de Ittele canonicis Palatiolen(sis)*; überliefert auch im kurtrierischen Kopiar: vgl. MÖTSCH, Balduineen S. 113 Nr. 176; die Provenienz ist somit gewiß Kurtrier, Best. 1 A. – MrhUB 2 Nr. 283 S. 318 (nach StadtA Trier); MrhR 2 S. 320 Nr. 1165.

Archidiakon zu präsentieren habe. Die Besoldung des Vikars sollte aus der *dos* und dem ganzen Zehnten der Siedlungen Hof, Weiler (*Hove* und *Wilre*; später Hofweiler) und Kyll sowie aus fünf Solidi aus Idesheim (*Hedensheim*) und aus den vier Maß Spelz und Hafer und fünf Solidi aus Idesheim und Gilzem (*Gelime*), *qui tempore messis per totam parrochiam ab agricultoribus persolvuntur*, sowie den *obuli, quos quelibet domus parrochialis in dominica, qua cantatur Letare Jerusalem, hucusque persolvit*, bestehen; davon hatte er aber ein Drittel der von der Pfarrei aufzubringenden Kathedralsteuer zu bezahlen.

Dem Propst verblieb somit das Präsentationsrecht (Patronat), das mit der Inkorporation der Propstei 1379 an das Kapitel fiel. Dieses hatte vermutlich schon 1212 den Zehnt, abzüglich der beschriebenen Kompetenz des Vikars, erhalten, auch wenn das nicht ausdrücklich gesagt ist; andernfalls hätte die ganze Transaktion lediglich Fragen der Seelsorge geregelt. Für das 16. Jahrhundert ist überliefert, daß der Verteilungsschlüssel so aussah, daß das Stift den Zehnt ganz – mit Ausnahme von drei Vierteln zu Ittel für den Vikar und einem Viertel zu Hofweiler und Kyll für das Domkapitel – erhielt (so Fabricius a.a.O.). Gilzem zählt nun zur Pfarrei Welschbillig (Fabricius S. 30). Wegen der hier erkennbaren Ausdifferenzierung verschiedener Rechte, wie sie ähnlich für die Grundherrschaft galten, vgl. § 28 und die Überlegungen bei Pauly.

Präsentationen durch das Kapitel sind überliefert für 1554 und 1678 (K Best. 157 Nr. 146 und 172). Eine Erneuerung der Kirche wurde in der zweiten Hälfte des 18. Jahrhunderts notwendig; erhalten blieb dabei der romanische Turm (Kdm. a.a.O. und K Best. 157 Nr. 307 zu 1779).

Kaschenbach (s Bitburg). Kapelle St. Thomas, abwechselnd von den Pfarrorten Meckel oder Alsdorf (Landkapitel Kyllburg-Bitburg) betreut. Vgl. Fabricius, Erl. 5,2 S. 31; Pauly, SiedlPfarrorg 3 S. 200–205; Heyen, Benediktinerinnenkloster Pfalzel S. 47.

1489 wird auf Veranlassung des Dekans des Stiftes Pfalzel durch den Pfarrer von Alsdorf in einer Zeugenbefragung festgestellt, daß der Seelzehnt von sieben Achteln in Kaschenbach dem Stift gehöre (Mischbd StadtBi Bl. 20v; Kopiar PfarrA Bl. 45r). 1564 wird dieser Seelzehnt, bestehend aus Zehnten und Gefällen, für jährlich zwei Malter Getreide auf neun Jahre verpachtet (Kopiar a.a.O. Bl. 26v). In der Zehntverpachtung von 1600 ist die Einnahme mit drei Maltern Korn aufgeführt (Mischbd a.a.O. Bl. 53r). Auch die Rechnungen des 18. Jahrhunderts (K Best. 157) verzeichnen diese Einnahme.

1780 verlangt die Abtei Echternach als Universal-Zehntherr zu Meckel vom Stift Pfalzel eine Beteiligung am Pfarrhausbau zu Meckel, weil Kaschenbach eine Filiale sei, die ein Jahr nach Meckel und ein Jahr nach Alsdorf in die Pfarrei gehöre. Der Zehnt des Stiftes Pfalzel in Kaschenbach wird mit jährlich einem Malter und vier Vierteln Korn und ebensoviel Hafer angegeben. Das

Stift Pfalzel bemerkt dazu, der Zehnt sei sehr gering. Es sei ein „Saahl"-Zehnt. Bei der Abtei Ören in Trier liege der Fall ähnlich; diese habe die Baupflicht mit dem Argument bestritten, diese betreffe nur die Hauptzehntherren (KP zum 5. Februar 1780, 20. Juni, 21. Juli und 17. August 1781). – Das Inventar von 1802 nennt als Kapitelsgut Ackerland in Kaschenbach, das für 56 fr. verpachtet sei.

Diese Zehnt- und Pacht-Rechte in Kaschenbach gehen vielleicht auf Schenkungen des 9. und 10. Jahrhunderts an das Frauenkloster zurück, die als *terra salica* von Ittel aus verwaltet wurden. Vgl. dazu § 28.

Kyll (n Trier). Gehört zur Pfarrei Ittel.

Maring (w Bernkastel). Kapelle St. Remigius. Filiale von Noviand.

Mertesdorf (nö Trier). Filiale der Hauspfarrei St. Michael der Benediktinerabtei St. Maximin/Trier. Einige wohl zur Grundherrschaft gehörende Häuser gehörten zur Stiftspfarrei St. Nikolaus des Stiftes Pfalzel.

Messerich (sw Bitburg). Landkapitel Kyllburg-Bitburg. Patrozinium: St. Martin. Filialen: Nieder- und Oberstedem. Vgl. Fabricius 5,2 S. 39; Pauly, SiedlPfarrorg 3 S. 206f.; Heyen, Benediktinerinnenkloster Pfalzel S. 47.

1636 verkaufen Dekan und Kapitel des Stiftes Pfalzel rückkaufbar ihren Zehntanteil zu Messerich. Nach mehrfachem Besitzerwechsel wird er 1743 vom Stift zurück erworben (K Best. 157 Nr. 374). In der Aufzeichnung über Zehntverpachtungen von 1600 ist dieser Zehnt mit vier Quart Korn und zehn Quart Hafer genannt (Mischbd StadtBi Bl. 53r). Er gehörte zur Ausstattung der Kirchenfabrik und ist in den Rechnungen des 18. Jahrhunderts (K Best. 157) mit drei Maltern Getreide ausgewiesen. 1782/84 wird das Stift als Kondezimator aufgefordert, zum Bau beizutragen (KP zum 19. Juli 1782, 14. Februar, 6. Juni, 1. August, 8. Oktober 1783, 23. April, 7. Mai, 10. und 24. Oktober 1784).

Die Rechte in Messerich könnten ähnlich wie in Kaschenbach Überbleibsel eines alten, noch in die Zeit des Frauenklosters zurückreichenden Besitzes sein, der vielleicht als Außenstelle zur Grundherrschaft Ittel zählte. Vgl. hier bei Ittel und in § 28.

Morbach (sö Bernkastel). Kapelle St. Anna/St. Agatha. Filiale von Bischofsdhron.

Pauly, SiedlPfarrorg 2 S. 39 und 65 zitiert aus der Verfügung Erzbischof Kunos von 1374 über den Gottesdienst an Sonn- und Feiertagen in der Pfarrkirche zu Bischofsdhron und deren Filialen in Morbach, Heinzerath und Gonzerath (nur im gleichzeitigen Protokoll-Kopiar überliefert: K Best. 1 C Nr. 6 Stück 614; vgl. oben bei Bischofsdhron) als Patrozinium von Morbach „Ada (= Adela)". In dem genannten Protokolltext steht: *filiales seu capellae s(an)c(t)i Ade in Moerbach* ... etc. Man kann aus dieser Überlieferung zumindest soviel schließen, daß dem Protokollanten eine heilige Ad(el)a nicht eben bekannt war, sonst hätte er bei der Sanctus-Abkürzung nicht die maskuline Form gewählt. Für spätere Jahrhunderte sind als Patrozinien überliefert: 1569 Agatha, 1669 Anna und Agatha, 1715 Anna, 1830 Anna (de Lorenzi, Beiträge 1 S. 108), auch heute Anna (Schematismus Trier 2004 S. 141). Insbesondere die „Unsicherheit" zwischen Agatha und Anna kann für älter Adela (im Sinne Paulys) sprechen, war dann 1374 aber kaum noch bekannt. Da Adela sonst nicht als Kirchen-Patronin bekannt ist (vgl. § 20) und das Stift Pfalzel erst 1315 die Pfarrei Bischofsdhron (mit der Filiale Morbach) erhielt, also nicht als Vermittler eines Adela-Patroziniums in Betracht kommt, wird man gut daran tun, die Interpretation Paulys „Ada = Adela" unbeachtet zu lassen und ein Miß- oder Unverständnis des Protokollanten von 1374 bei einer ihm übergebenen Vorlage des Stiftes Pfalzel zu sehen, die ihn womöglich sogar zu der irrigen Angabe *sancti Ade* verleitet haben könnte. Daß man später von Agatha zu Anna „wechselte", bleibt damit dennoch merkwürdig.

Nonnweiler (s Hermeskeil; früher Landkreis Trier, seit 1946 Saarland). Landkapitel Wadrill. Patrozinium: St. Hubertus, später zusätzlich St. Antonius. Filialen: Bierfeld; Anfang des 17. Jahrhunderts wurden die kurtrierischen Orte Otzenhausen und Schwarzenbach aus dem evangelisch gewordenen Pfarrbezirk Sötern der Pfarrei Nonnweiler eingegliedert, ebenso 1752 der Ort Eisen aus der Pfarrei Achtelsbach. Vgl. Fabricius, Erl 5,2 S. 128; Pauly, SiedlPfarrorg 4 S. 95 f.; Kdm. Trier-Land S. 255 f. (Hubertushorn und Hubertusschlüssel in der Kirche); Heyen, Benediktinerinnenkloster Pfalzel S. 51 f. Brommer, Feuerstätten S. 511 (Stift Pfalzel als Zehntherr: $2/3$ Stift, $1/3$ Pfarrer).

Der Kustos des Stiftes Pfalzel besaß das Kollationsrecht der kleinen Pfarrei Nonnweiler und bezog zwei Drittel des Zehnten. Er hatte aus diesen Einnahmen Meßwein, Wachs, Kirchenwäsche und Glockenseile der Stiftskirche in Pfalzel zu bezahlen. Ein Drittel des Zehnten erhielt der Pfarrer (Präsentation bezeugt 1525 in K Best. 1 A Nr. 2986; Präsentationsformular in Mischbd StadtBi Bl. 5r; Leistungen in Pfalzel bezeugt 1802 in K Best. 276). Wenn somit die Rechte des Stiftes Pfalzel auch erst sehr spät bezeugt sind, so kann doch kein Zweifel bestehen, daß Nonnweiler schon zu den Besitzungen des Nonnenklosters und nach dessen Aufhebung zur Erstausstattung des Stiftes gehörte. Die romanische Kirche von Nonnweiler erhielt 1787, also noch zur Stiftszeit, einen Neubau (Kdm. a.a.O.).

Noviand (w Bernkastel). Landkapitel Piesport. Patrozinium: St. Lambert. Filialen: Maring, Siebenborn. Nach Pauly ursprünglich Teil der Pfarrei Altrich, 1350 „Halb-Mutterkirche", volle Selbständigkeit um 1400. Vgl. Fabricius, Erl. 5,2 S. 59; Pauly, SiedlPfarrorg 2 S. 58 f.

Mit Urkunde vom 2. November 1471 inkorporiert Erzbischof Johann von Trier dem Stift Pfalzel die Pfarrkirchen von Bernkastel und Noviand mit der Bestimmung, in Bernkastel eine Plebanie und in Noviand eine Vikarie einzurichten. Diese und die in den Kirchen vorhandenen Altäre seien durch den

Dekan des Stiftes zu vergeben. Nach Abzug der Kompetenz für diese Kleriker seien zunächst aus Bernkastel 40 fl. und aus Noviand 20 fl. für eine Memorie des Erzbischofs im Stift Pfalzel zu verwenden, die weiteren Überschüsse dann für die Präsenz des Stiftes (K Best. 157 Nr. 104; Goerz, RegEb S. 234). Das Stift hatte im Gegenzug das Nominationsrecht aller Kanonikate und Präbenden dem Erzbischof übergeben, doch hatte Erzbischof Johann bereits am 7. Dezember 1471 erklärt, falls der Papst der Inkorporation nicht zustimmen werde, sei auch die Übergabe des Nominationsrechtes hinfällig (ebenda Nr. 105; Best. 1 C Nr. 17 Stück 766 f.; Goerz, RegEb S. 234). Am 14. März 1472 beauftragte Papst Sixtus IV. den Dekan von St. Florin/Koblenz, die Angelegenheit zu untersuchen und bei einem positiven Ergebnis die Inkorporationen zu vollziehen (ebenda Nr. 106; StadtBi Trier Hs. 1692/329). In die Verhandlungen mit der Kurie wurden dann neben dem Besetzungsrecht des Erzbischofs an den Kanonikaten des Stifts Pfalzel auch Pfründen an den Burgen in Limburg und Ehrenbreitstein einbezogen, worüber schließlich eine umfangreiche Bulle Papst Sixtus IV. vom 21. Januar 1477 entschied (vgl. ausführlich in § 8 Abschn. C), worauf Ludwig Sauerborn, Dekan von St. Florin, am 10. Dezember 1477 die Inkorporationen vollzog (K Best. 157 Nr. 107). Dann aber gab es neue Probleme in Bernkastel, sodaß schließlich in zwei Urkunden vom 28. und 29. August 1501 einerseits Dekan und Kapitel von Pfalzel zugunsten des Erzbischofs auf ihre Rechte an der Pfarrei Bernkastel und anderseits der Erzbischof auf das ihm übertragene Nominationsrecht an den Kanonikaten verzichteten (ebenda Nr. 127 und 128; Best. 1 C Nr. 17 Stück 700 und 700b). Als Begründung wird lediglich angegeben, daß hinsichtlich Bernkastel *nullus est effectum sortita neque ut facile sortiatur speratur*. Das Stift Pfalzel hat somit an Bernkastel faktisch nie Rechte erworben.

Anderseits bedeutete diese Transaktion für das Stift doch einen deutlichen Gewinn, weil es die, wenn auch kleine Pfarrei Noviand lediglich für die „Gegenleistung" einer Memorie des Erzbischofs erhalten und das als Gegenleistung für die beiden Pfarreien eingebrachte Nominationsrecht behalten hatte. Das Stift bezog in der Pfarrei Noviand ein Drittel (1589 die Hälfte) des Zehnten und hatte den Vikar zu besolden. Die anderen zwei Drittel erhielt der Erzbischof von Trier. Das Kollationsrecht an der Pfarrkirche Noviand hatte der Dekan. Vor 1779 war eine Erneuerung des Chores der Kirche in Noviand erforderlich (K Best. 157 Nr. 307; zum Neubau der Kirche 1765–1789 durch den Erzbischof vgl. K Best. 1 C Nr. 12333; Kdm. Krs Bernkastel S. 306).

Pfalzel (nö Trier, heute Stadtteil von Trier). Burdekanat. Patrozinium: St. Martin. Filialen: der größere Teil von Biewer. Vgl. Fabricius, Erl. 5,2 S. 19; Pauly, Siedl-Pfarrorg 6 S. 281–288; Heyen, Benediktinerinnenkloster Pfalzel S. 29–38.
Bei der Abtrennung eines Teiles der Grundherrschaft Pfalzel zur Gründung eines Frauenklosters durch Adela um 710 blieb die bestehende (Pfarr-)Kirche St. Martin bei

dem größeren übrigen Teil, der – auf welchem Weg auch immer – später an den Erzbischof von Trier fiel. Dieser war und blieb Patron und Hauptdezimator dieser Pfarrei. In urkundlich besser dokumentierter Zeit erhielt der Pfarrer ein Drittel des Zehnten; es kam vor, ist aber keine Norm, daß ein Vikar und auch seltener ein Kanoniker des Stiftes Pfalzel diese Pfründe besaß. An den übrigen zwei Dritteln des Zehnten waren der Erzbischof von Trier und mit geringeren Anteilen die Benediktinerabtei St. Marien ad martyres/Trier (in Biewer) und das Stift Pfalzel (wohl für seinen Teil der Grundherrschaft; vgl. § 28) beteiligt. Das Stift Pfalzel als solches hatte keine jurisdiktionellen Rechte an dieser Pfarrei. Differenzen mit der kurfürstlichen Hofkammer wegen Zehnten zu Pfalzel sind zu 1725 überliefert (BistA Trier Abt. 65 Nr. 83).

Mehrere Kanoniker und Vikare des Stifts Pfalzel waren zeitweise auch Pfarrer von St. Martin. Das ist in den Personallisten nachgewiesen. Vgl. auch den Index. Eine Liste der bisher bekannten Pfarrer verzeichnet Thomas van Zanten in Pfalzel 1989 S. 191–197.

Als die Pfarrkirche St. Martin um 1750 einsturzgefährdet war, erlaubte das Stift 1771, den Pfarrgottesdienst bis zum Neubau der St. Martin-Kirche (nach 1778 abgeschlossen) in der St. Nikolaus-Kirche der Stiftspfarrei zu halten. Die Mutmaßungen und Konstruktionen Paulys über die Anfänge der Pfarrei Pfalzel sind hier nicht zu erörtern.

Hinweise: Descriptio jurium, documentorum et fundationum ecclesie parrochialis sancti Martini von 1788 (Kopie) in K Best. 1 C Nr. 12376. Vermessung von Zehntländereien zwischen dem Stift Pfalzel und der Abtei St. Marien ad martyres 1561 (Mischbd StadtBi Bl. 171r und Kopiar PfarrA Bl. 81), Verzeichnis der Stiftszehnten 1561 und 1650 (ebenda Bl. 35–38).

Pfalzel (nö Trier, heute Stadtteil von Trier). Burdekanat. Stiftspfarrei. Patrozinium: St. Nikolaus. Filialen: Eitelsbach, einige Häuser in Biewer und Mertesdorf. Vgl. Fabricius, Erl. 5,2 S. 19; Pauly, SiedlPfarrorg 6 S. 281–288; Heyen, Benediktinerinnenkloster Pfalzel S. 29–38.

Wie in Stiften und Klöstern üblich, hatte auch das Stift Pfalzel eine vom territorialen Pfarrverband exemte Personal-Pfarrei für die *familia* des Stiftes, in die – wie auch in benachbarten, vergleichbaren Institutionen – die Menschen der unmittelbar angrenzenden Grundherrschaft einbezogen waren. Dies gilt hier neben einem Teilbereich von Biewer namentlich für die arrondierte Grundherrschaft Eitelsbach (-Mertesdorf) am gegenüberliegenden Ufer der Mosel. Das scheint wegen des vermeintlich „begrenzenden" Flusses ungewöhnlich, wobei aber übersehen wird, daß Flüsse nicht Grenze, sondern verbindendes Element sind.

Die *cura animarum* der Pfarrei hatte der jeweilige Dekan des Stiftes inne, der sie in der Regel durch einen Vikar ausüben ließ. Er war verpflichtet, an allen Sonn- und Feiertagen, an den sieben Marienfesten, den Apostelfesten und am Patronatsfest eine hl. Messe zu feiern, und zwar an den Sonntagen für die Gemeinde (*populus*) mit einer Predigt/Verkündigung (*cum contionem*), sowie die Gottesdienste etc. gemäß den Stiftungen zu halten (so Mitte 16. Jh. in Mischbd StadtBi Bl. 14r. und Kopiar PfarrA Bl. 77r). Der Dekan zahlte im 18. Jahrhundert dem Kaplan/Vikar jährlich 50 fl. Besoldung (K Best. 276 Nr. 2681).

Die St. Nikolaus-Kirche, die in umittelbarer Nähe der Stiftskirche lag, wurde von dem Pfalzeler Dekan Johann von Lutzerath (gest. 1527/28) von Grund auf neu gebaut. Dekan Lutzerath stiftete auch zwei Wochenmessen, dienstags zu Ehren der hl. Anna, freitags in Erinnerung an die *passio Christi*. Die Kirche, in der Lutzerath auch begraben wurde, wurde später oft als Kapelle bezeichnet (vgl. § 31, Liste der Dekane). In der Folge wählten auch einige weitere Dekane hier ihre Grabstätte. Beim Brand 1689 wurde die Kapelle beschädigt (vgl. K Best. 157 Nr.304). Vgl. § 3 Abschn. A 4b.

Pfalzel (nö Trier). Burgkapelle St. Michael.

Daß sich in der im anderen Teil des römischen Palatium zur Residenz des Trierer Kurfüsten ausgebauten Burg eine Kapelle befand, ist selbstverständlich. Sie wird urkundlich erstmals 1333 genannt (vgl. § 25). Daß die Betreuung dieser St. Michaels-Kapelle dem unmittelbar neben der Burg gelegenen St. Marien-Stift aufgetragen wurde, ist ebenfalls nicht erstaunlich. Eine entsprechende Vereinbarung oder Stiftung eines der Erzbischöfe ist freilich nicht bekannt.

Nach jüngeren Nachweisen waren die Vikare und Altaristen des Stiftes verpflichtet, täglich in der Schloßkapelle eine hl. Messe zu zelebrieren. Dafür erhielten sie aus dem Zehntanteil (ein Drittel) des Pfarrers der Stadtkirche St. Martin jährlich sechs Malter Korn, die vom kurfürstlichen Kellner zu Pfalzel erhoben und unmittelbar (also nicht über den Pfarrer) an die Vikare abgeführt wurden. Da die Vikare aber im 16. Jahrhundert ihrer Verpflichtung zur täglichen Zelebration nur selten nachkämen – 1551 waren zudem von den fünf vorhandenen Pfründen nur zwei besetzt – erreichte es 1551 der damalige Pfarrer der Stadtpfarrei St. Martin, der kurfürstliche Kaplan und Scholaster des Stiftes Johann Römer, daß Erzbischof Johann anordnete, die sechs Malter Korn künftig an den Pfarrer zu liefern, der dann verpflichtet sei, die Vikare zu entlohnen, falls sie tatsächlich im Schloß zelebrierten. Das bedeutete natürlich in erster Linie eine Verbesserung der Kompetenz des Pfarrers (Kopiar StadtBi Bl. 38r).

Diese Regelung wurde aber bereits im folgenden Jahr 1552 durch die Zerstörung des Schlosses mitsamt der St. Michaels-Kapelle durch Markgraf Albrecht Alkibiades hinfällig. Die Zelebrationsverpflichtung der Vikare wurde damit aber nicht annulliert, sondern in die St. Martin-Kirche übertragen, in der die Vikare nun abwechselnd wöchentlich zwei Messen lesen sollten; dafür erhielten sie weiterhin aus dem einen Drittel des Zehnts des Pfarrers jährlich sechs Malter Korn. Mit der Reduzierung der Zahl der Vikare auf drei durch das Statut von 1595 (vgl. §§ 10 und 15) erhielt nun jeder Vikar jährlich zwei Malter. Diese Beschränkung auf drei Vikarien mit je zwei Malter Korn 1595 ist aber offensichtlich lediglich die Kodifizierung eines – wenn auch nur wenig –

älteren Standes. In einem (nur in einem notariellen Auszug des 18. Jahrhunderts überlieferten) Protokoll des Notars Balthasar Heuschen Ellensis von 1588 heißt es dazu nämlich (Kopiar PfarrA Nr. 20 S. 4; B. Heuschen ist am Offizialat Trier 1608–1629 bezeugt): Jeder Vikar oder Altarist, der die Wochenmesse, *so sie hie bevor, ehe daß schloß durch den marckgrafen de (Brandeburg) verbrennet, in capelle sti Michaelis celebriret haben, und nunmehro in parochia sti Martini gehalten werden, wan sie selbst praesentes den dinst verrichten, ex parte 3tia decimarum pastoris ibidem an korn 2 malter erhalten.*

Visitationen von 1644, 1652 und 1673 bestätigen sowohl die Verpflichtung der Vikare, im Turnus die Wochenmessen zu zelebrieren, als auch den Anspruch auf die sechs Malter Korn. 1652 wurde aber immerhin bestimmt, daß demjenigen, der seiner Zelebrationsverpflichtung nicht nachkomme, von seiner Kompetenz ein entsprechender Anteil abzuziehen sei. 1703 schließlich wandte sich Pfarrer Feiler an die kurfürstliche Verwaltung und trug vor, daß einerseits sein Einkommen ohnehin sehr gering sei und durch die Abgabe der sechs Malter Korn an die Vikare des Stiftes weiter geschmälert werde, und anderseits es inzwischen üblich geworden sei, daß die Vikare an zwei Wochen nur je eine Messe und nur in der dritten Woche zwei Messen läsen, und zwar an einem ihnen beliebigen Tag und zu beliebiger Zeit. Pfarrer Feiler machte daher den Vorschlag, ihn entweder von der Zahlung der sechs Malter zu befreien – wobei er offen ließ, wer dann die Vergütung der Vikare übernehmen solle –, oder sein eines Drittel am Zehnt zu den übrigen zwei Dritteln hinzuzufügen und ihm dann (aus der Gesamteinnahme an Zehnten) eine ausreichende Kompetenz zu zahlen. Die kurfürstliche Verwaltung gab am 20. November 1703 Anweisung, die strittigen sechs Malter Korn künftig aus der kurfürstlichen Kellerei zu zahlen, was praktisch einer Erhöhung der Kompetenz des Pfarrers von St. Martin um diese Summe gleichkam (Kopiar der Pfarrkirche K Best. 1 C Nr. 12376; vgl. auch K Best. 157 Nr. 308).

Platten (w Bernkastel). Filiale von Altrich. 1527 Verpachtung des Zehnten zu Platten (Kopiar BistA S. 165). Zur möglichen Herkunft dieses Zehntanteils (1429?) vgl. § 28 zu Platten.

Rapperath (sö Bernkastel). Kapelle St. Jakob. Filiale von Bischofsdhron. Am 21. Februar 1628 gestatten Dekan und Kapitel des Stifts Pfalzel in einer Vereinbarung mit der Gemeinde Rapperath, daß der Pfarrer von Bischofsdhron verpflichtet wird, einen Kaplan zu halten, der in Rapperath „gewissen Kirchendienst" (gemäß einem Transfix, das aber nicht kopiert ist) tun solle, weil die Filiale zu weit vom Pfarrort entfernt sei und deshalb der Sonntags-Gottesdienst oft versäumt werde (Abschrift in Mischbd StadtBi Bl. 55r; gedruckt Wengler, Pfalzel S. 18f.). Ob die Vereinbarung zustande kam, konnte nicht festgestellt werden.

Sehl (ö Cochem; seit 1932 eingemeindet). Kapelle St. Antonius. Filiale von Cochem. Vgl. Kdm. Krs Cochem (1959) S. 231–233.

1493 berichtet die Gemeinde Sehl, daß nach altem Brauch an Pfingsten eine Prozession (*statio sive processio solempnis*) von der Stadt (*a regente et populo opidi*) Cochem zur Kapelle in Ebernach geht, wo eine Sakramentsverehrung stattfindet. Bei der Rückkehr mache man eine *statio* vor dem *vicus sive ville Sehl prope ymagines crucifixi et aliorum sanctorum in thugurio* (später: *sive domunculum*) *nondum consecrato*. Dort würden die vier Anfänge (*initia*) der Evangelien nach den vier Himmelsrichtungen (*mundi facies*) mit vier Responsorien gesungen. Nach Cochem zurückgekehrt, werde dort eine hl. Messe gefeiert. Die Gemeinde erbittet nun – vorbehaltlich der Pfarr-Rechte Cochems – die Erlaubnis zum Bau und zur Konsekration einer Kapelle in Sehl mit einem Altar zu Ehren der heiligen Antonius abbas, Wolfgang episcopus, Beata Maria virgo, Hupertus episcopus und Lucia virgo, mit einer Öllampe und allen notwendigen Geräten sowie mit der Dotierung für eine Wochenmesse am Dienstag. Dekan und Kapitel von Pfalzel als Pfarrer zu Cochem gestatten dies mit ihrer Urkunde vom 17. April 1493, vorbehaltlich aller Pfarr-Rechte und mit der Einschränkung, daß die Dienstagsmesse an allen Festtagen ausfallen müsse, aber am folgenden Tag nachgeholt werden könne, sowie mit bestimmten Klauseln für Anniversarien (K Best. 157 Nr. 117). Am 1. Mai 1483 verschreiben Heimburger und die ganze Gemeinde Sehl der neu errichteten Kapelle (mit den oben genannten Patronen) bzw. dem Pfarrer zu Cochem zur Stiftung einer Wochenmesse dienstags oder donnerstags eine Rente von jährlich sechs Gulden (ebenda Nr. 193).

Siebenborn (w Bernkastel). Keine Kapelle. Filiale von Noviand.

Wederath (sö Bernkastel). Kapelle St. Antonius. Seit 1587 Filiale von Bischofsdhron (s. dort).

Wehlen (nw Bernkastel). Das Stift Pfalzel bezog hier einen Teil der Zehnten (nach Fabricius, Erl 5,2 S. 64 den Weinzehnten). Diese Rechte sind in Zusammenhang mit dem zur Erstausstattung des Stiftes gehörenden, sehr wahrscheinlich auf das Frauenkloster zurückzuführenden Besitz eines Hofgutes in Wehlen zu sehen. Vgl. § 28. 1711 muß das Stift den Chor der Kirche finanzieren (Mischbd StadtBi Bl. 5v).

Wenigerath (sö Bernkastel). Ohne Kapelle. Filiale von Bischofsdhron.

Winneburg (w Cochem). Burgkapelle. Liegt im Gebiet der Pfarrei Cochem (s. dort).

7. PERSONALLISTEN

Vorbemerkung

Neben den üblichen Einzelnachweisen in Urkunden, Amtsbüchern und Akten sind für die nachfolgenden Personallisten vornehmlich zwei Sonderquellen grundlegend: ein „Pfründenverzeichnis" ab ca 1550 und eine Zusammenstellung der Residenzmeldungen 1500–1686. Mit diesen Grundlagen sind die Nachweise – zum Teil präzisiert bei den Pfründenverleihungen durch die Erzbischöfe in der erzbischöflich-kurtrierischen Zentralüberlieferung – für die Kapitularkanoniker ab ca 1500 vollständig; bei Extrakapitularen, Vikaren und Altaristen sind Ergänzungen möglich.

„Pfründenverzeichnis" (hier Abkürzung PV). Im Kopiar des Pfarrarchivs (Nr. 1 Bl. 19–21) ist ein Verzeichnis der *Allodia dominorum capitularum ecclesie BMV Palatiolensis* von 1550 eingetragen, das nach Pfründen untergliedert (Dekan, Scholasterie und elf Kanonikerpfründen) die allodialen Grundgüter in den einzelnen Fluren der Gemeinde Pfalzel beschreibt. Dieses für die Wirtschaftsgeschichte wohl relativ unbedeutende Verzeichnis ist im Mischband StadtBi Trier (Hs 1678/343 Bl. 10–13) 1567 von dem Kanoniker Christoph Grietzer abgeschrieben. Am Rand dieser Abschrift wurden dann in den folgenden Jahrhunderten fortlaufend die Inhaber der Pfründen namentlich, vielfach auch mit Daten, beigeschrieben, womit eine gute Quelle für die Personallisten des Kapitels entstanden ist. Im 18. Jahrhundert hat man auf die Erstaufzeichnung im genannten Kopiar zurückgegriffen und dort die Namen der Pfründeninhaber notiert. Bei einigen Namen sind ausführlichere Angaben zugefügt. Die so seit 1550 im Stift geführten Listen der Inhaber der einzelnen Pfründen sind weiter unten in zusammengefaßter Form wiedergegeben. Neben anderen Informationen geben sie einen guten Überblick über die Besetzungsdauer der einzelnen Pfründen. Im den nachstehenden Listen der §§ 31–35 sind die Pfründen von 3–13 durchgezählt.

„Residenzmeldungen" (hier Abkürzung RM). Der Mischband StadtBi Trier Hs 1678/343 enthält Protokoll-Eintragungen über die Meldungen zur Präsenz beim Generalkapitel (am 15. Juni) für das folgende Kapitelsjahr ab 1500 (mit Lücken; s. u.) und ergänzt damit das „Pfründenverzeichnis" bzw. ermöglicht eine Überprüfung von dessen Eintragungen. Residenzmeldungen sind (Bl. 29, 32–42, 44, 46–58, 68–73) eingetragen für die Jahre 1500, 1505, 1506, 1527, 1567–1572, 1574–1576, 1600, 1601, 1603, 1607, 1611, 1651–1662, 1675, 1677–1686. Vollständige Kapitels-Protokolle sind nur erhalten für die

Jahre 1760–1780 (vgl. § 4). Im Unterschied zum „Pfründenverzeichnis" sind bei den Residenzmeldungen auch Vikare und Altaristen genannt.

Die Listen der Pröpste und Dekane bei Brower (Metropolis 1 S. 219–221), Schorn (Eiflia Sacra 2 S. 319–321) und Wengler (Pfalzel S. 40–46, dort S. 47–50 auch weitere Kapitelsmitglieder) sind hier eingearbeitet, aber nur da verwiesen, wo es sich um abweichende (auch falsche) oder kommentierende Nachweise handelt.

Pfründenverzeichnis (PV) im Verzeichnis der Allode
Vgl. zu Allode § 11 Abschn. A 3b und § 27 Abschn. B 3b.

Pfründe 1
    Amtspfründe des Dekans. Vgl. hier § 31.

Pfründe 2
    Amtspfründe des Scholasters. Vgl. hier § 32.

Pfründe 3
1523–1566	Nikolaus Landt von Zell
1566–1568	Johann Hoest
1568–1577	Johann Busbach
1577–ca 1590	Johann Grin
1591–1626	Peter Haaß
1626–1630	Lothar Göbel
1630–1663	Kaspar Kröschel
1663–1699	Johann Maeß
1699–1721	Richard Umbscheiden
1721–1755	Stephan Puricelli
1755–1767	Nikolaus Beries
1767–1781	Michael Johann Anton Jurianus
1786–1802	Josef Anton Pfeifer

Pfründe 4
1527–1557	Johann Dungin
1557–1565/6	Johann Homphäus
1565/6–1575	Ludwig Pfalzel
1575–1594	Matthias Dominici Vitensis
1594–1612	Balthasar Odelerus aus Cochem
1598	Unierung mit der Pfarrei Cochem

Pfründe 5
1527–1561	Hieronymus Metzenhausen
1561–1571	Adam Dupgen von Sierck
1572–1592	Michael Heimann
1592–1608	Jakob Fischer
1606–ca 1650	Peter Tandel

1650–1689　Johann Wilhelm Lettig
1689–1701　Nikolaus Heins
1701–1709　Damian Hartard Brandt
1709–1760　Peter Ernst Hoffmann
1760–1774　Stephan Miltz
1774–1788　Karl Josef Coenen
1788–1802　Johann Jakob Hoffmann

Pfründe 6
1556/7　　Dietrich Manderfeld
1558–1567　Johann von Fell
1567–1577　Johann von Büchel
1577–1583　Friedrich von Breitscheid/Viandanus
1583–1586　Adrian Loyaris
[1585]–1602　Nikolaus Gelen
1602–1612　Johann Borgius
1612–1620　Balthasar Wilhelm von Boningen
1620–1628　Matthias Wilhelm von Boningen
1628–1699　Claudius de la Tour
1699–1729　Nikolaus Eringer
1729–1772　Johann Udalrich Miltz
1772–1802　Johann Philipp Hahn

Pfründe 7
1546–1558　Johann Forßweiler
1558–1592　Anton Trevir
1592–1598　Nikolaus Ruland
1598–1611　Augustin Senheim
1611–1640　Paul Wolter
[1651]–1677　Franz Theoderich von Villesuryon
1677–1715　Johann Winrox
1715–1733　Johann Michael Lanser
1733–1746　Gerhard Reuß
1746–1794　Josef Eberhard
1794–1802　Josef Anton Ignaz Franz Settegast

Pfründe 8
1545–1575　Philipp Wher
1575–1596　Nikolaus Gulich
1596–1604　Anton Hausmann
1604　　　　Theoderich von Horst
1604/5　　Johann Theoderich Belva
1605/7　　Moritz Belva
1607/11　　Anton Murtzer
1607/11–ca 1635　Leonard Leonardi
ca 1635–1674　Peter Dillen
1674–1736　Anton Reuß
1736–1779　Heinrich Ludwig Ebentheuer
1779/82–1802　Johann Michael Schimper

Pfründe 9
- 1555–1566 Johann Krebs
- 1566–1583 Peter Lesch
- 1583–1615 Johann Leonardi
- 1615–1632 Jakob Heck Tectonius
- 1632–1642 Johann Klotten
- 1642–1694 Johann Reinhard Gulken
- 1694–1727 Ferdinand von Ballonfeaux
- 1727–1729 Johann Matthias von Eyss
- 1729–1756 Karl Kaspar von Nalbach
- 1756–1802 Johann Matthias Ignaz von Kaysersfeld

Pfründe 10
- 1549–1574 Johann Römer
- 1574–1585 Johann Wimpheling
- [1583]–1586 Adrian Loyaris
- 1586–1595 Otto Gorgon
- 1595–1606 Johann Simon Senheim
- 1606–1651 Hermann Rodt
- 1651–1658 Johann Berg
- 1659–1689 Johann Adolf Umbscheiden
- 1689–1729 Johann Theoderich Lutzkirchen
- 1729–1758 Karl Kaspar Lauter
- 1758–1781 Johann Adam Lauter
- 1781–1789 Peter Christian Eberhard
- 1790–1802 Peter Josef Weber

Pfründe 11
- 1557–1578 Christoph Grietzer
- 1578–1593 Nikolaus Aldenborn
- 1593–1606 Johann Vianden
- 1606–1639 Johann Zandt
- 1639–1671 Gerhard Weiß
- 1671–1693 Peter Hennig
- 1693–1708 Georg Gerhard Gruntinger
- 1708–1757 Johann Jakob Ebentheuer
- 1757–1765 Johann Franz Richardi
- 1765–1782 Johann Josef Hurth
- 1783–1802 Clemens Wenzeslaus Anton Josef Maehler

Pfründe 12
- 1558–1567 Johann Cleser aus Zeltingen
- 1567–1572 Leonard Kremer
- 1572–1591 Johann Heinrich Ürzig
- 1591–1605 Johann Musiel
- 1605–ca 1641 Sebastian de la Tour
- vor 1641 Johann Jodok Kuntzer
- 1641–1687 Anton Kasel
- 1687–1695 Johann Arens

1695–1701	Johann Hugo Friedrich von Anethan
1701–1717	Johann Heinrich von Anethan
1717–1734	Christoph Meyer
1734–1744	Martin Carove
1744–1760	Karl Kaspar Schilli d. A.
1760–1802	Karl Kaspar Schilli d. J.

Pfründe 13
1517–1547	Johann Sierck
1547–[1595]	Peter Homphäus
1600–1635	Nikolaus Lettig
1635–1658	Stephan Blondel
1658–1670	Heinrich Bayet
1670–1692	Paschalis Britz
1692–1731	Nikolaus Henriot
1731–1752	Johann Markus Masius
1752–1764	Franz Georg Stammel
1764–1773	Cornelius Mais
1773–1802	Johann Balthasar Kirn

§ 30. Liste der Pröpste

Adelbero. 1068 als Propst Zeuge bei Erzbischof Udo (MrhUB 1 Nr. 367 S. 424).

Regenher. 1071 Propst (MrhUB 1 Nachtrag Nr. 4 S. 719, Nr. 371 S. 429). Wohl identisch mit dem 1052 als Kleriker und als Subdiakon, 1061 und 1068 als Diakon und um 1070 als Kaplan des Erzbischofs bezeugten Regenher/Reginher/Regignerius (MrhUB 1 Nr. 338, 339, 355, 367 S. 393, 394, 412, 424; MrhR 3 Nachtrag S. 650 Nr. 2277).

Folmar. ca 1136 Propst (MrhR 1 S. 515 Nr. 1896). Nach der Rangstellung in der Zeugenliste dieser Urkunde könnte er identisch sein mit dem 1131/32–1143 bezeugten gleichnamigen Domdekan.

Robert. 1153–1162/65 Propst (MrhUB 1 Nr. 574 S. 631, Nr. 635 S. 694; MrhR 4 S. 707 Nr. 2290). 1157 ist er auch Dekan von St. Florin in Koblenz (MrhUB 1 Nr. 604 S. 665; Diederich, St. Florin/Koblenz S. 234), 1160 auch *vicedominus* des Erzbischofs Hillin (MrhR 2 S. 50 Nr. 170 f.). Er ist relativ häufig in Urkunden im Umkreis des Erzbischofs genannt.

Gerhard. 1167–1181/97 Propst. Als Propst von Pfalzel bezeugt zwischen 1167 (MrhUB 1 Nr. 650 S. 706) und 1181 (ebenda 2 Nr. 50 S. 90), seit 1181 auch Propst von St. Simeon in Trier. Wahrscheinlich hatte er die Propstei von Pfalzel bis zu seinem Tod. Vgl. Heyen, GS NF 41, St. Simeon S. 742 f. mit weiteren Angaben.

Otwin/Udowin. (1198–) 1212 (–1217/18) Propst. Als solcher ist er nur einmal in einer Urkunde von 1212 für das Stift selbst bezeichnet (Inkorporation von Ittel; MrhUB 2 Nr. 283 S. 318)[1]). 1198–1217/18 ist er Archidiakon und Propst von Karden (ebenda Nr. 176 S. 218 und 3 Nr. 64 S. 66; Pauly, GS NF 19, Karden S. 299). Die Daten für Otwin als Archidiakon von Karden konkurrieren 1217/18 mit denen des Archidiakons Johann, der auch Propst von Pfalzel war (s. nachstehend). Die Datierungen bedürften einer engeren Interpretation[2]). Seit sicher 1201 ist Otwin auch Domscholaster (ebenda 2 Nr. 191 S. 229). Er ist ein Neffe des Erzbischofs Johann (Legat in dessen Testament: ebenda Nr. 297 S. 331; vgl. Loenartz-Corsten, Erzbischof Johann S. 134). – Siegel: rund, 50 mm. Im Siegelfeld halbfigürliche Darstellung eines Mannes mit Kopf im Profil, in der Rechten eine Palme, in der Linken ein Buch haltend. Umschrift: OTVVIN(us) D(e)I GRA(ti)A TREVERENSIS ARCHIDIACO(nus). Abdruck von 1212 und 1217 (K Best. 157 Nr. 4; Best. 112 Nr. 5). Abb. Ewald, Rhein. Siegel 4 Tafel 57 Nr. 3.

Johann. 1217–1218 Propst von Pfalzel und Archidiakon (und somit auch Propst) von Karden (MrhUB 3 Nr. 72 S. 73, Nr. 85 S. 84; vgl. Pauly, GS NF 19, Karden S. 299f.; 1217 gibt Johann seine Zustimmung zur Übertragung der Pfarrei Cochem an das Stift Pfalzel). – Siegel: spitzoval, ca 46 × 72 mm. Im Siegelfeld ganzfigürliche Darstellung einer stehenden Gestalt mit Palme in der rechten und Buch in der linken Hand. Umschrift: + JO(HANNES TR)E(VE)R(ensis) ARCH(ID)IACON(us). – Rücksiegel: oval, 34 × 41 mm. Nach links gewendeter Kopf im Profil; ohne Zweifel eine antike Gemme. Umschrift: ANGELVS PACIS. – Beide in Abdruck von 1217, Vordersiegel schlecht ausgeprägt (K Best. 157 Nr. 5; der anderen Lesung von Pauly, GS NF 19, Karden S. 360 mit Beginn S(igillum) kann ich nicht zustimmen). Vgl. Abb. 12a und b S. 187. Nicht bei Ewald, Rhein. Siegel.

Heinrich. 1228–1267 Propst. Urkundlich sehr oft bezeugt zwischen dem 13. Mai 1228 (MrhUB 3 Nr. 342 S. 275) und dem 26. Mai 1267 (MrhR 3 S. 514 Nr. 2268), seit Beginn auch als Domkanoniker und am 24. November 1251 zudem als Kanoniker von St. Paulin vor Trier (MrhUB 3 1124 S. 833). Sein Todesjahr ist nicht überliefert. Vermutlich residierte er in Trier am Dom und nicht in Pfalzel; das zeigt auch die Verfügung des Domkapitels von 1253, mit

---

[1]) Paul BREWER PIXTON, Dietrich von Wied (ArchMrhKG 26. 1974, hierzu S. 69 mit Anm. 102) interpretiert diese erste und einzige Erwähnung als Propst von Pfalzel dahin: Otwin „wurde Propst von Pfalzel im Jahre des Todes seines Oheims" (Erzbischof Johann; s. unten), was aber bloße Behauptung ist.

[2]) Hans-Jürgen KRÜGER, Zu den Anfängen des Offizialats in Trier (ArchMrhKG 29. 1977, hierzu S. 60), datiert den Tod Otwins „nach dem 25. April" 1217. Ihm folge dann Johann.

der festgestellt wird, daß (aktuell, nicht etwa grundsätzlich) neben anderen auch der Propst von Pfalzel wegen Gebrechlichkeit von der Teilnahme an der Matutin im Dom befreit sei und gleichwohl als präsent gelte (MrhUB 3 Nr. 1215 S. 892; die Verallgemeinerung dieser Privilegierung für alle Pröpste des Stiftes Pfalzel bei Wengler, Pfalzel S. 14, ist falsch). In Angelegenheiten des Stiftes Pfalzel ist Propst Heinrich nur 1254 unmittelbar nachweisbar (Kopiar BistA S. 151, unveröffentlicht; vgl. § 28 bei Niderhuysen) tätig, doch könnte die – zumindest in der erhaltenen Überlieferung – ungewöhnliche Förderung des Stiftes durch Erzbischof Theoderich auch auf das gute Verhältnis des Propstes zum Erzbischof (dazu unten) zurückzuführen sein, wobei freilich zu beachten bleibt, daß die Überlassung der Kirche von Cochem an das Stift 1217 noch unter Propst Johann erfolgte. Als Kanoniker von St. Paulin tritt Heinrich nur einmal in Erscheinung, als er sein Nominationsrecht zugunsten des Hermann, Sohn des Tielemann *Boffort* (= Befort?) wahrnahm (vgl. Heyen, GS NF 6, St. Paulin S. 673)[1]). Wahrscheinlich sind Anniversar-Einträge eines H., Propst zu Pfalzel, zum 5. August am Domstift Trier (Präsenzgeldverzeichnis des Domstifts, LaBi Hannover Ms. XVIII, 1006 Bl. 39v) und in Liebfrauen/Trier (mit *Adolph laicus*; K Best. 206 Nr. 102) auf diesen Propst Heinrich zu beziehen.

Zu Erzbischof Theoderich von Wied stand Propst Heinrich in einem engeren Verhältnis. 1238 gehört er zu den fünf zu Testamentsvollstreckern ernannten Personen (MrhR 3 S. 17 Nr. 79). Er muß auch in der erzbischöflichen Verwaltung besondere Funktionen ausgeübt haben, da ihm der Erzbischof 1241 mitteilte, daß er dem Ministerialen Gerhard von Esch besondere Vollmachten wegen dessen Kämmereramt verliehen habe, eine Mitteilung, die nur einen Sinn hat, wenn Propst Heinrich mit dieser Sache befaßt war. – Beim Aufenthalt König Konrads IV. in Trier Anfang März 1242 lieh Heinrich diesem 300 Pfd., wofür ihm der König drei gefangene Trierer Juden anweist, nämlich *Helemannum et Heckelinum, suum generum, de Cogme (Cochem) et Aaron de Crove* (Kröv). Heinrich soll von diesen das dem König gegebene Geld nebst Zinsen erhalten und ist befugt, dazu auch deren Häuser und Güter zu verkaufen. Wenn dies jedoch nicht (voll) gelingt, wird der König das Fehlende aus seinem Besitz hinzufügen. In dieser Urkunde des Königs vom 1. März 1242 wird Propst Heinrich als dessen Kleriker bezeichnet (StadtA Trier Urk. E 35; MrhUB 3 Nr. 699 S. 530; Böhmer-Ficker, Reg. Imp. 5 S. 811 Nr. 4451; Germania Judaica 1 S. 507f. und 2,1 S. 151f.; A. Haverkamp, Die Juden inmitten der

---

[1]) WAMPACH, UrkQLuxemburg 3 S. 578 Nr. 516 nennt Heinrich zu 1265 auch als Kanoniker von St. Simeon in Trier. Das ist falsch. In der zuverlässigen Überlieferung K Best. 211 Nr. 2119 Stück 173 S. 974f. zur Urkunde vom 2. August 1265 steht richtig „Domkanoniker".

Stadt [Trier] [2000 Jahre Trier 2. 1996] S. 481). – In dem nach dem Tod Erzbischof Theoderichs am 28. März 1242 ausgebrochenen Trierer Schisma stand Heinrich offensichtlich auf Seiten des Neffen Theoderichs und schließlich auch obsiegenden Arnold von Isenburg. Schon am 10. Oktober 1242 ist er als dessen Bürge bezeugt[1]). Auch in der Regierungszeit Erzbischof Arnolds ist Propst Heinrich häufig in erzstiftischen Angelegenheiten und als Schiedsrichter bezeugt.

> Zum Zisterzienserinnenkloster St. Thomas an der Kyll hatte Propst Heinrich offenbar engere, wohl nicht nur wirtschaftlich motivierte Beziehungen, die aber in eine umfassende biographische Untersuchung der Tätigkeiten Heinrichs einzuordnen wären. Für die Hinwendung zu den Zisterziensern hat auch Wolfgang Bender (Zisterzienser und Städte [TrierHistForsch 20] 1992) beobachtet, daß Heinrich ein „besonders enges persönliches Verhältnis zu St. Thomas und Himmerod" hatte (S. 92, zu Himmerod auch S. 270). Hier nur wenige Hinweise. Für Juni 1238 ist überliefert, daß Propst Heinrich Güter in Aach (*Age*) und (Butz-)Weiler (*Wilre*) von St. Thomas gekauft, diese aber nun an das Kloster Ören (St. Irminen) in Trier für 100 Trierer Pfund, zahlbar je zur Hälfte im Herbst 1239 und 1240, (weiter-)verkauft habe (Ören stellt Bürgen: MrhUB 3 Nr. 627 S. 478). Damit steht gewiß die Urkunde Propst Heinrichs vom 17. Juli 1244 in Zusammenhang, in der er erklärt, dem Kloster St. Thomas 100 Trierer Pfund zu schulden und diesem dafür seine Güter (in Trier) an der Langen Mauer (*in longo muro*) und was er außerhalb der Kastilport (*portam Castelli*) besitzt, verpfändet habe, damit das Kloster für die genannte Summe darauf zurückgreifen könne, falls er zu seinen Lebzeiten nicht zahle (MrhUB 3 Nr. 797 S. 597; MrhR 3 S. 87 Nr. 385). Wohl als „Abwicklung" dieser Geschäfte ist es zu verstehen, wenn Heinrich schließlich mit einer Urkunde vom Januar 1267 dem Kloster St. Thomas seinen Weinberg an der Langen Mauer in Trier für die dem Kloster für sein (dort gestiftetes) Anniversar (noch) schuldigen 25 Pfund Trierer Denare übereignet (MrhR 3 S. 507 Nr. 2241). – Mitsiegler ist hier der Abt der Zisterzienserabtei Himmerod. Schon 1252 war Propst Heinrich Vermittler in einem Streit des Klosters St. Thomas mit den von der Brücke (*de Ponte*) in Trier (MrhUB 3 Nr. 1160 S. 864). Inwieweit diese Beziehungen Propst Heinrichs zu St. Thomas und Himmerod darüber hinaus auch generell zum Zisterzienserorden gelten, muß dahingestellt bleiben. Zur Abtei Himmerod bestand jedenfalls ebenfalls eine engere Bindung, ist Heinrich doch 1251–1261 mehrfach als päpstlich delegierter Schiedsmann für Himmerod tätig (vgl. MrhR 3 Nr. 862, 1455, 1552, 1697; 4 Nr. 1733). 1267 schenkt Heinrich der Abtei Himmerod zur Einrichtung eines Anniversars 55 Mk., damit das Kloster Güter des Kölner Stiftes St. Severus in Zeltingen und Kröv kaufen kann (MrhR 3 S. 514 Nr. 2268). – Zu den Vermögensverhältnissen Heinrichs sei schließlich noch angemerkt, daß es 1281 heißt, er habe in Udelfangen eine Mühle gehabt, die nun dem Heinrich, Sohn des verstorbenen Nikolaus, Schultheiß zu Trier, gehöre (K Best. 194 Nr. 3).

---

[1]) MrhR 3 S. 71 Nr. 309. Es ist abwegig, daraus eine antistaufische Haltung zu interpretieren, weil dieses Trierer Schisma in erster Linie eine innerstiftische Auseinandersetzung rivalisierender Adelsgruppen darstellt. Zu diesem Fragenkomplex vgl. die Ausführungen zu Rudolf von der Brücke bei HEYEN, GS NF 6, St. Paulin S. 583 f.

Siegel: oval, 40 × 65 mm. Im Siegelfeld auf damasziertem Grund vollfigürliche Darstellung einer stehenden Gestalt mit Palme in der Rechten und Buch in der angewinkelten Linken. Umschrift: HENRICVS DEI GR(ati)A PREPOSITVS PALATIOLENSI(s). Abdruck von 1251 K Best. 1 A Nr. 111, nicht ganz scharfer Abdruck von 1256 (K Best. 96 Nr. 239), Bruchstücke von 1258 und 1259 (ebenda Nr. 249 und 268). Vgl. Abb 12c S. 187. Nicht bei Ewald, Rhein. Siegel.

Gerhard. Angeblich 1243 Propst. Brower (Metropolis 1 S. 219) nennt in seiner Liste der Pröpste 1228 und 1241 Heinrich, 1243 *Gerard*, 1248–1267 Heinrich, also zwei verschiedene Personen Heinrich. Für Gerhard ist ein Nachweis nicht bekannt; vielleicht handelt es sich um eine Verwechselung mit dem zu 1167–1181/97 bezeugten Propst Gerhard (s. weiter oben). Es ist daher anzunehmen, daß es sich bei den Nachweisen eines Propstes Heinrich zwischen 1228 und 1267 um eine Person handelt.

Arnold von Schleiden. 1272–1274 Propst von Pfalzel. Als solcher urkundlich nur zum April 1272 bezeugt (MrhR 3 S. 615 Nr. 2709). – Archidiakon von Trier-St. Peter (1236–1274), Propst von St. Florin in Koblenz (1242; Diederich, St. Florin/Koblenz S. 227; Holbach, Stiftsgeistlichkeit S. 581: fraglich), St. Paulin vor Trier (1245/49–1274; Heyen, GS NF 6, St. Paulin S. 584–586, 656, 672) und St. Simeon (1264–1274; Heyen, GS NF 41, St. Simeon S. 745 f.).

Gerhard von Daun. Um 1280 Propst? Die im Testament des Domkanonikers Gerhard von Daun von 1280 erkennbare engere Beziehung zum Stift Pfalzel könnte ein Hinweis darauf sein, daß er hier die Propstei besaß (vgl. § 24 im Kalendar zum 7. September).

Nikolaus von Hunolstein. 1297–1316/35 Propst. Als Domkanoniker und Propst zu Pfalzel von 1297 (MrhR 4 S. 588 Nr. 2627) bis 1316 (K Best. 1 D Nr. 271) stets nur mit dem Vornamen genannt, 1299 als Verwandter (*consanguineus*) des Erzbischofs Boemund von Warsberg bezeichnet, der ihm hier die Pfarrei Bernkastel übergibt (MrhR 4 S. 654 Nr. 2938). Im Januar 1311 ist er als Propst von Pfalzel und Bruder des Johann Vogt von Hunolstein in einem Vertrag seiner Familie als Mitsiegler bezeugt (Archiv Herzog von Arenberg in Edingen; vgl. Renger, Inventar Edingen 2 Nr. 35, Siegel stark beschädigt). 1312 ist er auch Pfarrer von Lockweiler (Toepfer, UBHunolstein 1 Nr. 150 S. 113). Daß er mit dem späteren Dompropst Nikolaus von Hunolstein aus der Familie der Vögte von Hunolstein identisch ist (so Toepfer Anm. zu Nr. 129 S. 96; nicht übernommen von Möller, Stamm-Tafeln 3 Tafel 91 bzw. Tafel 104), ergibt sich daraus, daß die Pfarrei Bernkastel erst nach dem Tod des Dompropstes frei wurde (vgl. Toepfer) und auch eine engere Beziehung des Dompropstes zur Pfarrei Lockweiler in dessen Testament (s. u.) erkennbar ist. Urkundliche Zeugnisse als Propst von Pfalzel nach 1316 sind jedoch nicht bekannt. Da aber ein anderer Inhaber dieser Pfründe nicht nachgewiesen werden kann, ist anzunehmen, daß Nikolaus von Hunolstein die Propstei Pfalzel neben den zahlreichen anderen Pfründen bis zu seinem Tod behalten hat (vgl. dazu auch bei seinem Nachfolger in dieser Propstei).

Nikolaus von Hunolstein ist seit sicher 1318 (K Best. 1 D Nr. 279) bis 1331 (K Best. 1 A Nr. 3899 und 4257) Domkantor, seit März 1332 Dompropst (Toepfer 1 Nr. 204 S. 158. Vgl. auch Holbach, Stiftsgeistlichkeit 2 S. 509). Er starb zwischen dem 29. April und dem 15. Mai 1335 (vgl. Toepfer 1 S. 171 Anm.). Im Stift St. Simeon in Trier ist sein Anniversar zum 3. Juni notiert (Nekrolog 2 S. 9v), doch hatte er offensichtlich dort keine Pfründe (vgl. Heyen, GS NF 41, St. Simeon). 1324 ist ein Nikolaus von Hunolstein als Propst von St. Kastor in Koblenz genannt (Schmidt, QKastor 1 Nr. 520 S. 284) und im Nekrolog mit Anniversar am 2. Juni und mit einer Memorie am 15. Dezember eingetragen (Schmidt-Knichel, Memorienbuch S. 166 und 394; vgl. auch Goldmann, St. Kastor/Koblenz S. 105). Da der hier 1324 in Rede stehende Nikolaus 1321 als Domkantor und Pfarrer der zu St. Kastor gehörenden Pfarrkirche Ems bezeugt ist (Schmidt, QKastor 1 Nr. 472 S. 255), ist anzunehmen, daß Nikolaus 1322 seinem Verwandten Friedrich von Warsberg (1290–1322) im Besitz der Propstei des Stiftes St. Kastor in Koblenz folgte. Auch hier ist nämlich bis nach dem Tod des Nikolaus kein anderer Propst bezeugt (Goldmann a.a.O.).

Neben den genannten Pfründen am Dom zu Trier, in Pfalzel und in St. Kastor/Koblenz besaß Nikolaus von Hunolstein sicher die Pfarreien von Bernkastel (1299–1335, s. o.), Lockweiler (1312, s. o.), Birkenfeld (vgl. Toepfer 1 Nr. 252 S. 204) und Ems (1321; s. o.), von denen die drei erstgenannten auch im Testament von 1335 (s. u.) ausdrücklich bedacht werden. Außerdem werden dort in besonderer Weise auch die Pfarrkirche und ein Reklusorium in Nickenich genannt, sodaß eine engere Beziehung zu diesem Ort sehr wahrscheinlich ist. – Im übrigen nennt das Testament (Volltext bei Toepfer 1 Nr. 211 S. 161–171) zahlreiche, aber nicht alle Trierer Klöster und Stifte (in Trier z. B. St. Paulin, aber nicht St. Simeon, obwohl er dort ein Anniversar hat; in Koblenz St. Kastor, aber nicht St. Florin; Pfalzel, aber nicht Kyllburg etc.), woraus u. U. weitere Rückschlüsse möglich wären. Bei der Einrichtung von Anniversarien und Memorien werden vielfach neben den Eltern und Verwandten der verstorbene Erzbischof Boemund, der Archidiakon Friedrich und der Domkustos Isenbard, alle Angehörige der Familie von Warsberg, eingeschlossen. Testamentsvollstrecker sind der Archidiakon Boemund (von Warsberg), der Domkustos Ludolf von Holfels und der Domkanoniker Peregrinus von Wangin. Erwähnt sei noch, daß das Testament einen ungewöhnlich großen Haushalt des Dompropstes erkennen läßt (ein eigener Kellner, drei *famuli*, Scholaren, Köche, Mägde, Kechte etc.).

Johann (Theoderici?) von Roermont. 1338–1364 Propst. Nach dem Tod des Nikolaus von Hunolstein war er zum Propst gewählt und von Erzbischof Balduin bestätigt worden, was insofern aber unregelmäßig war, als diese Pfründe wegen verschiedener Irregularitäten des vorherigen Inhabers (gemeint sind vermutlich die zahlreichen Kumulationen, namentlich von cura-Benefitien) gemäß Bulle Execrabilis dem Besetzungsrecht des Papstes unterlag. Darüber wurde dann offensichtlich lange verhandelt oder auch prozessiert. Auf Bitten Erzbischof Balduins erhielt Johann schließlich aber am 16. Juli 1343 insoweit Dispens, daß er die bisher bezogenen Einkünfte behalten durfte, auf die Propstei aber verzichten sollte (Sauerland, VatReg 3 S. 87f Nr. 216a und S. 177 Nr. 456). Der Verzichtsleistung folgte offensichtlich eine Neuverleihung oder Neuwahl, da Johann von Roermont wie schon zuvor auch weiter im Besitz der Propstei nachweisbar ist. Zum ersten Mal ist er als Propst von Pfalzel am 5. Januar 1338 bezeugt (K Best. 186 Nr. 55f.), zuletzt am 9. Oktober 1364 (K Best. 1 A Nr. 4038).

Johann besaß außerdem seit sicher 28. Oktober 1335 ein Kanonikat in St. Paulin vor Trier, das neben der Propstei von Pfalzel nur selten erwähnt, aber in der Letzterwähnung von 1364 ebenfalls genannt wird (Heyen, GS NF 6, St. Paulin S. 685). Außerdem erhielt er 1343 auf Bitten Erzbischof Balduins eine päpstliche Provision auf ein Kanonikat mit Pfründenanwartschaft in St. Servatius in Maastricht (Sauerland, VatReg 3 S. 88 Nr. 217). Dieses Kanonikat wird später nicht mehr genannt. – Johann ist mehrfach zwischen 1335 und 1364, aber nicht kontinuierlich als Offizial von Trier bezeugt. Eine genauere Untersuchung der Amtsfolge der Offiziale zur Zeit Erzbischof Balduins ist hier jedoch nicht zu leisten. Vielleicht sollte man zwischen Hauptamt (des Johann von Roermont) und Sonder-Aufträgen (mit gleichem Titel) differenzieren. Vgl. dazu Michel, Gerichtsbarkeit S. 31f. und 35 sowie Burgard, Familia Archiepiscopi S. 450f.; hier Anm. 462 auch zur Unterscheidung von Johann Wilhelmi von Roermont. Burgard bezeichnet Johann als „einen der wichtigen akademisch gebildeten Vertrauten Balduins" (S. 21 Anm 43). Eine Spezialuntersuchung könnte Johanns Tätigkeit in der erzbischöflich-kurfürstlichen Verwaltung gewiß noch erhellen.

Im Jahre 1362 führte Johann von Roermont in Avignon die Verhandlungen wegen der Resignation des Erzbischofs Boemund, leistete am 27. Mai 1362 in dessen Namen Verzicht und regelte die finanziellen Vereinbarungen (Sauerland, VatReg 4 S. 305 Nr. 807, S. 311 Nr. 822, S. 314 Nr. 830; K Best. 1 A Nr. 6067; Petzold, Boemund II. S. 383). – Wahrscheinlich ist auch eine Urkunde Papst Urbans V. vom 7. Mai 1365 an den mit Namen nicht genannten Propst von Pfalzel diesem Johann von Roermont zuzuschreiben, in der dieser auf Bitten des Abtes Wilhelm und des Konventes der Abtei Echternach durch den Papst beauftragt wird, eine Klage der Abtei wegen Übergriffen der Herren von Esch zu untersuchen (StadtA Trier Urk. S 64; Wampach, UrkQLuxemburg 10/1 Nr. 20 S. 16).

Heinrich Kempe. 1365/66–1370 Propst. Bezeugt seit dem 1. August 1351 als Kanoniker von St. Simeon in Trier (K Best. 215 Nr. 412), 1359 auch als Kellner der kurfürstlichen Palastkellerei Trier (Goerz, RegEb. S. 95). Am 10. Oktober 1360 verleiht der Papst dem Diakon Heinrich Kempe die Propstei St. Simeon und *quasdam pensiones*, die durch die Resignation des Kardinals Peter von St. Martin in montibus frei geworden sind, unbeschadet des Besitzes eines Kanonikates in St. Simeon und der Kantorei in Pfalzel (Sauerland, VatReg 4 S. 275 Nr. 712). Nach dem Tod des Propstes von Pfalzel Johann von Roermont (gestorben nach dem 9. Oktober 1364) wurde Heinrich zu dessen Nachfolger gewählt und vom Erzbischof bestätigt. Da aber unklar war, ob die Propstei zur Zeit der Wahl dem Papst reserviert war, erbat Heinrich eine päpstliche Bestätigung, die ihm am 17. Juni 1366 auch erteilt wurde unter der Bedingung, auf die Propstei von St. Simeon zu verzichten (ebenda 5 S. 193 Nr. 518). Er wird hier als Diakon und Familiare Erzbischof Kunos bezeichnet. Die Verzichtsleistung auf die Propstei von St. Simeon erfolgte vor dem 5. November 1366 (ebenda S. 202 Nr. 540). Die 1360 genannte Kantorei von Pfalzel wird 1366 unter den Pfründen Heinrichs nicht genannt; wahrscheinlich hat er sie mit der Wahl zum Propst abgegeben. Das Kanonikat in St. Simeon hat er behalten. Heinrich Kempe starb vor dem 10. Februar 1370 als Propst von Pfalzel und Kanoniker von St. Simeon (ebenda 5 S. 263 Nr. 667; vgl. K Best. 157 Nr. 50). Todestag ist der 27. Januar (Nekrolog St. Simeon 2 S. 2r; Memorie in jedem Monat). – Die Familie des Heinrich Kempe gehört zum Trierer Bürgertum und erlebte im Dienst der Erzbischöfe einen ungewöhnlich schnellen Aufstieg: Heinrichs Großvater war Fleischer, der Vater Amtmann des Erzbischofs, 1340 Palastschultheiß in Trier und 1358 Rentmeister (vgl. mit weiteren Nachweisen Heyen, GS NF 41, St. Simeon S. 751).

Dietrich von Güls. 1370–1371 Propst. Am 10. Februar 1370 verlieh Papst Hadrian V. dem Subdiakon, Mag. art. und Sekretär Erzbischof Kunos, *de bono et honesto genere militari*, ein Kanonikat mit Pfründe und die Propstei von Pfalzel, frei durch den Tod des Heinrich Kempe und unbeschadet dessen, daß Dietrich bereits ein bepfründetes Kanonikat und die Scholasterie von St. Florin in Koblenz und ein bepfründetes Kanonikat an St. Kastor in Koblenz besaß. Sobald er in den Besitz der Propstei gelangt sei, müsse er aber auf das Benefitium in St. Florin verzichten (Sauerland, VatReg 5 S. 263 Nr. 667). Wenig später verlieh ihm Erzbischof Kuno das Archidiakonat Dietkirchen, ließ aber, da zweifelhaft war, ob das Vergebungsrecht an dieser Pfründe dem Papst reserviert war, eine päpstliche Bestätigung erbitten, die am 26. Februar 1371 unter der Bedingung erteilt wurde, daß Dietrich auf die Propstei Pfalzel verzichten müsse, sobald er das Archidiakonat erhalten habe (ebenda S. 300f. Nr. 772f.) Die Verzichtsauflage ist – wie schon 1370 für St. Florin (vgl. Diederich, St. Florin/Koblenz S. 243) – befolgt worden: am 25. September 1371 wird Dietrich ausdrücklich als nunmehriger Archidiakon von Dietkirchen und ehemaliger Propst von Pfalzel bezeichnet (K Best. 1 A Nr. 6230). Seit 1371/72 hatte er auch ein Domkanonikat (Ahnenprobe K Best. 1 D Nr. 2679; ebenda weitere Nachweise). 1391 ist bezeugt, daß er auch die Pfarrkirche von Lay besaß (RepGerm 2 Sp. 240). Er hat 1384 als Archidiakon resigniert und wurde Kartäuser (Kisky, Domkapitel S. 178) und ist am 1. April 1404 als *monachus et sacerdos* der Kartause Koblenz gestorben (K Best. 108 Nr. 1011 und StadtBi Trier Hs. 1668/351 fol. 28v; Mitt. Joh. Simmert). Im Totenbuch von St. Kastor in Koblenz ist sein Anniversar zum 2. April notiert (Schmidt-Knichel, Memorienbuch S. 111f.). Als Archidiakon von Dietkirchen vgl., Holbach, Stiftsgeistlichkeit S. 490[1]).

Jakob von Hechtsheim (*Hexheim*). 1373–1374 Propst. Am 26. April 1371 verfügt der Papst, dem Jakob von Hexheim, bepfründeter Kanoniker am Domstift Worms, der ein Quinquennium kanonisches Recht studiert hat, die Propstei Pfalzel zu verleihen, sobald Theoderich von Güls das Archidiakonat Dietkirchen erhalten (und damit auf die Propstei zu Pfalzel verzichtet) hat. Voraussetzung ist, daß der Offizial von Trier *post diligentem examinationem* bestätigt, daß Jakob *bene legere et bene construere et bene cantare ac congrue loqui latinis verbis et alias idoneum esse*; dies gilt auch, wenn er nicht gut singt, aber verspricht, es in Jahresfrist zu lernen (Sauerland, VatReg 5 S. 316 Nr. 809). Jakob ist 1367 und 1373/74 als Mitglied der Deutschen Nation in Bologna bezeugt, 1373 und 1374 als Propst von Pfalzel und Kanoniker von Worms durch einen Prokurator (Friedländer S. 129, 136f., 392). In stiftischen Quellen ist er nicht genannt. Vgl. auch nachstehend bei Johann von Hechtsheim.

Johann von Hechtsheim (*Hexheim*). 1374–1391 Propst. Am 12. Februar 1374 beauftragt der Papst den Archidiakon von Dietkirchen, die Eignung des Johann von Hechtsheim, bepfründeter Kanoniker von St. Viktor in Mainz und

---

[1]) Die Angabe bei STRUCK, Lahn 1 Nr. 699 S. 308, Dietrich von Güls sei in einer Urkunde vom 1. Dezember 1385 als verstorben bezeichnet („das Haus, das der + Herr Dietrich von Güls ..., Archidiakon ... zu Dietkirchen, dem Aussteller gegeben hat") ist eine, wenn auch naheliegende, mißverstandene Interpretation des Textes *alsolich hus, alz der erber her Dederich von Gulse korbischoff waz zu Dekirchen, mir Wernher gegeben hait*, weil nicht bekannt war, daß Dietrich von Güls (auf das Amt des Archidiakons verzichtet hatte und) in den Kartäuserorden eingetreten war. Er war somit 1385 nicht verstorben, sondern es heißt „zu der Zeit, als Dietrich Archidiakon war" (und nun nicht mehr ist). Für die Zeitgenossen war es gewiß eine bemerkenswerte und daher (allgemein) bekannte Sache, daß ein Archidiakon von diesem Amt zurücktrat und Mönch wurde.

Inhaber des St. Viktor-Altares im Dom zu Mainz, für die Propstei von Pfalzel, die ihm Erzbischof Kuno von Trier übertragen habe, zu prüfen und ihn gegebenenfalls als Propst zu bestätigen (Sauerland, VatReg 5 S. 430 Nr. 1090). Am 8. Dezember 1376 beurkunden Erzbischof Kuno (einerseits) und Propst Johann sowie Johanns Bruder Heinrich und Neffe Henne von Hechtsheim (anderseits), auf ihre gegenseitigen Forderungen wegen des verstorbenen Herbord von Hechtsheim, ihres Vetters bzw. Oheims, verzichtet zu haben (K Best. 1 A Nr. 6306; Goerz, RegEb. S. 111). Am 2. September 1379 gibt Propst Johann seine Zustimmung zu der beabsichtigten Inkorporation der Propstei Pfalzel (K Best. 157 Nr. 55; vgl. § 12) und am 5./8. Juni 1391 verzichtet er auf die Propstei unter der Bedingung, daß ihm auf Lebzeit jährlich 100 fl. in sein Wohnhaus in Mainz (*ad curiam habitationis mee in civitate Maguntine*) ausbezahlt werden und daß nach seinem Tod ein Anniversar für ihn mit einer Memorie für seinen Onkel Herbord und seine Anverwandten gefeiert wird (K Best. 157 Nr. 60).

Als Mainzer Domvikar ist Johann von 1357–1387 bezeugt (Dertsch, UrkStadtMainz 2 S. 328 Nr. 1743; Alois Gerlich, Beiträge zur Geschichte der Herren von Hechtsheim im Spätmittelalter [in MittBlRheinhessLandeskde 5. 1956 S. 7–9]), als Kanoniker von St. Viktor 1390–1395 (Gerlich a.a.O. Die Unterscheidung zwischen Johann I. und Johann II. ist falsch, wie das oben gen. Zeugnis von 1374 zeigt). 1368 studierte Johann als Pfarrer (*rector*) von Andernach in Bologna (Friedländer S. 131).

Johann von Hechtsheim starb am 17. Januar (*16. Kal. Febr., Anthonii monachi*; ohne Jahreszahl) 1404 (oder in einem späteren Jahr; er lebt noch am 13. Dezember 1403: Dotzauer wie nachstehend S. 21) in Mainz und wurde wohl auch im Mainzer Dom begraben (er erhielt vier Kerzen auf sein Grab: Liber animarum des Mainzer Doms S. 25, 37, 81, 659; dort mit Angabe der Dignität des Propstes von Pfalzel (StA Würzburg, Mainzer Bücher verschiedenen Inhalts Nr. 48. Mitt. A. Wendehorst).

Johann von Hechtsheim ist der Verfasser des (Hauptteiles des) Chronicon Moguntinum (vgl. dazu Winfried Dotzauer, Das sog. Chronicon Moguntinum, eine Quelle zwischen Mittelalter und Neuzeit. Bemerkungen zur Autorenfrage [ArchMrhKG 25. 1973 S. 9–31]) und ein Bruder des engen Mitarbeiters Erzbischof Kunos von Falkenstein, Herbord von Hechtsheim (zu diesem nachstehend). Das Salär aus Pfalzel ermöglichte dem Chronisten „ein beschauliches und finanziell abgesichertes Leben …, eine Grundvoraussetzung für zahlreiche Bemerkungen des Chronicon" (Dotzauer S. 21).

Siegel: Persönliches Wappensiegel, rund 22 mm. Im Schild ein Hecht, oben links als Beizeichen eine Lilie. Umschrift nicht sicher lesbar; sie enthält aber nur den Namen Johann de Hexheim. Abdruck von 1376 (K Best. 1 A Nr. 6306). Ebenda Siegel des Neffen Henne von Hechtsheim, ebenfalls mit dem Hecht im Schild (K Best. 1 A Nr. 3405 und 6025).

Herbord von Hechtsheim, der im Chronicon Moguntinum rühmend genannt wird, ist seit März 1348 unter den engeren Vertrauten Kunos von Falkenstein nachweisbar und hat in der Zeit von dessen Verwaltung des Erzstiftes Mainz 1346–1354 (für Erzbischof Heinrich von Virneburg) bzw. in den Kämpfen mit Erzbischof Gerlach von Nassau mehrfach für beträchtliche Summen Bürgschaften übernommen, weshalb er auch in den Vergleich zwischen Kuno und Gerlach von 1354 ausdrücklich aufgenommen wurde. Auch die oben genannte Vereinbarung zwischen Erzbischof Kuno und den von Hechtsheim von 1376 ist in diesem Zusammenhang zu sehen. Nachdem Kuno von Falkenstein dann 1360 Koadjutor und 1362 Nachfolger des Trierer Erzbischofs Boemund II. geworden war, erscheint Herbord auch in Trierer Quellen und es kann kein Zweifel darüber bestehen, daß er auch Johann die Propstei von Pfalzel vermittelt hat. Herbord starb im Oktober/November 1376. Die engen Bindungen zwischen ihm und Erzbischof Kuno werden auch darin sichtbar, daß Kuno am 1. August 1378 zur Memorie seines *familiaris* Herbord eine zweite Vikarie am Marien-Altar in St. Kastor/Koblenz für das Seelenheil Herbords sowie seiner und seiner Vorgänger, Vorfahren und Wohltäter stiftete und mit Renten, die er – wie eigens gesagt ist – nicht aus Vermögen und Einkünften der Trierer Kirche, sondern aus eigenem Vermögen erworben hatte, ausstattete. Der neue Vikar und auch die übrigen Vikare sollen an den Stundengebeten (des Kapitels) teilnehmen und Präsenzgelder erhalten; dafür gibt der Erzbischof der Präsenz 100 fl. zum Kauf einer Rente von 10 fl. Zusätzlich wird eine Präsenz für die Teilnahme an Anniversarien und Memorien Herbords eingerichtet (Schmidt, QKastor 1 S. 678 Nr. 1343 mit Ausführungsurkunden Nr. 1353, 1355, 1357). Im Memorienbuch von St. Kastor ist der Tod Herbords am 5. Oktober mit der genannten Stiftung eingetragen (Schmidt-Knichel, Memorienbuch S. 271), eine Memorie am 22. Mai und 11. Dezember (S. 151 und 321). – Ob die im 15. Jahrhundert in Trier bezeugte Schöffenfamilie von Hexheim von Herbord abstammte bzw. durch diesen nach Trier kam, bedürfte einer besonderen Untersuchung. Über Herbord vgl. RegEbbMainz 1 Nr. 5649, 5652, 5698, 5779, 5809, 5873, 5919, 5939, 6001 f. und 2 Nr. 22–24, 234 f, 371, 2281. – K Best. 1 A Nr. 924. 3405–3407, 6025. – Fritz Pfeil, Der Kampf Gerlachs von Nassau mit Heinrich von Virneburg um das Erzstift Mainz. Phil. Diss. Straßburg. Darmstadt 1910. – Fritz Vigener, Kuno von Falkenstein und Erzbischof Gerlach von Mainz in den Jahren 1354–58 (MittObHessGV NF 14. 1906 S. 1–43). – Michael Hollmann, Das Mainzer Domkapitel im späten Mittelalter (1306–1476) (QAbhMittelrheinKG 64) 1990. – Paul-Joachim Heinig in Handbuch der Mainzer Kirchengeschichte, hrsg. von Friedhelm Jürgensmeier, 1. 2000, bes. S. 471–509. – A. Gerlich a.a.O. übersieht die Verbindungen zwischen Herbord und Erzbischof Kuno als Mainzer Bistumsverweser.

Die Propstei wurde 1391/95 dem Kapitel inkorporiert. Vgl. § 12.

Nikolaus von Montabaur. Brower (Metropolis 1 S. 220) nennt ihn als letzten Propst von Pfalzel zu 1399, nach Johann von Hechtsheim (dieser bis 1391), und zwar als Kapitularkanoniker am Dom. Das ist gewiß eine (wie auch immer zustande gekommene) Verwechselung, auch hinsichtlich des Domkapitels (vgl. Holbach, Stiftsgeistlichkeit). Im Domkapitel ist ein Nikolaus von Montabaur nicht nachgewiesen (vgl. Holbach, Stiftsgeistlichkeit). 1408 ist ein Nikolaus von Montabaur als Notar am Offizialat Trier bezeugt (K Best. 215 Nr. 584).

§ 31. Liste der Dekane

Konrad. 1251–1254 Dekan. Er stiftete mit einem Weinberg in Eitelsbach sein Anniversar in der Abtei Himmerod (MrhUB 3 Nr. 1093 S. 809 = K Best. 96 Nr. 167). Zum 4. Mai 1254 ist er in der (bisher unveröffentlichten) Urkunde zur Mühle in *Niderhuysen* genannt (Kopiar BistA S. 151; vgl. § 28). In den Listen bei Brower (Metropolis S. 220), Schorn (Eiflia Sacra S. 320) und Wengler (Pfalzel S. 43) wird der Dekan Konrad schon zum Jahre 1243 genannt; ein urkundlicher Beleg ist dafür nicht bekannt. – Siegel: spitzoval, 25 × ca 42 mm. Ganzfigürliche Darstellung einer stehenden männlichen Gestalt mit einer Palme in der rechten und einem Vogel auf der linken Hand. Umschrift: SIGILLVM DECANI C(onradi) PALAT(iolensis). Abdruck von 1251 an K Best. 96 Nr. 167.

Nikolaus. Angeblich 1254 Dekan. Genannt bei Brower (Metropolis S. 220), Schorn (Eiflia Sacra S. 320) und Wengler (Pfalzel S. 43). Eine Quelle ist nicht bekannt. Vielleicht liegt eine Verwechslung (Browers) mit dem 1251–1257 bezeugten Dekan Nikolaus von Karden vor (vgl. Pauly, GS NF 19, Karden S. 320–322).

Heinrich. Vor 1271 Dekan (MrhR 3 S. 599 Nr. 2634). Vgl. bei dem nachfolgenden Dekan Friedrich. Ein *H decanus de P(a)lacio* bzw. ein *Henricus decanus* ist zum 3. bzw. 4. Mai in den Nekrologien des Stiftes St. Simeon in Trier verzeichnet.

Friedrich. 1271 Dekan. Am 15. Januar 1271 als Zeuge genannt (MrhR 3 S. 585 Nr. 2570). Im September 1271 stiftet er für sich und seinen verstorbenen Onkel (*avunculus*), den früheren Dekan Heinrich, ein Anniversar im Stift Pfalzel (MrhR 3 S. 599 Nr. 2634).

Ernst. 1275–1284 Dekan (MrhR 4 S. 30 Nr. 140, S. 253 Nr. 1121). 1271 Kantor (MrhR 3 S. 585 Nr. 2570). Der Dekan von Pfalzel ohne Nennung seines Namens ist 1289 vom Papst delegierter Richter (MrhR 4 S. 383 Nr. 1697; vgl. dazu auch Nr. 1699). Ob es dieser Ernst oder dessen Nachfolger ist, kann nicht bestimmt werden.

Walter. 1294 Dekan (MrhR 4 S. 518 Nr. 2320). Am 3. September 1295 ist er als ehemaliger Dekan bezeichnet. Er bewohnt in Pfalzel ein Haus des früheren Domdekans von Trier, Arnold, an dem er offensichtlich Eigentumsrechte beansprucht. Es soll daraus nämlich ihm auf Lebzeit und nach seinem Tod dem Stift eine Rente von jährlich 14 Solidi bezahlt werden (ebenda S. 533 Nr. 2385; die Urkunde ist im Archiv des Stiftes Pfalzel K Best. 157 Nr. 19 überliefert, muß also wohl mit dem Rent-Anspruch über Walter an das Stift gelangt sein).

Sibod. 1297 Dekan. Genannt als Zeuge (MrhR 4 S. 594 Nr. 2656 = K Best. 99 Nr. 56f.; Lamprecht, Wirtschaftsleben 3 S. 105 Nr. 76).

Arnold. 1310 Dekan. Eine Urkunde des Ritters Macharius von Erdorf für Erzbischof Balduin vom 12. Februar 1310 *(feria 5 ante Circumdederunt*; mit Trierer Stil) wird von Arnold, Dekan zu Pfalzel, mitbesiegelt (Mötsch, Balduineen Nr. 360; nicht erhalten).

Andreas (von Pfalzel). 1338–1351 Dekan. Bezeugt zum 10. Februar 1338 und 1. August 1351 (Best. 186 Nr. 52, Best. 215 Nr. 412; Eckdaten) als Dekan von Pfalzel, 1335 (K Best. 215 Nr. 1289 S. 43) und 1351 auch als Kanoniker von St. Simeon in Trier (vgl. Heyen, GS NF 41, St. Simeon S. 880). Todestag ist der 5. Juli (Nekrolog St. Simeon II S. 11r). Er ist ein Bruder des 1335 genannten Kanonikers von St. Simeon Heinrich (von Pfalzel); vgl. Heyen, GS NF 41, St. Simeon S. 880.

Peter von Pfalzel. 1331 Dekan? Vgl. § 32 zu 1314–1318.

Anselm. 1361 Dekan. 1338–1350 Kantor. Als Kantor ist er zwischen dem 10. Februar 1338 (K Best. 186 Nr. 52) und dem 5. April 1350 (Kopiar BistA S. 176), als Dekan zum 2. Januar 1361 (K Best. 157 Nr. 27) bezeugt.

Gobelo. Vor 1363 angeblich Dekan. Es handelt sich offensichtlich um eine Verwechslung mit dem 1344–1363 bezeugten Dekan des Stiftes Kyllburg. Vgl. dort.

Nikolaus Kempe. 1365–1375 Dekan. 1357 Kanoniker in Pfalzel und im Stift St. Simeon in Trier (K Best. 213 Nr. 48). Als Dekan von Pfalzel (St. Simeon ist nicht genannt) vom 31. Mai 1365 bis zum 4. Juni 1375 genannt (K Best. 1 A Nr. 11581: Verkauf einer Rente von einem Haus in Trier an das Stift St. Paulin vor Trier; Kopiar BistA S. 41: Kauf einer Rente in Trier). Vgl. auch Heyen, GS NF 41, St. Simeon S. 885.

Heinrich von Welschbillig. 1391 Juli – Dezember Dekan (K Best. 215 Nr. 1288/31: ohne Nachname; Kopiar StadtBi Bl. 21v). Ob identisch mit dem nachstehend genannten Heinrich von Emmel?

Heinrich von Emmel. 1394–1395 Dekan. Er ist bezeugt zum 5. Juli 1394 und 23. April 1395 (StadtA Trier, Elisabeth-Hospital Urk. Nr. 82; K Best. 186 Nr. 219). Im Memorienverzeichnis des Stiftes und im Repertorium memoriarum ist er zum 1. Werktag nach Laurentius (10. August) und nach Kastor (13. Februar) genannt; im Index mit 1 fl. Präsenzgeld von den Fischern. Ob identisch mit dem vorstehend genannten Heinrich von Welschbillig?

Johann von Remagen. 1414–1417 Dekan. 1415 Dekan und kurfürstlicher Kellner (Goerz, RegEb S. 140: Erzbischof Werner verschreibt Johann die diesem geschuldeten 321 fl. 12 Weißpfg. auf den Zoll zu Trier), gestorben vor dem 15. November 1417 (Demandt, RegKatz Nr. 2850 S. 797). Im Pfalzeler Memorienverzeichnis ist zum 15. Jahrhundert mit Gedächtnissen am Sonntag nach Simon und Judas (28. Oktober) sowie am Dienstag nach Quasimodo der Dekan Johann *Roprichs* von Remagen notiert. Er war auch Kanoniker von St. Goar (Demandt, RegKatz sowie Struck, Lahn 1 S. 384 Nr. 898, RepGerm 4 Sp. 894, 1085, 3293; Pauly, GS NF 14, St. Goar S. 250) und ist wahrscheinlich identisch mit dem 1404 und 1406 bezeugten und vor 1418 verstorbenen gleichnamigen Scholaster von Limburg (Struck, Lahn 1 S. 359 Nr. 829, S. 365 Nr. 845, S. 386 Nr. 905), aber nicht identisch mit dem vor 1427 gestorbenen gleichnamigen Kantor von St. Simeon in Trier (zu diesem Heyen, GS NF 41, St. Simeon S. 852).

Konrad von Bacharach. 1420–1432 Dekan. Urkundlich mehrfach zwischen dem 10. September 1420 (K Best. 157 Nr. 73; Zimmer, St. Katharinen Nr. 182) und dem 3. Januar 1430 (K Best. 157 Nr. 75) bezeugt. Zum 3. Januar 1432 ist er als Anhänger des Ulrich von Manderscheid genannt (Meuthen, Obödienzlisten S. 53).

Michael von Britten/von Zederwald. 1433–1438 Dekan. Am 17. Oktober 1425 Prozeß wegen eines Kanonikates in Pfalzel, das er nach einer Angabe vom 26. Dezember 1426 schon zwei und mehr Jahre besitzen soll. 1426–1434 ist er auch Kanoniker in St. Simeon in Trier (Heyen, GS NF 41, St. Simeon S. 900; RepGerm 5, Manuskript: wegen Kumulation dieses Kanonikates mit dem Dekanat in Pfalzel), 1427 wird als non obstans die Pfarrkirche zu Hontheim genannt (RepGerm 4 Sp. 2783 und 2869). 1430 ist er noch als Kanoniker in Pfalzel (K Best. 157 Nr. 75), am 8. Januar 1433 dann als Dekan bezeugt (Meuthen, Obödienzlisten S. 53 und Schisma S. 22 Nr. 34: Anhänger Ulrichs von Manderscheid). 1436 kauft das Stift Pfalzel von der Trierer Bürgerin Grete von Bernkastel und deren Kindern Michael, Wilhelm (beide Kleriker) und Katharina von Britten eine Rente aus dem Haus Zederwald in der Moselgasse zu Trier, die für die Feier der Memorie des Dekans und Kanonikers Michael von Britten bestimmt ist (Kopiar BistA S. 7). Im Pfalzeler Memorienbuch ist diese Rente für das Fest der hl. Anna notiert, Michaels Gedächtnis am Mittwoch nach Letare. Sicher bestehen hier verwandtschaftliche Beziehungen (s. unten). Zuletzt ist Michael von Britten am 2. Juni 1438 bezeugt (K Best. 186 Nr. 337). Ein Notariatsinstrument vom 6. März 1438 nennt als Zeugen den Dekan Johann (!) von Britten, doch muß es sich dabei um einen Irrtum handeln (K Best. 1 A Nr. 4203). – Michael entstammt der Trierer Schöffenfamilie von Britten (dazu, aber früher abbrechend Schulz, Ministerialität S. 131–133), die sich (oder einen Nebenzweig) auch nach dem Haus Zederwald nannte. Michael kommt in den Urkunden abwechselnd mit beiden Namen vor. – Siegel: rund, ca 23 mm. Im Siegelfeld Wappenschild, darin eine Lilie. Umschrift nicht erkennbar. Schlechter Abdruck von 1438: K Best. 186 Nr. 337.

Tilmann Gottschalk von Geismar gen. *Senfs*. 1441/45–1449/56 Dekan. Als Mainzer Kleriker erbittet er am 28. April 1430 ein bepfründetes Kanonikat im Stift Pfalzel (RepGerm 4 Sp. 3599) und ist zum 3. Januar 1431 als Kanoniker bezeugt (K Best. 157 Nr. 75; die Datierung lautet zwar *3 Non. Januarii 1429* nach Trierer Stil, muß aber wohl doch mit 1431 umgerechnet werden). 1433 gehörte er zu den Anhängern Ulrichs von Manderscheid (Meuthen, Obödienzlisten S. 53, Schisma S. 22 Nr. 34). In der Dekansliste des Trierer Kopiars (StadtBi) ist er zum Jahre 1441 als Dekan genannt, urkundlich erst 1448 (Kopiar BistA S. 37); bei Brower (Metropolis S. 220), Liehs (Leben und Thaten S. 311) und Schorn (Eiflia Sacra S. 320) ist er zum Jahre 1402 als Dekan genannt, was sicher falsch ist. Urkundlich bezeugt ist er bis 1449 (Kopiar StadtBi Bl. 17). Nach dem Formular-Bruchstück K Best. 157 Nr. 302 Stück 1, mit dem der am 21. Juni 1456 zum Erzbischof gewählte Johann (von Baden) die Wahl des ungenannten Nachfolgers bestätigt, müßte Tilmann erst 1456 (oder wenig zuvor) gestorben sein. Er schrieb 1445 eigenhändig ein noch erhaltenes Breviarium Treverense (StadtBi Trier Hs. 387/1151; vgl. § 3 Abschn. B). Er soll sich um die Hebung der Sitten in seinem Stift bemüht haben (Wengler, Pfalzel S. 45).

Johann von Winningen. 1454 Anwartschaft auf das Dekanat. Kanoniker 1454–1460. Vgl. § 35.

Gutmann (*Gode-*) von Kirn (*Kyria*)/von Oberstein (*de Superiori Lapide*). 1455–1459 Dekan. Vorher Kanoniker und Kantor. Die Zusammenfügung der im Repertorium Germanicum veröffentlichten, ausschließlich römischen Überlieferung ist durch offensichtliche Lese- und Schreibfehler der Namen erschwert[1]. Ausgangspunkt ist der Nachweis für *Guthmann de Kyria* als

---

[1] Die Identifizierung der verschiedenen Namen ergibt folgende „Gleichungen". 1) *Guthmann* und *Godemann* sind mundartige Varianten, *Godelmann* und *Goldemann* dazu Schreib- oder Lesefehler. – 2) *Kyria* und *Kyrca* sind mit Kirn an der Nahe zu identifizieren (ähnliche Namenformen sind überliefert; die Kyrburg heißt noch heute so). 12 km südwestlich von Kirn liegt Oberstein (*Lapis Superior*; heute Stadtteil von Idar-Oberstein). Vermutlich stammt Gutmann aus Kirn (oder einem Dorf zwischen diesen beiden größeren Orten); die Variante Oberstein könnte darauf hinweisen, daß dieser Ort bekannter war oder schien. – 3) Die Identifizierung des in den römischen Quellen genannten *Gumel, Gunnel, Sunnel* mit Niederemmel (an der Mittelmosel im Landkapitel Piesport; Oberemmel liegt an der unteren Saar bei Konz und paßt nicht zu Piesport) läßt sich nur als falsche Lesung eines verschnörkelten großen E in der Schrift des 15. Jahrhunderts erklären, ist damit aber keineswegs abwegig. Sie ist sicher bewiesen durch den Nachweis Gutmanns als Pfarrer von Niederemmel und erhält auch eine schöne Bestätigung durch die Nachricht von einer Vakanz durch den Eintritt des Peter Koppel in die Trierer Kartause, die Patron dieser Kirche ist (vgl. FABRICIUS, Erl. 5,2 S. 59).

Landdekan von Piesport und Pfarrer zu (Nieder-)Emmel vom 19. Dezember 1445 (K Best. 157 Nr. 76). Mit diesem ist gewiß identisch *Goldemann* von Oberstein (*de Superiori Lapide*), der als Kanoniker von Pfalzel am 29. Mai 1455 an der Kurie das durch den Tod des Tilmann Gottschalk von Geismar (hier *Seysmaria*) freie Dekanat in Pfalzel erbittet (RepGerm 7 Nr. 765). Am 10. Juni 1455 erbittet Johann Helm von Merl (vgl. § 35) das durch den Aufstieg des *Godelmann de Kyrca* zum Dekan in Pfalzel frei gewordene *offitium* der Kantorei in Pfalzel und die Pfarrkirche in Emmel (hier *Sunnel*). Diese Supplik erneuert und modifiziert Johann Helm am 5. Mai 1457 dahingehend, daß er nun um das durch den Tod des Tilmann von Geismar freie Dekanat, das jetzt *Godelmann de Kyria* habe, und ebenso um die Pfarrkirche Emmel (*Sunnel*) bittet. Das besagt wohl, daß er *Godelmann* beide Pfründen streitig macht, offensichtlich aber ohne Erfolg (RepGerm 7 Nr. 1541). An der Pfarrkirche zu (Nieder-)Emmel (hier stets *Gumel*) ist auch der Mainzer Kleriker Hartmann von Sprendlingen (vgl. § 35) interessiert. Am 2. Juli 1457 erbittet er diese Kirche, die durch den Eintritt des Peter *Koppelin* in die Kartause Trier frei sei, korrigiert das am 5. Juli aber dahin, daß sie frei sei, weil *Godemann de Lapide* ein Kanonikat in Pfalzel (*per assecutionem*) erhalten habe. Am 16. Juni 1457 erbittet er schließlich eine Pfründe in der Pfarrkirche zu Boppard, die durch die *assecutio* (wessen?) der Pfarrkirche Emmel (hier *Gunnel* und Variante *Sunnel*) frei sei (RepGerm 7 Nr. 824). Am 23. Mai 1459 erhält dann der Scholaster von Pfalzel Sifrid von Dreckenach das durch den Tod des *Godelmann de Kyria* freie Dekanat (RepGerm 8 Nr. 5198). — Die Frage, ob dieser Gutmann von Kirn/Oberstein mit dem mehrfach im Umfeld Erzbischof Jakobs von Sierck bei Miller (Jakob von Sierck, vgl. Index) genannten Gutmann von Sobernheim identisch ist, bedürfte einer detaillierten Überprüfung der Überlieferung, wäre aber nicht abwegig.

Johann Helm von Merl. 1457 Dekanatsbewerber. Vgl. § 35 zu 1449 ff.

Siegfried (meist Sifrid) (von) Dreckenach. 1459–1472 Dekan. Vor 1453 Kanoniker und Scholaster.

Sifrid Dreckenach ist mehrfach als *cubicularius intimus* und *secretarius camere* (Kammersekretär/Geheimsekretär) des Trierer Erzbischofs Jakob von Sierck (1439–1456) nachweisbar. Der Erzbischof sagt von ihm in seinem Testament, daß er Sifrid Dreckenach wie ebenso Johann Jux *von kindes uffgezogen* habe (vgl. Miller, Jakob von Sierck S. 260). Nach längerer Krankheit starb Erzbischof Jakob am 28. Mai 1456 bei Sifrid in der von diesem damals verwalteten Scholasterie (vgl. § 8). 1450–1457 ist Sifrid als Kanoniker des Stiftes Karden nachweisbar (Pauly, GS NF 19, Karden S. 409; s. unten). Zum 1. Juli 1452 und 10. Mai 1453 ist ein Prozeß zwischen Ludwig Sauerborn (zu diesem vorerst Diederich, St. Florin/Koblenz S. 258) und Sifrid von Dreckenach wegen eines Kanonikates an St. Kastor in Koblenz bezeugt (RepGerm wie unten; vgl.

Goldmann, St. Kastor/Koblenz S. 400 Anm. 455). Am 10. Juni 1453 erhält Ludwig Sauerborn eine päpstliche Kollation auf ein bepfründetes Kanonikat und die Scholasterie des Stiftes Pfalzel, die durch die *privatio* des Sifrid Drekkenach frei seien, weil dieser sie ohne Dispens wegen Geburtsmangels (wohl Alter) mit Johann Theoderici gegen die Vikarie St. Antonius in der Pfarrkirche zu Lahnstein getauscht habe. Diese Kollation ist aber nicht vollzogen worden, offensichtlich weil sich Sauerborn und Dreckenach verständigten. Jedenfalls erhält Ludwig Sauerborn, der hier als Familiare des Kardinals Nikolaus (von Kues) ausgewiesen ist, am 16. Februar 1454 eine Tausch-Erlaubnis mit Sifrid von Dreckenach, und zwar soll Ludwig nun die Vikarie St. Margarethe im Dom zu Trier und Sifrid ein bepfründetes Kanonikat an St. Viktor in Xanten erhalten (RepGerm 6 Nr. 4064). Aber auch dieser Tausch ist offenbar nicht vollzogen worden; jedenfalls ist Sifrid Dreckenach nicht im Besitz eines Xantener Kanonikates nachweisbar. Behalten hat er aber das Kanonikat und die Scholasterie in Pfalzel. Am 1. Januar 1455 nämlich erhielt er als Scholaster von Pfalzel eine Dispens für zwei incompatabile Benefitien (RepGerm 6 Nr. 5142) und er ist gewiß auch identisch mit Sifrid von Koblenz, Scholaster zu Pfalzel, der am 27. September 1456 an der juristischen Fakultät zu Köln immatrikuliert wird (Keussen 1 S. 457) und damit auch mit dem Sifrid von Koblenz, der 1444 als *famulus* des Johann Rheingraf und Graf zu Dhaun in Heidelberg studierte (Toepke 1 S. 240). Am 15. Januar 1456 erbittet er als Scholaster von Pfalzel und Sekretär Erzbischof Jakobs von Trier eine päpstliche Provision auf die durch Verzicht des Konrad von Wartberg (*Waertberg*) freie Pfarrkirche St. Martin in Engers, die aber später nicht mehr genannt wird, und am 27. Oktober 1457 erbittet er (in einem hier nicht detailliert zitierten Ringtausch) eine Provision auf die St. Marien-Vikarie in der Pfarrkirche zu Boppard (nicht bei Pauly, GS NF 14, Boppard); er hat zu dieser Zeit die *vicaria summa* in St. Florin/Koblenz (nicht bei Diederich, St. Florin/Koblenz), und am gleichen Tag erbittet er das durch den Verzicht des Abbreviators (an der Kurie) Arnold von Kleve (*Clivis*) freie bepfründete Kanonikat im Stift St. Kastor in Karden (Pauly, GS NF 14, Karden S. 409; alle Angaben zu 1456/57: RepGerm 7 Nr. 2554).

Auf das Dekanat in Pfalzel hatte Sifrid von Dreckenach als Scholaster am 23. Mai 1459, nach dem Tod des Gutmann von Kirn und auf Vorschlag Erzbischof Johanns, eine päpstliche Provision erbeten und erhalten (RepGerm 8 Nr. 5198). Als Dekan ist er selten vom 17. Juli 1467 (K Best. 1 A Nr. 1229) bis zum 8. Februar 1472 bezeugt (K Best. 96 Nr. 2208 Bl. 233). Offensichtlich blieb er auch als Dekan weiter in Diensten der erzbischöflichen Verwaltung. Von 1467 bis sicher zum 10. Januar 1471 (StadtBi Trier Hs. 1755/1770 S. 155f.) ist er Siegler am Offizialat Trier (vgl. auch Michel, Gerichtsbarkeit S. 103; am 5. Mai 1468 Dekan zu Pfalzel und Siegler des Erzbischofs, als solcher in Sachen der von Virneburg tätig: Archiv Herzöge von Arenberg in

Edingen; vgl. Renger, Inventar Edingen 2 Nr. 793), am 8. August 1467 Vertreter des Offizials (StadtA Trier, Archiv Kesselstatt Nr. 7736), am 8. Februar 1472 Einnehmer (*reddituarius*) des Erzbischofs (K Best. 96 a.a.O.), 1469 auch Pfarrer von St. Laurentius in Trier (K Best. 193 Nr. 207; Zimmer, St. Katharinen Nr. 205; J. Marx, Geschichte der Pfarreien des Stadtdekanates Trier. 1932 S. 26 falsch eingereiht); am 14. Juni 1468 erbittet er – als Trierer Priester, Dekan zu Pfalzel und Rektor der Pfarrkirche St. Laurentius in Trier – in Rom eine Dispens, mit der Pfarrkirche ein anderes incompatabiles Benefitium empfangen zu dürfen, darunter auch zwei Pfarreien, auf sieben Jahre; bewilligt wird dies für drei Jahre (RepGerm 9 Nr. 5514). Vgl. auch Miller, Jakob von Sierck S. 260 und Index.

Johann Leymbach. 1477–1481/82 Dekan. Kanoniker und Fabrikmeister 1471 (StadtBi Trier Hs. 1680/341). Als Dekan ist er nur am 10. Dezember 1477 und 26. Juni 1478 bezeichnet (K Best. 157 Nr. 107 und Best. 71 Nr. 186; er fehlt in den älteren Dekanslisten). Bei einer Erwähnung 1488 als Kanoniker (K Best. 215 Nr. 720) ist er als verstorben zu verstehen. Er baute in Pfalzel ein Haus, das später ein Kanonikatshaus war (Kopiar StadtBi fol. 30v). Vgl. auch Miller, Jakob von Sierck S. 261 Anm. 29[1]).

Zu einem Kanonikat in St. Simeon in Trier 1480/82 vgl. Heyen, GS NF 41, St. Simeon S. 922. Ein *clericus Herbipolensis* gleichen Namens erhielt von Erzbischof Jakob eine Provision auf die durch den Tod des Simon von Kues freie Vikarie St. Margaretha in der Pfarrkirche zu Bernkastel, die am 23. Februar 1451 von der päpstlichen Kurie erneuert wurde (vgl. RepGerm 6 Nr. 3163).

Johann von Lutzerath. 1483–1527 Dekan. Als Dekan ist er seit dem 9. April 1483 bezeugt (Kopiar StadtBi Bl. 43r). Er starb am 13. März 1527 (K Best. 1 C Nr. 23 S. 1117) und wurde in der von ihm neu erbauten St. Nikolaus-Kapelle in Pfalzel begraben (K Best. 157 Nr. 131; Grabinschrift vgl. § 3 Abschn. A 3b).

---

[1]) Der bei MILITZER, Kölner Geistliche 1. 2003 S. 413 zitierte Nachweis des Johann von *Liembach*, Dekan des Stifts Pfalzel, zum 22. Dezember 1494 kann (wie viele Eintragungen in den Kölner Schreinsbüchern) nicht als Nachweis für die Annahme gelten, daß der Genannte zu diesem Zeitpunkt noch lebte. Die Eintragungen wurden nämlich „meist nicht gleichzeitig vorgenommen, sondern erst nach geraumer Zeit und oft auch nur dann, wenn eine Partei es wünschte". Eingetragen ist, daß der Dekan Johann von *Liembach* einen Arrest auf einen Hausanteil erwirkt habe, weil ihm der bereits verstorbene Jakob Brant 50 oberländische rheinische Gulden geschuldet habe. Der Name Johann ist „am unteren Rand des Eintrags von gleicher Hand nachgetragen" (Mitt. des Hist. Archivs der Stadt Köln vom 28. April 2003). Der Eintrag könnte somit von Erben (oder Gläubigern) beantragt worden sein.

Mag. (1481), 1474 Notar am Offizialat Trier (K Best. 157 Nr. 109), seit 13. Oktober 1477 dort *procurator fiscalis* (Eid: K Best. 1 C Nr. 18, Stück 89; die Identität ist ebenda mit Stück 729 sicher bezeugt). 1488 erhält er den St. Erasmus-Altar im Dom zu Trier (Vatikan. Archiv Rom, Lib. Resign. 4/5 nach Schmitz-Kallenberg). Seit 1490/91 ist er Kanoniker und zuletzt Scholaster in St. Simeon in Trier (Heyen, GS NF 41, St. Simeon S. 597 und 826). Im Herbst 1494 reiste er gemeinsam mit Johann Cling im Auftrage des Domkapitels Trier nach Rom, um dieses im Prozeß gegen Otto von Breitbach zu vertreten, und kehrte erst im Sommer des folgenden Jahres zurück (Ausgaben-Rechnung vom 4. September 1494 bis nach dem 11. Juli 1495 in K Best. 1 D Nr. 4037). Dem Kapitel von Pfalzel lieh er 1525 zur Bezahlung der Kontribution für den Bauernkrieg 600 fl. (Kopiar StadtBi Bl. 34v). Er bewohnte in Pfalzel eine Stiftskurie neben der Scholasterie, die er aber verfallen ließ, weshalb die Nachlaßregler die Reparatur bezahlen mußten. Diese Testamentsvollstrecker sind der Dompropst Johann von Metzenhausen, der Offizial Dr. Matthias von Saarburg, der Kanoniker von Liebfrauen in Trier Nikolaus Reuland, der Kanoniker von St. Simeon in Trier Wiegand Biedenkopf und der Kanoniker von Pfalzel Nikolaus Landt. Diese Namen zeigen, daß Johann von Lutzerath gute Beziehungen zum einflußreichen Trierer Klerus hatte.

Das Testament des Johann von Lutzerath (wenn es eines gegeben hat) wurde nicht ermittelt, sondern nur eine Vereinbarung zwischen Dekan und Kapitel des Stifts und den oben genannten Testamentsvollstreckern vom 27. März 1528 über die Verfügungen zugunsten des Stiftes Pfalzel (K Best. 157 Nr. 131; Kopiar StadtBi Bl. 40v-41v). Daraus ergibt sich:

1. Johann hat die Kapelle St. Nikolaus (an der Stelle der älteren) erbaut (*construxerat*) und wurde in ihr begraben. Er stiftete dort sein auf immer jährlich zu feierndes Anniversar bzw. seine *memoria*. Dieses Anniversar wird nun auf den 13. März – wenn dieser auf einen Sonntag fällt, am Tag danach – bestimmt; vermutlich ist dies der Todestag. Die Präsenzgelder betragen a) für die Anwesenden an der Vigil 1 fl., b) für die bis zum Schluß Anwesenden bei der *missa animarum* und an der *commendatio* am Grab Teilnehmenden (zusätzlich) 1 fl.; der Zelebrant erhält 2 Alb., c) der Kustos erhält für die Lichter Auslagenerstattung wie üblich nach der Ordnung des Stiftes.

2. Johann stiftete

a) in der St. Nikolaus-Kapelle das Fest Clavorum et Lanceae (Freitag nach Quasimodo der Osteroktav), und zwar mit Präsenzgeldern von je 1 fl. für die Teilnahme an der 1. Vesper, der Matutin und der Messe *in honorem passionis Christi*, die am Hochaltar (*supra summum altare*) zu lesen ist;

b) an allen Freitagen in der St. Nikolaus-Kapelle die *tenebrae*-Responsorie zu singen. Als Präsenzgeld solle jeder Kanoniker, Vikar oder Benefiziat 4 Denare erhalten;

c) zwei Wochenmessen in der St. Nikolaus-Kapelle, und zwar dienstags de beata Anna und freitags in memoriam passionis Domini.

Die Stiftungen sind dotiert mit Anlagen von
a) 200 fl. zu 24 Alb.,
b) 550 fl., z.T. angelegt bei Salentin von Isenburg (*nobilis dominus*),
c) 88 rhein. Goldfl. zu 15 fl. bei der Stadt Trier zugunsten der Fabrik des Stiftes; diese sind zu verwenden für die Reparatur der ruinösen *domus canonicales*, die Johann bewohnt hatte,
d) 600 fl. zu 24 fl. Rente beim Stift (vgl. weiter oben).

Zum Neubau der St. Nikolaus-Pfarrkirche und deren von Johann von Lutzerath gestifteten Nebenaltären vgl. § 3 Abschn. 4b.

Auch im Stift St. Simeon stiftete Johann von Lutzerath neben seinem Anniversar das Fest Clavorum et Lanceae (vgl. Heyen, GS NF 41, St. Simeon S. 597 und S. 826).

Johann (von) Sierck. 1527–1547 Dekan. Kanoniker seit 1517. Am 7. Juni 1517 verleiht Erzbischofs Richard von Greiffenklau dem Rentmeister (*reddituarius*) des Erzbischof die Pfründe des *capellanus archiepiscopi* im Stift Pfalzel (K Best. 1C Nr. 23 S. 62), am 21. März 1527 wird er dort zum Dekan gewählt und leistet am 22. Mai Erzbischof Richard als solcher den Eid (ebenda S. 1103, 1117–1121). In stiftischen Angelegenheiten ist er nur selten bezeugt, aber immerhin am 26. Februar 1547 als Skrutator bei der Wahl eines neuen Pfarres für Cochem (Kopiar StadtBi fol. 13r/v). Johann von Sierck stirbt am 23. Juni 1547 und wird in der St. Petrus-Kapelle in Pfalzel begraben (Grabinschrift vgl. § 3 Abschn. A 3b), hatte also zumindest später engere Beziehungen zum Stift Pfalzel. In dessen Memoiren-Verzeichnis ist er zum Werktag nach Johann Baptist genannt.

Johann von Sierck war seit 1513 auch Kanoniker, seit 1531 als *capellanus*, des Stiftes St. Simeon in Trier (vgl. Heyen, GS NF 41, St. Simeon S. 929 f.). Unter drei Erzbischöfen war er Rentmeister (s. Grabstein; nur in Pfalzel?: so 1518 K Best. 1A Nr. 2547; 1539 Dekan in Pfalzel und Rentmeister Erzbischof Johanns: Mötsch, RegMetternich 2 Nr. 890 S. 309; sein Platz in der kurtrierischen Finanzverwaltung wäre noch zu untersuchen). Sein Wappen zeigt einen dreizackigen Stern und die Buchstaben JS. Es ist nicht anzunehmen, daß er mit dem Erzbischof Jakob von Sierck (1439–1456) verwandt war, mag aber aus dem Umfeld dieser Familie stammen.

Nikolaus Landt von Zell. 1547–1566 Dekan. Kanoniker seit 1521, Kustos seit 1525. Pfründe 3. Mit Urkunde vom 12. September 1521 bekundet Erzbischof Richard von Greiffenklau, daß er (als Erzbischof) auf einem Haus mit Hofstätte gegenüber der Burg zu Pfalzel neben der Mühle einen Anspruch (wohl als Erbpacht) in Höhe von 50 fl. habe. Der verstorbene Kanoniker Johann Leymbach hatte dort ein neues Haus errichtet. Erzbischof Richard hat nun *in betrachtung sonderlicher guden und zuneygung* zu dem Kanoniker Nikolaus Lant von Zell auf dieses Recht verzichtet, und zwar zugunsten des Nikolaus auf dessen Lebzeit und nach dessen Tod zugunsten des Stiftes Pfalzel. Platz und Haus sollen von allen Lasten, Diensten, Frondiensten etc. frei sein wie andere Kanonikerhäuser. Mit den Erben Leymbachs solle man sich einigen. Gegeben zu Zell im Hamm, d.h. am Herkunftsort des Nikolaus (Kopiar BistA S. 150. Dort mit Rubrum *domus meae* und daneben Notizen des Nikolaus über Lage und Größe des Hauses; Kopiar StadtBi Bl. 30v-31). 1525 verpachtet der Kanoniker Nikolaus Lant im Auftrag von Dekan und Kapitel zu Pfalzel einen Weinberg der Klause in Cochem (ebenda S. 115), seit 1525 (K Best. 1 A Nr. 2986) ist er als Kustos bezeichnet. Sein Interesse an einer umsichtigen Verwaltung der Besitzungen und Rechte des Stiftes ist wohl auch das Motiv für die Anlage des schon 1523 erstellten Kopiars (jetzt BistA Trier; vgl. § 4). 1528 ist er Testamentsvollstrecker des Dekans Johann von Lutzerath (K Best. 157 Nr. 131) und des Scholasters von St. Paulin/Trier Martin Lehmen von Merl (StadtBi Trier Hs 1755/1769 S. 327–330; Heyen, GS NF 6, St. Paulin S. 648). Am 12. Juli 1547 wird er zum Dekan gewählt (dieses Datum bei Brower, Metropolis 1 S. 220; Wahl-Mitteilung an den Erzbischof, Bestätigung und Eid Juli 1547: K Best. 1C Nr. 32 S. 7–13; in der stiftischen Überlieferung werden auch Daten zu Anfang 1546 genannt, doch wird man dabei den Trierer Stil anzusetzen und das Todesdatum des Vorgängers zu berücksichtigen haben). Als sein Todestag ist der 11. Februar 1566 genannt (Memorienverzeichnis; Neuwahl 7. März). Nikolaus Landt wurde in der St. Nikolaus-Kapelle des Stiftes begraben; zum erhaltenen Epigraph vgl. § 3 Abschn A 3b. Er stiftete in Pfalzel die feierliche Begehung des Festes des hl. Nikolaus (6. Dezember). Seine Memorie wurde „um" Exaltatio Crucis (14. September) in der Nikolaus-Kapelle gefeiert (Memorienverzeichnis).

Nikolaus Landt von Zell wurde am 14. Mai 1485 geboren (Memorienverzeichnis) und ist urkundlich erstmals als Notar zum 16. September 1510 nachweisbar (K Best. 56 Nr. 660). 1512 ist er beim Reichstag in Trier als *Collector* und Mitglied des erzbischöflichen Gefolges genannt (vgl. Kentenich, Stadt Trier S. 323). Am 25. August 1517 erhält der Trierer Priester und Sekretär Erzbischof Richards von Greiffenklau (1511–1531) ein Kanonikat in St. Florin/Koblenz (K Best. 112 Nr. 1290), doch ist er in diesem Stift nicht weiter bekannt (nicht bei Diedereich, St. Florin), wiewohl der *clericus Trevirensis* Nikolaus Landt am 29. Juni 1532 eine Erste Bitte Kaiser Karls V. an den Dekan von St. Florin erhält (Gross, Reichsregisterbücher Nr. 6400). Schon am 28. Dezember 1521 hatte er eine Erste Bitte Karls V. auf eine Pfründe des Domkapitels oder anderswo erhalten. Dazu ist im Protokoll vermerkt: *Taxa nihil quia pro elec-*

tore Treverensi (Würdtwein, Subsidia 2 S. 100–103), was wohl besagt, daß Erzbischof Richard die Preces erbeten hatte. Zu Pfalzel paßt sie freilich nicht, es sei denn, die überlieferten Daten seien nicht korrekt. Noch 1528 urkundet er als Notar und Trierer Kleriker ohne den Titel eines Kanonikers (K Best. 143 Nr. 145).

Peter Homphäus (der Ältere). 1566–1595 Dekan. Kanoniker seit 1547. Pfründe 13. Er wurde am 7. März 1566 durch die Skrutatoren Philipp Wehr, Johann (Cleser aus) Zeltingen und Adam Dupgen von Sierck zum Dekan gewählt (Kopiar StadtBi Bl. 10v-11r). 1558 auch Pfarrer von Cochem (vgl. § 29). Als Dekan von Pfalzel verzichtet Peter Homphäus mit Urkunde vom 16. November 1566 zugunsten seines Neffen Johann Homphäus auf sein Kanonikat im Stift St. Kastor in Koblenz und erhält von diesem das Rektorat am Altar St. Nikolaus in der Liebfrauen-Pfarrkirche in Koblenz (StA Münster, Archiv v. Wrede U 420; nach Brower, Metropolis 1 S. 220 sei er bis 1563 Kaplan dieses Altares gewesen). Zeugnisse als Dekan von Pfalzel sind selten. Lediglich als *ein dicker geistlicher man von Pfalzel mit roden augen* bzw. *als der Dekan von Pfalzel mit seinen roden augen* ist er in Hexenprozessen der Jahre 1591/92 mehrfach als Teilnehmer von Hexen-Versammlungen genannt, scheint aber nicht selbst auch in ein Verfahren hineingezogen worden zu sein (benannt in Prozessen: StadtBi Trier Hs 2180/45 S. 424, 443, 482, 497; vgl. Adolf Kettel, Kleriker im Hexenprozeß [Trierer Hexenprozesse 4. 1998] S. 169–191, hier S. 176). – 1595 stiftete der Dekan Peter Homphäus im Seminar zur Gulpen in Trier ein Stipendium für einen Studenten seiner Familie (vgl. mit Nachweisen über das Stipendium bis 1929: Archiv Friedrich-Wilhelm-Gymnasium Trier in K Best. 661, 22 Nr. 889–892; Zimmer-Heyen, Inventar FWG [400 Jahre FWG Trier. 1961] S. 236).

Peter Homphäus hatte 1580, wahrscheinlich aber schon vor 1569, auch ein Kanonikat im Stift St. Paulin vor Trier, das er 1583 an Peter Homphäus den Jüngeren gegen die Vikarie am St. Hubertus-Altar im Stift St. Simeon in Trier tauschte (vgl. Heyen, GS NF 6, St. Paulin S. 725f. und GS NF 41, St. Simeon S. 394 und 1015).

Eine Abbildung (*effigies*) des Peter Homphäus *Cochemensis* als Rektor der Universität Trier und Dekan von Pfalzel von 1573 in einem Buch (Sigismund Gelenius, Divi Justini. Basel 1555) der Bibliothek in St. Quentin ist beschrieben und erläutert von Henri Tausin, A propos d'un portrait du seizième siècle. Saint-Quentin 1904 (vorhanden StadtBi Trier 11/3480 8°).

Die sicher bestehende Verwandtschaft dieses Pfalzeler Dekans Peter Homphäus zu dem gleichnamigen, (ebenfalls) in Cochem an der Mosel geborenen (daher auch als *Cochemensis* bezeichneten) und 1556 als Dekan des Stiftes St. Martin in Emmerich gestorbenen langjährigen Rektors der unter seiner Leitung bedeutenden humanistischen Stiftsschule zu Emmerich (vgl. ADB 13. 1881 S. 66f. und Darstellungen zu Emmerich) ist nicht untersucht. In ADB ist ein Peter Homphäus II. als Geschwistersohn seines Oheims Peter I. genannt, der um 1534 als Pfarrer „in der Nähe" von Oberlahnstein gestorben sei, und ein Peter Homphäus III., ebenfalls als Vetter von Peter I., später Dekan „eines Stifts bei Trier", der im Oktober 1519 an der Universität Köln eingeschrieben worden sei. Beide hätten auch in Emmerich unterrichtet. Das bedürfte genauerer Untersuchung. Über diese drei Homphäi hat schon Johann Nikolaus von Hontheim (Hist. Trev. dipl. 2. 1750 S. 553) berichtet, z.T. unter Verwendung eines Manuskriptes von Jacob Masen (Archidiocesis Trevirensis, um 1650), z.T. aber – namentlich bei der Wiedergabe des Epitaphs des Pfalzeler Dekans – wohl mit eigenen Recherchen. Über die Familienstiftung des älteren Peter Homphäus zugunsten armer Studenten in Emmerich und deren Fortbestand noch im 19. Jahrhundert vgl. K Best. 403 (Oberpräsidium der Rheinprovinz) Nr. 15788 und Best. 405 (Provinzial-Schulkollegium) Nr. 1250 (auch Jesuiten-Bibliothek Emmerich in Münster).

Der oben zu 1566 genannte Johann Homphäus ist als Kanoniker und zuletzt als Kustos (K Best. 109 Nr. 1516 S. 3 und 42) von St. Kastor in Koblenz mehrfach bezeugt. Er ist ein Sohn der Anna Homphäus und des Johann Clotten aus Ernst und starb am 25. Juni 1616 (Schmidt-Knichel, Memorienbuch S. 186). Er ist an der Einrichtung des Stipendiums Homphäus am Seminar zur Gulpen durch seinen Onkel beteiligt und erbt dessen Bibliothek (K Best. 157 Nr. 310 und FWG Trier Nr. 889). Im Stift Pfalzel hatte er seit 1557 (bis ca 1566?) ein Kanonikat. Vgl. § 35.

Johann Leonardi Pfalzel. 1599–1615 Dekan. Kanoniker seit 1583, Kantor seit 1592. Pfründe 9. 1576 Vikar SS. Trinitatis, 1579–1583 Vikar St. Katharinae. Johann Leonardi Pfalzel wird beim Generalkapitel am 15. Juni 1576 als Vikar des Dreifaltigkeits-Altares aufgenommen. 1574/80–1583 soll er den St. Katharinen-Altar besessen haben (PV). Auf diesen verzichtet er, als Erzbischof Johann ihm am 2. Mai 1583 ein Kanonikat in Pfalzel verleiht (K Best. 1 C Nr. 43 S. 67). Zum 14. Dezember 1592 ist er als Kantor bezeugt (StadtA Trier Urk. H 4), wird im November 1599 zum Dekan gewählt (so in einer Urkunde vom 18. November bezeichnet: K Best. 194 Nr. 70) und am 6. Februar 1600 als solcher vom Erzbischof bestätigt (Mischbd StadtBi fol. 40r). Er starb Ende 1615, jedenfalls kurz vor dem 7. Januar 1616 (an diesem Tag wird das Ausschreiben für die Neuwahl ausgefertigt: Kopiar StadtBi fol. 58r). – Es mag sein, daß er mit dem Johann Leonard Pfalzel, der am 17. Oktober 1597 Pastor zu Beßlich ist und nun Landdekan des Landkapitels Trier wird, identisch ist (Bestätigung durch den Erzbischof, Eid: K Best. 1 C Nr. 43 S. 1140–1142). Dieses Amt hätte er dann mit der Wahl zum Dekan von Pfalzel wohl abgegeben.

Peter Haaß (*Hasius*). 1616–1626 Dekan, Kanoniker seit 1591, Kustos 1592–1616. Pfründe 3. Am 28. Juni 1591 ist er als Kanoniker genannt (Mischbd StadtBi fol. 186r), 1599 als Senior (K Best. 1 E Nr. 1328), am 14. Dezember 1592 als Kustos (StadtA Trier Urk. H 4) und wird am 14. Januar 1616 zum Dekan gewählt (Treueid an den Erzbischof und dessen Bestätigung am 12. Februar: Kopiar StadtBi fol. 58r-60r). Peter Haaß starb am 28. Juni 1626

(K Best. 1 A Nr. 11674). – 1624 kauft er beim Obererzstiftischen Klerus mit 1600 fl. eine Rente von 80 fl., die von seinen Testamentsvollstreckern (vgl. § 36 bei Vikar Johann Kell) 1631 der Pfarrei St. Laurentius in Trier übereignet wird mit der Auflage, das Anniversar des Stifters zu feiern, 20 fl. an Arme zu verteilen sowie an allen Donnerstagen eine Sakramentsmesse zu lesen. Die Rente wurde 1745 eingelöst (K Best. 157 Nr. 165; Wengler, Pfalzel S. 46 nach Trier-Arch Ergheft 11. 1910). Mit einer Rente der Stadt Trier von 48 Talern stiftete Peter Haaß ebenfalls eine Sakramentsmesse bei der Bruderschaft des Stiftes (K Best. 157 Nr. 158 mit Vorurkunden). Der Nachlaß bestand insgesamt aus 15 900 fl., von denen 8390 fl. für die Armen bestimmt waren; durch kurfürstliche Anordnung erhielten davon die Dominikaner 3000 fl. (K Best. 157 Nr. 311 wegen einzelner Regelungen; das vollständige Testament scheint nicht erhalten).

Johann Zandt (von Merl) aus Koblenz. 1626–1639 Dekan. Kanoniker seit 1606. Pfründe 11. Er folgt 1606 dem Johann Vianden, vermutlich durch eine Nomination im Turnus, und wurde am 9. Oktober 1606 in die *possessio* eingeführt (PV). Beim Generalkapitel 1607 ist er als *canonicus absens* notiert, 1616 beansprucht er anscheinend das Amt des Kustos, kann sich aber nicht durchsetzen (vgl. § 33 bei Sebastian de la Tour). Am 21. Juli 1626 wird er zum Dekan gewählt (Wahl durch den vom Kapitel gewählten Skrutator, den kurfürstlichen Kommissar Offizial von Hagen) und leistet am 11. August dem Erzbischof den Fidelitätseid (K Best. 1 A Nr. 11674, 11679). Er starb am 19. April 1639 (BistA Trier Urk. I A 361). – Johann Zandt ist ein Sohn des Koblenzer Kellners Robert Zandt. Die Mutter NN Wanglerin starb am 18. Juli 1636, offensichtlich bei ihrem Sohn in Pfalzel, und wurde in der St. Peters-Kapelle begraben (vgl. die Grabnotiz § 3 Abschn. A 3b). Johanns Siegel zeigt im Wappen drei Löwen 2 : 1 (so 1626: K Best. 1 A Nr. 11679). Danach ist er ein Angehöriger der Familie der Zandt von Merl (vgl. Gruber, Wappen S. 92f.).

Hermann Rodt aus Saarburg. 1639–1651 Dekan. Kanoniker seit 1606. Pfründe 10. Beim Generalkapitel 1607 ist er als *canonicus absens* notiert. 1639 ist er als Senior und Kantor bezeugt (BistA Trier Abt. I A Nr. 361); seit wann er Kantor war, ist nicht ermittelt. Am 24. April 1639 wird er zum Dekan gewählt, am 17. Juni 1639 von Weihbischof Otto von Senheim bestätigt (Erzbischof Philipp Christoph von Sötern befand sich seit 25. März 1635 in kaiserlicher Haft) und leistete den Fidelitätseid (K Best. 1 A Nr. 11677). 1649/50 war er Rektor der Universität Trier (Treviris 1 S. 94). Hermann Rodt starb am 13. Januar 1651 und wurde am 17. Januar begraben: *habet quatuor qui portarunt faces, villicos et vicinos que facerunt sepulturam* (Mischbd StadtBi S. 3r; ob daraus zu entnehmen ist, daß sich das Kapitel nicht beteiligte? Vielleicht ist ein Zusammenhang mit der Auseinandersetzung zwischen Erzbischof von Sötern und dem

Domkapitel in dieser Zeit zu sehen). – Im Wappen führte er einen Stern (erhalten 1639: K Best. 1 A Nr. 11677).

Kaspar Kröschel/*Krossel* aus Binsfeld. 1651–1663 Dekan. Kanoniker seit 1630. Pfründe 3. 1640–1651 Scholaster (so im Verzeichnis der Scholasteriepfründe). 1639 urkundlich als Kanoniker bezeugt (K Best. 157 Nr. 306; BistA Trier I A 361); bei den Residenzmeldungen ist er vor 1651 nicht notiert. Am 13. Februar 1651 wird er als Scholaster zum Dekan gewählt, am 14. April vom Erzbischof bestätigt und leistet am selben Tag den Fidelitätseid (Mischbd StadtBi S. 3; K Best. 1 A Nr. 11678). Sein Todestag ist nicht überliefert. – Kaspar Kröschel führte im Wappen eine Hausmarke (erhalten 1651: K Best. 1 A Nr. 11678).

Peter Dillen. 1663–1674 Dekan. Kanoniker seit ca 1635. Pfründe 8. 1650 Kustos (vgl. § 33), 1651–1663 Scholaster. Als Kapitularkanoniker ist er urkundlich 1639 bezeugt (BistA Trier Abt. I A Nr. 361; K Best. 157 Nr. 306), in den Residenzmeldungen 1662 als Kellner, 1657–1659 als *respector chori*, 1661 und 1662 als *magister fraternitatis* und *magister fabricae*. Am 2. Mai 1651 wurde er zum Scholaster gewählt, und zwar einstimmig, nachdem Gerhard Weiß und Anton Kasel das Kapitel verlassen hatten (Mischbd StadtBi S. 3). Seine Wahl zum Dekan ist nicht überliefert; im Verzeichnis der Inhaber der Dekanspfründe ist er zu 1663 genannt; sein Nachfolger zu 1674. Er starb vor dem 9. Juli 1674 (K Best. 1 C Nr. 52 S. 353). Am 21. Dezember 1675 kauft das Kapitel für 100 Rt. eine Rente für die Memorie des Peter Dillen (Mischbd StadtBi S. 43r).

Johann Adolf Umbscheiden. 1674–1675 Dekan. Kanoniker 1658–1689. Pfründe 10. Er erwarb am 13. Juni 1658 von Johann Berg das Kanonikat im Tausch (das Tauschobjekt ist nicht genannt; Pfarrei Thörnich?) und meldet sich am 15. Juni im Generalkapitel (durch Vertreter) zur Residenz; 1661 ist notiert: *presbyter factus*, 1662: *respector chori* (RM). Am 6. August 1674 wird er zum Dekan gewählt; Wahlkommissar war Weihbischof Johann Heinrich Anethan; den Fidelitätseid gegenüber dem Erzbischof leistet er am 20. August (K Best. 1 C Nr. 52 S. 350, 353 f.). Offensichtlich hat er schon im nächsten Jahr auf das Amt des Dekans (im Tausch oder erzwungen?) verzichtet, behielt aber das Kanonikat (jedenfalls ist er im Pfründenverzeichnis bis 1689 genannt).

Johann Wilhelm Lettig. 1675–1689 Dekan. Kanoniker seit 1650. Pfründe 5. 1651–1675 Kustos. Am 15. Mai 1651 wird er zum Kustos (Thesaurar) gewählt (Gerhard Weiß und Anton Kasel stimmten dagegen; vgl. dazu oben bei Dekan Peter Dillen und dessen Wahl zum Scholaster; Mischbd StadtBi S. 3). Er ist dann regelmäßig zu den Residenzmeldungen notiert; 1657 und 1658 als Kellner und *magister fraternitatis*. Am 6. August 1674 ist er als Senior des Kapitels bezeichnet (K Best. 1 C Nr. 52 S. 354). Am 3. November 1675 leistet er als Dekan den Fidelitätseid gegenüber dem Erzbischof (ebenda S. 350). Er starb am 19. Januar 1689 (K Best. 157 Nr. 317; in der Rechnung von 1700/1701 ist seine Memorie erwähnt). – Beim Verkauf des Hauses „Zum wilden Mann" in der Simeonsgasse in Trier am 31. Mai 1650 werden neben dem Kanoniker Johann Wilhelm Lettig genannt: Eltern sind der verstorbene Lothar Lettig, kurfürstlich trierischer Kellner zu St. Wendel, und die verstorbene Katharina Schlabart (*Schlabatzin*); Geschwister sind Franz Lettig, lothringischer Oberst-Leutnant, Amtmann zu Saargemünd, verheiratet mit Margaretha *Mockelin*; Anna Margaretha Lettig, verheiratet mit Patritius *Bellea*, kurtrierischer Hauptmann; Anna Lettig, verheiratet mit Peter *Koverich*, Meier zu Klüsserath; Mit-Eigentümer ist Johann Wilhelm *Dahm* namens seiner Tochter Katharina (K Best. 1 C Nr. 14038 S. 32v).

Johann Maeß aus St. Aldegund. 1689–1699 Dekan. Kanoniker seit 1663. Pfründe 3. Johann Maes wird 1649 in Trier zum Dr. theol. promoviert. Im Mai 1653 erhält er eine *preces archiepiscopi* auf das nächst frei werdende Kanonikat in Pfalzel (Mischbd StadtBi), ist im Pfründenverzeichnis aber erst ab 1663 (als Nachfolger des Kaspar Kröschel) mit Residenzbeginn 1667 bezeugt. 1677 und 1678 ist er Kellner, 1677 Sekretär, 1679–1683 *respector chori*. In der Dekanspfründe ist er mit Beginn 13. April 1689 eingetragen und als Dekan auch in den Rechnung 1689/90 bei Hauszinszahlungen notiert. 1695 und zum 9. Januar 1699 ist er urkundlich als Dekan bezeugt (K Best. 157 Nr. 307). Die Rechnung von 1700/1701 nennt seine Memorie. – Ein Nikolaus Maes ist 1640 und 1642 Hofmann des Stiftes in St. Aldegund und kurtrierischer Kellner zu Zell; er ist gewiß ein Verwandter, wenn nicht der Vater (K Best. 157 Nr. 337 und 339).

Anton Reuß aus Ruwer. 1700–1737 Dekan. Kanoniker seit 1674. Pfründe 8. Kustos 1689–1700. Das Pfründenverzeichnis notiert ihn ab 1674. Als Kanoniker von Pfalzel erhält er am 9. Juli 1674 die Tonsur (Weiheprotokolle BistA Trier. Subdiakonat erst am 19. Dezember 1682, Diakonat am 13. März 1683, Priesterweihe am 23. Dezember 1684). 1689/1690 ist er als Kellner und Kustos genannt (Rechnung; urkundlich auch 1692 und nur als Kustos 1695: K Best. 157 Nr. 378 und 307). Als Dekan ist er seit 10. Februar 1700 bezeugt (K Best. 96 Nr. 1549; Mitdirektor der Geistlichen Stände des Oberstifts). Am 13. Juli 1709 nimmt er als Dekan von Pfalzel an einem Grenzbegang in Ruwer mit Vertretern des Stiftes St. Paulin vor Trier teil (K Best. 213 Nr. 550 S. 520). Er starb am 25. März 1737 (K Best. 1 C Nr. 19037).

Das Testament des Anton Reuß ist vom 11. Dezember 1735 datiert (K Best. 157 Nr. 314). Der Testator wählt sein Grab in der Stiftskirche zu Pfalzel vor dem Marien-Altar. Die Schützenbruderschaft soll ihn in die Kirche tragen. Der Grabstein soll die Inschrift haben: *Hic jacet rev(erendissimus) dominus Antonius Reuß, olim decanus dignissimus, jam autem hic sepultus, orate omnes pro eo. Obiit ...* Das Seelenamt soll der Weihbischof halten. – Der Fabrik vermacht er 4000 Rt. Daraus sollen folgende Maßnahmen bzw. Stiftungen finanziert werden: a) Die Orgel, die er bauen ließ, soll jährlich zweimal gestimmt werden. Nach drei Jahren soll ein Register zugekauft werden. b) Nach zwei Jahren soll die Kirche geweißt werden. c) Der Ludimagister (der Orgel) erhält jährlich 20 Rt. d) Der Küster soll täglich am Abend in der Kirche den Rosenkranz halten; dafür erhält er 5 Rt. e) Der Ordensgeistliche, der Beichtvater der Kanoniker ist und bisher alle 14 Tage kam, soll künftig jeden Samstag kommen und an Maria Himmelfahrt (15. August) die Predigt halten. Bisher erhielt er 12 Rt., die der Dekan zu zahlen hatte (wohl wegen dessen Funktion als „Beichtvater"), mit den neuen Auflagen soll er (wohl aus der Fabrik) zusätzlich 8 Rt. erhalten. f) An seinem Anniversar soll jeder Anwesende aus der Fabrik 18 Alb. erhalten. – Für den eventuellen Neubau der Kirche in Ruwer gibt er 100 Rt. – Erben sind seine Schwester Eva (in seinem Haushalt?) in Pfalzel und Verwandte in Mertesdorf, Ruwer, Trierweiler und Trier. Er stammt aus Ruwer; dort sind seine Eltern begraben. Testamentsvollstrecker ist der Scholaster Karl Kaspar von Nalbach. – Das Testament hat mehrere Ergänzungen und Änderungen zwischen dem 31. Januar 1736 und dem 31. Januar 1737. Meist geht es darum, daß sich herausstellte, daß das (Stiftungs-)Geld nicht reichte und Einschränkungen in den Bestimmungen notwendig wurden. Zusätzlich wollte der Testator aber auch noch eine Glocke schenken. – Notiert ist schließlich, daß er den Sohn seines Stiefbruders Heinrich Reuß, nämlich Gerhard Reuß, (als Kanoniker) nominiert habe, und zwar umsonst, obschon er dafür etwas hätte bekommen können.

Stephan Puricelli/*Puriselli* aus Trier. 1737–1755 Dekan. Kanoniker seit 1721. Pfründe 3. Am 24. November 1714 hatte er eine Erste Bitte Kaiser Karls VI. für Pfalzel erhalten (HHStA Wien, Primariae Preces K 15; Heyen, Erste Bitten S. 185), konnte aber erst in der Nachfolge Richard Umbscheidens 1721 ein Kanonikat erhalten. 1731 wird er als Pagen-Hofmeister des Erzbischofs bezeichnet und ist als solcher am kurfürstlichen Hof (K Best. 1 C Nr. 19037). Am 29. April 1737 wird er – in Anwesenheit des kurfürstlichen Kommissars Weihbischof Lothar Friedrich von Nalbach – zum Dekan gewählt. Bei der Wahl waren von den Kapitularkanonikern nicht anwesend Johann Ebentheuer, der nach Trier gefahren war, weil er an der Wahl nicht teilnehmen wollte, und der Scholaster Karl Kaspar von Nalbach, der durch einen Vertreter wählen ließ. Die kurfürstliche Bestätigung wurde am 9. Mai erteilt, den Fidelitätseid leistete Puricelli am 20. Mai 1737 (K Best. 1 C Nr. 19037 und Best.

157 Nr. 197). Vor der Wahl zum Dekan war er Kantor. – Weihen: Tonsur am 13. Dezember 1711, Niedere Weihen am 14. April, Subdiakonat am 15. April, Diakonat am 17. April und Priesterweihe am 10. Juni 1724 (BistA Trier, Weiheprotokolle).

Johann Udalrich Miltz aus Neuendorf. 1755–1772 Dekan. Kanoniker seit 1729. Pfründe 6. Kanoniker als Nachfolger des Nikolaus Eringer. 1744/45 und 1755 urkundlich als Kantor bezeugt (Kellerei-Rechnung und K Best. 157 Nr. 382). Am 4. Oktober 1755 wird er zum Dekan gewählt. 1737/39 und 1744/45 ist er Kellner (Rechnungen), am 25. Mai 1759 erhält er einen päpstlichen Auftrag zur Untersuchung eines Falles in Rollingen/Diözese Metz (BistA Trier Urk. I C Nr. 53a), 1760–1765 ist er als apostolischer Protonotar, 1760–1768 als *receptor generalis* des obererzstiftischen Klerus im Hofkalender notiert. Er starb am 21. März 1772 (PV und F. T. Müller, Schicksale S. 470). – Zur Inschrift eines von ihm 1763 in Pfalzel bewohnten Hauses vgl. § 3 Abschn. A 5. Ein Streitfall mit der Gemeinde Pfalzel 1754 ist überliefert in K Best. 1 C Nr. 7170. – Weihen: Niedere Weihen und Subdiakonat am 20. März 1734 (Weihetitel Stift Pfalzel), Diakonat am 9. April 1735, Priesterweihe am 25. August 1737 (BistA Trier, Weiheprotokolle). – Wappensiegel von 1742 an K Best. 1 C Nr. 11463 S. 235; vgl. Abb 12f S. 187.

Josef Eberhard aus Mainz. 1772–1794 Dekan. Kanoniker seit 1746. Pfründe 7. Bereits mit Fertigungsbefehl vom 11. Februar 1743 in Frankfurt hatte Josef Eberhard eine kaiserliche Erste Bitte für das Liebfrauen-Stift in Oberwesel erhalten, doch ist dazu im Protokollband der Preces vermerkt, es handele sich um ein *ius patronatus laicalis*, das H. v. (d.) Leyen habe: *ideoque collatio omissa* (Wien, HHStA, Primariae Preces, Akten F 7 und Protokollbd; vgl. Pauly, GS NF 14, Oberwesel S. 329). Der *adolescens* Josef Eberhard hatte 1744 eine Kollation des Erzbischofs von Trier auf ein Kanonikat im Stift St. Paulin vor Trier erhalten, konnte sich dort aber nicht durchsetzen (vgl. Heyen, GS NF 6, St. Paulin S. 753). Vermutlich hat er in diesem Zusammenhang dann 1746 in Pfalzel das Kanonikat des verstorbenen Gerhard Reuß erhalten (PV). Seit 1760 ist er als Kustos bezeugt (Hofkalender). Am 27. April 1772 wurde er zum Dekan gewählt; Wahlkommissar war Weihbischof Johann Nikolaus von Hontheim (K Best. 1 C Nr. 19037). Josef Eberhard starb am 26. April 1794 und wurde am 28. April in der Stiftskirche begraben (K Best. 1 C Nr. 19038). – Die Priesterweihe erhielt er am 8. Juni 1754 (BistA Trier, Weiheprotokolle; die übrigen Weihen sind hier nicht überliefert).

Johann Matthias Ignatius von Kaysersfeld aus Münstermaifeld. 1794–1802 Dekan. Kanoniker seit 1756, Kapitular seit 1766 (? s. unten).

Pfründe 9. Am 30. September 1782 wurde er zum Kustos[1]) und am 2. Juni 1794 zum Dekan gewählt. – Johann Matthias Ignatius von Kaysersfeld wurde am 28. Mai 1745 zu Münstermaifeld geboren. Beim Einmarsch der Franzosen emigrierte er auf die rechte Rheinseite, kehrte aber am 13. Oktober 1795 zurück. Er starb am 29. Oktober 1820. Vgl. K Best. 276 Nr. 2462, 2479, 2681, 2828, 2829. Wengler, Pfalzel S. 46. – Weihen: Tonsur am 22. März 1756, Niedere Weihen am 21. Februar, Subdiakonat am 22. Februar, Diakonat am 31. Mai 1766, Priesterweihe am 20. Mai 1769 (BistA Trier, Weiheprotokolle).

Nach dem Tod des Dekans Josef Eberhard am 26. April 1794 hatte der Trierer Offizial von Hontheim dem Erzbischof über die zu erwartende Wahl Kaysersfelds berichtet und dabei verschiedene Vorwürfe gegen diesen erhoben. Es heißt, Kaysersfeld habe seit mehreren Jahren an Metten, Vespern, Umgängen etc. fast nie, an der Hochmesse nur selten teilgenommen; er habe durch seine „Vorschnelligkeit" im Singen den Chorgesang gestört, den Amtsermahnungen des Dekans kein Gehör geschenkt, die seinerzeit vom Generalvikariat verweigerte Befreiung von der Residenz wegen Einquartierung und Kriegsgefahr faktisch eingeführt, dem verstorbenen Dekan Eberhard im Kapitel vom 7. Januar den Vorwurf gemacht, dem Stift „keinen Vorstand zu leisten", habe die Pflicht zum Chordienst dem Gewissen des einzelnen anheimgestellt und statutenwidrige Beschlüsse veranlaßt; er habe medizinische Zeugnisse für eine Residenz- und Präsenz-Befreiung „ausgebracht" und sich Anhänger verschafft. Die kurfürstliche Verwaltung beauftragte den Geistlichen Rat und Siegler Nikolaus Nell (zu diesem Kanoniker von St. Paulin vgl. Heyen, GS NF 6, St. Paulin S. 756), die Angelegenheit sorgfältig zu untersuchen und gegebenenfalls eine Wahl Kaysersfelds zu verhindern, um der Notwendigkeit enthoben zu sein, unter Umständen die Bestätigung verweigern zu müssen. Inzwischen hatten auch die Pfalzeler Kanoniker Hahn, Kirn und Weber, die nicht zu den Anhängern Kaysersfelds gehörten, um ein *scrutinium secretum* gebeten (in Pfalzel werde meist öffentlich gewählt), welchem Ersuchen die kurfürstliche Verwaltung in ihrer Anweisung an Nell auch stattgab. Nell hat am 27., 28. und 31. Mai mehrere derzeitige und ehemalige Pfalzeler Kanoniker und Kaysersfeld selbst befragt. Als Ergebnis berichtet er nach Koblenz, daß ihm die Vorwürfe – er spricht von „Gewäsch" – haltlos erschienen seien und er keine Veranlassung gesehen habe, die Wahl Kaysersfelds zu vereiteln. Dieser sei seit 28 Jahren Kanoniker in Pfalzel und habe sich in dieser Zeit in den ersten 15 Jahren regelmäßig am Chordienst beteiligt, danach habe er acht Jahre an Podagra gelitten und in den letzten drei Jahren Mette und Ves-

---

[1]) Im Hofkalender ist er 1783 und 1784 als Scholaster, 1785–1794 als Kustos genannt. Die Angabe, er sei Scholaster gewesen, ist wohl ein Irrtum. Jedenfalls paßt das nicht in die Reihe der Scholaster. Vgl. § 32.

per nicht besucht, weil er an zwei schweren (Leisten-)Brüchen leide. Inzwischen habe er aber eine gute Binde erhalten und könne wieder am Chordienst teilnehmen. Der „Vorschnelligkeit" im Singen wird das „steife, widrige und ermüdende" Singen des verstorbenen Dekans entgegengestellt. Inzwischen beteilige sich Kaysersfeld wieder am Chorgebet. Auch die übrigen Vorwürfe werden entkräftet. Kaysersfeld erhielt bei der geheimen Wahl am 2. Juni die Mehrheit der Stimmen. Die Wahl wurde am 13. Juni bestätigt. Gleichzeitig erhielt Nell eine Belobigung durch den Erzbischof für die geschickte Verhandlungsführung und den Auftrag, dem neuen Dekan unter vier Augen auszurichten, *daß diese ... Confirmation in der ... Zuversicht erfolgt sei, es werde derselbe durch sittliches Betragen sowohl als Eifer zum Kirchendienst ein erbauliches Beispiel denen Stiftsgliedern zu geben pflichtlich nie unterlaßen*. Nell führte diesen Auftrag am 20. Juni aus. Die kurfürstliche Verwaltung hielt es für angebracht, den ganzen Vorgang mit allen Anlagen der Registratur zu überantworten (d.h. vorläufig aufzubewahren; in Normalfällen wurden die Eingaben meist wieder zurück gegeben). K Best. 1 C Nr. 19038[1]).

§ 32. Liste der Scholaster

Werner/*Warner*. 1258–1284 Scholaster. Mag., 1245 Kanoniker, Sohn des Werner und der Gerberga (aus Trier?), stiftet Anniversar mit Haus in Trier in der Abtei Echternach (MrhUB 3 Nr. 818 S. 612). Seit 1258 (MrhR 3 S. 332 Nr. 1475), zuletzt 1284 (MrhR 4 S. 253 Nr. 1121) als Scholaster bezeugt.

Wilhelm von der Fleischgasse (in Trier). 1289–1295/1310 Scholaster. Mag., Anwalt (*advocatus*: 1310), 1289 als Schiedsrichter (MrhR 4 S. 383 Nr. 1699), 1295 als Zeuge (MrhR 4 S. 533 Nr. 2385) genannt, 1310 als verstorben bezeichnet. Er hatte für den Dreifaltigkeits-Altar im Dom eine Lampe gestiftet und mit der Ausführung dieser Stiftung den wohl mit ihm verwandten Dekan des Stiftes St. Simeon in Trier Albert (vgl. Heyen, GS NF 41, St. Simeon S. 778f.) beauftragt (K Best. 1 D Nr. 237). Er war auch Kanoniker im Stift St. Paulin vor Trier (vgl. Heyen, GS NF 6, St. Paulin S. 679) und ein Sohn des Kuno von der Fleischgasse (K Best. 215 Nr. 102). Memorie in Liebfrauen/Trier am 1. September (Nekrolog Liebfrauen, K Best. 206 Nr. 102).

---

[1]) Bei WENGLER, Pfalzel S. 46, heißt es: „Von ihm wird erzählt, daß er einen republikanischen Rock und Hut trug und daß auch seine Gesinnung dementsprechend gewesen sein soll." Die Aussage ist MÜLLER-LAGER, Schicksale S. 227 entnommen, wo sie sich aber auf einen nicht namentlich genannten Stiftsvikar bezieht.

Peter von Pfalzel. 1314–1318 Scholaster. Als solcher bezeugt vom 4. Juni 1314 bis zum 20. Januar 1318 (K Best. 157 Nr. 31 und Best. 215 Nr. 124; vgl. zu 1314 auch Mötsch, Balduineen Nr. 429b S. 421). 1319–1331 Dekan von St. Simeon in Trier, 1331–1332 Propst von St. Paulin vor Trier. Vgl. Heyen, GS NF 6, St. Paulin S. 590 und GS NF 41, St. Simeon S. 779, sowie Burgard, Familia Archiepiscopi S. 463–466. – In den älteren Listen (bei Brower, Metropolis, und Nachfolger) ist er zu 1331 als Dekan von Pfalzel genannt, was wohl eine Verwechselung mit St. Simeon in Trier ist.

Matthäus. 1338–1340 Scholaster (K Best. 186 Nr. 52 und 83).

Johann (von Pfalzel). 1354–1361/63 Scholaster. Mag.; als *iurisperitus* Zeuge bei der Wahl des Erzbischofs Boemund 1354 (Sauerland, VatReg 4 S. 46 Nr. 105; vgl. auch K Best. 1 D Nr. 554), im August/Oktober 1355 als Beauftragter des Trierer Klerus wegen Besteuerungsfragen in Avignon (Schmidt, QKastor 1 S. 492 Nr. 952; Sauerland, VatReg 4 S. 108 Nr. 269), zuletzt zum 24. Mai 1361 bezeugt (K Best. 1 A Nr. 6052), am 6. Februar 1363 als verstorben bezeichnet (Stiftung einer Lampe am St. Martins-Altar in Pfalzel: K Best. 157 Nr. 85). – Als Advokat der Trierer Offizialatskurie gehört er schon 1342 zum engeren Kreis Erzbischof Balduins (vgl. Burgard, Familia Archiepiscopi S. 23–25 mit weiteren Nachweisen). Er ist nicht identisch mit dem 1322–1343 als Notar an der Trierer Kurie nachweisbaren Johann von Pfalzel (Burgard S. 23).

Baldewin. 1369 Scholaster (K Best. 157 Nr. 51).

Gobelin von Hammerstein. 1379–1392 Scholaster und Kanoniker (Eckdaten K Best. 215 Nr. 1695: Abschr. 16. Jahrh.; hier als Scholaster von Pfalzel und Palastkellner zu Trier; ferner ab 1383 Best. 215 Nr. 556 und Kopiar BistA S. 77). Gobelin ist 1381 auch Kanoniker im Stift St. Simeon in Trier (K Best. 215 Nr. 555), 1383 gleichzeitig mit der Scholasterie in Pfalzel (vgl. Heyen, GS NF 41, St. Simeon S. 891) und wohl auch identisch mit dem Gobelin von Hammerstein, der 1394 eine päpstliche Bestätigung eines bepfründeten Kanonikates im Stift St. Paulin vor Trier erbittet, das vielleicht strittig war (RepGerm 2 Sp. 343; Heyen, GS NF 6, St. Paulin S. 691). Er kauft 1387 als Scholaster von Pfalzel einen Weinberg in Kenn (K Best. 157 Nr.59; diese Urkunde ist aber nicht Provenienz Stift Pfalzel, was zeigt, daß der Besitz anderweitig verschenkt oder verkauft wurde). – Gobelin gehört anscheinend nicht zur Familie der Burggrafen von Hammerstein (nicht bei Möller, Stamm-Tafeln NF 1 S. 31 Tafel 19 und Hammerstein-Gesmold, Urkunden und Regesten zur Geschichte der Burggrafen und Freiherren von Hammerstein. 1891), sondern wohl zu einer der weitverzweigten Ministerialen-Familien dieses Namens, wobei eine Vermittlung durch die Angehörigen der Burggrafen-Familie

Bruno, Archidiakon von Tholey (1392–1427), und Johann, Domscholaster zu Trier (1373–1411), naheliegt.

Johann de *Denemarken / Deynmarken*. 1395 Scholaster? Kölner Kleriker, Schreiber an der Kurie (1400: *qui in registro litterarum apostolicarum scribit*, 1402 Geleitbrief für Deutschland). Er bewirbt sich seit 1391 um zahlreiche Pfründen. 1395 erbittet er eine Provision auf die Pfarrkirche Walbeck/Diözese Köln (bei Geldern), unbeschadet eines bepfründeten Kanonikates und der Scholasterie in Pfalzel sowie einer Exspektanz in St. Gereon/Köln; später werden diese Pfründen nicht mehr genannt. 1401/03 prozessiert er um ein Kanonikat in Münstermaifeld und die Pfarrkirche zu Echternach (RepGerm 2 Sp. 602–604; dort auch die Pfründen außerhalb der Diözese Trier). In der Trierer Überlieferung ist er nicht nachweisbar.

Friedrich Schavard. 1399 (–1406/07) Scholaster. Als solcher bezeugt am 15. September 1399 (Sauerland, VatReg 6 S. 516 Nr. 1268; RepGerm 2 Sp. 301). Wahrscheinlich besaß er die Pfründe bis zu seinem Tod. Seit 1399 ist er Propst von St. Paulin vor Trier und seit 1393 Kantor von St. Simeon in Trier. Vgl. Heyen, GS NF 61, St. Paulin S. 597–599 und 692 sowie GS NF 41, St. Simeon S. 487 und 851.

Heinrich *Symeler*/Semeler. 1411 Kanoniker und Scholaster in Pfalzel, Notar und Familiare Erzbischof Werners. Die Pfründen in Pfalzel werden in einer Supplik als *non obstantes* genannt (RepGerm 2 Sp. 1367). Vgl. ausführlich Pauly, GS NF 14, St. Severus/Boppard S. 121. Für Pfalzel sonst nicht bezeugt.

Hartmann (*Hartmanni*) von Koblenz. 1427–1439 Scholaster. Die Identität der nachgenannten Pfründeninhaber ist bisher nicht einwandfrei zu belegen, weil kein Zeugnis bekannt ist, in dem alle oder doch mehrere Pfründen gleichzeitig genannt sind, aber doch wahrscheinlich. Am 20. Dezember 1406 Immatrikulation in Heidelberg (Toepke 1 S. 103). 1425 Supplik um eine päpstliche Provision auf ein Kanonikat in St. Kastor/Koblenz, unbeschadet des Besitzes eines bepfründeten Kanonikates in Karden (RepGerm 4 Sp. 943f.). Als Kanoniker in Karden 1425–1439 genannt (strittig mit Heinrich Luet; vgl. Pauly, GS NF 19, Karden S. 406). Kanoniker in St. Kastor/Koblenz seit 1422 (vgl. Goldmann, St. Kastor/Koblenz S. 263 Anm. 414; die Zusammenstellung unterscheidet nicht immer richtig zwischen Hartmann von Koblenz und Hartmann von Sprendlingen). Hartmann stiftete in St. Kastor mit 100 fl. für Renten seine und seiner Eltern Memorie, im Totenbuch ist er eingetragen am 17. April (Schmidt-Knichel, Memorienbuch S. 121).

Vom 23. Oktober 1427 bis zum 3. Januar 1430 ist Hartmann als Scholaster von Pfalzel bezeugt (RepGerm 4 S. 934f; Bitte um vollkommenen Ablaß. K Best. 157 Nr. 75). Im Pfalzeler Memorienverzeichnis ist er als Kanoniker und

Scholaster mit Memorien in den Oktavtagen von Epiphanie und Visitatio Mariae eingetragen, sodaß anzunehmen ist, daß er bis zum Tod in Pfalzel bepfründet war. – Am 19. Dezember 1429 wird er durch den Archidiakon von Karden in die Pfarrkirche Rübenach aufgrund einer Präsentation des Kuno von Pirmont-Ehrenberg investiert (K Best. 53 C 13 Nr. 508). 1432 ist er als Priester bezeichnet (K Best. 109 Nr. 1006).

Diese Anzahl von Pfründen verdankt Hartmann von Koblenz sicherlich seiner Stellung als Rentmeister (*reddituarius*) des Erzbischofs, in welchem Amt er vom 2. Mai 1429 (Michel, Gerichtsbarkeit S. 122) bis Dezember 1435 (Meuthen, Schisma S. 249) nachweisbar ist. Diese seine Funktion bedürfte einer genaueren Untersuchung; er ist nicht zu verwechseln mit dem Rentmeister Rodenberger. – Bemerkenswert scheint, daß Hartmann zu den Testamentsvollstreckern des Erzbischofs Otto von Ziegenhain (1418–1430; gestorben am 13. Februar 1430) gehörte; in dieser Funktion ist er 1434 in Koblenz tätig für die Stiftung einer *statio* an der Vigil von Annuntiatio Mariae von St. Kastor und St. Florin nach Liebfrauen (vgl. Schmidt, QKastor 2. Nr. 1873 S. 114–116; auch bei Goldmann a.a.O.). Diese engere Beziehung zum Erzbischof zeigt sich auch darin, daß Hartmann für sich, seine Eltern und Freunde sowie für Erzbischof Otto in Karden eine Memorie stiftete, die im Nekrolog von Karden zum 27. April 1439 eingetragen ist; wahrscheinlich ist dies der Todestag Hartmanns. – 1435 ist Hartmann schließlich als Testamentsvollstrecker des verstorbenen Scholasters von St. Kastor/Koblenz Bartholomäus bezeugt (K Best. 112 Nr. 424).

Mit Urkunde vom 25. Dezember 1432 gestattete Hartmann dem Kartäuserkloster St. Sixti zu Rettel, eine ihm für 2500 fl. verkaufte Rente von 100 fl. jährlich, zahlbar nach Köln oder Koblenz, wieder einzulösen (K Best. 109 Nr. 1006 = Schmidt, QKastor 2 Nr. 1862 S. 110). Eine zweite Rente in Höhe von jährlich 20 fl. erwarb er bei der Stadt Koblenz. Über deren Empfang quittiert er 1435 und 1436 (StadtA Koblenz Best. 623 Nr. 261 und 265). Diese Rente hatte Hartmann (testamentarisch?) der Kartause Koblenz gegeben, die 1440 der Stadt einen Empfang quittierte (ebenda Nr. 270). 1448 gab die Kartause diese Rente weiter an das Kloster Rettel, bei dem sie die Stadt Koblenz 1466 ablöste (ebenda Nr. 288 und 333). Wahrscheinlich ist auch der für das Kloster sehr günstige Rentenkauf von 1432 als Förderung der Kartäuser zu sehen (wenn auch der Rentbrief im Bestand von St. Kastor überliefert ist).

Christian (Matthiae) von Piesport. Vor 1449 Scholaster? Vgl. § 33.

Ludwig Sauerborn (*Surborn*). 1453 Bewerber um Kanonikat und Scholasterie. Er erhält am 10. Juni eine päpstliche Kollation auf diese Pfründen (RepGerm 6 Nr. 4064), kommt aber wohl nicht in deren Besitz (vgl. bei Siegfried von Dreckenach, § 31). Zu Ludwig Sauerborn vgl. Diederich, St. Florin/Koblenz S. 258, und Miller, Jakob von Sierck S. 260.

Siegfried (Sifrid) von Dreckenach. 1453 Scholaster. 1459–1472 Dekan. Vgl. § 31.

Peter Rubusch. Am 23. Mai 1459 bewirbt er sich um die mit dem Aufstieg des Sifrid *Dracknach* zum Dekan frei gewordene Scholasterie (RepGerm 8 Nr. 4969), hat diese aber offensichtlich nicht erhalten. 1463 ist er Kustos des Stiftes; vgl. § 33.

Johann von Arnsberg. 1462–1471 Scholaster. Seit 1445 als Kanoniker, seit 1462 als Scholaster bezeugt (K Best. 157 Nr. 76 und 90), gestorben kurz vor dem 14. Juli 1471 (StadtBi Trier Hs. 1680/341). Er ist nicht zu verwechseln mit dem gleichnamigen Präbendat von Liebfrauen/Trier und Dombenefiziat, der von 1468 bis 1497 bezeugt ist und als „der Jüngere" bezeichnet wird (StadtBi Trier Hs. 1755/1769 S. 274 und K Best. 1 D Nr. 4070). Im Pfalzeler Memorienverzeichnis werden der Scholaster am Werktag nach St. Margaretha (13. Juli), seine Mutter Margaretha am Dienstag nach Mariä Geburt (8. September) genannt; im Index als Präsenzgeld 12 Alb. bzw. 8 Alb. und 8 Heller aus einem Haus; im Memorienverzeichnis ist nach Jubilate auch ein als *frater ordinis Praedicatorum* bezeichneter Johann von Arnsberg eingetragen, der wohl ein Verwandter ist.

Johann (von) Baden. 1495– vor 1534/42 Scholaster. Nur als solcher bezeugt; ob er vorher als „nur" Kanoniker dem Kapitel angehörte, ist nicht ersichtlich. Am 5. Oktober 1495 verleiht Erzbischof Johann (II., von Baden, 1456–1503) dem Scholaster von Pfalzel und Pastor zu Engers auf Lebzeit ein Haus in Engers (Goerz, RegEb S. 296 = K Best. 1 C Nr. 18 Seite 1027; die Pfarrei Engers hat er offenbar bis zu seinem Tod behalten, jedenfalls ist er 1542 als deren früherer Inhaber bezeugt: K Best. 1 C Nr. 30 S. 216). Am 20. März 1502 gibt Erzbischof Johann dem Kellner von Bernkastel Anweisung, den Scholaster Johann von Baden in das Bergbuch (von Bernkastel) einzutragen, da dieser für eine Schuld des Heinrich *Noinnunge* (?) dessen Anteil am Bergwerk zu Bernkastel erworben habe (K Best. 1 C Nr. 18 S. 1119/Stück 1277; Goerz, RegEb S. 320). Am 19. Januar 1503 verschreibt Erzbischof Johann (gestorben am 9. Februar 1503) mit Zustimmung seines Koadjutors Jakob von Baden (Großneffe des Johann, Erzbischof 1503–1511) dem Scholaster Johann auf Lebzeit eine Rente von 25 fl. aus dem Siegleramt zu Trier sowie von 25 fl., zwei Fudern Wein, sechs Maltern Korn und zwei Wagen Heu aus der kurtrierischen Kellerei zu Pfalzel (ebenda S. 1186–1189/Stücke 1295 f.; Goerz, RegEb S. 321). Diese Verschreibung von 1503 wird am 8. Februar 1504 von Erzbischof Jakob erneuert bzw. bestätigt (K Best. 1 A Nr. 3033). Johann von Baden ist in den folgenden Jahrzehnten in Urkunden des Stiftes Pfalzel mehrfach als Scholaster bezeugt. Nach 1510 war er in die Liebfrauen-Bruderschaft des Stiftes St. Paulin vor Trier eingetreten (StadtBi

Trier Hs 1675/346 Bl. 55r). Am 16. Juli 1532 ist er 66 Jahre alt (K Best. 56 Nr. 2035, Vorakte Bl. 51) und ist wahrscheinlich vor dem 2. März 1534 (Kopiar BistA S. 195), jedenfalls vor 1542 (s. oben zu Engers) gestorben. Der Pfalzeler Scholaster Johann von Baden ist sehr wahrscheinlich ein naher Verwandter des Erzbischofs Johann von Baden; die oben zitierte Fürsorge des Erzbischofs läßt dies jedenfalls vermuten.

Johann Mandern. 1547–1549 Scholaster. Kanoniker seit 1527. Beim Generalkapitel von 1527 ist er als *canonicus non capitularis* genannt, 1532 als Kanoniker (K Best. 1 C Nr. 16328), zum 26. Februar 1547 als Scholaster (Kopiar PfarrA fol. 68; Kopiar BistA fol. 13: Zeuge bei der Neuwahl eines Pastors für Cochem), zum 4. Februar 1549 als Kellner (K Best. 157 Nr. 144). Am 9. August 1547 verzichtet er zugunsten des Johann Römer auf die Pfarrkirche St. Martin in Pfalzel (K Best. 1 C Nr. 32 S. 15–18). Im Pfalzeler Memorienverzeichnis ist er zu Allerheiligen eingetragen; genannt auch im Index.

Johann Duyngin/*Deuntgen* (von Koblenz). 1550–1557 Scholaster. Seit dem 26. März 1523 ist er als Kapitularkanoniker bezeugt (Kopiar StadtBi fol. 33r; fol. 34v ebenso zu 1525), seit 1527 als Kantor (K Best. 1 C Nr. 23 S. 1117–1119 zum 21. März; auch beim Generalkapitel am 15. Juni; 1534 pachtet er von Dekan und Kapitel einen *Bungert* (Baumgarten) gen. *hortus braxatoris* in Pfalzel: Kopiar BistA S. 195). Am 1. April 1550 erwirbt er im Tausch gegen die Kustodie zu Pfalzel den Altar hl. Kreuz in Bernkastel von Philipp Wher (s. bei diesem). Er müßte danach 1547 als Nachfolger des Nikolaus Landt an Stelle der Kantorei die Kustodie im Stift Pfalzel erhalten haben; eine Verwechselung ist kaum möglich, weil Wher nach 1550 mehrfach als Kustos bezeugt ist. Die Kustodie gab Johann Duyngin 1550 wahrscheinlich nur deshalb ab, um nun die Scholasterie (mit deren zusätzlicher Pfründe) erwerben zu können, in deren Besitz er bereits zum 1. Dezember 1550 nachweisbar ist (StadtBi Trier Hs 1755/1770 S. 456–461). Als solcher ist er dann noch mehrfach bis zum 3. April 1557 bezeugt (K Best. 1 A Nr. 1514; Best. 215 Nr. 1391; Mischbd StadtBi fol. 17ff; Best. 157 Nr. 134). Im Index zum Memorienverzeichnis ist ein Präsenzgeld von 2 fl. aus *Luvence* (Leiwen?) notiert. – Zumindest seit 1550, wahrscheinlich aber schon früher, war Johann Duyngin kurfürstlicher Kellner in Pfalzel (als solcher führt er eine Aufnahme des kurfürstlichen Grundbesitzes in Pfalzel durch, die im Mischbd fol. 17–30 eingetragen ist). Zum 11. Juni 1539 ist er auch als Dombenefiziat genannt (K Best. 1 D). Am 26. Februar 1547 ist er Skrutator bei der Wahl eines neuen Pastors für Cochem (Kopiar StadtBi fol. 13r/v). Sehr wahrscheinlich ist er auch identisch mit dem gleichnamigen Johann *Duingin*, der 1529 und 1530 als Kapitularkanoniker von St. Kastor in Koblenz bezeugt ist (K Best. 1 A Nr. 11722, Best. 109 Nr. 1233), zumal der Pfalzeler Johann Duyngin als „von Koblenz" bezeichnet wird.

Siegel (als „angeborenes Siegel" bezeichnet): rund 27 mm. Im Schild ein fünfzackiger Stern, als Helmzier ein Hirschrumpf. Umschrift: S(igillum) JO(hannis) DVNG(in) CAN(ONICVS ET) CAN(tor) IN PAL(atiolo). Abdruck von 1551 K Best. 157 Nr. 134. Von der Umschrift ist ein größeres Stück ausgebrochen; die Lesung ist deshalb offen. Zum Wappen vgl. Gruber, Wappen S. 148 (Dungin von Wittlich).

Über den in der Stiftskirche erhaltenen Altaraufsatz des Epitaphs des Johann Duyngin vgl. § 3, Abschn. A 3b. – Erhalten ist ferner eine 1,48 m lange rechteckige Tischplatte aus rotem Sandstein von 1546 mit einem Flachrelief (dessen Hauptfelder als Darstellung der „Gefahren der Jagd und der Liebe" interpretiert werden), dessen vier Wappen an den Ecken mit Sicherheit den Duyngin (von Wittlich) zuzuordnen sind. Heinrich Milz (s. u.) hat überzeugend argumentiert, daß die Tischplatte dem Pfalzeler Kanoniker Johann Duyngin gehörte (bzw. von diesem in Auftrag gegeben wurde) und vermutlich über Gerhard von der Heyden, der 1569 kurtrierischer Amtmann in Pfalzel war, in die Burg Niederweis (sw Bitburg) kam und sich heute im Landesmuseum in Trier befindet[1]).

Mit dem von Anne-Marie Zander ermittelten (vgl. § 3 Abschn. A 3b zum Epitaph) Nachweis des mütterlichen Wappens Gutmann (von Sobernheim) ist erwiesen, daß der Pfalzeler Kanoniker Johann Duyngin ein Sohn des (Koblenzer) Goldschmiedes Hermann Duyngin und der Christine Gutmann und somit kein Sohn (wie bisher angenommen), sondern ein Neffe des kurtrierischen Kanzlers Heinrich Duyngin (ein Bruder des genannten Hermann) ist. Das schließt natürlich nicht aus, daß der Kanzler Heinrich seinem Neffen Johann das Kanonikat in Pfalzel vermittelt hat.

Johann Römer/Romanus von Sierck. 1565–1574 Scholaster. Kanoniker seit spätestens 1549, Vikar 1546. Mit Urkunde vom 17. Dezember 1546 verlieh Erzbischof Johann (IV.) Ludwig dem *presbyter Trevirensis* Johann Römer die Vikarie St. Johann Baptist im Stift Pfalzel (K Best. 1 C Nr. 30 S. 641 f.; vgl. unten 1549). Am 9. August 1547 ist er als Landdekan von Perl bezeugt; Johann Mandern verzichtet hier zu Johann Römers Gunsten auf die Pfarrei St. Martin in Pfalzel, die Erzbischof Johann (V.) am 12. August dem Johann Römer verleiht (K Best. 1 C Nr. 32 S. 15–18). Zum 31. September 1549 verzichtet dieser dann auf den Altar St. Johann Evangelist (was wohl eine

---

[1]) Inv. 01,333, Mitt. 12. 8. 2002. Heinrich MILZ, Der kurtrierische Kanzler Duyngen von Wittlich und sein Geschlecht. (TrierHeimat 8. 1932 S. 135–139, 155–159). Anne-Marie ZANDER, Die Trierer Goldschmiede vom späten Mittelalter bis zum Beginn des 19. Jahrhunderts (TrierZs 62. 1999 S. 247–313, hierzu S. 258 Nr. 42). Zur Burg Niederweis vgl. Kdm. Krs Bitburg. 1927 S. 222–224; Kulturdenkm. 9.2 Krs Bitburg-Prüm. 1997 S. 486–488 ohne Hinweis auf die Tischplatte.

Verwechselung mit Johann Baptist ist), ist aber hier auch *sacellanus archiepiscopi* in Pfalzel, also Inhaber eines Kanonikates (ebenda S. 60). Als Kaplan des Erzbischofs und Pastor zu Pfalzel ist er auch am 20. Juni 1551 bezeugt (ebenda S. 616f.; Kopiar StadtBi fol. 38r). Welche Funktion Johann Römer – im Umfeld des Erzbischofs? – in dieser Zeit wahrnahm, konnte nicht geklärt werden. 1565 ist er als kurfürstlicher Kellner (des kurtrierischen Amtes Pfalzel) in Pfalzel bezeichnet (s. unten); vielleicht ist er dies schon (und noch) länger, was auch die nachstehende Notiz gut erklären würde. Mit Schreiben vom 16. Juni 1552 nämlich schrieb das Kapitel von Pfalzel an den Erzbischof, Römer sei zwar erzbischöflicher Kaplan und als solcher von der Residenz befreit, er sei nun aber an der Reihe, die Kellerei des Stiftes zu verwalten. Das Kapitel bittet daher den Erzbischof, Römer zu veranlassen, wenigstens die Aufgabe des Kellners, die Zehnten zu verpachten, wahrzunehmen (Kopiar StadtBi fol. 75r, Kopiar PfarrA fol. 69f.; zur verfassungsrechtlichen Bedeutung vgl. § 14).

Nach 1552 fehlen für fast ein Jahrzehnt weitere Nachrichten über Johann Römer. Im Januar 1560 ist er erneut als Kellner des Stiftes genannt (K Best. 157 Nr. 367). 1561 hat er eine wohl 1552 bei dem Zug des Markgrafen Albrecht Alkibiades zerstörte Kurie wieder aufgebaut. Wahrscheinlich ist er hier bereits Scholaster des Stifts. Die am Haus noch erhaltene, gewiß auf seine Veranlassung angebrachte Inschrift ist ein schönes Zeugnis seiner humanistischen Bildung (vgl. § 3 Abschn. A 5). Vielleicht besteht ein Zusammenhang zwischen dieser engeren Hinwendung nach Pfalzel mit dem Erwerb eines Kanonikates im Stift St. Simeon in Trier (Zahlung der Statutengelder am 8. Juni 1565 und in der ersten Jahreshälfte 1568), auf dem ihn Erzbischof Jakob im Oktober 1567 als *capellanus archiepiscopi* von der Residenzpflicht befreit (K Best. 1 C Nr. 38 S. 20; fehlt Heyen, GS NF 41, St. Simeon). – Vermutlich muß man hier auch einen Zusammenhang mit dem Regierungsantritt Erzbischof Jakobs von Eltz (Wahl zum Erzbischof am 7. April 1567) sehen, zu dessen engeren Mitarbeiterkreis Johann Römer zu rechnen ist.

Zum 13. Juni 1565 sind Differenzen des Kanonikers und Scholasters im Stift Pfalzel und kurfürstlichen Kellners zu Pfalzel Johann Römer einerseits mit dem Priester der Diözese Trier Nikolaus Arlunensis anderseits wegen der Pfarrei Thalfang (Nominationsrecht der Äbtissin des Klosters Löwenbrücken in Trier, Präsentation durch den Abt von St. Maximin vor Trier; vgl. Fabricius, Erl. 5,2 S. 62) bzw. wegen der Kapelle St. Luzia in Schweich (Kollator ist der Erzbischof von Trier) überliefert, bei denen Johann anscheinend die Pfarrei Thalfang für sich gewinnen (bzw. seinen Anspruch durchsetzen) kann (K Best. 211 Nr. 1193; vgl. künftig Resmini, GS NF, St. Maximin). Auch bei der Bestallung als erzbischöflicher Kaplan in St. Simeon 1567 ist Johann Römer als Scholaster in Pfalzel bezeichnet. Mit Urkunde vom 23. September 1568 soll ihm Erzbischof Jakob die mit dem Tod des Johann Houst frei gewordene Pfarrei St. Johann Baptist in Steinfeld *vigore indulti apostolici* verliehen haben (Abschrift im Temporale K Best. 1 C Nr. 39 S. 60), was aber mit Sicherheit ein Schreibfehler des Protokollanten ist, weil Steinfeld die Klosterpfarrei der Abtei (im Erzbistum Köln) ist, über die der Erzbischof von Trier nicht verfügen konnte; welcher Ort gemeint ist, konnte nicht geklärt werden. 1570/71 erhält Johann Römer auch ein Kanonikat im Stift St. Paulin vor Trier, ist aber nicht weiter in diesem Stift bezeugt (Heyen, GS NF 6, St. Paulin S. 723). 1571 ist er Rektor der Universität Trier (Treveris 1 S. 90) und wird schließlich am 31. März 1571 als Dr. iur. von Erzbischof Jakob zum Offizial ernannt[1]).

Johann Römer starb am 14. Juni 1574 und wurde in der St. Peters-Kapelle zu Pfalzel begraben. Im Index zum Memorienverzeichnis ist ein Präsenzgeld von 2 fl. notiert. Die Inschrift seines Epitaphs ist in einem 1742/45 angefertigten Ersatz-Gedenkstein überliefert (vgl. § 3 Abschn. A 3b). Johann Römer war in Pfalzel zuletzt Scholaster und Pfarrer von St. Martin (so K Best. 1 C Nr. 39 S. 363). Als Pfarrer von St. Martin ist er auch im Anniversarienverzeichnis der Pfarrei (Pfarrarchiv Bl. 146) eingetragen. Über einen Schwestersohn 1580 als Kartäuser in Koblenz vgl. K Best. 1 C Nr. 109 fol. 318. – Über einen von Johann Römer der Pfarrkirche St. Martin gestifteten Kelch vgl. § 3 Abschn. A 3a.

Peter Lesch. 1574–1583 Scholaster. Seit 1566 Kanoniker. Pfründe 9. Mit Schreiben vom 15. August 1566 teilt Erzbischof Johann (VI., gestorben am 10. Februar 1567) Dekan und Kapitel von Pfalzel mit, er könne den Peter Lesch am Hof nicht entbehren und man möge ihn deshalb als präsent gelten lassen. Das Kapitel erbat dazu eine Erklärung des Erzbischofs, daß damit die Statuten und Rechte des Stiftes nicht präjudiziert sein sollten, sowie eine darauf bezogene Dispens des Erzbischofs für den Eid, den die Mitglieder des Kapitels auf die Statuten geleistet hatten. Der Erzbischof entsprach dem mit Schreiben vom 8. Oktober (K Best. 1 C Nr. 34 S. 206–208). Lesch war damals schon kurfürstlicher (Land-)Rentmeister (*reddituarius*; s. u.) und es ist anzunehmen, daß er das Kanonikat in Pfalzel erst kurz zuvor (über eine Nomination? Im Pfründenverzeichnis zu Pfründe 9 ist er als Nachfolger des Johann Krebs genannt) erhalten hat. – Erzbischof Johanns Nachfolger, Erzbischof Jakob (III.) von Eltz (gewählt am 7. April 1567) ernannte Peter Lesch bereits am 2. Juni 1567 zum erzbischöflichen Kaplan in Pfalzel (K Best. 1 C Nr. 39 S. 3); als solcher ist er dann in den Präsenzmeldungen der Generalkapitel genannt. 1574 nominiert sein *cognatus*, der Dekan Peter Homphäus, ihn als Scholaster;

---

[1]) K Best. 1 C Nr. 39 S. 179–181, 201. Die Besoldung als Offizial wird mit 200 fl. zu 24 Albus jährlich festgesetzt, die der Siegler auszuzahlen hat. Weitere Rechte an den Einnahmen des Sieglerantes hat der Offizial nicht. Zur Stellung des Offizials in dieser Zeit vgl. MOLITOR, Reformversuche S. 89 Anm. 50.

als solcher legt er am 21. Juni 1574 einen Eid ab und verpflichtet sich zur persönlichen Residenz (Kopiar StadtBi fol. 61r). Wahrscheinlich ist er in dieser Zeit kurfürstlicher Rentmeister der Abtei Prüm geworden (s. u.) und konnte damit seinen Residenzverpflichtungen in Pfalzel wohl weitgehend nachkommen; jedenfalls ist er für die Jahre 1574–1583 als Inhaber der Scholasteriepfründe bezeugt (PV). Peter Lesch starb am 31. März 1583 (Memorienverz.). Testamentsvollstrecker waren der genannte Dekan Peter Homphäus und der Kantor Anton Trevir (K Best. 157 Nr. 310).

Peter Lesch war offensichtlich ein hochqualifizierter Mann der kurtrierischen Finanzverwaltung. 1580 gibt er an, er sei 16 Jahre in verschiedenen Positionen tätig gewesen (K Best. 56 Nr. 2191 Bl. 1523 ff.), was bis 1564 zurückreichen würde. Genannt werden die Funktionen eines Generalrentmeisters bzw. Landrentmeisters und zuletzt die des Rentmeisters der 1576 dem Erzstift Trier inkorporierten Abtei Prüm, eine gewiß sehr wichtige neue Aufgabe. Eine Untersuchung dieser Tätigkeitsfelder steht aus. – Dabei bleibt zu berücksichtigen, daß Peter Lesch, der 1580 bereits 59 Jahre alt war, die genannten hohen Positionen als Rentmeister erst in einem Alter von wenig über 40 Jahren übertragen wurden. Über die frühere Zeit ist bisher kaum etwas bekannt. Schon bei den Pfründenverleihungen der Jahre 1564/66 (s. u.) wird er als *presbyter Trevirensis* bezeichnet, woraus zu entnehmen ist, daß er zuerst die geistliche „Laufbahn" anstrebte. Vornehmlich unter diesem Gesichtspunkt ist es auch zu sehen, daß er sich als außerehelich Geborener hatte legitimieren lassen. Ein Nachweis für diese frühe geistliche Laufbahn könnte schließlich die Erwähnung eines Peter Lesch als Kanoniker im Stift St. Kastor in Karden zum Jahre 1538 sein (K Best. 99 Nr. 702 fol. 16v), wenn auch dann bis 1566 weitere Nachweise fehlen, sodaß auch zwei Personen gleichen Namens in Betracht kommen (Pauly, GS NF 19, Karden S. 420 mit S. 352 hat eine Person), zumal es 1580 heißt (s. o.), der Rentmeister Peter Lesch wohne (erst) seit 1553 im Erzstift Trier. Dazu wieder paßt der Nachweis als Pfarrer in Rosport 1558 und als Pfründner (Präbendar) des Klosters Ören/St. Irminen in Trier zu 1557/58 (BistA Trier Abt. 71,8 Nr. 37; vgl. demnächst Knichel, GS NF, St. Irminen/Trier) und auch die wohl in diesen 50er Jahren geborene uneheliche Tochter Peters, die 1574 den Hofschneider am kurfürstlichen Hof (zu Koblenz) Peter Laub heiratete, den die Stadt Koblenz wegen dieser, wenn auch legitimierten, unehelichen Geburt der Ehefrau nicht als Bürger annehmen wollte (Ratsprotokolle der Stadt Koblenz, StadtA Koblenz Best. 623 Nr. 1542 S. 152 f., 294 etc.; vgl. Pauly, GS NF 19, Karden S. 353). Die geistlichen Pfründen, die später im Besitz des Peter Lesch nachweisbar sind, sind jedenfalls als Besoldung des Finanzbeamten des Erzstifts zu verstehen. Neben dem Kanonikat in Pfalzel (seit 1566) sind es ein Kanonikat und die Scholasterie im Stift Karden (seit 1564, Scholasterie resigniert 1582; Pauly, GS NF 19, Karden S. 352 f.), ein Kanonikat im Stift Dietkirchen (seit ca 1569, bei der Erneuerung der Residenzbefreiung 1573 mit der Auflage, den turnusmäßig anfallenden Dienst am Hochaltar persönlich oder durch einen Vertreter zu leisten; Struck, GS NF 22, Dietkirchen S. 395), ein Kanonikat in Limburg (bezeugt bei der Nachbesetzung 1588: K Best. 1 C Nr. 43 S. 67) und die Pfarrkirche zu Cochem (1570; so Pauly, GS NF 19, Karden S. 353).

Adrian Loyardt. 1583–1586 Scholaster. Vgl. § 35 als Kanoniker.

Michael Heimann/*Heymann* aus Ittel (auch Michael Ittel). 1587–1592 Scholaster. Kanoniker seit 1572. Pfründe 5. Beim Generalkapitel 1572 meldet er sich zum Kapitel und wird aufgenommen. Vermutlich ist er von einem Mitglied des Kapitels im Turnus nominiert worden, da er ein Bruder des *villicus* des Stiftes in Ittel ist (so in der Kellerei-Rechnung 1580/81 gesagt). 1587–1592 ist er als Scholaster bezeugt. Er starb vor dem 26. Juli 1592 (K Best. 1 C Nr. 43 S. 620, 641).

Nikolaus Gelen. 1592–1602 Scholaster. Kanoniker seit 1585. Pfründe 6. 1585 erhält er im Tausch mit Johann Wimpheling ein Kanonikat in Pfalzel (K Best. 1 C Nr. 43 S. 170–172). Am 1. Oktober 1592 verleiht ihm Erzbischof Johann als Nachfolger des Michael Heimann die Scholasterie (ebenda S. 641). Nikolaus Gelen starb 1602.

1584 hatte Erzbischof Johann dem *presbyter Trevirensis* Nikolaus Gelen den Altar SS. Trinitatis in Wittlich verliehen (K Best. 1 C Nr. 43 S. 118), auf den dieser 1597 verzichtete, worauf ihm am 11. Juni 1597 Erzbischof Johann die *vicaria beatae Magdalenae principalis et adaucta* im Stift St. Kastor in Koblenz verlieh (ebenda S. 1108, 1115; zum *summus vicarius* in St. Kastor einige unzureichende Bemerkungen bei Goldmann, St. Kastor/Koblenz S. 159 mit Anm. 497 und S. 161 f.). Wahrscheinlich handelt es sich um dieselbe Person.

Johann Borgius. 1603–1612 Scholaster. Kanoniker seit 1602. Pfründe 6. Er folgt am 17. November 1602 im Kanonikat des Nikolaus Gelen und ist zum Generalkapitel am 15. Juni 1603 als Dr. iur., *non residens, in curia Romana agens*, notiert. Auch die Scholasterie hatte er neben dem Kanonikat durch eine Provision des Erzbischofs erhalten, wenn auch das Kapitel dies zunächst verweigerte (K Best. 157 Nr. 302; Mischbd StadtBi fol. 45r). Schon am 14. Oktober 1602 hatte er Prokuratoren zur Annahme aller Kanonikate, Pfründen und geistlichen Benefitien, wie er sie von Erzbischof Lothar oder anderen verliehen bekommen habe, ernannt (Kopiar StadtBi fol. 46v-47r). Er starb vor dem 25. Oktober 1612 in Rom als Kanoniker und Scholaster von Pfalzel.

Johann Borgius Silvanus, filius quondam Stephani Borgii Silvani, civis Trevirensis, wurde am 14. September 1596 in Siena zum Dr. iur. utr. promoviert (Weigle, Studenten 2 S. 218 Nr. 45; ders., Siena S. 134 Nr. 2721). Am 15. April 1588 ernennt ihn (als *laicus Trevirensis*) das *collegium scriptorum archivii Romani* zum Notar

(Urkunde als Einband zum Pfalzeler Kopiar StadtBi Trier Hs 1676/345. Die Urkunde muß also in Pfalzel vorgelegen haben, sie könnte auch mit einem Nachlaß des Johann Borgius nach Pfalzel gekommen sein). Zum 8. Mai 1607 ist er als Mitglied der Deutschen Nation in Perugia bezeugt (Weigle, Perugia S. 53). Im Generalkapitel des Stiftes Pfalzel von 1607 ist notiert, daß er längere Zeit in kurfürstlichem Auftrag in Rom gewesen sei, weshalb seine Aufnahme im Kapitel kritisch diskutiert wurde, man auf Intervention des Erzbischofs die Bedenken aber zurückstellte. Es scheint, daß er auch in den späteren Jahren überwiegend in Rom war. Am 2. September 1608 stiftet er als Dr. iur. utr., Kanoniker und Scholaster in Pfalzel, kurfürstlich Trierischer Rat, *in Romana curia agente*, in Ausführung des Testamentes seiner Mutter Barbara Heien in St. Laurentius/Trier eine Kerze (BistA Trier Abt. 71,6 Nr. 123).

Balthasar Wilhelm Boningen aus Diedenhofen (*Theovillanus*). 1612 (–1628?) Bewerber um die Scholasterie. Mit Bulle vom 25. Oktober 1612 verleiht Papst Paul V. dem Alumnen am Germanicum in Rom Balthasar Wilhelm Boningen in zwei verschiedenen Urkunden das durch den Tod des Johann Borgius (an der Kurie und damit dem Besetzungsrecht des Papstes zugefallene) freie Kanonikat und die Scholasterie im Stift Pfalzel. Balthasars Bruder Jakob Wilhelm von Boningen, Kanoniker von St. Martin in Lüttich, erbittet am 12. Dezember 1612 vom Kapitel zu Pfalzel die Einweisung in beide Pfründen. Das Kapitel nimmt Balthasar aber nur als Kanoniker auf. Wegen der Scholasterie will es appellieren, weil diese nur einem *canonicus capitularis* verliehen werden könne und Balthasar erst die dreijährige Exspektanz zu absolvieren habe (K Best. 157 Nr. 162; Kopiar StadtBi fol. 53r-57v). Urkundlich ist Balthasar Wilhelm als Scholaster nicht nachgewiesen, wohl aber im Pfründenverzeichnis zu Pfründe 6 von 1612 bis ca 1620 mit seinem Bruder Matthias Wilhelm Boningen als Nachfolger im Kanonikat. Die Scholasterie erhielt offensichtlich (durch Vergabe des Kapitels?) Paul Wolter, der urkundlich seit 1617 als Scholaster nachweisbar ist (s. nachstehend bei diesem). Dazu heißt es bei der Scholasteriepfründe zu diesem Paul Wolter: *Hic per ammodiationem a SND (?) aliquandiu habuit scholasteriam, dans singulis annis 50 coronatos praefato domino Balthasaro Guiliermi, tandem 1628 certa pecunia redemit* (Mischbd StadtBi fol. 11r). Daraus könnte man schließen, daß Paul Wolter dem Balthasar Wilhelm Boningen zunächst eine jährliche Abfindung zahlte, bis die Angelegenheit spätestens 1628 zugunsten des Paul Wolter entschieden wurde.

Paul Wolter aus Wormeldingen. 1612/1617–1640 Scholaster. Kanoniker seit ca 1620. Pfründe 7. Über die Kontroverse beim Erwerb der Scholasterie vgl. vorstehend bei Balthasar Wilhelm Boningen. Seit 1617 bis 1639 ist Paul Wolter urkundlich als Scholaster bezeugt (Kopiar StadtBi fol. 78r; K Best. 1 A Nr. 11674; K Best. 157 Nr. 306; BistA Trier Abt. I A Nr. 361). Er starb am 16. April 1640 (so nachgewiesen im Stift St. Simeon in Trier, wo er seit 1637 Kanoniker war; vgl. Heyen, GS NF 41, St. Simeon S. 953f. mit Tippfehler Paul Walter).

1628/29 war Paul Wolter in einen Prozeß gegen einen Ziegelbrenner aus Trier verwickelt, weil Pauls Bruder Johann Wolter, Meier zu Wormeldingen/

Luxemburg, und dessen Ehefrau Katharina Zorn diesen Ziegelbrenner überredet hatten, in Wormeldingen eine Brennerei aufzumachen. Das Geschäft kam dann aber nicht zustande und der Brenner beanspruchte Schadenersatz. Paul Wolter wurde in die Sache hineingezogen, weil er angeblich Bürgschaft für das Unternehmen übernommen hatte und nun zahlen sollte, sich aber weigerte. Der Prozeß ging bis an das Reichskammergericht (K Best. 56 Nr. 2978).

In der St. Peters-Kapelle in Pfalzel war die am 26. Juli 1627 verstorbene Anna Trarbachin, Witwe des Peter Wolters, Bürger zu Koblenz, begraben. Vermutlich ist es die Mutter des Paul Wolter, die als Witwe wohl bei ihrem Sohn gelebt hatte. Vgl. die Inschrift in § 3 Abschn. A 3b.

Kaspar Kröschel. 1640–1651 Scholaster. Seit 1630 Kanoniker. 1651–1663 Dekan. Vgl. § 31.

Peter Dillen. 1651–1663 Scholaster. Kanoniker seit 1635. 1663–1674 Dekan. Vgl. § 31.

Johann Reinhard/*Renatus* Gulcken. 1663–1694 Scholaster. Kanoniker seit 1642. Pfründe 9. Seit 1651 ist er als Kapitularkanoniker genannt, 1652 auch als Kellner und *magister fraternitatis*, seit 1663 als Scholaster. Er starb im November 1694 (PV).

Claudius de la Tour/*Latour/von Thorn*. 1695–1699 Scholaster. Das Pfründenverzeichnis nennt ihn seit 1628 als Nachfolger des Matthias Wilhelm von Boningen als Inhaber der Pfründe 6. In den Protokollen des Generalkapitels sind seine Meldungen zur Residenz erst seit 1651 regelmäßig notiert, 1653 auch als *magister fraternitatis*, seit 1675 als Kantor. 1677 ist er wegen Krankheit entschuldigt, 1684 erschien er nicht zum Generalkapitel wegen der Kriegswirren (Mischbd StadtBi fol. 72). Am 29. Januar 1695 ist er noch Kantor (K Best. 157 Nr. 307), hat aber bald danach die Scholasterie erhalten. 1698 wollte er (vermutlich aus Altersgründen) gegen Zahlung einer Rente auf sein Kanonikat zugunsten des Richard Umbscheiden verzichten. Das Kapitel betonte aber, daß Umbscheiden dennoch die Karenzjahre einhalten müsse, was praktisch bedeutete, daß er die Pension dann ohne eigene Einkünfte hätte zahlen müssen (K Best. 157 Nr. 304). Wohl deshalb kam diese Sache nicht zustande (vgl. bei Richard Umbscheiden in § 35). Claudius de la Tour hat dann am 9. Januar 1699 auf die Scholasterie verzichtet (K Best. 157 Nr. 307) und ist wenig später gestorben. Zum Namen vgl. bei Sebastian de la Tour in § 33 zu 1616.

Nikolaus Henrot/*Haurot*. (1699–) 1703–1730 Scholaster. Kanoniker 1692–1731. Pfründe 13. 1703/04 ist er als Scholaster genannt (Rechnung), 1699 nur als Kanoniker bezeichnet (K Best. 157 Nr. 307). 1708 schrieb er das in der Stadtbibliothek Trier (Hs 1677/1746) erhaltene Prozessionale des Stiftes (vgl. § 3 Abschn. B). Am 1. Dezember 1730 ist gesagt, daß er krank sei und noch in diesem Jahr auf die Scholasterie wegen Krankheit verzichtete (K Best. 157 Nr. 307). Er muß bald darauf gestorben sein. Sein Wappen zeigt eine Hausmarke, oben drei Rosen (im Prozessionale). – Nikolaus Henrot, *diocesis Leodiensis*, Vikar in Butzweiler, erhielt am 2. Februar 1684 die vier Niederen Weihen, am 26. Februar 1684 die Weihe zum Diakon und am folgenden Tag die Priesterweihe (BistA Trier, Weiheprotokolle).

Karl Kaspar von Nalbach. 1730–1756 Scholaster. Kanoniker 1729–1756. Pfründe 9. 1729 aufgenommen als Nachfolger des Heinrich Josef von Eyss und bereits am 1. Dezember 1730 als Kanoniker von St. Simeon (s. unten) sowie Kanoniker und Kellner von Pfalzel zum Scholaster in Pfalzel gewählt (K Best. 157 Nr. 307); die in Pfalzel verlangten drei Exspektanzjahre hatte er noch nicht geleistet, war also noch Extrakapitular. Am 31. Juli 1731 wurde er dann vorzeitig als Kapitularkanoniker zugelassen (K Best. 1 C Nr. 19037). Als Scholaster war er 1735 und 1736 als Testamentsvollstrecker des Dekans Anton Reuß tätig (K Best. 157 Nr. 186 und 187). In einer Urkunde vom 22. Juni 1750 ist er als Scholaster von St. Simeon, Thesaurar in Pfalzel, päpstlicher Protonotar, Syndikus und Einnehmer (*receptor*) des obererzstiftischen Klerus bezeichnet (K Best. 215 Nr. 1864; vermutlich ist die Angabe der Ämter in St. Simeon und Pfalzel verwechselt; jedenfalls paßt Kustos nicht in die Pfalzeler Liste). Über eine von Karl Kaspar gefertigte Inschrift an einer Kurie vgl. bei Johann Römer bzw. in § 3 Abschn. A 5. Als Syndikus des geistlichen Standes begleitete Karl Kaspar seinen Bruder, den Weihbischof Lothar Friedrich von Nalbach, mehrfach auf dessen Reisen (F. Schaefer, Lothar Friedrich von Nalbach, passim). Karl Kaspar starb im Oktober 1756 (K Best. 157 Nr. 307).

Testamentarisch hatte er zugunsten des Stiftes Pfalzel verfügt: 1. Das Stift erhält Meßgewänder, einen Kelch etc. 2. Die bereits von ihm eingerichtete und ausgeübte Andacht an Assumptio Mariae (15. August) soll weiter gehalten werden; dafür hat er 200 Rt. gestiftet. 3. Er stiftet eine Samstagsmesse am Hochaltar. 4. Er macht eine Stiftung zugunsten armer Schulkinder zu Pfalzel für Bücher, Papier etc. 5. Er macht eine Stiftung an die Marianische Sodalität. 6. Mit der Stiftung von Messen sollen die Einkünfte der Vikarie SS. Trinitatis erhöht werden (Verhandlungen mit den Testamentsexekutoren wegen der Stiftungen an Pfalzel im März 1757: K Best. 157 Nr. 315).

Karl Kaspar Nalbach wurde am 29. Januar 1694 geboren (Schaefer a.a.O.). In St. Simeon war er 1716–1756 Kanoniker, seit 1751 Kustos (vgl. Heyen, GS NF 41, St. Simeon S. 832, 846). Weihen: Tonsur am 9. August 1713, Subdiakonat am 26. März, Diakonat am 8. April und Priesterweihe am 11. April 1719

(BistA Trier, Weiheprotokolle). – Sein Wappen zeigt einen Balken, oben eine Wolfsangel (Mauerhaken), begleitet von Sternen (?), unten ein Fisch, begleitet von 2 : 1 Sternen (Siegelabdruck von 1750: K Best. 215 Nr. 1864).

Heinrich Ludwig Ebentheuer. 1756–1779 Scholaster. Kanoniker seit 1736. Pfründe 8. 1744–1753 ist er mehrfach als Kellner genannt (Rechnungen und K Best. 157 Nr. 354). Bald nach dem 20. November 1756 wurde er zum Scholaster gewählt (K Best. 157 Nr. 307; zur Zahlung an die Fabrik vgl. § 12, Scholasterie). 1768 stiftete er ein Altarbild der 14 Nothelfer für die Kapelle in Eitelsbach, das dort noch erhalten ist (Kdm. Trier-Land S. 99; Auskunft Juli 2002). In seinem Testament vom 29. Januar 1778 stiftete er in Pfalzel mit 200 Rt. ein Anniversar sowie Kelch, Meßgewand etc. (Auszug: K Best. 157 Nr. 316). Heinrich Ludwig Ebentheuer starb am 9. Februar 1779 an Schlagfluß (KP). – Weihen: Tonsur am 3. März 1730, Niedere Weihen am 20. Dezember 1737, Subdiakonat am 21. Februar (Weihetitel Kanonikat in Pfalzel) und Diakonat am 23. Mai 1739, Priesterweihe am 20. Mai 1742 (BistA Trier, Weiheprotokolle).

Johann Josef Hurth. 1779–1782 Scholaster. Kanoniker seit 1765. Pfründe 11. Am 6. Dezember 1765 erhält er eine Kollation des Erzbischofs Johann Philipp (mit päpstlichem Indult: Vergabe der in päpstlichen Monaten frei werdenden Pfründen) auf das durch den Tod des Johann Franz Richardi in Pfalzel freie Kanonikat (K Best. 1 C Nr. 74 Bl. 292) und wird am 23. Dezember 1765 in Pfalzel eingeführt. Dort erhält er nach drei Karenzjahren am 15. Juni (Generalkapitel) 1769 die *possessio canonicalis*. Schon zuvor, am 11. Juni 1769 war er als Vorsitzender und „dirigierender Assessor" des niedererzstiftischen Offizialates (d.h. in Koblenz) durch den Erzbischof mit Abschluß der Karenzzeit von der Residenz befreit worden (K Best. 1 C Nr. 19037). Am 31. Mai 1779 wird er zum Scholaster gewählt (mit vier Karenzjahren). Er starb aber bereits am 25. Juli 1782 (KP).

Johann Josef Hurth wurde am 25. Januar 1720 in Trier (Taufe in St. Laurentius) als Sohn des Daniel Hurth und dessen Ehefrau Barbara Mannebach geboren und studierte in Trier (1736 Bacc. art., 1737 Mag. art.). 1757 erhielt er mit Kollation des Erzbischofs von Trier (mit Indult, wie oben) ein Kanonikat im Stift Karden (vgl. Pauly, GS NF 19, Karden S. 457 f.). Wohl mit dem Empfang dieser Pfründe verzichtete er am 22. Februar 1758 auf die Pfarrkirche zu Rieden (K Best. 1 C Nr. 74 Bl. 42 f.). Die Weihen hatte er bereits 1742–1744 erhalten, und zwar Tonsur und Niedere Weihen am 24. März 1742 (mit Weihetitel *ad congruam* in Speicher), Diakonat am 7. Juni 1743 und Priesterweihe am 4. April 1744 (BistA Trier, Weiheprotokolle). – Im Wappen führte Hurth in einem Balken drei Rosen (so im Siegel von 1770 K Best. 109 Nr. 1671).

Die Tätigkeit Hurths am Offizialat in Koblenz bedürfte einer speziellen Untersuchung. Hinweise: Am 18. April 1768 erteilt Weihbischof von Hontheim dem Assessor am Offizialats-Kommissariat in Koblenz eine positive Beurteilung und schlägt ihn als Vize-Präsident des Offizials Rademacher vor (K Best. 1 C Nr. 19589). Am 22. Juli 1770 leistet Hurth den Eid als Kommissar des Geistlichen Kommissariates in Koblenz (K Best. 1 C Nr. 11234) und am 30. April 1770 ist er als Geistlicher Rat, Vizedirektor und Assessor des Offizialats Koblenz, Kanoniker in Pfalzel und Karden kurfürstlicher Kommissar bei der Dekanswahl in St. Kastor/Koblenz (K Best. 109 Nr. 1671). 1782 wird er als verstorbener Offizial von Koblenz bezeichnet (K Best. 1 C Nr. 19628). Vgl. auch Josef von Hommer, Meditationes in vitam meam peractam, hrsg. von Alois Thomas (QAbhMittelrheinKG 25) 1976 S. 125, 360, 386.

Karl Kaspar Schilli/*Schily* (der Jüngere). 1782–1802 Scholaster. Kanoniker seit 1760. Pfründe 12. Kantor seit 1767, Kustos seit 1772. Im Mai 1760 erhält er als *presbyter* und Frühmesser in Vallendar (*patronatus laicalis*) im Tausch mit seinem Onkel (*patruus*) Karl Kaspar Schilli (dem Älteren) ein Kanonikat in Pfalzel (K Best. 1 C Nr. 74 Bl. 120 und 419) und wird beim Generalkapitel am 15. Juni 1760 angenommen (KP). Der Erzbischof befreit ihn am 17. Juni 1768 von der Residenzpflicht, weil er in kurfürstlichem Dienst stehe (K Best. 1 C Nr. 19026). Am 20. Juli 1767 wird er zum Kantor gewählt, am 10. Mai 1772 zum Oberkustos und am 23. September 1782 zum Scholaster (KP). Beim Einmarsch der Franzosen ist er nicht geflohen, sondern in Pfalzel geblieben. Karl Kaspar Schilli starb am 18. Juni 1812 in Pfalzel (s. u. Best. 276). – Schilli wurde am 26. Januar 1733 in Schmidtheim geboren (K Best. 276 Nr. 2462, 2479, 2681, 2683, 2828, 2829). – Weihen: Subdiakonat am 11. März 1758 (Weihetitel *ad benefitium* in Vallendar), Diakonat am 20. Mai und Priesterweihe am 23. September 1758 (BistA Trier, Weiheprotokolle).

§ 33. Liste der Kustoden (Thesaurare)

Heimerich. 1295–1306 Kustos. 1295 Testamentsvollstrecker des Domdekans Arnold (MrhR 4 S. 533 Nr. 2385). 1306 als Zeuge, am 14. Juli 1329 als verstorben bezeichnet (StadtA Trier Urk. W 15; Kopiar BistA S. 107).

Richard von Daun. 1332–1357/62 Kustos. 1344–1362 auch Kanoniker und Kustos von St. Simeon in Trier. Vgl. Heyen, GS NF 41, St. Simeon S. 836.

Christian (*Matthiae*) von Piesport. 1430 bis vor 1449 Kustos. 1429 Kanoniker. Auch Scholaster? Ein Kanoniker Christian ist zum 21. Juni 1429 bezeugt (K Best. 157 Nr. 74), ein Christian von Piesport zum 3. Januar 1430 als Kustos (ebenda Nr. 75) und zum 8. Januar 1433 als Kapitularkanoniker unter den Anhängern des Ulrich von Manderscheid genannt (Meuthen, Obödienzlisten S. 53 und Schisma S. 22 Nr. 34). Am 6. Januar 1449 wird der Kanoniker und Kustos Christian Matthias von Piesport als verstorben bezeichnet. Testamentsvollstrecker sind der Dekan von Pfalzel Thilmann Gottschalk, der Kanoniker von St. Simeon Heinrich Fabri und ein Christian Hennekini von Piesport, wohl ein Verwandter (Kopiar BistA S. 129 und Kopiar StadtBi Bl. 17; RepGerm 6 Nr. 3131 S. 323 zum 17. September 1449 ebenfalls als verstorben genannt ein Christian *Pykpport*, was sicherlich Piesport sein soll). Über eine Stiftung in Pfalzel vgl. § 24. Das Pfalzeler Memorienverzeichnis nennt zum Tag nach St. Florin (18. November) den Kanoniker und Scholaster (!) Christian von Piesport, der mit den Einkünften aus einem Weinberg in Eitelsbach die besondere Feier des St. Florin-Festes gestiftet habe. Wegen dieser Beziehung zu St. Florin könnte er identisch sein mit dem Christian von Piesport, der 1423/25 auf die Vikarie des Altares St. Fabian und Sebastian im Stift St. Florin in Koblenz verzichtete (RepGerm 4 Sp. 2380, 2665, 2753, 3488; Diederich, St. Florin/Koblenz S. 299). Die Bezeichnung als Scholaster ist wohl ein Irrtum.

Johann Eligii von Pfalzel. 1433 Kustos. Kleriker, Anhänger Ulrichs von Manderscheid (Meuthen, Schisma S. 23 Nr. 34).

Tilmann Textoris von Trier. Nach 1433 Kustos? Seit dem 3. Januar 1430 als Kanoniker bezeugt (K Best. 157 Nr. 75), zum 8. Januar 1433 als Anhänger Ulrichs von Manderscheid (Meuthen, Obödienzlisten S. 53, Schisma S. 22 Nr. 34). Im Pfalzeler Memorienverzeichnis am Dienstag nach Cantate als Kanoniker und Kustos eingetragen, urkundlich als solcher nicht bezeugt.

Peter Rubusch. 1463 Kustos. Am 23. Mai 1459 bewirbt er sich (offensichtlich vergeblich) als Trierer Kleriker an der Kurie um eine Provision auf die vakante Scholasterie in Pfalzel (vgl. in § 32), unbeschadet einer Preces auf die Vikarie des Altares St. Barbara im Hospital zu Montabaur (RepGerm 8 Nr. 4969). 1463 ist er dann als Kanoniker und Kustos des Stiftes Pfalzel bezeugt (K Best. 157 Nr. 101), darüberhinaus aber nicht nachweisbar.

Johann Fuchs/*Foiß* aus Luxemburg. 1500 Kustos. Zur Residenzmeldung 1500 durch Vertreter als Kustos notiert. Im Memorienverzeichnis ist er zur Oktav von Visitatio Mariae (9. Juli) genannt (im Index mit 1 fl. Präsenzgeld aus einem Haus). 1481 verzichtet er als *presbyter* auf die Kapelle BMV in Thil (BistA Trier Urkunde I BB 354; Thil, Dekanat Luxemburg, Kanton Longwy, Kollator Domdekan Trier: Fabricius, Erl. 5,2 S. 77 Nr. 33). Ob er mit dem 1483 und 1485 in Trier bezeugten Notar Johann *Voyß* identisch ist, scheint fraglich (K Best. 201 Nr. 212 und 215).

Augustin Klinge/*Clyng*. 1505–1506 Kustos. Kanoniker seit 1500 (Residenzmeldungen). Zu seiner Funktion als Prokurator des Jakob Klinge vgl. § 35.

Heinrich Löwenstein/*Leuwen-, Lewen-* aus Trier. Vor 1517 Kustos. Kanoniker seit 1500. Bei Residenzmeldungen seit 1500 als Kanoniker genannt. Am 11. August 1511 erhält er die Pfründe als erzbischöflicher Kaplan (K Best. 1 C Nr. 23 S. 9). Im Memorienverzeichnis ist er als Kanoniker und Kustos bezeichnet. Im Stift Pfalzel stiftete er das Fest der hl. Aldegund (30. Januar; vgl. § 24). Er starb wohl vor dem 7. Juni 1517 (vgl. Nachfolger Johann von Sierck).

Mit Urkunde vom 9. Dezember 1510 verkauft Erzbischof Jakob dem Heinrich Löwenstein, Kanoniker zu Pfalzel, für 600 fl. eine Rente von 30 fl. Mit dieser Rente stiftete Heinrich testamentarisch im Stift St. Paulin vor Trier, wo er seit 1509 ebenfalls ein Kanonikat besaß, eine hl. Messe an allen Montagen, dotiert mit 25 fl. für die Teilnehmer, 3 fl. für Licht und 2 fl. zugunsten der St. Paulin benachbarten Abtei St. Maximin, der damit die Kontrolle über die Ausführung der Stiftung übertragen wurde. Bei Nichtbeachtung der Stiftung solle die Rente halb an die Abtei St. Maximin und halb an das Stift St. Simeon/Trier fallen. 1751 ist eine Anfrage der Abtei St. Maximin an das Stift St. Paulin über diese Stiftung überliefert (K Best. 213 Nr. 290; vgl. Heyen, GS St. Paulin S. 712). – Im Wallfahrtsort Eberhardsklausen stiftete Heinrich Löwenstein ein Anniversar *et dedit calicem suum satis pretiosum ex auro et argento cum armis ipsius* (Nekrolog Eberhardsklausen, StadtBi Trier Hs 1373/139 Bl. 16v zum 12. August (15)18; zitiert Kdm. Krs Wittlich. 1934 S. 889. In Klausen ist „über den Verbleib dieses Kelches nichts bekannt": Brief vom 20. Juni 2002).

Johann Weislich/*Wißlich*. 1523–1525 Kustos. Kanoniker seit 1506. In Residenzmeldungen seit 1506 mit *praebenda currens* genannt, 1523 und im Memorienverzeichnis als Kustos (Kopiar StadtBi fol. 35r). 1525 *canonicus praebendatus* (K Best. 186 Nr. 606).

Nikolaus Landt von Zell. 1525–1547 Kustos. Kanoniker seit 1523. 1547–1566 Dekan. Vgl. § 31.

Johann Duyngin/*Deuntgen* (von Koblenz). 1547–1550 Kustos. 1550–1557 Scholaster. Vgl. § 32.

Philipp Wher/*Textor*/*Leyendecker* aus Trier. 1550–1575 Kustos. Kanoniker seit 1545. Die Identität des Philipp mit den genannten drei verschiedenen Zunamen ergibt sich aus verschiedenen Nachweisen seiner Pfründen. Im Juni 1545 tauscht er den Altar St. Martin in Pfalzel mit Heinrich Falkenberg gegen dessen Kanonikat im Stift (K Best. 157 Nr. 142) und teilt zum Generalkapitel des Stiftes am 15. Juni 1546 mit, daß er als *capellanus archiepiscopi* von der Residenz befreit sei (Kopiar StadtBi fol. 10; Kopiar PfarrA fol. 69). Auch zum 26. Februar 1547 ist bezeugt, daß er als erzbischöflicher Kaplan nicht anwesend sei (Kopiar PfarrA fol. 68). – Mit Urkunde vom 1. April 1550 tauscht er dann als Kanoniker von Pfalzel und Rektor des Altares vom hl. Kreuz in Bernkastel diesen Altar an Johann Duyngin gegen dessen Kustodie im Stift Pfalzel (K Best. 1 A Nr. 3100). Seither ist er als Kustos bezeugt, seit 1568 auch als Senior und hat zumindest seit 1566/67 offenbar auch in Pfalzel residiert, wenn er bei Residenzmeldungen auch mehrfach einen Vertreter hatte. Am 7. März 1566 ist er einer der drei Skrutatoren bei der Wahl des Dekans Peter Homphäus (Kopiar StadtBi Bl. 10v). Philipp Wher starb am 12. September 1575 *totus confractus* (Kopiar StadtBi fol. 10, Kopiar PfarrA fol. 59) und wurde in der St. Peters-Kapelle begraben (vgl. die Inschrift in § 3 Abschn. A 3b).

Christoph Gritzer/Gretzer aus Koblenz. 1576–1578 Kustos. 1557–1575 Kanoniker und Kantor. Pfründe 11. 1554 erhält er als *clericus Trevirensis* von Dekan und Kapitel zu Pfalzel die Pfarrei Ittel (K Best. 157 Nr. 146; diese Kirche besaß er noch 1569/70; die Seelsorge übte damals der Pfarrer von Frenkingen aus: Wengler, Pfalzel S. 17; Frenkingen = Bettingen, vgl. Fabricius 5,2 S. 36). Seit 1557 ist er im Stift Pfalzel als Kanoniker und Kantor bezeugt. Nach dem Tod des Philipp Wher 1575 hat er sich *in suo turno* (also selbst im Turnus) zum Kustos nominiert (Kopiar StadtBi fol. 39v; zu diesem Selbst-Benennungsrecht im Turnus vgl. § 12, Vorbemerkung). Er starb 1578 (vgl. bei seinem Nachfolger Nikolaus Aldenborn). Über das von ihm angelegte „Mischbuch" StadtBi Trier Hs. 1678/343 vgl. § 4.

(Johann) Heinrich Ürzig. 1580–1591 Kustos. Kanoniker seit 1572. Pfründe 12. Am 6. Oktober 1568 erhält er eine Erste Bitte Kaiser Maximilians II. für Pfalzel (Heyen, Erste Bitten S. 185). Von 1572 (als Nachfolger des Leonard Kremer) bis 1591 (gefolgt von Johann Musiel) ist er im Pfründenverzeichnis genannt. Beim Generalkapitel 1572 präsentiert er sich als Mag. art. zur Aufnahme ins Kapitel, ist 1574 als *non residens* und 1576 als *canonicus residens* verzeichnet, seit 1580 als Kustos (Rechnung). Vor dem 7. August 1591 ist er gestorben (K Best. 1 C Nr. 43 S. 594). 1590–1592 wird er in Hexenprozessen als Teilnehmer von Versammlungen genannt (StadtBi Trier Hs 2180/45 S. 422, 461, 463, 482).

1568 verleiht ihm Erzbischof Jakob – weil das Archidiakonat Karden derzeit nicht besetzt ist – eine Pfründe in Bischofstein (K Best. 1 C Nr. 39 S. 28; nicht bei Pauly, GS NF 19, Karden). Ob er mit dem Johann Heinrich Ürzig identisch ist, der 1580 sein Kanonikat in Dietkirchen (dort ein Johann Ürzig seit 1549) mit Lukas Dudeldorf gegen dessen Vikare der hl. Drei Könige in der Pfarrkirche St. Marien in Bitburg tauscht (K Best. 1 C Nr. 39 S. 565; vgl. Struck, GS NF 22, Dietkirchen S. 393), muß offen bleiben. Das gilt mehr noch für weitere Kleriker dieser Jahrzehnte namens Johann Ürzig (vgl. Zentralkartei).

Peter Haaß. 1592–1616 Kustos. Kanoniker seit 1591. 1616–1626 Dekan. Vgl. § 31.

Sebastian de la Tour/*von Thorn.* 1616– vor 1641(?) Kustos. Kanoniker seit 1605/06. Pfründe 12. Er folgt im Kanonikat seinem zu seinen Gunsten resignierenden *affinus* Johann Musiel und erhält die *possessio canonicatus* am 21. November (1605); im Generalkapitel 1607 ist er als *canonicus absens* notiert. 1616 wurde er zum Kustos gewählt, doch wurde man wegen der Einkünfte der Kustodie nicht einig, auf die anscheinend (die Begründung ist nicht bekannt) auch der spätere Dekan (seit 1626; vgl. § 31) Johann Landt Ansprüche erhob. Ob dabei der Erzbischof bzw. die Kurie angerufen wurden, ist nicht sicher auszumachen. Jedenfalls wird schließlich in einem Schied vereinbart, daß Sebastian zwei Drittel der Einkünfte erhalten solle und das Kapitel das verbleibende Drittel, dafür aber die Sorge für die Beleuchtung zu übernehmen habe (Kopiar StadtBi fol. 75v-79r; 8. Juli 1616/14. April 1617). Die Statuten von 1623 bestimmen, daß 25 Taler aus dem Drittel der Einkünfte der Kustodie der Fabrik zugewiesen werden sollen, solange der derzeitige Inhaber im Besitz der Kustodie sei. Das ist wohl als Präzisierung des Schieds von 1617 zu verstehen. Sebastian de la Tour ist 1626 auch urkundlich als Kustos bezeugt (K Best. 1 A Nr. 11674).

Die Verwandtschaft des Sebastian de la Tour/von Thorn als *affinus* (Schwager, Schwiegersohn?) des Johann Musiel wurde nicht untersucht. Der Zuname de la Tour ist aber sicherlich der zu dieser Zeit den (von) Musiel gehörenden Burg Thorn (an der Obermosel, Gde Kreuzweiler, sw Saarburg; vgl. u. a. Kdm. Krs Saarburg. 1939 S. 262 f.) entnommen und nicht als Übersetzung von „Turm" zu verstehen.

Peter Dillen. 1650 Kustos. So Hontheim, Hist. Trev. dipl. 3 S. 668. Andere Nachweise sind nicht bekannt. 1651–1663 Scholaster, 1663–1674 Dekan. Vgl. § 31.

Johann Wilhelm Lettig. 1651–1675 Kustos. Kanoniker seit 1650. 1675–1689 Dekan. Vgl. § 31.

Anton Kasel. 1675–1687 Kustos. Kanoniker seit 1641. Pfründe 12. 1651–1662/75 Kantor. Er erhielt als *clericus Trevirensis* am 9. Juli 1641 das Kanonikat in Pfalzel im Tausch gegen den Altar St. Michael in der Pfarrkirche St. Laurentius in Trier mit Johann Jodok Cuntzer und wurde am 11. Juli vom Kapitel angenommen (K Best. 157 Nr. 199; im PV nicht berücksichtigt; vgl. § 35 bei Cuntzer). Am 8. August 1651 lehnt das Kapitel von Pfalzel einen Tausch der Kantorei zwischen Stephan Blondel und Anton Kasel ab, weil dies gegen das Recht des Kapitels (auf Wahl des Kantors) verstoße. Das Kapitel wählte vielmehr am 12. August den Franz Theoderich Villesurgon zum Kantor, freilich mit dem Vorbehalt, daß er nichts ohne Zustimmung des Kapitels tun dürfe, falls es zum Prozeß komme. Anton Kasel legte nun am 18. August eine päpstliche Bulle vor, mit der ihm offenbar die Kantorei verliehen bzw. der Tausch gestattet worden war. Daraufhin trat Villesurgon zurück und das Kapitel wählte formal Anton Kasel zum Kantor (K Best. 157 Nr. 163; Mischbd StadtBi S. 3; vgl. auch § 12). Als Kantor ist Anton Kasel bis 1662 bezeugt. Als Kustos ist er erst seit 1675 nachweisbar; die Übergänge ließen sich zeitlich nicht näher bestimmen. Anton Kasel war (sicher seit 1675) auch Pfarrer von St. Martin in Pfalzel und stiftete dort ein Anniversar (auch notiert im PfarrA, Pfarreiregister S. 44 und 146) und hat anscheinend auch die Bruderschaft St. Antonius von Padua in dieser Pfarrkirche eingerichtet (K Best. 1 C Nr. 12376 S. 8–10 zu 1689).

Anton Reuß. 1689–1700 Kustos. Kanoniker seit 1674. Seit 1700 Dekan. Vgl. § 31.

Johann Winrox/*Winrotz*. Ca 1703–1715 Kustos. Kanoniker seit 1677. Pfründe 7. Bei den Meldungen im Generalkapitel seit 1677 regelmäßig notiert, 1679–1684 Kellner. In der Rechnung von 1703/04 als Kustos bezeugt. 1688–1707 ist er auch als Pfarrer von St. Martin in Pfalzel genannt (PfarrA, Pfarrregister Bl. 51–75).

Johann Jakob Ebentheuer aus Trier. 1730–1757 Kustos. Kanoniker seit 1708. Pfründe 11. 1713 ist er als Kanoniker von Pfalzel und Dr. iur. utr. genannt (K Best. 213 Nr. 782 S. 131), 1716/17 als Kellner des Stiftes (Rechnung), 1734 als päpstlicher Protonotar (K Best. 157 Nr. 313). Als Kustos (Thesaurar) ist er seit 1730 bezeugt (K Best. 157 Nr. 307, Best. 1 C Nr. 19037). Er starb am 18. Februar 1757. In seinem Testament vom 16. Dezember 1755 wählte er sein Grab *ante portam chori more hic consueto*, stiftete mit 100 Imp. sein Anniversar in Pfalzel und erweiterte die von seinen Eltern mit 210 Rt. gestiftete Frühmesse (*missa matutinalis*) am Sonntag um 50 Rt. In der Pfarrkirche zu Nonnweiler stiftete er mit 150 Rt. vier Messen und in der (von ihm) neu erbauten Kapelle zu Bierfeld (vgl. dazu Kdm. Trier-Land S. 51) mit 600 Rt. zwei Wochenmessen. Kleinere Legate erhielten u.a. die Augustiner, Dominikaner und Franziskaner in Trier. Als Zeugen bei der Testamentseröffnung vom 19. Februar 1757 sind u.a. genannt der Scholaster von Pfalzel Heinrich Ludwig Ebentheuer und der Hofkämmerer Benedikt Ebentheuer. Zu 1695 ist ein Emmerich Ignaz Ebentheuer, Altarist in Cochem, genannt (das Testament mit vielen Unterlagen der Familie Ebentheuer in BistA Trier Abt. 65 Nr. 85; Auszug aus dem Testament für Pfalzel K Best. 157 Nr. 316). – Weihen: Tonsur am 8. November 1699, Niedere Weihen und Subdiakonat am 7. April 1708 mit Weihetitel eines Kanonikates in Pfalzel (Diakonat und Priesterweihe nicht nachgewiesen. BistA Trier, Weiheprotokolle). – Das Wappen ist durch einen Balken geteilt; oben eine Rose, unten ein Rad. Siegel von 1734: K Best. 157 Nr. 313.

Josef Eberhard. 1760–1771 Kustos. Kanoniker seit 1746. 1772–1794 Dekan. Vgl. § 31.

Karl Kaspar Schilli. 1772–1782 (Ober-)Kustos. Kanoniker 1760–1802. Seit 1767 Kantor, seit 1782 Scholaster. Vgl. § 32.

Johann Matthias Ignatius von Kaysersfeld. 1782–1794 Kustos. Kanoniker seit 1756. Dekan 1794–1802. Vgl. § 31.

Johann Michael (Raphael) Schimper. (1794-) 1802 Kustos. Kanoniker seit 1779/1782. Pfründe 8. Am 1. Juni 1772 legt er eine *preces archiepiscopi* auf ein Kanonikat in Pfalzel vor (er ist Neffe des Kanonikers Ebentheuer), wird am 27. Februar 1779 aufgrund dieser *preces* angenommen und nach drei Karenzjahren am 15. Juni 1782 Kapitularkanoniker. Schon am 9. November 1779 hatte er gebeten, ihm zwei Karenzjahre zu erlassen und vorgeschlagen, sich mit 100 Dukaten einkaufen zu können, was das Kapitel aber ablehnte, weil er erst kaum 22 Jahre alt sei und man kein Präjudiz schaffen wolle (alle Angaben KP). 1794 heißt es, er sei seit 12. Jahren Kellner (K Best. 1 C Nr. 19038) und er ist als solcher auch mehrfach bezeugt (Rechnungen). Beim Anrücken der Franzosen floh er, kehrte aber am 23. Mai 1795 zurück (K Best. 276 Nr. 2479). Er starb am 15. Oktober 1829 (s. u.).

Johann Michael Schimper wurde am 4. August 1756 als Sohn der Eheleute Johann Matthias Schimper und Anna Elisabeth Maria Magdalena Ebentheuer in Trier geboren und in St. Gangolf getauft. Er studierte in Trier. Die Tonsur und die Niederen Weihen empfing er am 10. März 1775, die Subdiakonatsweihe am 11. März 1779 (Weihetitel: Kanonikat in Pfalzel), die Diakonatsweihe am 11. März 1780 und die Priesterweihe am 31. März 1781 (BistA Trier, Weiheprotokolle). Nach der Aufhebung des Stiftes und der Neueinrichtung des Bistums Trier wurde er am 23. August 1804 Domkapitular in Trier, Fabrikmeister und Sekretär der bischöflichen Kurie unter Bischof Mannay und nach der Umgestaltung des Domkapitels nach 1815 dessen Oberkustos (K Best. 276 Nr. 2462, 2479, 2681, 2828, 2829; Chronik der Diözese Trier 1829 S. 379 f.). Als Kanoniker in Pfalzel hatte er 1791 dort am Wall ein Haus auf eigene Kosten errichtet, dessen Nutzung (Nießbrauch) ihm in der französischen Zeit auf Lebzeit überlassen wurde. 1820 wurde es aber für 400 Franken verkauft (K Best. 442 Nr. 495 S. 33–36, 53–73, 95–101, 111–150, namentlich S. 133).

§ 34. Liste der Kantoren

Ernst. 1271 Kantor. 1275–1284 Dekan. Vgl. § 31.

Ludwig. 1284 Kantor (MrhR 4 S. 253 Nr. 1121). Papst Nikolaus IV. beauftragt am 29. April 1290 den mit Namen nicht genannten Kantor des Stiftes Pfalzel auf Bitten der Abtei Himmerod, dieser entfremdete Güter wiederzubeschaffen (StadtA Trier Urk. Q 46; MrhR 4 S. 398 Nr. 1472). Vielleicht ist der Kantor Ludwig identisch mit dem 1286–1289 genannten, offenbar rechtskundigen Kanoniker Ludwig (zu diesem vgl. § 35). Eingefügt sei hier aber auch eine Urkunde Papst Nikolaus IV. vom 8. November 1288 an Dekan, Scholaster und Thesaurar des Stifts Pfalzel mit der Erklärung, er werde die von Mag. Wirricus als Vertreter des Offizials von Trier in der Streitsache der Abtei St. Maximin in Trier gegen den Laien Reynerus von Signy (*Signei*) in den Ardennen wegen Zehnten und anderen Punkten ausgesprochene Exkommunikation des Reynerus bestätigen, falls dieser den Entscheidungen nicht gehorche (StadtA Trier Urk. WW 41; nicht veröffentlicht)[1].

Anselm. 1338–1350 Kantor. 1361 Dekan. Vgl. § 31.

Heinrich Kempe. 1360 (–1365) Kantor. 1365/66–1370 Propst. Vgl. § 30.

Peter von Zewen. 1430–1449 Kantor und Kanoniker (K Best. 157 Nr. 75 und Best. 1 A Nr. 4203). Im Trierer Schisma 1433 ist er Anhänger Ulrichs von Manderscheid (Meuthen, Obödienzlisten S. 53 und Schisma S. 22 Nr. 34). Er starb am 12. Oktober 1449 (vgl. § 3 Abschn. B zu dem von Peter überlassenen Missale). Peter von Zewen stiftete die besondere Feier des Festes der hll. Nereus und Achilleus sowie des Trierer Bischofs Modoald (beide Gedenktage sind am 12. Mai), eine *memoria pauperum* an der Vigil von St. Martin (11. November) und schließlich die eigene Memorie am zweiten Werktag nach St. Anna (26. Juli. Memorienverzeichnis. Dort wird auch ein Henkin von Zewen, Schultheiß zu Kirsch, genannt, der ein Verwandter sein dürfte).

Gutmann/*Gode*- von Kirn (*Kyria*)/von Oberstein. 1455 Kantor? 1455–1459 Dekan. Vgl. § 31.

Peter Kern. 15. Jahrh. Kantor und Kanoniker (Memorienverzeichnis zum 4. Februar). Eine Identität mit dem vorgenannten Peter von Zewen ist wegen der unterschiedlichen Gedenktage nicht anzunehmen.

---

[1] Zur Überlieferung der 1890 an das StadtA Mainz geschenkten und von diesem 1939 im Tausch an das StadtA Trier gekommenen Urkunde vgl. die Nachweise in Trier.

Heinrich Algisheim. 1500–1506 Kantor und Kanoniker. Bezeugt in den Residenzmeldungen.

Anton Longuich. Vor 1524 Kantor. Kanoniker seit 1507 (K Best. 157 Nr. 129). Um 1513/15 tritt er als Kanoniker von Pfalzel in die Marien-Bruderschaft des Stiftes St. Paulin vor Trier ein (StadtBi Trier Hs 1675/346 Bl. 63v). Zum 1. Juni 1524 wird sein Anniversar genannt (Kopiar BistA S. 130), im Memorienverzeichnis ist er als Kanoniker und Kantor notiert.

Johann Duyngin. 1527–1534 Kantor. Später Kustos. Vgl. § 33.

Hieronymus (von) Metzenhausen. Vor 1561 Kantor. Kanoniker seit 1527. Pfründe 5. Zum 21. März 1527 ist er als Kapitularkanoniker von Pfalzel bezeugt (K Best. 1 C Nr. 23 S. 1117–1119) und meldet sich auch beim Generalkapitel dieses Jahres in dieser Qualifikation und als Kellner durch einen Vertreter zur Residenz. 1547 ist er bei der Wahl eines neuen Pastors für Cochem dabei (Kopiar StadtBi fol. 13r/v). Er starb am 14. Januar 1561 als Kantor (Kopiar PfarrA fol. 90). Hieronymus Metzenhausen ist wahrscheinlich kein Angehöriger des gleichnamigen Adelsgeschlechtes.

Christoph Gritzer aus Koblenz. 1557–1575 Kantor. Auch Kanoniker. 1576–1578 Kustos. Vgl. § 33.

Anton Trevir. 1576–1592 Kantor. Kanoniker seit 1557. Pfründe 7. Er ist als Kanoniker urkundlich bezeugt seit 1565 (Kopiar PfarrA fol. 25v); Residenzmeldungen seit 1567; 1565, 1566, 1569 und 1591 Tabulator/Tabellator, 1571, 1574, 1575 Kellner. Seit 1576 Kantor. Urkundlich bezeugt bis 1584 (K Best. 1 C Nr. 105 fol. 37). 1583 ist er Testamentsvollstrecker des verstorbenen Scholasters Lesch (K Best. 157 Nr. 310).

Johann Leonardi Pfalzel. 1592–1599 Kantor. 1599–1615 Dekan. Vgl. § 31.

Jakob Fischer. 1600–1608 Kantor. 1592–1608 Kanoniker. Pfründe 5. Am 26. Juli 1592 verleiht Erzbischof Johann dem Jakob Fischer Harlemius ein Kanonikat zu Pfalzel (K Best. 1 C Nr. 43 S. 620), 1604 ist er als Dr. theol., Kanoniker zu Pfalzel und Rektor der Universität Trier bezeugt (BistA Trier Abt. 71,6 Nr. 122). Bei den Residenzmeldungen ist er 1600–1607 als Kantor und *canonicus residenz* notiert. Er starb am 30. März 1608 (PV). – Jakob Fischer, „Belgier", wird 1586 an der Universität Trier zum Dr. theol. promoviert (Zenz, Univ. Trier S. 195).

Nikolaus Lettig/*Letich*/*Littighius* aus Trier. 1617–1635 Kantor. Kanoniker scit 1600. Pfründe 13. Bei den Meldungen zum Generalkapitel ist er seit 1600 notiert, 1603 noch als *non residens* und *studens*, seit 1607 als *residens*. 1617 und danach ist er noch mehrfach als Kantor genannt (Kopiar StadtBi fol.78r, K Best. 157 Nr. 339, Best. 1 A Nr. 11674). Nikolaus Lettig starb am 4. Juli 1635 und wurde in der St. Peters-Kapelle begraben. Auch die am 31. Dezember 1639 verstorbene Katharina *Schlabatzin*, Witwe des kurfürstlichen Kellners zu St. Wendel Lothar Lettich, war in dieser Kapelle begraben; wahrscheinlich die Mutter des Kantors (Grabstein-Überlieferung vgl. § 3 Abschn. A 3b). – 1631 ist bezeugt, daß Nikolaus Lettig von den Trierer Reuland in Beßlich erbte, woraus zu entnehmen ist, daß er mit dieser Familie verwandt war (K Best. 215 Nr. 1869).

Hermann Rodt aus Saarburg. Vor 1639 Kantor. Kanoniker seit 1606. 1639–1651 Dekan. Vgl. § 31.

Stephan Blondel *Gallus Remensis*. Bis 1651 Kantor. 1634–1658 (! auch nach 1651) Kanoniker. Pfründe 13. Das Kanonikat erhielt er 1635 als Nachfolger des Nikolaus Lettig. 1639 ist er als Kapitularkanoniker urkundlich genannt (K Best. 157 Nr. 306; BistA Trier Abt. I A Nr. 361). Mit Urkunde vom 18. August 1651 verzichtet er zugunsten der päpstlichen Verfügung für Anton Kasel auf die Kantorei (K Best. 157 Nr. 163; vgl. bei Kasel und § 12). 1652 ist er Sacellan des Erzbischofs von Trier und steht in Diensten des Domdekans von Köln Franz von Lothringen. Aufgrund einer Vorlage des Erzbischofs vom 22. April 1652 erhielt er vom Kapitel eine Freistellung von der Präsenz als Triennium oder Quadriennium, falls er solange im Dienst des Domdekans von Köln bleibe, andernfalls gelte dies nicht (Mischbd StadtBi S. 2). In der Praxis sah das so aus, daß er beim Generalkapitel von 1653 als vierter in der Reihe der Kapitularkanoniker notiert wurde und eine Abfindung von 30 Imp. erhielt, weil er als Sacellan von der Residenz befreit sei, ebenso 1654 (vgl. dazu seine Vertretung durch den Kanoniker Gerhard Weiß in § 35). 1655 hatte der Erzbischof das Sacellanat widerrufen und die Pfründe der Universität zugewiesen (Protokolle der Generalkapitel). 1656 und 1657 ist Stephan Blondel beim Generalkapitel präsent, übernimmt aber keine Residenz. 1658 tauscht er das Kanonikat an Heinrich Bayet.

Anton Kasel. 1651–1662/75 Kantor. 1675–1687 Kustos. Vgl. § 33.

Franz Theoderich von Villesuryon. 1651 hatte er eine Anwartschaft auf die Kantorei, mußte aber zurücktreten (vgl. bei Anton Kasel in § 33). Kanoniker 1651–1677. Pfründe 7. 1651 ist er auch *respector chori*. – 1651 wird er bei der Residenzmeldung als *praepositus Mariae Rivuli* bezeichnet (= Marienfloß bei Rettel [vgl. Fabricius, Erl. 5,2 S. 112f.]). Im Stift St. Florin in Koblenz hatte er 1637–1639 ein Kanonikat (Diederich, St. Florin/Koblenz S. 275). Vgl. auch § 13 Abschn. 2.

Claudius de la Tour/*Latour/von Thorn*. 1675–1695 Kantor. Seit 1628 Kanoniker, 1695–1699 Scholaster. Vgl. § 32.

Johann Theoderich Lutz(en)kirchen. 1699–1725 Kantor. Seit 1689 Kanoniker. Pfründe 10. Er präsentiert sich dem Kapitel am 2. Juni 1689, wird angenommen, leistet den Eid (auf die Statuten) und zahlt 29 fl. Statutengelder, muß aber in Monatsfrist seine Legitimationspapiere vorlegen; die Einweisung in eine *possessio* erfolgt unter diesem Vorbehalt (Mischbd StadtBi fol. 72v). 1692 und 1694 ist er in Urkunden genannt (K Best. 157 Nr. 342, 378), zum 9. Januar 1699 als Kantor (ebenda Nr. 307). – Am 18. Dezember 1688 empfing er die Niederen Weihen, am 4. Juni 1689 die Diakonats- und am 22. Dezember 1691 die Priesterweihe (BistA Trier, Weiheprotokolle). Vermutlich ist er identisch mit Johann Lutzenkirchen aus Köln, der 1658–1666 ein Kanonikat des Stiftes St. Florin in Koblenz besaß (Diederich, St. Florin/Koblenz S. 277).

Christoph Meyer aus Remich. 1730–1734 Kantor. Kanoniker seit 1717. Pfründe 12. In seinem Testament vom 12. Juli 1734 stiftet er sein Anniversar in Pfalzel und in der Pfarrkirche zu Remich. Er baute in Pfalzel eine Kurie (Kanonikatshaus) neu auf. Im übrigen hat er nur kleinere Legate; Erben sind seine Verwandte (K Best. 157 Nr. 313). Seine Eltern sind Johann Meyer aus Remich und Anna Johanna geb. Masius. Geschwister sind Hubert Meyer zu Remich, NN Kamm zu Mecheln, NN Nell von Neuendorf, NN la Chapelle zu Luxemburg; ein Vetter ist Matthias Meyer, Amtmann zu Igel. – Weihen: Tonsur am 4. Juni 1717, Niedere Weihen am 29. März, Subdiakonat am 30. März (Weihetitel das Kanonikat in Pfalzel) und Diakonat am 25. Mai 1720, Priesterweihe am 3. Mai 1722 (BistA Trier, Weiheprotokolle). – Im Wappen führt er drei gekreuzte Fische (Siegel von 1734 am Testament).

Stephan Puricelli. Bis 1737 Kantor. Kanoniker seit 1721. 1737–1755 Dekan. Vgl. § 31.

Johann Udalrich Miltz. 1744–1755 Kantor. Kanoniker seit 1729. 1755–1772 Dekan. Vgl. § 31.

Nikolaus Beries. 1762–1767 Kantor. Kanoniker seit 1755. Pfründe 3. Erzbischof Franz Georg von Schönborn verleiht ihm am 4. Oktober 1755 ein Kanonikat in Pfalzel (K Best. 1 C Nr. 69 S. 60), und zwar als Nachfolger im Kanonikat des Stephan Puricelli (PV). Im Hofkalender ist er seit 1760 als Kapitularkanoniker genannt, 1760 auch als Benefitiar in Bodenheim, 1762–1767 als Sänger, seit 1764 als Sekretär. Am 10. April 1767 beschloß das Kapitel, daß er seiner Einkünfte für die Jahre 1766/67 verlustig sei, weil er der Residenz nicht nachgekommen sei, und am 27. April heißt es, er lasse nichts von sich hören. Am 27. Mai 1767 wird ein Tausch des Kanonikates in Pfalzel mit Johann Michael Jurianus, Kanoniker an St. Johann Baptist in Mainz, genehmigt (K Best. 1 C Nr. 74 Bl. 335), der in Pfalzel am 15. Juni beim Generalkapitel protokolliert wird. Es heißt dazu, Beries habe „aus bekannten Gründen" verzichtet. In Pfalzel ist er offensichtlich nicht mehr erschienen; jedenfalls wird sein Hausrat am 8. Januar 1769 versteigert (alle Angaben KP).

Karl Kaspar Schilli/*Schily.* 1767–1772 Kantor. Kanoniker 1760–1802. Seit 1772 Kustos, seit 1782 Scholaster. Vgl. § 32.

Johann Adam Lauter. 1772–1781 Kantor. Kanoniker seit 1758. Pfründe 10. Am 11. Juli 1758 verleiht Erzbischof Johann Philipp von Walderdorff dem Kurator von Zewen, Johann Adam Lauter, eine Kollation auf ein Kanonikat in Pfalzel (K Best. 1 C Nr. 74 Bl. 54). Diese wird (aus welchem Grund?) am 5. Januar 1759 durch eine päpstliche Provision ersetzt (?), die am 14. Januar 1759 in Pfalzel proklamiert wird (K Best. 157 Nr. 302 Stück 6). Im Generalkapitel vom 15. Juni 1762 wird er nach Ablauf von drei Karenzjahren als Kapitularkanoniker aufgenommen (KP). Im Hofkalender ist er noch 1761 und 1762 als Pfarrer von Zewen, 1761 zudem als Hospitalsverwalter in Trier genannt. In Pfalzel war er 1772 Kapitelssekretär (K Best. 1 C Nr. 19037), 1763/64–1769/70 Kellner (Rechnungen). 1763 schrieb er ein noch erhaltenes Processionale (vgl. die Beschreibung in § 24). Am 1. Juni 1772 wird er zum Kantor gewählt und ist vor dem 18. August 1786 (KP), wahrscheinlich aber schon 1781, weil der Nachfolger in der Pfründe 10 diese 1781 erhielt (s. bei Peter Christian Eberhard, 1781–1789) gestorben. – Vermutlich ist er identisch mit Adam Lauter aus Trier, der am 21. Februar 1739 mit Weihetitel einer Frühmesse in Seffern die Subdiakonatsweihe und am 23. Mai 1739 die Diakonatsweihe erhält (BistA Trier, Weiheprotokolle).

Karl Josef Coenen. 1786–1788 Kantor. Kanoniker seit 1774. Pfründe 5. Aufgrund einer Provision des Erzbischofs Clemens Wenzeslaus vom 27. Mai 1774 wurde er am 10. November 1774 rückwirkend zum 15. Juni (Termin des Generalkapitels) angenommen, nachdem er den Nachweis ehelicher und ehrlicher Geburt in vier Graden erbracht hatte. Anscheinend hatte es bei den Herkunftsnachweisen Schwierigkeiten gegeben. Es heißt, er stamme aus Vallendar, sei Trierer Kleriker (s. unten), 21 Jahre alt und zweiter Sohn des Hofkammerrates Coenen, dessen Frau eine geborene Luxem (eine Verwandte des gleichnamigen Kanonikers in Münstermaifeld) sei; die Großmutter des Coenen sei eine Kahn aus Ittel (K Best. 1 C Nr. 19036). Nach Ableistung der drei Karenzjahre wird Karl Josef Coenen am 15. Juni 1777 als Kapitularkanoniker aufgenommen. Anscheinend war er nicht eben häufig im Stift anwesend. Am 23. März 1781 stellt er nämlich den Antrag, ihn für die Zeit seiner Abwesenheit als *residens* und *praesens in choro* gelten zu lassen; er habe schließlich im Prozeß des Stiftes gegen das kurfürstliche Jagdamt wegen der Jagd in Pfalzel immerhin 138 Rt. Prozeßkosten für das Kapitel „herausgetrieben". Das Kapitel entsprach dem Antrag (KP). Vielleicht ist in dieser vielfach anderweitigen Tätigkeit Coenens auch der Grund zu sehen, daß er am 25. August 1786 nur mit 4:3 Stimmen zum Kantor gewählt wurde. Bereits am 9. Juni 1788 tauscht er schließlich (mit Genehmigung des Erzbischofs vom 30. Mai) sein Pfalzeler Kanonikat an Johann Jakob Hoffmann gegen dessen Kanonikat in St. Paulin vor Trier. Gleichzeitig hat er wohl auch auf die Kantorei verzichtet. – Zur weiteren Biographie vgl. Heyen, GS NF 6, St. Paulin S. 769. Als Ergänzung: Weihen: Tonsur am 5. August und Niedere Weihen am 16. Dezember 1774, Subdiakonat mit Weihetitel des Kanonikates in Pfalzel am 23. September 1775 (BistA Trier, Weiheprotokolle, weitere Weihen nicht nachgewiesen). – Seit 1802 war Karl Josef Coenen in Wien. Briefe von Coenen aus Wien an den Trierer Stadtrat und Richter Johann Peter Job Hermes zwischen August 1802 und März 1811 im Nachlaß Hermes, StadtBi Trier. Vgl. dazu Guido Groß, Matthias von Faßbender (1763–1809) (KurtrierJb 13. 1973 S. 85–123), zu Coenen S. 112–114, namentlich Anm. 111. Zur Familie der Coenen vgl. J. Jakob Wagner, Coblenz-Ehrenbreitstein. Biographische Nachrichten über einige älteren (!) Coblenzer und Ehrenbreitsteiner Familien. 1923 (Karl Josef ist dort nicht genannt).

Johann Balthasar Kirn aus Trier. 1788–1802 Kantor. Kanoniker seit 1773. Pfründe 13. Als Pfarrer in Pfalzel und Inhaber des *benefitium simplex* St. Bartholomäus in der Pfarrkirche BMV in Bitburg tauscht er mit Vereinbarung vom 2. Januar und kurfürstlicher Genehmigung vom 5. Januar 1773 das genannte Benefitium mit Cornelius Mais gegen dessen Kanonikat in Pfalzel. Er bleibt Pfarrer von Pfalzel. Der 72 Jahre alte und kranke Cornelius Mais (vgl. bei diesem in § 35) wird bei Kirn im Pfarrhaus wohnen. Kirn zahlt zudem (an Mais?) 200 Imp. aus Gütern zu Oberweiler. Diese etwas ungewöhnliche Form des Erwerbs eines Kanonikates im Stift wird von Kirn mit den hohen Lasten des Pfarres von Pfalzel begründet, von denen er insbesondere die große „Gastlichkeit" (Begastungskosten) wegen der Nähe zu Trier nennt; außer den zwei letzten Pfarrern seien stets Vikare oder Kanoniker des Stiftes Pfarrer gewesen. Am 13. April 1773 erhält Kirn zudem Dispens für den Nachweis der vier väterlichen Vorfahren, den er nicht erbringen könne, und wird als Kanoniker angenommen (K Best. 1 C Nr. 19036 und KP). Am 14. Juni 1788 wird Kirn zum Kantor gewählt (KP). Beim Heranrücken der Franzosen war er geflohen, aber bereits am 21. November 1793 zurückgekehrt (K Best. 276 Nr. 2479). „Am 3. Februar 1795 wurde Kirn von 4 französischen Gendarmen ins Gefängnis geführt, weil er einem gewissen Meyer die Eingehung der Ehe mit seiner Schwägerin nicht erlaubte. Meyer, der nachher Reue zeigte, wollte später für Kirn ins Gefängnis gehen, worauf Kirn freigelassen wurde" (Wengler, Pfalzel S. 48). Ein Bruder des Pfarrers Kirn, Karl Kaspar Kirn, Gastwirt in Trier, hatte nach dem Einmarsch der Franzosen Reliquien und Kultgegenstände namentlich aus St. Maximin an sich genommen, die nach seinem Tod dessen Witwe der Kirche St. Martin übergab (vgl. § 3 Abschn. A 6c). – Johann Balthasar Kirn wurde am 18. Februar 1741 in Trier geboren und in St. Antonius getauft. Empfang der Weihen: Tonsur und Niedere Weihen am 23. September 1763, Subdiakonat mit Weihetitel *ad mensam archiepiscopi* am 23. März 1765, Diakonat am 1. Juni und Priesterweihe am 21. September 1765 (BistA Trier, Weiheprotokolle). 1766 Kaplan in Ehrang, 1770 Pfarrer in Pfalzel als Nachfolger des Leonard Schoenhofen (so Thomas van Zanten in Pfalzel 1989 S. 141). – Unter den Archivalien des Archivs der Pfarrei St. Martin in Pfalzel (vgl. § 4 Abschn. 2) befindet sich eine privat geführte Rechnung Kirns über seine Einkünfte aus der Pfarrei und aus der Stiftspfründe nebst einem Band Anlagen dazu.

Letzter Kantor von Pfalzel sei Johann Philipp Hahn gewesen. Vgl. § 35. Das ist mit den Nachweisen zu Johann Balthasar Kirn nicht vereinbar.

§ 35. Liste der Kanoniker (Kapitelsliste)

Adelbero. 1068 Propst. Vgl. § 30.

Regenher. 1071 Propst. Vgl. § 30.

Folmar. Ca 1136 Propst. Vgl. § 30.

Robert. 1153–1162 Propst. Vgl. § 30.

Gerhard. 1167–1181/97 Propst. Vgl. § 30.

Otwin. (1198-) 1212 (–1217) Propst. Vgl. § 30.

Johann. 1217–1218 Propst von Pfalzel und Archidiakon von Karden. Vgl. § 30.

Heinrich. 1228–1267 Propst. Vgl. § 30.

Werner/*Warner*. 1245–1284 Kanoniker. Seit 1258 Scholaster. Vgl. § 32.

Wilhelm. 1248 Kanoniker. Stiftet mit einem Weinberg bei Trier eine Memorie an 9. Kal. Martii (21. Februar) in der Abtei Himmerod (MrhUB 3 Nr. 934 S. 701).

Eberhard. 1250–1262 Kanoniker. Mag. (MrhR 4 S. 727 Nr. 2882; Struck, Lahn 2 S. 11 Nr. 7; dem Dekan von Dietkirchen und Kanoniker von St. Paulin vor Trier Heinrich schuldet er 50 Sol.). Er mag identisch sein mit dem als Kanoniker und Scholaster von St. Simeon in Trier bezeugten Mag. Eberhard (vgl. Heyen, GS NF 41, St. Simeon S. 817f. mit weiteren Nachweisen).

Konrad. 1251-1254 Dekan. Vgl. § 31.

Nikolaus. 1254 angeblich Dekan. Vgl. § 31.

Richwin. 1262-1265 Pleban zu Cochem (vgl. § 29). 1262 erhält er (nur R. in der Urkunde) ein Legat von Heinrich, Dekan zu Dietkirchen und Kanoniker zu St. Paulin/Trier (Struck, Lahn 2 S. 11 Nr. 7; fehlt Heyen, GS NF 6, St. Paulin). 1265 ist er als Zeuge genannt (MrhR 3 S. 473 Nr. 2098).

Gottfried von *Merniche*. 1270-1280 Kanoniker. Mag., *advocatus* bzw. *iuratus* am Offizialat Trier (MrhR 3 S. 560 Nr. 2481, S. 604 Nr. 2655, S. 637 Nr. 2802; 4 S. 71 Nr. 311, S. 155 Nr. 687). Mit dem 1278 - nach 1283 genannten Dekan von St. Simeon in Trier Mag. Gottfried ist er nicht identisch (so Michel, Gerichtsbarkeit S. 133), weil dieser noch 1280 ohne diese Dignität genannt wird, wohl aber mit dem 1261-1275 genannten Kanoniker von St. Simeon Gottfried (vgl. Heyen, GS NF 41, St. Simeon S. 776f.). 1274 ist er Mitsiegler zugunsten der Deutschordens-Kommende Trier (K Best. 55 A 4 Nr. 559; MrhR 4 S. 28f. Nr. 131). Das Siegel (nach rechts gerichtetes Profil eines männlichen Kopfes; ob in Anlehnung an eine antike Gemme?) bei Ewald, Rhein. Siegel 4 Tafel 80 Nr. 5 und hier S. 187 Nr. 12b; Umschrift: S(igillum) GO(DEFRIDI) CAN(onici) PAL ...

Heinrich. Vor 1271 Dekan. Vgl. § 31.

Friedrich. 1271 Dekan. Vgl. § 31.

Ernst. 1271 Kantor, 1275-1284 Dekan. Vgl. § 31.

Johann. 1271 Kanoniker. Zeuge (MrhR 3 S. 585 Nr. 2570).

Ch(ristian) von Mehring (*Merincha*). 1271 Kanoniker (MrhR 3 S. 604 Nr. 2655).

Arnold von Kempenich. 1271 Kanoniker. Mag. (MrhR 3 S. 604 Nr. 2655). Sicher identisch mit dem gleichnamigen Magister und Advokat am Offizialat Trier, der von 1269 bis vor Januar 1280 bezeugt ist (MrhR 3 S. 557 Nr. 2464 bzw. 4 S. 153 Nr. 678). 1278 ist er *iudex delegatus* des Offizials von Trier (MrhR 4 S. 107 Nr. 473; vgl. auch Michel, Gerichtsbarkeit S. 131), vor dem 22. Januar 1280 urteilte er als Mag. und *advocatus fidelis curie Trevirensis* (K Best. 96 Nr. 433 = MrhR 4 S. 153 Nr. 678). 1278 ist er Kanoniker von St. Paulin vor Trier (Heyen, GS NF 6, S. Paulin S. 677). - Er ist 1276 Testamentsvollstrecker des Domkanonikers Theoderich von Kempenich (MrhR 4

S. 74 Nr. 321), doch gehört er wohl kaum dem Adelsgeschlecht der von Kempenich an, sondern wird aus dem gleichnamigen Ort stammen bzw. von der Familie gefördert worden sein.

Arnold von Schleiden. 1272–1274 Propst. Vgl. § 30.

Gerhard von Daun. Um 1280 Propst? Vgl. § 30.

Gerlach von Malberg. (1282–1297) Kanoniker. Seit 1282 Kanoniker, seit 1291 Dekan von St. Florin in Koblenz, auch Kanoniker von Münstermaifeld, gestorben 1297 (vgl. Diederich, St. Florin/Koblenz S. 237). Im Siegel ist er unzweifelhaft als Kanoniker von Pfalzel bezeichnet (s. u.). Da es unwahrscheinlich ist, daß er den Stempel dieses Siegels anfertigen ließ, nachdem er ein Kanonikat in St. Florin erhalten hatte, muß er vor 1282 in Pfalzel Kanoniker geworden sein und wird diese Pfründe bis zu seinem Tod behalten haben. Urkundlich ist er als Kanoniker von Pfalzel nicht bezeugt.
Siegel: spitzoval, 26 × 43 mm. Im Siegelfeld halbfigürliche Darstellung der Madonna mit Kind zwischen zwei Engeln hinter einem von zwei Türmen flankierten Gebäude, in der unteren Spitze Darstellung des Siegelinhabers mit gefalteten Händen. Umschrift: S(igillum) GERLACI DE MALB(er)G CAN(onici) PALAT(i)OLEN(sis). Gut erhaltener Abdruck von 1287 (K Best. 96 Nr. 456), Bruchstück von 1282 (K Best. 109 Nr. 43). Nicht bei Ewald, Rhein. Siegel. Abb. hier S. 187 Nr. 12e.

Ludwig. 1284 Kantor. Vgl. § 34.

Ludwig. 1286–1289 Kanoniker. Mag., 1287–1289 als Vertreter des Domkapitels Trier an der Kurie (MrhR 4 S. 307 Nr. 1355: nicht „Domherr Ludwig von Pfalzel", sondern Ludwig, Kanoniker zu Pfalzel; Orig. BistA Trier Abt. I A Nr. 358; ferner MrhR 4 S. 377 Nr. 1665 und Nrr. 1392, 1566, 1618f., 1623; als Ergänzung in der gleichen Sache des Domkapitels K Best. 54,33 Nr. 1 vom 28. April 1289, unveröffentlicht). Vielleicht ist er identisch mit dem vorgenannten Kantor Ludwig (vgl. dazu § 34).

Johann. 1287–1297 Pleban in Cochem (vgl. § 29). Zeuge und Siegler (MrhR 4 Nrr. 1415, 2217, 2648; Siegel an K Best. 96 Nr. 453).

Wilhelm von der Fleischgasse (in Trier). 1289–1295/1310 Scholaster. Vgl. § 32.

Walter. 1294–1295 Dekan. Vgl. § 31.

Heimerich. 1295–1306/1329 Kustos. Vgl. § 33.

Nikolaus von Hunolstein. 1297–1335 Propst. Vgl. § 30.

Sibod. 1297 Dekan. Vgl. § 31.

Peter von Pfalzel. 1309–1318/32 Kanoniker, 1314–1318 Scholaster. Vgl. § 32.

Arnold. 1310 Dekan. Vgl. § 31.

Walter. 1312 Kanoniker. Mag. (K Best. 143 Nr. 29).

Johann. 1316–1330 *pastor/rector* von Cochem (vgl. § 29), 1330 auch Landdekan, *vir honestus*. Im Siegel führt er einen Schild, darin ein Balken, belegt mit drei Rosen (offensichtlich ein Adelswappen). K Best. 121 Nr. 2, 3 und 6; Best. 181 Nr. 26 (hier das Siegel). Eine Zuordnung zu einem Kanoniker des Kapitels von Pfalzel dieses Vornamens ist nicht möglich, aber anzunehmen.

Nikolaus von Mensdorf/von Luxemburg. 1330–1366 Kanoniker. Mag., Lic. iur. utr., Trierer Diakon. Am 30. Juli 1330 erhält er eine päpstliche Provision auf ein Kanonikat mit Pfründenanwartschaft in Pfalzel, am 24. August 1360 bittet er, ihm das Kanonikat mit Pfründe in Pfalzel *de novo* zu verleihen, unbeschadet bepfründeter Kanonikate in St. Paulin und St. Simeon in Trier und in St. Severus in Münstermaifeld. Er habe als Diakon über ein Jahr die Pfarrkirche in Klotten besessen ohne *sacerdos* geworden zu sein und diese dann mit dem (inzwischen verstorbenen) Theoderich *de Sarkas* gegen dessen Kanonikat in Pfalzel getauscht und dieses auch erhalten (Sauerland, VatReg 2 S. 347 Nr. 1929, 4 S. 271 Nr. 698; Testament vom 8. November 1366 s. nachstehend). Zu den anderen Pfründen vgl. Heyen, GS NF 6, St. Paulin S. 682f. und GS NF 41, St. Simeon S. 888 (Nikolaus von Luxemburg II.). Zur Identität Nikolaus von Mensdorf bzw. Nikolaus von Luxemburg vgl. Michel Pauly, Das Testament des Nikolaus von Mensdorf/Luxemburg, Scholaster von St. Paulin vor Trier (Fs. Heyen 2003 S. 933–949) mit Edition und ausführlicher Beschreibung des Testamentes.

Richard von Daun. 1332–1357/62 Kustos. Vgl. § 33.

Philipp von *Eryshem*/oder *Gryshem*. 1333 (–1338) Kanoniker. Er erwirbt am 6. April 1333 einen Ablaßbrief für das Stift Pfalzel, in dem ein Gebet für ihn vorgeschrieben ist (Sauerland, VatReg 5 S. 522 Nr. 1299; StadtA Trier Urk. G 6; vgl. § 25). Wahrscheinlich ist er identisch mit dem Kanoniker Philipp ohne Nachname zu 1338 (s. unten).

Johann (Theoderici?) von Roermont. 1338–1364 Propst. Vgl. § 30.

Andreas. 1338–1351 Dekan. Vgl. § 31.

Matthäus. 1338–1340 Scholaster. Vgl. § 32.

Anselm. 1338–1350 Kantor, 1361 Dekan. Vgl. § 31.

Philipp. 1338 Kanoniker (K Best. 186 Nr. 52). Identisch mit Philipp von *Eryshem* (s. o.)?

Johann. Vor 11. Mai 1341 Kanoniker (K Best. 157 Nr. 44; tot).

Johann. 1342 Kanoniker. Zeuge am 2. Oktober in Trier (Sauerland, VatReg 3 S. 33 Nr. 70).

Thomas von St. Johann/*von der Roderhosen*?. 1353 Kanonikatsanwärter (Sauerland, VatReg 4 S. 10 und 13 Nr. 31f und 36). Auch Kanoniker in St. Simeon in Trier (Heyen, GS NF 41, St. Simeon S. 885). Vgl. auch Burgard, Familia archiepiscopi S. 19–23.

Johann von Polch/*Puliche*. 1353 Kanoniker. Priester. Er und Peter, der Sohn von Johanns Schwester Gertrud, haben Besitz in Gierschnach, der dem verstorbenen Kirchherrn von Polch *Ysfrid* gehörte (K Best. 1 A Nr. 5724 und 5725; Mötsch, Balduineen Nr. 2197 S. 395).

Johann. 1354–1361/63 Scholaster. Ausdrücklich auch als Inhaber eines Kanonikates bezeichnet (K Best. 157 Nr. 85). Vgl. § 32.

Nikolaus Kempe. 1357–1375 Kanoniker. Seit 1365 Dekan. Vgl. § 31.

Theoderich *de Sarkes* (von Sierck?). Vor 1360 Kanoniker. Er hatte ein Kanonikat in Pfalzel, das er mit Nikolaus von Luxemburg/von Mensdorf gegen die Pfarrei Klotten tauschte. Zum 30. Juli 1360 ist er als verstorben bezeichnet (Sauerland, VatReg 4 S. 271 Nr. 698; vgl. vorstehend bei Nikolaus von Luxemburg).

Heinrich Kempe. 1360 Kantor, 1365/66–1370 Propst. Vgl. § 30.

Sibod. 1361 Kellner (des Stifts oder der kurfürstlichen Kellerei in Pfalzel? K Best. 157 Nr. 27).

Baldewin. 1369 Scholaster. Vgl. § 32.

Walter (*Welther*). 1370 Kanoniker. Als Sohn des Schöffen zu Münstermaifeld *Thielle, Welthers son* (er trägt also den Namen seines Großvaters), gibt er seine Zustimmung zum Verkauf eines Grundstückes in Münstermaifeld durch seinen Vater an *Thielle, Tielmans son*, ebenfalls Schöffe zu Münstermaifeld (K Best. 41 Nr. 331).

Dietrich von Güls. 1370–1371 Kanoniker und Propst. Vgl. § 30.

Jakob von Hechtsheim. 1373–1374 Propstei-Anwärter. Vgl. § 30.

Johann von Hechtsheim. 1374–1391 Propst. Vgl. § 30.

Konrad von Klüsserath. 1379 Kanoniker (K Best. 215 Nr. 1695), 1380 Rektor der Pfarrkirche Pfalzel (K Best. 186 Nr. 172).

Sibekin (von Pfalzel). 1379 Kanoniker und Kirchherr zu Cochem (K Best. 121 Nr. 12; vgl. § 29 zu Cochem). Wahrscheinlich ist er identisch mit dem 1350–1352 bezeugten Vikar im Stift St. Simeon in Trier Sibekin von Pfalzel (vgl. Heyen, GS NF 41, St. Simeon S. 998) und dem 1382 genannten Pfarrer von Cochem Sibrecht (K Best. 144 Nr. 444).

Gobelin von Hammerstein. 1379–1392 Kanoniker und Scholaster. Vgl. § 32.

Peter von Welschbillig (*Pillich*). 1386–1411 Kanoniker. 1386 Kellner (K Best. 157 Nr. 58), seit 1393 Pleban von Cochem (ebenda Nr. 61), zuletzt als Kirchherr zu Cochem und Kanoniker zu Pfalzel am 25. Juli 1411 genannt (ebenda Nr. 71). Vgl. § 29 zu Cochem. Im Pfalzeler Memorienverzeichnis ist er zum ersten Werktag nach St. Willibrord (7. November) genannt.

Heinrich von Welschbillig. 1391 Dekan. Vgl. § 31.

Heinrich (von) *Anvel* (Avel bei Trier). 1392 Kanoniker. Sohn eines Priesters und einer Nonne des Augustinerordens. Nach einer (ersten) päpstlichen Dispens, die Weihen zu empfangen und ein Benefitium, auch mit Seelsorge, anzunehmen, empfing er die niederen Weihen und erhielt ein bepfründetes Kanonikat im Stift St. Paulin vor Trier (Heyen, GS NF 6, St. Paulin S. 691). Eine zweite Dispens erlaubte ihm, ein weiteres Benefitium anzunehmen oder zu ertauschen. Daraufhin empfing er die Diakonatsweihe, tauschte das Kanonikat in St. Paulin gegen ein solches in Pfalzel und erhielt (zusätzlich) den St. Katharinen-Altar in der St. Michaels-Kirche vor Trier. Am 22. Mai 1392 erhielt er schließlich die weitere Dispens, noch zwei Benefitien, auch mit Seelsorge, einschließlich eines Kathedral-Offiziums anzunehmen oder zu ertauschen; ob bzw. wie er dies nutzte, ist nicht bekannt (ausführlich mit Namenform *Annel*: Sauerland, VatReg 6 S. 226 Nr. 500; gekürzt mit Namenform *Duvel*: RepGerm 2 Sp. 423 f.). Urkundlich in Trier bezeugt zum 10. Dezember 1392 als Kanoniker von Pfalzel (K Best. 211 Nr. 466; sicher *Anvel* oder *Annel*). Die augenfällige Protektion läßt erkennen, daß die Eltern bzw. eines der Elternteile gewiß einflußreichen Kreisen angehörten.

Johann Herbordi von Linz. 1392–1417 Kanoniker (Kopiar BistA S. 80; K Best. 157 Nr. 61; RepGerm 4 Sp. 3199). 1374–1396 Offizial von Trier, 1396–1404/06 Offizial von Koblenz, 1396–1417 Propst von St. Florin/Koblenz (Diederich, St. Florin/Koblenz S. 228), 1358–1417 Kanoniker, seit 1383

Scholaster von St. Simeon/Trier (Heyen, GS NF 41, St. Simeon S. 820f. mit den Nachweisen). Offensichtlich besteht eine Verbindung zu Herbord Hechtsheim und damit dann auch zu dessen Bruder Johann Hechtsheim, Propst von Pfalzel (vgl. § 30).

Heinrich von Emmel. 1394–1395 Dekan. Vgl. § 31.

Johann *de Denemarken*. 1395 Kanoniker und Scholaster. Vgl. § 32.

Johann von Bastogne. Bis 1398 Kanoniker (RepGerm 2 Sp. 736). Lic. iur., 1366–1390/92 Kantor, 1392–1398 Propst von St. Simeon/Trier. Vgl. Heyen, GS NF 41, St. Simeon S. 752f.

Johann Reyneri. 1398–1403 Kanoniker. Mag. art., Familiare des Kardinals von St. Cäcilia Antonius de Cajetanis. 1398 erhält er eine päpstliche Provision auf ein Kanonikat in Pfalzel, 1403 ist dies unter den *non obstantes* genannt (RepGerm 2 Sp. 736). Ebenso im Stift St. Paulin vor Trier. Vgl. Heyen, GS NF 6, St. Paulin S. 692 mit der Nennung weiterer Pfründen.

Friedrich Schavard. 1399 (–1406/09) Kanoniker und Scholaster. Vgl. § 32.

Johann von Ehrang. Um 1400 Kanoniker. Als Propst von St. Simeon in Trier und Kanoniker von Pfalzel ist er nur im Pfalzeler Memorienverzeichnis genannt. Auf diese Pfalzeler Pfründe werden aber 1419 nach Johanns Tod päpstliche Provisionen erbeten (RepGerm 4 Sp. 2253, 2969). 1398 kurfürstlicher Kellner zu Pfalzel. 1395/96 Dekan, 1398–1417/19 Propst von St. Simeon in Trier (vgl. Heyen, GS NF 41, St. Simeon S. 753f.; mit Zusatz: 1406 ist er als Propst von St. Simeon Zeuge für das Dominikanerinnenkloster St. Katharinen in Trier, offenbar auf dessen Seite: Zimmer, St. Katharinen Nr. 175).

Wilhelm Friderici. 1401 Kanonikatsanwärter. Verwandter des Propstes von St. Paulin vor Trier Friedrich Schavard (s. oben). Er erhält eine Erste Bitte König Ruprechts zu seinen Gunsten an das Stift Pfalzel (RegPfalzgf. 2 S. 29 Nr. 370; Chmel, RegRup S. 5 Nr. 80; HHStA Wien, Reichsregisterbuch A fol. 125v nach Kühne).

Nikolaus Petri von Bettenberg. 1401 Kanonikatsbewerber. Supplik um eine päpstliche Provision auf ein Kanonikat in St. Simeon/Trier, St. Paulin/Trier oder Pfalzel (RepGerm 2 Sp. 918f.). Vgl. weitere Nachweise bei Heyen, GS NF 6, St. Paulin S. 691, und GS NF 41, St. Simeon S. 894.

Johann Hachenberg von Linz. 1403 prozessiert er um ein Kanonikat in St. Paulin/Trier und Pfalzel (RepGerm 2 Sp. 649), ist aber anscheinend nicht in dessen Besitz gelangt. Mag., 1399–1419 Dekan von St. Florin/Koblenz. Weitere Pfründen vgl. Diederich, St. Florin/Koblenz S. 249 und Münstermaifeld.

Johann Thome von Schweich. 1403 Bewerber um eine Pfründe. Trierer Kleriker, Familiare des Kardinals Angelus Acciaivolus. Er erhält eine päpstliche Provision auf ein Benefitium unter der Kollation von Dekan und Kapitel zu Pfalzel sowie des Abtes von Prüm (RepGerm 2 Sp. 775). Dabei kann es sich natürlich auch um eine Vikarie oder ein Benefitium außerhalb des Stiftes handeln. Ein Nachweis ist bisher nicht bekannt.

Peter Kuchenheim von Köln. 1410 Pfründenbewerber. Abbreviator an der Kurie, Kanoniker in St. Severin/Köln (hier gebe es Probleme *propter rebellionem*), Supplik auf ein Benefitium in der Kollation des Stiftes Pfalzel und des Abtes von St. Maximin/Trier (RepGerm 2 Sp. 1415).

Heinrich *Symeler/Semeler*. 1411 Kanoniker und Scholaster. Vgl. § 32.

Peter Eller (*Elry*) von Oberwesel. 1411–1419 Kanonikatsbewerber. 1419 verzichtet er auf eine Anwartschaft in Pfalzel (RepGerm 2 Sp. 1415f., 4 Sp. 2969). Peter Eller studierte 1401 in Heidelberg und war 1408 an der Kurie tätig. 1420–1427 war er Dekan des Stiftes Liebfrauen in Oberwesel und stand im Dienst Erzbischof Ottos, namentlich 1422 als Visitator der Stifte des Erzstifts. Dazu und zu weiteren Pfründen vgl. Pauly, GS NF 14, Oberwesel S. 370f.; Schmidt-Knichel, Memorienbuch S. 337–342; Goldmann, St. Kastor/Koblenz S. 259 Anm. 397. Eine monographische Untersuchung wäre lohnend.

Wipert Rorici von Montabaur der Ältere. 1411 bepfründeter Kanoniker. *Universitatis scolarium Ultramontanorum in iure can. Padue studentium rector.* Er erhält am 5. Juni 1411 eine päpstliche Provision auf Kanonikate in St. Florin/Koblenz und Münstermaifeld sowie eine Dignität bzw. ein Amt in St. Kastor/Koblenz, unbeschadet des Besitzes von bepfründeten Kanonikaten in St. Kastor/Koblenz und Pfalzel sowie der Vikarie des St. Agnes-Altares in Karden (RepGerm 2 Sp. 1432 in Verbindung mit Sauerland, VatReg 7 S. 298 Nr. 743). Bei verschiedenen Verzichts-Beurkundungen 1418 zugunsten des Wipert Rorici von Montabaur des Jüngeren wird das Kanonikat in Pfalzel nicht genannt (RepGerm 4 Sp. 725, 2794f., 3802; vgl. auch Diederich, St. Florin/Koblenz S. 252; Pauly, GS NF 19, Karden S. 483). Der Scholaster von St. Kastor/Koblenz Wypert von Montabaur ist am 11. September gestorben: Schmidt-Knichel, Memorienbuch S. 250; weitere Angaben bei Goldmann, St. Kastor/Koblenz S. 118 Anm. 284.

Johann von Mayen (*Meyener*). 1411 Kanoniker. Bei einer Supplik auf das Dekanat von St. Kastor in Koblenz wird ein Kanonikat in Pfalzel unter den *non obstantes* genannt (RepGerm 4 Sp. 1388), kommt aber später nicht mehr vor. Zu Johanns zahlreichen Pfründen und bedeutenden Funktionen im

Dienst der Erzbischöfe von Köln und Trier vgl. vorerst Diederich, St. Florin/ Koblenz S. 251 und Goldmann, St. Kastor/Koblenz S. 195 Anm. 636.

Johann von Remagen. 1415–1417 Dekan. Vgl. § 31.

Heinrich (Petri) von Cochem. 1417; 1430–1432 Kanoniker. Am 13. Februar 1412 erhält der als Priester und Siegler des Erzbischofs Werner von Trier (dazu Michel, Gerichtsbarkeit S. 98, 101, 103 ungenau) bezeichnete Heinrich eine päpstliche Provision auf ein oder zwei Benefitien der Kollation von Propst, Dekan und Kapitel von St. Simeon und St. Paulin in Trier sowie in Karden, unbeschadet des Besitzes der Pfarrkirche Freudenburg und des hl. Kreuz-Altares in Leutesdorf (Sauerland, VatReg 7 S. 304 Nr. 762; RepGerm 2 Sp. 1361 gekürzt). Am 1. März 1414 wird er als früherer erzbichöflicher Kellner von Saarburg bezeichnet, ist aber sicher nicht mehr Siegler (Goerz, RegEb S. 138). Am 4. März 1414 ist er Kanoniker von St. Florin/Koblenz (ebenda S. 138; vgl. Diederich, St. Florin/Koblenz S. 253; Kanoniker bis 1423). Dieses Kanonikat hat er im Tausch gegen die Pfarrei Freudenburg erworben, worüber er am 26. November 1417, ebenso wie für den Besitz eines bepfründeten Kanonikates in St. Simeon, eine päpstliche Bestätigung erbittet; als *non obstantes* werden dabei genannt ein bepfründetes Kanonikat in Pfalzel, eine Domvikarie in Trier und die Pfarrkirche von Noviand (RepGerm 4 Sp. 1047 f.; das dort genannte *Oismo* ist Freudenburg). Die Domvikarie ist schon 1416 bezeugt (K Best. 1 D Nr. 4285), wegen der Pfarrei Noviand schwebte 1419 ein Prozeß (RepGerm 4 Sp. 3732). Außerdem scheint er aufgrud der Provision von 1412 ein Kanonikat in St. Paulin/Trier erhalten zu haben, auf das er aber vor dem 7. Dezember 1417 verzichtete (ebenda Sp. 143, 158); schon in der Supplik vom 26. November 1417 ist es nicht mehr genannt. Die Identität mit dem 1430 genannten Kanoniker von Pfalzel gleichen Namens (K Best. 157 Nr. 75), der im Januar 1433 zu den Anhängern Ulrichs von Manderscheid gehört (Meuthen, Obödienzlisten S. 53, Schisma S. 22 Nr. 34), ist nicht erwiesen, aber wahrscheinlich. Der im Juni 1417 in Heidelberg immatrikulierte Trierer Kleriker Heinrich von Cochem (Toepke 1 S. 135) ist aber wohl eine andere Person. Vgl. auch Heyen, GS NF 6, St. Paulin S. 694 und GS NF 41, St. Simeon S. 896.

Nikolaus Petri von Mesenich. 1419 Kanonikatsbewerber. Trierer Kleriker. Suppliken an der Kurie: am 28. August und 1. September 1419 um eine Provision auf ein bepfründetes Kanonikat in Pfalzel, unbeschadet des Besitzes des St. Leonard-Altares im Dom zu Trier (dieser schon am 14. Juli genannt), einer Provision auf den St. Paul-Altar im Kloster Mettlach (Supplik vom 22. Juli) sowie der Pfarrkirche Beilstein, wegen der er prozessiert (Supplik von 14. Juli), und einer Provison auf die Pfarrkirche St. Medard vor Trier (RepGerm 4 Sp. 2968 f.). In Pfalzel nicht nachweisbar.

Johann Portenarii von Koblenz. 1419 Kanonikatsbewerber. Supplik an der Kurie von 1419, später nicht mehr genannt (RepGerm 4 Sp. 2253 f; dort und Sp. 628 weitere Pfründen).

Peter Reyneri von Sierck. 1419 Kanonikatsbewerber. Trierer Priester. Am 26. Juli 1419 bittet er als Rektor der Pfarrkirche *Engelingen* (Diözese Metz) um eine Provision auf ein Kanonikat in Pfalzel, das aber am 3. Dezember 1421 bei einem Pfründentausch der Kapelle in Makenhofen (Diözese Metz) gegen die Kirche St. Martin in Russdorf bei Sierck (Diözese Trier) nicht genannt wird (RepGerm 4 Sp. 3199).

Konrad von Bacharach. 1420–1432 Dekan. Vgl. § 31.

Nikolaus Eichorn. 1420–1426 Bewerber um ein Kanonikat, strittig mit Michael von Britten/Zederwald (vgl. § 31), offenbar ohne Erfolg (RepGerm 4 Sp. 2783 und 2869). Trierer Kleriker. Sicher identisch mit dem gleichnamigen Pastor von St. Gervasius in Trier, der im April 1432 im Trierer Schisma auf die Seite Rabans tritt (Meuthen, Obödienzlisten S. 50).

Albert Schwarz. Um 1420/30 Kanoniker. Für Pfalzel nur im Memorienverzeichnis des Stiftes zum ersten Werktag nach St. Bartholomäus als Kanoniker bezeugt. Er ist wohl identisch mit dem mit zahlreichen Suppliken auf ein Kanonikat in St. Simeon in Trier und die St. Walburgis-Kapelle in Boppard sowie verschiedene Pfründen außerhalb der Diözese Trier zwischen 1422 und 1430 genannten Kölner Kleriker und *famulus* des Kardinals Wilhelm von St. Markus (RepGerm 4 Sp. 56–58). Weitere Nachweise bei Heyen, GS NF 41, St. Simeon S. 898.

Johann *Schoriß* von Münstermaifeld. 1422 Pfarrer von Cochem (K Best. 121 Nr. 18; vgl. § 29 zu Cochem). Er ist wohl identisch mit dem Kanoniker Johann Schorres Gerhardi von Schönberg (s. unten nach 1458).

Gottschalk von Köln. Bis 1423 Kanoniker. Kölner Kleriker. Am 10. Juni 1423 verzichtet er auf ein bepfründetes Kanonikat in Pfalzel (RepGerm 4 Sp. 2286, 520, 2069). Anderweitig für Pfalzel nicht bezeugt. Kanoniker in St. Paulin vor Trier. Vgl. Heyen, GS NF 6, St. Paulin S. 695.

Johann *Richenberg* (Reichenberg bei St. Goarshausen?). 1423–1425/26 Kanonikatsanwärter. Trierer Kleriker (1421), 1425 noch ohne die höheren Weihen (Dispens auf fünf Jahre wegen Nittel, s. u.), Dispens wegen Geburtsmangel. 1420 wird er als Rektor des St. Katharinen-Altares in der Abtei St. Maximin vor Trier bezeichnet; diese Pfründe wird später nicht mehr genannt. 1421 bittet er um die Vikarie St. Agnes auf dem Friedhof (*in cimiterio*) zu Karden, die er sicher auch erhalten und bis zum Tod behalten hat (vgl. Pauly, GS NF 19, Karden S. 486). Am 10. Juni 1423 bittet er um ein Kanonikat in Pfalzel; die Provision auf dieses Benfitium wird am 16. Oktober 1424 unter den *non obstantes* genannt, der Besitz des Kanonikates selbst aber auch in der letzten Supplik vom 30. September 1425 noch nicht. Anderseits wird das Kanonikat nach Johanns Tod neu vergeben, woraus aber nicht geschlossen werden kann, daß er die Provision noch realisieren konnte. 1423 erbittet er auch die Pfarrkirche

Nittel, doch bleibt der aus einer Provision abgeleitete Anspruch strittig bis zu seinem Tod. 1425 bewirbt er sich zudem um das durch die Verheiratung des Konrad Ruhing von Freiburg vakante Kanonikat in St. Peter am Perlach in Augsburg bzw. in St. Simeon in Trier (Heyen, GS NF 41, St. Simeon S. 900), kann auch diese Provision aber nicht mehr realisieren. Er ist zuletzt bezeugt am 30. September 1425 und wird zum 1. August 1426 als verstorben bezeichnet (alle Angaben RepGerm 4 Sp. 2286f. und Sp. 96, 1173, 2953, 3205). – Ob der 1397–1410 bezeugte gleichnamige Vikar von Liebfrauen in Oberwesel (Pauly, GS NF 14, Oberwesel S. 401) identisch ist, muß dahingestellt bleiben. Ein Johann Reichenberg studierte 1401 in Heidelberg (Toepke 1 S. 80).

Michael von Britten/von Zederwald. 1424–1438 Kanoniker. Seit 1433 Dekan. Vgl. § 31.

Arnold von Wittlich. Vor 1425 Kanoniker. Zum 17. Oktober 1425 und 5. Februar 1427 (*Wilich*) ist er als verstorbener, bepfründeter Kanoniker von Pfalzel genannt (RepGerm 4 Sp. 2783 und 2869). Er ist wohl identisch mit Arnold von Wittlich, der 1418 auf den St. Antonius-Altar in der Pfarrkirche Wittlich verzichtet (ebenda Sp. 1432). Ein Arnold von *Bergem*, gestorben vor Juli 1425, war Pfarrer von Wittlich (ebenda Sp. 3374).

Konrad *de Sole/Solis*. 1426–1427 Kanonikatsbewerber (RepGerm 4 Sp. 514, 520). Vgl. die Nachweise bei Heyen, GS NF 6, St. Paulin S. 699.

Peter von Sachsenhausen (*Sassen-*). 1426 Kanonikatsbewerber. Mainzer Kleriker. Am 8. Oktober 1426 legt er in Rom eine Supplik um die Verleihung der Pfarrkirche St. Peter in Bitburg einschließlich einer Altersdispens vor, am 11. Dezember 1426 um ein bepfründetes Kanonikat in Pfalzel (RepGerm 4 Sp. 3205). Eine Identität mit dem 1470 bezeugten gleichnamigen Magister und Notar am Offizialat Trier (StadtA Trier Urk. M 12) ist bei der zeitlichen Differenz fraglich.

Johann Johannis von Remagen. 1427 Kanonikatsbewerber. Trierer Kleriker. 1420 bittet er um Dispens von einem Geburtsmangel (wohl Alter), 1427 um eine Provision auf ein Kanonikat in Pfalzel, unbeschadet des Besitzes des St. Margarethen-Altares in der Kurie Jerusalem in Trier (RepGerm 4 Sp. 2069).

Hartmann (*Hartmanni*) von Koblenz. 1427–1439 Scholaster. Vgl. § 32.

Wilhelm (Plentz von) Euskichen. Bis 1428 Kanoniker. Er trat vor dem 8. März 1428 in die Kartause Trier ein (RepGerm 4 Sp. 2384f., 3213, 3374, 2748, 3599). Dort ist er am 24. September 1439 als Profeßmönch gestorben (StadtBi Trier Hs. 1669/350 Bl. 172; Mitt. J. Simmert). Wahrscheinlich ist er identisch mit Wilhelm *Plentz* von Euskirchen, der 1425/26 um ein Kanonikat in Karden prozessierte (RepGerm 4 Sp. 1909; Pauly, GS NF 19, Karden S. 406).

Matthias Krebs (*Cancer*) von Kues. 1428 Kanonikatsbewerber. Trierer Kleriker. Am 13. März 1428 bittet er um eine päpstliche Provision auf das durch den Eintritt des Wilhelm von Euskirchen (*de Eustete*) in die Kartause Trier freie Kanonikat in Pfalzel (RepGerm 4 Sp. 2748). In dessen Besitz ist er nicht nachweisbar. 1428–1430 Kanoniker von St. Simeon in Trier. Verwandter des Kardinals Nikolaus von Kues. Vgl. Heyen, GS NF 41, St. Simeon S. 903.

Johann Spangenberg von Sobernheim. 1428–1438 Kanoniker. Er bewirbt sich vom 26. Juli 1427 bis zum 28. April 1430 als Kleriker und zunächst Mainzer Scholar um verschiedene Pfründen in den Diözesen Mainz und Worms, seit dem 8. März 1428 auch um das durch den Eintritt des Wilhelm von Euskirchen in den Kartäuserorden frei gewordene Kanonikat in Pfalzel, auf das er auch eine päpstliche Provision erhält (RepGerm 4 Sp. 2384–86 und 3599). In dessen Besitz ist er 1438 nachweisbar (K Best. 1 A Nr. 4203). Er könnte identisch sein mit dem 1445–1462 bezeugten Notar am Offizialat Koblenz Johann von Sobernheim (K Best. 112 Nr. 420 und 463) oder einem gleichnamigen, vor Oktober 1447 verstorbenen Vikar von St. Kastor/Koblenz (K Best. 109 Nr. 961).

Christian (Matthiae) von Piesport. 1429 – vor 1449 Kanoniker, seit 1430 Kustos. Vgl. § 33.

Tilmann Gottschalk von Geismar gen. *Senfs*. 1430–1456 Kanoniker. Seit 1441/45 Dekan. Vgl. § 31.

Tilmann Textoris von Trier. 1430–1433 Kanoniker. Auch Kustos? Vgl. § 33.

Thilmann (Philippi) *de Strassen*. 1430ff. Kanoniker? Der *clericus Trevirensis Tilmann de Strassen* erbittet 1430 in Rom eine Dispens wegen Geburtsmangels (RepGerm 4 Sp. 3598). Wahrscheinlich ist er identisch mit dem gleichnamigen Präbendar in Liebfrauen/Trier (StadtA Trier, Elisabeth-Hospital Nr. 67) und dem ohne Datum im Memorienverzeichnis von Pfalzel zum dritten Tag nach Vitus und Modestus genannten Pastor von Cochem (vgl. § 29 zu Cochem).

Peter von Zewen. 1430–1449 Kanoniker. Auch Kantor. Vgl. § 34.

Konrad. 1430 Kirchherr zu Cochem (K Best. 121 Nr. 19; als Angrenzer genannt). Als Kanoniker nicht bezeugt. Vgl. § 29 zu Cochem.

Johann (*Schilling*) von Lahnstein (gen. *Pastor*). 1430–1433 Kanoniker. Bezeugt als Johann von Lahnstein 1430 (K Best. 157 Nr. 75) und 1433 als Anhänger Ulrichs von Manderscheid (Meuthen, Obödienzlisten S. 53 und Schisma S. 22 Nr. 34). Sehr wahrscheinlich ist er identisch mit dem im Pfalzeler Memorienverzeichnis zum Dienstag nach Estomihi genannten Johann Schilling von Lahnstein genannt Pastor.

Johann Eligii von Pfalzel. 1433 Kustos. Vgl. § 33.

Johann Jux von Sierck (II.). 1441 Kanonikatsbewerber? Er erhält eine Erste Bitte Kaiser Friedrichs III. auf ein Benefitium in Pfalzel (HHStA Wien, Reichsregisterbuch O Bl. 34), anscheinend ohne Erfolg. 1459 ist er Kanzler des Erzbischofs von Trier, 1472–1489 Propst von St. Simeon in Trier. Vgl. Heyen, GS NF 41, St. Simeon S. 760–762, Miller, Jakob von Sierck S. 263 und Index, sowie Knichel, Gedächtnisgemeinschaft S. 993 f.

Johann Theoderici/*Diederich*/*Dietrich von Pfalzel*. 1445 Kanoniker (K Best. 157 Nr. 76 und Best. 1 D Nr. 4028 S. 208), 1438 *summus vicarius* (vgl. § 36). Er ist identisch mit dem 1445 genannten Priester und Kanoniker von Liebfrauen in Trier, ca 30 Jahre alt, Johann Thederici von Pfalzel (K Best. 1 D Nr. 4028 S. 434). Zu einem in Pfalzel nicht vollzogenen Pfründentausch mit Siegfried von Dreckenach 1453 vgl. bei diesem in § 31. – Ferner: 1445/46 Kaplan Erzbischofs Jakob von Sierck, 1456–1469 Kanoniker, seit 1462 Kustos von St. Florin/Koblenz (Bewerbung 1451: RepGerm 6 Nr. 5698), ebenso seit 1454 Kanoniker von St. Kastor/Koblenz (K Best. 109 Nr. 972; dort stiftet er das Fest St. Anna am 26. Juli: Schmidt-Knichel, Memorienbuch S. 215), seit 1457 Brückenmeister in Koblenz. 1461 Kaplan des St. Antonius-Altares in Oberlahnstein (StadtA Nr. 23 nach K FA 333). Johann Theoderici starb am 25. Juni 1469. Sein Hauptsitz war nach 1454/56 offensichtlich Koblenz. Im Stift Pfalzel stiftete er mit dem von Tilmann Gottschalk geschriebenen Breviarium Treverense sein Anniversar (vgl. § 3 Abschn. B). – Vgl. Diederich, St. Florin/Koblenz S. 233 und 258; Goldmann, St. Kastor/Koblenz S. 416 Anm. 21; Miller, Jakob von Sierck S. 259.

Johann von Arnsberg. 1445–1471 Kanoniker. Seit 1462 Scholaster. Vgl. § 32.

Conemann von Sierck. 1446–1458 Kanoniker (K Best. 157 Nr. 77). Am 28. November 1458 erbittet er als *presbyter Trevirensis* eine neue Provision auf die durch den Tod des Jakob Frouff freie *vicaria perpetua seu plebania curata* in der Pfarrkirche zu Bernkastel, für die er bereits eine Erste Bitte König Friedrichs hat, unbeschadet eines Kanonikates in Pfalzel und einer Ewigvikarie ohne *cura* am Dom zu Trier (RepGerm 8 Nr. 636). Sicher ist er identisch mit dem 1461–1474 bezeugten gleichnamigen Kanoniker von St. Simeon in Trier (Heyen, GS NF 41, St. Simeon S. 911), vielleicht auch mit dem Konrad *de Schirrck*, der am 15. Oktober 1463 an der Universität Köln immatrikuliert wird (Keussen 1 S. 535).

Johann Helm von Merl. 1449 Kanonikatsbewerber. Am 17. September 1449 soll seine Provision auf ein bepfründetes Kanonikat in Pfalzel kassiert werden (vgl. bei Johann Jux) und am 9. Juni 1450 verzichtet er als Trierer Kleriker auf dieses Kanonikat, erbittet nun aber eine Reservation auf ein Kanonikat an St. Florin oder St. Kastor in

Koblenz. 1453 verzichtet er auf die Vikarie St. Katharina im Stift Wetzlar und bittet am 2. April 1454 um das durch den Tod des Johann Nittel frei gewordene Dekanat im Stift Kyllburg (RepGerm 6 Nrr. 3029, 3131, 3314 S. 313, 323, 345). Am 10. Juni 1455 erbittet er die Pfarrkirche Niederemmel und die Kantorei im Stift Pfalzel (vgl. bei Gutmann von Kirn in § 31), am 12. Juni 1455 als bepfründeter Kanoniker in der Pfarrkirche (= Stift) Boppard (nicht bei Pauly, GS NF 14, Boppard) um *cura*-Erlaubnis, am 24. Juli 1456 als *presbyter Trevirensis, presens in curia*, um die durch den Tod des Anton *Morßberg* freie Vikarie des Altares S. Mariae Egyptiacae im Dom zu Trier, und am 5. Mai 1457 um die Dekanei zu Pfalzel (vgl. bei Gutmann a.a.O.; RepGerm 7 Nr. 1541). Wahrscheinlich ist Johann Helm identisch mit dem 1480–1490 bezeugten gleichnamigen Kanoniker an St. Florin in Koblenz (Diederich, St. Florin/Koblenz S. 260). Vgl. auch Miller, Jakob von Sierck S. 261.

Johann Nittel. Um 1450 Kanoniker? Im Pfalzeler Memorienverzeichnis ist er zum Freitag nach dem Sonntag Cantate genannt, doch ist nicht sicher, ob er dem Stift angehörte. Er ist wohl identisch mit dem 1450–1454 bezeugten Kanoniker an St. Paulin vor Trier und Dekan in Kyllburg (vgl. Heyen, GS NF 6, St. Paulin S. 706). Vgl. Miller, Jakob von Sierck S. 260 Anm. 18 und S. 261.

Nikolaus von Merl. 1451 Kanoniker. Zum 6. November 1451 legt er als Trierer Kleriker in Rom eine Supplik auf eine Provision auf die Pfarrkirche in Bertringen vor, unbeschadet des Besitzes von bepfründeten Kanonikaten in Münstermaifeld und Pfalzel sowie einer Vikarie an St. Kastor in Koblenz (RepGerm 6 Nr. 4511). Er ist wohl identisch mit dem 1454 (K Best. 109 Nr. 972) bis vor 1491 bezeugten Kanoniker an St. Florin in Koblenz und kurfürstlichen Zollschreiber in Engers gleichen Namens (Diederich, St. Florin/Koblenz S. 258f.; vgl auch Goldmann, St. Kastor/Koblenz S. 120 Anm. 297, und Miller, Jakob von Sierck S. 266 Anm. 81).

Bartholomäus Nikolai. 1451 Kanonikatsbewerber. Er erhält am 23. Januar 1451 eine Exspektanz auf ein Kanonikat in St. Simeon in Trier und in Pfalzel. 1451 ist er Familiare des Bischofs Berard von Spoleto und hat die Pfarrkirche *Moinhem* (Diözese Metz) (RepGerm 6 Nr. 414f.; vgl. Heyen, GS NF 41, St. Simeon S. 908f. mit weiteren Hinweisen).

Johann von Lieser. 1451 Kanoniker. *Johannes de Lesura, canonicus Beate Marie Palaciensis* ist Zeuge bei der Wahl des Abtes von St. Matthias vor Trier am 15. September 1451 (K Best. 210 Nr. 555; zur Wahl vgl. Becker, GS NF 34, St. Matthias S. 626). Andere Zeugnisse für Pfalzel sind nicht bekannt. Wahrscheinlich ist dieser Johann von Lieser nicht identisch mit dem Gefährten des Nikolaus von Kues Johann (Hoffmann) von Lieser, der 1459 in Mainz starb (vgl. Heyen, GS NF 6, St. Paulin S. 701).

Johann *Blafoyß/Blavoet* von Olpe. 1452 Kanoniker. Unbeschadet eines Kanonikates (oder einer Anwartschaft?) in Pfalzel erbittet er auf Vorschlag des Kardinals von St. Peter ad vincula Nikolaus (Cusanus) um eine Provision auf eine Pfründe im Stift St. Felix und Regula (Großmünster) in Zürich (RepGerm 6 Nr. 2608). 1455 beurkundet er als Kölner Kleriker und Notar im Auftrag der Abtei Echternach eine Verfügung dieser Abtei (StadtA Trier Urk. T 26; Wampach, UrkQLuxemburg 9 Nr. 908a und b S. 341–343).

Siegfried (*Sifrid*) von Dreckenach/von Koblenz. 1453 Scholaster, 1459–1472 Dekan. Vgl. § 31.

Ludwig Sauerborn. 1453 Kollation auf ein Kanonikat. Ohne Erfolg. Vgl. § 32.

Johann von Winningen. 1454–1460 Kanoniker. Am 2. Mai 1450 erhält er als Trierer Priester, Mag. art. und Kapellan des Erzbischofs Jakob von Trier eine Provision auf die Pfarrkirche St. Andreas in Altrich, nachdem er auf die Pfarrkirche St. Laurentius in Trier verzichtet hatte; für Altrich zahlt er im März 1451 Annaten. Am 3. Februar 1453 erhält er Dispens von einem *defectum nativitatis* (wohl uneheliche Geburt; dispensiert von Johann, Legat und Kardinal von St. Angeli) zum Empfang eines kirchlichen Benefitiums, unbeschadet des Besitzes der Pfarrkirche Altrich. Am 9. April 1454 erhält er als Kellner des Erzbischofs Jakob Dispens von der Bestimmung, ein incompatables Benefitium nicht mit der Pfarrkirche Altrich annehmen zu dürfen und am 28. Dezember 1454 wird er als Kanoniker von Pfalzel zum *coadiutor cum spe succedendi* des Dekans von Pfalzel ernannt bzw. erhält er eine Kollation auf das Dekanat nach Resignation des Inhabers, mit erneuter Dispens für das incompatable Benefitium (RepGerm 6 Nrr. 2255 und 3800). Zum 19. März 1460 ist er als Kanoniker von Pfalzel und kurfürstlicher Kellner zu Pfalzel genannt (K Best. 1 A Nr. 8467; Abrechnung als Kellner). Vermutlich ist er identisch mit dem 1437 in Köln bei den Artes immatrikulierten Trierer Kleriker Johann von Winningen (Keussen 1 S. 298; der S. 458 zu 1456 genannte gleichnamige Student ist wohl ein anderer). Vgl. auch Miller, Jakob von Sierck S. 259 Anm. 11.

Hartmann von Sprendlingen. 1455 Kanonikatsbewerber. Als Bewerber eines Kanonikates in Pfalzel, um das er mit Johann Hoster prozessiert, und unbeschadet eines Kanonikates in St. Maria und St. Severus in Gemünden (nicht bei Struck, GS NF 25, Gemünden) sowie der Vikarie St. Maria Magdalena im Stift St. Kastor in Koblenz (s. u.) erbittet er die frei gewordene Pfarrkirche zu *Zutivenn* (Diözese Trier) des Deutschen Ordens (Beckingen?; vgl. Fabricius, Erl. 5,2 S. 86). 1457 bewirbt er sich um die Pfarrei Niederemmel (vgl. Gutmann von Kirn, § 31). Alle Nachweise: RepGerm 7 Nr. 824. Seit 1459 ist Hartmann von Sprendlingen Kanoniker, seit 1460 Kantor von St. Kastor in Koblenz, gestorben 1477, Epitaph erhalten (vgl. Goldmann, St. Kastor passim; Schmidt-Knichel, Memorienbuch S. 180).

Johann Hoster. 1455 Kanonikatsbewerber. Mainzer Kleriker. Die Bewerbung ist strittig mit Hartmann von Sprendlingen (s. bei diesem). Er ist wohl identisch mit Johann Horster, der 1457 auf die Pfarrei St. Marien im Udenmünster/Stadt Mainz verzichtete (RepGerm 7 Nr. 2061).

Gutmann/*Godemann* von Kirn (*Kyria*)/von Oberstein. 1455–1459 Dekan. Auch Kanoniker. Vgl. § 31.

Heinrich Wampach. 1458 Kanonikatsbewerber. Supplik in Rom mit zahlreichen weiteren Gesuchen RepGerm 8 Nr. 2056; vgl. Heyen, GS NF 41, St. Simeon S. 909 f.

Ludwig Irmegard. Vor 1459 Kanoniker. Er stiftete als früherer Kanoniker und Kantor von St. Florin in Koblenz dort eine Memorie für sich und seine Eltern im September. In Pfalzel hatte er im Tausch – mit wem, ist nicht überliefert – ein Kanonikat erworben und ist auch dort gestorben (Knichel, Memorienbuch St. Florin S. 161; Diederich, St. Florin/Koblenz S. 232, 258, 328).

Johann *Schorres/Schoris* Gerhardi von Schönberg. 1. Hälfte 15. Jahrhundert Kanoniker. In einer undatierten Urkunde ist er als Kanoniker genannt (Kopiar BistA S. 14: Johann Schorres). Er ist wohl identisch mit dem im Pfalzeler Memorienverzeichnis am Dienstag nach Mariae Geburt ohne weitere Angabe genannten J. *Schoris* Gerhardi von Schönberg. Ein Johann *Schoriß* von Münstermaifeld ist 1422 Pfarrer der Pfalzeler Pfarrkirche in Cochem (K Best. 121 Nr. 18).

Johann von Eich. 1460 Pfründenbewerber. Trierer Kleriker, *ex utraque de mil*(*itaris*) *gen*(*eris*). Er bittet am 1. April 1460 um eine Provision auf zwei Benefitien in der Kollation des Propstes etc. der Stifte BMV in Pfalzel und St. Georg in Limburg, unbeschadet einer Exspektanz auf zwei Benefitien von 1458 (RepGerm 8 Nr. 2766).

Peter Petri zu der Schenken. Vor 1461 Kanoniker. Kölner Kleriker. Er hatte ein bepfründetes Kanonikat in Pfalzel, dann aber Katharina *de Cruce* geheiratet. Bewerber um dieses Kanonikat vgl. nachstehend bei Friedrich, Heinrich und Michael:

Friedrich. 1461 Bewerber um das Kanonikat des Peter Petri. Kanoniker im Marienstift in Prüm (RepGerm 8 Nr. 1253). Bei Theisen, Prüm S. 272, nur dieser Beleg, doch wird eine Identität mit dem 1456 bezeugten Prümer Kanoniker Friedrich Knauff (RepGerm 8 Nr. 1215) in Betracht gezogen.

Heinrich *Ruhulf*. 1461 Bewerber um das Kanonikat des Peter *zu der Walt*. Mainzer Kleriker (RepGerm 8 Nr. 1968)

Michael (*de*) *Casella*. 1461 Bewerber um das durch die Eheschließung des Peter *Ruderstencken*/zu der Schenken freie Kanonikat. Trierer Kleriker (RepGerm 8 Nr. 4307).

Peter Rubusch. 1463 Kanoniker und Kustos. Vgl. § 33.

Johann Fischpe. 1470–1472 Kanoniker. Er vertritt das Kapitel von Pfalzel in einem Prozeß (StadtA Trier Urk. H 5). Bereits am 15. September 1459 hatte sich Johann *Füschp* um eine neue Provision auf ein bepfründetes Kanonikat in Pfalzel, unbeschadet des Besitzes des Altares St. Maria Magdalena im Dom, beworben (RepGerm 8 Nr. 2837), doch ist nicht ersichtlich, wann er dann auch ein Kanonikat erhielt. Mainzer Kleriker, Bacc. theol., Lic. script. sacr., Mag., als päpstlicher und kaiserlicher Notar am Offizialat Trier 1449–1471 bezeugt, seit 1460 auch als Prokurator (vgl. Michel, Gerichtsbarkeit S. 155 Anm. 887 und S. 174; K Best. 92 Nr. 207, Best. 96 Nr. 1116; StadtA Trier Urk. B 3 und M 12; StadtBi Trier Hs. 2006/652; BistA Trier Urk. I B 71 und 881). Am 8. November 1471 ist er als *iudex curie Trevirensis* genannt (K Best. 99 Nr. 244). Als Kanoniker von Pfalzel ist er nur einmal bezeugt (s. oben). Präbendar von Liebfrauen in Trier seit 1469 (Michel a.a.O.). Am 31. August 1472 wird er bei der Petition des Johann Haltfast um sein Kanonikat als verstorben bezeichnet (RepGerm 10, Mitt. Bardelle), ebenso am 24. April 1473 (K Best. 1 D Nr. 4069). Handschriften aus seinem Besitz in StadtBi Trier vgl. Keuffer-Kentenich, BeschrVerz 9 S. 80 Nr. 980, 10 S. 59f., Nr. 1005f.; die Handschriften Signatur 980/919 und 1005/1951 sind Endprovenienz St. Simeon, 1006/1935 Jesuiten Trier; vgl. dazu auch Heyen, GS NF 41, St. Simeon S. 247.

Johann (von) Ernst/*Ernesti*. Bis 1471 Kanoniker. Am 13. Juni 1471 tritt Friedrich *Hoensbach* als sein Tauschpartner die Nachfolge in Kanonikat und Pfründe an (StadtBi Trier Hs. 1680/341). – 1432 tritt der Dekan von St. Goar Johann Ernesti im Trierer Schisma auf die Seite Rabans (Meuthen, Obödienzlisten S. 54), 1465 ist ein Johann Ernesti Kanoniker an St. Florin in Koblenz (Diederich, St. Florin/Koblenz S. 259), 1458 erbittet der Münsteraner Kleriker Johann Junior *Arnesti* ein Kanonikat an St. Simeon in Trier oder in Pfalzel (RepGerm 8 Nr. 2794; Heyen, GS NF 41, St. Simeon S. 910). Inwieweit diese identisch sind, ist offen.

Friedrich Honsbach. 1471–1479/85 Kanoniker. Erwerb der Pfründe durch Tausch mit Johann Ernst; am 13. Juni 1471 leistet er den Eid auf die Statuten (StadtBi Trier Hs. 1680/341 Bl. 7). Bezeugt bis 1479, gestorben 1485. Kanoniker von St. Simeon in Trier 1481–1485. Vgl. Heyen, GS NF 41, St. Simeon S. 922.

Johann *Dauf*. 1471 Kanoniker. Trierer Kleriker. Am 14. Juli 1471 läßt er durch einen Vertreter die Statutengelder zahlen (StadtBi Trier Hs. 1680/341).

Reiner Pricker. 1471 Kanoniker. Priester der Diözese Lüttich. Er zahlt am 14. Juli 1471 die Statutengelder als Nachfolger im Kanonikat des verstorbenen Johann Arnsberg (StadtBi Trier Hs. 1680/341). Wahrscheinlich tauschte er sein Kanonikat gegen ein anderes in St. Simeon in Trier. Dort ist er 1472–1494 als Kanoniker bezeugt; vgl. Heyen, GS NF 41, St. Simeon S. 920.

Johann Schwan (von Cochem). 1471–1480 Kanoniker. 1471 ist er als Kanoniker genannt (StadtBi Trier Hs. 1680/341). Zum 2. Juli 1475 ist er als Kanoniker von Pfalzel und Kirchherr zu Lutzerath wegen der Stiftung einer Wochenmesse in dem Lutzerather Filialort Driesch tätig (Zimmer, St. Katharinen Nr. 211). 1480 ist er Pfarrer in Cochem (K Best. 157 Nr. 67) und im Pfalzeler Memorienverzeichnis am Montag nach St. Matthäus (21. September) als Pastor von Cochem und Kanoniker zu Pfalzel eingetragen. Vgl. § 29 zu Cochem. Ein Johann Schwan von Cochem, Vikar der Kirche St. *Erardi*/Diözese Trier (?), wird 1450 in Köln immatrikuliert (Keussen 1 S. 399).

Johann Haltfast. 1472/73 Kanonikatsbewerber. Als *prebyter Trevirensis*, Rektor der Pfarrkirche Septfontaine und *antiquus curialis* erbittet er am 31. August 1472 das durch den Tod des Johann Fischpe freie Kanonikat in Pfalzel. Die Kollation wurde am 16. Juli 1473 ausgefertigt (RepGerm 10, Mitt. Bardelle). In Pfalzel ist er nicht nachweisbar; wahrscheinlich hat er die Pfründe nicht bekommen. Zu Johann Haltfast vgl. Heyen GS NF 41, St. Simeon S. 825f.

Heinrich von Luxemburg/von Rommersheim. Vor 1474 Kanoniker? Seine Testamentsvollstrecker, darunter der Pfalzeler Kanoniker Friedrich Hoensbach, gaben dem Stift Pfalzel 29 fl. für die Einrichtung einer Memorie und als Beisteuer für das neue Fenster an der linken Chorseite (Memorienverz.). Als Kanoniker von Pfalzel ist er urkundlich nicht bezeugt, doch ist mit diesen Stiftungen eine engere Beziehung auch zum Kapitel anzunehmen. Zur Biographie des luxemburgischen Hofrates und Kanonikers (1461/62–1474) von St. Simeon in Trier vgl. Heyen, GS NF 41, St. Simeon S. 911f.

Franz Barbel Henne von Boppard. 1475 erhält er eine Erste Bitte Kaiser Friedrichs III. um eine Pfründe an Dekan und Kapitel zu Pfalzel (HHStA Wien, Prim. Preces, Protokollbd Bl. 86v). Vielleicht ist er identisch mit Franz von Boppard zu 1500 (s. weiter unten).

Johann Leymbach. 1471–1481/82 Kanoniker. Seit 1477 Dekan. Vgl. § 31.

Franz *Colbehum*. 1478 Kanonikatsbewerber. Kleriker; am 4. Juli 1478 führt er in Rom einen Prozeß gegen Johann *Gurschke* wegen eines Kanonikates in Pfalzel (RepGerm 10, Mitt. Bardelle).

Johann *Gurschke*. 1478 Kanonikatsbewerber. *Presbyter Trevirensis*, Lic. theol.; am 4. Juli 1478 führt er in Rom einen Prozeß gegen Franz *Colbehum* wegen eines Kanonikates in Pfalzel. Prozeßteilnehmer ist die Universität Trier (RepGerm 10, Mitt. Bardelle). Vielleicht handelt es sich um den Anspruch auf eine Universitätspfründe (vgl. § 13 Abschn. 2).

Johann Frankenbach. 1479 (–1502) Kanoniker. Er zahlt am 22. Dezember 1479 für ein Kanonikat in Pfalzel persönlich an der Kurie 13 fl. Gebühren

(Rom, VatA, Lib. Quit. 23,18 nach Schmitz-Kallenberg). Sehr wahrscheinlich ist er identisch mit dem 1471–1502 genannten gleichnamigen Mag. und Kanoniker an St. Kastor in Koblenz (K Best. 109 Nr. 1642, 1173, 1180; Eintrag im Nekrolog zum 29. Mai mit Stiftung: Schmidt-Knichel, Memorienbuch S. 156; Goldmann, St. Kastor/Koblenz S. 143 Anm. 416).

Johann von Lutzerath. 1483–1527 Dekan. Vgl. § 31.

Hermann Pistoris. 1490 Kanonikatsbewerber. Kölner Priester. Er erhält eine Erste Bitte König Maximilians I. an Dekan und Kapitel zu Pfalzel (Santifaller, Preces Nr. 1027). In stiftischen Quellen nicht genannt.

Johann (von) Baden. 1495– vor 1534/42 Scholaster. Ob er vorher (auch nur) Kanoniker war, ist nicht bekannt. Vg. § 32.

Ludwig (von) *Amelburg*. 15. Jahrh. Kanoniker. Pastor in Cochem. Memorie am Werktag nach Helena (18. August). Er stiftete eine besondere Feier des Sonntags nach Dreifaltigkeit (Memorienverzeichnis und Repertorium memoriarum; 1 fl. aus der Präsenz: Index).

Theoderich *Vasator* von Reuland (*de Rulandia*). 15. Jahrh. Kanoniker? Ohne weitere Angaben ist seine Memorie am ersten Werktag nach dem Fest des hl. Paulinus (31. August) im Pfalzeler Memorienverzeichnis eingetragen. Da er ein Haus im Kreuzgang (*in ambitu*) bewohnte, ist anzunehmen, daß er dem Kapitel angehörte.

Nikolaus Fell. 15. Jahrh. Kanoniker. Im Memorienverzeichnis und im Repertorium Memoriarum ist er am Montag nach Vitus (13. Juni) verzeichnet; 1 fl. aus der Kellerei (Index).

Peter Kern. 15. Jahrh. Kanoniker und Kantor. Vgl. § 34.

Senandus von Hochstetten (*Hochsteden*). 15. Jahrh. Kanoniker. Memorie am ersten Werktag nach St. Katharina (25. November) mit einer Rente aus der Kurie Windelsheim in Pfalzel (Memorienverzeichnis).

Heinmann (*Hennemannus*) von Pfalzel. 15. Jahrh. Kanoniker. Memorie am Montag nach Kreuzerhebung (14. September; Memorienverzeichnis).

Johann Fuchs/*Foiß* von Luxemburg. 1500-(1505) Kanoniker und Kustos. Vgl. § 33.

Heinrich Algisheim. 1500–1506 Kanoniker und Kantor. Vgl. § 34.

Heinrich Löwenstein aus Trier. 1500–1517 Kanoniker, zuletzt Kustos. Vgl. § 33.

Augustin Klinge/*Clyng*. 1500–1506 Kanoniker. Seit 1505 Kustos. Vgl. § 33.

Jakob Klinge/*Clyng.* 1500– vor 1525 (?) Kanoniker. Am 15. Juni 1500 Residenzmeldung als *canonicus capitularis*. 1525 erwirbt das Stift eine Rente für Jakobs Memorie (Kopiar BistA S. 135). Im Memorienverzeichnis ist er zum Dreikönigstag (6. Januar) genannt (ebenfalls im Repertorium Memoriarum). Im Index des Memorienverzeichnisses ist bei ihm zusätzlich notiert: *der alt Meierß Margarete celebratio* mit 1 fl. aus Ehrang; es ist wohl eine Stiftung des Jakob Klinge.

Es gibt zu Ende des 15./Beginn des 16. Jahrhunderts mehrere Geistliche dieses Namens. Hier sind nur Hinweise möglich:
1. Ein Jakob Klinge ist 1473–1482 Kanoniker in Liebfrauen in Oberwesel (Pauly, GS NF 14, Oberwesel S. 389).
2. Jakob Klinge von Koblenz, 1465–1505 Kanoniker von St. Severus in Boppard, 1469 kurtrierischer Zollschreiber in Boppard, studiert 1481 in Erfurt, vielleicht auch Vikar an der Pfarrkirche in (Koblenz-)Pfaffendorf, Landdekan von Boppard, Jahrgedächtnis im Stift Boppard zum 17. Mai (Pauly, GS NF 14, Boppard S. 33, 87, 92 f., 127, 389). Vielleicht identisch mit
3. Jakob Klinge, der als Pastor zu Kamp/Rhein 1504/05 zum Landdekan von Boppard gewählt wurde. Als sein Prokurator vertrat ihn der Kanoniker von Pfalzel Augustin Klinge, wohl ein Verwandter, vor dem Richter des zuständigen Archidiakons in Trier und erhielt am 3. Januar 1505 die Bestätigung (K Best. 1 C Nr. 18917 Bl. 29v; BistA Trier Abt. 32 Nr. 101 Bl. 102)
4. Wohl kaum damit identisch ist wegen des zeitlichen Abstandes ein Jakob Klinge, dem 1539 der Erzbischof gestattet, die Pfarrei Kamp zu tauschen (wogegen ist nicht angegeben: K Best. 1 C Nr. 25 S. 777).
5. Zuzuordnen ist sodann Jakob Klinge, der als Kanoniker von St. Kastor in Koblenz mehrfach bezeugt ist. 1517 verleiht ihm Erzbischof Richard die Stelle des *capellanus* an diesem Stift (K Best. 1 C Nr. 23 S. 62). Er ist sicher identisch mit dem schon 1516 (ebenda S. 411) und noch 1535 beim Kauf einer Rente in Koblenz bezeugten *pastor/kirchherr* von Liebfrauen in Koblenz (K Best. 109 Nr. 1112 f.). Er ist im Memorienbuch von St. Kastor mehrfach als Stifter bezeugt (Schmidt-Knichel, Memorienbuch, vgl. Index; auch Goldmann, St. Kastor/Koblenz).
6. Mit Todestag 22. März 1493 ist im Memorienbuch von St. Kastor zum 23. März der als *canonicus huius ecclesie* bezeichnete Jakob Klinge eingetragen, zu dem die Herausgeber (s. zu 5) S. 103 Anm. 256 einen Beleg als Vikar zum Jahre 1458 angeben, aber dann auch die oben zu 5 genannte Bestallung als erzbischöflicher Kaplan von 1517 und weitere spätere Daten nennen. Das müßten aber wohl zwei Personen sein.

Franz von Boppard/*Beperat*. 1500 Kanoniker. Residenzmeldung 1500 auf eine *praebenda currens*. Im Memorienverzeichnis zum 2. Werktag nach Katharina (25. November) genannt (1 fl. aus der Fabrik: Index). Vielleicht ist er identisch mit Franz *Barbel Henne* von Boppard, der 1475 eine Erste Bitte erhält (s. oben zu 1475).

Gerhard Plait. 1500 Kanoniker. Residenzmeldung auf eine *praebenda currens*. Verwandter (Vorbesitzer?) des nachfolgenden Johann Plait?

Johann Plait. 1505 Kanoniker. Beim Generalkapitel als *canonicus capitularis* mit Vertreter notiert. Vgl. beim vorgenannten Gerhard Plait. Ein Johann Plait von Longuich (Lonkwich) ist 1510–1516 Dekan im Stift Kyllburg (vgl. dort). Eine Identität ist gut möglich.

Heinrich von der Ecken (*ab Acie*). 1505–1523 Kanoniker. Mag.; er meldet sich als Kapitularkanoniker beim Generalkapitel 1505 und 1506 zur Residenz. Im Memorienverzeichnis ist er 1523 an Matthias apl. (24./25. Februar) genannt. 1526 kauft die Präsenz eine Rente für das Anniversar des verstorbenen Mag. Heinrich v. d. Ecken (Kopiar BistA S. 182). Vermutlich ist er mit dem Trierer Offizial dieser Zeit Johann von der Ecken (*de Acie*) verwandt.

Nikolaus Enschringen. 1505 und 1506 Kanoniker mit Residenzmeldung auf die *praebenda currens*. Er studierte 1505 in Bologna. 1505/09–1515/16 Dekan von St. Paulin vor Trier (Heyen, GS NF 6, St. Paulin S. 628 und 712).

Anton Neumagen. 1506–1515 Kapitularkanoniker. Meldet sich beim Generalkapitel 1506 durch Vertreter zur Residenz. 1514/15 zahlt er Abt Vinzenz von St. Maximin/Trier 100 fl. wegen seines Vaters Simon Arnoldi von Neumagen, der einst Präbendar zu St. Maximin war (StadtBi Trier Hs. 1626/402 S. 1174). Vielleicht ist er mit Anton Longuich (s. nachstehend zu 1507) identisch.

Johann Weislich/*Wiß*-. 1506–1525 Kanoniker. 1523 Kustos. Vgl. § 33.

Nikolaus von Lehmen. 1506 im Generalkapitel erwähnt, doch ist nicht sicher, ob als *canonicus non residens*.

Anton Longuich. 1507–1524 Kanoniker, auch Kantor. Vgl. § 34. Vielleicht identisch mit Anton Neumagen (oben 1506)?

Johann von Sierck. 1517–1547 Kanoniker, seit 1527 Dekan. Pfründe 13. Vgl. § 31.

Nikolaus von Schönecken. 1523–1532 Kanoniker. Mehrfach urkundlich genannt (Eckdaten Kopiar StadtBi fol. 33r-34v, Kopiar BistA S. 194). Im Memorienverzeichnis zum 27. Juli genannt. Vermutlich identisch mit dem 1517 bezeugten gleichnamigen Domaltaristen (K Best. 1 D Nr. 4071).

Nikolaus Landt von Zell. 1523–1566 Kanoniker. Pfründe 3. Seit 1525 Kustos, seit 1547 Dekan. Vgl. § 31.

Michael (*Casparis* von) Piesport. 1523–1564 Kanoniker. Als Kapitularkanoniker von 1523 bis 1527 (Kopiar StadtBi Bl. 33 und KP 1527) und 1547 (Kopiar StadtBi Bl. 13) bezeugt, doch ist anzunehmen, daß er die Pfründe bis zu seinem Tod 1564 behielt. – Er ist identisch mit dem gleichnamigen Kanoniker (seit 1533) und Scholaster (seit 1548) von St. Paulin vor Trier (Heyen, GS NF 6, St. Paulin S. 649) und Kanoniker (seit 1553) von St. Simeon in Trier (Heyen, GS NF 41, St. Simeon S. 937), doch läßt sich nicht bestimmen, ob es sich um Michael (Casparis von) Piesport den Jüngeren allein handelt, oder ob auch in Pfalzel zwei Personen gleichen Namens anzunehmen sind. Im Pfalzeler Memorienverzeichnis ist er als der St. Pauliner Scholaster Michael Piesport verzeichnet.

Matthias Kirsch. 1523–1534 Kanoniker. Urkundlich als Kapitularkanoniker seit 1523 bezeugt (Kopiar StadtBi fol. 33r). Zum 23. September 1534 ist er Kanoniker und Kellner und verstorben; er stiftete ein Anniversar mit 25 fl. (K Best. 157 Nr. 122). Im Memorienverzeichnis ist er „nach Allerheiligen" notiert.

Hieronymus Metzenhausen. 1523/27–1561 Kanoniker, zuletzt Kantor. Pfründe 5. Vgl. § 34.

Jakob Dudeldorf. Vor 1525 Kanoniker. Am 10. Januar 1525 kaufen Dekan und Kapitel zu Pfalzel für die Memorie des Jakob Dudeldorf eine Rente (Kopiar BistA S. 201: 1524 *more Trev. Martis post Epiphania*; in einer Kopie K Best. 157 Nr. 302 Stück 2 steht 1525, also der 9. Januar 1526). Im Memorienverzeichnis ist er zur Circumcisio Domini als Pastor von Cochem notiert; 27 Alb. aus St. Aldegund (Index). Vgl. § 29 zu Cochem.

Matthias Reil. 1526 Kanoniker. Offizialatszeugnis über Lepra-Untersuchung vom 17. März 1526: *Officialis curie Treverensis. Notum facimus universis, quod venerabilis dominus Mathias Ryle, canonicus in ecclesia beate Marie virginis Palaciolensis, hodie se probe ordinarie judicii morbi lepre in civitate Treverensi existente subiecit, fuitque per probatores juratos et deputatos debite ut decet perspectus et tam per sanguinis fleubothennam*[1]*) quam alia iudicia naturalia probatus, qui eorundem iudicio non extat leprosus iudicatus, sed ex certis causis usque ad proximum autumnale equinoctium quo ad probam redire iussus. Quibus tanquam in arte sua paritis fidem indubiam adhibendam fore decrevimus et adhibemus. Quare dictum dominum Mathiam interim tanquam sanum in communi hominum conversatione tollerandum harum litterarum testimonio. Datum a. D. 1525 m(ore) T(reverense), die sabbathi post Letare. In absentia magistri Gerhardi de Enschringen procuratoris fiscalis, Nicolaus Back notarius* (Kopiar BistA S. 135, Kopiar StadtBi fol. 25v).

Johann Mandern. 1527–1549 Kanoniker, zuletzt Scholaster. Vgl. § 32.

---

[1]) zur Ader lassen; *phlebotomia*.

Theoderich Leyen. 1527–1537 Kanoniker. Zum Generalkapitel 1527 meldet er sich als *canonicus non capitularis* zur Residenz. 1537 ist er als Zeuge genannt (StatA Trier, Archiv Kesselstatt Nr. 7881).

Johann Duyngin. 1527–1557 Kanoniker. Pfründe 4. Seit 1527 Kantor, 1547–1550 Kustos, seit 1550 Scholaster. Vgl. § 32.

Peter Breidt. 1531/32 Kanonikatsbewerber. Er erhält eine Erste Bitte König Ferdinands I. an Dekan und Kapitel des Stiftes Pfalzel (HHStA Wien, Primariae Preces, Protokollbd; Heyen, Erste Bitten S. 185), ist in Pfalzel aber nicht nachweisbar. – Wahrscheinlich ist er identisch mit dem Kanoniker von St. Paulin vor Trier (1531–1557; Heyen, GS NF 6, St. Paulin S. 716) und St. Simeon in Trier (1539–1559, seit 1543 Scholaster; vgl. Heyen, GS NF 41, St. Simeon S. 827) Dr. leg. Peter Breidt.

Gerhard Kirschmann. 1531/32 Kanonikatsbewerber. Er erhält eine Erste Bitte König Ferdinands I. an Dekan und Kapitel des Stifts Pfalzel (HHStA Wien, Primariae Preces, Protokollbd; Heyen, Erste Bitten S. 185). In stiftischen Quellen nicht nachweisbar.

Michael Egidius. 1531/32, 1544 Kanonikatsbewerber. Er hatte eine *preces* Kaiser Karls V. für St. Simeon in Trier, umgeschrieben auf Johann *Novimonasterii* (Gross, Reichsregisterbücher Nr. 5606; fehlt Heyen, GS NF 41, St. Simeon). Im Juni 1544 hat Erzbischof Johann Ludwig (1540–1547) die *nominationes imperiales uff sein churfürstliche gnad haltend Michaeli Egidii zugestellt, demselben placitiert* (K Best. 1 C Nr. 30 S. 423). Michael Egidii konnte weder in Pfalzel noch in St. Simeon/Trier nachgwiesen werden. Auch das späte Placet des Erzbischofs ist schwer verständlich. Vielleicht ist aber eher an eine (Neben-)Pfründe in der Verfügung eines der Stifte zu denken, z.B. an eine der Pfarreien.

Jakob Brück. 1532 Kanonikatsbewerber? Am 29. Juni 1532 erhält er als Trierer Kleriker eine Erste Bitte Kaiser Karls V. an Dekan und Kapitel von Pfalzel (Gross, Reichsregisterbücher Nr. 6404). Weitere Nachrichten sind nicht bekannt. Im Pfalzeler Pfründenverzeichnis ist er nicht notiert. Vermutlich ist er identisch mit dem 1530 genannten gleichnamigen Trierer Dombenefiziaten (K Best. 1 D Nr. 4071). Die Erste Bitte kann sich auch auf eine Pfründe in der Verfügung des Stiftes Pfalzel, z.B. eine Vikarie oder eine Pfarrei bezogen haben.

Heinrich Falkenberg/*Falcomontanus*. 1542–1545 Kanoniker. Im Juni 1545 tauscht er sein Pfalzeler Kanonikat mit Philipp Textor gegen den Altar St. Martin in Pfalzel (K Best. 157 Nr. 142). – Heinrich Falkenberg ist eine der führenden Personen der kurtrierischen Verwaltung dieser Zeit. Dr. iur. utr. et art., seit 1536 Kanoniker, seit 1539 Dekan von St. Simeon/Trier, 1542–1548 Rektor der Universität Trier, seit 1545 Offizial in Trier, Pfarrer in Niederemmel und Echternach. Er starb am 1. September 1553. Vgl. Heyen, GS NF 41, St. Simeon S. 793f. Kanonikat und Vikarie in Pfalzel waren offensichtlich nur Pfründen.

Theobald Jodocus von Ediger. 1544 als Pfarrer von Cochem genannt (K Best. 56 Nr. 2467, Vorurk. fol. 25v). Vgl. § 29.

Philipp Wher/*Textor/Leyendecker* aus Trier. 1545–1575 Kanoniker. Seit 1550 Kustos. Vgl. § 33.

Johann *Forßweiler/Weiler*. 1546–1558 Kanoniker (Kopiar StadtBi fol. 20v und 26v). Pfründe 7. 1527 ist er Vikar des St. Margarethen-Altares. Meist ist er mit dem Zunamen Weiler genannt. *Forßweiler* könnte Farschweiler bei Schweich, unweit von Pfalzel, sein. Memorie mit 1 fl. (Index Memorienverzeichnis).

G. Weiler. 1547 Kanoniker. Bei der Wahl des Pfarrers von Cochem ist er krank (Kopiar BistA fol. 13).

Peter Homphäus/*Humphen*. (1547-) 1595 Kanoniker. Pfründe 13. Seit 1566 Dekan. Vgl. § 31.

Bern(h)ard *Egidii/Gillis* von Luxemburg. 1547 Kanoniker. Bei der Wahl eines neuen Pfarrers von Cochem (vgl. § 29) durch das Kapitel hatte Dekan Johann Sierck den Bernhard von Luxemburg gewählt. Die übrigen Mitglieder des Kapitels entschieden sich aber für den Kanoniker Johann Weiler mit der Begründung, Bernhard habe noch keine Erfahrung im Pfarrdienst und sei der hl. Schrift nicht ausreichend kundig (Kopiar StadtBi fol. 13). Weitere Nachrichten über Bernhard sind für Pfalzel nicht bekannt, sodaß anzunehmen ist, daß er bald aus dem Kapitel ausgeschieden ist. – Wahrscheinlich ist er identisch mit dem 1522–1541 bezeugten Domvikar Mag. Bernhard *Aegidii/ Egidii/Gillis* aus Luxemburg (K Best. 1 D Nr. 4071 f.; BistA Trier Urk. I B Nr. 189 und I 7 Nr. 26), der 1532 eine Erste Bitte Kaiser Karls V. für das Stift Karden hatte und dort 1541 Statutengelder für die Vikarie St. Nikolaus *sub gradibus* zahlt (Pauly, GS NF 19, Karden S. 419 und 493) und wohl auch mit dem 1538 bezeugten Präbendaten von St. Irminen/Trier (K Best. 201 Nr. 281).

Johann Weiler. 1547 Kanoniker. Er wird vom Kapitel zum Pfarrer von Cochem gewählt (Kopiar StadtBi fol. 13; vgl. vorstehend bei Bernhard von Luxemburg). Ein zu 1546 mit dem Cochemer Altaristen Maximin Alflen (vgl. § 29 zu Cochem) genannter Vertrag über die Verwaltung der Pfarrei ist wohl als vorsorgliche Regelung zu verstehen. Im Memorienverzeichnis ist Johann Weiler als Kanoniker genannt.

Johann Römer/*Romanus* von Sierck. 1549–1574 Kanoniker. Pfründe 10. Seit 1561/65 Scholaster. Vgl. § 32.

Dietrich Manderfeld. 1550/57 Kanoniker? Nur in der Pfründenliste bei Pfründe 6 genannt. In den Pfalzeler Kopiaren ist ein – wie bei Matthias Reil (s. dort) zu 1526 zitiertes – Lepra-Gesundheits-Attest zum 20. März 1557 für einen *Theodericus de Mand(er), presbyter*, überliefert (Kopiar BistA S. 135, Kopiar StadtBi fol. 25v). Es ist dabei nicht angegeben, daß er Kanoniker in Pfalzel sei, doch ist merkwürdig, daß das Attest in Pfalzel überliefert ist. Sonderbar ist das völlig andere Datum: Reil 1526, Mandern 1557.

Johann Krebs. 1555–1566 Kanoniker. Pfründe 9. Bezeugt zwischen dem 6. Mai 1555 (K Best. 157 Nr. 360; Kanoniker und Kellner) und dem 7. März 1566 (Kopiar StadtBi fol. 10r). Dr. art. et iur. utr., studiert 1556 in Bologna (Friedländer S. 335; S. 344 in der Matrikel der Doktoranden). Er pachtete mit seinen Schwestern Güter der ehemaligen Klause zu Cochem (K Best. 157 Nr. 344), was vermuten läßt, daß er aus Cochem oder Umgebung stammte oder dort auch Pfarrer war.

Christoph Gritzer aus Koblenz. 1557–1578 Kanoniker. Pfründe 11. Bis 1575 auch Kantor. 1576–1578 Kustos. Vgl. § 33.

Anton Trevir. 1557–1592 Kanoniker. Pfründe 7. Seit 1576 Kantor. Vgl. § 34.

Johann Homphäus aus Cochem. 1557– ca 1565/66 Kanoniker. Pfründe 4. Nur im Pfründenverzeichnis für Pfalzel genannt, nicht urkundlich bezeugt. Er ist wohl identisch mit dem Neffen des Dekans von Pfalzel Peter Homphäus, dem dieser sein Kanonikat an St. Kastor in Koblenz 1566 im Tausch überließ (vgl. bei Peter Homphäus in § 31, 1566–1595, mit weiteren Angaben). Johann könnte demnach bis ca 1566 Kanoniker in Pfalzel gewesen sein.

Johann Cleser aus Zeltingen. 1558–1567 Kanoniker. Pfründe 12. Als solcher mehrfach auch urkundlich bezeugt, gestorben am 10. Mai 1567 (Kopiar PfarrA fol. 90). Am 7. März 1566 ist er einer der drei Skrutatoren bei der Wahl des Dekans Peter Homphäus (Kopiar StadtBi Bl. 10v). Er war auch als Kanoniker öffentlicher Notar (*apl. et imp. auct. notarius publicus*). Sein Notars-Signet zeigt über einem dreistufigen Aufbau einen Pfahl (= J), darüber die Buchstaben C und S (= Monogramm J C S), begleitet von vier Sternen. Der Wahlspruch lautet: *In te domine speravi, non confundar in eternum, in iustita tua libera me* (= Ps. 30, Verse 1 und 2; K Best. 157 Nr. 145). – Ob der Trierer Kleriker Johann Cleser, der 1532 eine Erste Bitte Kaiser Karls V. für die Pfarrkirche Enkirch erhält (Gross, Reichsregisterbücher Nr. 6162), identisch ist, muß offen bleiben, ist aber gut möglich.

Johann von Fell. 1558–1567 Kanoniker. Pfründe 6. Urkundlich bezeugt zwischen dem 12. September 1558 (K Best. 157 Nr. 145) und dem 25. Februar 1567 (Kopiar PfarrA fol. 59). 1555 als Vikar genannt (K Best. 157 Nr. 360), auch Pfarrer in Hermeskeil (die Nachbesetzung erfolgte bald nach seinem Tod am 29. Oktober 1567, sodaß an der Identität kein Zweifel sein kann: K Best. 1 C Nr. 39 S. 20). Über ein von ihm angelegtes „Notiz-Buch" vgl. § 4 (Mischbd StadtBi Trier Hs. 1678/343).

Adam Dupgen/*Duppen* von Sierck. 1561/62–1570/72 Kanoniker. Pfründe 5. Bei den Residenzmeldungen des Generalkapitels ist er 1567–1570 als *canonicus capitularis* notiert, 1570 als *canonicus non capitularis et non residentis* mit der Bemerkung *neglexit residentiam anni 70*; für 1571 ist ein Vertreter benannt. Als Vorgänger ist im Pfründenverzeichnis der 1561 verstorbene Hieronymus Metzenhausen, als Nachfolger zu 1572 Michael Heimann genannt. Am 7. März 1566 ist er einer der drei Skrutatoren bei der Wahl des Dekans Peter Homphäus (Kopiar StadtBi Bl. 10v). Urkundlich ist er in Pfalzeler Quellen nur 1566/67 bezeugt (Kopiar PfarrA fol. 59, Kopiar StadtBi fol. 10r/v). Zum 8. November 1596 ist er als verstorbener Landdekan von Perl genannt (K Best. 1 C Nr. 43 S. 1071 f.); wahrscheinlich hat er nach dem Ausscheiden aus Pfalzel um 1572 dieses Amt erhalten.

Ludwig Pfalzel. (1565/66–)1575 Kanoniker. Pfründe 4. Auf dem Generalkapitel am 15. Juni 1575 verzichtete er als Kapitularkanoniker und Pastor von Cochem zugunsten des Kapitels. Vgl. § 29 zu Cochem.

Peter Lesch. 1566–1583 Kanoniker. Pfründe 9. Scholaster seit 1574. Vgl. § 32.

Johann Hoest/Huest/*Houst* aus Luxemburg. 1566–1568 Kanoniker. Pfründe 3. Beim Generalkapitel vom 15. Juni 1568 meldet Johann Römer den Johann Hoest zur Residenz an und begründet sein Nichterscheinen damit, daß er wegen der Belagerung der Stadt (Trier) nicht kommen könne[1]. Das Kapitel akzeptiert dies als Meldung zur Residenz, sofern Hoest nicht vor Maria Himmelfahrt (15. August) stirbt; andernfalls tritt an seine Stelle Johann Boißbach. Hoest starb am 22. September 1568 (s. u.). – Johann Hoest war seit (spätestens) 1560 Siegler in Trier und seit 1545 Kanoniker im Stift St. Simeon; dort wurde er begraben (vgl. Heyen, GS NF 41, St. Simeon S. 936). Wegen der Pfarrei (angeblich) in „Steinfeld" vgl. bei Johann Römer, § 32.

Leonhard Kremer. 1567–1572 Kanoniker. Pfründe 12. Erzbischof Jakob verleiht ihm 1567 nach dem Tod des Johann (Cleser aus) Zeltingen das frei gewordene Kanonikat (K Best. 1 C Nr. 39 S. 8). In den Residenzmeldungen beim

---

[1] Es handelt sich um die Belagerung der Stadt Trier seit dem 10. Juni 1568 durch den Erzbischof im sogenannten „Bohnenkrieg", die offiziell mit dem Waffenstillstand am 11./15. August, praktisch aber schon früher endete (vgl. KENTENICH, Geschichte Stadt Trier S. 387–389). Bei dieser Belagerung wurde der in Pfalzel begrabene (vgl. § 3 Abschn. A 3b) kurfürstliche Hauptmann Pankratius Sauerzapf aus Sulzbach am 14. Juni 1568 getötet. Die befremdende Erklärung des Kapitels anläßlich der Residenzmeldung für Hoest einen Tag später mag in diesem Zusammenhang zu sehen sein. Ob Johann Hoest damals verwundet wurde und später an diesen Verletzungen starb, kann natürlich nur eine Vermutung sein.

Generalkapitel ist er 1568–1571 als *canonicus non capitularis* durch Vertreter gemeldet. Wahrscheinlich ist er 1572 gestorben. – 1551 hatte ihm Erzbischof Johann die Pfarrei Bombogen verliehen (K Best. 1 C Nr. 32 S. 86), auf die er aber bereits 1557 verzichtete (K Best. 1 C Nr. 34 S. 12). Seine Verwendung 1557–1567 ist bisher nicht bekannt. 1577 heißt es, er sei auch Altarist des Dreifaltigkeits-Altares in der Pfarrkirche Wittlich gewesen (K Best. 1 C Nr. 39 S. 436).

Johann aus Büchel (*Buchell*). 1567–1577 Kanoniker. Pfründe 6. Erzbischof Jakob verleiht ihm mit Urkunde vom 6. September 1567 ein Kanonikat in Pfalzel (K Best. 1 C Nr. 39 S. 12). In den Präsenzmeldungen des Generalkapitels ist er 1568–1571 und 1574 als *non capitularis*, 1574 mit einen Vertreter, bezeugt. 1575 ist notiert: *praesentavit se ad residentiam, est admissus, sed locus capitularis ei dereptus, quia nondum habilis*. 1576 ist er unter den *non residentes* genannt. Am 2. Januar 1577 tauscht er – mit Genehmigung des Erzbischofs vom 20. Februar – als *clericus Trevirensis* und Kanonikus von Pfalzel dieses Kanonikat mit Friedrich Breitscheid auf den Altar St. Katharina in der Kirche SS. Trinitatis in Vianden (K Best. 1 C Nr. 39 S. 460–462, 464).

Johann Büchel ist 1574 als Trierer Alumne am Germanicum in Rom bezeugt (Verzeichnis 25/1257). Am 12. April 1577 präsentiert Erzbischof Jakob als Administrator der Abtei Prüm ihn dem (kölnischen) Archidiakon von Bonn als Pfarrer von Kesseling (sö Altenahr; vgl. Fabricius, Erl. 5,1 S. 141; K Best. 1 C Nr. 39 S. 469 f.). Wahrscheinlich ist dieser Johann Büchel identisch mit dem 1582 als Kapitularkanoniker von St. Kastor in Koblenz bezeugten Johann *a Buchel*, der 1623 dort *senior capituli* und Scholaster ist und am 16. Juli 1625 starb (K Best. 109 Nr. 1315, 1351, 1516 S. 37 und 42), vermutlich auch mit Johann *Bechel*, von dem im Memorienbuch von St. Kastor zum 9. September notiert ist, daß dieser sein Anniversar am Dienstag nach Mariä Geburt (8. September) gestiftet habe (Schmidt-Knichel, Memorienbuch S. 248 f.).

Johann Busbach/Busch-, *Boißbach* aus Luxemburg. 1568–1577 Kanoniker. Pfründe 3. Am 23. September 1568 verleiht ihm Erzbichof Jakob *vigore indulti apostolici* ein Kanonikat in Pfalzel (K Best. 1 C Nr 39 S. 60; vgl. auch oben bei Johann Hoest), 1571 wird er als Kapitularkanoniker zur 1. Residenz angenommen, 1574 als Lic. iur. und 1576 als *non residens* bezeichnet (Generalkapitel). Er erhielt die Pfründe als Nachfolger seines *affinus* Johann Hoest; Nachfolger in Pfalzel wurde 1577 Johann Grin (PV). – 1577 erhält er die Universitätspfründe im Stift St. Simeon in Trier (Heyen, GS NF 41, St. Simeon S. 944). Wann er starb, wurde nicht festgestellt.

Jodocus Pfalzel. 1569 (–1577) Pfarrer von Cochem (Hüllen, Visitationen 1569 S. 74; vgl. § 29, Pfarrei Cochem). Er ist wohl identisch mit dem 1565 bezeugten Trierer Alumnen am Germanicum in Rom (Liste Pauly Nr. 197).

Am 2. Januar 1577 verleiht ihm Erzbischof Jakob den Altar SS. Trinitatis in der Pfarrkirche zu Wittlich (K Best. 1 C Nr. 39 S. 463), doch tauscht er diesen bereits am 8. Mai 1577 mit Peter Seel auf ein Kanonikat und das Dekanat zu Dietkirchen (K Best. 1 C Nr. 39 S. 476). Auf diese Pfründen in Dietkirchen muß er Ende 1587 verzichten (vgl. Struck, GS NF 22, Dietkirchen S. 333 f.).

Johann Heinrich Ürzig. 1572–1591 Kanoniker. Pfründe 12. Seit 1580 Kustos. Vgl. § 33.

Michael Heimann/*Heymann* aus Ittel. 1572–1592 Kanoniker. Pfründe 5. Seit 1587 Scholaster. Vgl. § 32.

Johann Wimpheling aus Koblenz. 1574–1585 Kanoniker. Pfründe 10. Bei den Residenzmeldungen im Generalkapitel ist er 1574 als *canonicus non residens*, 1575 mit Vermerk *nondum complevit annos exspectantiae*, 1576 als *non residens* notiert, in der Rechnung von 1580/81 hat er eine *praebenda currens*. Das Pfründenverzeichnis nennt ihn als Nachfolger des Johann Römer, 1583 gefolgt von Adrian Loyarts. Er ist hier als Johann *Wimphel* bezeichnet. Damit sind aber nur schwer die Nachweise in Einklang zu bringen, daß Johann Wimpheling am 17. Februar 1584 das Kanonikat des Adrian Loyarts im Stift Pfalzel erhält (K Best. 1 C Nr. 105 fol. 37) und am 25. Februar 1585 mit Genehmigung des Erzbischofs als *clericus* und *canonicus praebendatus* seine Pfründe in Pfalzel im Tausch (gegen ein nicht genanntes Objekt) an Nikolaus Gelen gibt (K Best. 1 C Nr. 43 S. 170–172).

Ein Dr. iur. Johann Wimpfeling erhält durch Tausch am 29. Mai 1583 ein Kanonikat im Stift St. Florin in Koblenz, ist zu dieser Zeit Kanoniker im Stift zu Münstermaifeld und Personatist in Urmitz. Er stirbt im September 1600 (Diederich, St. Florin/Koblenz S. 270). Dieser Johann Wimpfeling erhält 1596 gegen Zahlung von 1000 fl. ein Alters- (oder Pflege-) Präbendat in der Benediktinerabtei Laach (Resmini, GS NF 31, Laach S. 154). – Ohne weitere Nachweise werden die hier offenen Fragen nach der Identität dieser Namensträger nicht beantwortet werden können.

Matthias (*Dominici*) aus St. Vith/*Vitensis*. 1575–1594 Kanoniker und Pfarrer in Cochem. Pfründe 4. Diese beiden Pfründen erhält er im Generalkapitel vom 15. Juni 1575. Vgl. § 29, Pfarrei Cochem. Als Pfarrer von Cochem ist er noch 1594 bezeugt (K Best. 56 Nr. 1589, Vorakte Bl. 280v). Wahrscheinlich ist er identisch mit Matthias Dominici aus St. Vith, der 1573 in Trier zum Bacc. bibl. promoviert wird (Zenz, Univ. Trier S. 194).

Nikolaus Gulich. 1575–1596 Kanoniker. Pfründe 8 (im Pfründenverzeichnis als Irlich). Am 17. September 1575 verleiht Erzbischof Jakob ihm ein Kanonikat in Pfalzel (K Best. 1 C Nr. 34 S. 413). Im Generalkapitel 1576 ist er als *canonicus non residens* notiert. In der Rechnung des Stiftes von 1580/81 hat er eine *praebenda currens*. Vor dem 30. September 1596 ist er gestorben (K Best. 1

C Nr. 43 S. 1071). – Nikolaus Gulich wird am 30. Mai 1578 als *rector ecclesiae* in Mülheim-Tal (= Ehrenbreitstein) von Erzbischof Jakob als Pfarrer für Manderfeld im Erzbistum Köln (kölnisches Eifeldekant, kurtrierische Herrschaft Schönberg, nw Prüm, ö St. Vith, heute Belgien; vgl. Fabricius, Erl. 5,1 S. 164) präsentiert. Vermutlich ist er seit dieser Zeit schon (kurtrierischer) Rentmeister in Prüm; als solcher und Kanoniker in Pfalzel ist er 1593 bezeugt (K Best. 1 C Nr. 41 S. 1100).

Friedrich von Breitscheid aus Vianden/Viandanus. 1577–1583 Kanoniker. Pfründe 6. Er erhält das Kanonikat im Tausch gegen den St. Katharinen-Altar in der Dreifaltigkeits-Kirche in Vianden von Johann Büchel (s. bei diesem). Zur Nachfolge vgl. Adrian Loyardt.

Johann Grin aus Trier. 1577– ca 1590 Kanoniker. Pfründe 3. Nur im PV genannt.

Nikolaus Aldenborn. 1578–1593 Kanoniker. Pfründe 11. Er folgt 1578 dem Christoph Gritzer; Nachfolger ist 1597 Johann Vianden. 1580/81 hat er eine *praebenda currens* (Rechnung). Er starb vor dem 28. Mai 1593 (K Best. 1 C Nr. 43 S. 782). Er sei (wohl mit dem Boot) „versunken", als er Bier nach Pfalzel fuhr (PV).

Adrian *Loyardt/Loyaris/Legardt/von Löven*. 1580–1586 Kanoniker. Pfründen 6 und 10. Am 15./24. April 1580 erhält der kurfürstlich trierische Organist Adrian von Löven von Prag aus eine Erste Bitte Kaiser Rudolfs II. (HHStA Wien, Primariae Preces, Protokollbd; Heyen, Erste Bitten S. 185). Er ist gewiß identisch mit Adrian Loyaris, der vom Erzbischof von Trier *in mense apostolico* dem Stift Pfalzel als Scholaster präsentiert worden war, was das Kapitel aber in einem Schreiben vom 8. Juli 1583 als Eingriff in seine Rechte zurückwies. Als Begründung wurde ausgeführt: 1. Adrian habe sich im Generalkapitel nicht zur Residenz gemeldet; 2. Adrian habe kein Zeugnis über seine Subdiakonats- und Diakonatsweihe vorgelegt. 3. Adrian sei nicht *idoneus* zum Scholaster (Kopiar StadtBi Trier fol. 39r-40r). Die Reaktion des Erzbischofs ist nicht bekannt. Im Pfründenverzeichnis ist Adrian jedenfalls in der Scholasterpfründe zu 1583 (Nachfolger 1587) genannt. Im Pfründenverzeichnis hat er zudem zwei Pfründen, nämlich Pfründe 6: Adrian folgt 1583 Friedrich Breitscheid; dessen Nachfolger ist 1585 Nikolaus Gelen; Pfründe 10: Adrian folgt 1583 Johann Wimpfeling; dessen Nachfolger ist 1586 Otto Gorgon. Vielleicht ist diese Ausstattung mit zwei Pfründen eine vom Erzbischof verlangte „Aufbesserung" der Besoldung Adrians? – Adrian Loyarts/Legardt erhält als Organist am Hof des Erzbischofs zudem im Juni 1580 die Vikarie am Altar St. Antonius in Monreal, die am 1. Oktober 1586 nach Adrians Tod neu vergeben wird (K Best. 1 C Nr. 39 S. 601 f.; Nr. 43 S. 274).

Johann Leonardi von Pfalzel. 1583–1615 Kanoniker. Pfründe 9. Seit 1599 Dekan. Vgl. § 31 (Dekan) sowie § 34 (Kantor) und § 36 (Vikare).

Nikolaus Gelen. 1585–1602 Kanoniker. Pfründe 6. Seit 1592 Scholaster. Vgl. § 32.

Otto Gorgon. 1586–1595 Kanoniker. Pfründe 10 (als Nachfolger des Adrian Loyardt). Ihm folgt *ex resignatione* Johann Simon Trevir (Pfründenverzeichnis).

Balthasar (oder Bartholomäus) *Odelerus* aus Cochem. 1594–1612 Kanoniker und Pfarrer von Cochem. Pfründe 4 (seit 1598 ist diese Pfründe mit der Pfarrei Cochem uniert; vgl. § 29). Er ist Nachfolger des Matthias Dominici.

Peter Haaß. 1591–1626 Kanoniker. Pfründe 3. 1591–1616 Kustos, seit 1616 Dekan. Vgl. § 31.

Johann Musiel. 1591–1605 Kanoniker. Pfründe 12. Am 7. August 1591 verleiht ihm Erzbischof Johann *vigore indulti* ein Kanonikat (K Best. 1 C Nr. 43 S. 594; er ist Nachfolger des Heinrich Ürzig). Er verzichtet 1605 zugunsten seines *affinem* Sebastian de Tour (PV; vgl. bei Sebastian). Johann gehört zur Familie der Musiel von Biesingen (vgl. dazu bei Maximin Musiel, 1618–1634 Kanoniker von St. Simeon in Trier, in Heyen, GS NF 41, St. Simeon S. 950).

Jakob Fischer. 1592–1608 Kanoniker. Pfründe 5. Seit spätestens 1600 Kantor. Vgl. § 34.

Nikolaus Ruland aus Trier. 1592–1598 Kanoniker. Pfründe 7. Nur aus dem Pfründenverzeichnis bekannt.

Johann Vianden. 1593–1606 Kanoniker. Pfründe 11. Am 28. März 1593 verleiht ihm Erzbischof Johann ein Kanonikat (K Best. 1 C Nr. 43 S. 782). Er starb am 4. Mai 1606 *in statio* (PV). Am 19. Mai 1606 klagen seine Testamentsvollstrecker Hans Hachenberg in Pfalzel und der Präbendat von Liebfrauen/Trier Peter Baden (s. zu ihm nachstehend NN Baden zu 1600) eine Schuld von 40 fl. in Schweich ein (Zimmer, St. Katharinen Nr. 328). – Johann Vianden war 1580–1593 Vikar SS. Trinitatis in Pfalzel und 1587 auch Pfarrer von St. Martin in Pfalzel (PfarrA Pfalzel, Pfarrei-Register S. 21).

Johann Simon Senheim (*Sehnem*) *Trevirensis*. 1595–1606 Kanoniker. Pfründe 10. Residenzmeldung 1600 als *canonicus residens*; er sollte 1600 in der Reihenfolge (Turnus) Kellner werden, was das Kapitel aber ablehnte (Gründe sind nicht genannt). Johann Simon starb am 13. Januar 1606 (PV).

Anton Hausmann aus Fankel. 1596–1604 Kanoniker. Pfründe 8. Am 30. September 1596 verleiht Erzbischof Johann dem *presbyter* und Rektor in

Mühlheim-Tal (= Tal Ehrenbreitstein gegenüber Koblenz) Anton Hausmann *vigore indulti* ein Kanonikat in Pfalzel (K Best. 1 C Nr. 43 S. 1071). 1598 kauft dieser ein zum Stift Karden gehörendes Hofhaus in Fankel (K Best. 99 Nr. 720). 1588 hatte er nach Prüfung die Vollmachten zum Beichthören erhalten (K Best. 1 C Nr. 105 Bl. 196v).

Augustin Senheim. 1598–1611 Kanoniker. Pfründe 7. Er war *sacellanus/ capellanus aulicus* des Erzbischofs Lothar von Metternich (Residenzmeldungen und K Best. 132 Nr. 253).

Nikolaus Lettig/*Littighius* aus Trier. 1600–1635 Kanoniker. Pfründe 13. Seit 1617 Kantor. Vgl. § 34.

NN Baden. 1600 Kanonikatsbewerber. Er legt im Generalkapitel vom 15. Juni 1600 eine *preces archiepiscopi* vor, ist aber später nicht mehr bezeugt. Vermutlich hat er vor Erlangung der Pfründe auf seinen Anspruch verzichtet. Sehr warscheinlich handelt es sich um Peter Baden (*Badensis*), der 1602 als Präbendat des Liebfrauenstiftes in Trier (K Best. 54,33 Nr. 13 und BistA Trier Urk I B Nr. 974) und 1606 als solcher und Testamentsvollstrecker des Pfalzeler Kanonikers Johann Vianden (s. oben 1593–1606) bezeugt ist (Zimmer, St. Katharinen Nr. 328 als „Präbendat im Stift Pfalzel"; es heißt aber in K Best. 193 Nr. 401 S. 103 *in unser lieber frauwen binnen Trier stifftskirchen*).

Johann Borgius. 1602–1612 Kanoniker. Pfründe 6. Scholaster. Vgl. § 32.

Theoderich von Horst. 1604 Kanoniker. Pfründe 8. Aufgrund einer Ersten Bitte des Erzbischofs wird er nach dem Tod des Anton Hausmann als Kanoniker angenommen, verzichtet aber wenig später zugunsten des Johann Theodor Belva (PV). – Es handelt sich um den bei Dohna, Domkapitel S. 142, an dritter Stelle genannten Theoderich/Dietrich von Horst, Sohn des Heinrich von Horst und der Agnes Schall von Bell, 1609 Domizellar in Trier, 1610–1612 Studium in Köln, 1624 Verzicht im Domkapitel; d.h. weder um den 1624 gestorbenen Archidiakon von Dietkirchen, noch um den 1630 gestorbenen Archidiakon von St. Peter/Trier.

Johann Theodor Belva (Bellevaux). 1604/05 Kanoniker. Pfründe 8. Erzbischof Lothar von Metternich (Wahl am 7. Juni 1599) verlieh ihm als *clericus Trevirensis* am 30. Dezember 1600 eine Erste Bitte auf ein Kanonikat in Pfalzel (K Best. 157 Nr. 154). Diese Urkunde hat keinen Pfalzeler Rückvermerk, sodaß fraglich ist, ob er Kapitularkanoniker wurde. Das Pfründenverzeichnis hat jedoch seinen Namen zu 1604/05 notiert. Vermutlich war er kurzfristig als Extrakapitular nach dem Verzicht des Theoderich von Horst (s. bei diesem) im Besitz der Pfründe und verzichtete ebenfalls wenig später zugunsten des (seines Bruders?) Moritz Belva.

Sebastian de la Tour/vom Turm. 1605/07–vor 1641 Kanoniker. Pfründe 12. Seit 1616 Kustos. Vgl. § 33.

Moritz Belva (Bellevaux), *Mosepontanus*. 1605/07 Kanoniker. Pfründe 8. Aufgrund einer erzbischöflichen Ersten Bitte nach Johann Theodor Belva, der vermutlich zu seinen Gunsten verzichtet hatte, im Pfründenverzeichnis genannt. Urkundlich ist er nicht bezeugt. Er ist schon nach wenigen Jahren gestorben (vgl. bei Adam Murtzer).

Hermann Rodt aus Saarburg. 1606–1651 Kanoniker. Pfründe 10. Kantor. 1639–1651 Dekan. Vgl. § 31.

Johann Zandt aus Koblenz. 1606–1639 Kanoniker. Pfründe 11. 1616 Bewerber um die Kustodie. 1626–1639 Dekan. Vgl. § 31.

Adam Murtzer. 1607/1611 Kanonikatsbewerber. Pfründe 8. Nach dem Tod des Moritz Belva ca 1607 benannte der Erzbischof, da Belva in päpstlichem Monat gestorben war, den Adam Murtzer. Dagegen protestierte das Kapitel, weil damit vier Stellen hintereinander durch *preces* besetzt würden (zuvor von Horst und die beiden Belva). Das Kapitel ernannte im Turnus den Leonard Leonardi. Am 27. Juni 1611 war der in Rom anhängige Prozeß noch nicht entschieden. – Adam Murtzer ist ein Sohn des kurtrierischen Kellners von Bernkastel. Ein Johann Murtzer, Lic. iur. utr., ebenfalls aus Bernkastel, war vor 1632 Kanoniker im Stift St. Simeon in Trier (Heyen, GS NF 41, St. Simeon S. 952). Vielleicht ist er ein Bruder des Adam.

Leonard Leonardi aus Pfalzel. 1607/1611–ca 1635 Kanoniker. Pfründe 8. Nach dem Tod des Moritz Belva ca 1607 hatte Johann Leonardi im Turnus seinen Bruder Leonard Leonardi benannt, doch kam es um die in päpstlichem Monat vakant gewordene und damit (*via indulti apostolici*) vom Erzbischof zur Besetzung in Anspruch genommene und dem Adam Murtzer verliehene Pfründe zu einem Prozeß an der Kurie, der 1611 noch nicht entschieden war (vgl. bei A. Murtzer). Urkundliche Nachweise für die Besetzung der Pfründe sind zwischen 1611 und 1635 (Peter Billen) nicht bekannt.

Dem Leonard Leonardi hatte Erzbischof Johann 1583 die Vikarie St. Katharina im Stift Pfalzel verliehen (K Best. 1 C Nr. 43 S. 67), in deren Besitz dieser auch 1584 bezeugt ist (K Best. 1 C Nr. 1o5 Bl. 37), auf die er aber am 30. Mai 1593 verzichtete (K Best. 1 C Nr. 43 S. 782). – Zum 29. Juli 1583 ist überliefert, daß ein Leonhard Pfalzel auf den Altar St. Johann Baptist in Pfalzel verzichtet habe (ebenda S. 85). Seit 1589 war ein Leonhard Pfalzel Kanoniker im Stift Karden, 1616–1626 Kustos, 1626–1632 Scholaster (Pauly, GS NF 19, Karden S. 353 f.; dort auch 1578/79 Student in Trier). Eine Identität dieser „Leonarde" ist nicht auszuschließen.

Peter Tandel. 1608–ca 1650 Kanoniker. Pfründe 5. Am 28. April 1608 erhält er die Pfründe des Jakob Fischer, beim Generalkapitel 1611 wird er als *canonicus residens* angenommen. Über den Erwerb der Kurie *Ad turrim* vgl. § 3 Abschn. A 5a. 1620 wird er (privat, nicht für das Stift) in den Besitz eines Hauses in Trier eingewiesen (StadtA Trier, Urk. Karm. 100). – Peter Tandel stiftete 1633 an der Universität Trier mit 1000 Königstalern ein Stipendium zugunsten von drei Studenten, entweder aus seiner Familie oder für arme Studenten. Als „Direktor" dieses Stipendiums ist 1672 der Dompropst Damian Hartard von der Leyen bezeugt. Das Stipendium wurde noch 1915 vergeben. Die Unterlagen sind überliefert im Archiv des Friedrich Wilhelm-Gymnasiums in Trier (K Best. 661,22; vgl. Zimmer-Heyen, Inventar FWG, Regg. 235, 443–446, 472. Ferner BistA Trier Abt. 66 Nr. 15; vgl. Lichter, Quellen zur Geschichte der alten Trierer Universität im Bistumsarchiv Trier [KurtrierJb 12. 1972] S. 73).

Caspar Neidhover. Am 17. Mai 1612 wird er vom Kapitel zu Pfalzel als Pfarrer von Cochem angenommen und leistet den Eid auf die Statuten des Stiftes (vgl. § 29). Er hatte schon vorher für den erkrankten Pfarrer Dienst getan und war von diesem, der Stadt Cochem, dem Vogt zu Cochem und dem kurtrierischen Kellner zu Cochem empfohlen worden (Mischbd StadtBi fol. 47r). Wahrscheinlich ist er mit dem 1622 bezeugten Kanoniker Kaspar Luckhausen (s. weiter unten) identisch.

Paul Wolter aus Wormeldingen. ca 1611–1640 Kanoniker. Pfründe 7. Seit 1617 Scholaster. Vgl. § 32.

Balthasar Wilhelm von Boningen aus Diedenhofen/Thionville. 1612– ca 1620 Kanoniker. Pfründe 6. Er hat 1612 auch die Scholasterie aufgrund einer päpstlichen Verleihung beansprucht, konnte sich aber gegen Paul Wolter nicht durchsetzen. Vgl. § 32.

Jakob Heck Tectonius (junior). 1615–1632 Kanoniker. Pfründe 9. 1615 wurde er als Nachfolger des Johann Leonardi Pfalzel von Peter Heß nominiert und angenommen. Ihm folgte 1632 Johann Klotten (nach urkundlichem Nachweis. In der Pfründenliste fehlt Klotten; dort folgt 1642 Johann R. Gulken. Klotten ist einzuschieben). Jakob Heck starb am 20. August 1632 (K Best. 157 Nr. 155). – Jakob Heck war auch Kanoniker im Stift St. Florin in Koblenz. Die Unterscheidung junior/senior gilt für dieses Stift. Dort ist der senior 1577–1615, gestorben 1628, ebenfalls Kanoniker (Diederich, St. Florin/Koblenz S. 269, 274).

Matthias Wilhelm von Boningen. ca 1620–1628 Kanoniker. Pfründe 6. Sein Bruder Balthasar Wilhelm hatte zu seinen Gunsten verzichtet.

Kaspar Luckhausen. 1622 Kanoniker. Fehlt im PV, wohl weil es sich um das mit der Pfarrei Cochem unierte Kanonikat (Pfründe 4) handelt. Er ist urkundlich als Kanoniker von St. Paulin vor Trier und Pfalzel zum 16. Februar

1622 Zeuge in einem Verfahren der Kartause Trier (K Best. 186 Nr. 780 und 782; vgl. Heyen, GS NF 6, St. Paulin S. 730). Wahrscheinlich ist er identisch mit Caspar Neidhover (vgl. weiter oben zu 1612).

Lothar Gobelius/*Goebel*. 1626–1630 Kanoniker. Pfründe 3. Die Göbel/ Gobelius sind mit den Homphäus aus Cochem (s. Dekan Peter Homphäus § 31) verwandt (vgl. Archiv FWG Trier, K Best. 661, 22 Nr. 889).

Claudius de la Tour/*Latour/von Thorn*. 1628–1699 Kanoniker. Pfründe 6. Seit 1675 Kantor, seit 1695 Scholaster. Vgl. § 32.

Johann Hurdten. 1629 als Pfarrer von Cochem genannt (K Best. 157 Nr. 345). Vgl. § 29, Pfarrei Cochem.

Kasper Kröschel/*Krössel* aus Binsfeld. 1630–1663 Kanoniker. Pfründe 13. Seit 1640 Scholaster, 1651–1663 Dekan. Vgl. § 31.

Johann (von) Klotten. 1632–1634 Kanoniker. Pfründe 9 (fehlt im PV). Am 16. Juli 1621 erhält er als Siegler von Erzbischof Lothar eine *preces* für das Stift Pfalzel und wird am 21. August 1632 dort eingeführt (K Best. 157 Nr. 155). Er starb vor dem 22. Februar 1634. – Johann Klotten war Siegler am geistlichen Gericht zu Trier, 1612–1634 Kanoniker im Stift St. Simeon in Trier, 1618–1621 Kanoniker im Stift Limburg, 1630 Kanoniker im Stift Karden (Heyen, GS NF 41, St. Simeon S. 949, Pauly, GS NF 19, Karden S. 430). Die Pfründen sind offensichtlich Besoldungsstellen.

Stephan Blondel. 1635–1658 Kanoniker. Pfründe 13. Bis 1651 Kantor (blieb aber weiter Kanoniker). Vgl. § 34.

Peter Dillen. 1635–1674 Kanoniker. Pfründe 8. 1651–1663 Scholaster. 1663–1674 Dekan. Vgl. § 31.

Gerhard Weiß aus Trier. 1638–1671 Kanoniker. Pfründe 11. *Residens* ab 1642, 1654–1656 Kellner und *magister fraternitatis*, 1658 (bis?) auch Pfarrer von St. Martin in Pfalzel, 1653 und 1654 besorgt er auch das *offitium* für den beurlaubten (vgl. § 34) Kanoniker Blondel (RM und Pfarrei-Register). Von Gerhard Weiß ist zu unterscheiden der Vikar Johann Gerhard Weiß 1655 ff.; vgl. § 36.

Michael Girchene. 1639 Kanonikatsbewerber. Er erhält als *sacerdos* am 28. März 1639 eine Erste Bitte Kaiser Ferdinands III. (HHStA Wien, Primariae Preces, Protokollbd; Heyen, Erste Bitten S. 185). In stiftischen Quellen ist er nicht nachweisbar.

Johann Jodok Cuntzer. Vor 1641 Kanoniker. Er tauscht am 9. Juli 1641 als *clericus Trevirensis* sein Kanonikat in Pfalzel an Anton Kasel, der am

11. Juli angenommen wird (K Best. 157 Nr. 199). Wahrscheinlich hat er das Kanonikat in der Nachfolge des Sebastian de la Tour erhalten. Im Pfründenverzeichnis (Pfründe 12) ist hier eine Unklarheit.

Anton Kasel. 1641–1687 Kanoniker. Pfründe 12. 1651–1662/75 Kantor. 1675–1687 Kustos. Vgl. § 33.

Johann Reinhard (*Renatus*) Gulken. 1642–1694 Kanoniker. Pfründe 9. Auch Scholaster. Vgl. § 32.

Johann Wilhelm Lettig. 1650–1689 Kanoniker. Pfründe 5. Seit 1651 Kustos. 1675–1689 Dekan. Vgl. § 31.

Johann Berg aus Ettelbrück/*Ettelpontanus*. 1651–1658 Kanoniker. Pfründe 10 (fehlt im Pfründenverzeichnis). Durch eine Nomination des Erzbischofs erhielt Johann Berg, vorher Pfarrer von (Nieder-)Emmel, am 19. April 1651 das nach dem Tod des Dekans Hermann Rodt frei gewordene Kanonikat in Pfalzel (Mischbd StadtBi S. 3) und ist im Generalkapitel von 1651 als *canonicus non residens* notiert. 1652 ist er *exspectans primus*, 1653 ist seine *residentia prima*, 1654 ist er auch *respector chori*. 1657 ist vermerkt, daß er das Kanonikat mit der Pfarrei Thörnich kumulieren wolle; am 27. Juni ging er auch dorthin; seinen Dienst im Stift übernahm (wie schon 1651 und 1652) der Vikar Trierweiler. Am 13. Juni 1658 gibt er dann sein Kanonikat im Tausch (wogegen?) an Johann Adolf Umbscheiden (Aufzeichnungen der Residenzmeldungen beim Generalkapitel).

Franz Theoderich von Villesuryon. 1651–1677 Kanoniker. Pfründe 7. 1651 Bewerber um die Kantorei. Vgl. § 34.

Heinrich Bayet. 1658–1670 Kanoniker. Pfründe 13. Am 6. Februar 1658 (oder mit Trierer Stil 1659?) erhält er durch Tausch mit Stephan Blondel eine *possessio canonicatus* und zahlt 29 fl. Statutengelder. Residenzmeldungen sind seit 1659 notiert. 1661 *factus presbyter*.

Johann Adolf Umbscheiden. 1659–1689 Kanoniker. Pfründe 10. Seit 1674 Dekan; resigniert das Dekanat aber 1675. Vgl. § 31.

Johann Maeß aus St. Aldegund. 1663–1699 Kanoniker. Pfründe 3. Seit 1689 Dekan. Vgl. § 31.

Paschalis (*Pascasius*) Britz/Brixius. 1670–1692 Kanoniker. Pfründe 13. Er meldet sich bei den Generalkapiteln seit 1675 regelmäßig zur Residenz. 1685 erklärt aber das Kapitel, wenn er nicht eifriger im Chorbesuch werde, müsse ihm die Pfründe entzogen werden (Mischbd StadtBi fol. 73r). 1678–1681 war er Sekretär des Kapitels.

Peter Hennig/*Henning.* 1671–1693 Kanoniker. Pfründe 11. Am 6. August 1674 ist er als *iunior capituli* bezeichnet (K Best. 1 C Nr. 52 S. 354). In den Generalkapiteln ist er regelmäßig genannt, 1683 wird er zum Kellner gewählt, 1684 lehnt er eine erneute Wahl aber ab (Mischbd StadtBi fol. 72). – Am 8. November 1680 wird er Siegler am Offizialat Trier (K Best. 1 C Nr. 19616). – Peter Hennig, geb. in Hannover, gest. am 3. März 1698, war 1680–1698 auch Vikar des St. Maria Magdalenen-Altares in Monreal, ließ sich dort aber vertreten (Marx, Pfarreien 6 S. 288).

Anton Reuß. 1674–1736 Kanoniker. Pründe 8. Seit 1689 Kustos, seit 1700 Dekan. Vgl. § 31.

Johann Winrox/*Winrotz.* 1677–1715 Kanoniker. Pfründe 7. Seit 1703 Kustos. Vgl. § 33.

Wilhelm Gulken. 1679/80 Kanoniker. Nicht in den Pfründenlisten. Er meldet sich als Kanoniker beim Generalkapitel von 1679 zur Residenz, ebenfalls 1680, aber durch den Vikar Martin Kettenhofen als Vertreter. Urkundlich ist er nicht bezeugt. Vermutlich hat er die Pfründe vor seiner Aufnahme als Kapitularkanoniker abgegeben (wem?).

Hermann Contzen. 1684–1701 Pfarrer in Cochem (vgl. § 29). Kaplan und Sekretär des Trierer Weihbischofs Maximilian Heinrich Burmann, kaiserl. und päpstl. Notar, wird 1701 Dekan des Landkapitels Zell (K Best. 54 B Nr. 3251; Best. 157 Nr. 342; Schüller in TrierChronik 7. 1910 S. 29). Die Angabe, in der alten Sakristei der Pfarrkirche in Cochem habe sich früher ein Glasgemälde, 47 × 35 cm, befunden, das der Notar, Pastor und Kanoniker Hermann Contzen, „mit seinem Wappen in einem Blumenrahmen: auf den Ecken und neben der Inschriftrahmung in Weiß und Gold gehaltene Engel", 1606 gestiftet habe (Kdm. Krs Cochem, 1959, 1 S. 159 nach älterer Aufzeichnung), ist hinsichtlich des Datums entweder ein Druckfehler oder eine falsche Überlieferung; vermutlich hieß es 1706.

Johann Arens (aus Treis). 1687–1695 Kanoniker. Pfründe 12 (als Nachfolger des Anton Kasel, gefolgt von Johann Hugo Friedrich von Anethan). Am 18. November 1695 erhält er ein Kanonikat in Münstermaifeld (K Best. 144 Nr. 1318 Bl.91). Wahrscheinlich ist er identisch mit Johann Arens aus Treis, der mit folgenden Weihen bezeugt ist: Tonsur 3. Februar 1675, Niedere Weihen 28. Februar 1676, Subdiakonat 29. Februar 1676, Diakonat 21. März 1676, Priesterweihe 28. Mai 1776 (BistA Trier, Weiheprotokolle). Dieser war 1682–1685 Altarist am Trierer Dom sowie 1709 Vikar und 1696–1735 Kantor im Stift Karden, starb am 5. April 1735 in Karden und wurde dort begraben (vgl. Pauly, GS NF 19, Karden S. 364; dort auch Text der Grabplatte).

Nikolaus Heins. 1689–1701 Kanoniker. Pfründe 5. Diakonatsweihe am 17. und Priesterweihe am 18. Dezember 1678 (BistA Trier, Weiheprotokolle).

Johann Theoderich Lutzkirchen. 1689–1729 Kanoniker. Pfründe 10. Seit 1699 Kantor. Vgl. § 34.

Nikolaus Henriot/*Haurot*. 1692–1731 Kanoniker. Pfründe 13. 1703–1730 Scholaster. Vgl. § 32.

Georg Gerhard Gruntinger/*Kruntinger*. 1693–1708 Kanoniker. Pfründe 11. Er erhält das Kanonikat in Pfalzel 1693 im Tausch mit Peter Hennig (das Tauschobjekt ist nicht angegeben); Nachfolger ist Johann Jakob Ebentheuer. Gruntinger empfängt die Tonsur am 17. Februar 1692 und die Priesterweihe am 17. März 1696 (BistA Trier, Weiheprotokolle). 1792–1712 hat er ein Kanonikat im Stift St. Simeon in Trier (Heyen, GS NF 41, St. Simeon S. 963). 1795 ist er als Lic. iur. utr. und Kanoniker von Pfalzel bezeichnet (K Best. 157 Nr. 307). Er ist verwandt mit den Trierer Familien Schlabart, Ebentheuer und Zorn (vgl. 1698 Nachlaßteilung in LandesA Saarbrücken, Archiv Bübingen, Akten 82).

Ferdinand von Ballonfeaux. 1694–1727 Kanoniker. Pfründe 9. 1700/1701 auch Kellner (Rechnung).

(Johann) Hugo Friedrich von Anethan. 1695–1701 Kanoniker. Pfründe 12. Sein Kanonikat erhält 1701 (wahrscheinlich im Tausch oder durch Verzicht *in favorem*) Johann Heinrich von Anethan. Hugo Friedrich war 1668–1716 Kanoniker im Stift St. Simeon in Trier, 1671/72–1695 in Münstermaifeld. Sein Testament datiert vom 6. Januar 1679. Er starb am 21. November 1716 (vgl. Heyen, GS NF 41, St. Simeon S. 958f.).

Richard Umbscheiden. 1699–1721 Kanoniker. Pfründe 3. 1703/04 ist er auch Kellner des Stiftes (Rechnung). Weihen: Tonsur 20. Dezember 1697, Niedere Weihen 10. März, Subdiakonat 11. März 1702 (Weihetitel: Kanonikat in Pfalzel), Diakonat 15. April 1702, Priesterweihe 17. Mai 1704 (BistA Trier, Weiheprotokolle). Vgl. auch bei Claudius de la Tour.

Nikolaus Eringer aus Luxemburg. 1699–1729 Kanoniker. Pfründe 6. 1717/20 auch Kellner (Rechnung), 1717 Sekretär des Kapitels (Mischbd StadtBi Bl. 57v). Weihen: Tonsur 12. Mai 1692, Niedere Weihe 16. Dezember, Subdiakonat 17. Dezember 1701 (Weihetitel: Kanonikat in Pfalzel), Diakonat 10. Juni 1702, Priesterweihe 19. September 1705 (BistA Trier, Weiheprotokolle).

Johann Heinrich von Anethan. 1701–1717 Kanoniker. Pfründe 12. Sein Kanonikat erhielt (nach Verzicht Anethans?) Christoph Meyer. – Seit

1713 ist Johann Heinrich von Anethan Kanoniker und 1750–1751 Scholaster im Stift St. Simeon in Trier. Vgl. Heyen, GS NF 41, St. Simeon S. 831 f. mit weiteren Angaben zur Person.

Damian Hartard Brandt. 1701–1709 Kanoniker. Pfründe 5. – Weihen: Tonsur am 24. Januar 1689, Niedere Weihen am 17. September, Subdiakonat mit Weihetitel eines Kanonikates im Marienstift in Worms am 18. September 1694, Diakonat am 18. Dezember 1694 und Priesterweihe am 26. Februar 1695 (BistA Trier, Weiheprotokolle).

Heinrich Hüchelen. 1703–1728 Pfarrer von Cochem (vgl. § 29). Am 15. September 1703 wird er als Kölner Priester aufgrund einer päpstlichen Provision in die Pfarrkirche St. Martin in Cochem investiert (K Best. 54 B Nr. 3251). Als Pfarrer von Cochem ist er bis zum 12. Dezember 1728 mehrfach bezeugt, seit 1726 als Definitor und Senior des Landkapitels Zell, seit 1706 als päpstlicher Notar (K Best. 157 Nr. 345; Signet als Notar: K Best. 1 C Nr. 64 Bl. 442 und 852; Siegel (ein Herz): K Best. 181 Nr. 195).

Heinrich Joseph Eyss. Kanonikatsanwärter. Er erhält 1707 eine kaiserliche Erste Bitte. Vgl. nachfolgend bei Johann Matthias von Eyss.

Johann Jakob Ebentheuer. 1708–1757 Kanoniker. Pfründe 11. Seit 1730 Kustos. Vgl. § 33.

Peter Ernst Hoffmann aus Nommern (bei Mersch/Luxemburg). 1709–1760 Kanoniker. Pfründe 5. 1730/31 ist er Kellner des Stiftes (K Best. 157 Nr. 307; Best. 1 C Nr. 19037). In seinem Wappen führt er 1 : 2 Pfeile (Siegel von 1734: K Best. 157 Nr. 313). – Weihen: Tonsur und Niedere Weihen am 18. Dezember 1711, Subdiakonat mit Weihetitel *ad mensam* der Abtei Tholey am 17. Dezember 1712, Diakonat am 10. Juni 1713, Priesterweihe am 17. März 1714 (BistA Trier, Weiheprotokolle).

Johann Emus. Vor 1712 Pfarrer von Cochem (vgl. § 29). Ein 1927 aufgezeichneter, inzwischen verlorener Grabstein des am 11. Dezember 1712 verstorbenen Pfarrers *Joannes Emus* mit Kelch und Hausmarke in einem Oval in der Pfarrkirche zu Cochem ist Kdm. Krs Cochem (1959) 1 S. 162 genannt.

Johann Michael Lanser. 1715–1733 Kanoniker. Pfründe 7. Seine Eltern sind Hubert Lanser, Ratsverwandter und Steinmetzmeister in Trier, und Maria Elisabeth Jansen; sie wohnten in ihrem Haus in der Neugasse. Am 1. Oktober 1732 stiftete Johann Michael Lanser aufgrund der Intention seiner verstorbenen Eltern in St. Barbara/Trier mit 825 Rt. zwei Messen (BistA Trier Abt. 71,2 Nr. 91). Mit Testament vom 7. Juli 1733 (er ist wahrscheinlich wenig später gestorben) stiftete er 1.) zwei Wochenmessen in der

Kapelle zu Dhron, 2.) eine Ergänzung der von seinen Eltern gestifteten Messe im Kloster St. Marcus in Trier und der schon früher gestifteten zwei Messen in der St. Barbara-Kapelle, 3.) verschiedene Messen und Anniversarien in der Pfarrkirche St. Laurentius in Trier, wo seine Eltern begraben sind, 4.) im Stift Pfalzel eine Ampel am Marien-Bild und je ein goldenes Kreuz am Bild der Gottesmutter und des „Jesus-Kindleins", 6.) im Stift Pfalzel die Einrichtung einer Vikarie (vgl. § 15). Als Erben der verbleibenden, offensichtlich sehr bedeutenden Erbmasse bestimmt er mit einem Drittel seine Verwandten und mit zwei Dritteln die Armen Seelen im Fegfeuer (K Best. 157 Nr. 312). Für diese Armen Seelen-Stiftung wurden zwei *curatores fidelium animarum* eingesetzt, die im Stift St. Paulin vor Trier die *praebenda Lanseriana* bzw. die St. Marien-Vikarie einrichteten, deren Inhaber zur Zelebration von wöchentlich zwei Messen für die Armen Seelen im Fegfeuer verpflichtet war (endgültige Einrichtung 1746; vgl. Heyen, GS NF 6, St. Paulin S. 231–233). – Johann Michael Lanser hatte in Pfalzel ein Kanonikerhaus, in dem er und seine Eltern auf Lebzeit Wohnrecht hatten, und ein Haus für die von ihm gestiftete Vikarie neu erbauen lassen (vgl. § 3 Absch. A 5). In seinem Wappen führte er unter einer Taube 2 : 1 Eicheln (im Siegel am Testament). – Weihen: Subdiakonat am 18. April und Diakonat am 3. Mai 1718, Priesterweihe am 25. Mai 1721 (BistA Trier, Weiheprotokolle). – Ein Michael Lanser wird 1713 in Trier zum Bacc. art. promoviert (Keil, Promotionslisten S. 112). Als Herkunft ist „aus Ürsfeld" angegeben, was mit den Angaben über seine Eltern schwerlich in Einklang zu bringen ist.

Christoph Meyer. 1717–1734 Kanoniker. Pfründe 12. Seit 1730 Kantor. Vgl. § 34.

Stephan Puricelli/*Puriselli*. 1721–1755 Kanoniker. Pfründe 3. Vor 1737 Kantor. 1737–1755 Dekan. Vgl. § 31.

Johann Matthias von Eyss. 1727–1729 Kanoniker. Pfründe 9. Seit 1710 Weihbischof in Trier. Geboren 1669 in Vallendar, gestorben am 25. November 1729. Kanoniker in St. Simeon/Trier seit 1717. Vgl. Heyen, GS NF 41, St. Simeon S. 968f., Seibrich, Weihbischöfe S. 126–134 (die Angaben zu St. Simeon und Pfalzel S. 128 müßten überprüft werden). – Am 27. August 1708 erhält ein Heinrich Joseph Eyss aufgrund einer Nomination des Erzbischofs von Trier eine Erste Bitte Kaisers Josefs für Pfalzel (HHStA Wien, Primariae Preces, Protokollbd; vgl. Heyen, Erste Bitten S. 185). In der Wiener Überlieferung könnte ein Fehler im Vornamen vorliegen, wobei dann die Umsetzung in Pfalzel wegen anderer Verwendung des Johann Matthias von Eyss zurückgestellt wurde; möglich wäre aber auch eine Umschreibung oder ein Tausch der gewiß miteinander verwandten von Eyss.

Karl Kaspar Lauter. 1729–1758 Kanoniker. Pfründe 10. Er wurde als *presbyter* am 11. Juli 1731 vorzeitig, d. h. vor Ableistung der drei Karenzjahre, als Kapitularkanoniker zugelassen (K Best. 1 C Nr. 19037) und starb vor dem 11. Juli 1758 *in mense papalis* (K Best. 1 C Nr. 74 Bl. 54).

Johann Udalrich Miltz. 1729–1772 Kanoniker. Pfründe 6. 1744–1755 Kantor. 1755–1772 Dekan. Vgl. § 31.

Karl Kaspar von Nalbach. 1729–1756 Kanoniker. Pfründe 9. Seit 1730 Scholaster. 1750 Kustos? Vgl. § 32.

(Johann) Markus Masius. 1731–1752 Kanoniker. Pfründe 13. Am 11. Juli 1731 wird er (als *presbyter*) vorzeitig als Kapitularkanoniker zugelassen (K Best. 1 C Nr. 19037). 1736/37 ist er Kellner (Rechnung). – Das Wappen zeigt über einem ganzen und zwei halben Rechtecken zwei Sterne, im Rechteck eine Rose (Siegel von 1734 K Best. 157 Nr. 313).

Gerhard Reuß. 1733–1746 Kanoniker. Pfründe 7. Er ist ein Sohn des Heinrich Reuß, der ein Stiefbruder des Dekans Anton Reuß ist. Der Dekan ist somit ein Onkel des Gerhard. Am 8. Februar 1736 heißt es, Gerhard Reuß sei nach Rom gereist. Sein Onkel vermacht ihm testamentarisch ein Legat mit der Aufforderung, das Buch, für das er sich selbst offeriert habe, zu schreiben (K Best. 157 Nr. 186 f.).

Martin Carove aus Trier. 1734–1744 Kanoniker. Pfründe 12. – Weihen: Tonsur am 8. April 1730, Niedere Weihen am 26. März 1735, Diakonat mit Weihetitel des Kanonikates in Pfalzel am 20. April 1737, Diakonat am 5. April 1738, Priesterweihe am 23. Mai 1739 (BistA Trier, Weiheprotokolle).

Heinrich Ludwig Ebentheuer. 1736–1779 Kanoniker. Pfründe 8. Seit 1756 Scholaster. Vgl. § 32.

Karl Kaspar Schilli/*Schilly* der Ältere. 1744–1760 Kanoniker. Pfründe 12. Am 20. Februar 1743 erhielt er eine Erste Bitte Kaiser Karls VII. auf ein Kanonikat in Pfalzel (HHStA Wien, Primariae Preces, Protokollbd und Akten K 17; vgl. Heyen, Erste Bitten S. 185) und wurde 1744 angenommen. Im Mai 1760 verzichtete er zugunsten seines Neffen Karl Kaspar Schilli d. J. mit einer Pension von jährlich 90 Imp. auf diese Pfründe (K Best. 1 C Nr. 74 Bl. 120 und 410). – Seit 1734 war er Kanoniker in St. Paulin vor Trier und als erzbischöflicher Hofkaplan von der Residenz befreit. Er starb am 4. Mai 1771 in Koblenz. Vgl. Heyen, GS NF 6, St. Paulin S. 751 f.

Josef Eberhard. 1746–1794 Kanoniker. Pfründe 7. 1760–1771 Kustos. 1772–1794 Dekan. Vgl. § 31.

Franz Georg Stammel. 1752–1764 Kanoniker. Pfründe 13. Am 8. Dezember 1746 erhält er eine Erste Bitte Kaiser Franz I. auf ein Kanonikat in Pfalzel (HHStA Wien, Primariae Preces, Protokollbd und Akten K 18; Heyen, Erste Bitten S. 185) und wird dort 1752 als Nachfolger des Markus Masius angenommen. Am 9. Mai 1764 tauscht er dieses Kanonikat mit Cornelius Mais gegen dessen Kanonikat im Stift zu Münstermaifeld (K Best. 144 Nr. 1323 S. 335–337; Best. 1 C Nr 74 Bl. 240). Dieser Tausch wird in Pfalzel am 9. Juni 1764 angenommen (KP). In Münstermaifeld ist er 1764–1769 Exspektant und 1770–1794 Kapitularkanoniker (Hofkalender). – Weihen: Niedere Weihen am 24. März und Subdiakonat am 25. März sowie Diakonat am 20. Mai 1758, Priesterweihe am 10. März 1759 (BistA Trier, Weiheprotokolle).

Nikolaus Beries. 1755–1767 Kanoniker. Pfründe 3. 1762–1767 Kantor. Vgl. § 34.

Johann Franz Richardi/*Richardot* aus Saarlouis. 1756–1765 Kanoniker. Pfründe 11. Nach Ableistung der Karenzjahre wird er am 15. Juni 1760 in das Kapitel aufgenommen (KP). Am 31. Juli 1761 wird er wegen Krankheit von der *residentia personalis* für immer dispensiert, soll deshalb aber nur die Hälfte der Einkünfte (Renten) erhalten; die andere Hälfte erhält die Fabrik. Für diese von seinen Einkünften abgezogene Hälfte zahlt er dann einmalig 2000 Rt. und erhält nun weiterhin die vollen Einkünfte (KP). Im Testament vom 16. Oktober 1765 stiftet er in Pfalzel mit 150 fl. eine Messe an den acht Tagen vor und nach seinem Todestag. Er ist Dekan von St. Johann in Mainz (K Best. 157 Nr. 316). Richardi starb vor dem 6. Dezember 1765 in Mainz (KP und Nachfolger J. J. Hurth). – Weihen: Tonsur und Niedere Weihen am 18. Dezember 1744, Subdiakonat mit Weihetitel *ad congruam* in Kelsen am 13. März 1745, Diakonat am 26. März 1746 und Priesterweihe am 18. März 1747 (BistA Trier, Weiheprotokolle).

Johann Matthias Ignaz von Kaysersfeld. 1756–1802 Kanoniker. Pfründe 9. 1782–1794 Kustos. 1794–1802 Dekan. Vgl § 31.

Johann Adam Lauter. 1758–1781 Kanoniker. Pfründe 10. Seit 1772 Kantor. Vgl. § 34.

Stephan Miltz aus Neuendorf. 1760–1774 Kanoniker. Pfründe 5. Am 15. Juni 1763 erhält er nach Ableistung der Karenzjahre einen *locum capituli* (KP). Er ist ein Bruder des Pfalzeler Dekans Udalrich Miltz (so KP 20. Juli 1770). Stephan Miltz war 1756–1765 auch Kanoniker im Stift St. Florin in Koblenz (Diederich, St. Florin/Koblenz S. 285 und Hofkalender). – Weihen: Subdiakonat mit Weihetitel *ad patrimonium* am 23. Dezember 1747, Diakonat am 13. April 1748 (BistA Trier, Weiheprotokolle).

Karl Kaspar Schilli/*Schilly* der Jüngere. 1760–1802 Kanoniker. Pfründe 12. Seit 1767 Kantor, seit 1772 Kustos, seit 1782 Scholaster. Vgl. § 32.

Johann Heuser. (1760–)1770 Pastor in Cochem (vgl. § 29), gestorben am 24. November 1770 (KP Stift Pfalzel). Wahrscheinlich ist er mit dem 1761 ohne Name als Pastor von Cochem und Kanoniker zu Pfalzel genannten Teilnehmer am Generalkapitel identisch (K Best. 157 Nr. 189).

Cornelius Mais/*Mays*. 1764–1773 Kanoniker. Pfründe 13. Am 9. Mai 1764 tauscht er als Kapitularkanoniker in Münstermaifeld (seit 1760: Hofkalender) diese Pfründe mit Franz Georg Stammel gegen dessen Kanonikat in Pfalzel (K Best. 1 C Nr. 74 Bl. 240). Zum 20. März 1771 ist notiert, daß er krank sei (KP). Am 2. Januar 1773 tauscht er im Alter von 72 Jahren und nach einem Schlaganfall sein Kanonikat in Pfalzel an den Pfarrer von Pfalzel Johann Balthasar Kirn, in dessen Pfarrhaus er wohnt, gegen dessen *benefitium simplex* St. Bartholomäus in der Pfarrkirche zu Bitburg (vgl. bei Kirn in § 34). Dieser Tausch wird im Kapitel am 3. Februar 1773 vollzogen (KP). Cornelius Mais starb vor dem 7. Juni 1776 und sollte in der Stiftskirche bestattet werden (KP). Ein Missale in seinem Besitz vgl. § 3 Abschn. 3.

Johann Josef Hurth. 1765–1782 Kanoniker. Pfründe 11. Seit 1771 Scholaster. Vgl. § 32.

Johann Michael Anton Melchior Karl Jurianus. 1767–1781 Kanoniker. Pfründe 3. Als Kapitularkanoniker in St. Johann Baptist in Mainz tauscht er am 27. Mai 1767 dieses Kanonikat mit Nikolaus Beries gegen dessen Kanonikat in Pfalzel (Zustimmung Erzbischof Johann Philipps von Trier zu diesem Tausch vorbehaltlich der Zustimmung des Erzbischofs von Mainz: K Best. 1 C Nr. 74 Bl. 335). Beim Generalkapitel des 15. Juni 1767 wurde er in Pfalzel angenommen (KP). Er starb am 10. Oktober 1781 (KP). – Weihen: Priesterweihe am 2. April 1768. Die Erteilung der Tonsur ist zum 17. März 1737 notiert, wobei es offen bleiben muß, ob es dieselbe Person ist (BistA Trier, Weiheprotokolle).

Franz Wilhelm Edler von (*nobilis de*) Schulz. 1766 Anwärter auf ein Kanonikat. Auf Bitten seines Bruders, des Reichshofkammer-Expeditors Johann Ferdinand von Schulz, hatte er am 16. August 1766 eine kaiserliche Erste Bitte auf ein Kanonikat in Pfalzel erhalten, die aber wohl auf eigenen Wunsch am 16. August 1769 auf Philipp Johann Hahn umgeschrieben wurde. Er war Kanoniker in St. Andreas in Hildesheim; sein Bruder hatte um ein Kanonikat in Hildesheim, und zwar in St. Mauritius oder in hl. Kreuz, oder in einem anderen westfälischen Stift gebeten, weil St. Andreas nicht entspreche (HHStA Wien, Primariac Preces, Protokollbd und Akten K 10, Supplik 283. Heyen, Erste Bitten S. 185. Vgl. auch nachstehend bei Hahn).

Peter Ludwig. 1770–1802 Pastor von Cochem, davor 13 Jahre Pastor von Nonnweiler. Am 6. Dezember 1770 wurde er vom Kapitel zu Pfalzel zum Pfarrer von Cochem gewählt (KP Pfalzel; vgl. § 29). In den französischen Pensionslisten ist er als *chanoine honoraire* des Stifts Pfalzel und Pfarrer zu Cochem mit folgenden Daten geführt: geboren in Trier am 13. November 1730, Übernahme der Pfründe in Pfalzel 16. Dezember 1770, Zulassung zur Pension 18. Februar 1803 (K Best. 276 Nr. 2681 und 2828 f.).

Johann Philipp (von) Hahn. 1772–1802 Kanoniker. Pfründe 6. Am 16. August 1769 erhielt er eine kaiserliche Erste Bitte, die zunächst auf Franz Wilhelm von Schulz ausgestellt und auf ihn umgeschrieben worden war (HHStA Wien, Primariae Preces, Protokollbd und Akten K 10; vgl bei Schulz; Heyen, Erste Bitten S. 185). Die Preces legt er am 3. April 1772 in Pfalzel vor und wird am 8. Mai 1772 angenommen. Am 15. Juni 1772 bittet er, ihm das 3. Karenzjahr zu erlassen, was auch – ohne Anspruch auf die Einnahmen aus dem sogen. corpus und ohne Stimmrecht im Kapitel – gestattet wird, sodaß er am 15. Juni 1774 als Kapitularkanoniker aufgenomen wird (KP). Zuletzt soll er Kantor gewesen sein, was aber fraglich ist (vgl. § 34). Am 15. März 1782 beabsichtigte Hahn, zu seinem Bruder nach München zu reisen, und beantragte im Kapitel, ihm mit Bezahlung Residenzbefreiung zu erteilen, was aber abgelehnt wurde (KP). Nach Flucht beim Einrücken der Franzosen sei er zum 4. Oktober 1796 aus der Emigration zurückgekehrt. Am 21. Juli 1802 ist er noch in Pfalzel nachweisbar (K Best. 276 Nr. 2462, 2479, 2681, 2828, 2829). Johann Philipp Hahn wurde am 9. Dezember 1733 in Bonn geboren (ebenda). – Ein Johann Adolf Heinrich Hahn aus Xanten ist 1728–1776 Kanoniker in St. Paulin vor Trier (Heyen, GS NF 6, St. Paulin S. 750).

Johann Balthasar Kirn aus Trier. 1773–1802 Kanoniker. Pfründe 13. Seit 1788 Kantor. Vgl. § 34.

Karl Josef Coenen. 1774–1788 Kanoniker. Pfründe 5. Seit 1786 Kantor. Vgl. § 34.

Johann Michael Schimper aus Trier. 1779/82–1802 Kanoniker. Pfründe 8. Zuletzt Kustos. Vgl. § 33.

Peter Christian Eberhard. 1781–1789 Kanoniker. Pfründe 10. Seit 1760 ist er Vikar des St. Margarethen-Altares in Pfalzel (K Best. 157 Nr. 370). Am 29. Oktober 1781 wird er von seinem Bruder, dem Dekan Josef Eberhard, im Turnus als Kanoniker nominiert und am 16. November 1781 eingeführt. Nach drei Karenzjahren erhält er am 15. Juni 1785 ein Kanonikat und verzichtet nun auf die Vikarie (KP). Er starb vor dem 17. Mai 1789, Nachfolger im Kanonikat wurde 1789/90 Peter Josef Weber (s. bei diesem). – Weihen: Subdiakonat mit Weihetitel der Vikarie in Pfalzel am 22. März, Diakonat am 5. April und Priesterweihe am 31. Mai 1760 (BistA Trier, Weiheprotokolle).

Clemens Wenzelaus Anton Josef Mähler/*Maehler*. 1783–1802 Kanoniker. Pfründe 11. Am 19. August 1782 legt der Geheime Rat Maehler dem Kapitel in Pfalzel eine Kollation des Erzbischofs für seinen Sohn Clemens Wenceslaus vor. Am 17. Mai 1783 wird dieser eingeführt (KP und PV). Im Hofkalender ist er 1783–1794 als Exspektant genannt.

Josef Anton Pfeiffer. 1786–1802 Kanoniker. Pfründe 3. Am 18. August 1786 wurde er als *clericus et tertiae classis candidatus* in Mainz von Dekan Josef Eberhard im Turnus präsentiert; er sei ein Neffe des Peter Christian Eberhard. Am 9. Dezember 1786 wurde er angenommen (KP). Beim Heranrücken der Franzosen floh er, kehrte aber am 12. Juni 1795 zurück. Er starb am 22. März 1802 in Mainz (K Best. 276 Nr. 2479, 2539 mit 2595 und 2559; auch Verfügung zur Inventarisierung seiner Güter). Die Priesterweihe hatte er am 25. April 1796 empfangen (BistA Trier, Weiheprotokolle).

Johann Jakob Hoffmann. 1788–1802 Kanoniker. Pfründe 5. Am 9. Juni 1788 tauscht er als Kanoniker von St. Paulin vor Trier (seit 1772; vgl. Heyen, GS NF 6, St. Paulin S. 764) dieses Kanonikat mit Karl Josef Coenen gegen dessen Kanonikat in Pfalzel (KP). Er wurde am 1. Januar 1743 in Trier geboren und starb am 26. Dezember 1809 in Trier; beim Anrücken der Franzosen ist er offensichtlich nicht geflohen, sondern in Pfalzel geblieben (K Best. 276 Nr. 2462, 2479, 2681, 2683, 2828, 2829). – Weihen: Tonsur und Niedere Weihen am 20. April 1764, Subdiakonat mit Weihetitel *ad congruam* in Perl am 24. September 1768, Diakonat am 17. Dezember 1768 und Priesterweihe am 25. März 1769 (BistA Trier, Weiheprotokolle).

Peter Josef Weber. 1790–1802 Kanoniker. Pfründe 10. Am 17. Mai 1789 erbittet er als geistlicher Rat und Prof. theol. das durch den Tod des Peter Eberhard freie Kanonikat, das ihm Erzbischof Clemens Wenzeslaus am 28. Mai 1789 verlieh (BistA Trier Abt. 65 Nr. 87; Schriftstücke der kurfürstlichen Verwaltung). Als Schuldirektor des Oberstiftes mußte er sich vor der Ausstellung der Provision gegenüber der kurfürstlichen Verwaltung verpflichten, bevor er in das Kapitel in Pfalzel eintrete (d.h. bis zum Ablauf der drei Karenzjahre) unentgeltlich die Aufträge der Schulkommission durchzuführen und nach den drei Jahren auf die in seinem Besitz befindliche Pfarrei Niedererbach zu verzichten. Diese Erklärung gab Weber am 4./14. Juni 1789 ab (K Best. 1 C Nr 12375). Über seine (spätere) Anwesenheit im Stift zu Pfalzel ist nichts bekannt. Beim Heranrücken der Franzosen war er geflohen, an 2. November 1795 aber zurückgekehrt. In einer Aufzeichnung aus der französischen Zeit wird er als *chanoine honoraire* bezeichnet, was sich wohl auf das Kanonikat am Dom nach der

Wieder- bzw. Neueinrichtung des Bistums bezieht (K Best. 276 Nr. 2675, 2681, 2478; er ist dort vom 21. Juli 1802 bis zum 11. August 1808 nachgewiesen).

Peter Josef Weber wurde am 22. Mai 1750 in Montabaur geboren. 1778–1798 war er Bacc. theol, bibl. et form. et moral. Professor an der Theologischen Fakultät der Universität Trier und 1796 Dekan dieser Fakultät (Zenz, Univ. Trier S. 189f.). Am 23. September 1785 wird er als Dr. theol. und Prof. publ. zum *accessista* und am 27. Oktober 1786 zum Geheimen Rat und Assessor actualis am Generalvikariat Trier ernannt (K Best. 1 C Nr. 11235). Im Hofkalender ist er 1790–1794 als Exspektant zu Pfalzel, Dr. theol. und Professor, Beisitzer am Geistlichen Justizsenat in Trier, Pfarrer zu Niedererbach und Direktor der obererzstiftischen Schulen bezeichnet. Er starb als Domkanoniker und Professor der Moraltheologie in Trier am 1. Juli 1821 (Thomas, Verwaltung S. 214 Anm. 16). – Weihen: Tonsur, Niedere Weihen und Subdiakonat mit Weihetitel *ad congruam ibidem* (in Montabaur?) am 21. September 1770, Diakonat am 13. Juni 1772 und Priesterweihe am 5. Juni 1773 (BistA Trier, Weiheprotokolle).

Georg Michael Franz Schmidt. 1790 Kanonikatsanwärter. Er erhielt mit Fertigungsbefehl am 27. Februar 1790 eine kaiserliche Erste Bitte (HHStA Wien, Primariae Preces, Akten K 17 und Protokollbd; Heyen, Erste Bitten S. 185). In stiftischen Quellen ist er nicht nachweisbar.

Josef Anton Ignatius Franz Settegast. 1794–1802 Kanoniker. Pfründe 7. Am 10. November 1792 erhielt er eine Erste Bitte Kaiser Franz II. für Pfalzel (HHStA Wien, Primariae Preces, Protokollbd; vgl. Heyen, Erste Bitten S. 185; das Original der Urkunde befand sich 1981 im Besitz von Heinrich Settegast in Aachen) und wurde am 26. Juni 1794 auf die durch den Tod des Josef Eberhard frei gewordene Pfründe als Extrakapitular angenommen. Zur Zeit der Aufhebung des Stiftes (21. Juli 1802) war er zum Studium in Paris und wurde 1803 zur Pension zugelassen (K Best. 276 Nr. 2681). – Ob Josef Anton identisch ist mit dem ohne Vorname genannten *presbyter* Settegast, der 1777 zum *curator* der Pfarrei Udelfangen und 1781 zum Pfarrer von Öttringen ernannt wurde (KP St. Paulin, StadtBi Trier Hs. 2097/685 S. 253 und 583) konnte nicht geklärt werden. Er stammt jedenfalls aus der Familie des Nazarener-Malers Josef Anton Settegast (1813–1890).

Peter Josef Xaver Linz aus Koblenz. 1794–1802 Kanoniker. Er war 1794 aufgenommen und nach den drei Karenzjahren am 24. Juni 1797 als Kapitularkanoniker in das Kapitel eingetreten (K Best. 276 Nr. 2479). Am 15. April 1797 empfing er mit Weihetitel eines Kanonikates in Pfalzel die Niederen Weihen und die Weihe zum Subdiakon (BistA Trier, Weiheprotokolle). – Peter Xaver Linz war in Koblenz geboren und 1805 26 Jahre alt. Er wohnte damals nicht in Pfalzel, sondern im Rhein-Mosel-Departement, vermutlich in Koblenz (K Best. 276 Nr. 2681, 2828f.).

§ 36. Liste der Vikare und Altaristen

Johann. 1271 Vikar. Zeuge (MrhR 3 S. 585 Nr. 2570).

Heinrich von Besselich. 1392 Kaplan des St. Margarethen-Altares. Priester, Zeuge (K Best. 207 Nr. 260).

Tilmann von Euskirchen. 1392 Kaplan des St. Katharinen-Altares. Priester (K Best. 207 Nr. 260).

Johann *Bonensteel alias Kysgen*. 1430 Bewerber um die Vikarie des St. Johann Baptist-Altares. Mainzer Priester. 1430 erbittet er die Pfarrei Wonsheim (Wanssheim) (Diözese Mainz), unbeschadet des Besitzes eines bepfründeten Kanonikates in St. Johannesberg a. d. Nahe und des vorgenannten Altares im Stift Pfalzel (RepGerm 4 Sp. 1648).

Heinrich von Ebersbach (*Evers-*). 1433 Vikar von St. Martin. Anhänger Ulrichs von Manderscheid (Meuthen, Obödienzlisten S. 53 und Schisma S. 22 Nr. 34).

Johann Theoderici/*Dietrichs*. 1438 *summus vicarius* (K Best. 1 A Nr. 4203). 1445 Kanoniker. Vgl. § 35.

Alexander von Mundenheim/*Manden-, Monden-*. 1459 Vikar (*vicaria perpetua*) des Altars St. Peter. Wormser Kleriker. Erbittet Kanonikat an St. Marien in Worms; die Pfarrei Pfeddersheim (*Pfeffenkeim*)/Diözese Worms und die Vikarie in Pfalzel sind als *non obstantes* genannt (RepGerm 8 Nr. 128). Vgl. nachstehend Nikolaus Sack.

Nikolaus Sack. 1459 Bewerber um den Altar St. Peter in Pfalzel, frei durch Resignation des Alexander von Mundenheyn, Familiare Papst Calixt III. Nikolaus ist Mainzer Kleriker, Mag. art. und Abbreviator der Kurie. 1458–1459 verschiedene Suppliken um Pfründen in den Diözesen Mainz, Worms und Speyer (RepGerm 8 Nr. 4585).

Walter. 1460 Vikar SS. Trinitatis. Gestorben vor dem 19. November 1460 (vgl. nachstehend Johann Matthias).

Johann Matthias von Bacharach. 1460 Bewerber um die Vikarie SS. Trinitatis, frei durch den Tod des Walter. Als *non obstans* sind eine Vikarie in St. Florin/Koblenz (vgl. dazu Diederich, St. Florin/Koblenz S. 259) und die Pfarrkirche *Aupach/Diepach* genannt (RepGerm 8 Nr. 3238; vermutlich Oberdiebach w Bacharach; vgl. Fabricius, Erl. 5,2 S. 145). Er ist auch Kanoniker in St. Kastor/Koblenz (vgl. Goldmann, St. Kastor/Koblenz S. 121; Schmidt-Knichel, Memorienbuch S. 183).

Johann Hayß. 1462 Vikar (*altarherr*, K Best. 157 Nr. 98). Im Memorienverzeichnis ist er ohne Pfründenangabe am 2. Werktag nach Allerseelen notiert.

Valerius Bolle/*Buylle*. 1465–1468 Bewerber um ein Benefitium in Pfalzel, 1468 um Erneuerung der Provision auf die durch den Tod des Johann *Peycz* freie *vicaria perpetua ad altare b. Mariae* in Pfalzel (das muß ein Irrtum sein; es kann sich nur um den Dreifaltigkeits-Altar handeln; vgl. nachstehend bei Johann Peitz). *Pauper clericus Trevirensis*, 1466 *famulus* des Kardinals von S. Anastasia, 1468–1470 des Kardinals Berard von S. Sabina. Weitere Bitten um Provisionen 1466 auf ein Kanonikat im Stift St. Paulin vor Trier, frei durch den Tod des Nikolaus Grysze (nicht bei Heyen, GS NF 6, St. Paulin), 1469 um Erneuerung der Verleihung der Pfarrei Gillenfeld, die er offenbar auch erhalten hat, 1470 um Exspektanzen (seit 1465) auf ein Kanonikat im Stift St. Kastor in Karden (nicht bei Pauly, GS NF 19, Karden) sowie um ein Benefitium der Kollation von Dekan und Kapitel des Stiftes Münstermaifeld. Es handelt sich offenbar um typische Serien-Suppliken eines Bediensteten der Kurie. RepGerm 9 Nr. 6036.

Johann *Sachinna alias Peitz/Peicz*. Vor 1467/68 Vikar des Dreifaltigkeits-Altares (RepGerm 9 Nrr. 328 mit 285, zu 6036 vgl. vorstehend bei Valerius Bolle). In stiftischen Urkunden ist er nicht bezeugt.

Johann *Fruchel* von Neuerburg (*de Novo Castro*). Vor 1467 Vikar des St. Peter-Altares (RepGerm 9 Nr. 1289).

Friedrich *Knaff*. 1467 Bewerber um die Vikarie am St. Peter-Altar. *Presbyter Trevirensis*, Bitte um Provision auf die durch den Tod des Johann *Fruchel* von Neuerburg freie Ewigvikarie in Pfalzel (RepGerm 9 Nr. 1289). Ein Friedrich Knoff ist 1468 Kanoniker in Prüm (RepGerm 8 Nr. 1303); vermutlich ist er identisch.

Arnold von Gillenfeld (*Gellenvelt*). 1467 Bewerber um den Dreifaltigkeits-Altar. Trierer Priester. Bitte um eine Provison auf die Ewigvikarie des St. Antonius-Altares in der Pfarrkirche Wittlich (*Witlik*), frei durch den Tod des Peter *de Tetchet*, und/oder die Ewigvikarie oder Vikarie des gen. Altares in Pfalzel, frei durch den Tod des Johann *Sachinna alias Peicz* (RepGerm 9 Nr. 328).

Johann *Knouff*. 1467 Bewerber um die Vikarie am Dreifaltigkeits-Altar. Bitte um Provision auf die durch den Tod des Johann Peitz freie Ewigvikarie des genannten Altares (*ad altare Individuae Trinitatis*). *Presbyter Trevirensis*. Er erbittet gleichzeitig (oder alternativ) die Bantus-Präbende am Marien-Altar der Pfarrkirche St. Gervasius und Protasius in Trier, die durch den Tod des Peter *de Fonte* frei ist (RepGerm 9 Nr. 2825).

Johann *Balistarii* von Wittlich. Vor 1468 Vikar des Dreifaltigkeits-Altares (RepGerm 9 Nr. 1291).

Friedrich Conradi. 1468 Bewerber um die Vikarie des Dreifaltigkeits-Altares. Trierer Kleriker. Bitte um Provision auf die durch den Tod des Johann *Balistarii* von Wittlich freie Ewigvikarie des gen. Altares. 1467 erbittet er die Pfarrkirche St. Lubentius in Kobern, 1469 den St. Barbara-Altar in der Pfarrkirche zu Bernkastel. 1471 ist er als *rector* der Pfarrkirche in Kobern genannt und legt Zeugnisse vor über die Weihe zum Subdiakon (am 22. Juli), zum Diakon in der Kirche St. Bartholomäus auf der Transtiber-Insel (25. Juli) und zum Priester in der Kirche S. Salvator de curtibus in Rom. Es scheint danach, daß er Kobern (1467 frei durch den Tod des *Jobelin* von Kobern) erhalten hat (RepGerm 9 Nr. 1291).

Arnold *Sitken*. 1470 Bewerber um den Dreifaltigkeits-Altar. Mainzer Kleriker. Bitte um eine Provision auf die durch Tod (der Name des letzten Inhabers ist nicht genannt) freie *vicaria perpetua seu capellanaria* des gen. Altares (RepGerm 9 Nr. 355).

Simon von Ehrang. 1471–1505 Vikar des St. Johann Baptist-Altares. Er ist ein Sohn der *Meckel Emails*, der Magd des Kanonikers von St. Simeon Johann Ehrang (ob es sich um den 1398–1409/17 bezeugten Propst von St. Simeon/Trier handelt, ist bei der zeitlichen Differenz wenig wahrscheinlich; ein Kanoniker Johann von Ehrang in St. Simeon ist zu 1443 genannt; vgl. Heyen, GS NF 41, St. Simeon S. 753: Propst, S. 181: Kanoniker 1443, dieser fehlt in der Liste S. 907). 1473 gibt Simon seine Zustimmung zu einer Stiftung seiner Mutter in St. Simeon (BistA Trier Abt. 71,3 Nr. 238). Er ist auch genannt 1471 (StadtBi Trier Hs 1680/341) und 1488 (K Best. 157 Nr. 116). Sehr wahrscheinlich ist er identisch mit dem nur als Simon bei den Residenzmeldungen 1500–1505 notierten Altaristen.

Nikolaus *Utgin* von Cochem. 1471 Vikar des St. Margarethen-Altares (StadtBi Trier Hs 1680/341).

Johann Born/*Fontis*. 1471–1500 Vikar (StadtBi Trier Hs 1680/341 und RM 1500). 1487 verkauft er gemeinsam mit seiner Mutter Katharina Born dem Stift Pfalzel eine Rente von 1 fl., belastet auf Haus, Garten und Ländereien zu Pfalzel (K Best. 157 Nr. 86).

Jakob *Kolini/Rolini*. Vor dem 1. November 1474 Kaplan des St. Katharinen-Altares. Familiare Papst Pauls II. (1464–1471) und danach des Peter (?), Kardinal von St. Peter ad vincula, Inhaber der Kaplanei des St. Katharinen-Altares in Pfalzel, gestorben an der Kurie (RepGerm 10, Mitt. Bardelle).

Stephan *Watrim/Watrini*. 1474 Bewerber um den St. Katharinen-Altar. Am 1. November 1474 bittet er als mag. art. um eine Provision auf die durch den Tod des Jakob *Kolini* an der Kurie freie Kaplanei des St. Katharinen-Altares in Pfalzel; diese wird am 16. Februar 1475 ausgestellt (RepGerm 10, Mitt Bardelle). In Pfalzeler Quellen ist er nicht bezeugt.

Johann *Zyrenberg/Cyrenberg*. 15. Jh. Vikar. Memorie am 2. Werktag nach Maria Magdalena (Memorienverz. und Rep. memoriarum); im Index ein Präsenzgeld von 1 Goldfl. und 20 Alb. aus einem Haus.

Johann Philippi von Münstermaifeld. 15. Jh. Kaplan des St. Katharinen-Altares. Genannt mit Memorie am Montag nach St. Vitus und Modestus (15. Juni) und am Dienstag nach dem Sonntag Deus Omnium (Memorienverz.).

Johann Gottlieb. 15. Jh. Vikar. Genannt mit Memorie am Mittwoch nach Mariae Geburt (8. September; Memorienverz. und Rep. memoriarum); im Index 1 fl. Präsenzgeld.

Ulrich von *Winßberg*. 15. Jh. Vikar. Genannt mit Memorie am Montag nach Kreuzerhebung (14. September; Memorienverz.).

Theoderich Neuerburg. 1500 Vikar (RM). Ein Dieter/Theoderich (von der) Neuerburg ist 1559 Pastor von St. Antonius in Trier (K Best. 201 Nr. 671 fol. 193v) und 1568/vor 1571 Präbendat von Liebfrauen/Trier (K Best. 1 C Nr. 39 S. 172; Lichter, KurtrierJb 2. 1962 S. 37). Ob er identisch ist, sei dahingestellt.

Peter Rubusch. 1500–1506 Vikar (RM). Er tritt (nach 1510) in die Liebfrauen-Bruderschaft des Stiftes St. Paulin vor Trier ein (Kopiar StadtBi Bl. 55r).

Johann Hoffmann. 1500–1506 Altarist (RM).

Johann *Cruder*. 1500–1527 Altarist (RM).

Jakob Scheitmann. 1505 Vikar (RM).

Nikolaus Fabri von Neuerburg. 1505–1506 Vikar (RM).

Jakob Daun. 1506 Vikar (RM).

Christian Nolden. 1521–1532 Vikar des St. Johann Baptist-Altares. Er kauft 1521 als Vikar von Pfalzel eine Rente in St. Aldegund (Kopiar BistA S. 190), 1527 ist er bei den Residenzmeldungen genannt, 1530 als Altarist von St. Johann Baptist (K Best. 157 Nr. 132; vgl. dazu in § 15 und in § 28 unter Geisberg). 1526 ist er magister der Marien-Bruderschaft (vgl. § 22). In einem Auszug aus seinem Testament vom 26. Mai 1536 sind Legate für eine Memorie in Pfalzel (diese im Memorienverz. am 19. März) und für seine Magd Aldegund genannt (Kopiar BistA a.a.O.).

Johann Forßweiler/Weiler. 1527 Vikar des St. Margarethen-Altares. 1546–1558 Kanoniker. Vgl. § 35.

Johann Steichart. 1527 Vikar (RM).

Matthias Wittlich. 1527 Altarist (RM). Er ist wohl kaum identisch mit dem gleichnamigen Vikar an St. Florin in Koblenz 1553–1554 und 1559–1569 (Diederich, St. Florin/Koblenz S. 315) bzw. dem Pfarrer von Berg 1571–1575 (K Best. 1 C Nr. 39 S. 194 und 383; wohl Berglicht).

Philipp Wimpfen. 1527–1535 Vikar. 1527 Residenzmeldung ohne Angabe des Altares, 1535/1536 ebenfalls ohne weitere Angaben Zeuge in Pfalzel (Kopiar BistA S. 190).

Johann Lamberti aus Kaisersesch. 1532–1546 Vikar des St. Johann Baptist-Altares. Am 15. März 1532 schreiben Dekan und Kapitel des Stiftes Pfalzel dem *provido atque honeste conversationis viro, curator altaris s. Johannis Baptiste*. Sie teilen ihm mit, daß er vor nahezu einem Jahr durch *provisio* des Erzbischofs die Vikarie erhalten, sich bisher aber noch nicht zur *residentia personalis* gemeldet habe. Gemäß den Statuten könne er zum Studium beurlaubt werden, müsse aber erst die Residenz angetreten haben. Sie empfehlen ihm, dies beim nächsten Generalkapitel an Vitus und Modestus (15. Juni) zu tun, andernfalls er die Einkünfte verliere (Brief. Kopiar BistA S. 189; Kopiar StadtBi fol. 37v). Johann von Kaisersesch ist als Vikar von St. Johann Baptist in Pfalzel zum 17. Dezember 1546 und als Pfarrer von Kehrig (Landkap. Ochtendung: *Kirich*) zum 10. November 1546 als verstorben bezeichnet (K Best. 1 C Nr. 30 S. 641 f.).

Johann Römer von Sierck. 1546–1549 Vikar des St. Johann Baptist/St. Johann Evangelist-Altares. Danach Kanoniker. 1561/65–1574 Scholaster. Vgl. § 32.

Philipp Textor. Bis 1547 Inhaber des St. Martin-Altares, den er im Tausch gegen dessen Kanonikat an Heinrich Falkenberg gibt. Vgl. § 35.

Heinrich Falkenberg. 1545 (–1553) Vikar des St. Martin-Altares. Vgl. § 35.

Martin von Kenn(e). 1549 Altarist des St. Johann Baptist-Altares. Am 30. September 1549 verleiht Erzbischof Johann dem Trierer Kleriker Martin von Kenn den genannten Altar (K Best. C Nr 32 S. 60). Am 28. Januar 1547 hatte Erzbischof Johann Ludwig (gest. am 23. März 1547) ihm den Altar St. Magdalenae in der Pfarrkirche zu Lahnstein verliehen (K Best. 1 C Nr. 30 S. 643). Vgl. nachstehend bei Johann Kenn 1556.

Matthias Kenn(e). Vor 1552 Altarist St. Katharinae. Am 12. Juli 1552 verlor er diesen Altar *per legitimam privationem ... ob certas causas in litteris in forma juris ... expressas* (K Best. 1 C Nr. 32 S. 103).

Matthias Sierck. 1552 Vikar St. Katharinae. Am 12. Juli 1552 verleiht ihm Erzbischof Johann den Altar (K Best. 1 C Nr. 32 S. 103). Er ist später nicht mehr genannt; entweder kam er nicht in den Besitz des Altares oder er gab ihn weiter an Johann Sierck (s. bei diesem).

Johann von Fell. 1555 als Vikar genannt. 1558–1567 Kanoniker. Vgl. § 35.

Johann Kenn(e). 1556–1558 Vikar St. Johannis. Am 14. Januar 1556 verleiht Erzbischof Johann dem Trierer Kleriker Johann Ken/Kenne die Altäre

St. Johann in Pfalzel und St. Maria Magdalena in Niederlahnstein (K Best. 1 C Nr. 32 S. 178). Am 18. November 1558 verzichtet dieser auf den genannten Altar St. Mariae Magdalenae (K Best. 1 C Nr. 34 S. 92).

Laurentius Fell. 1564–1574 Vikar St. Margarethae (PV bis 1576; vgl. bei Bernhard Pfalzel).

Nikolaus Bitburg. 1564–1574 als Vikar SS. Trinitatis bezeichnet. Bei den Residenzmeldungen zu 1570 ist angegeben, er habe zugunsten des (Kanonikers) Christoph Gritzer verzichtet. Ab 1571 ist auch Matthias Bitburg als Vikar des Altares der hl. Dreifaltigkeit notiert.

Stephan Saarburg. 1567 Altarist Johannis Baptistae (RM).

Johann Sierck. 1567–1577 Vikar St. Katharinae (PV und RM). Er starb vor dem 22. September 1577 (K Best. 1 C Nr. 39 S. 484).

Quirin Cochem. 1569–1576 Altarist Johannis Baptistae (RM).

Nikolaus Ehrang/*Eringius*. 1570–1575 Vikar St. Margarethae. Beim Generalkapitel 1570 und 1571 ist er als *non residens* notiert. Vielleicht ist er mit dem 1616–1621 bezeugten gleichnamigen Vikar von St. Simeon in Trier identisch (vgl. Heyen, GS NF 41, St. Simeon S. 1016).

Matthias Bitburg. 1571–1574 Vikar SS. Trinitatis (RM). In der 2. Hälfte des 16. Jahrhunderts gibt es mehrere Kleriker dieses Namens; eine Identität war nicht nachweisbar.

Bernhard Pfalzel. 1574–1598 Vikar St. Margarethae (PV).

Johann Ehrang. 1575–1576 Vikar SS. Trinitatis. Beim Generalkapitel am 15. Juni 1575 meldet er sich als Vikar SS. Trinitatis, verzichtet aber 1576 (auch PV 1575, 1576).

Johann Leonardi Pfalzel. 1576–1579 Vikar SS. Trinitatis, 1579–1583 Vikar St. Katharinae. Seit 1582 Kantor, 1599–1615 Dekan. Vgl. § 31.

Johann Pfalzel. 1577 Vikar St. Katharinae. Erzbischof Jakob verleiht ihm die Vikarie am 22. September 1577 *vigore indulti* (K Best. 1 C Nr. 39 S. 484). Vermutlich ist er identisch mit dem Trierer Kleriker Johann Pfalzel (*Palatiolensis*), dem derselbe Erzbischof Jakob am 12. Dezember 1571 den Altar St. Jakob in der Pfarrkirche zu Cochem verliehen hatte (ebenda S. 204) und der 1574 als Trierer Alumne am Germanicum zu Rom bezeugt ist (Verzeichnis 13/I, 195; *Joannes Pfaltzell*). 1588 ist ein Johann Pfalzel Pfarrer in Salz (Westerwald bei Westerburg), der nun mit Jodokus Pfalzel gegen dessen Kanonikat am Stift Dietkirchen tauscht (vgl. Struck, GS NF 22, Dietkirchen S. 334 und 348).

Johann Vianden. 1580–1593 Vikar SS. Trinitatis. 1593–1606 Kanoniker. Vgl. § 35.

Leonard Leonardi aus Pfalzel. 1583–1593 Vikar St. Katharinae (oder Johannis Baptistae?). Seit 1607/1611 Kanonikats-Bewerber. Vgl. § 35.

Johann Remigii aus Pfalzel. 1583–1593 Vikar des Altares St. Johannis Baptistae bzw. Katharinae, 1593–1600 des Altares SS. Trinitatis, 1600–1630 des Altares St. Katharinae. Am 29. Juli 1583 verleiht ihm Erzbischof Johann den Altar St. Johann Baptist (K Best. 1 C Nr. 43 S. 85). Seit 1493 ist er als Vikar SS. Trinitatis notiert (PV); auf diese Vikarie verzichtet er am 12. Juni 1596 (K Best. 1 C Nr. 43 S. 1041). Am 25. Mai 1596 hatte ihm Erzbischof Johann *vigore indulti* die Vikarie St. Katharinae verliehen (ebenda); als solcher ist er 1600 bis 1630 bezeugt (PV, RM; 1626 auch K Best. 1 A 11674 als Zeuge); vgl. aber bei Johann Mey. Die Wechsel der Altäre hängen vielleicht auch mit den Zusammenlegungen der Altäre 1595 zusammen.

Johann Habscheid. 1598–1623 Vikar St. Margarethae und Johannis Baptistae (PV und RM). Schon zum 21. Juni 1595 ist er als Altarist genannt (K Best. 157 Nr. 310). Er hat 3 fl. Rente für seine Memorie bestimmt (Rückvermerk auf K Best. 157 Nr. 160).

Johann Mey. 1600–1611 Vikar St. Katharinae. Zum 9. Februar 1600 ist er als Vikar genannt (K Best. 157 Nr. 310), 1607–1611 bei den Residenzmeldungen. Ob er mit Johann Remigii (s. bei diesem; zur gleichen Zeit St. Katharinen-Altar) identisch ist, muß dahingestellt bleiben.

Johann Kell. 1600–1636 Vikar SS. Trinitatis. Bei den Residenzmeldungen ist er seit 1600 genannt. 1631 ist er Testamentsvollstrecker des Dekans Peter Haaß (*Hasius*; vgl. § 31; BistA Trier Abt. 71,6 Nr. 134), 1636 auch Pfarrer von St. Martin in Pfalzel (PfarrA, Pfarreiregister Bl. 17), gestorben 1636 (PV).

Anton Leler. 1623–1624 Vikar St. Margarethae (PV).

Nikolaus Bredimus. 1624–1626 Vikar St. Margarethae. Er tauscht im April 1626 die Vikarie mit Bartholomäus Thomae gegen die Pfarrei Befort (PV).

Bartholmäus Thomae. 1626 Vikar St. Margarethae. Er erhält im April 1626 die Vikarie im Tausch mit Nikolaus Bredimus gegen die Pfarrei Befort (*Beffart*; PV) und war auch Pfarrer von St. Martin in Pfalzel (Protokoll Mischbd StadtBi Bl. 13r). Ein Dom-Präbendat Bartholomäus Thomae starb am 30. August 1636 (MittGebietKirchlArchäologieTrier 1. 1856 S. 96).

Johann Kenn aus Pfalzel. Ca 1628/30 Vikar St. Margarethae. Er ist als Nachfolger des Bartholomäus Thomae genannt (PV), der (zu seinen Gunsten?) verzichtet hatte (Protokoll Mischbd StadtBi Bl. 13r).

Nikolaus Waldrach aus Pfalzel. 1630–1639 Vikar St. Katharinae (PV und K Best. 157 Nr. 306). Er ist 1629 Vikar in St. Florin in Koblenz, 1636–1653 Kanoniker in St. Simeon in Trier, zuletzt dort Kustos (vgl. Heyen, GS NF 41, St. Simeon S. 843f.).

Johann Irsch. 1630–1636 Vikar St. Margarethae. Aufgrund einer Kollation des Dekans folgt er (ca 1630) dem Johann Kenn. Ihm folgt 1636 Wilhelm Dhron. Johann Irsch wird Pastor in Ehrang (PV).

Wilhelm Dhron. 1636–1655 Vikar St. Margarethae. Er sei 1636 durch Kollation des Dekans dem Johann Irsch als Vikar von St. Margarethen gefolgt. *Privatus ab ordinario ratione excitatorum filiorum, contulit vicariam* dem Johann Gerhard Weiß (so PV). Bei den Residenzmeldungen des Generalkapitels ist er 1651–1655 als Vikar von St. Margaretha und Pastor von St. Martin (in Pfalzel) genannt. Zum 15. Juni 1656 ist notiert: *Vicarius Johannis et Margarethae non admissus, quia non aetatem habuit.* Die Wochenmesse *de patronis* halte Gerhard Weiß. Wilhelm Dhron *per ordinarium amotus fuit propter excitatas proles.* Urkundlich ist Wilhelm Dhron 1639 und 1641 genannt (K Best. 157 Nr. 306 und 199R).

Peter Schenk. 1637–1659 Vikar SS. Trinitatis (PV und RM). Seine Schwester Elisabeth starb am 10. März 1657 und wurde in St. Nikolaus vor dem St. Anna-Altar begraben (Mischbd StadtBi).

Walter Lang. Ca 1645 Vikar St. Katharinae (PV).

Theoderich Trierweiler. 1651– ca 1675 Vikar St. Katharinae. 1651 ist er auch Verweser der Vikarie St. Margarethae für den Vikar Zerf (PV und RM).

Johann Gerhard Weiß. 1655–1657 Vikar St. Margarethae aufgrund einer Kollation des Dekans Krössel (PV). Er ist nicht identisch mit dem 1638–1671 bezeugten Kanoniker Gerhard Weiß (vgl. § 35). Wahrscheinlich ist er aber identisch mit dem 1632 genannten *ludimagister* gleichen Namens (K Best. 157 Nr. 155).

Matthias Zerf. 1657–1658 Vikar St. Margarethae und St. Johannis Apostoli. Er wurde 1659 (oder schon früher?; vgl. K Best. 201 Nr. 349) Pastor von Alf; die Vikarie verwaltete für ihn der Vikar Trierweiler (RM).

Johann Theoderich Staadt. 1659–1666 Vikar SS. Trinitatis (PV und RM).

Johann Karl Rodener. 1658–1677 Vikar St. Margarethae aufgrund einer Kollation des Dekans Krössel. In den Residenzmeldungen ist er seit 1661 als *presbyter* bezeichnet. 1678 heißt es, er sei seit 20 Jahren Vikar in Pfalzel. 1677 wird er zum *respector chori* gewählt. Am 3. Januar 1678 wird er als *cle-*

ricus Trevirensis zum Pfarrer von Ittel präsentiert und investiert (K Best. 157 Nr. 172). 1688 richtet er als Pastor von Ittel ein Bittgesuch zugunsten des Meiers von Idesheim an das Stift St. Simeon (K Best. 215 Nr. 1665; eigenhändig).

Johann Jodok/*Jost Sagittarius/vulgo Pfeiler*. 1675–1713 Vikar St. Katharinae. 1678 ist er auch für ein Jahr *respector chori* (PV und RM). Weihen: Diakonat am 23. September, Priesterweihe am 23. Dezember 1673 (BistA Trier, Weiheprotokolle).

Johann Groß. Bis 1676 Vikar SS. Trinitatis (PV)? Ein Johann Friedrich Groß erhält am 12. Mai 1675 die Priesterweihe (BistA Trier, Weiheprotokolle; vgl. aber Heyen, GS NF 6, St. Paulin S. 784). Die Zuordnung ist offen.

Martin Kettenhofen. 1675–1686 Vikar SS. Trinitatis. Er ist regelmäßig bei den Residenzmeldungen des Generalkapitels notiert, 1685 und 1686 wird er zum *respector chori* gewählt (auch PV). Weihen: Tonsur am 20. Dezember, Subdiakonat am 21. Dezember 1675, Diakonat am 4. April und Priesterweihe am 28. Mai 1676 (BistA Trier, Weiheprotokolle). Wahrscheinlich ist er identisch mit Martin Kettenhofen, der als 14jähriger den St. Anna-Altar im Stift St. Paulin vor Trier erhält (Heyen, GS NF 6, St. Paulin S. 784).

Johann Gobel. 1677–1688 Vikar St. Margarethae (PV und RM seit 15. Juni 1677). Weihen: Subdiakonat am 14. März, Diakonat am 14. Mai und Priesterweihe am 5. Juni 1678 (BistA Trier, Weiheprotokolle).

Nikolaus Erasmi. 1680–1691 Vikar SS. Trinitatis (nur PV). Weihen: Subdiakonat am 17. Februar, Priesterweihe am 19. Mai 1674 (BistA Trier, Weiheprotokolle).

Johann Haubs. 1688–1710 Vikar St. Margarethae (PV). Weihen: Tonsur und Niedere Weihen am 28. Februar, Subdiakonat am 28. Mai 1676, Diakonat am 18. September und Priesterweihe im Dezember 1677 (BistA Trier, Weiheprotokolle).

Anton *Sagittarius*/Pfeiler. 1691–1720/30 Vikar SS. Trinitatis (PV). Er ist auch Pfarrer von St. Martin in Pfalzel (im Pfarrei-Register des Pfarrarchivs bezeugt 1707 und 1730: Bl. 76 und 91); als solcher dort Anniversar am 28. September (Bl. 146), ebenso Anniversarien seiner Eltern Johann Pfeiler, Meier, und Regina (Bl. 140).

Johann Waldbillig. 1710–1760 Vikar St. Margarethae (PV, RM, Hofkalender). Die Priesterweihe empfing er am 14. Juni 1710 (BistA Trier, Weiheprotokolle). Er starb im Februar 1760 (K Best. 157 Nr. 370).

Johann Nikolaus *Beaupain/Schönbrot.* 1713–1771 Vikar St. Katharinae. Er erhält am 9. Juni 1713 die Niederen Weihen und am 10. Juni 1713 mit Weihetitel *ad vicariam S. Catharinae in collegio Palatiolensi* die Subdiakonatsweihe sowie am 23. September 1713 die Diakonatsweihe (BistA Trier, Weiheprotokolle). Urkundlich bezeugt ist er mehrfach zwischen 1736 (K Best. 157) und 1771 (PV). Er starb vor dem 17. Mai 1771 (KP).

Johann Michael Wagner. 1733–1738/39 Vikar SS. Trinitatis (1733 s. unten; 1737 und 1738/39 in den Rechnungen genannt). Am 24. November 1733 verleiht ihm Erzbischof Franz Georg die Pfarrei (St. Martin) in Pfalzel (K Best. 1 C Nr. 68 S. 84). Weihen: Niedere Weihen am 18. Dezember, Subdiakonat (mit Weihetitel Vikarie SS. Trinitatis in Pfalzel) am 19. Dezember 1733, Diakonat am 10. April und Priesterweihe am 24. April 1734 (BistA Trier, Weiheprotokolle).

Johann Hammes. 1760–1768 Vikar SS. Trinitatis (PV, Hofkalender). Er starb vor dem 8. Januar 1769 (KP).

Peter Christian Eberhard. 1760–1785 Vikar St. Margarethae. Seit 1781 Kanoniker. Vgl. § 35.

Johann Wolfgang Weyer. 1746–1777/78 Inhaber der Vikarie Lanser (Hofkalender bis 1784). Er starb am oder vor dem 13. Januar 1778 (KP S. 109; vgl. Nachfolger). Weihen: Tonsur und Niedere Weihen am 26. Dezember 1730, Subdiakonat (mit Weihetitel *ad congruam* in Weiskirchen) am 30. Mai 1744, Diakonat am 18. Dezember 1744 und Priesterweihe am 17. April 1745 (BistA Trier, Weiheprotokolle).

Johann Otto. 1769–1783 Vikar SS. Trinitatis. Er erhält die Vikarie am 8. Januar 1769 aufgrund einer Kollation des Scholasters. Vorher war er *chorisocius* in Pfalzel. Er starb vor dem 8. Dezember 1783 (KP, Hofkalender). Ob er mit Johann Otten aus Hönningen identisch ist, der 1755/1756 die Weihen erhielt (Subdiakonat mit Weihetitel Vikarie St. Philipp in Monreal, Priesterweihe am 18. September 1756: BistA Trier, Weiheprotokolle) muß offen bleiben.

Christoph Reichert/*Richard.* 1771–1786 Vikar St. Katharinae. Am 17. Mai 1771 wurde er aufgrund einer Kollation des Scholasters angenommen; vorher war er *chorisocius.* Er starb vor dem 14. Juni 1786 (KP). Im Generalkapitel 1779 heißt es, Reichert tue schon seit fünf Jahren kaum noch Dienst und wurde scharf gemahnt. Diese Mahnungen wiederholen sich in den Protokollen der Kapitelssitzungen immer wieder, wobei man ihm eingebildete Krankheit nachsagte. Reichert legte dagegen eine ärztliche Bestätigung vom 20. Juni 1783 über *hypochondrie,* Nervenkrankheit und *violenter sensibilitate* vor. Das Kapitel versuchte, zwangsweise einen Vertreter einzusetzen, doch konnte Reichert immer wieder ärztliche Zeugnisse zur Entlastung vorlegen. – Weihen: Tonsur und Niedere Weihen am 19. September 1766, Subdiakonat (mit Weihetitel *ad congruam* in Pfalzel) am 19. September 1767, Diakonat am 2. April und Priesterweihe am 28. Mai 1768 (BistA Trier, Weiheprotokolle). Über ein von Reichert erbautes Haus vgl. § 3 Abschn. A 5b.

Heinrich Zeyen. 1778–1794 Vikar, *chorisocius* und *ludirector* (Hofkalender). Einer Altar-Vikarie ist er nicht zuzuordnen.

Heinrich Josef Dau. 1778–1802 Inhaber der Vikarie Lanser. Er stellt sich am 27. März 1778 für die Vikarie Lanser vor, weil er ein Blutsverwandter des Stifters sei, und wird angenommen (KP). Bis zum 2. Juni 1794 ist er urkundlich als Vikar bezeugt (K Best. 1 C Nr. 19038). Zuletzt war er (bis 21. Juli 1802) Pfarrer von St. Nikolaus in Pfalzel (K Best. 276 Nr. 2462 etc.; vgl. dazu § 9; Aufhebung des Stiftes). – Dau wurde am 28. März 1735 in Eisenschmitt geboren. Weihen: Tonsur und Niedere Weihen am 17. Dezember 1762, Subdiakonat (mit Weihetitel *ad congruam* in Kail) am 17. Dezember 1763, Diakonat am 17. März 1764, Priesterweihe am 21. April 1764 (BistA Trier, Weiheprotokolle).

Johann Jakob Kirn. 1783–1800 Vikar SS. Trinitatis. Er erhielt die Vikarie als *presbyter Trevirensis* durch Kollation des Scholasters am 8. Dezember 1783 (KP) und ist auch urkundlich bis zum 2. Juni 1794 bezeugt (K Best. 1 C Nr. 19038; Hofkalender). 1795 wurde er Pfarrer von St. Nikolaus und in der Vikarie im Stift durch Anton Flesch (s. unten) vertreten. – Johann Jakob Kirn ist ein Bruder des Kanonikers Johann Balthasar Kirn (vgl. § 35) und erhielt 1776 eine Anwartschaft auf die Pfarrei Ittel, die er wohl auch in Besitz nehmen konnte, am 30. Mai 1788 aber darauf verzichtete (KP). – Johann Jakob Kirn wurde am 17. November 1738 (in Trier) geboren und empfing am 4. Juni 1751 die Tonsur und am 16. September 1759 die Niederen Weihen (BistA Trier, Weiheprotokolle; weitere Weihen nicht dokumentiert, doch ist mit Sicherheit anzunehmen, daß er die Priesterweihe empfangen hat).

Franz Tobias Müller berichtet (ohne den Namen zu nennen, lediglich als dem Priester der Pfarrei St. Nikolaus) über Kirn (Schicksale S. 465f.; bei Lager-Müller S. 227 stark verkürzt; nach diesem Cüppers 1989 S. 104): *Dieser Mann betrug sich gemäß einer in Reden geoffenbarten, sehr üblen Denkungsart, also auch sonst in seinem Äußern. Er machte gar keinen Anstand mit dem seiner Würde und Beruf unanständigen Amte eines Munizipal-Rathes bei den neuen französischen Einrichtungen sich beladen zu laßen. Schon hatte der gottloße Julian zu bößen Absichten geistliche Personen mit weltlichen Aemtern beleget. Jene Rathsstelle befugte den Mann auch, in die Bestellung des Kuh- und Schweinchirten und mehr dergleichen, auch nicht selten dem Nebenmenschen ganz mißliebige Neuigkeiten sich einzumengen. In dieser Stelle nun und zugleich noch*

Pfarrer trabete er öffentlich ohne Sinn mit einem blauen Republikanischen Rock mit einer dreifärbigen Cherpe oder dunkelblau, roth und weißer Leibbinde umgeben daher; der modische Hut aber ware mit eben solche mehrfärbiger Cokard und einem rothen hohen Federbusche gezieret. O Zeiten! Aber dieser Mann starb 1800 an einem der ersten Täge im Oktober jählingen und untröstlichen Todes. Und am 23ten Dezember, damals einem Sonntag und Tage des Herrns[1]*), wo man nie solche Verkäufe gesehen, wurden schon zu Trier auf der Steipe seine Benefizial-Güter sammt andere von abgelebten Stifts-Geistlichen des Landes sakrilegisch versteigeret. Das war nun ein vorherspringendes Zeichen, es werden dieselben in ihren Genüßlichkeiten keine Nachfolger haben.*

Johann Jakob Wolf. 1786–1789 Vikar des St. Katharinen-Altares. Am 14. Juni 1786 erhielt er mit Kollation des Scholasters die Vikarie. Vorher war er Pastor von Bullay und Definitor des Landkapitels Zell (KP). 1789 erhielt er im Tausch gegen die Vikarie die Pfarrei Alf (vgl. nachstehend bei Willwersch).

Johann Peter Willwersch. 1789–1799 Vikar St. Katharinae. Er ist vor dem 1. März 1799 gestorben (K Best. 276). – Am 1. Januar 1774 erhielt er vom Stift Pfalzel die Pfarrei Alf und ist dort auch als *vicarius curatus* bzw. *pastor* bezeugt (K Best. 157 Nr. 337; Best. 181). Vorher war er *chorisocius* in Pfalzel (KP). Zum 14. April 1789 ist dann die Genehmigung des Erzbischofs zum Tausch der St. Katharinen-Vikarie in Pfalzel zwischen dem Kurator von Alf Peter Willwersch und dem Pastor von Alf Jakob Wolf überliefert, bei dem Willwersch die Vikarie erhielt (BistA Trier Abt. 65 Nr. 86). Vermutlich bestanden hier Differenzen, über die Näheres aber nicht bekannt ist. Als Vikar des St. Katharinen-Altares ist Willwersch im Pfründenverzeichnis und ohne Altar-Angabe urkundlich 1791 (K Best. 157 Nr. 308) bezeugt. Über ein von ihm erbautes Haus vgl. § 3 Abschn. A 5b. – Johann Peter Willwersch stammt aus Pfalzel. Weihen: Tonsur und Niedere Weihen am 19. September 1766, Subdiakonat mit Weihetitel *ad congruam* in Sirzenich am 20. Mai 1769, Diakonat am 22. Dezember 1770 und Priesterweihe am 23. Februar 1771 (BistA Trier, Weiheprotokolle).

Die – vermutlich bestehenden – verwandtschaftlichen Beziehungen des Johann Peter Willwersch zu dem Präsidenten der Munizipalität und des Kantons Pfalzel von 1798, J. J. Willwersch, sind nicht untersucht. Vgl. *Verbal-Prozeß über die zu Pfalzel den 14. Germinal 6. Jahres der Republik bei Gelegenheit der Einsetzung der Munizipal-Administration stattgehabten Feierlichkeiten* (LHA Koblenz, Bibliothek IV V 14; das angegebene Datum entspricht dem 3. April 1798). Eine Rede dieses J. J. Willwersch, *gehalten bei der Einsetzung der Munizipal-Verwaltung des Kantons Pfalzel* auch ebenda IV W 53.

---

[1]) Der 23. Dezember fiel im Jahre 1800 auf einen Dienstag, der Sonntag auf den 21. Dezember.

Johann Theodor Lichter. 1785–1802 Vikar St. Margarethae. Er erhält die Vikarie aufgrund einer Kollation des Dekans am 10. Juni 1785; vorher war er *sacellan*/Frühmesser in Ruwer (schon 1778: Marx-Schuler, GeschPfarreien 2 S. 97). Er wurde am 22. August 1742 in Welschbillig (oder Möhn) geboren (K Best. 276, 2462 ff.). Weihen: Tonsur und Niedere Weihen am 18. September 1772, Subdiakonat mit Weihetitel *ad congruam* in Welschbillig am 19. Dezember 1772, Diakonat am 6. März und Priesterweihe am 5. Juni 1773 (BistA Trier, Weiheprotokolle). Über ein von ihm erbautes Haus vgl. § 3 Abschn. A 5b.

Anton Flesch. Seit 1795 vertrat er den Johann Jakob Kirn in dessen Verpflichtungen als Vikar SS. Trinitatis (PV), lebte aber anscheinend in Trier. Flesch wurde am 11. November 1759 in Morbach geboren und wohnte dort auch 1802 (K Best. 276 Nr. 2462 etc.).

INDEX DER PERSONEN- UND ORTSNAMEN

Nicht indiziert sind Heilige (außer Exkurs S. 194–98) und deren Reliquien. Zu Patrozinien der Altäre und Vikarien des Stiftes vgl. die Auflistung unter Pfalzel, St. Marien-Stift.

Dignitäten und Ämter ohne Angabe ihrer Institution sind solche des St. Marien-Stiftes in Pfalzel. Bei den Kapitelsmitgliedern des Stiftes sind bloße Verweise bei Ämterwechseln nicht aufgenommen.

Personennamen vor 1500 sind unter dem Vornamen nachgewiesen; ihre Zunamen (Nachnamen) sind verwiesen. Personennamen nach 1500 sind nur unter dem Zunamen nachgewiesen. Päpste, Könige und (Erz-)Bischöfe sind immer unter den Pontifikats- bzw. Regierungsnamen genannt; bei (Erz-)Bischöfen ist unter dem Geschlechter- bzw. Familiennamen auf den Vornamen verwiesen. Bei Personen mit mehreren Pfründen ist nur die Hauptpfründe genannt, die übrigen sind bei der jeweiligen Institution verwiesen.

Die Orte sind mit ihrer geographischen Lage zu größeren benachbarten Orten identifiziert. Für die Himmelsrichtungen sind folgende Abkürzungen verwandt: n = nördlich, ö = östlich, s = südlich, w = westlich (auch mit entsprechenden Kombinationen).

Die Stichworte Pfalzel und Trier sind zur Begrenzung der Item-Striche als „Überschrift-Kapitel" zusammengefaßt.

Abkürzungen

A	Anmerkung	Kan.	Kanoniker
Abb.	Abbildung	s.	siehe
Bf	Bischof	v.	von, auch aus
Erzbf	Erzbischof	Weihbf	Weihbischof
f.	folgende		

A
Aach nw Trier 237, 256 f., 299
Aachen, Marienstift 186
Aaron von Kröv, Jude in Trier 298
Abrunculus, Bf v. Trier 199
Acciaivolus, Angelus, Kardinal 360
Achill v. Ließem 267
Achtelsbach sw Birkenfeld 286
Adam Foil v. Irmentraud, Archidiakon Dietkirchen 272
Adalbero Propst 296, 353
– von Luxemburg, Propst St. Paulin/Trier 105f, 109, 111
Adela (Ada, Adula), Gründerin von Pfalzel 13, 15, 19, 25, 31, 37–42, 90, 103, 107f., 111, 113f., 136f., 190–98, 201, 207, 210, 215, 220, 260f., 285
Adelheid, Ehefrau Graf Walrams 111f.
Agen (Südfrankreich), Jesuiten 99
Agritius, Bf v. Trier 17, 29, 87, 101f., 192
Alard in Cochem 279
Alberich, Sohn Adelas 190
– , Großenkel Adelas, Bf v. Utrecht 190, 201
Albero, Erzbf v. Trier 18, 73–75, 80, 114–16
Albert, Dekan 325
– Priester in Cochem 279
– Schwarz, Kan. 362
Albrecht Alkibiades v. Brandenburg-Kulmbach 23, 71, 79f., 94, 135, 289f., 332
Aldegund, Heilige 90 f.
– Magd 401
– St., s Cochem 91, 156, 169, 207, 209, 237, 242–44, 248, 256f., 269, 272–75, 321, 374, 401; s. Maes, Johann; s. *Suntzelß*
Aldenborn, Nikolaus, Kan. 155, 295, 343, 381
Alexander Mundenheim, Vikar 177, 398
Alf s Cochem 91, 123, 131, 153, 156, 238, 242–44, 246, 248, 257, 272–75, 405, 409
Alflen, Maximin, in Cochem 279 f., 376

Algisheim, Heinrich, Kan. 348, 371
Alsdorf s Bitburg 284
Altrich s Wittlich 286, 290, 367
Amelburg s. Johann, s. Ludwig
Andernach 305; s. Tenxwind, s. Thilmann
Andreas (v. Pfalzel), Dekan 308, 356
Anethan, Johann Heinrich v., Weihbf in Trier, Kan. 296, 320, 389 f.
– Johann Hugo Friedrich v., Kan. 296, 388 f.
Anselm, Dekan 308, 357
Antwerpen, Bildhauer-Werkstatt 58–61
Arctopolitanus (?) 92
Arens, Johann, Kan. 295, 388
Arlon (Belgien), Graf v. s. Walram
– (*Arlunensis*), Nikolaus 332
Arnold, Domdekan Trier 307, 340
– Dekan 308, 356
– v. *Bergem* 363
– v. Gillenfeld, Vikar 173, 399
– II. v. Isenburg, Erzbf v. Trier 75, 116f., 299
– v. Kempenich, Kan. 354f.
– v. Kleve 312
– v. Ließem 267
– v. Schleiden, Propst, Archidiakon v. Trier/St. Peter 300, 355
– Sitken, Vikar 173, 399
– v. Wittlich, Kan. 363
Arnoldi, Simon, v. Neumagen 373
Arnsberg v., s. Johann, s. Margaretha
Aschaffenburg 75
Augsburg 363
Aupach s. Oberdiebach
Aus'm Werth, Ernst 38
Auw a. d. Kyll sö Bitburg 194–98
Avel, Ortsteil v. Trier s. Heinrich v. Anvel
Avignon 235, 302, 320
Azot, Bistum, s. Weihbf Johann de Monte

B
Bach, uff dem, Liefgen, wohl in Pfalzel 210
Bacharach v. s. Johann Matthias; s. Konrad
Back, Nikolaus, Notar in Trier 374

Index der Personen- und Ortsnamen

Baden s. Jakob v., Erzbf v. Trier
- s. Johann v., Erzbf v. Trier
- Johann, Scholaster 262
- Peter 382 f.
Baldenau, Burg sö Bernkastel 275
Balderich, Biograph 74
Baldewin, Scholaster 163, 326, 357
Balduin v. Luxemburg, Erzbf v. Trier 64, 76, 117 f., 179, 207 f., 210, 234–36, 242, 248, 261, 276, 302, 308, 326
Balistarii s. Johann
Ballonfeaux, Ferdinand v., Kan. 295, 389
Barbel, Henne s. Franz
Bartholomäus Nikolai, Kan. 366
- Scholaster St. Kastor/Koblenz 328
Basel, Konzil 91, 182
Bastogne (Belgien) v. s. Johann
Bayet, Heinrich, Kan. 296, 349, 387
Beaupin, Johann Nikolaus, Vikar 176, 407
Beckingen w Bitburg = Frenkingen, Pfarrei 343
- /Saar s Merzig, Deutscher Orden 367
Befort/Beaufort (Luxemburg, w Echternach) 404
Beierß, Elsgen, wohl in Pfalzel 210
Beilstein/Mosel sö Cochem 361
Bell s. Schall v.
Bellea, Patritius, kurtrier. Hauptmann, Ehefrau Anna Margaretha Lettig 321
Belva/Bellevaux, Johann Theodor v., Kan. 294, 383 f.
- Moritz, Kan. 294, 384
Benedikt XIV., Papst 30, 51, 236
Berard, Bf v. Spoleto, Kardinal v. S. Sabina 366, 399
Berg/Berglicht ö Trier, Pfarrei 277, 401
- Johann, Kan. 295, 320, 387
- v. (*de Monte*), s. Johann
Bergem s. Arnold
Beries, Nikolaus, Kantor 293, 350 f., 393 f.
Bernkastel 117, 129–31, 145, 243, 271, 275, 286 f., 300 f., 313, 330, 342, 365, 399. v. s. Grete; s. Kues
- kurtrier. Kellner, Bergbau 329, 384
Bertringen/Bertrange (Frankreich, ö Diedenhofen) 366
Beßlich/Besselich nw Trier 250, 275, 318, 349; v. s. Heinrich

Bettenberg v. s. Foß; s. Nikolaus
Beuren/Hunsrück ö Trier 283; s. Hehs
Biedenkopf, Wiegand, Kan. St. Simeon/Trier 314
Bierfeld s Hermeskeil 275, 286, 345
Biersdorf nö Hachenburg/Westerwald 260
Biewer (Stadtteil v. Trier) 113, 139, 228 f., 237, 257, 275, 287 f.
Biewers, Elisabeth, wohl in Pfalzel 210
Bildhauer, Hans, Bildhauer in Trier 46, 48
Binsfeld w Wittlich 320; aus s. Kröschel
- Peter, Weihbf in Trier 141
Birkenfeld 301
Bischofsdhron sö Bernkastel 76, 117, 208, 238, 242 f., 248, 252, 275–77, 282, 285 f., 290 f.
Bischofstein, Burg, Gde Lasserg nö Cochem 343
Bitburg, Pfarrkirche 343, 352, 363, 394
- Schöffen s. Gobelin v. Masholder
- Matthias, Vikar 173, 403
- Nikolaus, Vikar 173, 403
Bitsch s. Studigel v.
Blang/Leblanc, Barbara 69
Blafoyß s. Johann
Blankenheim, Herren/Grafen v. 256
Blondel, Stephan, aus Reims, Kantor 166 f., 296, 344, 349, 386 f.
Boemund II. v. Saarbrücken, Erzbf v. Trier 76 f., 118, 208, 302, 306, 326
- I. v. Warsberg, Erzbf v. Trier 76, 117, 234 f., 300 f.
Boenensteel s. Johann
Boffort (Befort?) s. Hermann, s. Tielemann
Böhmen s. Johann König v.
Boißbach s. Busbach
Bolle s. Valerius
Bologna, Universität 304 f., 373, 377
Bombogen ö Wittlich 379
Bonifatius 104, 190, 201
Bonifaz IX., Papst 158
Boningen, Balthasar Wilhelm, Kan. 162 f., 294, 336 f., 385
- Jakob Wilhelm, Kan. in St. Martin/Lüttich 162, 336
- Matthias Wilhelm, Kan. 163, 294, 336, 385

Bonn 75, 93, 379, 395
Bonosus, Bf v. Trier 199
Boppard 311 f., 362, 366, 372
– Franz v., Kan. 372
– v. s. Franz Barbel
Borgius, Johann, Scholaster, in Rom 162 f., 294, 335 f., 383
Bornewasser, Franz Rudolf, Bf v. Trier (1922–1951) 41
Brandenburg-Kulmbach s. Albrecht
Brandt, Damian Hartard, Kan. 294, 390
Bredimus, Nikolaus, Vikar 175, 404
Breidt, Peter, Kan. 375
Breitbach v. s. Otto
Breitscheid, Friedrich v., Kan. 294, 381
– Johann v., Ehefrau Brigitte, Recht an Mühle in Geisberg 262
Bremm s Cochem 237, 257
Brictius, Bf v. Trier 199
Britten n Merzig 156–59, 237, 254, 257, 309; v. s. Katharina; s. Michael
Britz/Brixius, Paschalis, Kan. 170, 296, 387
Brück, Jakob, Kanonikats-Bewerber(?) 218, 375
– Karl, mit Stiftung genannt, *dominus* 213
Brücke, von der (*de Ponte*), in Trier, 299; s. Ludwig
Bruno v. Hammerstein, Archidiakon v. Tholey 327
Brüssel, Bildhauer-Gilde 60 f.
Bruttig ö Cochem 237, 257
Büchel/*Bechel*, Johann aus, Kan. 294, 379, 381
Bullay s Cochem 258, 409
Bunna s. Heinrich
Burchard, Dekan v. St. Paulin/Trier 210
Burmann, Maximilian Heinrich, Weihbf in Trier 388
Busbach/*Boißbach*, Johann, aus Luxemburg, Kan. 293, 378 f.
Butzweiler n Trier 256, 258, 299, 338

C s. K

D

Dagobert, König 39 f., 90, 191, 193, 195–97
Dahm, Johann Wilhelm, zu Trier, Tochter Katharina 321

Daniel v. Winneburg 275
Dau, Heinrich Josef, Vikar 67 f., 138, 177, 408
Dauf s. Johann
Daun, Graf zu 312
– Jakob, Vikar 401
– v. s. Gerhard; s. Richard
Denemarken v. s. Johann
Dhron sw Bernkastel, Kapelle 391
– Wilhelm, Vikar 175, 405
Dieblich sw Koblenz, v. s. Knoblauch
Diedenhofen v. 336, 385
Diederich s. Theoderich
Diepach s. Oberdiebach
Dieter v. Nassau, Erzbf v. Trier 76, 117
Dietkirchen, Stift 167, 280, 335, 343, 353, 380, 403
Dietrich v. Güls, Propst 303 f., 357
Dillen, Peter, Dekan 294, 320, 386
Disibodenberg sw Bad Kreuznach, Kloster 106
Dockendorf sw Bitburg 237 s. *Drugundorf*
Doell, Johann Georg 280
Dohr sw Cochem 258, 277, 281
Domherr s. Heinrich genannt
Dominici, Matthias, aus St. Vith 279, 382
Dreckenach sw Koblenz v. s. Sifrid/Siegfried
Dreiß, Anton v., Pfarrer in Alf 274
Driesch ö Lutzerath 370
Drugundorf = Dockendorf? 265
Dudeldorf, Jakob v., Kan. 209, 279, 374
– Lukas in Biburg 343
– v. s. Jakob und Wilhelm
Duisburger Hof bei Eitelsbach 261
Dupgen, Adam, v. Sierck, Kan. 293, 317, 378
Dürer, Albrecht 79A
Duslet, Wüstung 259 f.
Duyngin s. Hermann und Heinrich
– Johann, Scholaster 34 f., 44–46, 293, 330 f., 343, 375

E

Ebentheuer, Familie aus Trier 389
– Anna Elisabeth Maria Magdalena 346
– Benedikt, Hofkämmerer 345
– Emmerich Ignaz, in Cochem 345

Index der Personen- und Ortsnamen

– Franz, Ehefrau Susanna Katharina Gruntinger 212
– Heinrich, Kan. 281
– Heinrich Ludwig, Scholaster 164, 294, 339, 345, 392
– Johann, Kan. 322
– Johann Jakob, Kustos 147, 203, 295, 345f., 389f.
Eberhard, Erzbf v. Trier 111f., 207, 210
– Kan. 353f.
– Josef, Dekan 294, 323–25, 392, 395–97
– Peter Christian, Vikar u. Kan. 175, 295, 395f., 407
Eberhardsklausen w Bernkastel 61, 100, 342
Ebernach ö Cochem 277, 281, 291
Ebernburg s Bad Kreuznach 133
Eberwin, Abt St. Martin/Trier 108
Echternach (Luxemburg), Ort und Abtei 302, 325, 327, 366, 375
Ecken, Heinrich v. d., Kan. 373
– Johann v. d., Offizial in Trier 373
Ediger s Cochem v. 375; s. Cochem; s. Jodocus
Egbert, Bf v. Trier 102, 207, 210, 228, 260f.
Egidii/Gillis, Bernhard, von Luxemburg, Kan. 376
Egidius v. Meerfeld 267
– Michael, Kan. 375
Ehlenz nw Bitburg, 117, 237, 260, 267–69, 281; s. Theoderich
Ehrang nö Trier (Stadtteil v. Trier) 107, 228f., 237, 249, 260, 353; s. Johann; s. Simon
– Jakob 181
– Johann, Vikar 173, 403
– Nikolaus, Vikar 175, 403
Ehrenburg bei Brodenbach sw Koblenz s. Kuno v. Pirmont-Ehrenburg
Ehrenbreitstein, Burg (Stadt Koblenz) 75, 77f., 119, 129, 144
Eich v. s. Johann
Eichorn in Pfalzel 250f.; s. Nikolaus
Eindhoven (südl. Niederlande), Johann v. 61
Eisen ö Nonnweiler 286
Eisenschmitt nw Wittlich, aus 408

Eitelsbach nö Trier (Stadtteil v. Trier) 56, 63, 113, 139, 165, 172–74, 177–79, 183, 218, 237, 241f., 244, 249–51, 260, 267f., 270, 281, 288, 307, 339, 341; s. Scheffgin
Eligii v. Pfalzel s. Johann
Ellenz sö Cochem 261
Eller s. Peter
Eltz, Hugo Friedrich v., Domdekan 141
– s. Jakob v., Erzbf v. Trier
Elzerath s Bernkastel 277
Emendadesdorf = Ingendorf? 265
Emmel v. s. Heinrich
Emmerich/Niederrhein 317f.
Ems/Lahn 301
Emus, Johann, Kan. 279, 390
Enen, Johann 87
Engelingen/Inglingen (Frankreich, bei Metzerwiese sö Diedenhofen) 362
Engers (Stadtteil v. Neuwied/Rhein) 280, 312, 329; Zollschreiber 366
Enkirch nö Bernkastel 112, 156, 215, 217, 237, 244, 261f., 377; s. Ripo
Enschringen, Gerhard v., am Offizialat Trier 374
– Nikolaus, Kan. 373
Epona, keltische Göttin 195
Erard, St. (Kirche St. Erardi, Diözese Trier; nicht ermittelt) 370
Erasmi, Nikolaus, Vikar 173, 406
Erdorf nö Bitburg v. s. Macharius
Erfurt, Universität 372
Eringer, Nikolaus, Kan. 170, 294, 323, 389
Ernst, Dekan 307, 354
– Kantor 347
– ö Cochem 237, 262; s. Clotten; s. Johann
Eryshem/-heim, v. s. Philipp
Esch, Herren v., 302f.; s. Gerhard und Johann
Eschau s Straßburg, Kloster 195
Eßlingen sö Bitburg 197; s. Johann Kreidweiß
Ettelbrück (Luxemburg, n Luxemburg-Stadt) 387
Eucharius, Bf v. Trier 199
Eugen IV., Papst 91
Euskirchen v. s. Tilmann; s. Wilhelm Plentz

Eversbach/Ebersbach s. Heinrich
Eyss, Heinrich Joseph, Kan. 388, 390f.
– Johann Matthias, Kan., Weihbf in Trier, 295, 391

F
Fabri, Nikolaus, Vikar 401
– s. Heinrich
Faid/Faidt w Cochem 237, 243, 258, 262, 277, 281; s. Roden
Falk v. Nassau, Elisabeth 52
Falkenberg, Heinrich, Kan. u. Vikar 177, 342, 375, 402
Falkens, Peter und Ehefrau Katharina, in Pfalzel 210
Falkenstein s. Werner v., Erzbf v. Trier
Fankel sö Cochem 282f.
Farschweiler sö Trier s. Weiler/Forsweiler
Feiler, Pfarrer in Pfalzel 290
Fell, Johann, Kan. 97f., 294, 377, 402
– Laurentius, Vikar 174, 403
– s. Nikolaus
Ferdinand I., Kaiser 375
– III., Kaiser 365, 386
Fides, Heilige 195f.
Finck, Matthias Josef, Pfarrer in Pfalzel 38
Fischer, Jakob, *Harlemensis*, Kantor, 293, 348, 382, 384
Fischpe s. Johann
Flußbach nö Wittlich 262
Fleischgasse, von der, (in Trier) s. Kuno und Wilhelm
Flesch, Anton, Vikar 138, 173, 241, 410
Foil v. Irmentraud s. Adam
Folmar, Propst 296, 353
Fonte, de s. Peter
Forst v. s. Johann
Forsweiler s. Weiler
Foß von Bettenberg, Bartholomäus 209
Frank s. Heymann
Frankenbach s. Johann
Frankfurt 323
Franz I., Kaiser 393
– II., Kaiser 397
– Georg v. Schönborn, Erzbf v. Trier 51, 184, 322, 350, 407
– Josef, Kaiser von Österreich 60

– Barbel Henne v. Boppard, Kan. 370. 372
– *Colbehum*, Kan. 167, 370
Freiburg v. s. Konrad
Frenkingen = Beckingen w Bitburg 343
Freudenburg s Saarburg 361
Friedrich III., Kaiser 365, 370
– Dekan 210, 307, 354
– Conradi, Vikar 173, 399f.
– Honsbach, Kan. 369f.
– *Knaff*, Vikar 177, 399
– Knauff, Kan. Prüm 368
– Schavard, Scholaster 327, 359
– v. Warsberg, Propst St. Kastor/Koblenz, Archidiakon v. St. Peter/Trier 301
Friderici s. Wilhelm
Fruchel s. Johann
Fuchs aus Luxemburg s. Johann

G
Garnier, Notar in Trier 86
Gasser, Hans, Bildhauer in Wien 60
Geisberg sw Trier (Gde Pluwig) 262
Geismar v. s. Tilmann
Gelen, Nikolaus, Scholaster 294, 335, 380–82
Gemünden sö Westerburg/Westerwald, Stift 367
Gerberga, aus Trier 325
Gerhard, Erzbf v. Mainz 234
– Propst 296, 353
– angebl. Propst 300
– v. Daun, Propst 218, 300, 355
– v. Esch, Ministeriale 298
– Herr zu Kempenich 275
– s. Johann *Schorres*
Gerlach v. Malberg, Kan. 355; Siegelabb. 187
– v. Nassau, Erzbf v. Mainz 306
Gillenfeld n Wittlich 399; v. s. Arnold
Gillis s. Egidii
Gierschnach sw Kobern/Mosel 357
Gilzem s Bitburg 262, 265, 281, 283f.
Girchene, Michael, Kan. 386
Goar, St., Stift 309, 369
Gobel, Johann, Vikar 175, 406
Gobelius/Göbel, Lothar, Kan. 293, 386
Gobelin v. Hammerstein, Scholaster, Kan. St. Paulin u. St. Simeon/Trier 326, 358

- v. Masholder, Schöffe in Bitburg 265
Gobelo, angebl. Dekan 308
- *Ruzkolve* und Katharina in Wehlen 271
Goergen, in Pfalzel 250
Gonzerath sö Bernkastel 243, 275–77, 282, 285
Gorgon, Otto, Kan. 295, 381 f.
Görres, Joseph 61
Gottfried v. *Merniche*, Kan. 354; Siegelabb. 187
Gottlieb s. Johann
Gottschalk v. Köln, Kan. 362; s. Tilmann
Graach n Bernkastel 275
Graef, Johann 209
Gregor (v. Utrecht/v. Pfalzel), Enkel Adelas 41f, 104, 190, 194, 199, 201
Greiffenklau s. Richard v., Erzbf v. Trier
Greimerath sö Saarburg 257
Grete v. Bernkastel, in Trier, Kinder Katharina, Michael, Wilhelm 309
Grimburg, kurtrier. Amt 76, 126 f., 264
Grimaldus 42
Grin, Johann, Kan. 293, 379, 381
Gritzer/Gretzer, Christoph, Kustos 97 f., 154, 174, 249, 292, 295, 343, 377, 381, 400
Groß, Johann, Vikar 173, 406
Grünhaus nö Trier 260, 263
Gruntinger, Georg Gerhard, Kan. 295, 389
- Susanna Katharina, Ehefrau des Franz Ebentheuer 212
Gryshem/Grysheim s. Philipp
Grysze s. Nikolaus
Gulich, Nikolaus, Kan. 294, 380
Gulken, Johann Reinhard, Scholaster 295, 337, 385
- Wilhelm, Kan. 388
Güls (Stadtteil v. Koblenz) s. Dietrich
Gurschke s. Johann
Gutmann, Berthold, in Cochem, wird Mönch 279
- Christine 45 f., 331
- v. Kirn/v. Oberstein/v. Sobernheim, Dekan 122, 310 f., 368

H
Haaß, Peter, Dekan 293, 318 f., 382, 404
Habscheid, Johann, Vikar 175, 210, 404
Hachenberg, Johann (Hans), in Pfalzel 382

- s. Johann H. v. Linz
Hadrian, römischer Kaiser 196
- V., Papst 196, 303
Hagen s. Johann Ludwig v., Erzbf v. Trier
Hahn, Johann Adolf Heinrich, Kan. St. Paulin/Trier 395
- Philipp Johann, Kan. 40, 68, 138, 148, 250 f., 294, 324, 353, 394 f.
- Willy, Bildhauer in Trier (1962) 37
Hahnenwerth (Insel) 134, 263, 268
Haltfast s. Johann
Ham, v. s. Heinrich *Schelard*
Hambuch n Cochem 237, 263
Hannover 388
Hammerstein, Burggraf v. 326; s. Bruno und Johann
- v. s. Gobelin
Hammes, Johann, Vikar 173, 407
Hansonis, Heinrich, Schultheiß in Pfalzel, Ehefrau Katharina 209
Hardewich v. s. Hermann und Theoderich
Harlem/Niederlande 348; s. Jakob Fischer
Hartmann, Scholaster 327 f.
- v. Sprendlingen, Kan. 311, 327, 367
Hasborn n Wittlich 260
- Anton, Prior St. Martin/Trier 86
Hasselburne, Walter v. 259, 263
Haubs, Johann, Vikar 175, 406
Haurot s. Henrot
Hausmann, Anton, Kan. 294, 382 f.
Hayn, Josef, aus Trier 55
Hayß s. Johann
Hechtsheim/Hexheim v., s. Heinrich, Henne, Herbord, Jakob, Johann
Heck, Jakob *Tectonis*, Kan. 295, 385
Heckeler, Schreiner in Trier 34
Heckelin v. Cochem, Jude in Trier 298
Hehs, Johann, Pastor in Beuren 283
Heidelberg, Universität 312, 327, 360 f., 363
Heien, Barbara, in Trier 336
Heimann/Heymann, Michael, aus Ittel, Scholaster 64, 249, 293, 335, 378, 380
Heimerich, Kustos 340, 355
Heinmann, Kan. 371
Heinrich II., König 111
- II. v. Vinstingen, Erzbf v. Trier 76, 116 f., 275

- v. Virneburg, Erzbf v. Mainz 306
- Graf v. Nassau 18, 74 f., 114
- Propst, Kan. in St. Paulin/Trier 256, 267, 297–300, 353; Siegelabb. 187
- Dekan 307, 354
- Dekan Dietkirchen 353 f.
- (v. Pfalzel), Kan. St. Simeon/Trier 308, Schultheiß in Trier 299
- v. Anvel, Kan. 358
- v. Besselich, Vikar 174, 398
- Bunna v. Alf 274
- gen. Domherr, Schultheiß zu Pfalzel 263
- Duyngin, kurtrier. Kanzler 331
- v. Ebersbach, Vikar 177, 398
- v. Emmel, Dekan 308, 359
- Fabri, Kan. St. Simeon/Trier 34
- v. Hechtsheim 305
- Kempe, Propst 117 f., 210, 303, 357
- v. Löwenstein, Kustos 215
- Luet, Kan. Karden 327
- v. Luxemburg/v. Rommersheim, Kan. 20, 370
- *Noinnunge*, in Bernkastel 329
- Petri, v. Cochem, Kan. 361
- v. Rommersheim s. Heinrich v. Luxemburg
- *Ruhulf* 368
- *Schelard de Ham*, Ritter 267
- v. Schoden, Sohn Peter 263
- Semeler, Scholaster 327, 360
- Wampach, Kan. 368
- v. Welchbillig, Dekan 263, 308, 358
Heins, Nikolaus, Kan. 294, 389
Heinzerath sö Bernkastel 243, 275–77, 282, 285
Helenenberg n Trier, Kloster 89
Helemann, Jude in Trier 298
Helfenstein, Georg, Weibf in Trier 141
Helm v. Merl, s. Johann
Helmarshausen w Göttingen, Abtei 199
Hemmer, in Pfalzel 250
Henkin v. Zewen, Schultheiß zu Kirsch 209, 347
Henne v. Hechtsheim 305
Hennekini s. Christian
Hennig, Peter, Kan. 295, 388 f
Henrot/Henriot/Haurot, Nikolaus, Scholaster 92 f., 219, 296, 337 f., 389

- Nikolaus, Notar 40
Hensel, Melchior, Zollschreiber in Pfalzel 52
Herbain s. Cuchot
Herbord v. Hechtsheim 118, 158, 305 f.
Herbordi v. Linz, Johann, Kan. 358
Herbrand v. Liessem, Ritter 267
Hermann, in Pfalzel 68 f., 250
- Sohn des Tielemann Boffort, Kan. St. Paulin/Trier 298
- Duyngin 45 f., 331
- Hardewich, Sohn des Theodrich, Notar in Trier, Kleriker Utrecht 217
- Mohr v. Wald 262
- Pistoris, Kan. 371
Hermes, Johann Peter Job, Stadtrat Trier 90 f., 352
- Karl Franz, aus Saarburg 57
Hermeskeil sö Trier 377
Heß, Peter, Kan. 385
Hetti, Erzbf v. Trier 42, 257, 263
Heuser, Johann, Kan. 279, 394
Heuschen, Balthasar, *Ellensis*, Notar 290
Hexheim s. Hechtsheim; Trierer Familie 306
Heyden, Gerhard v. d. 331
Heymann Franck, Dekan St. Simeon/Trier 273
- Michael s. Heimann
Hildegard v. Bingen 99, 106
Hildesheim 394
Hillin, Erzbf v. Trier 296
Himmerod, Abtei 117, 121, 299, 307, 347, 353
Hinzerath sö Bernkastel 243, 275–77, 282
Hinzert n Hermeskeil 126 f., 156–59, 237, 242, 254, 263 f., 282 f.
Hochstetten v. s. Senandus
Hoffmann, Hans Ruprecht, Bildhauer 46, 48–50
- Johann, Vikar 401
- Johann Jakob, Kan. 40, 68, 138, 147, 241, 250, 294, 352, 396
- Peter Ernst, Kan. 294, 390
Hofweiler n Trier (Hof und Weiler) 283 f.
Hogenberg, Franz 81
Hoest s. Houst
Holfels v. s. Ludolf

Holler, Johann, Dekan St. Simeon/Trier, Offizial 141
Homphäus (Familie) 386
- Anna 318
- Johann, Kan. 143, 293, 377
- Johann, Kan. St. Kastor/Koblenz 317 f.
- Peter (mehrere) vgl. 317 f.
- Peter, in Cochem 279
- Peter d. Ä. Dekan 34, 49 f., 153, 159, 296, 317 f., 333 f., 343, 376–78
- Peter d. J. 317
Hönningen nw Koblenz v. s. Otten
Honsbach s. Friedrich
Hontheim nö Wittlich 136, 309
- Johann Nikolaus v., Weihbf in Trier 323, 340
- NN v., Offizial Trier 324
Horst, Heinrich v. 383
- Jakob, Kirchendiener in Pfalzel 179
- Theoderich v., Kan. 294, 383
Hosten sö Bitburg 197
Hoster s. Johann
Houst/Huest, Johann, aus Luxemburg, Kan. 293, 332 f. 378 f.
Hüchelen, Heinrich, Kan. 279, 390
Huest s. Houst
Hugobert, Gemahl Irminas 103, 191, 196
Hulindis, Nonne in Pfalzel 42
Hundheim sö Bernkastel 243, 275–77, 283
Hungerburg s Geisberg 262, 264
–, Klara von der 210
Hunolstein (Vogt v.) s. Johann, Nikolaus
Hurdten, Johann, Kan. 386
Hurth, Daniel, Ehefrau Barbara Mannebach 339
- Johann Josef, Scholaster 164, 295, 339 f., 394
- Johann, in Cochem 279

I
Idenheim n Trier 264, 283
Idesheim n Trier 264, 283 f., 406
Igel w Trier, Amtmann s. Meyer
Imhon, Johann Michael, Kirchendiener in Pfalzel 179
Immert, Franz v., in Cochem 280
Ingendorf 237 s. *Emendadesdorf*

Innozenz X., Papst 166
Irmina (von Ören) 90, 103, 191–98
Irmegard s. Ludwig
Irmentraud, Foil v. s. Adam
Irsch, Johann, Vikar 175, 405
Isenburg s. Johann v., Erzbf v. Trier
- Salentin v. 315
Isenbard v. Warsberg, Domkustos Trier 301
Ittel n Trier 115, 156, 159, 180, 208, 237 f., 242, 256, 262, 264 f., 281, 283–85, 297, 335, 343, 351, 406, 408

J
Jakob II. v. Baden, Erzbf v. Trier 78, 122, 133, 329, 342
- v. Dudeldorf, *miles*, Sohn Wilhelm 265
- III. v. Eltz, Erzbf v. Trier 277, 280, 332 f., 343, 378 f., 380
- *Frouff*, zu Bernkastel 365
- v. Hechtsheim, Propst 118, 157, 159, 304, 357
- Kolini/Rolini, Vikar 175, 400
- v. Siegen, Glöckner, Mainzer Kleriker 179
- I. v. Sierck, Erzbf v. Trier 71, 78, 120–22, 128, 203, 272, 311–13, 315, 365, 367
Jacobi, Eberhard, in Cochem 280
Janson/Jansen, Maria Elisabeth, Ehefrau des H. Lanser 176, 390
Jerusalem 107–11
Jobelin von Kobern 400
Jodocus, Theobald, v. Ediger, Kan. 279, 375
Johannes XIX., Papst 107
Johann I., Erzbf v. Trier 115, 208, 242, 283, 297
- Propst, Archidiakon v. Karden 156, 297, 353
- Kan. (1271) 354
- Kan. (1341/42) 357
- Scholaster 177
- Vikar 398
- Pleban Cochem (1287) 279, 355
- Pleban Cochem (1316) 279, 356
- Pfarr-Rektor Bischofsdhron 277
- St. (Stadt Saarbrücken), v. s. Thomas
- Amelburg, Domvikar Trier 100

- Kardinal v. St. Angelo 367
- v. Arnsberg, Scholaster 329, 365, 369
- –, Dominikaner 209
- II. v. Baden, Erzbf v. Trier 26, 28, 53, 78, 81, 120, 122–33, 144f., 183, 202, 208, 214f., 242f., 253, 286, 310, 329f,
- (v.) Baden, Scholaster 329f., 371
- Balistarii, Vikar 173, 399
- v. Bastogne, Kan. 359
- v. Berg s. *de Monte*
- *Blafoyß* v. Olpe, Kan. 366f.
- König v. Böhmen 118
- *Bonensteel alias Kysgen*, Vikar 174, 398
- *Dauf*, Kan. 369
- v. Denemarken, Scholaster 326, 359
- v. Ehrang, Kan. 359
- – – Kan. St. Simeon/Trier 400
- v. Eich, Kan. 368
- Eligii v. Pfalzel, Kustos 341, 365
- v. Ernst, Kan. 369
- v. Esch, Abt v. Prüm 209
- – – Pastor in Alf 273
- Fischpe, Kan. 368–70
- v. Forst, Abt v. St. Matthias/Trier 272
- Frankenbach, Kan. 370f.
- Fruchel, Vikar 177, 399
- Fuchs aus Luxemburg, Kustos 341, 371
- Gottlieb, Vikar 401
- *Gurschke*, Kan. 167, 370
- Hachenberg v. Linz, Kan. 359f.
- IV. Ludwig v. Hagen, Erzbf v. Trier 279f., 331, 375, 402
- Haltfast, Kan. 370
- v. Hammerstein, Domscholaster Trier 327
- Hayß, Vikar 399
- v. Hechtsheim, Propst 118, 157–59, 210, 304–06, 357f.
- Helm v. Merl, Kan. 311, 365f.
- Hoster, Kan. 367
- Isenbardi, Scholaster 118
- V. v. Isenburg, Erzbf v. Trier 280, 289, 331, 379, 402
- Johannis v. Remagen, Kan. 363
- Jux v. Sierck, Kan. 311, 365
- –, kurtrier. Kanzler 122
- Cling 314
- Knouff, Vikar 173, 399
- v. Cochem, Pfarrer in Alf 273
- der Coelner, Dr. med. 217
- Kreidweiß aus Eßlingen, Konstanzer Kleriker, kurtrier. Kanzler 125
- *Cyrenberg/Zyrenberg*, Vikar 400
- VI. von. der Leyen, Erzbf v. Trier 333
- Leymbach/Liembach, Dekan 65, 313, 313A, 316, 370
- v. Lieser, Kan. 366
- v. Lutzerath, Dekan 44, 56, 58, 60–62, 212, 216, 289, 313–16, 371
- Matthias von Bacharach, Vikar 173, 398
- v. Mayen, Kan. 360f.
- *de Monte*/v. Berg, Weihbf v. Trier 29
- III. v. Metzenhausen, Erzbf v. Trier 79f., 134f.
- Nittel, Kan., Dekan in Kyllburg 205, 366
- Hugo v. Orsbeck, Erzbf v. Trier 141, 280
- v. Pfalzel, Scholaster 326, 357
- Philippi v. Münstermaifeld, Vikar 175, 400
- Plait v. Longuich, Dekan in Kyllburg 373
- v. Polch, Kan. 357
- Portenarii v. Koblenz, Kan. 361
- Reichenberg/*Richenberg*, Kan. 362f.
- (Roprichs) v. Remagen, Dekan 308f., 361
- Rheingraf 312
- (Theoderici) v. Roermont, Propst, Offizial 117, 302f., 356
- Reyneri, Kan. 359
- Sachinna alias Peitz, Vikar 173, 399
- Schilling v. Lahnstein gen. Pastor, Kan. 364
- –, (Erbe in Enkirch) 262
- VII. v. Schönberg, Erzbf v. Trier 141, 276, 318, 335, 348, 382, 384, 404
- *Schoriß* v. Münstermaifeld, Kan. 279, 362, 368
- *Schorres* Gerhardi v. Schönberg, Kan. 368
- Schwan v. Cochem, Kan. 279, 370
- Spangenberg v. Sobernheim, Kan. 364
- Theoderici (Diederich) v. Pfalzel, Kan. 90f., 122, 312, 365, 398

- Thome v. Schweich, Kan. 360
- Vogt v. Hunolstein 300
- *Voyß*, Notar in Trier 341
- Philipp v. Walderdorf, Erzbf v. Trier 75, 339, 351, 394
- v. Winningen, Kan. 122, 310, 367
Johannis s. Johann
Johannisberg, St., a. d. Nahe nö Kirn 398
Josef II., Kaiser 391
Jung, in Pfalzel 250
Jurianus, Johann Michael Anton Melchior Karl, Kan. 293, 351, 394
Jux v. Sierck s. Johann

K und C
Kahn, Familie in Ittel 351
Kail nö Cochem 408
Caimitas = Spey/Mosel 269
Kaimt (-Zell/Mosel) s Cochem 265
Cajetani, Anton v., Kardinal 359
Kaldenborn, Katharina v. 210
Calixt III., Papst 398
Kamerß, Barbara und Tryna 210
- Tilen 209
Kamm, NN zu Mecheln 350
Kamp/Rhein s Koblenz/ö Boppard 372
Cancer s. Krebs
Karden, Stift 119, 234, 246, 280, 307, 311f., 327f., 334, 339, 360–63, 376, 383f, 386, 388; Archidiakon s. bei Trier; s. Heinrich Luet, Leonard Pfalzel, Johann Schwan, Schwarz
Cardon, Damian, Anwalt 25; Reg.Rat Trier 42
Caritas, Heilige 195 f.
Karl V., Kaiser 316, 375–77
- VI., Kaiser 322
- VII., Kaiser 51, 392
- Kaspar v. d. Leyen, Erzbf v. Trier 167, 183f., 321, 349
- (Charles) s. Mannay
Carove, Martin, Kan. 296, 392
Kaschenbach s Bitburg 237, 244, 265, 284f
Kasel nö Trier 113, 177, 237, 260, 265, 267
- Anton, Kustos 166f., 170, 295, 320, 344 f., 349, 387 f.

Casella v. s. Michael
Casparis s. v. Piesport
Kasselburg nö Gerolstein 259
Katharina v. Britten zu Trier 309
- *de Cruce* 368
Kaysersfeld, Johann Matthias Ignaz, Dekan 40, 55, 66, 68, 70, 138, 241, 250 f., 295, 323–25, 393
Kehrig s Mayen 402
Kell, Johann, Vikar 173, 319, 404
Kelsen s Saarburg 393
Kempe s. Heinrich, Nikolaus
Kempenich v. s. Arnold, Gerhard, Theoderich
Kempf, Theodor Konrad, Archäologe (1913–2004) 25
Kenn n Trier 102, 265, 326
- Johann, Vikar 174 f., 402–04
- Martin v., Vikar 174, 402
- Matthias, Vikar 175, 402
Kenner, Agritius, Subthesaurar in St. Maximin/Trier 86
Kern s. Peter
Kesseling sö Altenahr 379
Kesten sw Bernkastel 237, 265 f.
Kettenhofen, Martin, Vikar 173, 388, 406
Kevenich/Köwerich n Trier, Wüstung 263, 266
Chapelle, NN la, zu Luxemburg 350
Chrodelinde, Schwester Adelas = Klothilde 19 f.
Christian Hennekini v. Piesport 341
- v. Mehring, Kan. 354
- (Matthias) v. Piesport, Kustos 213, 218, 328, 340 f., 364
- aus Ruwer 210
Kiefer, Jakob, Pfarrer in Pfalzel (1936–1950) 41, 193
Cyrenberg s. Johann
Kirn, Johann Balthasar, Kantor 40, 84, 138, 142, 179, 241, 251, 296, 324, 352f., 394f., 408
- Johann Jakob, Vikar 173, 408 f.
- Karl Kaspar, Gastwirt und Brunnenmeister in Trier 84–87, 353
- v. s. Gutmannn
Kirsch nö Trier 209, 250, 347; s. Henkin; s. Zewen v.
- Matthias, Kan. 374

Kirschmann, Gerhard, Kan. 375
Clasen, Hansmann 209
Cleber, Martin, Mönch in St. Martin/Trier 86
Kleinich ö Bernkastel 276
Clemens XII., Papst 236
- Wenzeslaus v. Sachsen, Erzbf v. Trier 40, 75, 351, 396
Cleser, Johann aus Zeltingen, Kan., Notar 295, 317, 377 f.
Kleve v. s. Arnold
Cling s. Johann
Klinge, Augustin, Kustos 341, 371 f.
- Jakob, Kan. 341, 372
Klothilde 194–98, 196A; s. Chrodelinde
Klotten/Mosel n Cochem 356 f.
- Johann v. 295, 385 f.
- - aus Ernst 318
Klüsserath nö Trier 266; s. Köverich, Peter
Knaff/Knauff s. Friedrich
Knouff s. Johann
Knoblauch, Johann, v. Dieblich 209
Knopp, Georg, Schulmeister in Pfalzel 180
Kobern/Mosel sw Koblenz, St. Lubentius 399 f.
Koblenz, Stadt 75, 77 f., 121, 328, 392; eheliche Geburt als Zulassung zum Bürgerrecht (1574) 334; école de droit 93; Kellner s. Robert Zandt
- Bürger/Herkunft (aus, von) 343, 380, 397; s. Siegfrid Dreckenach, Christian Gritzer, Johann Portenarius, Sartoris, Wolters
- Stadtteile: Ehrenbreitstein, Burg 287;
- Pfaffendorf 372;
- s. Dietrich v. Güls, Lay, Mülheim-Tal, Neuendorf, Rübenach, Stolzenfels
- kurfürstl. Brückenmeister 365; kurfürstl. Kellner s. Zandt; Offizialat 339 f, 358; kurfürstl. Hofschneider Peter Laub 334
- St. Florin, Stift 78, 120, 120A, 129 f., 167, 287, 296, 300 f., 303 f., 312, 316, 328, 341, 349 f., 355, 358–61, 365 f., 368 f., 380, 385, 393, 398, 401, 405; s. Theoderich; s. Ludwig Sauerborn
- Kartause 121, 304, 328, 333

- St. Kastor, Stift 77, 91, 167, 280, 301, 303, 306, 311, 317 f., 327 f., 330, 335, 340, 360, 364–67, 371 f. 377, 379, 398 f.; s. Bartholomäus, Friedrich v. Warsberg, Homphäus
- Liebfrauen, Pfarrkirche 317, 328 f., 372
Cochem/Mosel, Ort, Kirche, Einwohner 115, 126, 131, 153, 156–59, 169, 183, 237 f., 242–44, 246, 248, 252, 254 f., 258 f., 277–81, 291, 297 f., 315, 317, 330, 335, 345, 348, 354–56, 358, 362, 364, 368, 370 f., 374–76, 378–80, 382, 385 f., 388, 399, 394 f., 403
- Pfarrer s. Dudeldorf Jakob, Johann, Konrad, Tilmann Philippi v. Strassen; Liste 278–80
- Hospital 279 f.
- Klause 97 f., 123, 125–28, 208, 213–15, 237 f., 248, 252, 257–59, 261–63, 269 f., 278, 316, 377
- v. (aus) s. Gutmann, Heckelin, Heinrich Petri, Peter Homphäus, Immert, Jacobi, Johann, Johann Schwan, Linius, Utgin
- Quirin, Vikar 174, 403
Colbehun s. Franz
Kolini s. Jakob
Köln, Erzbistum 327, 361, 390
- Dom 166, 182; s. Franz v. Lothringen
- St. Gereon 327
- St. Maria im Kapitol 190
- St. Severin 299, 360
- Stadt 75, 78, 328, 350; s. Peter Kuchenheim; s. Gottschalk
- Universität 312, 318, 365, 367, 370, 383
Coelner, der, s. Johann
Cond/Condt (Cochem-) 157–60, 237, 244, 254, 258 f.; s. Piscatoris
Conemann v. Sierck, Kan. 365
Coenen, Karl Josef, Kantor 142, 294, 351 f., 395 f.
- NN, kurtrier. Hofkammerrat 351
Kövenich (wüst) 175
Konrad II., König 110
- IV., König 298
- Dekan 267, 307, 354
- Kirchherr zu Cochem 279, 364

Index der Personen- und Ortsnamen

– v. Bacharach, Dekan 309, 362
– v. Freiburg, Dr. decr. 217, 272
– v. Klüsserath, Kan. 358
– Ruhig v. Freiburg 363
– *de Sole/Solis*, Kan. 363
– v. Wartberg 312
Conradi s. Friedrich
Conrads, NN 38
Contzen, Hermann, Kan. 279, 388
Konstanz, Bistum 125; s. Johann Kreidweiß
Konz-Karthaus w Trier 83
Koppel s. Peter
Kordel n Trier 228, 237, 266
Koverich, Peter, Meier zu Klüsserath, Ehefrau Anna Lettig 321
Krebs, Johann, Kan. 295, 333, 377
– /*Cancer* s. Matthias
Kreidweiß s. Johann
Kremer, Leonhard, Kan. 295, 378f.
Krettnach, Ortsteil v. Konz, s Trier 36
Kröschel aus Binsfeld, Kaspar, Dekan 293, 320f., 386, 405
Kröv n Bernkastel 299; v. s. Aaron
Cronart, Rochus, Glockengießer in Lüttich 36
Cruder, Johann, Vikar 401
Cruce, de s. Katharina
Cuchot d'Herbain, Jean Marie, Weihbf in Trier 200
Kuchenheim s. Peter
Kues (Bernkastel-), Hospital 271
– s. Simon, s. Matthias Krebs
Kunigunde, Königin 111
Kuno II. v. Falkenstein, Erzbf v. Trier 77, 118f., 156–58, 246, 276, 285A, 303, 305f.
– von der Fleischgasse in Trier 325
– v. Pirmont-Ehrenburg 328
Cuntzer, Johann Jodok, Kan. 295, 344, 386f.
Kunzen, Johann Baptist, Pfarrer in Pfalzel 193
Kürenz (Trier-) 269
Kyll n Trier 283–85
– , Fluß 195f. (Eselslay)
Kyllburg, Stift 117, 141, 209, 301, 308, 366, 373; s. Johann Nittel, Johann Plait
Kysgen s. Johann *Bonensteel*

L

Laach (Maria Laach) n Mayen, Abtei 121, 281, 380
Lahnstein s Koblenz 312, 402f.; s. Schilling v.; s. Nieder- und Oberlahnstein
Lamberti, Johann, Vikar 174, 402
Landt v. Zell, Nikolaus, Dekan 46f., 65, 96, 134, 210, 218, 293, 314–17, 330, 373
Lang, Walter, Vikar 175, 405
Lanser, Hubert, Steinmetz in Trier 390
– Johann Michael, Kan. 68f., 147, 176f., 294, 390f.
– – Vikarie 67–69, 184, 241
Latour, Claudius 163
Laub, Peter, Hofschneider zu Koblenz 334
Lauter, Johann Adam, Kantor 93, 219, 295, 351, 393
– Karl Kaspar, Kan. 148, 295, 391
Lay (Ortsteil von Koblenz) 304
Le Blanc/Leblanc, Architekt 81; s. Blang
Lehmen, Martin, von Merl, Scholaster St. Paulin/Trier 316
– Nikolaus v., Kan. 373
Leibfried, Maurus, Kustos St. Martin/Trier 86
– Spinola, Mönch St. Maximin/Trier 86
Leyen, Damian Hartard v. d., Dompropst Trier 385
– s. Johann v. d., Erzbf v. Trier
– Theoderich, Kan. 375
– v. d., Pfründenpatronat in Oberwesel 323
Leyendecker, Johann, Kan. St. Simeon/Trier 100; s. Wher
Leymbach s. Johann
Leiwen nö Trier 330
Leler, Anton, Vikar 175, 404
Leonardi (Pfalzel), Johann, Vikar, Dekan 173, 175, 238, 295, 318, 382, 384f., 403
– Leonard, Vikar, Kan. 175, 294, 384, 404
Lesch, Peter, Scholaster 154, 295, 333–35, 348, 378
Lettig, Anna Margaretha 321; s. Koverich Peter
– Anna Katharina 321; s. Bellea Patricius

– Franz, Amtmann in Saargemünd, Ehefrau Margaretha Mockelin 321
– Johann Wilhelm, Dekan 294, 320f., 387
– Lothar, kurtrier. Kellner in St. Wendel, Ehefrau Katharina Schlabart 52, 321, 349
– Nikolaus, Kantor 52, 296, 348f., 383
Leutesdorf nw Koblenz 361
Lichter, Johan Theodor, Vikar 69, 138, 175, 241, 250, 251A, 410
Lieser w Bernkastel 250f.; s. Johann
Ließem/Liessem nw Bitburg 267
– Ritter v. s. Achill, Arnold, Herbrand
Limburg/Lahn, Burg 129, 144, 287
– Stift 120A, 309, 335, 368, 380
Linius, Johann, in Cochem 280
Linz/Rhein, Peter Josef Xaver, Kan. 68, 138, 250f., 397
– v. s. Herbordi, Johann
Lockweiler nö Merzig 300f.
Longkamp sö Bernkastel 275
Longen nö Trier 237, 266
Longuich, Plait v. 373
–, Anton, Kantor 348, 373
Losheim ö Mettlach/Saar 36
Lothar v. Metternich, Erzbf v. Trier 141, 152, 162, 318, 335, 383, 386
Lothringen, Franz v., Domdekan in Köln 166, 349
Löwen, aus s. Loyaris
Löwenstein, Heinrich, aus Trier, Kustos 342, 371
Loyaris, Adrian, aus Löwen, Kan. 143, 161, 294f., 380f.
Luckhausen, Kaspar, Kan. 385f.
Ludolf v. Holfels, Domkustos in Trier 301
Ludwig XIV., König v. Frankreich 81
– Kantor 347, 355
– Kan. 235, 355
– (v.) Amelburg, Kan. 217, 371
– v. d. Brücke (*de Ponte*), Ministeriale, „Burggraf" in Trier 73f., 114
– Irmegard, Kan. 368
– Peter, Kan. 279, 395
– Sauerborn, Scholaster, Dekan St. Florin/Koblenz 129f., 287, 311f., 328, 367

Luther, Martin 133
Lüttich, Diözese, Kleriker 338, 379; s. Cronart
– St. Martin 162, 336; s. Boningen, Jakob Wilhelm
Lutzerath w Cochem 370
– v. s. Johann
Lutzkirchen, Johann Theoderich, Kantor 295, 350, 389
Luxem, NN 351
Luxemburg 194f.; v. s. Balduin Busbach, Johann; Egidius; Heinrich; Houst, Johann; Nikolaus; 389
– Lucia v. 210

M

Maastricht (Niederlande), St. Servatius 302
Macharius v. Erdorf, Ritter 308
Machern ö Bernkastel 237, 271
Maeß, Johann, Dekan 170, 293, 321, 387
– Nikolaus, in St. Aldegund, kurtrier. Kellner in Zell 321
Magnerich, Bf v. Trier 199–201
Mähler, Clemens Wenzeslaus Anton Josef, Kan. 295, 396
Mainz, Erzbistum, Kleriker 179, 306, 310f., 394, 398, 400
– Erzbischöfe s. Gerhard, Gerlach v. Nassau, Heinrich v. Virneburg
– Dom 304f.
– St. Johann Baptist, Stift 351, 393f.; s. Jurianus
– Udenmünster 367
– St. Viktor 304f.
– Stadt 75, 158, 390
– Chronicon Moguntinum 305f
Mais, Cornelius, Kan. 92, 296, 352f.
Makenhofen/Maquenom (Frankreich, ö Diedenhofen) 362
Malberg, Herren zu 260, 269; s. Gerlach; s. R.
Manderfeld nw Prüm 381
– Dietrich, Kan. 294, 376f.
Mandern, Johann, Scholaster 330f., 374
Manderscheid s. Ulrich v.
Mannay, Karl/Charles, Bf v. Trier (1802–1816) 40, 346
Mannebach, Barbara, zu Trier 339

Index der Personen- und Ortsnamen

Margaretha v. Arnsberg 329
Marienfloß bei Rettel, Kloster 121, 349
Maring w Bernkastel 285 f.
Masholder v. s. Gobelin
Masius, Anna Johanna, Ehefrau des Johann Meyer 350
- Johann Markus, Kan. 148, 296, 392 f.
Matronen, Drei 195–97
Matthäus, Scholaster 326, 356
Matthias, Apostel 192
- Krebs v. Kues, Kan. 364
- s. Johann v. Bacharach und s. Wehr
Maximin, Bf v. Trier, Heiliger 41 f., 192, 194, 200 f.
Maximilian I., Kaiser 133, 371
- II., Kaiser 343
Mayen, aus s. Johann
Mecheln (Belgien, n Brüssel) s. Kamm
Mechtel, Josef, Kirchendiener in Pfalzel 179
Meckel s Bitburg 284
- Jakob, Küster des Stifts 179
- *Emails* zu Trier (?) 400
Meerfeld v. s. Egidius
Mehring nö Trier 216, 248; s. Christian
Meinsberg/Mensberg, Burg (Frankreich, bei Mandern nö Sierck) 121
Mensdorf v. s. Nikolaus
Merl sw Zell/Mosel 266; v. s. Johann Helm, Lehmen, Nikolaus
Merscheid sw Bernkastel 277
Merniche v. s. Gottfried
Mertesdorf nö Trier 113, 173, 237, 260, 266, 281, 285, 288, 322
Merzig/Saar 36
Mesenich v. s. Nikolaus Petri
Messerich sw Bitburg 237, 244, 255, 265 f., 285
Metternich, NN v., Domdekan in Trier 159
- Peter, Jesuit 141
Mettlach/Saar, Abtei 121, 361
Metz, Dom 121
Metzenhausen, Hieronymus v., Kantor 293, 348, 374, 378
- s. Johann v., Erzbf v. Trier
- Johann v., Dompropst zu Trier 314
Mey, Johann, Vikar 175, 404
Meyer, Christoph, aus Remich, Kantor 65, 147, 296, 350, 389, 391

- Hubert 350
- Johann 350
- Matthias, Amtmann in Igel 350
- /Meier, Valentin, Pastor zu Hinzert 283
Meyer NN, in Pfalzel 352
Michael v. Britten/v. Zederwald, Dekan 217, 309, 362 f.
- de Casella 368
Miltz, Johann Udalrich, Dekan 43, 66, 187, 294, 323, 392 f.
- Stephan, Kan. 294, 393
Minheim sw Bernkastel 237, 266
Mockelin, Margaretha 321; s. Lettig Franz
Modoald, Bf v. Trier 90, 136, 198 f., 208, 216, 347
Möhn nnw Trier, aus 410
Mohr vom Wald s. Hermann und Wilhelm
Moinhem (Diözese Metz) 366
Montabaur 397; Hospital 341; v. s. Nikolaus und Wipert
Monte de/Berg v. s. Johann
Monreal sw Mayen 381, 388, 407
Monzelfeld s Bernkastel 275
Morbach sö Bernkastel 192, 243, 275–77, 285 f., 410
Mülheim im Tal (Stadtteil von Koblenz, rechtsrheinisch) 381, 383
Mundenheim s. Alexander
München 395
Münster, Bistum, Kleriker 369
Münstermaifeld 167, 246, 323, 327; Schöffen Thielle und Tielmann 357; s. Johann Philippi, Johann Schoriß
- Stift 120A, 351, 355 f., 359 f., 366, 388 f., 393 f., 399
Murtzer, Adam, Kan. 145, 294, 384
- Johann 384
Musiel v. Biesingen 382
- Johann, Kan. 295, 344, 382

N

Nalbach, Karl Kaspar v., Scholaster 71, 148, 164, 172, 213, 217, 236, 295, 321 f., 338 f., 392
- Lothar Friedrich v., Weihbf in Trier 322, 338
Namur, Grafen v. s. Heinrich

Nassau v. s. Falk und Gerlach
Nattenheim n Bitburg 260, 266
Neef s Cochem 237, 257, 267
Neidhover, Caspar, Kan. 279, 385 f.
Nell, Nikolaus, Geistl. Rat 324
– Arthur v. 25
– NN, v. Neuendorf 350
Nellenburg s. Udo v., Erzbf v. Trier
Neller, Georg Christoph (1709–1783) 136
Neubaum, Reiner, in Cochem 280
Neuendorf (Stadtteil von Koblenz) 323, 393; v. s. Nell
Neuerburg ö Wittlich 76, 399, 401
– Theoderich, Vikar 401
Neumagen, Anton, Kan. 373; s. Arnoldi
Neumünster (*Novimonasterii*), Johann 375
Nickenich w Andernach 301
Nidda, Nikolaus v., Torwächter in Pfalzel 209
Niederemmel sw Bernkastel 310A, 311, 366 f., 375, 387
Niedererbach ö Montabaur 396 f.
Niderhuysen/Nims 157, 237, 260, 267, 298, 307
Niederkyll/Stadtkyll 267, 270
Niederlahnstein (Lahnstein) 280
Niederstadtfeld sw Daun 237, 267, 270
Niederstedem sw Bitburg 285
Niederweis sw Bitburg, Burg 331
Nikolai s. Bartholomäus
Nikolaus IV., Papst 117, 347
– V., Papst 120A
– angeblich Dekan 307, 354
– Eichorn, Kan. 362
– Fell, Kan. 371
– Grysze, Kan. St. Paulin/Trier 399
– (Vogt) v. Hunolstein, Propst 117, 210, 300–02, 355
– Kempe, Dekan 308, 357
– v. Kues, Kardinal 312, 364, 366
– v. Mensdorf/v. Luxemburg, Kan. 118, 356 f.
– v. Merl, Kan. 122, 366
– v. Montabaur, angeblich Propst 158, 306
– Petri v. Bettenberg, Kan. 359
– – v. Mesenich, Kan. 361
– Sack, Vikar 177, 398

Nittel sw Trier 362 f.; s. Johann
Nolden, Christian, Vikar 170, 174, 202, 262, 401
Nommern (Luxemburg) 390
Nonnweiler s Hermeskeil 165, 237, 242, 286, 345, 395
Normannen 104, 882
Noinnunge s. Heinrich
Noviand w Bernkastel 129–31, 145, 160, 208, 238, 242 f., 252 f., 256, 278, 286–88, 361

O

Oberdiebach w Bacharach 398
Oberlahnstein (Lahnstein) 318, 365
Oberstadtfeld sw Daun 237, 267, 270
Oberstedem sw Bitburg 285
Oberstein (Idar-) v. s. Gutmann
Oberweiler nw Bitburg 260, 267, 352
Oberwesel, Liebfrauenstift 360, 363, 372
– St. Martinstift 120A
– s. Peter Eller
Odelerus, Balthasar, Kan. 279, 293, 382
Odo, Ehemann Adelas 190
Olewig (Stadtteil v. Trier), Mühle 173
Olpe ö Köln v. s. Johann *Blafoyß*
Opri, in Pfalzel 68
Orenhofen sö Bitburg 197
Orsbeck s. Johann Hugo v., Erzbf v. Trier
Orth, Jakob, Goldschmied in Trier 89
Otten, Johann, aus Hönningen 407
Otto v. Breitbach 314
– Johann, Vikar 173, 407
– v. Ziegenhain, Erzbf v. Trier 77, 92, 119 f, 159, 208, 215, 217, 268, 272, 328, 360
Ötringen (Frankreich, n Metz, nw Diedenhofen) 397
Otwin/Udowin, Propst, Archidiakon v. Karden 283, 297, 353
Otzenhausen sö Hermeskeil 286

P

Padua, Universität 360
Paris 397
Pastor s. Johann Schilling gen.
Paul II., Papst 162, 400
– V., Papst 336
– v. Platten, *armiger* 268

Paulinus, Heiliger, Bf v. Trier 192
Peitz s. Johann Sachinna
Perl w Merzig, Landkapitel 331, 378, 396
Peregrinus v. Wangin, Domkanoniker in Trier 301
Perugia, Universität 336
Peter Eller v. Oberwesel, Kan. 360
— Fabri 213
— *de Fonte* 399
— Kern, Kantor 347, 371
— Koppel, Kartäuser in Trier 310A, 311
— Kuchenheim v. Köln, Kan. 360
— Kardinal v. St. Martin in montibus 303
— Petri zu der Schenken, Kan. 368
— v. Pfalzel, Scholaster 118, 173, 326, 356
— Reyneri v. Sierck, Kan. 362
— Rubusch, Kustos 329, 341, 368, 401
— v. Sachsenhausen, Kan. 363
— v. *Tetchet* 399
— v. Welschbillig, Kan. 279, 388
— v. Zewen, Kantor 91, 210, 218, 347, 364
Petri s. Heinrich und Nikolaus
Petrus Lombardus 193
Peutens, Mühle bei Pluwig 262
Pfalzel s. am Ende des Buchstabens P
Pfalzgraf s. Wilhelm
Pfeddersheim w Worms 398
Pfeiffer, Johann Anton, Kan. 68, 138, 250, 293, 396
Pfeiler, Johann, Meier in Pfalzel, Ehefrau Regina 406
— s. Sagittarius
Philipp v. *Eryshem*/v. *Gryshem*, Kan. 235, 356 f.
— v. Sierck, Dompropst in Trier 128
— Christoph v. Sötern, Erzbf v. Trier 319 f.
Philippi s. Johann und Thilmann
Piesport 176, 310; v. s. Christian
— Michael Casparis v., Kan. 209, 373 f.
Pippin II., fränkischer Hausmeier 13, 90, 103, 190 f., 260, 267
Pippiniden, die 190
Pirmont-Ehrenburg, v. s. Kuno
Piscatoris, Johann aus Cond, in Cochem 279
Pistoris s. Hermann

Pius II., Papst 20, 28, 124 f., 128, 159, 161, 236
— X., Papst (Reliquien) 42
Plait, Gerhard, Kan. 372
— Johann, Kan. 373
Platten sö Wittlich 237, 260, 268, 290; v. s. Paul
Plektrud, Schwester Adelas 103, 190 f., 193, 196 f.
Plentz s. Wilhelm
Pluwig sw Trier 268
Polch sö Mayen, Einwohner 357; Kirchherr s. Ysfrid; v. s. Johann
Poppo, Erzbf v. Trier 13, 17, 19, 25, 39 f. 73, 102, 105–116, 137, 191 f., 208, 256A, 264 f.
Portenarii s. Johann
Prag 381
Preist sö Bitburg 197
Pricker s. Reiner
Prüm/Eifel, Abtei 121, 209, 334, 360, 379; s. Johann v. Esch
— Stift 368, 399; s. Friedrich Knauff
— kurtrier. Amtmann 381
Puricelli, Stephan, Dekan 147, 293, 322 f., 391

PFALZEL
Kurfürst und Erzbischof von Trier
— kurtrier. Amt, Amtmann 13–15, 75 f., 80, 182, 209, 268, 331; s. Johann Studigel
— kurtrier. Kellerei, Kellner 289, 329 f., 332, 357, 359, 367
— Schultheiß s. Heinrich gen. Domherr; s. Hansonis
— Zollschreiber s. Hensel
— Burg/Residenz 13–16, 18, 20, 31, 53, 65, 73–81, 114–17, 122, 128 f., 131, 135, 182 f., 207, 209, 252, 315; Torwächter s. Nidda
— — Bastion 14 f., 29, 79–81, 135
— — St. Michael-(Burg-)Kapelle 55, 80, 235, 289 f.
— Mühle 64 f., 72, 315 f.

Römisches Palatiolum
13–16, 20, 26, 53 f., 66, 74 f., 79, 102–04, 113

Frauenkloster
13, 15–17, 19, 26, 52, 103–11, 113, 190, 195, 237, 242, 245. Epitaphe 37–43

Kloster St. Adula (Steyler Schwestern) 41

St. Marien-Stift
– Verfassung und Verwaltung.
Nachweise dazu ergeben sich aus der Gliederung (s. Inhaltsangabe S. VII–X) und den Verweisen innerhalb der Artikel. Ferner:
– Liebfrauen-Bruderschaft des Stiftes 132, 169f., 183, 202, 215f., 218, 250, 319, 401
– Hospital 178
– Ablässe 20, 28, 30, 80, 125, 234–36
– Katechismus-Unterricht durch Jesuiten 181
– Jagdrechte des Stiftes 352
– Grundherrschaft, Hofweistum 54, 103, 112, 237, 260f., 267f.
– Glasbereitung im Stift 97
– Schule (auch für Jugendliche in Pfarrei und Dorf), Scholasterie 23, 56, 64, 66, 70–72, 121, 161, 163f., 179–81, 190, 214, 311, 314, 338; s. Knopp, Reichert, Stephan v. Pfalzel
– Lehnsleute/Dienstleute/*feudales* 165, 178, 204
– Stiftspersonal 179 allgemein und
– – Glöckner 204, 206, 250
– – Küster, Sakristan 161, 163, 322
– – Organist/*ludimagister* 161, 163, 179, 181, 205, 322

Stiftskirche
– Zum Bau vgl. § 3.
– Ausstattungsstücke 28f. und:
– – Glocken 25, 36, 204f., 213, 322
– – Orgel 35, 179, 322
– – Uhr 35
– – Kreuzgang 14, 20f., 23, 25, 28, 30f., 43, 52–56, 63, 65, 79, 123, 133, 173, 177, 203, 209, 230, 232, 371
– – St. Peter-Kapelle im Kreuzgang 23, 30f., 44, 49, 51f., 54–56, 63, 66, 80, 160, 203, 207, 220, 222f., 232, 235, 315, 319, 333, 337, 343, 349

– Altäre, auch Vikarien
– – Hochaltar 29f., 111
– – Dreifaltigkeits-(Trinitatis-)Altar 30, 163, 171f., 177, 178, 213, 222f., 318, 338, 398–400, 403–08, 410
– – St. Johann Baptist-Altar 31, 163, 171–74, 178, 222, 262, 331, 384, 398, 400–04
– – St. Johann Evangelist-Altar 31, 171f., 174f., 177, 213, 222f., 402, 405
– – St. Katharinen-Altar 28, 30, 35, 69, 163, 171f., 175–78, 213, 221–25, 266, 318, 384, 398, 400, 402–07, 409
– – Hl. Kreuz-Altar 173f., 176
– – Vikarie Lanser 171, 176f., 391, 407f.
– – St. Margarethen-Altar 69, 95, 160, 174f., 177, 376, 395, 398, 400f., 403–07, 410
– – St. Marien-Altar 30, 51, 322
– – St. Martin-Altar 30, 171f., 175, 177f., 222f., 326, 342, 398, 402
– – St. Peter-Altar 171f., 177, 398f.
– – Trinitatis s. Dreifaltigkeit
– Kurien 64–68, 70, 159, 174, 247–49 (Namen nicht verkartet!), 255, 313f., 316, 332, 346, 350, 391, 408f.; Ad turrim 385, Vynkenhaus 64, Windelsheim 371
– Allode 247–51

St. Nikolaus-Stiftspfarrkirche 14, 28, 34, 44, 55–62, 67, 69, 80, 82, 137–39, 160, 181, 212f., 216, 222f., 227, 229–33, 235, 237, 240–42, 268, 281, 285, 288f., 313–16, 405, 408
– St. Anna-Altar 57f., 62, 83, 405
– Passions-Altar 58–62
– Friedhof 56f., 63, 65, 222, 229, 232, 235
– Beinhaus (*ossatorium*) 63, 220, 232

Ort, Stadt, Gemeinde
– *ius civium* 176
– Schöffen s. Schabdoesch
– Meier s. Pfeiler
– Schultheiß s. bei Kurtrier
– Schule s. bei Stift
– Fischer 183f.

- Mühle 203; Mühlenbach 221
- Tore 228, 230
- *hortus braxatoris* 330
- Bauernkrieg, Kontributionen 314
- Einäscherung 1689 23, 55
- Franzosenzeit 1794ff. 352, 408f.
- Einwohner s. Bach, Beierß, Biewers, Eichorn, Falkens, Goergen, Hemmer, Hermann, Jung, Johann, Johann Eligii, Johann Theoderici, Meyer, Peter, Steinbach, Weißbäcker, Wirtz, Zeyen, Zingen

St. Martin-Pfarrkirche, Pfarrer, Pfarrei 13f., 24f., 31, 34, 36–38, 40f., 55, 58, 62, 78, 81–87, 95, 113, 139, 179, 181, 200, 202, 227, 229f., 233, 241, 268, 287–89, 330f., 333, 345, 352f., 358, 382, 386, 404–07; s. (nach 1802) Feiler, Finck, Kiefer, Kunzen, Schoenhofen
- St. Antonius-Bruderschaft 92, 345
- Marianische Sodalität 202, 206, 338

Pfalzel, Bernhard, Vikar 175, 403
- Jodocus, Kan. 279, 379f., 403
- Johann, Vikar 175, 280, 403
- Leonard, Kan. Karden 384
- Ludwig, Kan. 279, 293, 378
- Stephan v., Schulmeister in Pfalzel 181
- Schützen-Bruderschaft 322

Q
Quentin, St., (Frankreich, nö Paris) Bibliothek 317
Quint nnö Trier 102

R
R, Herr zu Malberg, *vir nobilis* 267
Rademacher, Offizial in Koblenz 340
Rapperath sö Bernkastel 243f., 275–77, 290
Rascheid ö Trier 283
Rauscher, Joseph Ottmar v., Erzbf v. Wien, Kardinal 60
Regenher/Reginher, Propst 156, 261, 296, 353
Regentrud, Schwester Adelas 90, 191, 196f.

Reichenberg/*Richenberg* ö St. Goarshausen/Mittelrhein 362
Reichert, Christoph, Vikar 69, 176, 407f.
- Johann Peter, Schulmeister in Pfalzel 180
Reil, Matthias, Kan. 374
Reims (*Remensis*) s. Blondel
Reiner Pricker, Kan. 369
Reyner v. Signy 347
Reyneri s. Johann und Peter
Remagen v. s. Johann Johannis
Remich (*Remigiensis*) (Luxemburg, s Luxemburg-Stadt) 65, 350; s. Meyer Christoph, Hubert und Johann
Remigius, Johann, Vikar 173–75, 404
Rettel (Frankreich, nnö Metz), Kartause 121, 328; s. Marienfloß
Reuland, Nikolaus, Kan. in Liebfrauen/Trier 314
- – Einwohner Trier 349; s. Theodor Vasator
Reuß, Anton, Dekan 35, 51, 144, 149, 179, 294, 321f., 338, 388, 392
- Eva 322
- Gerhard, Kan. 144, 294, 322f., 392
- Heinrich 144, 322, 392
Rhaban v. Helmstätt, Erzbf v. Trier 77, 120, 369
Rheingraf s. Johann
Richard v. Daun, Kustos 340, 356
- v. Greiffenklau, Erzbf v. Trier 53, 65, 79, 133f., 183, 258, 315–17, 372
Richardi/Richardot, Johann Franz, Kan. 256, 295, 339, 393
Richwin, Kan. 279, 354
Rieden n Mayen 339
Rieti (Italien, nö Rom) 234
Ripo, Ritter (?), in Enkirch 112, 261
Robert, Propst 296, 353
Robespierre, Maximilian de (1758–28. Juli 1794) 136
Roden Heintzgin, in Faid 281
Rockeskyll nw Daun 237, 260, 268
Rodenberger, kurtrier. Rentmeister 328
Rodener, Johann Karl, Vikar 175, 405f.
Roderhosen v. der s. Thomas
Rodt, Hermann, Dekan 295, 319, 384, 387
Rolini s. Jakob Kolini

Index der Personen- und Ortsnamen

Rollingen (Raville, Frankreich, ö Metz) 323
Rom, Kurie 161 f., 181, 195, 201, 302, 312, 327, 335 f., 360, 398
– Germanicum 162, 336, 379, 403
– S. Anastasia, Kardinal NN v. 399
– S. Bartholomaeo, Transtiber-Insel 399 f.
– S. Caecilia 359
– S. Pietro ad vincula 400
– S. Sabina, Kardinal v. s. Berard
– S. Salvatoro de curtibus 400
– Krönung Kaiser Konrads (1027) 110
Römer, Johann, v. Sierck, Scholaster 36, 51, 56, 71, 83–8, 169, 174, 295, 330–33, 376, 378, 380, 402
Rommersheim v. s. Heinrich v. Luxemburg
Rorici s. Wipert
Roermont (Niederlande, w Düsseldorf) v. s. Johann
Rosport (Luxemburg, nw Trier) 334
Roulemont/Rudolfstadt, Burg (im Trierischen oder im Luxemburgischen) 74
Rübenach (Stadtteil von Koblenz) 328
Rubusch s. Peter
Ruderstencken = zu der Schenken 368
Rudolf II., Kaiser 381
Rudolfsstadt, Burg, s. Roulemont
Ruhig s. Konrad
Ruhulf s. Heinrich
Ruland, Nikolaus, Kan. 294, 382
Ruothild, Äbtissin in Pfalzel 31, 34, 42 f.
Ruprecht v. d. Pfalz, König 359
Russdorf (Rustroff, Frankreich, ö Sierck) 362
Ruwer nö Trier (Stadtteil von Trier) 62, 102, 113, 139, 237, 260, 268 f., 281, 321 f., 410; s. Christian; s. Reuß Anton

S
Saarbrücken 36
Saarburg s Trier 72, aus 319; s. Rodt Hermann
– kurtrier. Kellner 361
– Matthias v., Offizial in Trier 314
– Stephan, Vikar 174, 403
Saargemünd (Frankreich sö Saarbrücken), Amtmann zu s. Lettig Franz

Saarlouis sw Saarbrücken, aus 393
Sachinna s. Johann
Sachsenhausen (Stadt Frankfurt/M.?) v. s. Peter
Sack s. Nikolaus
Sagittarius/Pfeiler, Anton, Vikar 173
– Johann Jodok, Vikar 176, 406
Salz nö Montabaur 403
Sarkes v. s. Theoderich
Sartoris, Peter, aus Koblenz 209
Sauerborn s. Ludwig
Sauerzapf, Pankratius, von Sulzbach, kurtrier. Hauptmann 34, 47 f., 378A
Schabdoesch, Peter, gen. Viernmeyer, Schöffe zu Pfalzel 209
Schall v. Bell, Agnes 383
Schavard s. Friedrich
Scheffgin, Johann, in Eitelsbach 209
Scheitmann, Jakob, Vikar 401
Schelard de Ham, Ritter, s. Heinrich
Schenk, Johann Heinrich, in Cochem 280
– Peter, Vikar 173, 405
Schenken, Petri zu der 368
Schilli, Karl Kaspar d. Ä. 296, 340, 392
– – d. J., Scholaster 40, 67 f., 138, 165, 241, 251, 251A, 296, 340, 392, 394, 396
Schilling von Lahnstein s. Johann
Schimper, Johann Matthias, in Trier 346
– Johann Michael, Kustos 40, 59, 67, 138, 169, 241, 250 f., 294, 346, 395
Schlabart, Familie in Trier 389
– Katharina (*Schlabatzin*) 52, 321, 349; s. Lettig Lothar
Schleiden v. s. Arnold
Schleidweiler sö Bitburg 197
Schmid, Constantin, Prior St. Maximin/Trier 86
Schmidt, Georg Michal Franz, Kan. 397
Schneidt, Johann, Familie, in Cochem 280
Schmidtheim w Blankenheim 340
Schoden v. s. Heinrich und Thilmann
Schönberg s. Johann v., Erzbf v. Trier
– v. s. Johann *Schorres*
Schönenberg, Schöffenfamilie in Trier 46
Schönecken, Nikolaus v., Kan. 373
Schoenhofen, Leonard, Pfarrer in Pfalzel 353

Index der Personen- und Ortsnamen 431

Schoriß/Schorres s. Johann
Schulz, Franz Wilhelm Edler v., Kan. 394 f.
– Johann Ferdinand Edler v., Reichshofkammer Wien 394
Schunck, Matthias, *ludimagister* in Pfalzel 92, 179
Schwan s. Johann
Schwarz s. Albert
– Johann Peter, Kan. Karden, nach 1802 u. a. Domkan. Trier (1824–30) 93, 219
Schwarzenbach ö Nonnweiler 286
Schweich nö Trier 217, 237, 268, 332, 382; v. s. Johann Thome
Seel, Peter 380
Seffern n Bitburg 237, 260, 267 f., 351
Sehl (Cochem-) ö Cochem 237, 243 f., 258, 269, 277, 281, 291
Seiz, Johann, Baumeister 81
Semeler s. Heinrich
Senandus von Hochstetten, Kan. 64, 371
Senfs, gen. s. Tilmann
Senheim, Augustin, Kan. 294, 383
– Johann Simon, Kan. 295, 382
– Otto v., Weihbf in Trier 319
Septfontaine/Siebenborn (Luxemburg, nw Luxemburg-Stadt), Pfarrei 370
Settegast, Heinrich (1981) 397
– Josef Anton Ignatius Franz, Kan. 138, 294, 397
– Josef Anton, Maler (Nazarener) 397
Severa, Schwester Modoalds 198 f., 201
Sibekin, Kan. 279, 358
Sibod, Dekan 308, 356
– Kan. (?) 357
Sibrecht (= Sibekin?) 358
Sickingen, Franz v. 79, 133
Siebenborn w Bernkastel 286, 291
Siegen v. s. Jakob
Siegfried/Sifrid v. Dreckenach, Dekan 71, 121 f., 311–13, 328 f., 365, 367
Siena, Universität 335
Sierck s. Jakob v., Erzbf v. Trier
– Johann v., Dekan 44, 134, 296, 315, 373, 376
– – Vikar 175, 403
– Matthias, Vikar 175, 402
– v./aus s. Dupgen, Johann Jux, Conemann, Peter Reyneri, Römer, Russdorf, Theoderich

Sifrid s. Siegfried
Signy (-le-Petit/Ardennen, Frankreich, s Namur) 347
Simeon (v. Trier), Einsiedler 108, 110, 192
Simon v. Ehrang, Vikar 174, 400
– v. Kues 313
Sinai, Kloster auf dem 108
Sirzenich nw Trier 409
Sitken s. Arnold
Sixtus IV., Papst 129, 273, 287
Sobernheim v. s. Gutmann, Johann Spangenberg
Sötern ö Nonnweiler 286
– s. Philipp Christoph v., Erzbf v. Trier
– /Soetern, Margaretha v., Ehefrau des Johann Studigel, in 2. Ehe des Bartholomäus Foß 209
Sole/Solis, de s. Konrad
Sophia, Heilige 195 f.
Spangenberg s. Johann
Speicher sö Bitburg 197A, 339
Spes, Heilige 195 f.
Spey (Ortsteil von Merl/Mosel) nw Zell 156, 237, 244, 269
Speyer, Bistum 77, 398
Spoleto, Bistum s. Berard
Sponheim, Grafen v. 78
Sprendlingen v. s. Hartmann
Springiersbach ö Wittlich, Stift 31, 121
Staadt, Johann Theoderich, Vikar 173, 405
Stablo (-Malmedy, Belgien, s Aachen, sö Lüttich), Abtei 258
Stammel, Franz Georg, Kan. 296, 393 f.
Steichart, Johann, Vikar 401
Steinbach, in Pfalzel 250
Steinfeld nw Blankenheim, Pfarrei 332 f
Stephan Watrim/Watrini, Vikar 175, 400
Stolzenfels (Stadt Koblenz) 77, 119
Strassen s. Tilmann Philippi v.
Stuben/Mosel, gegenüber Bremm sw Cochem, Kloster 257
Studigel v. Bitsch, Adelheid 209
– Johann, Amtmann in Pfalzel, Ehefrau Margaretha v. Soetern 209, 263
Stumpfl, Timotheus 41
Sulzbach/Oberpfalz ö Nürnberg v. s. Sauerzapf

Suntzelß, Johann aus St. Aldegund 209
Susteren (Niederlande, n Maastricht) 201
Sutrix, Demod, Ehefrau des Heinrich 209, 216

T/TH

Thalfang ö Trier 332
Tandler/Tandel, Peter, Kan. 67, 293, 384 f.
Tectonius s. Heck
Theis Gumbret, aus Pfalzel 202
Tenxwind von Andernach 106
Theoderich, Archidiakon in Trier St. Peter 283
- v. Hardewich 217
- v. Kempenich, Domkan. in Trier 354
- *de Sarkes*, v. Sierck, Kan. 357
- Vasator aus Reuland, Kan. 65, 371
- v. Wied, Erzbf. v. Trier 19 f., 115, 147, 156, 242, 255, 258, 277, 298 f.
- *villicus* v. Ehlenz 267
Theoderici s. Johann
Tetchet v. s. Peter
Textor, Philipp, Kan., Vikar 177, 375, 402
- s. Tilmann und Wher
Thil (Frankreich, bei Longwy), Kapelle 341
Thielle v. Münstermaifeld 357
Thietgaud, Erzbf. v. Trier 42
Tielmann, Schöffe zu Münstermaifeld 357
Tielemann Boffort 298
Tilmann/Thilmann v. Euskirchen, Vikar 175, 398
- Gottschalk v. Geismar gen. Senfs, Dekan 90 f., 310 f., 341, 364 f.
- Philippi v. Strassen, Kan. 209, 279, 364
- v. Schoden, Pleban in Andernach 263
- Textoris, Kustos 341, 364
Thietmar (Dietmar) v. Helmarshausen (1080–1112) 199
Tholey w St. Wendel, Abtei 390
Thomas, St., a. d. Kyll nö Bitburg, Kloster 256, 299
- v. St. Johann/von der *Roderhosen*, Kan. 118, 357
Thomac, Bartholomäus, Vikar 175, 404
Thome s. Johann

Thorn, Burg sw Saarburg 344; v. s. Tour, de la
Thörnich nö Trier 237, 269, 320, 387
Tour de la = v. Thorn (nicht Turm) 344
- Claudius, Scholaster 294, 337, 386
- Sebastian, Kustos 255, 295, 319, 344, 382, 384, 387
Trarbach/*Trarbachin* (Traben-) nö Bernkastel, Anna 52, 337
Treibel, in Pfalzel 68
Treis (Treis-Karden) ö Cochem, aus 388
Trevir, Anton, Kantor 294, 334, 348, 377

TRIER

Erzbistum, Kurfürstentum, Verwaltung
- Erzbischöfe s. unter deren Vornamen
- Weihbischöfe s. Anethan, Binsfeld, Burmann, Cuchot d'Herbain, Eyss, Helfenstein, Hontheim, Johann v. Berg (de Monte), Nalbach, Senheim, Verhorst
- Offizialat, Offiziale, Notare, Siegler 217, 281, 290, 302, 304, 306. 312–14, 326, 329, 333A, 347, 354, 358, 363 f., 369, 374 f. 378, 386, 388; s. Ecken, Holler, Hontheim, Johann Theoderici, Matthias von Saarburg
- Generalvikariat 397
- Geistlicher Stand, Oberstift 319, 321, 323, 338
- „Burggraf" Ludwig von der Brücke 73 f., 114
- kurfürstl. Palast in Trier 73, 75, 77, 116; Palastkellner 303, 308, 326
- kurtrier. Kanzler 331, 365; s. Heinrich Duyngin, Johann Jux, Johann Kreidweiß
- vicedomnus 296
- Landrentmeister 328, 333 f
- Kämmerer s. Gerhard v. Esch
- Schulkommission des Oberstifts 396
- kurfürstl. Jagdamt 352
- Pagen-Hofmeister 321
- kurfürstl. Organist 381
- kurfürstl. Hauptmann s. Bellea
- Notare (z. T. am Offizialat) s. Back, Cleser, Garnier, Hermann Hardewich, Johann Voyß

Domstift, geistliche Verwaltung
- Dom, Domstift, Domkapitel 19, 25, 39, 77–79, 93, 107f., 112, 119, 121, 134, 147, 156, 210f., 218, 254, 261, 281f, 284, 297f., 301, 304, 306f., 312, 314, 316, 325, 327, 330, 340, 355, 361, 365f., 369, 373, 375f., 383, 385, 388, 396f., 404; s. Arnold, Eltz, Folmar, Gerhard, Gerhard v. Daun, Heinrich, Isenbard, Johann v. Amelburg, Johann v. Hammerstein, Ludolf v. Holfels, Nikolaus Vogt v. Hunolstein, v. d. Leyen, Metternich, Metzenhausen, Otwin, Peregrinus, Philipp v. Sierck, Theoderich v. Kempenich
- Archidiakone: St. Peter/Trier 283, 300f., 303f., 383; s. Arnold v. Schleiden, Friedrich v. Warsberg, Theoderich – St. Lubentius/Dietkirchen 303f., 383; s. Adam Foil. – St. Kastor/Karden 278, 297, 301, 328, 343; s. Johann und Otwin – St. Mauritius/Tholey 282, 327; s. Bruno
- Domkapitel nach 1802 346

Klöster, Stifte, (Pfarr-)Kirchen
- St. Alban, Kartause 121, 178f., 261, 261A, 319f., 363f., 386; s. Peter Koppel
- St. Anna-Kloster 261
- St. Antonius-Pfarrkirche 353, 401
- Augustiner 345
- St. Barbara-Kloster 390f.
- Deutschherren 354
- Dominikaner 319, 329, 345
- Franziskaner 345
- St. Gangolf-Pfarrkirche 346
- St. Gervasius und Protasius-Pfarrkirche 362, 399
- St. Irminen/Ören, Kloster 103, 106, 108, 111, 191–93, 195, 197f., 256, 268, 271, 284, 298, 334, 376
- Jesuiten 92, 141
- Karmeliter 100
- St. Katharinen OP 269f., 359
- St. Laurentius-Pfarrkirche 93, 313, 319, 336, 339, 344, 367, 391
- Liebfrauen, Stift 78, 121, 298, 325, 364f., 369, 383, 401; s. Nikolaus Reuland
- Löwenbrücken, Kloster 332
- St. Marien ad martyres, Abtei 113, 121, 288
- St. Markus-Kirche 391
- St. Martin, Abtei 82–87, 108, 200f.; s. Eberwin Kleber, Hasborn, Leibfried
- St. Matthias, Abtei 121, 192, 207, 271f., 366; Abt s. Johann v. Forst
- St. Maximin, Abtei 36, 74, 82–87, 101f., 117, 121, 197–200, 261, 265f., 268, 285, 332, 342, 347, 353, 360, 362, 373; s. Leibfried, Schmid, Vinzenz
- St. Medard-Kirche 361
- St. Michael vor Trier 358
- St. Nikolaus, Graue Schwestern 270
- St. Paulin, Stift 31, 41, 105, 108, 112, 118, 120A, 134, 140f., 162, 176, 192, 199, 209f., 257, 261, 263f., 271, 298, 300–02, 308, 316f., 321, 323–27, 329, 333, 342, 348, 352–54, 356, 358f., 361f., 366, 373–75, 385, 391f., 395f., 399, 401, 406; s. Adalbero, Arnold v. Schleiden, Burchard, Gobelin v. Hammerstein, Hahn, Heinrich, Lehmen, Nikolaus Grysze, Nittel, Piesport
- St. Simeon, Stift 19f., 31, 100, 108, 112, 118, 120, 109f., 144, 167, 173, 182, 193, 209, 211, 261, 264, 275, 298A, 300f., 303, 307–09, 313–15, 317, 325–27, 332, 336, 338, 340–42, 354, 356–59, 361–63, 365f., 369, 374f., 378f., 382, 384, 386, 389–91, 400, 403, 405f.; s. Arnold v. Schleiden, Biedenkopf, Gobelin v. Hammerstein, Heinrich (v. Pfalzel), Heinrich Fabri, Heinrich v. Luxemburg, Heymann Frank, Johann Ehrang, Johann Holler, Gerhard, Leyendecker
- St. Symphorian, Kloster 198
- Landkapitel Trier 318

Stadt
- Einwohner 303, 322, 341f., 348f., 381, 389, 392, 395f., 408; s. Grete v. Bernkastel, Dahm, Ebentheuer, Hechtsheim, Heckeler, Heien, Hermes, Hurth, Homphäus, Janson, Katharina v. Britten, Kempe, Kirn, Lanser, Lettig, Löwenstein, Mannebach, Opri,

Orth, Puricelli, Reuland, Schimper, Schlabart, Schönenberg, Theis Gumbret, Treibel, Wher, Willwersch, Zorn
- Straßen, Häuser:
- - Dietrichstr., Gasthaus 84
- - Echternacher Weg 173
- - s. Fleischgasse, von der
- - Seminar Zur Gulpen 317 f.
- - Jüdemerstr. 270
- - Kurie Jerusalem 363
- - Kastilport, an der langen Mauer 299
- - Moselgasse, Haus Zederwald 309
- - Neugasse 390
- - Porta Nigra 108
- - Simeonsgasse, Haus „Zum wilden Mann" 321
- - Steipe 409
- Varia:
- - Schwurgemeinde (*coniuratio*) 73
- - Bohnenkrieg 1568 47, 378
- - Reichstag 1512 316
- - „Entfestigung" 1673 81, 135
- - Franzosen 1794 85
- - Hexenprozesse 317, 343
- - Juden 298; s. Aaron, Heckelin, Helemann
- - Hospital 351
- - Zoll 308
- - Schultheiß Heinrich, Sohn des Nikolaus (1281) 299
- - Besitz und Rechte Pfalzels 237, 269 f.
- Universität 50, 93, 167 f., 317, 319, 321, 333, 339, 346, 348 f., 370, 375, 380, 385, 391, 397
- Vororte, eingemeindete Gemeinden s. unter deren Namen

Trierweiler w Trier 251, 322
- Theoderich, Vikar 175, 381, 405
Trient, Konzil von 142
Trine, Rubus 210
Trumperß Grete 210
Turm = Thorn (de la Tour) s. bei Tour

U
Udelfangen nw Trier 299, 397
Udo v. Nellenburg, Erzbf v. Trier 112, 156, 261, 296

Udowin s. Otwin
Ulrich v. Manderscheid, Erzbf v. Trier (strittig) 77, 120, 309 f., 340 f., 347, 361 f., 364, 398
- v. *Winßberg*, Vikar 401
Umbscheiden, Johann Adolf, Dekan 295, 320, 387
- Richard, Kan. 293, 322, 337, 389
Urban IV., Papst 91
- V. Papst 302
Urmitz nw Koblenz 380
Ürsfeld sw Mayen 391
Ürzig nw Bernkastel 237, 270
- Johann Heinrich, Kustos 295, 343, 380, 382
Utgin v. Cochem, Nikolaus, Vikar 174, 400
Utrecht, Bistum 104, 190, 201, 217; s. Alberich, Gregor, Hermann Hardewich

V
Valerius Bolle, Vikar 173, 399
Vallendar n Koblenz 340, 351, 391
Valwig w Cochem 237, 270
Vasator s. Theoderich
Venantius Fortunatus 103
Venedig 110
Verhorst, Johann Peter, Weihbf in Trier 141
Verona 110
Vianden (Luxemburg) 379, 381
- Johann, Vikar, Kan. 173, 295, 319, 381–83, 403
Viernmeyer s. Schabdoesch
Vignory, französischer General 81, 135
Villesuryon, Franz Theoderich v., Kantor 166–68, 294, 344 f., 349, 387
Vinzenz, Abt v. St. Maximin/Trier 373
Virneburg, Grafen v. 312; s. Heinrich
Vith, St. (Belgien, sö Lüttich), Matthias Dominici, Kan. 293, 380
Vogel, H. O., Architekt, Baurat 25
Vogt v. Hunolstein s. Hunolstein
Voyß s. Johann, Notar in Trier

W
Wagner, Johann Michael, Vikar 173, 407
Walbeck w Geldern 327

Walberberg s Brühl, OCist. 186
Waldbillig, Johann, Vikar 175, 406
Walderdorf s. Johann Philipp v., Erzbf v. Trier
Waldorf s Blankenheim 260, 267, 270
Waldrach ö Trier 237, 260, 270
– Nikolaus, Vikar 175, 405
Walram Graf v. Arlon, Prekarie 111 f.
Walsdorf nw Daun 237, 260, 270
Walt, zu der 368
Walter, Vikar 173, 398
– Dekan 210, 307, 355
– Kan. 356
– Kan. 357
Wampach s. Heinrich
Wangin/Wangen (Frankreich, bei Wasselonne w Straßburg) v. s. Peregrinus
Wanglerin NN 52, 319; s. Zandt
Warsberg v. s. Boemund, Friedrich, Isenbart
Warentrud, Äbtissin in Pfalzel 42
Wartberg v. s. Konrad
Watrim s. Stephan
Weber, Peter Josef, Kan. 138, 250, 295, 324, 396 f.
Wederath sö Bernkastel 275–77, 291
Wehlen nw Bernkastel 134, 237, 244, 262, 268, 270 f., 275, 291; s. Gobelo
Wehr, Matthias, Bf v. Trier (1951–1966) 26
Weiler, G., Kan. 376
– /Forsweiler, Johann, Vikar, Kan. 174, 279 f., 294, 376, 401
Weiperath w Morbach/s Bernkastel 277
Weiß, Gerhard, Kan. 92 (?), 295, 320, 349, 386
– Johann Gerhard, Vikar 175, 406
Weißbäcker, Nikolaus, Ehefrau Liefgen, in Pfalzel 203, 209
Weiskirchen nö Merzig 407
Weislich, Johann, Kustos 342, 373
Wellmich n St. Goar/Mittelrhein 77
Welschbillig n Trier 76, 197A, 281, 284, 410; s. Heinrich und Peter
– Burgmann zu 265
– kurtrier. Amt 264
Wendel, St. /Saar, kurtrier. Kellner s. Lothar Lettig
Wendelstein, Hof bei Kevenich 266

Wenigerath sö Bernkastel 275, 277, 291
Werner, Scholaster 325, 353
– v. Falkenstein, Erzbf v. Trier 77, 119, 183, 308, 327, 361
Wetzlar/Lahn, Stift 366
Weyer, Johann Wolfgang, Vikar 176 f., 407
Wher/Wehr, Philipp (Textor, Leyendekker) aus Trier, Kustos 49, 56, 294, 317, 330, 342 f., 376
Wied s. Theoderich v., Erzbf v. Trier
Wilhelm, Kan. 353
– v. Dudeldorf 265
– von der Fleischgasse in Trier, Scholaster 325, 355
– Friderici, Kan. 359
– Kardinal v. St. Markus 362
– Mohr vom Wald 262
– Pfalzgraf, Obervogt zu Trier 74
– Plentz v. Euskirchen 363 f.
Willwersch, Johann Peter, Vikar 61, 69, 137 f., 176, 250 f., 409
– Josef, Kaufmann in Trier 69
– J. J., Präsident der Munizipalität und des Kantons Pfalzel 409
Wimpheling, Johann, Kan. 295, 335, 380 f.
Wimpfen, Philipp, Vikar 401
Wien 352; s. Gasser und Rauscher
– Votivkirche, Passionsaltar 59–62
Winneburg w Cochem 277, 291; s. Daniel
Winningen sw Koblenz v. s. Johann
Winrox, Johann, Kustos 294, 345, 388
Winßberg v. s. Ulrich
Wipert Rorici d. Ä. v. Montabaur, Kan. 360
Wirricus, Magister 347
Wirtz, in Pfalzel 250
Wittlich 74 f., 79, 134, 331, 335, 363, 379 f., 399; s. Arnold und Duyngin
– kurtrier. Kellner 268
– Matthias, Altarist 401
Wolf, Johann Jakob, Vikar 176, 409
Wolter, Johann, Meier in Wormeldingen 336
– Paul, Scholaster 163, 294, 336 f., 385
Wolters, Peter, in Koblenz 52, 337
Wonsheim (?: Diözese Metz; Frankreich) 398

Wormeldingen (Luxemburg, ö Luxemburg-Stadt), Ziegelbrennerei 336 f.; s. Wolter
Worms, Stadt und Bistum 110, 304, 364, 398
– St. Marien-Stift 390, 398
– Reichstag 133

X, Y, Z

Xanten/Niederrhein 395
– St. Viktor 312
Ysfrid, Kirchherr zu Polch 357
Zandt v. Merl, Johann, Dekan 249, 295, 319, 344, 384
– – Robert, kurtrier. Kellner zu Koblenz, Ehefrau NN Wanglerin 52, 319
Zederwald v. und Haus in Trier 309; s. Michael
Zell/Mosel s Cochem 316; s. Landt v. und Maes
– Landkapitel 388, 390, 409
Zeltingen nw Bernkastel 271, 299, 377
Zerf ö Saarburg 257, 405
– Matthias, Vikar 175, 405
Zewen sw Trier 351; s. Henkin und Peter
Zeyen, Heinrich, Vikar 408
– NN, in Pfalzel 250
Ziegenhain s. Otto v., Erzbf v. Trier
Zingen, in Pfalzel 250 f.
Zyrenberg s. Johann
Zorn, Familie in Trier 389
– Katharina 337
Zürich, Stift St. Felix und Regula (Großmünster) 367
Zutivenn (Diözese Trier; nicht identifiziert) 367

NACHWEIS DER ABBILDUNGEN

Seite:

14 Die topographische Lage von Pfalzel zum Areal des römischen Trier mit den Kernbereichen der älteren Siedlungen des Umlandes. – Aus Kutzbach, Hochschloß (1934) S. 47.

15 Gesamtplan der Siedlung Pfalzel, Ende 18. Jahrhundert. – Plan nach Krause 1935 in Pfalzel 1989 S. 275.

17 Römisches Palatiolum mit Kennzeichnung der durch das Frauenkloster und das Kanonikerstift als liturgische Räume genutzten Teile. – Umzeichnung des Standart-Grundrisses durch Architekt Hans-Joachim Becker, Koblenz.

18 Die Bauphasen der St. Marien-Stiftskirche. – Hans-Joachim Bekker, Koblenz.

21–24 Nutzung und Verfall der Stiftskirche nach der Säkularisation. – Fotos von Dr. med. Fritz Michel, Koblenz, um 1930. Nachlaß im LHA Koblenz Best. 710.

27 Erweiterungsbau der ehemaligen Stiftskirche 1962, mit Standort-Kennzeichnung von Teilen des Inventars von 2004. Architekt Baurat H. O. Vogel, Trier. – Festschrift 1962 S. 56. Inventar-Einzeichnungen durch Hans-Joachim Becker, Koblenz.

32–33 Grundriß der St. Marien-Stifskirche mit Angaben über den Standort der Altäre 1802. – Hans-Joachim Becker, Koblenz, aufgrund der auf S. 33 abgebildeten Zeichnung und Beschreibung von Franz

Seite:

Tobias Müller, Schicksale der Gotteshäuser, BistA Trier Abt. 95 Nr. 342 S. 461.

45 Altar-Aufsatz (Epitaph) des Scholasters Johann Duyngin, gest. 1557. Tafel von 1545. Heute im linken Nebenchor an der äußeren Wand. – Foto Bernhard Matthias Lutz, Konz.

57 Anna-Selbdritt aus der St. Nikolaus-Kirche. Um 1500. Heute in der St. Marien-Kirche. – Nach Foto Thörnig, Trier, in Festschrift 1962 S. 35.

59 Passionsaltar aus der St. Nikolaus-Kirche. Um 1460. Heute in der Votivkirche in Wien. – Foto Erzbischöfliches Dom- und Diözesanmuseum Wien.

185 Die Siegel des St. Marien-Stiftes Pfalzel. – Fotos LHA Koblenz.

187 Siegel von Kanonikern des St. Marien-Stiftes Pfalzel. – Fotos LHA Koblenz.

188 Skulptur der drei Frauen Irmina – Adela – Klothilde auf einem Esel. In der Kirche zu Auw a. d. Kyll. – Nach Foto in Kunstdenkmäler des Kreises Bitburg. 1927 S. 25.

Im Anhang:
Karte der Besitzungen und Rechte des St. Marien-Stiftes Pfalzel.
Karte der Kirchen und Zehnte des St. Marien-Stiftes Pfalzel.
Reinzeichnung Kartographie Michael Hermes, Hardegsen-Hevensen.